Die Kombination von Rücktritt und Schadensersatz im neuen Schuldrecht

Saarbrücker Studien
zum Privat- und Wirtschaftsrecht

Herausgegeben von Johann Paul Bauer,
Michael Martinek (geschäftsführender Herausgeber)
und Helmut Rüßmann

Band 57

PETER LANG
Frankfurt am Main · Berlin · Bern · Bruxelles · New York · Oxford · Wien

Ivo du Mont

Die Kombination von Rücktritt und Schadensersatz im neuen Schuldrecht

Eine ökonomische und rechtsvergleichende Analyse am Beispiel des Kaufvertrags

PETER LANG
Europäischer Verlag der Wissenschaften

Bibliografische Information der Deutschen Nationalbibliothek
Die Deutsche Nationalbibliothek verzeichnet diese Publikation in der Deutschen Nationalbibliografie; detaillierte bibliografische Daten sind im Internet über <http://www.d-nb.de> abrufbar.

Zugl.: Saarbrücken, Univ., Diss., 2006

D 291
ISSN 1433-8866
ISBN-10: 3-631-56151-2
ISBN-13: 978-3-631-56151-5

www.peterlang.de

DIE KOMBINATION VON RÜCKTRITT UND SCHADENSERSATZ IM NEUEN SCHULDRECHT

Eine ökonomische und rechtsvergleichende Analyse am Beispiel des Kaufvertrags

von

Ivo du Mont

Dissertation zur Erlangung des Grades eines Doktors des Rechts

der Rechts- und Wirtschaftswissenschaftlichen Fakultät der Universität des Saarlandes

Disputation am 21. Juli 2006

Dekan Prof. Dr. Rudolf Wendt

Erstgutachten von Herrn Prof. Dr. Dr. Dr. h. c. Michael Martinek MCJ (New York)

Zweitgutachten von Frau Prof. Dr. Tiziana Chiusi

Saarbrücker Studien zum Privat- und Wirtschaftsrecht

herausgegeben von
Prof. Dr. Johann Paul Bauer
Prof. Dr. Dr. Dr. h.c. Michael Martinek
Prof. Dr. Helmut Rüßmann

Die Schriftenreihe "Saarbrücker Studien zum Privat- und Wirtschaftsrecht" bildet in erster Linie ein Forum für rechtswissenschaftliche Doktorarbeiten der Universität des Saarlandes auf zwei juristischen Schwerpunktgebieten. Zum einen sollen Dissertationen im klassischen Privatrecht, vor allem im bürgerlichen Vermögensrecht der ersten drei Bücher des BGB und ihrer Nebengesetze vorgestellt werden. Zum anderen findet das Wirtschaftsrecht im Sinne des Wirtschaftsprivatrechts besondere Berücksichtigung, womit namentlich die Gebiete des Handelsrechts einschließlich des Bilanzrechts, des Personen- und Kapitalgesellschaftsrechts einschließlich des Konzernrechts, des Gewerblichen Rechtsschutzes sowie des Wettbewerbs- und Kartellrechts bezeichnet sind. Es versteht sich, daß nicht nur rechtsdogmatische Studien, sondern auch rechtstatsächlich, rechtspolitisch oder interdisziplinär angelegte Arbeiten in die Schriftenreihe Aufnahme finden. Denn die Rechts- und Wirtschaftswissenschaftliche Fakultät der Universität des Saarlandes vereinigt unter *einem* Dach die Fachbereiche Rechtswissenschaft und Wirtschaftswissenschaft und regt damit Studenten und Hochschullehrer in besonderer Weise zu fachübergreifender Lehre und Forschung an. Die Schriftenreihe steht aber nicht nur sehr guten und ausgezeichneten Dissertationen, sondern auch anderen "Studien" zu privat- und wirtschaftsrechtlichen Themen offen, bis hin zu Materialien und Skripten des akademischen Unterrichts. Die drei Herausgeber, die zugleich stellvertretend für ihre anderen Saarbrücker Fakultätskollegen des Privat- und Wirtschaftsrechts handeln, verbinden mit den "Saarbrücker Studien zum Privat- und Wirtschaftsrecht" den Wunsch, daß die hier veröffentlichten Arbeiten die verdiente Resonanz in der breiteren juristischen Fachöffentlichkeit finden.

Meinem Vater

Vorwort

Die vorliegende Arbeit hat der Rechts- und Wirtschaftswissenschaftlichen Fakultät der Universität des Saarlandes im Sommersemester 2006 als Dissertation vorgelegen. Die Arbeit am Manuskript wurde im Februar 2006 abgeschlossen.

Mein besonderer Dank gilt meinem Doktorvater, Herrn Prof. Dr. Dr. Dr. h. c. Michael Martinek MCJ (NY), der diese Arbeit betreut und begutachtet und mich im Laufe meines Studiums in mannigfaltiger Hinsicht unterstützt hat. Danken möchte ich auch Frau Prof. Dr. Tiziana Chiusi für die zügige Erstellung des Zweitgutachtens sowie Herrn Prof. Dr. Heinz-Peter Mansel für die Aufnahme am Institut für ausländisches und internationales Privatrecht der Universität zu Köln während der Erstellung der Arbeit.

Mein besonderer Dank gilt auch meinen Eltern und meiner Frau Anne für ihre tatkräftige Unterstützung sowie meiner Tochter Liv für das Glück und die Motivation, die mir ihre Geburt beschert hat.

Köln, im Oktober 2006 *Ivo du Mont*

Inhaltsübersicht

Inhaltsverzeichnis

Einführung

„The most important single principle used to control the remedy of termination [...] is that the remedy is only available if the default attains a certain minimum degree of seriousness.“ (G. H. Treitel)[1]

Die vorliegende Arbeit untersucht das Recht des Gläubigers, bei einer Leistungsstörung Rücktritt und Schadensersatz zu verbinden. Die Schuldrechtsreform hat durch den neuen § 325 BGB die Beschränkungen des alten Rechts für die Kombination der beiden Rechtsbehelfe aufgehoben. Die Voraussetzungen für den Schadensersatzanspruch werden in §§ 280 – 283 BGB geregelt, die Voraussetzungen für den Rücktritt in §§ 323 – 326 BGB. Im Grundsatz gewähren diese Regeln die Kombination von Rücktritt und Schadensersatz bei allen vom Schuldner zu vertretenen (§ 280 I 2 BGB) Leistungsstörungen, also bei Unmöglichkeit, Verzug, Teilleistung, Schlechtleistung und der Verletzung von Nebenpflichten. Es werden allerdings je nach Störung zusätzliche Voraussetzungen verlangt. So stehen „Schadensersatz statt der Leistung“ und „Rücktritt vom Vertrag“ regelmäßig nur nach erfolglosem Ablauf einer Nachfrist zur Verfügung (§§ 281 I 1, 323 I BGB), es sei denn die Leistung ist unmöglich (§§ 283, 326 V BGB). Für „Schadensersatz statt der ganzen Leistung“ und „Rücktritt vom ganzen Vertrag“ bestehen als weitere Voraussetzungen, dass der Gläubiger an einer Teilleistung kein „Interesse“ haben (§§ 281 I 2, 323 V 1 BGB) und eine Schlechtleistung keine „unerhebliche Pflichtverletzung“ sein darf (§§ 281 I 3, 323 V 2 BGB). Und bei Verletzung einer Pflicht i.S.v. § 241 II BGB kann der Gläubiger Schadensersatz statt der Leistung nur verlangen, wenn ihm die Leistung nicht mehr zuzumuten ist (§ 282 BGB). Rücktritt steht ihm nur offen, wenn ihm das Festhalten am Vertrag nicht mehr zuzumuten ist (§ 324 BGB).

Diese zusätzlichen Voraussetzungen für Schadensersatz und Rücktritt (angemessene Nachfrist, Interessefortfall, unerhebliche Pflichtverletzung und Unzumutbarkeit) werden in der vorliegenden Arbeit daraufhin untersucht, ob sie die Kombination der Rechtsbehelfe auf die richtige Art und Weise beschränken. Das Ziel der Untersuchung ist, Empfehlungen für die sachgerechte Anwendung des neuen Schuldrechts zu entwickeln. Die Frage, wie die Kombination optimalerweise geregelt werden sollte, wird mit Hilfe der ökonomischen Analyse **(Teil B)**

1 Remedies for Breach of Contract (im Weiteren „Breach of Contract“), S. 350, Nr. 259

und der Rechtsvergleichung (**Teil C**) untersucht. Die hieraus entwickelten Vorgaben führen zu konkreten Empfehlungen für das neue Recht (**Teil C**). Die Arbeit beschränkt sich darauf, Schadensersatz und Rücktritt am Beispiel des Kaufvertrags zu untersuchen. Der Kaufvertrag wurde ausgewählt, weil er der in der Praxis am häufigsten verwendete Vertrag ist, weil die Regeln des allgemeinen Schuldrechts bei ihm ohne erhebliche Abänderung zur Anwendung kommen (§ 437 BGB) und weil im Kauf das für die Untersuchung zentrale Problem der Rückgabe von empfangenen Leistungen eine wichtige Rolle spielt. Die Schlussfolgerungen für das allgemeine Schuldrecht können deshalb nur aus Sicht des Kaufrechts gemacht und nur mit den am Beispiel des Kaufs entwickelten Argumenten begründet werden. Die Arbeit kann keine allgemeinen Aussagen für alle Verträge machen. Sie kann aber feststellen, wie das allgemeine Schuldrecht ausgestaltet und gehandhabt werden muss, um zumindest den Anforderungen des Kaufvertrags zu genügen.

Die Untersuchung beginnt mit einer Darstellung der Regeln für Schadensersatz und Rücktritt im neuen Schuldrecht (**Teil A**). Neben einem Blick auf die Geschichte der Schuldrechtsreform (I) und die Veränderungen im Vergleich zum alten Schuldrecht (II) werden die Unterschiede von Teil- und Totalrücktritt herausgearbeitet und die Begriffe „Befreiung“ und „Rückgabe“ eingeführt (III). Schließlich werden die einzelnen Schranken der Kombination problematisiert (IV). In **Teil B** wird nach einer Einführung in die ökonomische Analyse (I) und die ökonomischen Aufgaben des Vertragsrechts (II) die Haftung auf das Erfüllungsinteresse untersucht (III). Durch die Untersuchung des zusätzlichen Rücktrittsrechts wird ermittelt, wie die Verbindung von Rücktritt und Erfüllungshaftung beschränkt werden sollte (IV). Anhand der Ergebnisse wird die Regelung der Kombination im neuen Schuldrecht bewertet (V). Die vergleichende Untersuchung von solchen Rechtsordnungen (**Teil C**), die wie das neue Schuldrecht die Kombination vorsehen (CISG, englisches, US-amerikanisches, niederländisches und schweizerisches Recht sowie Principles of European Contract Law (EP) und Unidroit Principles (UP)), ergibt einen grundlegenden Konsens bei der Beschränkung des Rücktritts (VI), der die Ergebnisse der ökonomischen Analyse bestätigt (VII). Aus dem Zusammenspiel von ökonomischer Analyse und Rechtsvergleichung ergeben sich konkrete Vorgaben für die optimale Beschränkung der Kombination. **Teil D** zieht hieraus Schlüsse für die Anwendung des neuen Schuldrechts. Insbesondere für die Auslegung der „unerheblichen Pflichtverletzung“ in §§ 281 I 3, 323 V 2 BGB (II) und die Gewähr von Abnahmeverweigerungsrechten (III) werden Empfehlungen entwickelt. Insgesamt ergeben sich sieben Empfehlungen (V), mit deren Hilfe die Kombination von Rücktritt und Schadensersatz im neuen Schuldrecht zufrieden stellend geregelt werden kann.

Teil A. Das System von Schadensersatz und Rücktritt im neuen BGB

I. Blick auf die Geschichte der Schuldrechtsreform

Das Gesetz zur Modernisierung des Schuldrechts[1] basiert zu einem großen Teil auf den Ergebnissen der Schuldrechtskommission, die Anfang der achtziger Jahre dazu eingesetzt wurde, das Schuldrecht des BGB zu reformieren.[2] Das alte BGB[3] stand in der Kritik, unvollständig und teilweise unstimmig zu sein und den modernen Ansprüchen nicht mehr zu genügen.[4] Der Schuldrechtskommission wurden drei Reformschwerpunkte vorgegeben: Das allgemeine Leistungsstörungsrecht, das spezielle Gewährleistungsrecht bei Kauf- und Werkverträgen und das Verjährungsrecht.[5] Am allgemeinen Leistungsstörungsrecht wurde bemängelt, dass die Unmöglichkeit der Leistung zu große Beachtung gefunden habe, während wichtige Bereiche der praktischen Rechtsanwendung nicht geregelt seien – so insbesondere die positive Vertragsverletzung (pVV) und das Verschulden bei Vertragsanbahnung (cic).[6]

Abschlussbericht der Schuldrechtskommission[7]: „Das Rechtsinstitut der positiven Forderungsverletzung belegt besonders deutlich, dass das kodifizierte Leistungsstörungsrecht in sehr wichtigen Bereichen der praktischen Rechtsanwendung unvollkommen ist."

Kritisiert wurde ferner, dass Rücktritt und Schadensersatz einander ausschlossen und dass der Rücktritt nur offen stand, wenn der Schuldner seine Pflichtverletzung zu vertreten hatte. Auch die Regelung der Rücktrittsfolgen wurde bemän-

1 Gesetz vom 26.11.2001 (BGBl. I, S. 3138) in Kraft getreten zum 1. Januar 2002
2 Schmidt-Ränsch, Das neue Schuldrecht – Einführung und Materialien, S. 3 ff.; Regierungsentwurf BT-Drucks. 14/6040, S. 79
3 Vom 18. August 1896 (RGBl., S. 195); letzter Stand: 31.12.2001 im Schönfelder Ergänzungsband, Nr. 20
4 Däubler-Gmelin, JZ 2001, S. 2281 (2282 f.); Schmidt-Ränsch a.a.O., S. 4 – 7
5 Abschlussbericht der Schuldrechtskommission (im Weiteren „SchuldRKom"), S. 15
6 SchuldRKom, S. 16 – 20
7 SchuldRKom, S. 17; Ulrich Huber in „Gutachten und Vorschläge zur Überarbeitung des Schuldrechts" zu den Leistungsstörungen, 647 (757 ff.)

gelt. Als Vorbild für die Umgestaltung des Schuldrechts galt das UN-Kaufrecht (CISG)[8], weil es die Mängel des BGB angeblich vermied und einfacher schien.

Abschlussbericht der Schuldrechtskommission[9]: „Richtig ist, dass das Leistungsstörungsrecht des UN-Kaufrechts überwiegend zu den gleichen Ergebnissen führt, wie sie nach geltendem Recht im Zusammenwirken von gesetzlicher Regelung, Rechtsprechung und Vertragspraxis erzielt werden. Der entscheidende Unterschied besteht darin, dass das UN-Kaufrecht die Grundprinzipien, von denen sein Leistungsstörungsrecht geleitet ist, in klaren, verständlichen, widerspruchsfreien und rechtspolitisch einleuchtenden Regeln niedergelegt hat und dadurch der Praxis – insbesondere der Rechtsprechung – die Aufgabe wesentlich erleichtert wird, zu erkennen, ob der konkrete, zur Beurteilung stehende Fall von dieser oder jener Regelung erfasst wird oder nicht. Zugleich werden die nicht einleuchtenden Ergebnisse vermieden, die sich im Rahmen des Bürgerlichen Gesetzbuches für einige Teilbereiche ergeben haben. Das Konzept des UN-Kaufrechts sollte deshalb bei der Reform des Leistungsstörungsrechts Beachtung finden und kann in vielen Regelungsbereichen als Vorbild dienen."

Im Kaufrecht stieß das spezielle Gewährleistungsrecht auf Ablehnung, weil die Abgrenzung zum allgemeinen Leistungsstörungsrecht „eine unerschöpfliche Quelle von Streitigkeiten"[10] bildete. Die Abgrenzung von Rechts- und Sachmängeln, von *aliud* und *peius*[11], von Mangelschäden und Mangelfolgeschäden war nicht zuverlässig zu bestimmen und die verschiedenen Rechtsfolgen konnten nicht durch unterschiedliche Interessenlagen gerechtfertigt werden. Verworfen wurde insbesondere die Schadensersatzhaftung des Verkäufers („vollends verworren"[12]), die für „Mangelschäden" nur bei Arglist und Zusicherung, für „Mangelfolgeschäden" hingegen auch bei einfachem Verschulden gewährt wurde: „Dass dieser Unterschied sich aus einer unterschiedlichen Interessenlage heraus plausibel begründen lässt, wird man schwerlich sagen können."[13] Außerdem wurde kritisiert, dass der Käufer kein Nacherfüllungsrecht und der Verkäufer kein „Recht zur zweiten Andienung" hatte.[14] Das UN-Kaufrecht sollte Pate für die Reform stehen, weil es einen einheitlichen Tatbestand der Vertragsverletzung ohne spezielles Gewährleistungsrecht verwendet und dem Verkäufer ein Nachbesserungsrecht gewährt.

---

8 SchuldRKom, S. 19; Ulrich Huber a.a.O., 647 (751 – 755); vgl. Pfeiffer, ZGS 2002, 23 – 32
9 SchuldRKom, S. 20
10 SchuldRKom, S. 21
11 Ulrich Huber a.a.O. zum Kaufvertrag, S. 911 (916)
12 SchuldRKom, S. 22
13 SchuldRKom, S. 22
14 Ulrich Huber a.a.O., S. 911 (915 f.)

1. Vorschläge der Schuldrechtskommission zu den Rechtsbehelfen des Gläubigers

Die Schuldrechtskommission entwickelte in Anlehnung an das UN-Kaufrecht[15] und in Folge der Vorschläge von Ulrich Huber[16] ein neues Leistungsstörungsrecht, dessen Grundsätze in das neue Schuldrecht übernommen wurden. Die wesentlichen Vorschläge[17] waren die Abschaffung des speziellen Gewährleistungsrechts, die Einführung einer einheitlichen Schadensersatzhaftung für zu vertretene Pflichtverletzungen[18], ein vom Vertretenmüssen unabhängiges Rücktrittsrecht, die Möglichkeit der Kombination von Schadensersatz und Rücktritt[19], sowie die erfolglose Nachfristsetzung als Voraussetzung für weiter gehende Rechte anstelle des Erfüllungsanspruchs.[20] Der zentrale Reformvorschlag war die Schaffung des einheitlichen Tatbestandes für die Schadensersatzhaftung bei Pflichtverletzung in § 280 BGB-KE[21], der wie Art. 74 CISG für alle Vertragsverletzungen Schadensersatz vorsah. Unmöglichkeit, Verzug, Schlechterfüllung, Teilerfüllung und der Verstoß gegen Unterlassungspflichten sollten haftbar machen unter der alleinigen und immer gleichen Voraussetzung, dass der Schuldner die Leistungsstörung zu vertreten hat.[22]

Ähnlich dem neuen BGB wurde für den Verzugsschaden die zusätzliche Voraussetzung der Mahnung beibehalten (§ 284 BGB-KE). Der „Schadensersatz statt der Leistung“ setzte den erfolglosen Ablauf einer Nachfrist voraus, um dem Schuldner das Recht zur zweiten Andienung zu gewähren (§ 283 I BGB-KE). Auch der „Schadensersatz statt der ganzen Leistung“ wurde von der Schuldrechtskommission schon behandelt: Bei unvollständiger Leistung sollte er nur gewährt werden, wenn der Gläubiger an der Teilleistung kein Interesse hat

15 Ulrich Huber hatte sein Gutachten zu Leistungsstörungsrecht und Kaufvertrag am Einheitlichen Kaufgesetz (EKG) orientiert.

16 Ulrich Huber a.a.O. zu den Leistungsstörungen, S. 647 – 909

17 Einen Überblick geben: SchuldRKom, S. 29 – 34; Schmidt-Räntsch a.a.O., S. 5 f.; Evelyn Nau, S. 109 - 121

18 Ulrich Huber a.a.O. verwendet anstelle der „Pflichtverletzung“ den Begriff der „Nichterfüllung“ (S. 699 f.) – so wie Artikel 7.4.1 UP und Artikel 8:101, 9:501 EP. Im Ergebnis besteht kein Unterschied: Vgl. Canaris, JZ 2001, 499 (523); vgl. Magnus in Schulze/Schulte-Nölke, S. 67 – 79; vgl. Zimmer in Ernst/Zimmermann, S. 198

19 Ulrich Huber a.a.O., S. 647 (713 ff.); SchuldRKom, § 327 BGB-KE (S. 293)

20 Ulrich Huber a.a.O., S. 647 (703 f.); vgl. Zimmer in Ernst/Zimmermann, S. 199 f.

21 § 280 BGB-KE: „(1) Verletzt der Schuldner eine Pflicht aus dem Schuldverhältnis, so kann der Gläubiger Ersatz des hierdurch entstandenen Schadens verlangen. Dies gilt nicht, wenn der Schuldner die Pflichtverletzung nicht zu vertreten hat.“ SchuldRKom, S. 289; Huber verwendete in seinem § 275 (1) anstelle von „Pflichtverletzung“ den Begriff „Nichterfüllung“: a.a.O., S. 647 (779 ff.)

22 Ulrich Huber a.a.O., S. 647 (780); SchuldRKom, S. 130

(§ 283 III 1 BGB-KE)[23]. In diesem Fall waren die empfangenen Leistungen nach den Rücktrittsregeln zurückzugeben (§ 283 III 2 BGB-KE). Für die Schlechtleistung war keine Sonderregel für den großen Schadensersatz vorgesehen, doch § 323 III Nr. 1 BGB-KE schloss das zusätzliche Rücktrittsrecht nur für „unerhebliche" Pflichtverletzungen aus.[24] Der große Schadensersatz stand demnach durch die Verbindung von Schadensersatz und Rücktritt offen, solange die Schlechtleistung nicht „unerheblich" war.[25] Aus diesem Überblick wird deutlich, dass die Regelung von Schadensersatz und Rücktritt im neuen Schuldrecht unmittelbar auf die Empfehlungen der Schuldrechtskommission zurückgeht.[26] Im Laufe der Beratungen zum Schuldrechtsmodernisierungsgesetz gab es nur in der Frage des großen Schadensersatzes bei Schlechtleistung noch Änderungsvorschläge.[27]

2. *Weiterentwicklungen bis zur Schuldrechtsreform*

Die Ergebnisse der Schuldrechtskommission blieben zunächst ohne Folge.[28] Erst durch den Zwang zur Umsetzung der Verbrauchsgüterkaufrichtlinie[29], der Zahlungsverzugsrichtlinie[30] und der E-Commerce Richtlinie[31] wurde der Stein wieder ins Rollen gebracht[32], so dass auf Grundlage der Vorarbeiten der Schuldrechtskommission die „Große Lösung" zur grundlegenden Umgestaltung des

23 Die parallele Regelung im Rücktrittsrecht war in § 323 I 2 BGB-KE enthalten, SchuldRKom, S. 292

24 Dazu Walter Rolland in FS Schlechtriem (2003), S. 627 (639 – 641)

25 SchuldRKom, S. 223; § 323 III Nr. 1 BGB-KE sollte an § 459 I 2 BGBaF (unerhebliche Minderung des Wertes oder der Tauglichkeit) anknüpfen, a.a.O., S. 216

26 Vgl. Walter Rolland in FS Schlechtriem (2003), S. 627 (641)

27 Gsell, JZ 2004, S. 643 (645) bei Fn. 24; vgl. Gsell im Jahrbuch der jungen Zivilrechtswissenschaftler 2001, S. 105 (124 ff)

28 Schmidt-Ränsch, „Das neue Schuldrecht" S. 6 f.

29 Richtlinie 1999/44/EG des Europäischen Parlaments und des Rates vom 25. Mai 1999 zu bestimmten Aspekten des Verbrauchsgüterkaufs und der Garantien für Verbraucher, ABl. EG L 171 vom 07.07.1999, S. 12 – 16

30 Richtlinie 2000/35/EG des Europäischen Parlaments und des Rates vom 29. Juni 2000 zur Bekämpfung von Zahlungsverzug im Geschäftsverkehr, ABl. EG L 200 vom 08.08.2000, S. 35 – 38

31 Richtlinie 2000/31/EG des Europäischen Parlaments und des Rates vom 8. Juni 2000 über bestimmte rechtliche Aspekte der Dienste der Informationsgesellschaft, insbesondere des elektronischen Geschäftsverkehrs, im Binnenmarkt („Richtlinie über den elektronischen Geschäftsverkehr"), ABl. EG L 178 vom 17.07.2000 S. 1 – 16

32 Überblick zu den Richtlinien bei Schmidt-Ränsch a.a.O., S. 7 – 11; in v. Westphalen „Praxis der Schuldrechtsreform" sind die Richtlinien abgedruckt (Teil 3, S. 1131 ff.)

Schuldrechts in Angriff genommen wurde.[33] Im „Diskussionsentwurf eines Schuldrechtsmodernisierungsgesetzes“ (DiskE) vom 4. August 2000[34] griff das Bundesjustizministerium die Vorschläge der Schuldrechtskommission auf und nahm bei der Regelung von Rücktritt und Schadensersatz keine nennenswerten Änderungen vor. Dieser stark kritisierte Entwurf[35] wurde durch eine vom Bundesjustizministerium einberufene Kommission zur „konsolidierten Fassung“ überarbeitet.[36]

Die konsolidierte Fassung (KF) schuf das heute bekannte System der §§ 280 – 286, 323 – 326 BGB: Die Voraussetzungen für den „Schadensersatz statt der Leistung“ in §§ 281 – 283 KF wurden ausführlicher beschrieben und die spiegelbildlich ausgestalteten Rücktrittsgründe entsprechend „entzerrt“.[37] Im Zusammenhang mit dem Bestreben, den Wegfall der primären Leistungspflicht bei Unmöglichkeit im Gesetz wieder ausdrücklich zu erwähnen (§ 275 KF)[38], wurde für den Schadensersatz statt der Leistung im neuen § 283 KF klargestellt, dass bei Unmöglichkeit keine Nachfrist verlangt werden kann. § 282 KF nahm die Regel des § 323 III Nr. 2 DiskE[39] auf, dass die Loslösung vom Vertrag bei Verletzung sonstiger Pflichten nur möglich sein sollte, wenn dem Gläubiger das Festhalten am Vertrag unzumutbar ist, und formte die Unzumutbarkeit in eine Voraussetzung für den Schadensersatz statt der Leistung um. Ebenso wurde die bereits erwähnte Behandlung der Schlechtleistung in § 323 III Nr. 1 BGB-KE[40]

33 Däubler-Gmelin, NJW 2001, S. 2281 – 2289; Die „kleine Lösung“ hätte sich auf die Umsetzung der Richtlinien beschränkt, ohne die Vorschläge der Schuldrechtskommission umzusetzen. Das forderte z. B. Dauner-Lieb, JZ 2001, S. 8 – 18; vgl. auch Daniel Zimmer in Ernst/Zimmermann, S. 204

34 Abgedruckt in der Synopse im Anhang zum Aufsatz von Canaris, JZ 2001, S. 499 (524 ff)

35 Kritisch Dauner-Lieb, JZ 2001, S. 8 – 18; Harm P. Westermann zum neuen Kaufrecht, JZ 2001, 530 – 543; am 17./18.11.2000 fand in Regensburg ein Symposium zur Besprechung des DiskE statt. Die Beiträge sind zusammengetragen in Ernst/Zimmermann (Hrsg.), „Zivilrechtswissenschaft und Schuldrechtsreform“.

36 Abgedruckt in der Synopse im Anhang zu Canaris, JZ 2001, S. 499 (524 ff); Die konsolidierte Fassung wurde zum „Entwurf eines Gesetzes zur Modernisierung des Schuldrechts“ BT-Drucks. 14/6040; Mitglieder der Kommission waren neben Canaris u. a. Dieter Medicus, Peter Schlechtriem, Harm Peter Westermann und Barbara Grunewald, vgl. Canaris JZ 2001, S. 499, Fn. 1

37 Canaris, JZ 2001, S. 499 (509, 511); Rolland in FS Schlechtriem (2003), 627 (641): Die Rücktrittsgründe werden „in eigenständige Normenkomplexe aufgelöst“.

38 Huber, „Das geplante Recht der Leistungsstörungen“ in „Zivilrechtswissenschaft und Schuldrechtsreform“, S. 31 – 185; Canaris „Zur Bedeutung der Kategorie ‚Unmöglichkeit‘ für das Recht der Leistungsstörungen“ in Schulze/Schulte-Nölke, S. 43 – 66

39 Entspricht § 323 III Nr. 2 BGB-KE, SchuldRKom, S. 293

40 Entspricht § 323 III Nr. 1 DiskE, vgl. Canaris, JZ 2001, S. 499 (527)

im Abschnitt über den Nichterfüllungsschaden aufgegriffen und führte zu **§ 281 I 3 KF**: „Hat der Schuldner teilweise oder nicht wie geschuldet geleistet, so kann der Gläubiger Schadensersatz statt der ganzen Leistung nur verlangen, wenn sein Interesse an der geschuldeten Leistung dies erfordert." Anders als im Entwurf der Schuldrechtskommission wurde für den großen Schadensersatz allerdings nicht nur eine nicht „unerhebliche Pflichtverletzung" verlangt, sondern wie bei der Teilleistung auf das Interesse des Gläubigers abgestellt. Für Teil- und Schlechtleistung sollte das Kriterium des Interessefortfalls gelten[41], das auf §§ 325 I 2, 280 II BGBaF[42] zurückgeht.[43]

Die Umstellung auf den Interessefortfall wurde in der konsolidierten Fassung nicht durchgehalten, denn § 323 IV 2 KF schloss den „Rücktritt vom ganzen Vertrag" nur für „unerhebliche Pflichtverletzungen" aus.[44] Wenn ein erheblicher Mangel nicht zum Interessefortfall führte, stand widersprüchlicherweise der Rücktritt vom ganzen Vertrag offen, der Schadensersatz statt der ganzen Leistung aber nicht. Weil aber Rücktritt und Schadensersatz kumulierbar waren (§ 325 KF) und für alle Pflichtverletzungen der volle Schadensersatz geschuldet war (§ 280 KF), konnte der Gläubiger nach dem Rücktritt vom ganzen Vertrag anstelle der vollständig abgelehnten, „ganzen" Leistung vollen Schadensersatz verlangen. Aufgrund der schwachen Rücktrittsschranke der „Unerheblichkeit" stand der große Schadensersatz also entgegen § 281 I 3 KF auch ohne Interessefortfall offen. **Canaris** forderte eine einschränkende Auslegung, damit der strengere Interessefortfall nicht durch den Totalrücktritt unterlaufen werde: „Dem gemäß wird man dem Käufer [...] die Kumulierungsmöglichkeit nach § 325 KF aufgrund einer teleologischen Reduktion vorzuenthalten haben."[45] Wer zum Rücktritt vom ganzen Vertrag aber nicht zu Schadensersatz statt der ganzen Leistung berechtigt sei, solle trotz des Ausbleibens der ganzen Leistung nur den „kleinen" Schadensersatz erhalten. Im neuen Schuldrecht ist der Widerspruch zwischen § 281 I 3 BGB und § 323 V 2 BGB aufgehoben: Beide fordern

41 Canaris, JZ 2001, S. 499 (513); BT-Drucks. 14/6040 S. 186/187 und 216; s. u. D.V.7.a

42 § 280 II 1 BGBaF: „Im Falle teilweiser Unmöglichkeit kann der Gläubiger unter Ablehnung des noch möglichen Teils der Leistung Schadensersatz wegen Nichterfüllung der ganzen Verbindlichkeit verlangen, wenn die teilweise Erfüllung für ihn kein Interesse hat."; vgl. Palandt/Heinrichs (60. A.), § 325 BGBaF Rn. 26 f.

43 Die Forderung knüpft an die Forderungen von Ulrich Huber an, der in § 462 IV seines Entwurfs die Beschränkung des Rücktritts beim Kauf auf wesentliche Mängel forderte: „Gutachten und Vorschläge zur Überarbeitung des Schuldrechts". Huber zu den Leistungsstörungen, S. 647 (683, Erläuterungen 706 ff.)

44 Zu § 323 IV 2 KF, siehe BT-Drucks. 14/6040, S. 186 f., wo der Widerspruch zu § 280 I 3 KF nicht angesprochen wird.

45 Canaris, JZ 2001, S. 499 (514); vgl. Zimmer, NJW 2002, S. 1 (6)

bei Schlechtleistung nur die nicht „unerhebliche Pflichtverletzung" – der ursprüngliche Vorschlag der Schuldrechtskommission hat sich durchgesetzt.[46]

Die Systematik der konsolidierten Fassung wurde später nicht mehr verändert.[47] Die einzige wesentliche Veränderung war die Gleichschaltung von § 281 I 3 BGB und § 323 V 2 BGB. Ansonsten wurde zwar Kritik an § 282 KF laut, weil er die schwierige Unterscheidung zwischen leistungsbezogenen und nicht-leistungsbezogenen Nebenpflichten erforderlich macht.[48] Doch führte die Kritik nur zur Klarstellung in § 282 BGB, dass Pflichten i.S.v. § 241 II BGB erfasst werden.[49] Zweifel wurden außerdem an den Rechtsfolgen des § 434 III KF geäußert, der die Geringlieferung einem Sachmangel gleichstellte.[50] Der Regierungsentwurf ging davon aus, dass Mankolieferungen nach den Regeln der Schlechtlieferung (§ 281 I 3 KF) nur bei Interessefortfall zum großen Schadensersatz berechtigen.[51] Angesichts der später neu geschaffenen Unterscheidung von Teil- und Schlechtleistung und der Schranke der „Unerheblichkeit" für Schlechtleistung (§ 281 I 3 BGB) ließ der Rechtsauschuss offen, ob als Schranke Interessefortfall oder Unerheblichkeit gelten solle.[52] Schließlich straffte der Rechtsauschuss § 281 I 2 BGB und verwendete für den Interessefortfall die alte Formulierung der §§ 325 I 2, 280 II 1 BGBaF.[53]

3. Die Grundlinien der Reform und das Vorbild des CISG

Bei den Voraussetzungen für Schadensersatz und Rücktritt ist die Reform des neuen Schuldrechts in auffallend konstanten Bahnen verlaufen. Seit Ulrich Hubers Gutachten 1981[54] stehen die Grundlinien fest. Dies sind der einheitliche

46 § 323 III Nr. 1 BGB-KE i.V.m. §§ 280 II 2, 327 I 1 BGB-KE

47 Die Gesetzgebungsmaterialien in chronologischer Reihenfolge: Regierungsentwurf (RegE), BT-Drucks. 14/6040; Stellungnahme des Bundesrats (Anlage 2) und Gegenäußerung der Bundesregierung (Anlage 3), BT-Drucks. 14/6857; Stellungnahme des Rechtsauschusses, BT-Drucks. 14/7052 (mit Synopse im Vergleich zum RegE BT-Drucks. 14/6040).

48 Stellungnahme Bundesrat, BT-Drucks. 14/6857, S.13 (Nr. 31); Gegenäußerung Bundesregierung BT-Drucks. 14/6857, S. 50 (Nr. 31); vgl. Zimmer, NJW 2002, S. 1 (6)

49 Der Verweis auf § 241 II war auch in § 323 III Nr. 2 BGB-KE vorgesehen, SchuldR-Kom, S. 293

50 Grigoleit/Riehm, ZGS 2002, S. 115 – 122; RegE, BT-Drucks. 14/6040, S. 187; Rechtsausschuss, BT-Drucks. 14/7052, S. 185

51 BT-Drucks. 14/6040, S. 187

52 BT-Drucks. 14/7052, S. 185; s. u. A.IV.2.a.bb

53 BT-Drucks. 14/7052, S. 184 (192)

54 Gutachten und Vorschläge zur Überarbeitung des Schuldrechts, S. 647 – 949

Haftungstatbestand für Vertragsverletzungen nach dem Vorbild des *breach of contract* im Common Law sowie die Gleichschaltung des allgemeinen und besonderen Leistungsstörungsrechts. Zudem sollte die Alternativität von Schadensersatz und Rücktritt beseitigt werden[55], denn es wurde als Schikane empfunden, dass der Gläubiger nach Rücktrittserklärung nicht mehr auf Schadensersatz zugreifen konnte, und ein vorschneller Rücktritt[56] unnötig hart bestraft wurde. „Irgendwelche Vorteile sind mit dem Rücktritt oder der Wandelung, sofern gleichzeitig die Voraussetzungen eines Schadensersatzanspruchs vorliegen, so gut wie nie verbunden; zurücktreten ist ein juristischer Kunstfehler." (**Ulrich Huber**)[57] Da der Nichterfüllungsschaden im alten BGB die Loslösung vom Vertrag ermöglichte und deshalb den Rücktritt bereits enthielt, und da bei §§ 463, 480 II BGBaF durch den „großen Schadensersatz" die Kombination von Wandelung und Schadensersatz zugänglich war, wurde die formale Alternativität als funktionslos empfunden:[58] „Nach alledem ist die Regel, dass Rücktritt und Schadensersatz einander ausschließen, praktisch funktionslos. [...] Was drückt und reibt, sind vor allem die Fälle, in denen eine Partei voreilig, aus Rechtsunkenntnis oder Unbesonnenheit, erklärt hat, sie trete zurück, und damit einen ihr an sich zustehenden Schadensersatzanspruch verspielt." (Ulrich Huber)[59]

Die Schuldrechtsmodernisierung gründete auf der Idee, das BGB nach dem Vorbild des Einheitlichen Kaufgesetzes (EKG) und des CISG umzugestalten. Ulrich Huber hat sein richtungsweisendes Gutachten zu der Frage erstellt: „Empfiehlt sich die Einführung eines Leistungsstörungsrechts nach dem Vorbild des Einheitlichen Kaufgesetzes? Welche Änderungen im Gesetzestext und welche praktischen Auswirkungen im Schuldrecht würden sich dabei ergeben ?" Sowohl EKG als auch CISG haben aus dem Common Law die einheitliche Haftung für alle Vertragsverletzungen und deren Kombinierbarkeit mit dem Rücktritt übernommen.[60] Huber hatte die Vorgaben des Internationalen Kaufrechts vollständig eingehalten und neben der Umstellung auf die Schadensersatzhaftung

55 Anwaltkommentar (AK)/Dauner-Lieb, § 323 Rn. 4

56 RegE BT-Drucks. 14/6040, S. 188: „Schwierigkeiten bereiten deshalb vor allem Fälle, in denen der Gläubiger voreilig den Rücktritt erklärt hat."

57 Ulrich Huber a.a.O., S. 715 f.

58 Bereits kritisch Ernst Rabel, Warenkauf I, 1936, S. 433 f.: „Die kunstreiche Scheidung zwischen Rücktritt und Schadensersatz hat sich aber in wichtigen Teilen des Rechtsverkehrs nicht einmal heute noch in den mitteleuropäischen Ländern durchgesetzt. [...] Rücktritt bedeutet soviel wie der populäre Ausdruck Verzicht auf die Ware, nämlich das Abgehen von der Naturalerfüllung, mit oder ohne Schadensersatz, den der Käufer wegen Nichterfüllung fordern darf."

59 Ulrich Huber a.a.O., S. 715; vgl. Rabel, Warenkauf I, S. 433 f.

60 Treitel, Breach of Contract, S. 130 f. (Nr. 109, 110) zum Schadensersatz; S. 394 – 396 (Nr. 288) zur Kombinierbarkeit

auch eine starke Beschränkung des Rücktritts gefordert: In § 462 IV seines Entwurfs schloss er den Rücktritt bei Schlechtleistung aus, „wenn der Mangel keine wesentliche Vertragsverletzung darstellt".[61] In diesem Punkt wich der Abschlussbericht der Schuldrechtskommission vom CISG ab: § 323 III Nr. 1 BGB-KE schloss nach dem Vorbild des § 459 I 2 BGBaF den Rücktritt nur bei „unerheblicher Pflichtverletzung" aus.[62] Diese entscheidende Abweichung führte zu den heutigen §§ 281 I 3, 323 V 2 BGB. Sie setzt scheinbar die Politik des alten BGB fort, die Wandelung bei Schlechtleistung kaum zu beschränken.[63] Die Schuldrechtsreform scheint das freie Rücktrittsrecht des BGBaF mit der aus CISG und Common Law übernommenen allgemeinen Schadensersatzhaftung und der Kombinierbarkeit mit dem Rücktritt zu einer eigentümlichen Mischung zu verbinden. Bei den Vorarbeiten zum EKG tendierte **Ernst Rabel** zu einer ähnlichen Mischung: Er forderte einerseits die Haftung bei *breach of contract* und die Kombination mit dem Rücktritt und lehnte andererseits eine stärkere Beschränkung des Rücktritts ab (s. u. C.VI.3.c).[64] Die vorliegende Arbeit widmet sich der Frage, ob diese Mischung von tendenziell freiem Rücktrittsrecht nach dem Vorbild der ädilizischen Wandlung einerseits und dem Grundsatz der Schadensersatzhaftung für alle Vertragsverletzungen nach dem Vorbild des Common Law andererseits Erfolg verspricht. Im Ergebnis zeigt sich, dass auf eine starke Beschränkung des „Rücktritts vom ganzen Vertrag" nicht verzichtet werden kann, wenn man wie in § 280 I BGB die Erfüllungshaftung für alle Pflichtverletzungen vorsieht (s. u. D.II – IV).

4. Überblick

Die Grundprinzipien der Schuldrechtsreform sind die allgemeine Schadensersatzhaftung für Vertragsverletzungen, deren Kombinierbarkeit mit dem Rücktritt, die erfolglose Nachfristsetzung vor der Loslösung vom Vertrag (das Recht zur zweiten Andienung) sowie die Abschaffung der Unterscheidung von allgemeinem

---

61 Ulrich Huber a.a.O., S. 647 (683): § 462 (4): „Das Recht des Käufers zum Rücktritt ist ausgeschlossen, wenn der Mangel keine wesentliche Vertragsverletzung darstellt.", Erläuterungen, S. 706 ff.; vgl. Art. 25, 49 I a CISG

62 Vgl. Evelyn Nau, Seite 204 f.

63 Zum BGBaF: Treitel, Breach of Contract, S. 367 (Nr. 272) bei Fn. 68; im internationalen Vergleich eher üblich ist die Beschränkung auf wesentliche Mängel oder Hauptmängel: ebenda, S. 349 ff (Nr. 259 – 261); vgl. Rabel, Warenkauf II, S. 240; Magnus in Schulze/Schulte-Nölke, S. 67 (78)

64 Rabel, Warenkauf II, S. 240; ders. „Entwurf eines einheitlichen Kaufgesetzes": Art. 51 und 57, vgl. S. 84

und besonderem Leistungsstörungsrecht. Hierin folgt die Reform dem Vorbild des CISG. Abweichend von diesem Vorbild wird der Rücktritt vom ganzen Vertrag nach einer Schlechtleistung aber nur für nicht „unerhebliche Pflichtverletzungen" beschränkt, wodurch scheinbar das freie Wandlungsrecht des alten BGB mit der auf alle Vertragsverletzungen ausgedehnten Schadensersatzhaftung (§ 280 I BGB) verbunden wird. Die vorliegende Arbeit untersucht diese Kombination und geht der Frage nach, ob das alte Wandlungsrecht im neuen Schuldrecht tatsächlich unbeschränkt fortbestehen kann.

II. Die Voraussetzungen für Rücktritt und Schadensersatz

Im Folgenden werden die Voraussetzungen der Kombination von Schadensersatz und Rücktritt für die verschiedenen Arten der Leistungsstörung erörtert, also für Unmöglichkeit, Verzug, Teilleistung, Schlechtleistung und Nebenpflichtverletzung. Zunächst werden die Voraussetzungen für den Rücktritt behandelt, dann die Voraussetzungen für den zusätzlichen Schadensersatz „statt der (ganzen) Leistung". Es zeigt sich, dass die §§ 280 – 286 und §§ 323 – 326 BGB spiegelbildliche Normen enthalten. Für jeden Tatbestand des (Teil- und Total-)Rücktritts besteht ein gleichlautender Tatbestand für den Schadensersatz statt der (ganzen) Leistung (Komplementärvorschriften)[65]. Für den Rücktritt ist stets ein ergänzender Schadensersatzanspruch vorgesehen – dem Gläubiger wird immer das volle Erfüllungsinteresse ersetzt.[66] § 325 BGB hält die Kombinierbarkeit dieser Komplementärvorschriften fest und schafft das frühere Prinzip der Alternativität von Rücktritt und Schadensersatz ausdrücklich ab.[67] Gemäß § 437 BGB richten sich die Rechtsbehelfe des Käufers bei Mängeln der Sache nach dem allgemeinen Leistungsstörungsrecht.[68] Die Besprechung von Schadensersatz und Rücktritt im Kaufvertrag erfolgt deshalb auf Grundlage der

65 V. Westphalen/Dedek, § 280 Rn. 7; Canaris, JZ 2001, S. 499 (513) spricht vom "Gleichlauf" und "Parallelismus" der Vorschriften; Huber/Faust „Schuldrechtsmodernisierung", S. 183 Rn. 11; vgl. RegE BT-Drucks. 14/6040, S. 183

66 Die SchuldRKom sicherte den Gleichlauf von Erfüllungsschaden und Rücktritt durch § 280 II 3 BGB-KE: „Bei einem gegenseitigen Vertrag kann der Gläubiger Schadensersatz wegen Nichtausführung des Vertrags nur gemäß § 327 BGB-KE nach Rücktritt verlangen", S. 289

67 Beate Gsell, JZ 2004, S. 643 (649); Huber/Faust, S. 195 Rn. 49; Staudinger/Otto, § 325 Rn. 18 – 20, zum BGBaF Rn. 2 ff.

68 Stephan Lorenz, NJW 2005, 1321 (1323 f.): Die Reform wollte die „Zweispurigkeit des Leistungsstörungsrechts beheben."; Der fortbestehende Unterschied ist die Verjährung: Erman/Grunewald vor § 437 Rn. 4; Haas, Das neue Schuldrecht, S. 198, Rn. 140/141; v. Westphalen/v. Westphalen § 437 Rn. 1

§§ 280 – 286 und §§ 323 – 326 BGB im allgemeinen Schuldrecht. Die Rechte des Käufers sind ein Beispiel für die Gläubigerrechte bei Leistungsstörungen im neuen Schuldrecht.[69]

1. Die Voraussetzungen des Rücktritts

a) Bei Ausschluss der Leistungspflicht: § 326 V BGB

Ist dem Schuldner die Leistung unmöglich oder unzumutbar geworden gemäß § 275 I bis III BGB, dann kann der Gläubiger vom Vertrag zurücktreten, § 326 V BGB.[70] Da die Primärleistung nicht mehr erbracht werden kann oder muss, hat eine Nachfrist keinen Sinn mehr und ist entbehrlich: § 326 V 2. Hs. BGB. Bei vollständiger Unmöglichkeit ist der Rücktritt eine überflüssige Formalie, denn bei Wegfall der Gegenleistung ist der Gläubiger automatisch von seiner Leistungspflicht befreit: § 326 I 1BGB.[71] § 326 V BGB stellt klar, dass sich der Gläubiger durch den Nachweis der Unmöglichkeit sofort vom Vertrag lösen kann, ohne dass er den Weg über § 323 I BGB (Verzug) gehen und eine Nachfrist setzen muss.[72] Liegt **teilweise Unmöglichkeit** oder **„qualitative Unmöglichkeit"**[73] (ein unbehebbarer Mangel) vor, so fragt sich, ob der Gläubiger vom ganzen Vertrag zurücktreten kann – ob er also empfangene Leistungen zurückgeben darf. § 326 V 2. Hs BGB verweist insofern auf § 323 BGB, so dass die Voraussetzungen des § 323 V Satz 1 (Teilleistung)[74] und Satz 2 (Schlechtleistung)[75] gelten. Der Gläubiger kann bei Teilunmöglichkeit vom ganzen Vertrag nur zurücktreten, wenn er „kein Interesse" an der Teilleistung hat – beim unbehebbaren Mangel nur, wenn die Pflichtverletzung nicht „unerheblich" ist. Schließlich kann das Leistungshindernis auch nur vorübergehend bestehen und irgendwann wieder wegfallen (**zeitweilige Unmöglichkeit**)[76]. Dann kann der Gläubiger nicht nach

69 Offenbar geschah die Reform des allgemeinen Schuldrechts hauptsächlich im Gedanken an das Kaufrecht – was an dem Vorbild des CISG und den Auslösern der Reform, nämlich den Verbrauchsgüterkauf- und E-commerce-Richtlinien, deutlich wird.

70 Auf § 326 V BGB verweisen ausdrücklich §§ 275 IV, 437 Nr. 2 BGB; vgl. Gieseler, ZGS 2003, 408 (409)

71 Staudinger/Otto, § 326, Rn. F1

72 Staudinger/Otto, § 326 Rn. F5 – F7

73 Stephan Lorenz, NJW 2005 S. 2497 f.; Dauner-Lieb, Anwaltsblatt 2004, S. 597 (599)

74 Staudinger/Otto, § 326 Rn. F3 („teilweiser Ausschluss der Leistungspflicht")

75 Staudinger/Otto, § 326 Rn. F4 („nicht behebbare Schlechtleistung"); v. Westphalen/Muthers, § 326 Rn. 10 spricht vom „Rücktritt bei Ausschluss der Nacherfüllungspflicht"

76 Staudinger/Otto § 326 Rn. B22 – B24 und F29

§ 326 V BGB zurücktreten, weil hierfür eine dauerhafte Unmöglichkeit vorliegen muss. Er ist vielmehr nach den Regeln des Verzugs nur nach erfolglosem Ablauf einer Nachfrist zum Rücktritt berechtigt (§ 323 I 1 BGB).[77]

b) Bei Verzug: angemessene Nachfrist nach § 323 I BGB

Solange die geschuldete Leistung noch möglich ist und nicht endgültig verweigert wurde, muss sich der Gläubiger zur Annahme der Leistung bereithalten. Dies gilt auch nach dem Zeitpunkt der Fälligkeit, wenn der Schuldner in Verzug gerät. Bietet der Schuldner die verzögerte Leistung an, gerät der Gläubiger durch ihre Ablehnung in Annahmeverzug (§ 293 BGB), es sei denn er hat sich vom Vertrag befreit[78] und ist zur Ablehnung berechtigt.[79] Ohne die Befreiung vom Vertrag[80] ist es für den Gläubiger riskant, einen Ersatz zu beschaffen. Denn wenn ihm die Kaufsache schließlich doch noch angeboten wird, muss er entweder die überflüssige Sache annehmen und bezahlen oder er gerät in Annahmeverzug und trägt die Leistungs- und Preisgefahr (§§ 300 II[81], 326 II BGB[82]). Dem Gläubiger fehlt seine wirtschaftliche Dispositionsfreiheit, solange er noch an den Vertrag gebunden ist.[83] § 323 I BGB gibt dem Gläubiger das Recht, sich vom Vertrag zu befreien[84], indem er eine **angemessene Nachfrist** setzt und dem Schuldner eine letzte Chance zur Vertragserfüllung[85] gewährt. Nach erfolglosem Ablauf der Nachfrist ist er zur Ablehnung der ausstehenden Leistung berechtigt (Leistungszurückweisungsrecht)[86] und kann wählen, ob er Schadensersatz statt der Leistung fordern oder später angebotene Leistungen noch annehmen will.

BGH, NJW 2003, S. 1526 „Nach Ablauf der Frist ist der Auftraggeber nicht verpflichtet, die vom Auftragnehmer angebotene Nachbesserung anzunehmen. Die dem Auf-

---

77 Staudinger/Otto, § 326 Rn. B22; Schwab/Witt, S. 112, dort wird auf S. 113 erörtert, dass „vorübergehende Unmöglichkeit" so lange andauern kann, dass sie der dauerhaften Unmöglichkeit gleichgestellt werden muss. Vgl. Staudinger/Otto, § 326 Rn. B24. Der Rechtsauschuss wollte die Abgrenzung Rechtsprechung und Wissenschaft überlassen: BT-Drucks. 14/7052, S. 183, Nr. 6

78 Zur „Befreiungswirkung" Hans G. Leser, Rücktritt vom Vertrag, S. 87 – 93

79 Markus Finn, ZGS 2004, S. 32 – 38; BGH NJW 2003, S. 1526

80 S. u. A.III.3

81 Palandt/Heinrichs, § 300 Rn. 3

82 Palandt/Heinrichs, § 326 Rn. 10

83 Leser, Rücktritt vom Vertrag, S. 12 (bei Fn 48): „Die möglichst schnelle Wiederherstellung der Dispositionsfreiheit ist die eigentliche Triebfeder für den neuen Behelf [des Rücktritts vom Vertrag].“; zur Dispositionsfreiheit Finn, ZGS 2004, S. 32 (34)

84 AK/Dauner-Lieb, § 323 Rn. 1

85 AK/Dauner-Lieb, § 323 Rn. 10; Palandt/Heinrichs, § 323 Rn. 14

86 Finn, ZGS 2004, S. 32 (36)

traggeber nach dem fruchtlosen Ablauf der Nachbesserungsfrist zustehenden unterschiedlichen Gewährleistungsansprüche berechtigen ihn, zu entscheiden, welche Ansprüche er gegen den Auftragnehmer geltend machen will. Mit dem berechtigten Interesse des Auftraggebers, diese Entscheidung über die Art der Abwicklung zu treffen, ist es unvereinbar, dass der Auftragnehmer gegen dessen Willen die Mängel nachbessert."

Es ist umstritten, ob der Gläubiger das Leistungszurückweisungsrecht automatisch mit Ablauf der Frist erhält oder erst dann, wenn er ausdrücklich Schadensersatz statt der Leistung verlangt[87] bzw. den Rücktritt erklärt. Doch eindeutig hat der Gläubiger mit Ablauf der Nachfrist die Wahl zurückzutreten (§ 323 I BGB). Mit Ablauf der Nachfrist ist er von der Pflicht zur Annahme befreit, es sei denn, er verzichtet auf Rücktritt und Schadensersatz.[88]

Bei **Teil- und Schlechtleistung** entsteht unabhängig von der Pflicht zur Annahme die Frage, ob der Gläubiger empfangene Leistungen zurückgeben kann. Das Leistungszurückweisungsrecht entsteht gemäß § 323 I BGB durch den „Rücktritt vom Vertrag", der nur ein „Teilrücktritt"[89] ist, weil er sich nur auf die noch ausstehenden Leistungen bezieht. Das Recht zur Liquidation des gesamten Vertrages[90] einschließlich der Rückgabe des Empfangenen entsteht durch den „Rücktritt vom ganzen Vertrag". Dieser ist nur unter zusätzlichen Voraussetzungen möglich: Der Verzug mit einer Teilleistung muss das Interesse des Gläubigers entfallen lassen (§ 323 V 1 BGB). Und der Verzug mit Nachbesserung oder Nacherfüllung bei Schlechtleistung darf keine „unerhebliche Pflichtverletzung" sein (§ 323 V 2 BGB). Der Rücktritt geschieht in zwei Schritten: Nach einer teilweisen oder schlechten Erfüllung kann der Gläubiger nach erfolglosem Ablauf einer Nachfrist die ausstehende (Nach-)Erfüllung zurückweisen (§ 323 I BGB: **Teilrücktritt**). Um auch das Empfangene zurückgeben zu können, müssen zusätzlich Interessefortfall oder eine nicht unerhebliche Pflichtverletzung vorliegen (§ 323 V BGB: **Totalrücktritt**[91]). Die Nachfrist ist gemäß § 323 II BGB entbehrlich bei ernsthafter Leistungsverweigerung (Nr. 1), beim relativen Fixge-

87 Für die automatische Befreiung Finn, ZGS 2004, S. 32 – 38; BGH NJW 2003, S. 1526; dagegen (d. h. für ein Erfüllungsrecht während der „Schwebezeit"): Huber/Faust, S. 126 Rn. 155; MüKo/Ernst, § 281 Rn. 79 ff.; Erman/Westermann, § 281 Rn. 20

88 Verzicht durch Annahme der Leistung nach Ablauf der Nachfrist: Erman/Westermann, § 281 Rn. 20; MüKo/Ernst, § 281 Rn. 79

89 Staudinger/Otto, § 323 Rn. B129, C3, C28; AK/Dauner-Lieb, § 323 Rn. 23; Begriff schon bei SchuldRKom, S. 168

90 Staudinger/Otto, § 323 Rn. C29 spricht von „Gesamtliquidation"; MüKo/Ernst, § 323 Rn. 240 vom „Totalrücktritt"

91 MüKo/Ernst, § 323 Rn. 203, 240

schäft[92] (Nr. 2) und allgemein, wenn dem Gläubiger in Abwägung mit den Interessen des Schuldners ein weiteres Abwarten unzumutbar ist[93] (Nr. 3).

c) Bei Teilleistung: Interessefortfall nach § 323 V 1 BGB

Bei Teilleistung kann der Gläubiger das Warten auf die ausstehende Teilleistung durch den erfolglosen Ablauf einer Nachfrist beenden (§ 323 I BGB) und teilweise zurücktreten. Will er darüber hinaus den gesamten Vertrag liquidieren und alles Empfangene zurückgehen lassen (Totalrücktritt), so muss er nachweisen, dass er an der Teilleistung kein Interesse hat (§ 325 V 1 BGB). Maßgeblich zu beachten ist dabei, dass der Gläubiger nur eine geminderte Gegenleistung erbringen muss und bei Vertretenmüssen Ersatz für die fehlende Leistung erhält (§§ 280 I, 281 I 1 BGB): „Für das fehlende Interesse ist also entscheidend, ob der Gläubiger nach seinen Verhältnissen bei objektiver Beurteilung kein Interesse mehr daran hat, die schon empfangene Teilleistung für eine entsprechend geminderte Gegenleistung zu erhalten, namentlich, weil seine konkreten Zwecke mit der Teilleistung auch nicht partiell verwirklicht werden können, und sich die fehlenden Teile nicht oder nur mit Mühe beschaffen lassen." (**Wolfgang Ernst**[94])

d) Bei Schlechtleistung: unerhebliche Pflichtverletzung nach § 323 V 2 BGB

Bei Lieferung einer mangelhaften Sache muss der Käufer eine zweite Chance zur Vertragserfüllung einräumen (§ 323 I BGB). Der Verkäufer hat das **Recht zur zweiten Andienung.**[95] Dieses Recht entfällt, wenn der Schuldner die Nacherfüllung ernsthaft verweigert (§ 323 II Nr. 1 i.V.m. 439 III, 440 1 BGB), ein (relatives) Fixgeschäft vorliegt (§ 323 II Nr. 2 BGB) oder weiteres Abwarten unzumutbar bzw. die Nacherfüllung fehlgeschlagen ist (§§ 323 II Nr. 3 i.V.m. § 440 1 BGB). Der Gläubiger kann sich von der Pflicht zur Annahme der Nacherfüllung befreien, indem er eine angemessene Nachfrist setzt. Nach erfolglosem Ablauf kann er jede weitere Andienung zurückweisen und vom Vertrag (teilweise) zurücktreten (§ 323 I BGB). Damit gewinnt er seine wirtschaftliche Dispositionsfreiheit zurück, um die notwendige Reparatur oder Ersatzbeschaffung vorzunehmen. Die mangelhafte Sache muss er allerdings behalten, denn zu Totalrücktritt und Rückgabe ist der Gläubiger nur berechtigt, wenn die Schlecht-

---

92 AK/Dauner-Lieb, § 323 Rn. 17

93 Palandt/Heinrichs, § 323 Rn. 22; MüKo/Ernst, § 323 Rn. 122 – 130

94 MüKo, § 323 Rn. 203 (in Fn 361 m.w.N. zur Rechtsprechung des BGH zum alten Recht)

95 AK/Dauner-Lieb, § 323 Rn. 10; RegE, BT-Drucks. 14/6040 S. 89 (zum BGBaF), S. 94, 138, 180 ff; Erman/Westermann, § 323 Rn. 13; Huber/Faust, S. 188 Rn. 25 ff.

leistung eine nicht „unerhebliche Pflichtverletzung“ darstellt (§ 323 V 2 BGB). An dieser Stelle weicht das neue Schuldrecht vom CISG ab, das für die Vertragsaufhebung bei Schlechtleistung eine „wesentliche Vertragsverletzung“ verlangt, Art. 49 I a CISG.[96] Ulrich Huber hatte in § 462 IV seines Entwurfs die Beschränkung auf die „wesentliche Vertragsverletzung“ gefordert.[97] Doch der Abschlussbericht der Schuldrechtskommission 1992 sah in § 323 III Nr. 1 BGB-KE nur das Kriterium der nicht „unerheblichen Pflichtverletzung“ vor.[98] Der Regierungsentwurf nahm dies auf und formte die heutige Regelung[99]: „Es besteht in diesen Fällen gewöhnlich kein Grund, den Gläubiger am Vertrag teilweise festzuhalten, wenn die Leistung Mängel aufweist. Dies ist nur gerechtfertigt, wenn die Pflichtverletzung unerheblich und damit das Leistungsinteresse des Gläubigers im Grunde nicht gestört ist. § 323 Abs. 1 in Verbindung mit Abs. 4 Satz 2 [Regierungsentwurf] schreibt deshalb vor, dass der Gläubiger bei Schlechtleistung des Schuldners nach erfolgloser Fristsetzung grundsätzlich auch vom ganzen Vertrag zurücktreten können soll. Dies gilt nur dann nicht, wenn die Pflichtverletzung unerheblich ist.“[100]

Gegenüber dem CISG ist die Beweislast bzw. das Regel-Ausnahme-Verhältnis[101] verschoben, denn nicht der Gläubiger muss die Wesentlichkeit, sondern der Schuldner die Unerheblichkeit nachweisen.[102] Außerdem scheint „unerheblich“ eine inhaltlich weniger strenge Schranke aufzustellen als „fundamental“ in Art. 25 CISG.[103] In dieser Offenheit gegenüber dem Rücktritt setzt sich scheinbar[104] die Tradition der ädilizischen Wandlung fort.[105] Der Unterschied ist allerdings, dass die Wandlung im neuen BGB den „großen“ Schadensersatz „statt der ganzen Leistung“ auslöst, wenn der Schuldner die Leistungsstörung zu vertreten hat. Diese Kombination von Rückgabe und Schadensersatz bei Schlechtleistung

---

96 Vgl. Schlechtriem/Müller-Chen, Art. 49 CISG, Rn. 4 ff.; s. u. C.I.2.b

97 Gutachten zur Überarbeitung des Schuldrechts, 647 (683, Begründung 705 ff.)

98 SchuldRKom, S. 293, Erläuterungen, S. 169 ff.

99 Damals noch in § 323 IV 2 KF, vgl. Canaris, JZ 2001, S. 499 (527)

100 BT-Drucks. 14/6040, S.187

101 AK/Dauner-Lieb, § 323 Rn. 24

102 MüKo/Ernst, § 323 Rn. 243 a. E.; v. Westphalen/Dedek, § 281 Rn. 50

103 Eingehend MüKo/Ernst, § 323 Rn. 243, der trotz des Wortlauts das BGB in der Auslegung an das CISG annähern möchte; ähnlich v. Westphalen/Dedek, § 281 Rn. 52 und Staudinger-Otto, § 323 Rn. C28; a. A. AK/Dauner-Lieb, § 323 Rn. 24 für die Fortsetzung der Bagatellschwelle des § 459 I 2 BGBaF; vgl. auch Erman/ Westermann, § 323 Rn. 27

104 Das ist umstritten (s. u. A.IV.2.b.aa) und sollte im Ergebnis vermieden werden (s. u. D.II.1.a).

105 Die Wandlung war nur durch die Bagatellschwelle des § 459 I 2 BGBaF beschränkt. Vgl. v. Westphalen/Dedek, § 281 Rn. 52; MüKo/Ernst, § 323 Rn. 243; Palandt/Putzo (60.A.), § 459 BGBaF Rn. 13

ist die auffälligste Veränderung durch die Schuldrechtsreform. In der vorliegenden Arbeit steht sie bei der Untersuchung der Kombination von Rücktritt und Schadensersatz im Mittelpunkt.

e) Bei Nebenpflichtverletzungen: Unzumutbarkeit nach § 324 BGB

Die Schuldrechtsreform wollte die positive Forderungsverletzung ins BGB integrieren[106] und einen einheitlichen Haftungstatbestand einführen, der nicht mehr zwischen Haupt- und Nebenpflichten unterscheidet.[107] § 280 I BGB sieht deshalb für alle zu vertretenen Pflichtverletzungen eine Schadensersatzhaftung vor. Das CISG setzt die Vereinheitlichung der Rechtsfolgen auch für die Vertragsaufhebung um: Für alle Leistungsstörungen gilt, dass eine „wesentliche" Vertragsverletzung zum Rücktritt berechtigt.[108] Diese Vereinfachung hat sich im BGB nicht durchgesetzt. Es wird weiterhin nach der Art der Verpflichtung unterschieden.[109] Pflichten i.S.v. § 241 I BGB („**leistungsbezogene Pflichten**"[110]) werden nach den für alle Pflichtverletzungen geltenden Regeln behandelt. Teilrücktritt ist nach erfolglosem Ablauf einer Nachfrist möglich (§ 323 I BGB), Totalrücktritt nur nach den zusätzlichen Voraussetzungen des § 323 V BGB. Bei Pflichten i.S.v. § 241 II BGB hingegen (sog. **nicht-leistungsbezogene Nebenpflichten**[111]) macht die Sonderregel des § 324 BGB den Rücktritt[112] davon abhängig, dass ein „Festhalten am Vertrag nicht mehr zuzumuten ist".

---

106 SchuldRKom, S. 17 f.

107 Ulrich Huber, Gutachten zur Überarbeitung des Schuldrechts, S. 647 (752); Däubler-Gmelin, JZ 2001, S. 2281 (2284); BT-Drucks. 14/6040 S. 92, 134 f.

108 Art. 49 I a CISG

109 Bundesrat und Bundesregierung haben die Unterscheidung kritisiert, sich aber nicht durchgesetzt: BT-Drucks. 14/6857, Bundesrat, S. 13 (Nr. 31), S. 21 (Nr. 67), Bundesregierung, S. 50 (Nr. 31), S. 57 (Nr. 67); s. u. D.V.7.a

110 Staudinger/Otto, § 324 Rn. 7, § 323 Rn. A31; Erman/Westermann, § 323 Rn. 1; MüKo/Ernst, § 281 Rn. 14 ff.; Münch ,Jura 2002, S. 361 (369); Der Rechtsauschuss spricht von „leistungsbegleitender Pflichtverletzung", BT-Drucks. 14/7052, S. 186 zu § 282

111 Erman/Westermann, § 324 Rn. 1; man spricht auch von „Schutzpflichten": Erman/Westermann, § 241 Rn. 11, AK/Dauner-Lieb, § 241 Rn. 4; Staudinger/Otto, § 324 Rn. 24; Medicus, Das neue Schuldrecht, S. 109 Rn. 129, spricht von der „leistungsfernen Schutzpflichtverletzung"

112 Es ist fraglich, ob der Totalrücktritt zusätzliche Voraussetzungen verlangt: v. Westphalen/Dedek § 282 Rn. 9; AK/Dauner-Lieb, § 283 Rn. 8. Allerdings müssen bei der Unzumutbarkeit ohnehin alle Interessen beachtet werden: Staudinger/Otto, § 324 Rn. 73

§ 324 BGB sieht keine Nachfristsetzung vor, weil die von § 241 II BGB behandelten **Schutz- und Rücksichtnahmepflichten**[113] in der Regel nicht einklagbar sind. Solche Schutzpflichten zeichnen sich dadurch aus, dass man durch eigene Sorgfalt einen bestimmten Erfolg zu vermeiden hat, nämlich den Schadenseintritt beim Vertragspartner. Eine konkrete Handlung kann hierfür im Vorhinein nicht benannt und deswegen auch nicht als Leistung eingefordert werden.[114] Der Schutzauftrag währt für die gesamte Dauer der Vertragsbeziehung und ist weder zu einem bestimmten Zeitpunkt fällig[115] noch innerhalb einer Frist erfüllbar.[116] Deshalb kann keine Frist zur Erfüllung gesetzt werden. Außerdem besteht die „Nichterfüllung" einer Schutzpflicht in dem Eintritt des unerwünschten Erfolges. Eine Nacherfüllung – also die nachträgliche Vermeidung des Erfolgs – ist nicht möglich und eine Nachfrist daher sinnlos.[117]

Das Kriterium der Unzumutbarkeit knüpft an die Rechtsprechung zum alten BGB an, wonach eine positive Forderungsverletzung zum Rücktritt berechtigte, wenn ein weiteres Festhalten am Vertrag nach Treu und Glauben unzumutbar war.[118] Ob das Festhalten unzumutbar ist, stellt eine Wertung dar, für die alle Umstände des Einzelfalles zu beachten sind.[119] Bei der notwendigen umfassenden Interessenabwägung[120] ist zu berücksichtigen, dass das Integritätsinteresse des Geschädigten auch ohne Rücktritt durch den Schadensersatz nach §§ 280 I, 241 II BGB geschützt wird.[121]

Auch bei Nebenpflichtverletzungen entsteht die Frage, ob eine Teilstörung den Gläubiger zur Auflösung des gesamten Vertrages berechtigen soll (Totalrücktritt).[122] Bei Schlecht- und Teillieferung bedeutet der Totalrücktritt die Rückgabe der empfangenen Leistungen (Wandlung). Auch bei Nebenpflichtverletzun-

---

113 Erman/Westermann, § 324 Rn. 1; AK/Dauner-Lieb, § 241 Rn. 4; Staudinger/Otto, § 324 Rn. 23 ff.

114 Staudinger/Otto, § 324 Rn. 29 – 32; AK/Dauner-Lieb, § 241 Rn. 11

115 Staudinger/Otto, § 324 Rn. 27; Fälligkeit wird in § 323 I BGB vorausgesetzt

116 Staudinger/Otto, § 324 Rn. 27; nach Münch, Jura 2002, S. 361 (365), fehlen den Schutzpflichten Schuldner und Gläubiger im eigentlichen Sinne

117 AK/Dauner-Lieb, § 324 Rn. 7: im Zweifel gilt § 323 I BGB, wenn Nacherfüllung in Betracht kommt; Gieseler, ZGS 2003, S. 408 (409) spricht vom „irreparablen Schaden" durch Verletzung einer Pflicht i.S.v. § 241 II BGB

118 Palandt/Heinrichs (60.A.), § 276 BGBaF Rn. 124; BGHZ 11, 84; BGH NJW 1969, S. 975; BGH NJW-RR 1996, S. 950; Staudinger/Otto, § 324 Rn. 50 m.w.N.

119 AK/Dauner-Lieb, § 324 Rn. 8; Staudinger/Otto, § 324 Rn. 53

120 Staudinger/Otto, § 324 Rn. 53 – 59; Unzumutbarkeit liegt insbesondere vor bei unannehmbaren Begleitumständen, Schaden an Leben und Gesundheit, Arglist, Wegfall der Vertrauensgrundlage, Gefährdung des Vertragszwecks.

121 Erman/Westermann, § 324 Rn. 6; Staudinger-Otto, § 324 Rn. 53; AK/Dauner-Lieb, § 324 Rn. 7

122 v. Westphalen/Dedek, § 282 Rn. 9

gen beinhaltet ein Totalrücktritt das Rückgaberecht, doch wenn noch Leistungen ausstehen, dann berechtigt der Totalrücktritt auch zur Annahmeverweigerung. Für die Gewähr von Totalrücktritt und Rückgabe muss bestimmt werden, wie stark die Störung durch die Nebenpflichtverletzung sein muss, damit der Gläubiger auch die an sich ungestörten Leistungsteile zurückgeben oder zurückweisen darf. Hier unterscheidet das neue Schuldrecht die Nebenpflichten: Bei leistungsbezogenen Nebenpflichten gelten die Regeln für Schlecht- oder Teilleistung (§ 323 V BGB)[123]. Für nicht-leistungsbezogene Pflichten stellt § 324 BGB auf die Unzumutbarkeit ab. Es ist umstritten, ob § 324 BGB alle Voraussetzungen für den Totalrücktritt enthält[124] oder ob zusätzlich auch § 323 V BGB zur Anwendung kommt.[125] Da bei der Prüfung der Unzumutbarkeit alle beteiligten Interessen zu beachten sind, macht es allerdings keinen Unterschied, wenn man zusätzlich die nicht unerhebliche Pflichtverletzung oder den Interessefortfall prüft.[126] Für den Totalrücktritt ist also zu fragen, ob dem Gläubiger trotz der Schutzpflichtverletzung zugemutet werden kann, das Empfangene zu behalten und noch ausstehende Leistungen entgegenzunehmen.

f) Überblick

Das neue BGB unterscheidet bei den Voraussetzungen des Rücktritts danach, ob sich der Gläubiger nur von der Pflicht zur Annahme weiterer Erfüllungsversuche befreien möchte, um seine Dispositionsfähigkeit zurückzugewinnen (Teilrücktritt), oder ob er zusätzlich das Empfangene zurückgeben und die ganze Leistung zurückweisen will (Totalrücktritt). Die **Befreiung** wird durch Unmöglichkeit der Erfüllung bewirkt. Das ist der Fall, wenn a) der Gegenstand der Leistung untergeht, b) ein Mangel durch Nacherfüllung nicht behoben oder c) die Verletzung einer nicht-leistungsbezogenen Schutzpflicht nicht rückgängig gemacht werden kann.[127] Wenn eine (Nach-)Erfüllung hingegen noch möglich ist, kann der Gläubiger die Befreiung durch den erfolglosen Ablauf einer Nachfrist herbeiführen. Der Totalrücktritt inklusive der **Rückgabe** ist nur unter zusätzli-

123 Zur Frage, ob die Nebenpflichtverletzung Schlecht- oder Teilleistung ist, s. u. A.IV.2.a.dd/ee

124 Dafür u. a. Staudinger/Otto, § 324 Rn. 73; AK/Dauner-Lieb, § 282 Rn. 8; v. Westphalen/Dedek, § 282 Rn. 9

125 Dafür u. a. Erman/Westermann, § 324 Rn. 8; MüKo/Ernst, § 324 Rn. 12; Palandt/Heinrichs, § 324 Rn. 6 i.V.m. § 323 Rn. 32

126 Staudinger/Otto, § 324 Rn. 73: „Im Rahmen der Zumutbarkeitsprüfung ist nämlich eine umfassende beiderseitige Interessenabwägung vorzunehmen, bei der natürlich auch das Gläubigerinteresse an der Teilleistung eine wichtige Rolle spielt."; vgl. Palandt/Heinrichs, § 282 BGB Rn. 2 a. E.

127 Vgl. AK/Dauner-Lieb, § 282 Rn. 6 a. E., s. u. A.IV.1.c

chen Bedingungen möglich, nämlich nur wenn a) die Schlechterfüllung eine nicht unerhebliche Pflichtverletzung ist, b) der Gläubiger kein Interesse an der Teilerfüllung hat oder c) das Festhalten am Vertrag aufgrund der Verletzung einer Pflicht nach § 241 II BGB unzumutbar ist. Die Schranken für das Rücktrittsrecht sind also die angemessene Nachfrist (§ 323 I BGB), die „unerhebliche Pflichtverletzung" (§ 323 V 2 BGB), der Interessefortfall (§ 323 V 1 BGB) und die Unzumutbarkeit (§ 324 BGB).[128]

2. Schadensersatz statt der (ganzen) Leistung

Im neuen Schuldrecht haftet der Schuldner für alle Schäden, die er durch eine von ihm zu vertretene Pflichtverletzung ausgelöst hat (§ 280 I BGB). Dieser einheitliche Haftungstatbestand stammt aus dem Common Law (*damages for breach of contract*) und wurde auch ins CISG übernommen. [129] Diese Systeme verzichten darauf, über die einfache Haftungsregel hinaus noch Regelungen zum „Nichterfüllungsschaden" bzw. zum „Schadensersatz statt der Leistung" zu treffen. Das deutsche Schuldrecht hingegen hat diesen Begriff traditionell verwendet (z. B. in §§ 280, 325, 326, 463 BGBaF) und greift ihn auch im neuen Schuldrecht in §§ 281 – 283 BGB wieder auf. So kommt es, dass man den einfachen Schadensersatz „neben" der Leistung[130] vom Schadensersatz „statt" der Leistung abgrenzen muss. Die Unterscheidung basiert auf der Vorstellung, dass der Schadensersatz „statt" der Leistung dazu dient, die geschuldete Leistung zu ersetzen, wenn sie nicht mehr erbracht werden kann oder darf.[131] Der Schadensersatz „neben" der Leistung erfasst alle übrigen Schäden – mit Ausnahme des nochmals speziell geregelten Verzugsschadens (§§ 280 II, 286 BGB).

Stephan Lorenz: „Schadensersatz statt der Leistung ist [...] derjenige Schaden, der sich aus dem endgültigen Ausbleiben der Leistung ergibt. Die Leistung bleibt aber erst ab dem Zeitpunkt endgültig aus, in welchem sie der Schuldner nicht mehr erbringen kann

128 Der Vollständigkeit halber sei ergänzt: Ein Rücktritts- bzw. Kündigungsrecht sieht § 313 III BGB bei Störung der Geschäftsgrundlage vor. § 314 BGB gibt bei Dauerschuldverhältnissen ein außerordentliches Kündigungsrecht aus wichtigem Grund. Und zuletzt kann ein Rücktrittsrecht vertraglich vereinbart werden, § 346 BGB.

129 Art. 45 I b i.V.m. Art. 74 – 77 CISG

130 Stephan Lorenz, NJW 2002, S. 2497 (2500, 2504); ders., ZGS 2004, S. 408 (409 f.); Erman/Westermann, § 280 Rn. 20

131 Bamberger/Roth/Grüneberg, § 281 Rn. 3: „Die §§ 281 bis 283 regeln die Umwandlung des Erfüllungsanspruches in einen Schadensersatzanspruch. Sie sind daher nur auf Schäden anwendbar, die durch die Nichterfüllung einer Leistungspflicht verursacht worden sind [...]."; AK/Dauner-Lieb, § 281 Rn. 1

(§ 275 I – III BGB) oder nicht mehr erbringen darf, weil der Gläubiger statt ihrer Schadensersatz geltend machen kann [...].“

Da der Schadensersatz statt der Leistung erst gefordert werden kann, wenn der Schuldner nicht mehr leisten kann oder darf, müssen §§ 281 – 283 BGB auf die Frage eingehen, wann die Primärleistung unmöglich ist (§ 283 BGB) oder zurückgewiesen werden darf (§§ 281, 282 BGB). Und um dem Geschädigten das volle Äquivalenzinteresse lückenlos zu sichern (§ 280 I BGB), gewähren die §§ 281 - 283 BGB den Erfüllungsschaden immer dann, wenn die Primärleistung auf Dauer ausbleibt: „Schadensersatz statt der Leistung“ steht offen, sobald ein dauerhaftes Leistungshindernis vorliegt (§§ 275, 283 BGB) und sobald der Gläubiger nach einem Teilrücktritt (§§ 323 I, 324 BGB) weitere Erfüllungsversuche zurückweist (§§ 281 I, 282 BGB). Hat der Gläubiger zusätzlich das Recht, empfangene Leistungen zurückzugeben (Totalrücktritt nach §§ 323 V, 324 BGB), so steht ihm der „Schadensersatz statt der ganzen Leistung“ zu. Um das Erfüllungsinteresse lückenlos zu sichern, enthalten §§ 281 - 283 BGB neben dem Vertretenmüssen aus § 280 I 2 BGB für den Nichterfüllungsschaden keine von den Rücktrittsregeln abweichenden Voraussetzungen. Die §§ 281 – 283 und §§ 323 – 326 BGB sind **spiegelbildlich** ausgestaltet[132] und enthalten jeweils die gleichen Voraussetzungen für den Rechtsbehelf der Kombination von Schadensersatz und Rücktritt.

Letztlich haben §§ 281 – 283 BGB bei gegenseitigen Verträgen gegenüber §§ 323 – 326 BGB keinen eigenständigen Regelungsgehalt.[133] Die Regel, dass bei Vertretenmüssen immer das volle Äquivalenzinteresse zu ersetzen ist (§ 280 I BGB), reicht aus, damit der Gläubiger bei Teilrücktritt zusätzlich zum Schadensersatz „neben“ der Leistung auch den „kleinen“ Schadensersatz „statt“ der Leistung, und bei Totalrücktritt den „großen“ Schadensersatz[134] statt der ganzen Leistung bekommt. Wie Common Law und CISG zeigen, ist die Regelung des „Nichterfüllungsschadens“ überflüssig. Es reicht, den Rücktritt zu regeln und seine Kombination mit dem Schadensersatz zuzulassen. Dann sind die Voraussetzungen für die Befreiung von der Annahmepflicht und die Rückgabe aller empfangenen Leistungen zugleich die zusätzlichen Voraussetzungen für den

---

132 Canaris, JZ 2001, S. 499 (513) spricht vom „Gleichlauf“ und „Parallelismus“ der Vorschriften; v. Westphalen/Dedek vor §§ 280 – 291 Rn. 7; Staudinger/Otto, § 323 Rn. A21: „sehr weitgehend synchronisiert“; vgl. Dörner/Staudinger, S. 57

133 Oder umgekehrt: §§ 323 – 326 BGB wiederholen für gegenseitige Verträge nur die Kriterien der §§ 281 – 283 BGB.

134 Bamberger/Roth/Grüneberg, § 281 Rn. 65, 66; Erman/Westermann, § 281 Rn. 35; Staudinger/Otto, § 281 Rn. C34; Palandt/Heinrichs, § 281 Rn. 46 – 47

kleinen und großen Schadensersatz, die zum Vertretenmüssen hinzukommen.[135] Das alte BGB hingegen musste Nichterfüllungsschaden und Rücktritt getrennt regeln, weil es das Erfüllungsinteresse nicht lückenlos schützte[136] und nicht bei jeder zu vertretenen Leistungsstörung Schadensersatz zusprach.

a) Bei Ausschluss der Leistungspflicht: §§ 283, 311a II BGB

Die Kombination von Schadensersatz statt der Leistung und Rücktritt ist bei Unmöglichkeit immer eröffnet, wenn der Schuldner das Leistungshindernis zu vertreten hat, §§ 275, 280 I, III, 283, 311a II[137] i.V.m. § 326 V BGB. Der Gläubiger kann dann für die ausbleibende Primärleistung Schadensersatz verlangen. Bei Teilunmöglichkeit ist der Gläubiger zunächst nur zum Teilrücktritt berechtigt und kann Schadensersatz statt der Leistung nur für den unmöglichen Teil fordern, §§ 275, 280 I, III, 283, 311a II i.V.m. § 326 V BGB. Schadensersatz statt der ganzen Leistung und die Rückgabe des Empfangenen stehen ihm nur zu, wenn er an der Teilleistung kein Interesse hat, §§ 283 2, 311 II 3, 281 I 2 i.V.m. §§ 326 V 2. Hs., 323 V 1 BGB. Auch bei qualitativer Unmöglichkeit (unbehebbarer Mangel, Unmöglichkeit der Nacherfüllung) kann der Gläubiger Schadensersatz statt der ganzen Leistung nur fordern, wenn ihm die Rückgabe des Empfangenen erlaubt ist, nämlich nur wenn eine nicht unerhebliche Pflichtverletzung vorliegt, §§ 283 2, 311a II 3[138], 281 I 3 i.V.m. §§ 326 V 2. Hs., 323 V 2 BGB. Bei zeitweiliger Unmöglichkeit muss der Gläubiger wie beim Verzug eine Nachfrist setzen, um sich nach deren erfolglosem Verstreichen vom Vertrag befreien und Schadensersatz statt der Leistung erhalten zu können, §§ 281 I 1 i.V.m. § 323 I BGB.[139]

---

135 S. u. C.VI.1.b-d

136 Zum Beispiel in § 463 BGBaF

137 § 311a II BGB verändert nicht die Tatsache, dass der Schuldner bei Vertretenmüssen auf Schadensersatz statt der Leistung haftet, sondern verschiebt den Blickwinkel für die Beurteilung des Vertretenmüssens (vorvertragliche Pflichtverletzung).

138 Wenn der Mangel von Beginn an nicht zu beheben war, dann liegt bereits zum Zeitpunkt des Vertragsschlusses ein Leistungshindernis vor. Gemäß § 311a BGB verschiebt sich dann zwar der Bezugspunkt für die Bewertung des Vertretenmüssens, die Voraussetzungen für die Rückgewähr der bereits empfangenen Leistung bleiben jedoch aufgrund der Verweisung in § 311a II 3 BGB auf § 281 I Sätze 2 und 3 BGB unverändert.

139 Palandt/Heinrichs, § 275 Rn. 10 f.; Erman/Westermann, § 324 Rn. 21

b) Bei Verzug: angemessene Nachfrist nach § 281 I 1 BGB

Bei Verzug mit der gesamten Leistung steht dem Gläubiger die Kombination von Rücktritt und Schadensersatz statt der Leistung nach dem erfolglosen Verstreichen einer angemessenen Nachfrist zu, wenn der Schuldner die Verzögerung zu vertreten hat, §§ 280 I, III, 281 I 1 i.V.m. 323 I BGB. Bei Verzug mit einer Teilleistung kann der Gläubiger nach Ablauf der Nachfrist zunächst nur teilweise vom Vertrag zurücktreten und dementsprechend auch nur den Schadensersatz statt der ausbleibenden Teilleistung verlangen. Den darüber hinausgehenden Schadensersatz statt der ganzen Leistung kann er nur fordern, wenn er zur Rückgabe der empfangenen Teilleistung berechtigt ist. Das ist nur dann der Fall, wenn er an der Teilleistung und dem ergänzenden einfachen Schadensersatz statt der Leistung kein Interesse hat, §§ 281 I 2 i.V.m. § 323 V 1 BGB. Auch bei Schlechtleistung steht der große Schadensersatz erst offen, wenn eine nicht unerhebliche Pflichtverletzung die Rückgabe rechtfertigt, §§ 281 I 3 i.V.m. § 323 V 1 BGB.

c) Bei Teilleistung: Interessefortfall nach § 281 I 2 BGB

Sobald der Gläubiger im Falle einer Teilleistung vom Vertrag befreit ist, weil entweder die ausstehende Teilleistung unmöglich geworden ist (§§ 275, 283, 323 V BGB) oder er aufgrund des erfolglosen Ablaufs einer Nachfrist die Annahme weiterer Erfüllungsversuche ablehnen darf (§§ 281 I 1, 323 I BGB), kann er zusätzlich zum Schadensersatz „neben" der Leistung (§ 280 I) den Schadensersatz „statt" der Leistung verlangen, §§ 280 I, III, 281 I 1, 283 i.V.m. § 323 I, 326 V BGB. Das bedeutet, dass er alle bereits empfangenen Leistungen behalten muss und für die noch unerfüllten Leistungen Ersatz in Geld bekommt. Will er die empfangenen Leistungen zurückfließen lassen und auch hierfür Schadensersatz erlangen, muss die zusätzliche Voraussetzung für den „Schadensersatz statt der ganzen Leistung" bzw. für den „Rücktritt vom ganzen Vertrag" erfüllt sein, dass er an der Teilleistung kein Interesse hat, §§ 281 I 2 i.V.m. 323 V 1 BGB.

d) Bei Schlechtleistung: unerhebliche Pflichtverletzung nach § 281 I 3 BGB

Die Regelung der Schlechtleistung unterscheidet sich von der Teilleistung nur darin, dass die Kombination von Totalrücktritt (Rückgabe) und Schadensersatz statt der ganzen Leistung nur bei einer „unerheblichen Pflichtverletzung" ausgeschlossen ist, §§ 281 I 3 BGB i.V.m. 323 V 2 BGB.

e) Bei Nebenpflichtverletzungen: Unzumutbarkeit nach § 282 BGB

Auch bei Nebenpflichtverletzungen sind die Voraussetzungen für Rücktritt und Schadensersatz parallel. Bei der Verletzung einer leistungsbezogenen Nebenpflicht muss der Gläubiger dem Schuldner durch eine Nachfrist die Gelegenheit zur Nacherfüllung geben, bevor er vom Vertrag zurücktreten und den Schadensersatz statt der Leistung reklamieren kann, §§ 281 I 1 i.V.m. 323 I BGB. Für Totalrücktritt und den entsprechenden „großen"[140] Schadensersatz statt der ganzen Leistung ist umstritten, ob wie bei Teilleistungen zusätzlich Interessefortfall vorliegen muss (sog. Teilnichterfüllung[141]) oder wie bei der Schlechterfüllung eine nicht unerhebliche Pflichtverletzung. Bei Verletzung einer nicht-leistungsbezogenen Nebenpflicht i.S.v. § 241 II BGB ist zunächst nur der kleine Schadensersatz geschuldet, der die Schäden aufgrund der Verletzung der Schutz- und Fürsorgepflichten ersetzt. Für das Recht, aufgrund der Teilstörung die gesamte Leistung zurückzuweisen (Totalrücktritt) und stattdessen den großen Schadensersatz zu fordern, muss das Festhalten am Vertrag unzumutbar sein, §§ 282, 324 BGB. Im Rahmen der erforderlichen Abwägung aller Interessen[142] ist darauf Rücksicht zu nehmen, dass den Schuldner der große Schadensersatz (inklusive der Rückgabe des Empfangenen) härter trifft als der kleine Schadensersatz, was nur durch gewichtige Interessen des Gläubigers gerechtfertigt werden kann: „Es muss für den Gläubiger nicht nur unzumutbar sein, die Leistung des Schuldners zukünftig anzunehmen, sondern außerdem unzumutbar sein, die bereits erbrachte Teilleistung zu behalten. Ein vollständiger Rücktritt wird für den Gläubiger daher wohl nur bei besonders schwerwiegenden Pflichtverletzungen des Schuldners möglich sein [...]." (**Hansjörg Otto**)[143]

f) Überblick

Das neue Schuldrecht gewährt dem geschädigten Gläubiger das volle Äquivalenzinteresse, wenn sein Schuldner eine Vertragsverletzung zu vertreten hat, § 280 I BGB. Deshalb steht dem Gläubiger zusätzlich zum Schadensersatz „neben" der Leistung, der das Integritätsinteresse wahren soll, der Schadensersatz „statt" der Leistung zur Verfügung, wenn die Primärleistung nicht mehr erbracht werden kann (Leistungshindernis) oder darf (Leistungszurückweisungsrecht). Darüber hinaus wird auch der Wert der bereits erbrachten Leistung ersetzt, wenn

---

140 Eingehend MüKo/Ernst, § 281 Rn. 136 – 160

141 S. u. A.IV.2.a.dd

142 Bamberger/Roth/Grothe, § 324 Rn. 6

143 Staudinger/Otto, § 324 Rn. 73; vgl. v. Westphalen/Dedek, § 282 Rn. 9

der Gläubiger zur Rückgabe berechtigt ist (großer Schadensersatz). Das neue Schuldrecht unterscheidet für den Schadensersatz zwischen der Befreiung des Gläubigers von seiner Pflicht zur Annahme einer Nacherfüllung (Teilrücktritt) und der zusätzlichen Rückgabe aller vertraglichen Leistungen (Totalrücktritt).

Das Pendant zum Teilrücktritt ist der Schadensersatz statt der Leistung (**kleiner Schadensersatz**). Ihre Kombination ermöglicht dem Gläubiger, für die dauerhaft ausbleibende Leistung Ersatz in Geld zu verlangen, wenn entweder Unmöglichkeit vorliegt (§§ 283, 326 V BGB) oder der Gläubiger nach erfolglosem Verstreichen einer Nachfrist alle zukünftigen Erfüllungsversuche ablehnen darf (§§ 281 I 1, 323 I BGB). Es handelt sich um die Umwandlung des Primäranspruchs auf Erfüllung in den Sekundäranspruch auf Schadensersatz.[144] Ist die Leistung noch möglich, kann der Gläubiger seinen Erfüllungsanspruch durch eine erfolglose Nachfrist in einen Schadensersatzanspruch umwandeln und auf Kosten des Schuldners einen Ersatz erwerben. Das Pendant zum Totalrücktritt ist der Schadensersatz statt der ganzen Leistung (**großer Schadensersatz**). Dieser kann nur unter zusätzlichen Voraussetzungen verlangt werden, nämlich für Schlechtleistungen nur nach einer nicht unerheblichen Pflichtverletzung (§§ 281 I 3, 323 V 2 BGB), für Teilleistungen nur bei Interessefortfall (§§ 281 I 2, 323 V 1 BGB) und für die Verletzung nicht-leistungsbezogener Nebenpflichten nur bei Unzumutbarkeit des Festhaltens am Vertrag (§§ 282, 324 BGB). Der Gläubiger kann also seinen Rücktritt immer mit dem entsprechenden Nichterfüllungsschaden kombinieren und sich den Ausfall der Leistung voll kompensieren lassen. Die Schranken für diese Kombination sind die angemessene Nachfrist (§ 281 I 1 BGB), die nicht unerhebliche Pflichtverletzung bei Schlechtleistung (§ 281 I 3 BGB), der Interessefortfall bei Teilleistung (§ 281 I 2 BGB) und die Unzumutbarkeit bei nicht-leistungsbezogenen Nebenpflichten (§ 282 BGB). Diese vier Schranken werden in der vorliegenden Arbeit darauf untersucht, ob sie den auszugleichenden Interessen von Käufer und Verkäufer gerecht werden.

3. Veränderungen im Vergleich zum alten Schuldrecht

Im Folgenden wird untersucht, in welchen Fällen die Schuldrechtsreform für die Kombination von Schadensersatz und Rücktritt neue Voraussetzungen geschaffen hat. Auf den ersten Blick hat § 325 BGB die Kombination gänzlich neu eingeführt, da früher Nichterfüllungsschaden und Rücktritt grundsätzlich nur al-

144 Bamberger/Roth/Grüneberg, § 281 Rn. 3; v. Westphalen/Dedek, § 281 Rn. 47

ternativ vorgesehen waren (vgl. §§ 325, 326, 463 BGBaF[145]). Tatsächlich aber war die Kombination schon im alten Schuldrecht in vielen Fällen vorgesehen, nämlich als „Nichterfüllungsschaden" und „großer Schadensersatz". Durch kreative Rechtsfortbildung wurde das Modell der ädilizischen Rechtsbehelfe aufgeweicht und die Kombination in immer mehr Fällen zugänglich gemacht. Die Schuldrechtsreform hat diese Entwicklung konsequent zu Ende geführt und die Kombination für alle Fälle des Rücktritts zugelassen. Letztlich beschränken sich die tatsächlichen Veränderungen im Vergleich zum letzten Stand der Rechtsprechung zum alten BGB auf die Zulässigkeit der Kombination bei Schlechtlieferung.

a) Ausschluss der Leistungspflicht, § 325 I BGBaF

Zusätzlich zur Befreiung durch Unmöglichkeit stand dem Gläubiger bei Vertretenmüssen des Schuldners durch den „Schadensersatz wegen Nichterfüllung" (§ 325 I 1 BGBaF) auch im alten Schuldrecht der Schadensersatz statt der Leistung zu. Dieses Ergebnis wird heute durch die §§ 326 V, 311a II, 283 BGB erreicht. Das alte Schuldrecht gab dem Gläubiger in § 325 I 1 BGBaF alternativ das Recht zum „Rücktritt". Rücktritt bedeutete, dass der Gläubiger an den Vertrag nicht mehr gebunden war, seine eigene Leistung nicht mehr zu erbringen hatte und zugleich den Anspruch auf Schadensersatz verlor. Beim „Nichterfüllungsschaden" war der Gläubiger genauso wenig zur Gegenleistung verpflichtet, denn er konnte die Preisforderung gegen seinen Schadensersatzanspruch aufrechnen (§ 387 BGBaF). Im eher theoretischen Fall einer nicht aufrechenbaren Gegenleistung (z. B. beim Tausch) befreite ihn die sog. **Differenztheorie** ohne Rücktritt von seiner Leistungspflicht und gestand ihm zu, den Wert der Gegenleistung mit dem Nichterfüllungsschaden zu verrechnen.[146] „Rücktritt" und Schadensersatz waren also nur vordergründig alternativ ausgestaltet. Tatsächlich beinhaltete der „Nichterfüllungsschaden" genauso wie der heutige „Schadensersatz statt der Leistung" vollständig die Loslösung vom Vertrag durch einen „Teilrücktritt".[147] Durch den „Rücktritt" konnte der Gläubiger deshalb nichts

---

145 Zur früheren Rechtslage Staudinger/Otto, § 325 Rn. 2 – 11, insb. Rn. 3; Ernst Rabel, Warenkauf I, S. 429 ff.

146 Palandt/Heinrichs (60. A.), § 325 BGBaF Rn. 10 – 13, zur „abgeschwächten Differenztheorie" Rn. 11; vgl. BGHZ 20, 343 (347); 87, 158; Rabel, Warenkauf I, S. 432 – 434; Staudinger/Otto, § 325 Rn. 9; vgl. Leser, Rücktritt, S. 122 – 138

147 Huber, Gutachten zur Überarbeitung des Schuldrechts, 647 (713); Rabel, Warenkauf I, S. 432 – 435 und zum früheren § 921 ABGB (Österreich), S. 186; Leser, Rücktritt, S. 131: Der Nichterfüllungsschaden sei „im Ergebnis die Kombination

hinzugewinnen und nur den Anspruch auf Schadensersatz verlieren. „Rücktritt" war der unnötige Verzicht auf einen Ausgleich für das verletzte Erfüllungsinteresse (Äquivalenzinteresse): „Der Gesetzgeber stellt dem durch die Vertragsverletzung betroffenen Gläubiger mit dem Rücktritt (oder der Wandelung) einen Rechtsbehelf zur Verfügung, durch dessen Benutzung der Gläubiger sich in aller Regel nur selbst schaden kann. [...] zurückzutreten ist ein juristischer Kunstfehler." **(Ulrich Huber)**[148]

Bei teilweiser Unmöglichkeit gewährte das alte Schuldrecht über Befreiung und kleinen Schadensersatz hinaus auch die Kombination von Totalrücktritt und großem Schadensersatz als „Schadensersatz wegen Nichterfüllung der ganzen Verbindlichkeit" (§ 325 I 2 BGBaF). Wie heute in §§ 281 I 2, 323 V 1 BGB war die zusätzliche Voraussetzung für die Rückgewähr des Empfangenen, dass „die teilweise Erfüllung des Vertrags für [den Gläubiger] kein Interesse hat".[149] Auch hier bot der alternative „Rücktritt" nur den Nachteil, dass man auf den Ersatz seines Erfüllungsinteresses verzichtete.[150] Für die Kombination bei unbehebbarer Schlechtleistung (qualitative Unmöglichkeit[151]) bot das alte Schuldrecht keine einheitliche Regel, weil Gattungs- und Stückkauf sowie Rechts- und Sachmängel unterschiedlich behandelt wurden. Das ursprüngliche Modell für das besondere Kauf-Gewährleistungsrecht waren die römisch-rechtlichen ädilizischen Rechtsbehelfe, die nur Wandlung und Minderung gewährten und Schadensersatz ganz ausschlossen.[152] Hier stand weder der kleine Schadensersatz offen, noch war es möglich, die Rückgewähr des Empfangenen (Wandlung) mit dem großen Schadensersatz zu verbinden.

Beim Stückkauf[153] bildete **§ 463 BGBaF** einen Einbruch in dieses System und eröffnete bei Arglist und zugesicherter Eigenschaft[154] alternativ zu Wandlung und Minderung den Nichterfüllungsschaden. Da die Wandlung nur alterna-

---

von Befreiungswirkung, wie sie ursprünglich dem Rücktritt vorbehalten war, mit dem Schadensersatz", vgl. Fn. 89 m.w.N.

148 Huber a.a.O., S. 715 f.

149 Erman/Battes (9. A.), § 325 BGBaF Rn. 32; Palandt/Heinrichs (60. A.), § 325 BGBaF Rn. 26

150 Die in § 325 I Satz 2 BGBaF enthaltene Verweisung auf § 280 II BGBaF machte das Rücktrittsrecht (§§ 346 – 356 BGBaF) anwendbar, so dass der „Rücktritt" keine über den „Schadensersatz statt der ganzen Verbindlichkeit" hinausgehende Wirkung hatte. Vgl. Erman/Battes (9. A.), § 325 Rn. 32

151 Stephan Lorenz, JZ 2001, S. 742 (743); ders., NJW 2002, . 2584; v. Westphalen/Dedek, § 283 Rn. 3

152 Leser, Rücktritt vom Vertrag, S. 41 ff.

153 Dessen Regeln auch bei unbehebbaren Mängeln galten: Palandt/Heinrichs (60 A.), § 306 BGBaF Rn. 14

154 § 459 II BGBaF

tiv zur Verfügung stand, war eigentlich nur der kleine Schadensersatz gemeint. Rückgewähr der mangelhaften Sache und großer Schadensersatz waren ursprünglich nicht kombinierbar. Die Rechtsprechung hat sich allerdings über den Wortlaut hinweggesetzt[155] und dem Gläubiger auch den „großen Schadensersatz" gewährt[156], der die Wandlung bzw. das Rückgaberecht mitumfasste. Eine Entscheidung für die „Wandlung" bot deshalb – wie der Rücktritt bei § 325 BGBaF – keine Vorteile und bedeutete wieder nur den Verzicht auf den Erfüllungsschaden.[157] Auch beim **Gattungskauf** bot § 480 II BGBaF dem Wortlaut nach nur den kleinen Schadensersatz alternativ zur Wandlung bei Arglist und zugesicherter Eigenschaft. Und auch hier gewährte die Rechtsfortbildung den großen Schadensersatz, der die Wandlung faktisch miteinschloss.[158] Hier ging die Entwicklung hin zum großen Schadensersatz noch weiter, denn in § 480 I BGB wurde ein Einfallstor gefunden, um dem Käufer auch bei gewöhnlichen Mängeln ohne Wandlung die Zurückweisung der gesamten Lieferung zu gewähren. Dass § 480 I 1 BGBaF dem Käufer alternativ einen Anspruch auf Nachlieferung gab, wurde so verstanden, dass der Erfüllungsanspruch bei mangelhafter Leistung nicht untergehe: „Der Anspruch des Käufers aus § 480 I BGB auf Ersatzlieferung ist der ursprüngliche Erfüllungsanspruch." (BGH)[159] Das gab dem Käufer neben den ädilizischen Rechtsbehelfen auch die Rechtsbehelfe des allgemeinen Leistungsstörungsrechts aus §§ 320 ff. BGBaF.[160] Bei einem unbehebbaren Mangel konnte der Käufer daher die Waren ablehnen, sobald die Ware nicht „mittlerer Art und Güte"[161] war und eine nicht „unerhebliche Minderung des Wertes oder der Tauglichkeit" vorlag.[162] Da eine Nachlieferung unmöglich war, lag eine vollständige Nichterfüllung vor, für die bei Vertretenmüssen nach § 325 I Satz 1 BGBaF der volle Nichterfüllungsschaden fällig wurde. Obwohl

---

155 RGZ 90, 333; 134, 90; BGHZ 27, 215 (Werkvertrag); BGHZ 29, 148 (ausdrücklich für § 463 BGBaF)

156 Palandt/Putzo (60.A.), § 463 BGBaF, Rn. 19 (h. M.)

157 Ulrich Huber a.a.O., S. 715

158 Erman/Grunewald (9. A.), § 480 BGBaF Rn. 11 i.V.m. § 463 BGBaF Rn. 11, 12; Staudinger/Honsell (12. A.), § 480 BGBaF Rn. 19 i.V.m. § 463 BGBaF Rn. 42

159 BGH NJW 1999, S. 2884 (2885) mit Verweis auf Senat des BGH NJW 1958, S. 418; NJW 1961, S. 117 und NJW 1985, S. 2526 jeweils m.w.N.

160 BGH NJW 1999, S. 2884 (2885); Petersen, Jura 1998 S. 294 – 296; Bei mangelhafter Lieferung war die Schuld nicht konkretisiert, § 243 II BGBaF, so dass vollständige Nichterfüllung vorlag; vgl. Larenz, Schuldrecht BT II/1, S. 77 f. (§ 41 III); Palandt/Putzo (60. A.), § 480 BGBaF Rn. 2, 6; Erman/Grunewald (9. A.), § 480 BGBaF, Rn. 9; Staudinger/Honsell (12. A.) § 480 BGBaF Rn. 8

161 § 243 I BGBaF

162 § 459 I 2 BGBaF; vgl. Palandt/Putzo (60. A.), § 480 BGBaF Rn. 2; die Kriterien für Konkretisierung und die Erheblichkeit entsprachen sich: Larenz, Schuldrecht BT II/1, S. 77 (§ 41 III).

§ 480 II BGBaF nach seinem Wortlaut den großen Schadensersatz nur ausnahmsweise und nur alternativ vorsah, ermöglichte die Umgehung des Kaufgewährleistungsrechts[163] über § 480 I BGBaF die Kombination von Wandlung und großem Schadensersatz für alle nicht unerheblichen Mängel von Gattungssachen.[164] Das entspricht den Vorschriften des neuen Schuldrechts zum Schadensersatzes statt der ganzen Leistung in §§ 281 I 3, 283 2 BGB. Bei **Rechtsmängeln**[165] galten schließlich aufgrund des § 440 I BGBaF die Regeln des allgemeinen Leistungsstörungsrechts.[166] Bei unbehebbaren Rechtsmängeln galt daher § 325 I BGBaF.[167] Da ein Rechtsmangel in der Regel von den übrigen Leistungsmerkmalen abtrennbar ist, lag hier zumeist eine teilweise Nichterfüllung vor, so dass der Interessefortfall die Voraussetzung für Rückgabe und großen Schadensersatz „statt der ganzen Verbindlichkeit“ war, § 325 I 2 BGBaF.[168]

Im Ergebnis galten bei Gattungskauf und Rechtsmängeln ähnliche Regeln wie im neuen Schuldrecht: Wie in § 281 I 3 BGB stand bei Schlechtleistung der große Schadensersatz offen, wenn ein erheblicher Mangel vorlag.[169] Bei Teilleistung wurde die Rückgabe des Empfangenen nur zugelassen, wenn der Gläubiger kein Interesse an der Teilleistung hatte, was dem heutigen § 281 I 2 BGB entspricht. Die Veränderungen durch die Schuldrechtsmodernisierung beschränken sich auf die Behandlung der Schlechtleistung beim Stückkauf: Während der kleine Schadensersatz früher nur bei Arglist und Garantie zugänglich war[170], wird er im neuen Schuldrecht gewährt, sobald der Schuldner die Unmöglichkeit zu vertreten hat.[171] Der große Schadensersatz statt der ganzen Leistung und die Rückgabe des Empfangenen wurden früher ebenfalls nur bei Arglist und Garantie gewährt – im neuen Schuldrecht wird nur eine nicht unerhebliche Pflichtverletzung verlangt.[172]

---

163 Esser-Weyers versuchten, diese Umgehung einzuschränken, indem sie den Erfüllungsanspruch nach Annahme untergehen lassen wollten: Schuldrecht BT I, S. 60, (§ 5 IV 3 d); vgl. Köhler, Jus 1979, S. 496 (499); Kirchhof, NJW 1970, . 2052 (2053)

164 Der Unterschied zum allgemeinen Leistungsstörungsrecht war die kurze Verjährung des § 477 BGBaF: BGH NJW 1999, S. 2884

165 Abgrenzung zur Sachmängelhaftung: Erman/Grunewald (9. A.), § 434 BGBaF Rn. 2; Palandt/Putzo (60. A.), § 434 BGBaF Rn. 4 – 7

166 §§ 320 – 327 BGBaF

167 Staudinger/Köhler (12. A.), § 440 BGBaF Rn. 5; Die anfängliche Unmöglichkeit wurde nach h. M. entgegen § 306 BGBaF gleich der nachträglichen Unmöglichkeit behandelt: a.a.O. Rn. 6 f.; Larenz, Schuldrecht BT II/1, S. 30 (§ 40 II b)

168 Staudinger/Köhler (12. A.), § 440 BGBaF Rn. 8

169 §§ 459 I 2, 243 I BGBaF

170 §§ 459 I 2, 463 BGBaF

171 §§ 283, 311a BGB

172 §§ 281 I 3, 283 2, 311a II 2 BGB

b) Verzug: angemessene Nachfrist nach § 326 I BGB

Bei Verzug konnte der Gläubiger gemäß § 326 I BGBaF dem Schuldner eine angemessene Frist zur Nacherfüllung setzen, nach deren Ablauf er sich durch die Wahl des „Nichterfüllungsschadens“ vom Vertrag lösen konnte, um weitere Erfüllungsversuche abzulehnen und Schadensersatz für die ausbleibenden Leistungen zu beanspruchen.[173] Der Nichterfüllungsschaden bot wie die heutigen §§ 281 I 1, 323 I BGB nach erfolgloser Nachfristsetzung die Kombination von Teilrücktritt und Schadensersatz statt der Leistung: „Eine Kombination der Rücktrittsfolgen mit Schadensersatz wegen Nichterfüllung tritt in den Fällen der §§ 325, 326 BGB dem praktischen Effekt nach immer dann ein, wenn der Gläubiger sich für den Schadensersatzanspruch entscheidet und seinen Schaden nach der Differenzmethode berechnet.“ (**Ulrich Huber**)[174]

Bei Teilverzug waren Rückgewähr und „Schadensersatz wegen Nichterfüllung der ganzen Verbindlichkeit“ wie im heutigen Schuldrecht[175] nur zugänglich, wenn die Teilleistung für den Gläubiger kein Interesse hatte, §§ 326 I 3, 325 I 2 BGBaF. Bei Schlechtleistung gab es das Recht des Käufers auf Nacherfüllung im Gattungskauf[176] und bei Rechtsmängeln[177]. Für die Nachlieferung galt das allgemeine Leistungsstörungsrecht, bei Verzug ermöglichte § 326 BGBaF[178] die Kombination unter ähnlichen Voraussetzungen wie im neuen Schuldrecht: Nach erfolgloser Nachfristsetzung konnte man Nichterfüllungsschaden verlangen.[179] Hatte die unteilbare Leistung einen erheblichen Mangel[180], so konnte der Käufer sie vollständig zurückgehen lassen und den großen Schadensersatz verlangen.[181] Betraf der Mangel hingegen nur einen abtrennbaren Teil, so musste für den großen Schadensersatz das Interesse des Gläubigers an

173 Bei Interessefortfall stand der Nichterfüllungsschaden auch ohne Nachfrist offen, § 326 II BGBaF.

174 Huber, Gutachten und Vorschläge zur Überarbeitung des Schuldrechts, S. 647 (713); zur Differenztheorie, s. o. A.II.3.a. Beim Kaufvertrag konnte der Käufer den Kaufpreis ohne Differenztheorie mit dem Anspruch auf Schadensersatz aufrechnen.

175 §§ 281 I 2, 323 V 1 BGB

176 § 480 I 1 BGBaF; dazu Esser-Weyers, Schuldrecht BT II, Teilband 1, S. 56 ff. (§ 5 IV 2)

177 §§ 440 I, 326 I BGBaF

178 Für den Gattungskauf galt dies nur aufgrund der Annahme, dass der Erfüllungsanspruch noch fortdauerte: BGH NJW 1999, S. 2884; Petersen, Jura 1998, S. 294 – 296; Erman/Grunewald (9. A.), § 480 BGBaF Rn. 9; Staudinger/Honsell (12. A.), § 480 BGBaF Rn. 8

179 § 326 I 1, 2 BGBaF

180 §§ 459 I 2, 243 I BGBaF

181 §§ 326 I 3, 325 I 2 BGBaF

der Teilleistung entfallen sein.[182] Beim Stückkauf galt das spezielle Kaufgewährleistungsrecht, das die Kombination nur bei Arglist und zugesicherten Eigenschaften zuließ.[183]

c) Teilleistung: Interessefortfall nach § 325 I 2 BGBaF

Wie im heutigen Schuldrecht[184] konnte der Gläubiger für eine ausstehende Teilleistung eine Nachfrist setzen und sich nach deren Ablauf vom Vertrag befreien, d. h. verspätete Erfüllungsversuche zurückweisen und statt des ausbleibenden Teils Nichterfüllungsschaden fordern, § 326 I 1, 2 BGBaF. Wie nach § 281 I 2 BGB konnte er das Empfangene zurückgeben und Schadensersatz statt der ganzen Leistung fordern, wenn die Teilleistung für ihn kein Interesse hatte, §§ 326 I 3, 325 I 2 BGBaF.

d) Schlechtleistung: §§ 326 I, 463, 480 II BGB

Bei Schlechtleistung war die Rechtslage aufgrund der Trennung von allgemeinem und besonderem Leistungsstörungsrecht unübersichtlich. Für den Spezieskauf galten ausschließlich die Regeln des Kaufgewährleistungsrechts, §§ 459 ff. BGBaF. Für den Gattungskauf galten aufgrund der geschilderten Auslegung des § 480 I BGBaF neben den speziellen Rechtsbehelfen auch die allgemeinen Regeln für Verzug und Unmöglichkeit.[185] Im Rechtskauf schließlich galten nach § 440 I BGBaF die Regeln des allgemeinen Leistungsstörungsrechts. Beim Stückkauf standen dem Käufer Wandlung und Minderung offen, einen Anspruch auf Nichterfüllungsschaden sah § 463 BGBaF bei Arglist und zugesicherter Eigenschaft nur alternativ vor. Dem Wortlaut nach meinte dies den kleinen Schadensersatz, die Rechtsprechung[186] gewährte dem Käufer allerdings den „großen Schadensersatz", der anstelle der ganzen Leistung Schadensersatz gewährte und wie die Wandlung die Rückgabe der empfangenen Waren ermöglichte.[187] Für Arglist und zugesicherte Eigenschaften war also die Kombination

182 §§ 326 I 3, 325 I 2 BGBaF
183 § 463 BGBaF
184 § 281 I 1 BGB
185 BGH NJW 1999, S. 2884 m.w.N.; Petersen, Jura 1998, 294 – 297; Staudinger/Honsell (12. A.), § 480 BGBaF Rn. 8
186 RGZ 90, 333; 134, 90; BGHZ 27, 215 (Werkvertrag); BGHZ 29, 148 (für § 463 BGBaF)
187 Staudinger/Honsell (12. A.), § 463 BGBaF Rn. 42; Erman/Grunewald (9. A.), § 463 BGBaF Rn. 19; Palandt/Putzo (60. A.), § 463 BGBaF Rn. 19; kritisch dazu Larenz, Schuldrecht BT II/1, S. 60 (§ 41 IIc), der dafür Interessefortfall fordert

von Wandlung und Nichterfüllungsschaden eröffnet: „Verlangt der Käufer Schadensersatz wegen Nichterfüllung gemäß §§ 463, 480 Abs. 2 BGB, so hat er die Wahl zwischen „kleinem" und „großem" Schadensersatz. Beim „großen" Schadensersatz gibt [er] die Sache zurück, verlangt den Kaufpreis und die Vertragskosten [...] und macht darüber hinaus seinen etwaigen weiteren Schaden geltend [...]. Das bedeutet praktisch, dass der Käufer Wandelung und Schadensersatz kombiniert." **(Ulrich Huber)**[188]

Auch beim Gattungskauf wurde aufgrund des § 480 II BGBaF bei Arglist und Garantie der „große Schadensersatz" ermöglicht.[189] Darüber hinaus ließ die h. M. aufgrund des § 480 I 1 BGBaF den ursprünglichen Erfüllungsanspruch fortbestehen[190], so dass der Käufer gemäß § 326 I BGBaF eine Frist zur Nachbesserung setzen und nach deren erfolglosem Verstreichen Nichterfüllungsschaden verlangen konnte. Hatte die unteilbare Leistung einen erheblichen Mangel[191], konnte der Käufer sie vollständig zurückgeben und den großen Schadensersatz verlangen.[192] Bei teilweiser Schlechterfüllung[193] musste für Rückgabe und großen Schadensersatz das Interesse an der Teilleistung entfallen sein.[194] Diese Regeln galten nach § 440 I BGBaF auch für Rechtsmängel, die typischerweise eine teilweise Schlechterfüllung darstellten.[195] Im Ergebnis führt die Schuldrechtsreform den Weg, den die Rechtsprechung bei Auslegung der §§ 463, 480 I, II BGBaF eingeschlagen hatte, zu Ende und löst die Beschränkung der Kombination von Schadensersatz und Rücktritt auf Arglist und zugesicherte Eigenschaften endgültig auf. Nunmehr ist der kleine Schadensersatz auch beim Stückkauf bei Vertretenmüssen und nach Ablauf einer Nachfrist zugänglich und zusätzlich der große Schadensersatz, wenn keine „unerhebliche Pflichtverletzung" vorliegt.

---

188 Ulrich Huber a.a.O., S. 715

189 Erman/Grunewald (9. A.), § 480 BGBaF Rn. 11 i.V.m. § 463 BGBaF Rn. 11 f.; Staudinger/Honsell (12. A.), § 480 BGBaF Rn. 19 i.V.m. § 463 BGBaF Rn. 42

190 BGH NJW 1999, S. 2884; Petersen, Jura 1998, S. 294 – 296; Larenz, Schuldrecht BT II/1, S. 77 f. (§ 41 III); Palandt/Putzo (60. A.), § 480 BGBaF Rn. 2, Rn. 6; Erman/Grunewald (9. A.), § 480 BGBaF, Rn. 9; Staudinger/Honsell (12. A.), § 480 BGBaF Rn. 8; zum Anspruch auf Ersatzlieferung im neuen Schuldrecht vgl. Faust, ZGS 2004, S. 252 - 258

191 §§ 459 I 2, 243 I BGBaF

192 §§ 326 I 3, 325 I 2 BGBaF

193 Nach MüKo/Emmerich (Band 2), § 325 BGBaF Rn. 6, 48 war die ursprüngliche Konzeption des BGB, alle Schlechterfüllungen als Teilunmöglichkeit zu behandeln, was durch die Entwicklung des strengen Leistungsbegriffes unterlaufen wurde.

194 §§ 326 I 3, 325 I 2 BGBaF

195 Staudinger/Köhler (12. A.), § 440 BGBaF Rn. 8

e) Nebenpflichten: Unzumutbarkeit (nach pVV)

Die bisher dargelegten Regeln galten nur für die „synallagmatischen Hauptleistungspflichten".[196] Für Nebenpflichtverletzungen galt das Richterrecht der positiven Vertragsverletzung, deren Abgrenzung zum gesetzlichen Leistungsstörungsrecht, insbesondere zum speziellen Kaufgewährleistungsrecht, außerordentlich kompliziert und umstritten war.[197] Die regelmäßige Rechtsfolge der pVV war Schadensersatzhaftung.[198] Die „Vertragsliquidierung" sollte nur ausnahmsweise zulässig sein.[199] Die Aufhebung des Vertrages in Kombination mit Schadensersatz war demnach nur möglich, wenn dem Gläubiger nach Treu und Glauben das Festhalten am Vertrag unzumutbar war.[200] Diese Rechtsprechung ist von §§ 282, 324 BGB für nicht-leistungsbezogene Pflichten i.S.v. § 241 II BGB übernommen worden.[201] Anders als im alten Recht gelten für leistungsbezogene Nebenpflichten allerdings die allgemeinen Regeln. Ordnet man die Nebenpflichtverletzung als Schlechtleistung und nicht als Teil(schlecht)leistung ein[202], hat dies zur Folge, dass die Kombination von Rückgabe und Schadensersatz entgegen der alten Rechtsprechung schon bei jeder nicht unerheblichen Nebenpflichtverletzung (§ 281 I 3 BGB) eröffnet wird. Je freizügiger dann die Schranke der „unerheblichen Pflichtverletzung" (§ 281 I 3 BGB) ausgelegt wird, desto weitreichender ist die Veränderung beim kombinierten Rechtsbehelf.

f) Überblick: Veränderungen bei der Schlechtleistung

Die Schuldrechtsmodernisierung hat dazu geführt, dass Schadensersatz statt der Leistung und Rücktritt kombiniert werden können, § 325 BGB. Im früheren BGB wurde diese Kombination zwar im Grundsatz abgelehnt, tatsächlich aber

---

196 MüKo/Emmerich (Band 2), § 323 BGBaF Rn. 8, § 325 BGBaF Rn. 5

197 Vgl. zum Kauf MüKo/Emmerich (Band 2) vor § 275 BGBaF Rn. 208 – 222; Überblick bei Huber a.a.O., S. 701 f.

198 MüKo/Emmerich (Band 2) vor § 275 BGBaF Rn. 278 – 280; Palandt/Heinrichs (60. A.), § 276 BGBaF, Rn. 123

199 MüKo/Emmerich (Band 2) vor § 275 BGBaF Rn. 281 – 288; Palandt/Heinrichs (60. A.) § 276 BGBaF, Rn. 124, 125; Erman/Battes (9. A.), § 276 BGBaF, Rn. 89; Larenz, Schuldrecht I AT, S. 369 f. (§ 24 Ia); Staudinger/Löwisch (12. A.), zu §§ 275 – 283 BGBaF Rn. 37

200 MüKo/Emmerich (Band 2) vor § 275 BGBaF Rn. 283; stetige Rechsprechung: BGHZ 11, 80 (94); 23, 198 (202); 59, 104 (105); Palandt/Heinrichs (60. A.), § 276 BGBaF Rn. 124

201 Palandt/Heinrichs (60. A.), § 276 BGBaF Rn. 124; BGH 11, 84; NJW 1969, S. 975; NJW-RR 1996, S. 950; Staudinger/Otto § 324 Rn. 50 m.w.N.

202 Zu Teilnichterfüllung und Teilschlechtleistung s. u. A.IV.2.a.dd/ee

weitgehend zugestanden, da „Nichterfüllungsschaden“ und „großer Schadensersatz“ alle Elemente des Rücktritts und der Wandlung in sich aufnahmen. Der „Nichterfüllungsschaden“[203] beinhaltete das Recht, weitere Leistungen zurückzuweisen, was für den neuen § 323 I BGB als „Teilrücktritt“ bezeichnet wird. Der „Schadensersatz wegen Nichterfüllung der ganzen Verbindlichkeit“[204] beinhaltete darüber hinaus das Recht, empfangene Leistungen zurückzugeben, was heute für §§ 323 V, 324 BGB als „Totalrücktritt“ gilt. Der „große Schadensersatz“[205] wird heute als Name für den „Schadensersatz statt der ganzen Leistung“[206] weiter verwendet und vereinte schon immer Wandlung und Nichterfüllungsschaden. Beachtet man die Verbindung von Rücktritt und Schadensersatz im Nichterfüllungsschaden und bezieht die Rechtsprechung zum „großen Schadensersatz“ mit ein, so stellt sich heraus, dass tatsächlich nur die Behandlung der Schlechtleistung verändert wurde:[207] Erstens muss nun bei behebbarer Schlechtleistung regelmäßig eine Nacherfüllungsfrist gewährt werden, wodurch der Verkäufer das Recht zur zweiten Andienung erhält. Dies war früher nur bei § 326 BGBaF der Fall, also bei Nichterfüllung, Teilerfüllung, Rechtsmängeln und bei Gattungskäufen (dort nur, wenn nicht § 480 II BGBaF einschlägig war[208]). Und zweitens wurde die Beschränkung des Schadensersatzes auf Arglist und zugesicherte Eigenschaft ganz aufgehoben. Jede zu vertretene Schlechtleistung berechtigt jetzt nach erfolgloser Nachfrist zum kleinen Schadensersatz, jede nicht „unerhebliche“ Schlechtleistung zum großen Schadensersatz. Behandelt man auch die Verletzung einer leistungsbezogenen Nebenpflicht als Schlechtleistung[209], so führt dies zur dritten Änderung, dass der große Schadensersatz bei Nebenpflichtverletzungen nicht mehr der Schranke der Unzumutbarkeit aus der Rechtsprechung zur pVV unterliegt, sondern immer gewährt wird, wenn keine „unerhebliche Pflichtverletzung“ vorliegt (§ 281 I 3 BGB).

Die Reform hat die Entwicklung der alten Rechtsprechung fortgeführt, den großen Schadensersatz bei Schlechterfüllung möglichst weitgehend zu eröffnen.

---

203 §§ 325 I 1, 326 I 2 BGBaF

204 § 325 I 2 BGBaF

205 §§ 463, 480 II BGBaF

206 § 281 I Sätze 2 und 3 BGB

207 Canaris, ZRP 2001, S. 329 (333) zum Regierungsentwurf BT-Drucks. 14/6040: „Sogar dort, wo der Entwurf ausnahmsweise neuartige Wege geht wie in § 281 I 3 RegE, handelt es sich lediglich um eine Kombination von bekannten Elementen: der ‚große‘ Schadensersatz, der von § 463 BGB her bestens bekannt ist, wird in § 281 I Satz 3 RegE an die Voraussetzung des Interessewegfalls geknüpft, die derzeit beispielsweise in den §§ 280 II, 326 II BGB vorkommt.“

208 Wegen § 480 II BGBaF konnte der Käufer sofort, ohne Umweg über §§ 480 I, 326 BGBaF, großen Schadensersatz fordern.

209 Zur Teilschlechterfüllung s. u. A.IV.2.a.ee

Der Wortlaut des BGBaF sah im Gewährleistungsrecht für Stück- und Gattungskauf nicht vor, Wandlung und Nichterfüllungsschaden zu verbinden. Nur der kleine Schadensersatz sollte bei Arglist und zugesicherter Eigenschaft alternativ zur Wandlung bereitstehen. Die Rechtsfortbildung hat die Sperre für den großen Schadensersatz „geschliffen". Am Ende bestand sie nur im Stückkauf außerhalb von Arglist und (ebenfalls kreativ ausgeweiteter[210]) zugesicherter Eigenschaft. Neben dem Einfallstor der Auslegung von §§ 463, 480 BGBaF wurde die Kombination von Rückgabe und Schadensersatz im BGBaF auch dadurch ausgeweitet, dass sich ein Leistungsbegriff durchsetzte, der es unmöglich machte, die schlechte Erbringung einer Leistung als „Teilleistung" zu verstehen. Die Verfasser des BGB waren davon ausgegangen, dass eine schlechte Leistung eine nur teilweise Erfüllung sei (z. B. als qualitative Teilunmöglichkeit).[211] Als Schranke für den großen Schadensersatz bei Schlechterfüllung sollte der Interessefortfall bei Teilleistung gelten.[212] Im Widerspruch hierzu hat sich beim Gattungskauf aber durchgesetzt, dass der Käufer Ware schon bei erheblichen Mängeln zurückweisen und bei Ausbleiben einer Nachlieferung vollen Nichterfüllungsschaden verlangen durfte.[213] Damit wurde der große Schadensersatz bei Gattungskäufen für alle erheblichen Pflichtverletzungen eröffnet, anstatt ihn entsprechend der Konzeption der Gesetzesverfasser auf den Interessefortfall zu beschränken. Diese Offenheit gegenüber dem großen Schadensersatz hat sich mit der Schuldrechtsreform gänzlich durchgesetzt und zur Schranke der „unerheblichen Pflichtverletzung" geführt.[214]

Die genannten Änderungen bei der Behandlung der Schlechtleistung lassen sich im Überblick in **drei prägende Veränderungen** bei den Voraussetzungen für Schadensersatz und Rücktritt zusammenfassen: Erstens wurde das Recht des Schuldners zur zweiten Andienung auf alle behebbaren Leistungsstörungen ausgeweitet.[215] Zweitens wurde auch das Recht des Gläubigers auf den kleinen Schadensersatz auf alle zu vertretenen Leistungsstörungen ausgeweitet.[216] Und drittens wurde das Recht des Gläubigers auf den großen Schadensersatz auf alle

210 Vgl. Palandt/Putzo (60. A.), § 459 BGBaF Rn. 17 zur „stillschweigenden Zusicherung" – insb. bei Gebrauchtwagen, Rn. 30a

211 MüKo/Emmerich (Band 2), § 325 BGBaF Rn. 6, 10, 48, 116

212 MüKo/Emmerich (Band 2), § 325 BGBaF Rn. 116

213 §§ 325 I 1, 326 I 1, 2 BGBaF

214 §§ 281 I 3, 323 V 2 BGB

215 Es war früher im speziellen Gewährleistungsrecht nicht anerkannt und galt nur bei § 326 BGBaF.

216 Es bestand früher beim Stückkauf nicht außerhalb von § 463 BGBaF.

nicht unerheblichen Schlechtleistungen ausgedehnt.[217] Bei Teilleistung bleibt der große Schadensersatz wie im alten Schuldrecht durch den Interessefortfall, bei nicht-leistungsbezogenen Nebenpflichten durch die Unzumutbarkeit beschränkt.

III. Zur Unterscheidung von Teil- und Totalrücktritt: Befreiung und Rückgabe

1. Teil- und Totalrücktritt

Bei Untersuchung der Voraussetzungen für „Rücktritt" und „Nichterfüllungsschaden" im neuen Schuldrecht wird deutlich, dass diese Begriffe ungenau sind und für verschiedene Interessenkonstellationen verwendet werden. Tatsächlich muss man beim „Rücktritt" danach unterscheiden, ob es sich um den einfachen Rücktritt vom Vertrag oder den Rücktritt vom ganzen Vertrag handelt, was auch als Teil- und Totalrücktritt bezeichnet wird.[218] Beim Nichterfüllungsschaden ist zu unterscheiden zwischen dem einfachen Schadensersatz statt der Leistung und dem Schadensersatz statt der ganzen Leistung, die auch als kleiner und großer Schadensersatz bezeichnet werden.[219] Hinter dieser Unterscheidung steht die Frage, ob eine teilweise Störung der Leistung den Gläubiger dazu berechtigen soll, alle vertraglichen Leistungen zurückzuweisen. Die Frage stellt sich, wenn eine Lieferung Mängel hat, unvollständig ist oder der Schuldner Nebenpflichten verletzt hat und der Gläubiger aufgrund dieser Verfehlungen die gesamte empfangene Leistung zurückgeben möchte. Ohne Rückgabe liegt ein Teilrücktritt vor, der nur bewirkt, dass der Gläubiger nicht mehr auf Erfüllung der gestörten Leistung oder deren Nachbesserung warten muss. Dies wird als **Teilrücktritt** bezeichnet, weil der Gläubiger die Leistungen des Schuldners nur teilweise abweisen kann und verpflichtet bleibt, bereits empfangene Leistungen zu behalten. Mit Rückgabe liegt hingegen ein **Totalrücktritt** vor. Da der Schuldner bei Rückgabe (= Wandlung) mit dem Risiko der zurückzugebenden Sache (Untergang, Weiterverwertung und Wertverlust) und den Rücktransportkosten belastet wird, sind die Voraussetzungen für den Totalrücktritt strenger als beim Teilrücktritt. Im neuen

---

217 Früher war dieses Recht im Stückkauf auf § 463 BGBaF beschränkt und wurde bei Nebenpflichtverletzungen nur gewährt, wenn ein Festhalten am Vertrag unzumutbar war.

218 MüKo/Ernst, § 323 Rn. 199; im BGBaF gab es ebenfalls den „Rücktritt von dem ganzen Vertrage", z. B. in § 325 I 2 BGBaF.

219 Erman/Westermann, § 281 Rn. 35; im BGBaF gab es z. B. in § 325 I 2 BGBaF den entsprechenden „Schadensersatz wegen der Nichterfüllung der ganzen Verbindlichkeit"

Schuldrecht sind die zusätzlichen Schranken a) die nicht unerhebliche Pflichtverletzung bei Schlechtleistungen, b) der Interessefortfall bei Teilleistungen oder c) die Unzumutbarkeit des Festhaltens am Vertrag[220] bei nicht-leistungsbezogenen Nebenpflichtverletzungen.

2. Kleiner und großer Schadensersatz

Das Pendant zum Teilrücktritt ist der kleine Schadensersatz, der die Schäden ersetzt, die entstehen, weil die gestörte Leistung nicht mehr berichtigt wird: Wurde noch keine Leistung erbracht, muss die ganze Leistung in Geld ersetzt werden. Wurde ein Teil oder eine mangelhafte Sache geliefert, muss für den ausstehenden Teil oder die Mängel Ersatz geleistet werden. Voraussetzung für Teilrücktritt und kleinen Schadensersatz ist entweder die Unmöglichkeit von Leistung und Nacherfüllung[221] oder eine erfolglose Nachfrist für die noch mögliche Leistung und Nacherfüllung[222]. Der große Schadensersatz ist das Pendant zum Totalrückritt. Er ersetzt zusätzlich zum kleinen Schadensersatz die zurückzugebenden Leistungen. Seine zusätzlichen Voraussetzungen sind wie beim Totalrücktritt a) unerhebliche Schlechtleistung, b) Interessefortfall oder c) Unzumutbarkeit.

3. Befreiung und Rückgabe

Bei Teilrücktritt und kleinem Schadensersatz berechtigt die erfolglose Nachfrist zur Ablehnung weiterer Erfüllungsangebote und zum Schadensersatz an ihrer statt, §§ 281 I 1, 323 I BGB. Die Nachfrist bedingt das Leistungszurückweisungsrecht bei noch möglicher Erfüllung. Sie regelt also die Frage, wann ein Gläubiger von einer gestörten Leistung befreit ist, seine Dispositionsfähigkeit zurückerlangt und das Gesuchte woanders erwerben kann. Der **BGH** hat in seinem Urteil vom 23. Februar 2005[223] zum neuen Schuldrecht geurteilt, dass der Käufer vor Ablauf der Nachfrist nicht befreit ist und deshalb die Kosten einer „voreiligen Selbstvornahme der Nacherfüllung“[224] durch einen Ersatzkauf nicht vom

220 Vgl. Staudinger/Otto, § 324 Rn. 73; s. o. A.II.1.e/2.e

221 §§ 283, 326 V BGB

222 §§ 281 I 1, 323 I BGB, bei leistungsbezogenen (Haupt- und Neben-)Pflichten

223 BGH NJW 2005, S. 1348; Kommentierung von Stephan Lorenz, NJW 2005, S. 1321 - 1324

224 Die Ansicht des BGH teilt Dauner-Lieb in ZGS 2005, S. 10 –14 und ZGS 2005, S. 169 – 173; a. A. Stephan Lorenz NJW 2003, S. 1417; ders. NJW 2005, S. 1321 – 1324; Überblick bei Stephan Lorenz NJW 2005, S .1889 (1895)

Verkäufer erstattet bekommt: „Sowohl das Recht des Käufers, gem. §§ 437 Nr. 2, 442 BGB den Kaufpreis zu mindern, als auch der Anspruch auf Schadensersatz statt der Leistung gem. §§ 437 Nr. 3, 280, 281 BGB setzen, wenn nicht einer der gesetzlich geregelten Ausnahmetatbestände eingreift, voraus, dass der Käufer dem Verkäufer erfolglos eine angemessene Frist zur Nacherfüllung bestimmt hat."[225] Aus der Entscheidung wird deutlich, dass der Verkäufer das „Recht zur zweiten Andienung"[226] hat und dass der Käufer von der Pflicht zur Annahme der zweiten Andienung erst nach erfolglosem Ablauf einer angemessenen Nachfrist befreit ist.

Diese **Befreiung** vom Vertrag war historisch die erste Funktion des Rücktritts und die eigentliche Triebfeder für dessen Einführung im Allgemeinen Deutschen Handelsgesetzbuch (ADHGB).[227] Im ADHGB von 1861 war das Rücktrittsrecht nur bei Nichterfüllung (Verzug) vorgesehen. Nach erbrachter Leistung[228] konnte man nicht zurücktreten, denn man wollte nur die Befreiung von unerfüllten Pflichten zulassen. Die Frage der Rückabwicklung bereits durchgeführter Verträge wurde ausgeklammert. Erst im BGB wurde der Rücktritt auch nach bereits erfolgten Leistungen zugelassen, so dass das Problem der Rückabwicklung bewältigt werden musste.[229] Die Befreiung wurde hierfür mit dem Institut der actio redhibitoria (Wandlung) aus den ädilizischen Rechtsbehelfen des Kaufrechts zum „Rücktritt" im neuen Sinne verschmolzen.[230] Trotzdem musste der sachliche Unterschied zwischen Befreiung und Rückabwicklung auch weiterhin beachtet werden, was dazu führte, dass man begrifflich den einfachen „Rücktritt" (Befreiung) und den „Rücktritt vom ganzen Vertrag" (Befreiung plus Rückgabe) zu unterscheiden begann (vgl. § 325 I 2 BGBaF). Diese unglückliche Sprachregelung lebt im neuen Schuldrecht fort, wo „Rücktritt" sowohl Befreiung als auch Rückgaberecht bedeuten kann, so dass zwischen dem einfachen (Teil-)Rücktritt und dem (Total-)Rücktritt vom ganzen Vertrag unterschieden werden muss.

Mit dem Begriff der Befreiung lässt sich der Unterschied zwischen Teil- und Totalrücktritt sowie zwischen kleinem und großem Schadensersatz verdeutlichen:

---

225 1. Leitsatz, BGH Urt. v. 23.02.2005, VIII ZR 100/04 (LG Gießen)

226 So BGH NJW 2005, S. 1348 (1350); Bamberger/Roth/Faust, § 439 Rn. 2; BT-Drucks. 14/6040, S. 89, 220

227 Leser, Rücktritt vom Vertrag, S. 12, 87 ff.; Leser prägt auf S. 87 den Begriff der „Befreiungswirkung".

228 Leser a.a.O., S.14, Zusammenfassung S. 287; Art. 355 ADHGB: „Wenn der Verkäufer mit der Übergabe der Ware in Verzug ist, so hat der Käufer die Wahl, ob er die Erfüllung nebst Schadensersatz wegen verspäteter Erfüllung verlangen, oder ob er statt der Erfüllung Schadensersatz wegen Nichterfüllung fordern oder von dem Vertrage abgehen will, gleich als ob derselbe nicht geschlossen wäre."

229 Leser a.a.O., S. 37, 39 f. (*obligatio ad restituendum in integrum*)

230 Leser a.a.O., S. 39 ff.

Die Befreiung berechtigt den Käufer, weitere Erfüllungsversuche abzulehnen. Der aufgrund der Ablehnung (Teilrücktritt) nicht erfüllte Teil der Leistung wird durch den kleinen Schadensersatz ersetzt. Sind Leistungen erbracht worden, ermöglicht die Befreiung nicht die **Rückgabe** des Empfangenen, denn sie berechtigt nur zur Annahmeverweigerung. Nur unter den zusätzlichen Voraussetzungen des Totalrücktritts können alle vertraglichen Leistungen zurückgewiesen und zurückgegeben werden. Die nach Rückgabe gänzlich unerfüllte Leistung wird dann durch den großen Schadensersatz ersetzt. Teilrücktritt und kleiner Schadensersatz basieren also auf der Befreiung, Totalrücktritt und großer Schadensersatz ermöglichen zusätzlich die Rückgabe. Die Unterscheidung von Befreiung und Rückgabe teilt den „Rücktritt" in seine zwei Funktionen: Zunächst kann der Gläubiger das Warten auf die Erfüllung einer gestörten Pflicht durch Befreiung beenden. Die Schwere der Störung kann zusätzlich die Rückgabe aller vertraglichen Leistungen rechtfertigen.[231]

Die Begriffe Befreiung und Rückgabe verdeutlichen, dass der Unterschied zwischen Teil- und Totalrücktritt bzw. kleinem und großem Schadensersatz allein das Rückgaberecht ist. Nur bei Teil- und Schlechterfüllung, also nur nach erbrachter Leistung werden Teil- und Totalrücktritt unterschieden, denn nur hier entsteht die Frage nach der Rückgabe. Der Begriff der Befreiung macht klar, dass die Interessenlage bei Rücktritt wegen Nichterfüllung und „Teilrücktritt" bei Teil- oder Schlechterfüllung dieselbe ist, denn in beiden Fällen geht es um die Befreiung des Gläubigers von der Pflicht zur Annahme einer Nacherfüllung. Die Begriffe „Teil- und Totalrücktritt" passen bei Nichterfüllung nicht: Wenn keine Leistung erfolgt ist, dann befreit sich der Gläubiger durch einen „Teilrücktritt" vom ganzen Vertrag. Ein „Totalrücktritt" ist nicht möglich, weil nichts geliefert wurde, was zurückgegeben werden kann. Befreiung und Rückgabe veranschaulichen also, worum es beim „Rücktritt vom Vertrag" und beim „Rücktritt vom ganzen Vertrag" eigentlich geht: Der Teilrücktritt ermöglicht die Befreiung von der Pflicht zur Annahme. Bei Nichtleistung ist das die Befreiung vom ganzen Vertrag, bei Teil- und Schlechtlieferung nur von der gestörten Pflicht, für die eine Nachfrist gesetzt wurde. Der Totalrücktritt berechtigt zur Rückgabe aller vertraglichen Leistungen. Das wird nur bei Teil- und Nichterfüllung aktuell. Die Begriffe Befreiung und Rückgabe knüpfen damit direkt an die praktischen Fragen an, die sich in Bezug auf den Rückritt stellen: Erstens, wann ist das Abwarten auf die Nacherfüllung beendet bzw. wann verliert der Verkäufer das Recht zur zweiten Andienung? Dies ist die Frage nach der Befreiung des Gläubigers. Und zweitens, muss der Gläubiger mangelhafte Waren oder eine Teilleistung behalten

231 Das Recht zur Rückgabe aller Leistungen umfasst das Recht, alle noch nicht erbrachten Leistungen abzulehnen.

oder kann er sie zurückgeben? Dies ist die Frage nach dem Rückgabe- oder Wandlungsrecht.

Auch vom wirtschaftlichen Standpunkt her ist die Unterscheidung von Befreiung und Rückgabe sinnvoll, denn nur die Rückgabe und nicht die Befreiung bürdet dem Schuldner zusätzliche Kosten durch Rücktransport, Risiko und Verwertung der Sache auf. Deshalb werden für „Totalrücktritt" und großen Schadensersatz strengere Voraussetzungen verlangt als für Befreiung und kleinen Schadensersatz. Die zusätzliche Belastung des Verkäufers durch die Rückgabe bedarf einer besonderen Rechtfertigung durch entsprechend gewichtige Interessen des Käufers. Die Unterscheidung von Rückgabe und Befreiung eröffnet deshalb schließlich den Blick auf die Aufgabe der Voraussetzungen für Totalrücktritt und großen Schadensersatz: Diese **Rückgabeschranken** sollen die angemessene Berücksichtigung der Schuldnerinteressen bei der Rückgabe (Wandlung) sicherstellen.

4. Der Nichterfüllungsschaden als Folge von Befreiung und Rückgabe

Sobald man wie in § 280 BGB dem Gläubiger für alle vom Schuldner zu vertretenen Leistungsstörungen den Ersatz des vollen Äquivalenzinteresse zugesteht und die Verbindung von Rücktritt und Schadensersatz ermöglicht, muss der „Nichterfüllungsschaden" neben Befreiung und Rückgabe nicht mehr geregelt werden. Der Gläubiger hat automatisch den kleinen Schadensersatz für die aufgrund der Befreiung ausbleibenden Leistungen, denn nur so bleibt sein Erfüllungsinteresse gewahrt.[232] Und ebenso erhält der Gläubiger den großen Schadensersatz für die aufgrund der zusätzlichen Rückgabe insgesamt ausgebliebene Leistung. Der „Schadensersatz statt der Leistung" muss nur geregelt werden, wenn man für kleinen und großen Schadensersatz strengere Voraussetzungen verlangen möchte als für Befreiung und Rückgabe. Dies war z. B. bei § 463 BGBaF der Fall, der Schadensersatz bei Arglist und zugesicherter Eigenschaft, hingegen die Wandlung bei allen nicht unerheblichen Pflichtverletzungen gewährte. Das neue Schuldrecht schränkt den Schadensersatz nicht stärker ein als Befreiung und Rückgabe, damit das Erfüllungsinteresse des Gläubigers immer geschützt ist. Die Voraussetzungen für kleinen und großen Schadensersatz wiederholen deshalb **spiegelbildlich** die Voraussetzungen für Befreiung und Rückgabe. Die im Vergleich zum gewöhnlichen Schadensersatz „neben" der Leistung

232 Wie BGH NJW 2005, S. 1348 ff. klarstellt, gibt es kleinen Schadensersatz nur bei Befreiung, d. h. nur nach Ablauf der angemessenen Nachfrist; vgl. Dauner-Lieb, ZGS 2005, S. 169 – 173

zusätzlichen Voraussetzungen für den Schadensersatz „statt" der Leistung sind die Voraussetzungen für Befreiung und Rückgabe. Wie schon im alten Schuldrecht regelt der Nichterfüllungsschaden implizit den Rücktritt: Der einfache Nichterfüllungsschaden ermöglichte auch dort die Befreiung (z. B. nach erfolgloser Nachfrist, § 326 I BGBaF), der große „Schadensersatz wegen Nichterfüllung der ganzen Verbindlichkeit" erlaubte die Rückgabe (z. B. bei Interessefortfall, § 325 I 2 BGBaF).

5. Überblick: Dreischritt der Haftung im neuen Schuldrecht

Mit Hilfe der Begriffe Befreiung und Rückgabe und der Erkenntnis, dass der Nichterfüllungsschaden als einzige Aufgabe hat, die aufgrund von Befreiung und Rückgabe wegfallenden Leistungen zu ersetzen, erscheint das System des neuen Leistungsstörungsrechts als einfacher Dreischritt[233]:

Schritt I (Schadensersatz)[234] Der Gläubiger bekommt bei Vertretenmüssen des Schuldners seinen vollen Schaden ersetzt, d. h. sowohl das Interesse an der Erhaltung seiner Güter (Integritätsinteresse, Schadensersatz neben der Leistung), als auch sein Interesse an der vertraglichen Gegenleistung (Äquivalenzinteresse, Schadensersatz statt der Leistung).

Schritt II (Befreiung)[235] Bei Unmöglichkeit oder erfolglosem Ablauf einer Nachfrist ist der Gläubiger vom Vertrag befreit. Er kann die Annahme der ausstehenden Leistung ablehnen und braucht entsprechend selbst nicht mehr zu leisten. Wird Schadensersatz geschuldet, muss dieser auch die auf Dauer ausbleibende Leistung ersetzen (kleiner Schadensersatz).

Schritt III (Rückgabe)[236] Zusätzlich hat der Gläubiger das Recht zur Rückgabe aller vertraglichen Leistungen, wenn a) er kein Interesse an einer Teilleistung hat, b) eine nicht unerhebliche Schlechtleistung vorliegt oder c) das Behalten des Empfangenen aufgrund einer nicht leistungsbezogenen Pflichtverletzung unzumutbar ist. Wird Schadensersatz geschuldet, muss zusätzlich zum kleinen Schadensersatz auch Ersatz für alle zurückgewiesenen Leistungen erbracht werden (großer Schadensersatz).

„Rücktritt" wird hier aufgelöst in Befreiung und Rückgabe. Befreiung und Rückgabe bewirken, dass der Schadensersatz anschwillt, nämlich um jeweils den Ersatz der vertraglichen Leistung, die auf Dauer wegfällt. Diese zusätzliche Haftung ist der sog. „Nichterfüllungsschaden". Der Dreischritt kann auf die Formel

---

233 Canaris, JZ 2001, S. 499 (514) spricht von „Dreistufigkeit"
234 Vgl. § 280 I BGB
235 Vgl. §§ 281 I 1, 282, 283 1; 323 I, 324, 326 V BGB
236 Vgl. §§ 281 I 2 und 3, 282, 283 2; 323 V, 324 BGB

gebracht werden: „**Schadensersatz *plus* Befreiung *plus* Rückgabe**“, wobei für jedes Plus zusätzliche Voraussetzungen erfüllt werden müssen. Die Aufgabe dieser Voraussetzungen ist es, den angemessenen Interessenausgleich zwischen Gläubiger und Schuldner zu gewährleisten. Die Voraussetzungen sind für die Befreiung erstens die Nachfristsetzung und für die Rückgabe zweitens der Interessefortfall, drittens die unerhebliche Pflichtverletzung und viertens die Unzumutbarkeit des Festhaltens am Vertrag. Im folgenden Abschnitt werden Definition und Abgrenzung dieser Tatbestandsmerkmale eingehend besprochen.

IV. Die Schranken der Kombination von Schadensersatz mit Befreiung und Rückgabe

Im Folgenden werden die Voraussetzungen für die Kombination von Schadensersatz mit Befreiung und Rückgabe untersucht. Hierbei wird der Stand der Diskussion[237] zur Definition der vier Tatbestandsmerkmale angemessene Nachfrist, Unzumutbarkeit, Interessefortfall und unerhebliche Pflichtverletzung sowie zur Abgrenzung der vier Arten der Leistungsstörungen wiedergegeben, für die diese Kriterien gelten (Verzug, Verletzung von Pflichten i.S.v. § 241 II BGB, Teilleistung und Schlechtleistung). Die Frage, ab wann Unmöglichkeit vorliegt, wird nicht behandelt.

1. Befreiung und kleiner Schadensersatz

a) Bei Unmöglichkeit

Die Befreiung des Gläubigers geschieht bei Unmöglichkeit von selbst, denn eine unmögliche Leistung kann man nicht abwarten oder annehmen. § 326 V BGB stellt deshalb klar, dass bei Leistungshindernissen i.S.v. § 275 BGB keine Nachfrist erforderlich ist.[238] § 283 BGB macht zudem klar,

237 Einen Überblick zu den bisher umstrittenen Fragen im neuen Schuldrecht geben: Dauner-Lieb in „Schuldrecht aktuell – Entwicklungstendenzen und Problemschwerpunkte zwei Jahre nach der Schuldrechtsreform“, 2003; dies., Anwaltsblatt 2004, S. 597 – 601; Stephan Lorenz „Schuldrechtsreform 2002: Problemschwerpunkte drei Jahre danach“, NJW 2005, S. 1889 – 1896

238 § 326 V BGB wurde erst vom Rechtsausschuss eingefügt: BT-Drucks. 14/7052, S. 193. Er stellt klar, dass keine Nachfrist verlangt wird, was bei Unmöglichkeit auch keinen Sinn machen würde. Er soll zudem klarstellen, dass man bei Ungewissheit über die Unmöglichkeit eine Nachfrist setzen kann. Vgl. Bamberger/Roth/Grothe, § 326 Rn. 33 ff., insb. Rn. 36

dass bei Vertretenmüssen Ersatz für den unmöglichen Teil geschuldet ist. Das ist zwar nicht selbstverständlich, ergibt sich aber schon aus dem Grundsatz des § 280 I BGB, dass für alle zu vertretenen Schäden Ersatz geleistet werden muss. Auslegungsbedarf besteht nur in Bezug auf die Absätze 2 und 3 des § 275 BGB, da hier die Befreiung nicht aufgrund absoluter Unmöglichkeit eintritt, sondern durch Abwägung bestimmt werden muss, ob ein „grobes Missverhältnis"[239] vorliegt oder dem Schuldner die Leistung „nicht zugemutet werden kann"[240]. Dieser Fragenkomplex wird hier nicht behandelt, um sich auf die Fälle zu konzentrieren, in denen die Befreiung vom Gläubiger willkürlich herbeigeführt werden kann. Dies sind die Fälle, in denen die Leistung noch möglich ist und dem Gläubiger aufgrund des Verzugs mit der (Nach-)Erfüllung ein Recht zur Befreiung gewährt wird.

b) Bei Verzug: angemessene Nachfrist

Bei Verzug des Schuldners mit einer noch möglichen Leistung ist die Voraussetzung für das Recht des Gläubigers zur Kombination von Befreiung und kleinem Schadensersatz der erfolglose Ablauf einer angemessenen Nachfrist, §§ 281 I 1, 323 I BGB. Ausnahmsweise ist die Nachfrist entbehrlich, wenn ein weiteres Abwarten für den Gläubiger unzumutbar ist und dem Schuldner billigerweise kein Recht auf die zweite Andienung mehr gewährt werden kann, § 323 II BGB. Diese Regelung wurde aus dem früheren § 326 BGBaF übernommen und ist nun für alle Leistungsstörungen anwendbar, insbesondere auch für die Schlechtleistung, bei der nun immer das Recht zur zweiten Andienung gewährt wird.[241] Zur Bestimmung des Kriteriums „angemessene Frist" kann auf die Rechtsprechung zu § 326 BGBaF zurückgegriffen werden.[242]

Ob die Nachfrist angemessen ist, bestimmt demnach die objektive Sachlage.[243] Der Schuldner muss noch eine letzte Gelegenheit bekommen, um unter Anspannung aller Kräfte[244] die begonnene Erfüllung zu beenden.[245] Die Nach-

239 Dazu Palandt/Heinrichs, § 275, Rn. 26 f.
240 Palandt/Heinrichs, § 275, Rn. 27
241 Zum Recht zur zweiten Andienung: BGH NJW 2005, S. 1348 (1350), s. o. A.III.3
242 AK/Dauner-Lieb, § 323 Rn. 11; BT-Drucks. 14/6040, S. 138
243 BGH NJW 1985, S. 2641; Ermann/Battes (9. A.), § 326 BGBaF Rn. 29
244 Staudinger/Otto, § 323 Rn. B58
245 BGH NJW 1982, S. 1280; NJW 1985, S. 320 (323); Erman/Battes (9. A.), § 326 BGBaF Rn. 29; MüKo/Emmerich (Band 2), § 326 BGBaF, Rn. 56; Staudinger/Otto, § 323 Rn. B63; MüKo/Ernst, § 323 Rn. 69 spricht von der „letzten Gelegenheit, seine im Wesentlichen ins Werk gesetzte und abgeschlossene Leistung nunmehr endlich voll zu erbringen und damit den Vertrag vor der Gefährdung durch ein gläubigerseitiges Rücktrittsrecht zu ‚retten'."; vgl. AK/Dauner-Lieb, § 281 Rn. 13

frist braucht aber nicht so lang zu sein, dass der Schuldner erst mit der Bewirkung der Leistung beginnen kann. Letztlich müssen die Verhältnisse des säumigen Schuldners und die Interessen des Gläubigers in einer Interessenabwägung abgeglichen werden[246], wobei die drohenden Verzugsschäden eine entscheidende Rolle spielen. Die Nachfrist kann um so kürzer sein, „je dringlicher nach dem Vertrag das Interesse des Gläubigers an einer pünktlichen Leistung des Schuldners ist, da schützwürdig nicht nur das Interesse des Schuldners an der nachträglichen Erbringung seiner Leistung, sondern in gleichem Maße das Interesse des Gläubigers an einer möglichst pünktlichen Erfüllung durch den Schuldner ist". (**Volker Emmerich**)[247] Das Interesse des Schuldners liegt in der Vermeidung höherer Kosten, die ihm dadurch entstehen können, dass er die bereits vorbereitete Leistung nicht mehr erbringen und die entsprechende Entlohnung nicht mehr einfordern kann, sowie dadurch, dass der Gläubiger auf seine Kosten (bei Schadensersatzpflicht) eine teurere Ersatzleistung beschafft. Das Interesse des Gläubigers liegt in dem Verlust, der ihm durch die Verzögerung entsteht, z. B. wenn er die Ware in einem Termingeschäft weiterveräußert hat oder wenn der Wert der Ware während der Verzögerung fällt. Diesen Verlust kann er bei Vertretenmüssen zwar von seinem Schuldner ersetzt verlangen (Verzugsschaden, §§ 280 II, 286 BGB), doch muss er die Kosten zunächst selbst tragen und das Risiko übernehmen, dass er den Ersatz von seinem Schuldner nicht erhält (Prozesskosten, Insolvenzrisiko, Ungenauigkeit in der Berechnung des Ersatzes).

Da die Frage nach der Angemessenheit auch vom Interesse des Schuldners abhängt und der Gläubiger in dessen Sphäre u. U. nicht ausreichend Einblick hat, kann der Gläubiger oft nicht bestimmen, ob die Nachfrist zu kurz bemessen ist. Um das Risiko einer zu kurzen Nachfrist für den Gläubiger zu verringern, nimmt die Rechtsprechung an, dass eine zu kurze Nachfrist automatisch eine angemessene Nachfrist in Gang setzt.[248] Die Beurteilung der Angemessenheit obliegt im Streitfalle letztlich dem Tatsachenrichter.[249] Die Verhältnismäßigkeitsprüfung bietet ihm ein flexibles Instrument, um sich auf die Bedürfnisse des Einzelfalls einzustellen. In der rechtlichen Diskussion ist das Kriterium daher kaum streitig. Auch für das neue Anwendungsfeld der Schlechterfüllung wird anerkannt, dass

---

246 RGZ 89, 1251, BGH NJW 1985, S. 2641; Staudinger/Otto, § 323 Rn. B64

247 MüKo/Emmerich (Band 2), § 326 BGBaF, Rn. 56; Eine sehr kurze Frist genügt z. B., wenn die Waren unbedingt vor Weihnachten verfügbar sein müssen (etwa Tannenbäume): ebenda Rn. 56 (Vorauflage Rn. 73)

248 V. Westphalen/Dedek, § 323 Rn. 11; Staudinger/Otto, § 323 Rn B66; BGH NJW 1985, 2640; BT-Drucks. 14/6040, S. 138; Hierfür muss der Gläubiger redlich handeln: Staudinger a.a.O., Rn. B67

249 MüKo/Emmerich (Band 2), § 326 BGBaF, Rn. 55; BGH NJW 1973, S. 456; BGH NJW 1982, S. 1279 (1280)

die Bestimmung der Angemessenheit eine umfassende Interessenabwägung erfordert.[250]

Die Wirkung der Befreiung beschränkt sich darauf, dass der Gläubiger die Erfüllung der gestörten Pflicht nicht mehr abwarten muss und anstelle der ausbleibenden Leistung den kleinen Schadensersatz verlangen kann.[251] Bei Verzug mit der Lieferung der Kaufsache kann er daher Ersatz für diese verlangen, bei Verzug mit der Nachbesserungspflicht kann er nur Ersatz für die Mängel verlangen, bei Verzug mit einer Teilleistung nur Ersatz für diese Teilleistung[252] und bei Nichterfüllung einer Nebenpflicht nur den Ersatz für das Ausbleiben eben dieser Nebenpflicht.

c) Bei Nebenpflichten i.S.v. § 241 II BGB

Für Nebenpflichten i.S.v. § 241 I BGB, die als leistungsbezogene Nebenpflichten[253] oder Nebenleistungspflichten[254] bezeichnet werden, gelten im neuen Schuldrecht die gleichen Regeln wie für Hauptleistungspflichten. Werden sie nicht erfüllt, muss der Gläubiger eine Nachfrist setzen, um sich vom Recht zur zweiten Andienung seines Schuldners zu befreien, §§ 281 I 1, 323 I BGB. Davon zu unterscheiden sind Pflichten i.S.v. § 241 II BGB, die „zur Rücksicht auf die Rechte, Rechtsgüter und Interessen des anderen Teils verpflichten". Sie stellen nicht sicher, dass die vertragliche Leistung wie geschuldet erbracht wird, sondern dass im Laufe der Durchführung des Vertrages keine anderweitigen Interessen des Gläubigers verletzt werden. Es handelt sich um Schutzpflichten[255], die den Schuldner nicht zur Herstellung eines gewünschten Erfolges (Leistung), sondern zur Vermeidung eines unerwünschten Erfolges (Interessenverletzung) verpflichten.[256] Da die Interessenverletzung auf Dauer vermieden werden soll, werden die Schutz- und Rücksichtnahmepflichten nicht zu einem bestimmten Zeitpunkt fäl-

250 AK/Dauner-Lieb, § 281 Rn. 13

251 Er kann nach erfolgloser Nachfrist den Mangel beheben lassen und die Kosten ersetzt verlangen: BGH NJW 2005, S. 1348 ff.

252 Vgl. RegE, BT-Drucks. 14/6040, S. 139 f.

253 Staudinger/Otto, § 324 Rn. 23; Palandt/Heinrichs, § 280 Rn. 22

254 AK/Dauner-Lieb, § 282 Rn. 3

255 AK/Dauner-Lieb, § 282 Rn. 3; MüKo/Emmerich (Band 2) vor § 275 BGBaF Rn. 261 ff.; Staudinger/Otto, § 324 Rn. 37

256 Knoche/Höller, ZGS 2003, S. 27 (33): „Die von § 241 II BGB geregelten Pflichten sind leistungsunabhängig in dem Sinne, dass diese Pflichten außerhalb des eigentlichen schuldrechtlichen Leistungsprogramms stehen; sie können nicht erfüllt, sondern nur verletzt werden."; Bamberger/Roth/Grüneberg, § 283 Rn. 2: Es ist z. B. geschuldet, *nicht* zu beleidigen, *nicht* abzuwerben oder *nicht* zu bestechen.

lig.[257] Sie sind auch nur bedingt einklagbar, da man keinen herzustellenden Erfolg oder eine konkrete Handlung benennen kann.[258] Ist der unerwünschte Erfolg eingetreten, kann er durch Nacherfüllung nicht rückgängig gemacht werden. Die Befreiung des Gläubigers tritt deshalb automatisch mit der Pflichtverletzung ein und nicht erst bei Unzumutbarkeit. Das zeigt, dass §§ 282, 324 BGB die Frage der Befreiung nicht behandeln. Ist hingegen Nacherfüllung möglich, handelt es sich im Zweifel um eine Leistungspflicht gemäß § 241 I BGB[259] und der Gläubiger kann die Nacherfüllung nur nach erfolgloser Nachfrist gemäß § 281 I BGB zurückweisen.

Für den Schaden, den eine zu vertretene Pflichtverletzung verursacht hat, haftet der Schädiger schon aufgrund des § 280 I BGB.[260] Hierfür ist nicht etwa die Unzumutbarkeit der Leistung des Schuldners gemäß § 282 BGB Voraussetzung – § 282 BGB behandelt den kleinen Schadensersatz nicht. Die Unzumutbarkeit ist vielmehr die Voraussetzung dafür, dass der Gläubiger aufgrund der Teilstörung den gesamten Vertrag auflösen und alle vertraglichen Leistungen zurückweisen darf.[261] Dies ist das Recht, den großen Schadensersatz mit Rückgabe zu kombinieren.

2. Rückgabe und großer Schadensersatz

a) Bei Teilleistung: Interessefortfall

Die Regel der §§ 281 I 2, 323 V 1 BGB, den großen Schadensersatz und die Rückgabe der empfangenen Teilleistung[262] nur zuzulassen, wenn der Gläubiger kein Interesse an der Teilleistung hat, hat die Schuldrechtsreform aus dem alten

257 Staudinger/Otto, § 324 Rn. 28
258 Staudinger/Otto, § 324 Rn. 29 – 31
259 AK/Dauner-Lieb, § 282 Rn. 6
260 AK/Dauner-Lieb, § 282 Rn. 6/8; Gieseler, ZGS 2003, . 408 (409)
261 Staudinger/Otto, § 324 Rn. 65 ff.; AK/Dauner-Lieb, § 282 Rn. 8; v. Westphalen/Dedek, § 282 Rn. 9
262 MüKo/Emmerich (Band 2), § 325 BGBaF Rn. 125 nannte das die „Totalrechte bei Interessewegfall“

Schuldrecht[263] übernommen.[264] Zur Bestimmung des Interessefortfalls kann auf die zum alten Recht entwickelten Grundsätze zurückgegriffen werden.[265]

aa) Kriterien für den Interessefortfall

Das Interesse des Gläubigers an der Teilleistung ist objektiv zu bestimmen.[266] Dabei ist zu beachten, dass der Gläubiger für den Ausfall der Teilleistung den kleinen Schadensersatz erhält (§ 281 I 1 BGB), der ihn so stellt, als ob gehörig erfüllt worden wäre[267], damit er den fehlenden Teil woanders besorgen kann. Solange der Käufer mit Hilfe des Schadensersatzes sein ursprüngliches Vertragsinteresse noch erreichen kann – insbesondere durch Ersatzbeschaffung – kann er die empfangene Leistung nicht zurückgeben. Führt die Teilleistung allerdings zu einer nicht hinnehmbaren Beschränkung des Vertragsgegenstandes[268] oder kann er sein Vertragsinteresse nur unter unverhältnismäßigen Schwierigkeiten verwirklichen[269] und wäre es für ihn deshalb günstiger, einen gänzlich neuen Vertrag abzuschließen[270], so stehen ihm Totalrücktritt und die Rückgabe der Teilleistung offen: „Für das fehlende Interesse ist also entscheidend, ob der Gläubiger nach seinen Verhältnissen nach objektiver Beurteilung kein Interesse mehr daran hat, die schon empfangene Teilleistung für eine entsprechend geminderte Gegenleistung zu behalten, namentlich, weil seine konkreten Zwecke mit der Teilleistung auch nicht partiell verwirklicht werden können, und sich die fehlenden Teile nicht oder nur mit Mühe beschaffen lassen." **(Wolfgang Ernst)**[271]

Die Prüfung einer „unverhältnismäßigen" Belastung des Gläubigers verlangt die Abwägung seiner Interessen mit denen des Schuldners. Der Gläubiger muss

---

263 §§ 280 II, 286 II, 325 I 2, 326 I 3 BGBaF, s. o. A.II.3.c; MüKo/Emmerich (Band 2), § 325 BGBaF Rn. 6, 116: Die Teilunmöglichkeit sollte nach Ansicht der Verfasser des BGB die Schlechterfüllung als „qualitative Teilunmöglichkeit" miterfassen.

264 SchuldRKom, S. 135 f.; RegE, BT-Drucks. 14/6040, S. 186 (zu § 323 IV 1 BGB-KE)

265 AK/Dauner-Lieb, § 281 Rn. 16; vgl. Palandt/Heinrichs, § 281 Rn. 37, 38; Bamberger/Roth/Grothe, § 323 Rn. 42; Erman/Westermann, § 323 Rn. 26

266 MüKo/Ernst, § 323 Rn. 203; vgl. MüKo/Emmerich (Band 2), § 325 BGBaF Rn. 127

267 Palandt/Heinrichs, § 281 Rn. 46

268 BGH NJW 2000, S. 1332; Erman/Westermann, § 323 Rn. 26

269 MüKo/Ernst, § 323 Rn. 203

270 BGH NJW 1990, S. 2549 (2550); MüKo/Emmerich (Band 2), § 325 BGBaF Rn. 127

271 MüKo/Ernst, § 323 Rn. 203; vgl. MüKo/Emmerich (Band 2), § 325 BGBaF Rn. 127; BGH NJW 1990, S. 3011, BGH NJW 1990, S. 2549; BGH NJW-RR 1990, S. 1492; vgl. v. Westphalen/Dedek, § 281, Rn. 54

hierfür konkrete Interessen darlegen und beweisen[272], welche das Rückgaberecht und die daraus resultierende Belastung des Schuldners rechtfertigen. Aufgrund der Beweislastverteilung ist der Interessefortfall eine strenge Rückgabeschranke. Der geschilderte Gehalt des Tatbestandmerkmals ist weitestgehend unumstritten. Allerdings gibt es in Bezug auf die Abgrenzung zur Schranke bei Schlechtleistung (§ 281 I 3 BGB) Schwierigkeiten bei „Mankolieferung" sowie bei „Teilnicht-" und „Teilschlechterfüllung".

bb) Mankolieferung im Kaufvertrag

§ 434 III BGB lautet: „Einem Sachmangel steht es gleich, wenn der Verkäufer eine andere Sache oder eine zu geringe Menge liefert." Der ursprüngliche Regierungsentwurf[273] wollte hierdurch die Unterscheidung von Schlecht- und Teilleistung abschaffen und schlug vor, den großen Schadensersatz in beiden Fällen vom Fortfall des Gläubigerinteresses abhängig zu machen, **§ 281 I 3 KF**[274]: „Hat der Schuldner teilweise oder nicht wie geschuldet geleistet, so kann der Gläubiger Schadensersatz statt der ganzen Leistung nur verlangen, wenn sein Interesse an der geschuldeten Leistung dies erfordert."[275] Die Gleichstellung wurde jedoch wieder verworfen und § 281 I Sätze 2 und 3 BGB unterscheiden nun für den großen Schadensersatz zwischen Teil- und Schlechtlieferung.[276] Die unterschiedlichen Rechtsfolgen rufen die Frage hervor, ob die Gleichstellung von Teilleistung und Sachmangel in § 434 III BGB zur Folge haben soll, dass für den großen Schadensersatz ausschließlich die Regeln der Schlechtleistung gelten.[277] Dann könnte der Käufer nach Befreiung die empfangenen Leistungen zurückgeben, solange keine „unerhebliche Pflichtverletzung" vorliegt, § 281 I 3 BGB. Das Tatbestandsmerkmal des Interessefortfalls fände im Kaufvertrag kaum Anwendung.[278]

---

272 V. Westphalen/Dedek § 281, Rn. 54

273 BT-Drucks. 14/6040; als konsolidierte Fassung bei Canaris, JZ 2001, S. 499 ff.

274 BT-Drucks. 14/6040, S. 216

275 Dazu Canaris, JZ 2001, S. 499 (513); die Begründung für die Gleichstellung von Schlecht- und Teillieferung findet sich in RegE, BT-Drucks. 14/6040, S 186 f.; s. o. A.I.2

276 Beim Rücktritt bestand die Zweiteilung von Beginn an, der Entwurf war widersprüchlich: BT-Drucks. 14/6040, S. 186

277 Dafür Palandt/Heinrichs, § 281 Rn. 38; v. Westphalen/Dedek, § 281 Rn. 57; Bamberger/Roth/Grüneberg, § 281 Rn. 52, 59; Erman/Grunewald, § 434 Rn. 62

278 Canaris, ZRP 2001, 329 (334 f.); AK/Dauner-Lieb, § 281 Rn. 18; v. Westphalen/Dedek, § 281 BGB Rn. 58 sieht einen Anwendungsbereich für Sukzessivlieferungsverträge; ähnlich für Ratenlieferungen MüKo/Ernst, § 323 Rn. 215

Der Rechtsauschuss des Bundestages hat diese Frage ausdrücklich der Rechtsprechung überlassen.[279] Manche Kommentatoren wollen nun aufgrund des § 434 III BGB die Teilleistung bei den Voraussetzungen für den großen Schadensersatz der Schlechtleistung gleichstellen.[280] Die Gegenansicht will § 281 I 2 BGB trotzdem anwenden und fordert als Schranke für den großen Schadensersatz den Interessefortfall.[281] Nach dieser Ansicht stellt § 434 III BGB nur klar, dass die Regeln des besonderen Gewährleistungsrechts in §§ 437 ff. BGB auch bei Teilleistungen anwendbar sind. Dies soll die Rechtsfolgen der Teilleistung aber unbehelligt lassen und vor allem nicht den Totalrücktritt erleichtern.[282] Vermittelnde Ansichten wollen für die Anwendbarkeit des Kriteriums des Interessefortfalles aus §§ 281 I 2, 323 V 1 BGB darauf abstellen, ob der Verkäufer die Teilleistung als solche anbietet und der Käufer sie auch als solche bewusst akzeptiert[283] bzw. ob den Vertragsparteien bei Annahme bewusst ist, dass eine zu geringe Menge geliefert wird.[284] Die entscheidende Frage bei diesem Streit ist, welche Rückgabeschranke die gegensätzlichen Interessen bei Teilleistung besser ausgleichen kann – die nicht „unerhebliche Pflichtverletzung" oder der „Interessefortfall". Diese Frage wird in der vorliegenden Arbeit aus ökonomischer (**Teil B**) und rechtsvergleichender (**Teil C**) Sicht eingehend untersucht. Im Ergebnis empfiehlt sich der Interessefortfall als Rückgabeschranke bei Mankolieferung (s. u. D.II.2).

---

279 BT-Drucks. 14/ 7052, S. 185; Der RegE nahm zu diesem Problem nur bei § 323 IV KF Stellung, BT-Drucks. 14/6040, S.186, denn beim großen Schadensersatz bestand es aufgrund des damaligen § 281 I 3 KF noch nicht.

280 Palandt/Heinrichs, § 281 Rn. 38; v. Westphalen/Dedek, § 281 Rn. 57; Bamberger/Roth/Grüneberg, § 281 Rn. 52, 59; Erman/Grunewald, § 434 Rn. 62; Dauner-Lieb, AnwBl. 2004, S. 597 (600); Huber/Faust, S. 130 Rn. 164; Maultzsch/Oetker, S. 86

281 Stephan Lorenz, NJW 2003, S. 3097 (3099); ausführlich Grigoleit/Riehm, ZGS 2002, S. 115 – 122; Canaris, ZRP 2001, S. 329 (334 f.); Schwab/Witt/Mattheus, S. 118 f.; KompaktKom/Willingmann/Hirse, § 281 BGB Rn. 12; zu den Vorgaben der Kaufrechtsrichtlinie: Hannes Unberath, ZeuP 2005, S. 5 (15 ff.); Haas, Das neue Schuldrecht, S. 207

282 Grigoleit/Riehm, ZGS 2002, S. 115 (121); Canaris, ZRP 2001, S. 329 (334 f.) dreht den Spieß um: „Daher ist genau umgekehrt auch dann, wenn ein Teil der Leistung nicht fehlt, sondern mangelhaft ist [...], nicht Satz 2, sondern Satz 1 von [§ 323 V BGB] anzuwenden mit der Folge, dass es auch insoweit auf das Kriterium des Interessewegfalls ankommt.", s. u. A.IV.2.a.ee

283 MüKo/Ernst, § 323 Rn. 216

284 Staudinger/Otto, § 323 Rn. C8; Diese Ansätze basieren auf der Ansicht, dass der Gläubiger nach § 266 BGB jede absprachewidrige Teilleistung zurückweisen darf: Staudinger-Otto, § 323 Rn. C9

cc) Abnahmeverweigerungsrecht

§ 266 BGB lautet: „Der Schuldner ist zu Teilleistungen nicht berechtigt". Hieraus wird gefolgert, dass der Gläubiger dazu berechtigt sei, die Annahme absprachewidriger Teilleistungen abzulehnen.[285] Das soll selbst dann gelten, wenn das objektive Interesse an der Teilleistung i.S.v. § 323 V 1 BGB erhalten bleibt und deshalb kein Rückgaberecht besteht. Die berechtigte Ablehnung der Teilleistung nach § 266 BGB führe zur vollständigen Nichterfüllung, so dass es auf das objektive Interesse an der Teilleistung nicht mehr ankomme.[286] Das Leistungszurückweisungsrecht des § 266 BGB ist nach stetiger Rechtsprechung des BGH zum alten Schuldrecht nur durch Treu und Glauben beschränkt, nämlich wenn dem Gläubiger „in verständiger Würdigung der Lage des Schuldners und seiner eigenen schutzwürdigen Interessen die Annahme der Teilleistung zuzumuten ist".[287] Ein solch umfassendes Zurückweisungsrecht widerspricht der Regel in §§ 281 I 2, 323 V 1 BGB, die Rückgabe einer Teilleistung nur bei Interessefortfall zu gestatten.[288] Die herrschende Ansicht will den Konflikt lösen, indem § 266 BGB nur vor Annahme einer Teilleistung gelten soll.[289] Nach Annahme soll die Rückgabe der Teilleistung nur bei Interessefortfall zulässig sein. Hierdurch wird die Beschränkung der Rückgabe auf den Interessefortfall unterlaufen, denn die Ablehnung der Annahme zieht wie der Rücktritt die Rückgabe gelieferter Waren nach sich. Der Gläubiger kann sich bei Entgegennahme der Ware sein Ablehnungsrecht nach § 266 BGB vorbehalten, um sich eine spätere Rückgabe ohne Schranke offen zu halten. Nur bei Rückgabe nach langer Zeit und bei voreiliger Annahme des Gläubigers kämen die Schranken der §§ 280 I 2, 323 V 1 BGB zur Anwendung. Die Beschränkung der Rückgabe auf den Interessefortfall wäre eine Art „Sanktion für schusseliges Annehmen".[290]

---

285 Staudinger/Otto, § 323 Rn. C9; Erman/Westermann, § 323 Rn. 25; Palandt/Heinrichs, § 323 Rn. 24; Bamberger/Roth/Grüneberg, § 281 Rn. 53, § 266 Rn. 18, § 323 Rn. 42; MüKo/Ernst, § 323 Rn. 216 und Fn 388; vgl. LG Rottweil v. 25.05.2003, NJW 2003, S. 3139 mit Kommentar von Stephan Lorenz NJW 2003, S. 3097 – 3099

286 Erman/Westermann, § 323 Rn. 25; MüKo/Ernst, § 323 Rn. 200; Stephan Lorenz, NJW 2003, S. 3097 f.

287 BGH NJW 1965, S. 1763 (1764); MüKo/Krüger, § 266 Rn. 13; Erman/Kuckuk, § 266 Rn. 6

288 Erman/Westermann, § 323 Rn. 25

289 MüKo/Ernst, § 323 Rn. 200; Erman/Westermann, § 323 Rn. 25

290 So zum vergleichbaren Problem bei Schlechtleistung: Nils Jansen, ZIP 2004, S. 1794

§ 266 BGB soll den Gläubiger vor Belästigungen durch unvereinbarte Teilleistungen schützen.[291] Ihm deswegen ein umfassendes Rückgaberecht zu geben, widerspricht dem Ziel der Schuldrechtsreform[292], die Zurückweisung von Teilleistungen nur zu gestatten, wenn das objektive Interesse entfallen ist. Die herrschende Ansicht zu § 266 BGB eröffnet die Kombination von Rückgabe und großem Schadenersatz entgegen §§ 281 I 2, 323 V 1 BGB, wenn die Ablehnung der Teilleistung nicht durch Treu und Glauben nach § 242 BGB ausgeschlossen ist. Dabei wird nicht begründet, weshalb die nach § 266 BGB verbotene Teilleistung mit dem Rückgaberecht sanktioniert wird, während § 280 BGB eindeutig vorschreibt, dass für Pflichtverletzungen der einfache Schadensersatz neben der Leistung geschuldet wird und dass ein zusätzliches Rückgaberecht nur unter den Voraussetzungen der §§ 281 – 283 BGB besteht.[293]

Das Vorbild für §§ 281 I 2, 323 V 1 BGB und die Beschränkung des Rücktrittsrechts bei Teilleistung ist das CISG. Dort hat der Käufer nur dann ein Abnahmeverweigerungsrecht, wenn die Teilleistung eine wesentliche Vertragsverletzung darstellt, die ihn zum Rücktritt vom ganzen Vertrag berechtigt.[294] Rückgabe und Abnahmeverweigerung werden nicht unterschieden und im Gleichlauf nur bei wesentlicher Vertragsverletzung gewährt, Art. 51 II CISG.[295] Der Widerspruch zwischen dem propagierten Abnahmeverweigerungsrecht nach § 266 BGB und der Rückgabeschranke nach §§ 281 I 2, 323 V 1 BGB beruht auf einer gegensätzlichen Auffassung darüber, wie die Rückgabe bei Teilleistungen beschränkt werden sollte. Sollte das Rückgaberecht nur durch Treu und Glauben oder durch den Fortfall des objektiven Interesses eingeschränkt werden, um die Interessen von Schuldner und Gläubiger auszugleichen? Die eingehende ökonomische (**Teil B**) und rechtsvergleichende Analyse (**Teil C**) führt zur Empfehlung, das Abnahmeverweigerungsrecht den Rückgabeschranken zu unterstellen (s. u. D.III).

---

291 RGZ 129, 143 (145); Bamberger/Roth/Grüneberg, § 266 Rn. 1; vgl. Rabel, Warenkauf I, S. 410

292 Ziel war die Beschränkung auf den Interessefortfall: BT-Drucks 14/6040, S. 140: „§ 281 I Satz 3 RE bestimmt deshalb, dass der Gläubiger bei Teilleistung und bei Schlechtleistung Schadensersatz statt der ganzen Leistung nur verlangen kann, wenn dies sein Interesse an der geschuldeten Leistung erfordert."; vgl. a.a.O., S. 186 zu § 323 IV 1 RegE (heute Abs. 5 S. 1).

293 § 280 III BGB macht den Schadensersatz statt der (ganzen) Leistung von den Voraussetzungen der §§ 281 – 283 abhängig.

294 Schlechtriem/Müller-Chen, Art. 51 CISG Rn. 4

295 Art. 6.1.3 UP lautet entsprechend: „The obligee may reject an offer to perform in part at the time performance is due [...] unless the obligee has no legitimate interest in doing so." Das entspricht der Regel in §§ 281 I 2, 323 V 1 BGB.

dd) Teilnichterfüllung

Bei Nichterfüllung einer leistungsbezogenen Nebenpflicht i.S.v. § 241 I BGB ist umstritten, ob diese in Bezug auf den großen Schadensersatz den Regeln der Teilleistung oder der Schlechtleistung unterfallen soll. Im ersten Fall müsste der Gläubiger nach §§ 281 I 2, 323 V 1 BGB nachweisen, dass er ohne die nicht erfüllte Nebenleistung kein Interesse mehr an der übrigen Leistung hat.[296] Voraussetzung für die Anwendbarkeit der Regeln der Teilleistung ist, dass die Nebenpflichtverletzung von den übrigen Vertragspflichten abgetrennt werden kann und deren Erfüllung nicht beeinträchtigt (**Teilbarkeit**).[297] Da dieser Standpunkt die Nichterfüllung als Teilleistung versteht, spricht man von der „Teilnichterfüllung". Nach der Gegenansicht können leistungsbezogene Nebenpflichten nicht von der Hauptleistung getrennt werden. Ihre Nichterfüllung bewirkt, dass die gesamte Leistung schlecht erfüllt wird, so dass die Regeln der Schlechtleistung aus §§ 281 I 3, 323 V 2 BGB gelten.[298] Zur Abwehr der Rückgabe soll der Schuldner deshalb nachweisen, dass die Nichterfüllung der Nebenpflicht eine unerhebliche Pflichtverletzung darstellt.[299]

Das Problem der Abgrenzung von Teil- und Schlechtleistung bei Nichterfüllung einer Nebenleistungspflicht entsteht, weil das neue Schuldrecht keine einheitliche Schranke für Rückgabe und großen Schadensersatz vorsieht. Es unterscheidet zwischen den drei Leistungsstörungen Teilerfüllung, Schlechterfüllung und Verletzung einer nicht-leistungsbezogenen Pflicht und sieht jeweils eine eigene Rückgabeschranke vor. Diese Entscheidung war im Verlauf der Schuldrechtsreform umstritten: Der ursprüngliche Regierungsentwurf befürwortete für den großen Schadensersatz bei Teil- und Schlechtleistung als einheitliche Schranke den Interessefortfall (§ 281 I 3 BGB-KE[300]). Und die Stellungnahme des Bundesrates befürwortete zusätzlich die Gleichbehandlung aller Nebenpflichtverletzungen, indem die Sonderbehandlung der Pflichten i.S.v. § 241 II BGB durch § 282 BGB ersatzlos gestrichen werden sollte.[301] Beide Vorschläge zusammen hätten zur einheitlichen Rückgabeschranke des Interessefortfalls ge-

---

296 MüKo/Ernst § 323 Rn. 226; Schlechtriem Schuldrecht AT, Rn. 435 a.E.

297 MüKo/Ernst, § 323 Rn. 201, 226; Staudinger/Otto, § 323 Rn. B14; Erman/Westermann, § 323 Rn. 26

298 Bamberger/Roth/Grothe, § 323 Rn. 40; Palandt/Heinrichs, § 323 Rn. 32; Erman/Westermann, § 323 Rn. 27; etwas offener Staudinger/Otto, § 323 Rn. B14

299 Zur Beweislast Bamberger/Roth/Grothe, § 323 Rn. 45; MüKo/Ernst, § 281 Rn. 136

300 BT-Drucks. 14/6040, S. 186/187 (Begründung) und 216; Canaris, JZ 2001, S. 499 (513) und Canaris, ZRP 2001, S. 329 (333)

301 BT-Drucks. 14/6857, S. 50, Nr. 31: „[§ 282 RegE] kann deshalb gestrichen werden; ‚nicht wie geschuldet' in § 281 Abs. 1 RegE bezieht sich dann auch auf sämtliche Nebenpflichtverletzungen."

führt, was der Schranke der wesentlichen Vertragsverletzung im CISG entspräche.[302]

Wenn nun das neue Schuldrecht trotzdem Teil- und Schlechtlieferung und die Verletzung einer nicht-leistungsbezogenen Nebenpflicht unterscheidet, dann geschieht dies nur aufgrund der drei Rückgabeschranken. Die Unterscheidung spielt in keinem anderen Zusammenhang eine Rolle. Deshalb sollte man bei der Abgrenzung der Leistungsstörungen darauf abstellen, welche Rückgabeschranke für den behandelten Fall die Interessen von Schuldner und Gläubiger am besten ausgleichen kann. Bei Nichterfüllung einer leistungsbezogenen Nebenpflicht muss zwischen den Schranken des Interessefortfalls und der nicht „unerheblichen Pflichtverletzung“ ausgewählt werden. Für die Befürworter der „Teilnichterfüllung“ hat der Interessefortfall den Vorteil, den großen Schadensersatz strenger zu beschränken: „Die Anwendung von [§ 323] Abs. 5 S. 1 ist auch sachgerechter, da die Schwelle für den Totalrücktritt bei S. 2 deutlich niedriger liegt als bei S. 1 und eine Regelung, wonach der Gläubiger bei Verletzung von Nebenleistungspflichten im Zweifel sollte zurücktreten können (so nämlich bei Satz 2 [...]), zu rücktrittsfreundlich wäre [...].“ (**Wolfgang Ernst**)[303] Der Interessefortfall entspräche außerdem der alten Rechtsprechung zur pVV, wonach die Totalliquidation nur ausnahmsweise bei Unzumutbarkeit zulässig war.[304]

ee) Teilschlechterfüllung

Wie bei Mankolieferung und Teilnichterfüllung entstehen auch bei der Schlechterfüllung eines abtrennbaren Teils der Leistung (Teilschlechterfüllung) Abgrenzungsschwierigkeiten. Es ist fraglich, ob für den großen Schadensersatz bei teilweiser Schlechterfüllung die laxeren Voraussetzungen des § 281 I 3 BGB oder die strengeren Regeln der Teilleistung gelten.[305] Für eine unteilbare mangelhafte Leistung gilt unstreitig § 281 I 3 BGB.[306] Die Rückgabe der mangelhaften Ware ist zulässig, solange keine „unerhebliche Pflichtverletzung“ vorliegt. Doch wenn sich der Mangel auf einen abtrennbaren Teil beschränkt, stellt sich die Frage, ob auch der Rücktritt vom ungestörten Teil für jede nicht unerhebliche

302 S. u. D.I.2 und D.V.7.a

303 MüKo/Ernst, § 323 Rn. 226, und für § 281 I 2 BGB: a.a.O., § 281 Rn. 140, 143

304 MüKo/Emmerich vor § 275 BGBaF (Band 2), Rn. 283 m.w.N.; Schlechtriem, Schuldrecht AT Rn. 435: „'Interessefortfall' und ‚Unzumutbarkeit des Festhaltens am Vertrag' [sind] letztlich Verschlüsselungen desselben Grundgedankens, dass die Schwere der Pflichtverletzung, gemessen am Gläubigerinteresse, über den Rücktritt entscheidet (vgl. Art. 25 CISG).“; s. u. D.II.5

305 Dazu schon BT-Drucks. 14/6040, S. 186; AK/Dauner-Lieb, § 281 Rn. 18

306 Palandt/Heinrichs, § 281 Rn. 40

Pflichtverletzung zulässig ist oder ob wie bei einer teilweisen Nichterfüllung das Gläubigerinteresse entfallen sein muss. Diejenigen Stimmen, die bei Teilschlechterfüllung die Anwendung des § 281 I 2 BGB verlangen[307], befürworten eine zweistufige Prüfung, die zunächst für den Rücktritt vom abtrennbaren gestörten Teil eine nicht unerhebliche Schlechterfüllung und dann für den Rücktritt vom ganzen Vertrag den Interessefortfall verlangt:

Stephan Lorenz: „Zunächst ist am Maßstab von § 323 V 2 BGB isoliert in Bezug auf den mangelhaften Teil der Leistung die Frage des Rücktritts zu klären, was bei einem nur unerheblichen Mangel (des Teils als solchem) ausgeschlossen ist. Die Befugnis des Käufers zum Totalrücktritt setzt dann nach § 323 V 1 BGB weiter voraus, dass wegen des Teilrücktritts sein Leistungsinteresse im Übrigen entfallen ist."[308]

Wolfgang Ernst: „Es kommt demnach darauf an, dass die Nicht- oder Schlechterfüllung einer einzelnen von mehreren Verpflichtungen einen Interessefortfall hinsichtlich der Erfüllung der übrigen Verpflichtungen aus dem Schuldverhältnis herbeiführt."[309]

Dieser Ansatz erhebt den Interessefortfall zur Voraussetzung dafür, dass bei Teilbarkeit der Leistung eine Teilstörung zum Rückritt von den ungestörten Leistungsteilen berechtigt. Bei einer abtrennbaren Leistungsstörung muss der Gläubiger den Fortfall seines Interesses nachweisen, um vom ganzen Vertrag zurücktreten zu können. Die „unerhebliche Pflichtverletzung" fungiert ausschließlich als Schranke für die Rückgabe einer unteilbaren Schlechtleistung. Je stärker man dieser Idee folgend eine vertragliche Leistung untergliedert, desto mehr verliert das Kriterium der unerheblichen Pflichtverletzung an Bedeutung: Stellt man sich ein Schuldverhältnis wie ein Kabel als ein Bündel von Leistungspflichten vor, wobei einzelne Pflichtenstränge sich jeweils wieder in unterscheidbare Pflichtenfäden zerlegen lassen, so dass mehrere Ebenen entstehen, dann ist für den Rücktritt aufgrund einer Störung auf der unteren Ebene immer Voraussetzung, dass das Interesse am Festhalten an der nächst höheren Ebene tatsächlich

---

307 MüKo/Ernst, § 323 Rn. 256; § 281 Rn. 151; Stephan Lorenz, NJW 2003, S. 3097 (3098 f.); Canaris, ZRP 2001, S. 329 (335); Grigoleit/Riehm, ZGS 2002, S. 120 f. (zur teilweise mangelhaften Leistung); KompaktKom/Willingmann/Hirse, § 281 Rn. 12

308 Stephan Lorenz, NJW 2003, S. 3097 (3099)

309 MüKo/Ernst, § 281, Rn. 141, ders. in Rn. 203: „Es kommt zunächst darauf an, ob der vom Mangel betroffene Teil nicht etwa nur unerheblich beeinträchtigt wird; ist [...] der Mangel also für den betroffenen Teil erheblich, so ist der Gläubiger zunächst zum Teilrücktritt wegen des mangelhaften Teils der Leistung befugt; seine Befugnis zum Totalrücktritt hängt sodann davon ab, ob das Vertragsinteresse des Gläubigers auch noch bei einem Teilrücktritt wegen des mangelhaften Teils verletzt bleibt."

entfallen ist.[310] Diese Methode hat zum Ziel, den als zu freigiebig empfundenen Ausschluss des Rückgaberechts für unerhebliche Pflichtverletzungen zugunsten des strengeren Interessefortfalls zurückzudrängen. Das geht nur, wenn sich die Leistungspflichten tatsächlich teilen lassen.[311]

ff) Ausschluss der Rückgabe durch Annahme

Schließlich gibt es den Ansatz, die Rückgabe dadurch zu beschränken, dass sich der Gläubiger bei Entgegennahme einer Teilleistung sein Rückgaberecht ausdrücklich vorbehalten muss, um es nicht zu verlieren.[312] Da die Pflicht zur Ablehnungsandrohung allerdings vom Gesetzgeber ausdrücklich abgeschafft wurde[313] und der obligatorische Vorbehalt der Annahme dieser Ablehnungsandrohung stark ähnelt, wird dies vielfach abgelehnt.[314] Es entstünde außerdem ein Widerspruch zur Pflicht, dem Schuldner durch eine Nachfrist das Recht zur zweiten Andienung zu gewähren, denn eine Nachfrist setzt die Annahme der mangelhaften Sache voraus. Der Schuldner braucht auch nicht vor einer „überraschenden" Rückgabe[315] geschützt werden, denn die Nacherfüllung wird ihm gerade zur Vermeidung der drohenden Rückgabe gewährt.

b) Bei Schlechtleistung: nicht unerhebliche Pflichtverletzung

Bei Schlechtleistung schließen §§ 281 I 3, 323 V 2 BGB Rückgabe und großen Schadensersatz für „unerhebliche" Pflichtverletzungen aus. Über den Inhalt dieses Kriteriums besteht Ungewissheit. Der ähnlich formulierte § 459 I 2 BGBaF erfüllte eine andere Funktion und kann schwer als Vorbild dienen (aa).[316] Zu den bereits beschriebenen Schwierigkeiten der Abgrenzung zur Teilleistung bei „Teilnichterfüllung", „Mankolieferung" und „Teilschlechtleistung" gesellen sich Zweifel über die erforderliche Schwere einer Nebenpflichtverletzung (bb) und das Recht des Käufers zur Abnahmeverweigerung bei

---

310 Dies entspricht dem Ansatz von MüKo/Ernst, § 281 Rn. 143

311 Staudinger/Otto, § 323 Rn. B14; zur Teilbarkeit: Bamberger/Roth/Grothe, § 323 Rn. 43; MüKo/Ernst, § 323 Rn. 200; Erman/Westermann, § 323 Rn. 26

312 Dafür MüKo/Ernst, § 323 Rn. 206

313 AK/Dauner-Lieb, § 323 Rn. 10; insofern eindeutig Rechtsausschuss BT-Drucks. 14/7052, S. 185 (Nr. 9); Staudinger/Otto, § 323 Rn. B52; Palandt/Heinrichs, § 323 Rn. 13; zur „kleinen Ablehnungsandrohung" auch Erman/Westermann, § 323 Rn. 13

314 Erman/Westermann, § 323 Rn. 26; Bamberger/Roth/Grothe, § 323 Rn. 42 und Fn 150

315 So aber MüKo/Ernst, § 323 Rn. 207

316 V. Westphalen/Dedek, § 281 Rn. 52; MüKo/Ernst, § 323 Rn. 243

unerheblichen Pflichtverletzungen (cc). Die Regel, Rückgabe und großen Schadensersatz nur für unerhebliche Schlechtleistungen auszuschließen und hierfür dem Schuldner die Beweislast aufzuerlegen, ist zugleich der Kern der Neuerungen der Schuldrechtsreform und der Kern der Streitfragen zur Anwendung des neuen Schuldrechts. Der Grund für die vielen „Brandherde" ist, dass die Beschränkung der Kombination als nicht sachgerecht und als zu rücktrittsfreundlich empfunden wird.[317]

aa) Auslegung der „unerheblichen Pflichtverletzung"

Im alten Schuldrecht schloss § 459 I 2 BGBaF die Mängelgewährleistungsrechte für „eine unerhebliche Minderung des Wertes oder der Tauglichkeit" aus. Da der Käufer bei unbeachtlichen Mängeln keine Ansprüche hatte, auch kein Minderungsrecht[318], wurde § 459 I 2 BGBaF restriktiv ausgelegt.[319] „Unerheblichkeit" lag nur vor, wenn der Mangel mit geringfügiger Mühe oder unbedeutendem Kostenaufwand beseitigt werden konnte oder in Kürze von selbst verschwinden würde.[320] Im Ergebnis wurde die Regel als Verkörperung des Grundsatzes „de minimis non curat praetor" verstanden[321] – als „Bagatellgrenze"[322]. Die Schranke der „unerheblichen Pflichtverletzung" erfüllt eine andere Funktion als die Bagatellgrenze des § 459 I Satz 2 BGBaF. Sie schließt nicht alle Mängelrechte aus, sondern nur die Gesamtliquidation[323] durch Rückgabe und großen Schadensersatz.[324] Bei einer unerheblichen Pflichtverletzung behält der Gläubiger das Recht auf Befreiung und kleinen Schadensersatz (§ 281 I 1 BGB), und er

317 Vgl. MüKo/Ernst, § 323 Rn. 226 (Teilnichterfüllung), Rn. 243 (Auslegung der Unerheblichkeit); Staudinger/Otto, § 323 Rn. C12 (Zusätzliche Anforderungen bei Nebenpflichtverletzungen)

318 Erman/Grunewald (9. A.), § 459 BGBaF Rn. 22; Jauernig/Vollkommer, § 459 BGBaF (9. A.) Rn. 17

319 Jauernig/Vollkommer (9. A.), § 459 BGBaF Rn. 17; Peters, BB 1983, S. 1951 (1953) bei Fn 26; BGH BB 1957, 92; KG NJW-RR 1989, S. 972; MüKo/Ernst § 323 Rn. 243

320 KG NJW-RR 1989, S. 972; BGH BB 1957, S. 92; BGH NJW 59, S. 1586; Jauernig/Vollkommer (9. A.), § 459 BGBaF Rn. 17; MüKo/Ernst, § 323 Rn. 243; Staudinger/Otto, § 323 Rn. C30

321 Staudinger/Honsell (12. A.), § 459 BGBaF, Rn. 27; Motive II 225

322 AK/Dauner-Lieb, § 323 Rn. 24; Haas, BB 2001, S. 1313 (1316 f.); Erman/Westermann, § 281 Rn. 9; Weiter geht MüKo/Ernst, § 323 Rn. 243: „Man kann sogar sagen, dass die Einschränkung des § 459 I 2 aF in Wirklichkeit funktionslos war."

323 Münch, Jura 2002, S. 361 (371); Staudinger/Otto, § 323, Rn. C28

324 Ausführlich RegE, BT-Drucks. 14/6040, S. 231; MüKo/Ernst, § 281 Rn. 144: „Sonderbestimmung für die Schlechtleistung"

kann mindern, selbst wenn der Schuldner die Pflichtverletzung nicht zu vertreten hat (§ 441 I BGB[325]). Aufgrund der unterschiedlichen Funktion sind die Überlegungen zur Definition des § 459 I 2 BGBaF schwer auf §§ 281 I 3, 323 V 2 BGB übertragbar. Trotzdem wird befürwortet, die „unerhebliche Pflichtverletzung" in der Tradition des alten Rechts als Bagatellgrenze zu verstehen.[326]

Florian Faust: „§§ 281 Abs. 1 S. 3, 323 Abs. 5 S. 2 sollen damit wirklich nur Bagatellfälle ausschließen, in denen nach altem Kaufrecht schon kein Fehler vorgelegen hätte und nach altem Werkvertragsrecht die Wandelung ausgeschlossen gewesen wäre: Fälle, in denen ‚das Leistungsinteresse des Gläubigers im Grunde nicht gestört' ist, oder ‚es sich um abgrenzbare Mängel handelt, die ohne Schwierigkeiten behoben werden können'."[327]

Die Beschränkung des Totalrücktritts bei Schlechtleistung auf erhebliche Mängel geht auf das Gutachten von Ulrich Huber von 1981 zurück.[328] Huber wollte die Regel aus Art. 49 I a CISG übernehmen und die Rückgabe auf wesentliche Vertragsverletzungen beschränken.[329] Diese Zielsetzung ist in der Folge zwar erhalten geblieben[330], doch wurde von den Reformern angenommen, dass eine starke Beschränkung des Rücktrittsrechts wie im CISG schon dadurch erreicht werden könne, dass man bei jeder Leistungsstörung eine Nachfristsetzung verlangt:

Abschlussbericht der Schuldrechtskommission: „Vertragsauflösender Rücktritt soll als tief einschneidender Rechtsbehelf nur dann zur Verfügung stehen, wenn die Pflicht-

---

325 Nach § 441 I 2 BGB gilt der Ausschlussgrund des § 323 V 2 BGB nicht für die Minderung; Erman/Westermann, § 281 Rn. 9

326 AK/Dauner-Lieb, § 323 Rn. 24, § 281 Rn. 17; Haas, BB 2001, S. 1313 (1316); Huber/Faust, S. 129 Rn. 163; Medicus, Das neue Schuldrecht, S. 109 Rn. 125; KompaktKom/Willingmann/Hirse, § 281 Rn. 11; v. Westphalen/Muthers, § 323 Rn. 23; v. Westphalen/Dedek, § 281 Rn. 51 zu den (vermeintlichen) Vorgaben der Verbrauchsgüterkaufrichtlinie; Canaris, JZ 2001, S. 499 (513 f.); Erman/Grunewald stellt bei § 437 Rn. 7 direkt auf die alte Rechtsprechung zur Bagatellgrenze ab; Westermann in Schulze/Schulte-Nölke, S. 125

327 Huber/Faust, S. 129 Rn. 163; Erman/Westermann, § 281 Rn. 9: § 459 I Satz 2 BGBaF kann „Anhaltspunkte" liefern – anders aber bei § 323 BGB Rn. 27: Unerheblichkeit nur, wenn der Schuldner „unverhältnismäßig" belastet wird

328 Gutachten und Vorschläge zur Überarbeitung des Schuldrechts, S. 879 f. zu § 462 IV, der lautete: „Das Recht des Käufers zum Rücktritt ist ausgeschlossen, wenn der Mangel keine wesentliche Vertragsverletzung darstellt."

329 Huber a.a.O., S. 707 (880); vgl. außerdem Huber, 43 RabelsZ 1979, S. 413 – 561; Zum CISG s. u. C.I

330 Vgl. SchuldRKom, S. 164 f.: UN-Kaufrecht als Vorbild; gleicher Passus im DiskE v. 04.08.2000, S. 390 f.; beide Passagen verweisen auf Eingangszitat von Treitel, Breach of Contract, S. 349, no. 259; Vgl. RegE, BT-Drucks. 14/6040, S. 86, 89, 92, 93

verletzung erheblich ist, wovon nach Fristablauf regelmäßig auszugehen ist. Regelungstechnisch lässt sich deshalb entweder entsprechend den einheitlichen Kaufrechten und den [Unidroit Principles] die Erheblichkeitsschwelle als Voraussetzung der Vertragsaufhebung abstrakt definieren und für Zweifelsfälle Nachfristsetzung zur Klärung der Rechtslage vorsehen. Das Gesetz kann aber auch die Nachfristlösung als Prinzip zugrunde legen und in Ausnahme von diesem Prinzip in bestimmten „schweren" Fällen die Nachfrist als entbehrlich regeln."[331]

Man meinte aufgrund der strengen Pflicht zur Nachfristsetzung auf eine dem CISG vergleichbare, strenge Erheblichkeitsschwelle verzichten zu können. Bei der Definition der Erheblichkeit ging man deshalb weiter vom Vorbild der Bagatellgrenze aus.[332] Sogar Ulrich Huber meinte, dass die wesentliche Vertragsverletzung des CISG mit der Bagatellgrenze des § 459 I 2 BGB „praktisch weitgehend übereinstimme".[333] Der kurze Ausflug in die Geschichte der Reform macht klar, dass die gezielte Beschränkung des Totalrücktritts durch ein Kriterium gewünscht war, das der Wesentlichkeitsschwelle des CISG in etwa entspricht. Nicht die Bagatellschwelle, sondern die Pflicht zur Nachfrist sollte diesen Zweck erfüllen. Einige Stimmen sind allerdings der Meinung, dass die Nachfrist zur Wahrung der Interessen des Schuldners nicht ausreicht und deshalb die Schranke der „nicht unerheblichen Pflichtverletzung" strenger auszulegen sei als eine Bagatellgrenze.[334] Diese Ansicht fordert eine „umfassende Interessenabwägung"[335], welche die Erheblichkeitsschwelle „deutlich höher" ansetzt als bei § 459 I 2 BGBaF[336] und die vermeiden soll, dass „die Rückabwicklung für den Schuldner unverhältnismäßig lästig, auch wirtschaftlich nachteilig ist".[337] Andernfalls sei die Beschränkung der §§ 281 I 3, 323 V 2 BGB funktionslos.[338] Sie

331 SchuldRKom, S. 166 und wortgleich DiskE v. 04.08.2000, S. 392

332 SchuldRKom, S. 216; DiskE 04.08.2000, S. 495 f.; Canaris, JZ 2001, S. 499 (513 f.); vgl. Bamberger/Roth/Grothe, § 323 Rn. 39

333 Huber a.a.O., S. 707; vgl. Evelyn Nau, S. 204 m.w.N., die ebenfalls auf die Pflicht zur Nachfristsetzung abstellt

334 MüKo/Ernst, § 323 Rn. 243 (deutlich höher als § 459 I 2 BGBaF); Staudinger/Otto, § 323 Rn. C30 (umfassende Interessenabwägung); Bamberger/Roth, § 281 Rn. 67, § 323 Rn. 39 (umfassende Interessenabwägung); Palandt/Heinrichs, § 281 Rn. 48 (umfassende Interessenabwägung); v. Westphalen/Dedek, § 281 Rn. 50 f (Anhebung der Schranke auf umfassende Interessenabwägung – außer beim Verbraucherkauf); Erman/Westermann, § 323 Rn. 27 (keine „unverhältnismäßige" Belastung des Schuldners) – anders in § 281 Rn. 9; Rolland in FS Schlechtriem (2003), S. 627 (644) (Übereinstimmung mit dem CISG)

335 Staudinger/Otto, § 323 Rn. C30; Bamberger/Roth/Grothe, § 281 Rn. 67; Palandt/Heinrichs, § 281 Rn. 48; vgl. Haas, Das neue Schuldrecht, S. 207

336 MüKo/Ernst, § 323 Rn. 243

337 Erman/Westermann, § 323 Rn. 27

338 Bamberger/Roth/Grothe, § 323 Rn. 39; MüKo/Ernst, § 323 Rn. 243

müsse aber dazu dienen, beim Totalrücktritt als „schärfsten Eingriff in das Vertragsverhältnis“[339] das Verhältnis zur Intensität der Vertragsverletzung zu wahren.

Wolfgang Ernst: „Der (Total-)Rücktritt ist ausgeschlossen, der Gläubiger also auf Teilrücktritt bzw. Minderung verwiesen, wenn sein vertragliches Leistungsinteresse bei einer Herabsetzung der Gegenleistung zwar beeinträchtigt ist, diese Beeinträchtigung aber in Abwägung zu dem Schuldnerinteresse am Bestand des Vertrages als untergeordnet erscheint. Berücksichtigt werden mag auch, dass die Rückabwicklung des Vertrages i.d.R. mit einem wirtschaftlichen Verlust verbunden ist.“[340]

Diese Meinung geht davon aus, dass dem Vorbild des CISG nur entsprochen werden kann, wenn man über das Erfordernis der Nachfrist hinaus auch die abstrakte Erheblichkeitsschwelle spürbar verschärft.[341] Im Ergebnis verfolgt diese Ansicht das Regelungskonzept des CISG[342], weil neben der Haftung auf das volle Äquivalenzinteresse auch die strenge Einschränkung der Rückgabe übernommen wird.[343] Wie bei der Abgrenzung von Schlecht- und Teilleistung ist auch bei der Bestimmung der Erheblichkeitsschwelle die letztlich entscheidende Frage, welche Schranke am besten geeignet ist, die Kombination von Rückgabe und Schadensersatz auf Fälle zu beschränken, in denen sie in Abwägung der entgegenstehenden Interessen von Schuldner und Gläubiger angemessen ist. Die ökonomische **(Teil B)** und rechtsvergleichende **(Teil C)** Untersuchung zeigt, dass eine Verhältnismäßigkeitsprüfung der Bagatellgrenze überlegen ist (s. u. D.II.1.a).

bb) Zusätzliche Anforderungen bei Nebenpflichtverletzungen

Nach der alten Rechtsprechung zur pVV war die Totalliquidation des Vertrages bei Nebenpflichtverletzungen nur ausnahmsweise zulässig, wenn dem Gläubiger das Festhalten am Vertrag unzumutbar war.[344] Diese strenge Regel gilt aufgrund der §§ 282, 324 BGB nur noch für nicht leistungsbezogene Pflichten. Im

339 Bamberger/Roth/Grothe, § 323 Rn. 39
340 MüKo/Ernst, § 323 Rn. 243
341 MüKo/Ernst, § 323 Rn. 243 a. E.; Bamberger/Roth/Grothe, § 323 Rn. 39
342 Rolland in FS Schlechtriem (2003), S. 627 (644): „Die ‚Wesentlichkeitsschwelle' im CISG dürfte mit der Wesentlichkeitsschwelle des RE [des Regierungsentwurfs] und der EG-Richtlinie [1999/44/EG] übereinstimmen.“
343 Was Art. 9:301 EP und Art. 7.3.1 UP entspricht: Rolland in FS Schlechtriem (2003), S. 627 (639 – 641); s. u. C.VI.1.c
344 MüKo/Emmerich (Band 2) vor § 275 BGBaF Rn. 283 m.w.N.; Jauernig/Vollkommer (9. A.), § 276 BGBaF Rn. 66; BGHZ 11, 84; 59, 105; BGH NJW 1982, S. 1146; s. o. A.II.3.e

Regierungsentwurf war § 282 BGB-KF[345] noch für „sonstige Pflichten aus dem Schuldverhältnis" vorgesehen, was denkbar auch leistungsbezogene Pflichten erfassen konnte.[346] Durch die Verengung der §§ 282, 324 BGB auf die nicht einklagbaren Schutzpflichten i.S.v. § 241 II BGB werden nun alle Nebenleistungspflichten nach den allgemeinen Regeln behandelt. Versteht man die Verletzung einer leistungsbezogen Pflicht als Schlechtleistung i.S.v. § 281 I 3 BGB, dann ist der große Schadensersatz nur noch für unerhebliche Pflichtverletzungen ausgeschlossen. Darin liegt eine deutliche Haftungsverschärfung im Vergleich zum alten Schuldrecht. Diese Verschärfung ist allerdings weniger ausgeprägt, wenn man für die Erheblichkeitsschwelle eine umfassende Interessenabwägung einfordert und damit den Totalrücktritt nur zulässt, wenn das verletzte Interesse des Gläubigers die Belastungen des Schuldners aufgrund der Rückabwicklung rechtfertigen kann.[347] Verwendet man zusätzlich den Ansatz der Teilnichterfüllung und Teilschlechterfüllung und verlangt dementsprechend den Interessefortfall als Rechtfertigung für den Rücktritt vom ganzen Vertrag (s. o. A.IV.2.a.dd/ee), so ist der praktische Unterschied zur alten Rechtsprechung nur noch gering.[348]

Um einer übermäßigen Verschärfung der Schuldnerhaftung entgegenzuwirken, wird vorgeschlagen, die Kriterien der alten Rechtsprechung beizubehalten und zusätzliche Anforderungen an die Tragweite einer Nebenpflichtverletzung zu stellen, wenn der gesamte Vertrag liquidiert werden soll[349]: „Das Verhalten des Schuldners muss nämlich die Erreichung des Vertragszwecks derart gefährden, dass infolgedessen dem anderen Teil die Fortsetzung des Vertrages nach Treu und Glauben nicht zuzumuten ist." (**Hansjörg Otto**)[350] Problematisch an diesem Ansatz ist allerdings, dass entgegen dem Wortlaut des Gesetzes die Schranke der Unzumutbarkeit aus §§ 282, 324 BGB auch bei leistungsbezogenen Nebenpflichten herangezogen wird und dass zudem die Notwendigkeit geschaffen wird, wie im alten Recht zwischen Haupt- und Nebenleistungspflichten zu unterscheiden.[351] Der Ansatz wird daher vielfach abgelehnt.[352] In die gleiche Stoßrichtung

345 BT-Drucks 14/6040, S. 7, 141 f.

346 Schlechtriem, Schuldrecht AT, Rn. 434 f.

347 S. o. A.IV.2.b.aa; s. u. D.II.5

348 Schlechtriem, Schuldrecht AT, Rn. 435 a. E.

349 Staudinger/Otto, § 323, Rn. C12

350 Staudinger/Otto, § 323 Rn. C12, der auf die alte Rspr. verweist: RGZ 63, 297; 67, 5 (8); 93, 285; 161, 330 (337f.); BGHZ 11, 80 (84); BGH MDR 1958, S. 423; BGH NJW 1969, S. 975; 1978, S. 260; a. A. MüKo/Ernst § 323 Rn. 12

351 Staudinger/Otto, § 323 Rn. B11, B14, C5, C12

352 RegE, BT-Drucks. 14/6040, S. 184 insofern klar: „Die Schlechtleistung kann auf der Verletzung einer Haupt-, sie kann aber auch auf der Verletzung einer Nebenleistungspflicht beruhen. Beides wird gleich behandelt."; gegen die Unterscheidung von Haupt- und Nebenpflichten: MüKo/Ernst, § 323 Rn. 12; Bamberger/Roth/

geht der Vorschlag, die §§ 320 ff. BGB auf Hauptpflichten im Gegenseitigkeitsverhältnis zu beschränken, um dadurch für Nebenpflichten den Totalrücktritt zu beschneiden[353]: „Ein Interesse am Gesamtrücktritt vom Vertrag ist aus der Nichterfüllung der nicht synallagmatischen Nebenleistung nicht herzuleiten, weil der Gläubiger all das, wofür er seine Gegenleistung versprochen oder schon erbracht hat, immer noch zu bekommen oder schon bekommen hat." (**Wolfgang Ernst**)[354] Doch diese Unterscheidung findet keine Unterstützung im Gesetzeswortlaut und wird weitgehend abgelehnt.[355] Da § 281 I 2 BGB den großen Schadensersatz auch für einseitige Verpflichtungen gewährt[356], kann für § 323 BGB aufgrund der Spiegelbildlichkeit der Normen nichts anderes gelten. Die Ansätze zur Entschärfung der Schuldnerhaftung rühren daher, dass die Erheblichkeitsschwelle als zu rücktrittsfreundlich empfunden wird. Die ökonomische (**Teil B**) und rechtsvergleichende (**Teil C**) Analyse zeigt im Ergebnis, dass die Auslegung der Erheblichkeitsschwelle in § 281 I 3 BGB als Verhältnismäßigkeitseinrede und ihre Beschränkung auf die unteilbare Schlechtleistung[357] eine übermäßige Verschärfung der Schuldnerhaftung vermeidet (s. u. D.II).

cc) Abnahmeverweigerungsrecht

Im alten Schuldrecht konnte der Käufer die Abnahme einer vertragswidrigen Kaufsache verweigern.[358] Stand ihm bei einem nur unerheblichen Mangel kein Wandlungsrecht zu (§ 459 I 2 BGBaF), war er allerdings nach Treu und Glauben (§ 242 BGB) zur Abnahme verpflichtet[359]: „Für die Rechtmäßigkeit der Zurückweisung [...] ist erforderlich, dass die vertragswidrige Sachbeschaffenheit für den Käufer Rechtsbehelfe begründet, bei deren Geltendmachung er die angebotene

---

Grothe, § 323 Rn. 4; Erman/Westermann, § 323, Rn. 5; AK/Dauner-Lieb, § 281 Rn. 8

353 MüKo/Ernst, § 323 Rn. 13 f.

354 MüKo/Ernst, § 323 Rn. 13

355 Unmissverständlich BT-Drucks. 14/6040, S. 183: „Nicht erforderlich ist, dass die verletzte Pflicht im Synallagma steht."; gegen die Einschränkung auf synallagmatische Pflichten: Erman/Westermann, § 323 Rn. 5 (gute Übersicht); Bamberger/Roth/Grothe, § 323 Rn. 4; Palandt/Heinrichs, § 323 Rn. 10; AK/Dauner-Lieb, § 281 Rn. 9

356 Bei § 281 BGB sieht das so auch MüKo/Ernst, § 281 Rn. 7, 12

357 Das ermöglicht die Anwendung der Regeln der Teilleistung bei Manko-, Teilnicht- und Teilschlechtlieferung; s. u. D.II.4, 6

358 Erman/Grunewald (9. A.), § 433 BGBaF Rn. 37; Staudinger/Köhler (12. A.), § 433 BGBaF Rn. 72

359 Ernst, NJW 1997, S. 896 (901); Lamprecht, ZIP 2002, S. 1790 (Fn 8 m.w.N.); RGZ 53, 70 (74); vgl. BGHZ 96, 283 (287)

Sache zurückzugewähren hätte.“ (**Wolfgang Ernst**)[360] Ohne Rückgaberecht konnte die mangelhafte Kaufsache nicht abgelehnt werden, damit die Schranken des Rückgaberechts nicht unterwandert wurden.[361] Mit dem gleichen Argument müsste man im neuen Schuldrecht das Abnahmeverweigerungsrecht ausschließen, wenn nach erfolgloser Nachfrist eine „unerhebliche Pflichtverletzung“ vorliegt. Denn nur dann hätte der Käufer ein Rückgaberecht nach §§ 281 I 3, 323 V 2 BGB.[362] Lässt man das Abnahmeverweigerungsrecht unter weniger strengen Voraussetzungen zu, unterwandert man die gesetzlichen Voraussetzungen für Rückgabe und großen Schadensersatz, denn praktisch besteht zwischen Rückgabe und Abnahmeverweigerung kein Unterschied.[363]

Eine verbreitete Ansicht geht allerdings für den Kaufvertrag davon aus, der Käufer dürfe mangelhafte Waren zurückweisen, weil der Verkäufer nicht zur mangelhaften Lieferung berechtigt sei (§ 434 BGB). Entsprechend der alten Rechtsprechung soll das Zurückweisungsrecht nur durch Treu und Glauben (§ 242 BGB) bei ganz geringfügigen Mängeln eingeschränkt sein.[364] Die Rechtsprechung, die eine Aushöhlung der Bagatellgrenze des § 459 I 2 BGBaF vermeiden sollte, soll demnach für das neue Schuldrecht gelten – selbst wenn die „unerhebliche Pflichtverletzung“ aus §§ 281 I 3, 323 V 2 BGB eine strengere Schranke als nur eine Bagatellgrenze darstellt und deshalb nur durch eine strengere Beschränkung der Abnahmeverweigerung vor Aushöhlung geschützt werden kann.[365] Zudem würde die Regel des § 323 I BGB ausgesetzt, wonach die Rückgabe erst nach erfolgloser Nachfrist geschehen darf, denn die Abnahmeverweigerung führt zur sofortigen Rückgabe.[366] Die Meinung untergräbt die gesetzlichen Schranken für Rückgabe und großen Schadensersatz, weil die Kombination ohne Nachfrist möglich und nur für Bagatellen ausgeschlossen sein soll. Wie beim Abnahmeverweigerungsrecht aufgrund des § 266 BGB wird nicht begründet, weshalb der Verstoß gegen das Verbot mangelhafter Leistungen (§§ 433 I 2, 434 BGB) mit einem Rückgaberecht sanktioniert wird, obwohl § 280 BGB das

---

360 Ernst, NJW 1997, S. 896 (901) bei Fn 67

361 Deshalb konnte man im alten Recht nicht jede vertragswidrige Leistung zurückweisen: Ernst, NJW 1997, S. 896 (901) bei Fn 67

362 So auch Staudinger/Beckmann, Eckpfeiler, S. 571; ders. § 433 Rn. 160; Jansen, ZIP 2002, S. 877 – 880 und ZIP 2002, S. 1794

363 Zum gleichen Problem aufgrund § 266 BGB bei Teilleistungen, s. o. A.IV.2.a.cc

364 Palandt/Heinrichs, § 281 Rn. 41; Bamberger/Roth/Grüneberg, § 281 Rn. 60; Staudinger/Otto, § 323 Rn. C5; Lamprecht, ZIP 2002, S. 1790 (1792); v. Westphalen/Dedek, § 281 Rn. 29; Maultzsch, ZGS 2003, S. 411 (414) : Maultzsch/Oetker, S. 110

365 S. o. A.IV.2.b.aa

366 Jansen, ZIP 2002, S. 1794, bezeichnet daher das „Recht des Verkäufers, beim Käufer nachzubessern, als eine Sanktion für schussseliges Annehmen“.

anderslautende Prinzip enthält, dass Vertragsverletzungen zu Schadensersatz neben der Leistung berechtigen und ein zusätzliches Befreiungs- oder Rückgaberecht nur unter den Voraussetzungen der §§ 281 – 283 BGB entsteht. Letztlich fehlt die Einsicht, dass die Schuldrechtsreform das Konzept des Common Law eingeführt hat, wonach eine Vertragsverletzung zum Schadensersatz berechtigt und darüber hinausgehende Gläubigerrechte (z. B. Rückgabe) einer besonderen, zusätzlichen Rechtfertigung bedürfen.

c) Bei Nebenpflichten i.S.v. § 241 II BGB: Unzumutbarkeit

§ 241 II BGB erwähnt Pflichten „zur Rücksicht auf die Rechte, Rechtsgüter und Interessen des anderen Teils". Sie verpflichten den Schuldner zur Vermeidung einer Verletzung[367] der Güter des Gläubigers (Integritätsinteresse[368]) im Laufe der Durchführung des Vertrags und werden deshalb als „Schutzpflichten" bezeichnet.[369] Im Unterschied zu Leistungspflichten können diese Schutz- und Rücksichtnahmepflichten nicht zu einem bestimmten Zeitpunkt fällig werden.[370] Und da man keinen klaren Erfolg oder eine konkrete Handlung benennen kann, sind sie in der Regel auch nicht einklagbar.[371] Die „Nichterfüllung" einer Schutzpflicht ist der Eintritt des unerwünschten Verletzungserfolgs. Eine „Nacherfüllung", also die nachträgliche Vermeidung des Erfolges, ist unmöglich. Deshalb verlangt § 282 BGB keine Nachfrist für die Befreiung.[372] Die normale Sanktion einer Schutzpflichtverletzung ist Schadensersatz.[373] Nur ausnahmsweise gewähren §§ 282, 324 BGB ein Rücktrittsrecht, wenn das Festhalten am Vertrag unzumutbar geworden ist. Die Unzumutbarkeit des Festhaltens am Vertrag knüpft an

---

367 Knoche/Höller, ZGS 2003, S. 27 (33): „Die von § 241 II BGB geregelten Pflichten sind leistungsunabhängig in dem Sinne, dass diese Pflichten außerhalb des eigentlichen schuldrechtlichen Leistungsprogramms stehen; sie können nicht erfüllt, sondern nur verletzt werden."; Bamberger/Roth/Grüneberg, § 283 Rn. 2: Es wird z. B. geschuldet, nicht zu beleidigen, nicht abzuwerben oder nicht zu bestechen.

368 Vgl. MüKo/Roth, § 241 Rn. 90

369 AK/Dauner-Lieb, § 282 Rn. 3; MüKo/Emmerich (4. A.) vor § 275 BGBaF Rn. 261 ff; Staudinger/Otto, § 324 Rn. 37; Schlechtriem, Schuldrecht AT, Rn. 130 f., 435; MüKo/Roth, § 241, Rn. 90 ff.; MüKo/Ernst, § 282 Rn. 1

370 Staudinger/Otto, § 324 Rn. 28

371 Staudinger/Otto, § 324 Rn. 29 – 31; Schlechtriem Schuldrecht AT, Rn. 132; MüKo/Roth § 241 BGB Rn. 113 sieht die Möglichkeit eines vorbeugenden Unterlassungsanspruchs

372 AK/Dauner-Lieb, § 324 Rn. 7 daher: im Zweifel gilt § 323 I BGB, wenn Nacherfüllung in Betracht kommt

373 MüKo/Roth, § 241 Rn. 112

die Rechtsprechung zum BGBaF an.[374] Ob das Festhalten unzumutbar ist, ist eine Wertung, für die alle Umstände des Einzelfalles zu beachten sind.[375] Bei der erforderlichen umfassenden Interessenabwägung[376] ist zu berücksichtigen, dass das Integritätsinteresse des Geschädigten durch den Anspruch auf Schadensersatz nach §§ 280 I, 241 II BGB geschützt wird.[377] Die Pflichtverletzung muss daher eine so grundlegende Störung des vertraglichen Vertrauensverhältnisses bewirken, dass diese durch Schadensersatz nicht wieder gut gemacht werden kann. Die Fortsetzung des Vertrags muss trotz des Schadensersatzes unzumutbar sein.[378] Ausschlaggebend ist daher, ob die Pflichtverletzung die Erwartung begründet, dass der Vertrag auch in Zukunft verletzt wird, so dass kein Vertrauen mehr auf korrekte Erfüllung besteht.[379]

Es ist umstritten, ob §§ 282, 324 BGB alle Voraussetzungen für Totalrücktritt und großen Schadensersatz enthalten[380] oder ob zusätzlich die Voraussetzungen der §§ 281 I, 323 V BGB vorliegen müssen.[381] Da allerdings bei der Prüfung der Unzumutbarkeit alle beteiligten Interessen abgewogen werden, macht es keinen Unterschied, wenn man zusätzlich Interessefortfall[382] oder eine nicht unerhebliche Pflichtverletzung verlangt, denn diese Aspekte sind in der umfassenden Interessenabwägung unter § 282 BGB enthalten: „Im Rahmen der Zumutbarkeitsprüfung ist nämlich eine umfassende beiderseitige Interessenabwägung vorzunehmen, bei der natürlich auch das Gläubigerinteresse an der Teilleistung eine wichtige Rolle spielt." (**Hansjörg Otto**)[383] Wurden bereits Waren geliefert und sollen diese zurückgegeben werden, dann müssen die drohenden Belastungen des

374 Palandt/Heinrichs (60. A.), § 276 BGBaF Rn. 124; BGHZ 11, 84; BGH NJW 1969, S. 975; BGH NJW-RR 1996, S. 950; Staudinger/Otto, § 324 Rn. 50 m.w.N.; Dörner/Staudinger, S. 59

375 AK/Dauner-Lieb, § 324 Rn. 8; Staudinger/Otto, § 324 Rn. 53

376 Staudinger-Otto, § 324 Rn. 53 ff, insb. Rn. 59: Unzumutbarkeit bei unannehmbaren Begleitumständen, Schaden an Leben und Gesundheit, Arglist, Wegfall der Vertrauensgrundlage, Gefährdung des Vertragszwecks

377 Erman/Westermann, § 324 Rn. 6; Staudinger/Otto, § 324 Rn. 53; AK/Dauner-Lieb, § 324 Rn. 7; MüKo/Ernst, § 282 Rn. 5

378 MüKo/Ernst, § 282 Rn. 5

379 Erman/Westermann, § 282 Rn. 4; vgl. MüKo/Ernst, § 282 Rn. 6 zur Frage, ob eine Abmahnung erforderlich ist

380 Dafür u. a. Staudinger/Otto, § 324 Rn. 73, AK/Dauner-Lieb, § 282 Rn. 8, v. Westphalen/Dedek, § 283 Rn. 9

381 Dafür u. a. Erman/Westermann, § 324 Rn. 8, MüKo/Ernst, § 324 Rn. 12; vgl. Palandt/Heinrichs, § 324 Rn. 6 i.V.m. § 323 Rn. 32

382 Schlechtriem, Schuldrecht AT, Rn. 435, sieht in Interessefortfall und Unzumutbarkeit im Wesentlichen das gleiche Kriterium

383 Staudinger/Otto, § 324 Rn. 73

Schuldners bei der Verhältnismäßigkeitsprüfung nach § 282 BGB besonders berücksichtigt werden.[384]

Im Zusammenhang mit § 282 BGB wird die Behandlung der **leistungsbezogenen** Nebenpflichten diskutiert, weil für sie im alten Schuldrecht wie nach § 282 BGB die Schranke der „Unzumutbarkeit" galt. Versteht man ihre Verletzung als Schlechtleistung i.S.v. § 281 I 3 BGB, steht der große Schadensersatz immer offen, wenn keine unerhebliche Pflichtverletzung vorliegt. Um diese als übermäßig empfundene Verschärfung der Schuldnerhaftung zu vermeiden, wird vorgeschlagen, bei Nebenpflichten zusätzlich zur unerheblichen Pflichtverletzung die strengen Schranken der alten Rechtsprechung anzuwenden[385] Ebenso wird erwogen, dem § 282 BGB alle Nebenpflichten zu unterstellen, für die früher nach der Rechtsprechung zur pVV die Schranke der Unzumutbarkeit galt.[386] Hierfür müsste man allerdings die in § 241 BGB angelegte Unterscheidung von leistungsbezogenen und nicht-leistungsbezogenen Pflichten aufgeben, auf die § 282 BGB verweist. Viele der früher der pVV unterstellten Nebenpflichten sind leistungsbezogen, sie können fällig werden und sind einklagbar. Will man sie § 241 II BGB unterstellen, muss man § 241BGB so auslegen, dass Abs. 1 Hauptpflichten anstelle der leistungsbezogenen Pflichten meint und Abs. 2 von Nebenpflichten anstatt von nicht-leistungsbezogenen Pflichten spricht. Weniger radikaler ist, die „unerhebliche Pflichtverletzung" als Verhältnismäßigkeitsschranke zu interpretieren[387] und zusätzlich mit den Theorien der Teilnichterfüllung und Teilschlechterfüllung für den Rücktritt vom ganzen Vertrag bei abtrennbaren Nebenpflichtverletzungen den Interessefortfall zu verlangen[388] Damit wäre eine der alten Rechtsprechung vergleichbare Schranke geschaffen: „Da 'Interessefortfall' und ‚Unzumutbarkeit des Festhaltens am Vertrag' letztlich Verschlüsselungen des selben Grundgedankens sind, dass die Schwere der Pflichtverletzung, gemessen am Gläubigerinteresse, über den Rücktritt entscheidet (vgl. Art. 25 CISG), dürften im Ergebnis beide Lösungswege zum gleichen Ziel führen." (**Peter Schlechtriem**)[389] Durch die folgende ökonomische (**Teil B**) und rechtsvergleichende (**Teil C**) Analyse wird gezeigt, dass zu Recht eine übermäßige Haftungsverschärfung befürchtet wird, wenn man Rückgabe und großen Schadensersatz bei Nebenpflichtverletzungen nur für unerhebliche Pflichtverletzungen ausschließt. Im Ergebnis ist der letztgenannte Ansatz zu empfehlen, der die Erheb-

384 V. Westphalen/Dedek, § 282 Rn. 9; AK/Dauner-Lieb, § 282 Rn. 8

385 Staudinger/Otto, § 323 Rn. C12; s. o. A.IV.2.b.bb

386 So z. B. Joachim Münch, Jura 2002, S. 361 (365)

387 So z. B. MüKo/Ernst, § 323 Rn. 243, s. o. A.IV.2.b.aa

388 MüKo/Ernst, § 281, Rn. 141 und Rn. 203; Schlechtriem, Schuldrecht AT, Rn. 395, 435

389 Schlechtriem, Schuldrecht AT, Rn. 435, S. 216

lichkeitsschwelle in § 281 I 3 BGB als Verhältnismäßigkeitseinrede versteht und ihre Anwendung auf die unteilbaren Schlechtleistungen[390] beschränkt, damit bei abtrennbaren Teilstörungen und Nebenpflichtverletzungen die Schranke des Interessefortfall zur Anwendung kommt (s. u. D.II).

3. Überblick

Die Auslegung der Voraussetzungen von **Befreiung** und kleinem Schadensersatz ist kaum umstritten. Neben der „natürlichen" Befreiung durch Unmöglichkeit ist die Befreiung im neuen Schuldrecht in der Regel an den erfolglosen Ablauf einer Frist zur Nacherfüllung gebunden. Deutlich problematischer sind die Voraussetzungen für die Kombination von **Rückgabe** und großem Schadensersatz. Hier bestehen Abgrenzungsschwierigkeiten, weil das neue Schuldrecht drei verschiedene Schranken für die Kombination verwendet: Interessefortfall, Unzumutbarkeit und die nicht unerhebliche Pflichtverletzung.[391] Die beiden ersten Schranken entsprechen sich, weil sie eine umfassende Abwägung der im Einzelfall betroffenen Interessen von Gläubiger und Schuldner verlangen.[392] Für die Unerheblichkeit ist umstritten, ob eine Interessenabwägung möglich ist. Da der Schuldner die Beweislast für die Unerheblichkeit trägt, während die Beweislast für Interessefortfall und Unzumutbarkeit beim Gläubiger liegt, ist Unerheblichkeit eine vergleichsweise niedrige Schranke. Deshalb beruhen die Abgrenzungsdiskussionen auf der Frage, ob die nicht „unerhebliche Pflichtverletzung" den großen Schadensersatz ausreichend beschränkt:

- Bei der Mankolieferung geht es um die Frage, ob der große Schadensersatz bei Teilleistungen im Kaufvertrag nur bei Interessefortfall gewährt wird oder immer dann, wenn keine „unerhebliche Pflichtverletzung" vorliegt.
- Bei der Behandlung von Teilnichterfüllung und Teilschlechterfüllung streitet man, ob bei abtrennbaren Teilstörungen die Rückgabe des ungestörten Teils

390 Das ermöglicht die Anwendung der Regeln der Teilleistung bei Manko-, Teilnicht- und Teilschlechtlieferung; s. u. D.II.4, 6

391 Die Einführung der drei Kriterien war im Verlauf der Reform umstritten: Der RegE wollte Teil- und Schlechtleistung beim Schadensersatz statt der (ganzen) Leistung noch gleich behandeln (§ 281 I 3 BGB-KE) [BT-Drucks. 14/6040, S. 186 f. (Begründung), S. 216; dazu Canaris, JZ 2001, S. 499 (513) und ZRP 2001, S. 329 (333)]. Und in der Gegenäußerung der Bundesregierung zu den Änderungsvorschlägen des Bundesrates wurde die Abschaffung der Unterscheidung von Nebenpflichten i.S.v. § 241 I und II BGB gefordert - durch ersatzloses Streichen des § 282 BGB [BT-Drucks. 14/6857, S. 50, Nr. 31].

392 Schlechtriem, Schuldrecht AT, Rn. 435, S. 216; Rolland in FS Schlechtriem (2003), S. 627 (644); s. u. D.I.2

nur bei Interessefortfall möglich ist oder immer, wenn die Teilstörung keine „unerhebliche Pflichtverletzung“ ist.

- Und bei Verletzung leistungsbezogener Nebenpflichten wird versucht, über die Erheblichkeit der Pflichtverletzung hinaus weitere Schranken für die Totalliquidation einzubauen.

Hintergrund dieser Diskussionen ist, dass die „unerhebliche Pflichtverletzung“ als nicht ausreichend empfunden wird, um den Schuldner vor erheblichen Mehrbelastungen durch die Rückgabe zu schützen. Auch die Auslegung des Kriteriums „unerhebliche Pflichtverletzung“ ist streitig. Manche halten die Schranke für eine reine Bagatellgrenze nach dem Vorbild des § 459 I 2 BGBaF. Die Gegenmeinung fordert bei §§ 281 I 3, 323 V 2 BGB eine umfassende Interessenabwägung, die auch die Interessen des haftenden Schuldners beachtet. Folgt man dieser Ansicht und versteht die „unerhebliche Pflichtverletzung“ wie Interessefortfall und Unzumutbarkeit als **Verhältnismäßigkeitsprüfung**, dann werden auch die Abgrenzungsschwierigkeiten entschärft, denn die Schranken unterscheiden sich dann nur in der Beweislastverteilung. Im Kern ist streitig, wie stark die Kombination von Rückgabe und großem Schadensersatz eingeschränkt werden muss, um die Interessen der Vertragsparteien auszugleichen. Der Ansatz, vermehrt die Kriterien Interessefortfall und Unzumutbarkeit einzusetzen und die Unerheblichkeit als Verhältnismäßigkeitsprüfung auszulegen, fordert die einzelfallbezogene Untersuchung der Frage, ob die Interessen des Gläubigers die zusätzliche Belastung des Schuldners durch die Rückgabe rechtfertigen können. Der Ansatz hingegen, die Unerheblichkeit als Bagatellgrenze auszulegen und sie für alle Schlechtleistungen als ausschließliche Schranke zu verwenden, geht davon aus, dass die großzügige Gewähr der Kombination zu keiner unverträglichen Belastung des Schuldners führt.

Neben den Schwierigkeiten bei Definition und Abgrenzung der Rückgabeschranken sind die Grenzen der **Abnahmeverweigerungsrechte** problematisch. Aufgrund des § 266 BGB wird die Ablehnung einer Teilleistung gewährt, aufgrund der §§ 433, 434 BGB die Zurückweisung vertragswidriger Waren, solange nicht Treu und Glauben entgegenstehen. Solange die vorgelagerten Abnahmeverweigerungsrechte durch Treu und Glauben nur für Bagatellfälle ausgeschlossen sind, ist die Einschränkung von Rückgabe und großem Schadensersatz durch eine strikte Auslegung der gesetzlichen Kriterien vergeblich. Denn die gesetzlichen Schranken fänden nur aufgrund der freiwilligen Abnahme durch den Gläubiger Anwendung. Sie könnten ihn nicht zu Abnahme und Behalten der gestörten Leistung verpflichten. Dabei ist nicht einzusehen, weshalb die Sanktion für das Verbot teilweiser oder mangelhafter Leistung die Rückgabe sein soll. § 280 BGB besagt im Gegenteil, dass Vertragsverletzungen zu Schadensersatz neben der Leistung berechtigen und dass Befreiung und Rückgabe nur unter den zusätzlichen Voraussetzungen der §§ 281 - 283 BGB offen stehen. Demnach müsste die Sanktion auf Schadensersatz beschränkt sein, ein Abnahmeverweigerungsrecht wäre bei Teilleistungen ohne Interessefortfall (§ 281 I 2 BGB) und bei Schlechtleistungen für unerhebliche Pflichtverletzungen (§ 281 I 3 BGB) ausgeschlossen.

Im Ergebnis lassen sich die Diskussionen im Zusammenhang mit der Kombination von Schadensersatz und Rücktritt zurückführen auf a) die Definition und Abgrenzung der Schranke der „unerheblichen Pflichtverletzung" in §§ 281 I 3, 323 V 2 BGB und b) die Frage der Abnahmeverweigerungsrechte bei gestörten Leistungen. Das Kernproblem ist die Bestimmung einer angemessenen Schranke für den kombinierten Rechtsbehelf von Rückgabe und großem Schadensersatz. Und die Kernfrage ist, welches Kriterium am besten geeignet ist, den Ausgleich der Interessen von Schuldner und Gläubiger herbeizuführen.

V. Zusammenfassung

1. Das Vorbild des CISG

Die Schuldrechtsmodernisierung hatte als Vorbild die Regelungen des EKG und des CISG. Man wollte das Prinzip übernehmen, dass für alle Vertragsverletzungen Schadensersatz geschuldet wird – ein Prinzip, das auf den Tatbestand des *breach of contract* im Common Law zurückgeht. Des Weiteren sollten die Unterscheidung von besonderem Gewährleistungsrecht und allgemeinem Leistungsstörungsrecht sowie die Alternativität von Schadensersatz und Rücktritt abgeschafft werden. Außerdem sollte der Schuldner das Recht zur zweiten Andienung erhalten und der Gläubiger ein Angebot zur Nacherfüllung nur nach erfolgloser Nachfrist ablehnen können. Das Schuldrechtsmodernisierungsgesetz hat diese Vorhaben umgesetzt.

Ein weiteres, wesentliches Merkmal der internationalen Einheitsrechte ist, dass die Aufhebung des ganzen Vertrages bei Teil- und Schlechterfüllung sowie bei Nebenpflichtverletzungen nur möglich ist, wenn eine **wesentliche Vertragsverletzung** vorliegt.[393] Konkret bedeutet das, dass die Rückgabe einer bereits empfangenen Leistung nur für wesentliche Vertragsverletzungen gewährt wird. In diesem Punkt folgt die Schuldrechtsreform nicht, denn für die Beschränkung der Rückgabe sieht das neue BGB drei verschiedene Schranken vor: Den Interessefortfall bei Teilleistungen, die Unzumutbarkeit bei manchen Nebenpflichtverletzungen und die „unerhebliche Pflichtverletzung" bei Schlechtleistung. Interessefortfall und Unzumutbarkeit stimmen mit dem Kriterium der wesentlichen Ver-

---

393 S. u. C.I.2.b

tragsverletzung überein, weil sie letztlich eine Verhältnismäßigkeitsprüfung fordern, in der die Schwere der Verletzung und das verletzte Gläubigerinteresse die zusätzliche Belastung des Schuldners durch die Rückgabe rechtfertigen müssen. Für die „unerhebliche Pflichtverletzung" ist umstritten, ob eine Verhältnismäßigkeitsprüfung möglich ist oder eine Bagatellgrenze vorliegt, die das Rückgaberecht nur für extreme Fälle der Unverhältnismäßigkeit ausschließt (*minima non curat praetor*).

2. Das neue System

Die Schuldrechtsreform hat drei grundlegende Änderungen im Leistungsstörungsrecht bewirkt: Erstens wurde die Haftung des Schuldners für alle zu vertretenen Vertragsverletzungen festgeschrieben. Zweitens wurde im Gegenzug für alle Leistungsstörungen das Recht des Schuldners zur zweiten Andienung eingeführt.[394] Und drittens wurde das Recht zur Rückgabe bei Schlechtleistungen auf alle erheblichen Pflichtverletzungen ausgedehnt. Infolge dieser Änderungen lässt sich die Haftung des Schuldners für Leistungsstörungen in drei Schritte teilen:

1. Schadensersatz. Bei einer zu vertretenen Vertragsverletzung haftet der Schuldner für alle dem Gläubiger verursachten Schäden.[395]

2. Befreiung. Bei Unmöglichkeit der Erfüllung[396] und nach erfolglosem Ablauf einer Nachfrist[397] kann der Gläubiger sich befreien und (kleinen) Schadensersatz anstelle der ausbleibenden Leistung verlangen.[398]

3. Rückgabe. Unter zusätzlichen Voraussetzungen kann der Gläubiger alle vertraglichen Leistungen zurückgeben und (großen) Schadensersatz anstelle der ganzen Leistung verlangen. Die zusätzlichen Voraussetzungen sind bei Teilerfüllung der Interessefortfall[399], bei Verletzung einer nicht-leistungsbezogenen Nebenpflicht die Unzumutbarkeit[400] und bei Schlechterfüllung die erhebliche Pflichtverletzung[401].

---

394 Zum Anspruch des Gläubigers auf Nacherfüllung – der hier nicht behandelt wird – siehe Canaris, JZ 2003, S. 831 – 838
395 § 280 I BGB
396 §§ 283, 326 V BGB
397 §§ 281 I 1, 323 I BGB
398 §§ 281 II, 323 II BGB regeln, wann die Nachfrist entbehrlich ist
399 §§ 281 I 2, 323 V 1 BGB
400 §§ 282, 324 BGB
401 §§ 281 I 3, 323 V 2 BGB

Der Schadensersatz lässt sich analog teilen in erstens den Schadensersatz *neben* der Leistung, zweitens den kleinen Schadensersatz statt der Leistung und drittens den großen Schadensersatz statt der ganzen Leistung. Tatsächlich gibt es aber nur einen Haftungstatbestand: Der Schuldner hat alle zu vertretenen Schäden zu ersetzen (§ 280 I BGB). Die drei Schritte rühren daher, dass der Gläubiger für eine noch mögliche Leistung (Primäranspruch) erst Schadensersatz verlangen kann (Sekundäranspruch), wenn er sie ablehnen darf. Solange eine ausstehende Leistung noch erbracht werden kann, wird für ihren dauerhaften Ausfall *noch* kein Ersatz fällig – erst nach der Befreiung umfasst der Schadensersatzanspruch auch den „kleinen" Schadensersatz statt der Leistung. Und solange der Gläubiger nicht alle empfangenen Leistungen zurückgibt, wird für sie ebenfalls noch kein Schadensersatz fällig – erst nach ihrer Rückgabe umfasst der Schadensersatzanspruch auch den „großen" Schadensersatz statt der ganzen Leistung. Die Entwicklung der Haftung lässt sich auf die Formel reduzieren: **Schadensersatz *plus* Befreiung *plus* Rückgabe**. Für ein „Plus" müssen zusätzliche Voraussetzungen erfüllt werden: Der Schadensersatz erfordert Vertretenmüssen, für die Befreiung müssen Unmöglichkeit oder erfolglose Nachfrist hinzukommen und die Rückgabe verlangt zusätzlich Interessefortfall, Unzumutbarkeit oder eine erhebliche Pflichtverletzung.

Befreiung und Rückgabe sind die unterscheidbaren Bestandteile des Rücktritts: Die Befreiung ist der Rücktritt bei Nichtleistung. Sie hat zur Folge, dass ausstehende vertragliche Leistungen nicht mehr ausgetauscht werden. Die Rückgabe ist der Rücktritt bei einem bereits vollzogenen Vertrag. Sie hat zur Folge, dass die erbrachten Leistungen rückabgewickelt werden müssen. Aus der Formel „Schadensersatz plus Befreiung plus Rückgabe" wird deutlich, dass Schadensersatz und Rücktritt nicht getrennt behandelt werden können, denn der Rücktritt hat direkte Auswirkungen auf den Umfang des Schadensersatzes. Je mehr Leistungen der Gläubiger ablehnen und zurückgeben darf, desto größer ist der Schaden, der ihm ersetzt werden muss. Man kann andersherum sagen, dass der kleine Schadensersatz zur Befreiung berechtigt und damit den Teilrücktritt enthält und dass der große Schadensersatz die Rückgabe umfasst und damit den Totalrücktritt enthält. Schon im alten Recht berechtigte der „Nichterfüllungsschaden" zur Ablehnung weiterer Nacherfüllungsversuche (Befreiung, Teilrücktritt).[402] „Schadensersatz wegen Nichterfüllung der ganzen Verbindlichkeit"[403] und „großer Schadensersatz"[404] berechtigten zur Rückgabe der empfangenen Schlecht- oder Teilleistung (Totalrücktritt). Rücktritt und Schadensersatz bedingen sich gegen-

402 Vgl. insb. § 326 BGBaF
403 Vgl. § 325 I 2 BGBaF
404 Bei §§ 463, 480 II BGBaF

seitig und bilden zusammen den Rechtsbehelf der **Kombination von Schadensersatz und Rücktritt**. Die Voraussetzungen der Kombination im neuen Schuldrecht zeigt der formulierte Dreischritt.

3. Die Schranken für Rückgabe und großen Schadensersatz

Die Voraussetzungen der Kombination von Befreiung und kleinem Schadensersatz sind weitestgehend unumstritten, da einerseits die Unmöglichkeit auf natürliche Weise die Befreiung des Gläubigers herbeiführt und andererseits die Nachfrist schon im alten BGB verwendet wurde. Die Veränderung aufgrund der Reform beschränkt sich darauf, die Nachfrist und das damit einhergehende Recht zur zweiten Andienung nun auch bei Schlechtleistungen, also im Mängelgewährleistungsrecht anzuwenden.[405]

Umstritten sind hingegen die Voraussetzungen der Kombination von Rückgabe und großem Schadensersatz. Hier geht es darum, den Schuldner vor übermäßigen Belastungen durch den einschneidenden Rechtsbehelf zu schützen. Von den drei Schranken für die Kombination sind der Interessefortfall und die Unzumutbarkeit eher unproblematisch, da auch sie aus dem alten Recht stammen und ihre alte Funktion weiter ausüben. Problematisch sind hingegen Definition und Abgrenzung der Schranke für Schlechtleistungen, der nicht unerheblichen Pflichtverletzung aus §§ 281 I 3, 323 V 2 BGB. Es ist streitig, ob die Erheblichkeit eine Bagatellgrenze ist oder eine Verhältnismäßigkeitsprüfung verlangt. Die Stimmen, welche die Schranke schon allein aufgrund der Beweislastumkehr zu Lasten des Schuldners als zu rücktrittsfreundlich empfinden, wollen ihren Anwendungsbereich zu Gunsten der strengeren Schranke für Teilleistungen begrenzen. Der Interessefortfall wird demnach bei der Mankolieferung und bei Teilnicht- und Teilschlechterfüllung als Schranke für die Rückgabe einer abtrennbaren und ungestörten Teilleistung gefordert. Andere Stimmen fordern zusätzliche materielle Hürden für die Rückgabe bei Verletzung leistungsbezogener Nebenpflichten. In die entgegengesetzte Richtung weist die weitverbreitete Ansicht, dass dem Gläubiger bei Teil- und Schlechtleistung ein nur durch Treu und Glauben eingeschränktes Abnahmeverweigerungsrecht zustehen soll, wodurch die gesetzlichen Rückgabeschranken ihre Wirkung verlieren.

Im Ergebnis sind bei der Kombination von Rücktritt und Schadensersatz im neuen Schuldrecht die Voraussetzungen für Rückgabe und großen Schadensersatz unklar und umstritten. Die Probleme gründen auf der Grundsatzfrage, welche

405 Vgl. zum Recht der zweiten Andienung: BGH NJW 2005, S. 1348 (1350); Dauner-Lieb, ZGS 2005, S. 10 – 14 und ZGS 2005, S. 169 – 173

gesetzliche Schranke am besten geeignet ist, die Interessen von Gläubiger und Schuldner auszugleichen. Konkret taucht diese Frage im neuen Schuldrecht bei den Streitigkeiten um Definition und Anwendungsbereich der Schranke „unerhebliche Pflichtverletzung“ auf sowie bei der Bestimmung der Voraussetzungen von Abnahmeverweigerungsrechten bei Teil- und Schlechtleistung. Die ökonomische Analyse (**Teil B**) und die Rechtsvergleichung (**Teil C**) bestätigen, dass die Regelung der Kombination von Rücktritt und Schadensersatz im neuen Schuldrecht in Bezug auf die Rückgabeschranke der unerheblichen Pflichtverletzung und die Voraussetzungen der Abnahmeverweigerungsrechte problematisch sind. Bei der Anwendung des neuen Rechts (**Teil D**) ist daher u. a. zu empfehlen, die §§ 281 I 3, 323 V 2 BGB als Verhältnismäßigkeitseinrede zu verstehen und sie bei Teilbarkeit einer Schlechtleistung nur für die unteilbare Schlechtleistung anzuwenden (s. u. D.II). Abtrennbare und ungestörte Leistungsteile sollten nur bei Interessefortfall zurückgegeben werden können. Abnahmeverweigerungsrechte sollten den gesetzlichen Rückgabeschranken unterliegen (s. u. D.III).

Teil B. Ökonomische Analyse der Kombination von Schadensersatz und Rücktritt

I. Einführung in die Ökonomische Analyse des Rechts

1. Das ökonomische Menschenbild und der Markt

Die ökonomische Analyse versucht, menschliches Verhalten vorherzusagen, indem sie annimmt, der Mensch versuche im eigenen Interesse, stets seinen Vorteil zu vermehren. Es wird ihm unterstellt, seine Auswahlmöglichkeiten vernünftig abzuwägen und stets diejenige Option zu wählen, die ihm unter Einbeziehung aller Folgen, auch der langfristigen und sozialen, den größtmöglichen Vorteil bietet. Diese Annahme wird „REM-Hypothese" genannt (Rational-Egoistischer Mensch – *Resourceful, Evaluating, Maximizing man*).[1] Man stellt sich den Menschen in allen seinen Lebensbereichen als vernünftigen Nutzenmehrer vor.[2] Dabei hat jeder Mensch seine individuellen Ziele, die er mit den vorhandenen Mitteln möglichst weitgehend erreichen möchte. Da seine Mittel beschränkt sind, kann er nicht alle seine Ziele erreichen und muss wirtschaften, d. h., er wird versuchen, sich so viele Wünsche wie möglich zu erfüllen. Wenn er aus den vorhandenen Möglichkeiten das optimal Machbare herausholt, handelt er effizient. Wenn alle Gesellschaftsmitglieder nach der effizienten Nutzung ihrer Ressourcen streben können, entsteht eine Gesellschaft, in der möglichst viele Individuen möglichst viele Ziele verwirklichen können – in der also die insgesamt vorhandenen Ressourcen effizient verteilt werden.[3] Das Vehikel hierzu ist der Markt, der es allen Menschen erlaubt, durch Austauschgeschäfte den Nutzen ihrer Mittel zu erhöhen.

Nach der ökonomischen Theorie schätzt jeder den Wert der Sachen ein, die er besitzt und die andere besitzen. Da jeder Mensch seine eigenen Prioritäten hat

1 Schäfer/Ott, S. 58
2 Posner, Economic Analysis of Law (EAL), S. 4: „Central is [...] the assumption that man is a rational utility maximizer in all areas of life, not just in economic affairs."
3 Schäfer/Ott, S. 6: „Eine Gesellschaft ist effizient, wenn sie bei gegebener Vermögensverteilung einen Zustand herbeiführt, bei dem niemand mehr besser gestellt werden kann, ohne dass ein anderer schlechter gestellt wird, wenn diejenigen Leistungen, die die Gesellschaftsmitglieder haben möchten und die bei knappen Ressourcen erstellt werden können, auch tatsächlich erbracht werden, wenn die Ressourcen am Ort ihrer sozial nützlichsten Verwendung eingesetzt werden."

und aus verschiedenen Gütern einen unterschiedlichen Nutzen ziehen kann, entstehen Unterschiede zwischen dem, wie man seine eigenen Güter einschätzt, und dem, wie andere sie bewerten: Der Briefmarkensammler bewertet buntes Papier mit Klebestreifen höher als der Altpapierhändler. Der Pharmaproduzent kann aus Erdöl teure Medikamente herstellen, so dass ihm das Öl mehr wert ist als demjenigen, der es als Schmutztümpel in seinen Weidegründen findet. Diese Unterschiede im persönlichen Nutzen durch ein Gut ermöglichen den Handel am Markt.

Ein Beispiel: Ein Verkäufer (V) hat einen Gegenstand, der für ihn einen Nutzen von 50 hat, während ein Käufer (K) von diesem Gegenstand einen Nutzen von 100 hätte. K wird bereit sein, weniger als 100 Nutzeneinheiten für den Erwerb des Gegenstandes auszugeben, denn dann verliert er weniger als er hinzugewinnt, er kann einen Nutzenzuwachs generieren (+100 - Kaufpreis). Im Gegenzug ist V bereit, den Gegenstand für mehr als 50 herauszugeben, denn dann gewinnt auch er mehr, als er verliert, und generiert einen Nutzenzuwachs (+ Kaufpreis - 50). Angenommen die Parteien des Kaufvertrages einigen sich auf einen Preis von 75, dann hat K einen Nutzenzuwachs von +25 und V einen Nutzenzuwachs von +25:

	Verkäufer	Käufer	**Gesamtnutzen**
Vorher	50 Sache	150 Geld	200
Kauf	+75 Kaufpreis	-75 Kaufpreis	+50 Nutzenplus
	-50 Nutzen der Sache	+100 Nutzen der Sache	
Nachher	75	175	250

Die verkaufte Ressource wird nach dem Kauf effizienter genutzt, denn sie generiert nun 100 anstelle von 50 Nutzeneinheiten, so dass die Volkswirtschaft von einem Nutzenzuwachs von +50 profitiert. Wenn es einen unbeschränkten Austausch im Markt gäbe, dann müsste die Ware zu demjenigen Marktteilnehmer gelangen, der mit ihr den höchsten Nutzen generieren kann. Solange noch jemand existiert, der die Ware höher bewertet als der Besitzer, wird nach der REM-Hypothese immer noch ein Austausch zustande kommen, denn Besitzer und Käufer können ihren Nutzen maximieren. So kann mittels des Marktes jedes Gut seinem maximalen Nutzen zugeführt werden, weil jeder Markteilnehmer danach strebt, seinen eigenen Nutzen zu vergrößern.[4] Deswegen generiert der freie Markt in der Theorie eine effiziente (die bestmögliche) Zuteilung der Ressourcen.[5]

Zusammenfassend wird in der Ökonomie unterstellt, dass ein Mensch nutzenmaximierend handelt, und daraus abgeleitet, dass durch einen freien Markt die effizienteste Nutzung der vorhandenen Ressourcen erreicht werden kann. Es wird angenommen, dass die einzelnen Menschen selbst am besten beurteilen können, welchen Nutzen bestimmte Güter für sie haben. Deshalb geht man davon aus, dass freiwillig vorgenommene Austauschgeschäfte (z. B. Kaufverträge) den Nutzen des ausgetauschten Gutes erhöhen.[6] Für die Zwecke der ökonomischen Analyse des Vertragsrechts ist die entscheidende Annahme, dass der freiwillig ausgehandelte Vertrag effizient ist.

2. Das Recht aus ökonomischer Sicht

Die ökonomische Analyse des Rechts überträgt das Menschenbild der Ökonomie auf das Recht, um analysieren zu können, wie sich Normen auf das menschliche Verhalten auswirken. Aus ökonomischer Sicht wirken Normen vor allem verhaltenssteuernd, weil sie den Nutzen eines bestimmten Verhaltens verringern oder erhöhen und dadurch Anreize für den nutzenorientierten Menschen setzen.[7] So verteuert zum Beispiel aus ökonomischer Sicht eine strafrechtliche Sanktion die Kosten (k) eines Bankraubes, welche sich aus der Höhe der Sanktion (s) und ihrer Wahrscheinlichkeit (w) ergeben (k = s * w). Der rationale nutzenmaximierende Modellmensch (*homo oeconomicus*) wird den Bankraub nur

---

4 Posner EAL, S. 9: „Resources tend to gravitate toward their most valuable uses if voluntary exchange – a market – is permitted."

5 Diese Allokationseffizienz wird als „Pareto-Effizienz" bezeichnet: Das ist der soziale Zustand, von dem aus die Besserstellung einer Person nur noch gelingt, wenn mindestens eine andere Person dadurch einen Nachteil erleidet: Schäfer/Ott, S. 26

6 Posner EAL, S. 15: „Where resources are shifted pursuant to such a [voluntary] transaction, we can be reasonably sure that the shift involves an increase in efficiency. We cannot be completely sure, however, because that would require that everyone affected by the transaction be a party to it, and this requirement is almost never satisfied." Die Kosten für Dritte werden „third party effects" oder externe Kosten genannt, vgl. Posner EAL, S. 16; Schäfer/Ott S. 109 f.

7 Vgl. Schäfer/Ott, S. 125 (Zieldiskussion): Aus ökonomischer Sicht setzt das Schadensrecht Anreize zu sorgfältigem Verhalten (Präventionsfunktion); zur Diskussion, ob die ökonomische Analyse zur Rechtskritik beitragen kann (zugleich eine Einführung) vgl. Schäfer/Ott, JZ 1988, S. 213 – 223 sowie Fezer, JZ 1986, S. 817 – 824 und derselbe, JZ 1988, S. 223 – 228

begehen, wenn er seinen Nutzen steigern kann, wenn also der Wert des Gestohlenen (g) die Kosten übersteigt ($g > k$; $g > s * w$).[8]

Ziel der ökonomischen Analyse ist einerseits, die Wirkung von Normen zu beschreiben (deskriptive Analyse). Dies soll andererseits helfen, Normen so umzugestalten, dass die Menschen zu einem möglichst effizienten Verhalten angehalten werden (normative Analyse).[9] Normativ will man durch das Setzen der richtigen Anreize das egoistische Verhalten des Einzelnen dazu nutzen, insgesamt das Beste für alle zu erreichen – die *soziale Wohlfahrt* aller soll maximiert werden.[10] Eine rechtliche Regel ist ökonomisch besser geeignet als eine andere, wenn sie eine höhere Wohlfahrt herstellen kann[11], d. h. mit weniger Mitteln mehr Nutzen generieren hilft.

Menschen arbeiten zusammen, weil sie gemeinsam mehr erreichen können. Der rational egoistische Mensch erledigt deshalb viele Aufgaben durch Kooperation und Arbeitsteilung und vergrößert hierdurch den Nutzen seines Handelns. Es gibt allerdings viele Situationen, in denen der Einzelne erheblich mehr verdienen kann, wenn er plötzlich nicht mehr kooperiert (*free rider*). So profitiert zum Beispiel der Bankräuber davon, dass andere ihr Geld bei der Bank eingelagert haben. Als rational egoistischer Mensch hätte demnach jeder einen vernünftigen Grund, Bankräuber zu werden (oder Umweltverschmutzer, Betrüger, Wucherer, etc.). Wenn allerdings niemand mehr kooperierte, bräche der Gewinn der Kooperation weg (hier: die Banken), was für alle Beteiligten nur Nachteile hätte (auch für die Bankräuber, die nichts mehr zu rauben hätten). Um die soziale Wohlfahrt zu steigern, ist es also rational, Normen zu schaffen, die dem Einzelnen Anreize bieten zu kooperieren. Wenn das Gefängnis ausreichend wahrscheinlich droht, dann wird der Einzelne den Nutzen des Bankraubes gegen den wahrscheinlichen Nutzenverlust durch die Haft (Opportunitätskosten) abwägen und hat damit einen starken Anreiz, vom Bankraub abzusehen.

Aus dieser Sicht sind Normen die rationale Begleiterscheinung ökonomisch sinnvoller Kooperation. Sie werden geschaffen, um die Kooperation vor schädlichem Egoismus zu schützen. Sie bewirken, dass unkooperatives Verhalten keine Dividende abwirft und sich somit nur das „soziale“, kooperative Verhalten lohnt.

---

8 Shavell, Foundations of Economic Analysis of Law (Foundations), Kap. 20 – 22 zur Abschreckung durch Sanktionen (theory of deterrence); Koboldt/Leder/Schmidtchen in Berthold, Allgemeine Wirtschaftstheorie, S. 370 – 371: „Theorie der optimalen Bestrafung“

9 Shavell Foundations, S. 1 f.

10 Wohlfahrt wird hier verstanden als der gemeinsame Nutzen aller Gemeinschaftsmitglieder. Zu diesem Konzept des Utilitarismus siehe Posner, EAL, S. 11 – 13; Schäfer/Ott, S. 38 – 40

11 Shavell, Foundations, S. 2

Jede Zusammenarbeit, bei der jeder Einzelne davon profitieren kann, dass er als einziger nicht kooperiert, muss nach der ökonomischen Theorie abschreckende Normen entwickeln. Dies geschieht im kleinen Kreise u. a. durch Verträge, im größeren gesellschaftlichen Zusammenhang u. a. durch staatliche Gesetze. Vor diesem Hintergrund hat sich in der angloamerikanischen Literatur die Theorie entwickelt, dass die Gesamtheit des Common Law ein effizientes System darstellt.[12] Seine Regeln beruhten implizit auf ökonomischen Überlegungen und setzten Anreize, sich effizient zu verhalten.

Richard A. Posner in „Economic Analysis of Law“:[13] "Yet we have seen that the law of property (including intellectual property), of contracts and commercial law, of restitution and unjust enrichment, of criminal and family law, and of admiralty law can all be restated in economic terms that explain the principal doctrines, both substantive and remedial, in these fields of (largely) judge-made law. These doctrines form a system for inducing people to behave efficiently, not only in explicit markets but across the whole range of social interactions."

Die ökonomische Stimmigkeit des Common Law werde dadurch gewonnen, dass das flexible Richterrecht einen evolutionären Prozess zulasse[14], in dem sich effiziente Rechtsregeln (*rule of law*) auf Dauer durchsetzten und ineffiziente Regeln so lange attackiert würden, bis sie außer Kraft gesetzt seien. Ineffiziente Regeln würden angegriffen, weil sie den Parteien vermeidbare Mehrkosten aufbürdeten.[15] Auf Dauer bildeten sich effiziente und vernünftige Regeln heraus, die auf weniger Widerstand stießen. Im deutschen Recht ist die Flexibilität des Richterrechts zwar eingeschränkt, doch auch hier findet ein ständiger Erneuerungsprozess durch Rechtsprechung und Gesetzesreformen statt, so dass man auch für das deutsche Recht annehmen kann, dass sich die Gemeinschaft der nutzenmaximierenden Individuen ein im wesentlichen effizientes Anreizsystem geschaffen hat.[16]

---

12 Dazu zusammenfassend Posner, Law and Economics Teil I (L&E I), Introduction, S. XII ff., „The hypothesis that the Common Law is efficient“; Posner EAL, Kap. 8, S. 249 – 252, „The Implicit Economic Logic of Common Law“

13 Posner, EAL, Kap. 8, S. 249

14 Posner, L&E I, Introduction, S. XIII; ausführlich Paul H. Rubin, Journal of Legal Studies, VI (1), January 1977, S. 51 – 63

15 Posner, L&E I, Introduction, S. XIV; ausführlich George L. Priest, Journal of Legal Studies, VI (1) January 1977, S. 65 – 82; in EAL, 1.Auflage 1972, Kap.23, S. 320 – 332, „Allocation of resources by the market, the adversary system and the legislative process“ (übersetzt bei Assmann/Kirchner/Schanze), vergleicht Posner den Zivilprozess mit dem Markt: Beide Allokations-Mechanismen setzten auf Eigeninitiative und Wettstreit der Handelnden, was die Effizienz fördere (S. 321 f.).

16 Das Lehrbuch von Schäfer/Ott zeigt, dass die Grundzüge des geltenden Schadensrechts, Vertragsrechts, der Handlungsrechte und im Unternehmensrecht aus ökonomi-

Tatsächlich ergibt die Untersuchung zur Kombination von Schadensersatz und Rücktritt, dass die Grundzüge im neuen Schuldrecht effizient gestaltet sind und Ineffizienz nur in Bezug auf die Rückgabe nach Schlechtlieferung droht.[17]

Die ökonomische Analyse des Rechts unterstellt jeder Norm, dass sie aus einem ökonomischen Grund existiert. Ist der wirtschaftliche Zweck einer Norm bestimmt (z. B. die Förderung des Warenaustauschs am Markt als Zweck des Vertragsrechts), kann mit der REM-Hypothese ihre verhaltenssteuernde Wirkung untersucht werden, um herauszufinden, ob die Vorschrift ihren Zweck fördert. Die ökonomische Analyse überprüft Normen also darauf, wie gut sie ihre wirtschaftliche Aufgabe erfüllen. Das Ziel der Untersuchung ist, die Normen in ihrer Wirkung (Erreichen ihres ökonomischen Zwecks) zu optimieren.

Das **Deliktsrecht** zum Beispiel hat aus ökonomischer Sicht die Aufgabe, sozialschädliche Unfälle zu vermeiden: Jeder soll Vorsorge treffen, um die vermeidbaren Lasten für andere möglichst gering zu halten. Aus ökonomischer Sicht ist die entscheidende Frage, welche Sanktion notwendig ist, um die richtigen Anreize für effiziente Sorgfalt zu setzen – *„what sanction is necessary to prevent socially wasteful conduct?“*[18] Dabei sollte derjenige vorsorgen, der das jeweilige Risiko mit dem geringsten Aufwand verringern kann, damit für die Unfallvorsorge möglichst wenig Ressourcen verbraucht werden. Die ökonomische Analyse zeigt, dass durch die im deutschen Recht weit verbreitete Verschuldenshaftung mit einem Mitverschuldenseinwand (§ 254 BGB) effiziente Anreizstrukturen geschaffen werden, wenn sowohl Schädiger als auch Geschädigter für den Schaden aufkommen müssen, den sie durch sorgfältiges Verhalten hätten vermeiden können.[19] Die Gerichte bestimmen implizit die angemessene Sorgfalt nach ökonomischen Überlegungen: Unsorgfältig ist regelmäßig ein Vorsorgeaufwand, der hin-

---

scher Sicht vernünftig sind. Nur wenige Regeln werden als ineffizient kritisiert. Posner, EAL, 1.Auflage 1972, behauptet auf S. 329 ff., die Mischung von Markt und Richterrecht (im Common Law) werde zu effizienteren Ergebnissen führen als der politische Prozess (im Civil Law), weil dieser viel zu sehr auf sozialpolitische, umverteilende Aspekte schiele (distributive policy), anstatt sich auf die Förderung der effizienten Ressourcenverteilung zu beschränken.

17 Auch das alte System der ädilizischen Rechtsbehelfe setzte sinnvolle ökonomische Anreize (s. u. C.VI.3.a) – und im neuen Schuldrecht kann Ineffizienz mit den vorhandenen Mitteln des Gesetzes durch Auslegung vermieden werden (s. u. D.V).

18 Posner, EAL, S. 250

19 Zum Deliktsrecht Shavell, Foundations, Part II „Accident Law“; Schäfer/Ott, Teil 2 „Ökonomische Analyse des Schadensrechts“; Polinsky, „Introduction to law and economics“, Kap. 6 und 9, in denen er anschaulich das Beispiel eines Autounfalls entwickelt.

ter dem drohenden Schaden zurückbleibt (Learned Hand-Formel).[20] Ein Vorsorgeaufwand, der über dem zu vermeidenden Schaden liegt, erhöht nur die Kosten und wäre (volkswirtschaftlich) ineffizient. Auch die oft anzutreffende Gefährdungshaftung ist weitgehend effizient, denn der Schädiger trägt uneingeschränkt Schäden und Vorsorgekosten in seiner Hand und wird versuchen, beide auf das niedrigste (effiziente) Niveau zu drücken, indem er nur dann weiter in Vorsorge investiert, wenn er dadurch höhere Schadenskosten vermeiden kann.[21] Die ökonomische Analyse kann die Funktionsweise der beiden Haftungssysteme offen legen und ihre Schwächen aufzeigen. Mit Hilfe dieser Erkenntnisse lässt sich dann nachvollziehen, unter welchen Umständen Verschuldens- oder Gefährdungshaftung geeignet sind, eine möglichst effiziente Vorsorge zu veranlassen.[22]

3. Ausblick: Analyse der Kombination von Schadensersatz und Rücktritt

Im Folgenden werden ökonomische Funktion und tatsächliche Wirkungsweise der Rechtsbehelfe Schadensersatz und Rücktritt im Kaufvertrag untersucht. Es wird geprüft, ob das neue Schuldrecht die Kombination der Rechtsbehelfe so einsetzt, dass sie ihre ökonomische Funktion erreichen und sich effizienzsteigernd auswirken. Zunächst wird die ökonomische Aufgabe des Vertragsrechts behandelt (II). Dann wird die Aufgabe der Haftung auf das Erfüllungsinteresse beschrieben (III), die sowohl einen effizienten Anreiz zur Erfüllung setzt (1) als auch das ökonomische Bedürfnis nach einer Gewährleistung für Mängel befriedigt (2). Hieraus aufbauend wird die Kombination des Erfüllungsschadens mit dem Rücktrittsrecht untersucht (IV). Es wird herausgearbeitet, dass die Rückgabe in Anbetracht der durch sie ausgelösten Mehrkosten nur effizient ist, wenn der Schuldner die mangelhafte Leistung am besten verwerten kann. Außerdem stellt sich heraus, dass die Kombination für den Käufer einen Anreiz zu ineffizientem

---

20 Schäfer/Ott, S. 158: Der Vorsorgeaufwand (V) darf nicht kleiner sein als die Höhe des drohenden Schadens (S) multipliziert mit der Eintrittswahrscheinlichkeit(q): $V < Sq$; Schmidtchen/Koboldt/Leder in Berthold, Allgemeine Wirtschaftstheorie, S. 368

21 Finsinger/Borrmann, Markt und Regulierung, S. 499: „Die Haftungsregel Gefährdungshaftung bei Berücksichtigung von Mitverschulden führt zu gesellschaftlich optimalen Sorgfaltsniveaus bei beiden Parteien."; ebenda S. 493 zum „marginalen Learned-Hand Test": Die effiziente Sorgfaltshöhe ist dort, wo die Grenzschadenskosten gleich den Grenzsorgfaltskosten sind.

22 Übersichtlich zu „Strict Liability Versus Negligence" Shavell, Journal of Legal Studies, XIII (2), Juni 1980, S. 357 – 374; Adams, Ökonomische Theorie des Rechts, Teil 4, S. 141 – 182 zur „Ökonomischen Analyse der Verschuldens- und Gefährdungshaftung"; Finsinger/Borrmann, Markt und Regulierung, Kap. 14, „Risikoexternalitäten und ihre Internalisierung durch Haftung"

Verhalten bildet, wenn das Recht zur Rückgabe nicht gezielt beschränkt wird. Diese allgemeinen ökonomischen Erkenntnisse werden schließlich herangezogen (V), um die Regelung der Kombination im neuen Schuldrecht zu bewerten. Im Ergebnis sollten die vorhandenen gesetzlichen Schranken restriktiv ausgelegt werden, weil die freizügige Gewähr der Kombination von Rückgabe und großem Schadensersatz zu Ineffizienz führt und das Ziel des Gewährleistungsrechts verfehlt, den „vollständigen Vertrag“ nachzubilden.

II. Das Vertragsrecht aus ökonomischer Sicht

Aus ökonomischer Sicht dient das Vertragsrecht dazu, dem Einzelnen Vertragsfreiheit zu verschaffen, damit jeder alle Austauschgeschäfte vornehmen kann, die seinen Nutzen maximieren. Die Privatautonomie ist Voraussetzung für das Entstehen eines Marktes.[23] Beim Handel auf den Märkten entsteht das Problem, dass man sich auf die Treue des anderen verlassen muss, wenn man in Vorleistung tritt durch eine Investition auf das Versprechen des anderen.[24] Dies ist z. B. der Fall, wenn vor Entladen eines Schiffes schon die Hilfskräfte angeheuert werden oder wenn im Vertrauen auf die zugesagte Saatgut- Lieferung kein eigenes Saatgut mehr aufgehoben wird. Das Gegenüber kann in diesen Fällen den Vertrauensvorschuss durch Erpressung ausbeuten, indem es nachträglich einen höheren Vorteil für sich verlangt (opportunistisches Verhalten). Der Vertrauende ist auf die versprochene Leistung ohne Alternative angewiesen und muss deshalb einer nachträglichen Erhöhung des Preises zustimmen. Gegen opportunistisches Verhalten kann man ohne staatliche Gerichte vorbeugen, indem man Geschäfte nur mit vertrauenswürdigen Personen macht und aufwendige Selbstschutzmechanismen entwickelt.[25] Dies führt dazu, dass Handel teuer ist und nur beschränkt betrieben wird. Ökonomisch wünschenswerte Geschäfte bleiben aus und der Markt funktioniert nur sehr eingeschränkt. Indem das staatlich sanktionierte Vertragsrecht ermöglicht, vertragliche Versprechen einzuklagen und Ansprüche zwangsweise durchzusetzen, schränkt es die Gefahr des opportunistischen Verhaltens ein, fördert das Vertrauen in Verträge und intensiviert den Handel, der auf teure Vorsichtsmaßnahmen verzichten kann.[26]

---

23 Schäfer/Ott, S. 393 f.: „Aus ökonomischer Sicht ist ein wichtiger Grund für die Forderung nach Vertragsfreiheit die Erkenntnis, dass sie in einem funktionsfähigen Wettbewerbssystem die Ressourcen an den Ort ihrer wertvollsten Verwendung steuert.“

24 Schäfer/Ott sprechen von „vertragsspezifischen Investitionen“, S. 396

25 Posner, EAL, S. 94 f.; Schäfer/Ott, S.397 f.

26 Timothy J. Muris entwickelt in Minnesota Law Review, LXV 1981, S. 521 – 589, dass das dispositive Vertragsrecht der günstigste und effektivste Weg sei, um oppor-

Richard A. Posner[27]: „Thus the fundamental function of contract law [...] is to deter people from behaving opportunistically toward their contracting parties, in order to encourage the optimal timing of economic activity and (the same point) obviate costly self-protective measures.“

Die staatliche Garantie der Durchsetzung von Ansprüchen senkt die Transaktionskosten, die den Parteien bei der Vornahme von Geschäften durch die nötigen Schutzmaßnahmen gegen Opportunismus entstehen, z. B. durch Hinterlegung von Vertragsstrafen bei vertrauenswürdigen Dritten oder durch Beschaffung von Informationen bzgl. der Vertrauenswürdigkeit. Je niedriger die Transaktionskosten sind, desto eher kann der Markt das Ziel erreichen, jede Ressource ihrem größten Nutzen zuzuführen. Denn nur wenn die Differenz in der Werteinschätzung der Vertragspartner die Transaktionskosten übersteigt, kommt ein Austauschgeschäft zustande:

	Verkäufer	**Käufer**	**Gesamtnutzen**
Vorher	50 Sache	150 Geld	200
Kauf	+75 Kaufpreis -50 Nutzen der Sache -30 Transaktions-kosten	-75 Kaufpreis +100 Nutzen der Sache - 30 Transaktions-kosten	+50 Nutzenplus -60 Transaktions-kosten
Nachher	45	145	190

Erläuterung: Aufgrund der hohen Transaktionskosten (60) kann der Unterschied in der Werteinschätzung (50) nicht ausgenutzt werden, um einen gemeinsamen Nutzenzuwachs zu generieren. Folglich unterbleibt das volkswirtschaftlich an sich wünschenswerte Geschäft.

Am Beispiel des Opportunismus wird die Aufgabe des Vertragsrechts deutlich: Es verringert die **Transaktionskosten** (die Kosten der Nutzung des Marktes) und ermöglicht dadurch Geschäfte, deren Wertdifferenz erst bei niedrigen Transaktionskosten ausgeschöpft werden kann.[28] Wären die Transaktionskosten null, könnte der Markt theoretisch das Ziel erreichen, jede Ressource an den Ort ihrer wertvollsten Verwendung zu steuern.

---

tunistischem Verhalten zu begegnen. Er stellt fest, dass das Recht von einem grundlegenden Prinzip getragen werde – dem Kampf gegen Opportunismus und die daraus folgenden, vermeidbaren (Transaktions-)Kosten.

27 Posner, EAL, S. 94 a. E.

28 Schäfer/Ott bezeichnen das Vertragsrecht als „Schmiermittel der Wirtschaft“, das Arbeitsteiligkeit und Effizienz steigere, S. 398

1. Der vollständige Vertrag

Die bisher beschriebenen Aufgaben des Vertragsrechts können durch Vertragsfreiheit und die Garantie der staatlichen Vollstreckung erfüllt werden. Das erklärt noch nicht die Existenz des dispositiven gesetzlichen Vertragsrechts. Dieses wird von der Rechtsordnung aus dem Grunde entwickelt, dass den Parteien erspart werden soll, alle Fragen eines Vertrages einzeln auszuhandeln. Wenn durch die Parteien alle Eventualitäten abgewogen und alle Risiken optimal zugeteilt werden müssten, entstünden hierdurch hohe Kosten für den Abschluss eines Vertrages. Indem die Rechtsordnung subsidiäre Rechtsregeln anbietet, welche die Lücken eines Vertrags auffüllen, können die Transaktionskosten gesenkt werden. Das dispositive Gesetzesrecht erfüllt seine Aufgabe dann am besten, wenn die Parteien möglichst selten abweichende Regeln vereinbaren müssen.[29] In einer gedachten Welt ohne Verhandlungskosten könnten die Vertragspartner alle Eventualitäten erwägen und alle Risiken so zuteilen, dass immer derjenige ein Risiko zu tragen hat, der es mit dem geringsten Aufwand vermeiden oder zumindest mit den geringsten Verlusten ertragen kann. Dies würde nach der REM-Hypothese geschehen, weil die Parteien durch effiziente Risikoverteilung Vorsorgekosten und Verluste auf ein Minimum zurückfahren können. Das erhöht den Nutzenzuwachs des Geschäfts, den sie durch Preisverhandlungen unter sich aufteilen. In der ökonomischen Theorie würden also die Vertragspartner eine optimale Risikoverwaltung und -zuteilung erreichen – den sog. „vollständigen Vertrag“.[30] Das dispositive Vertragsrecht versucht, diesen vollständigen Vertrag möglichst genau nachzubilden, damit die Parteien in ihrem Vertrag nicht von den gesetzlichen Vorschriften abweichen müssen. Bei der Vertragsauslegung haben die Gerichte aus diesem Grund die Aufgabe, die Lücken durch das zu ergänzen,

29 Posner, EAL, S. 98 f.; Shavell, Foundations, S. 299 – 301 (Incompleteness of contracts); Ayres & Gertner, 99 Yale Law Journal (1989), S. 87 – 130, raten, in manchen Fällen bestrafende dispositive Regeln („penalty defaults“) vorzusehen, wenn die vertragliche Lücke nicht auf effiziente Einsparungen, sondern auf ineffizientes, opportunistisches Verhalten zurückgeht – z. B. Auslassungen mit dem Ziel, den schlecht informierten Vertragspartner auszubeuten („strategic incompleteness“), S. 127

30 Schäfer/Ott, S. 401 f.; Shavell, Bell Journal of Economics, 11 (2) 1980, S. 466: „Complete contingent contract“

was die Parteien vereinbart hätten, wenn sie sich des Risikos bewusst gewesen wären[31] und darüber verhandelt hätten (hypothetischer Parteiwille[32]).

Kodifiziertes Gesetzesrecht trifft auf die Schwierigkeit, abstrakte Regeln für eine Vielzahl unterschiedlicher Fälle formulieren zu müssen. Es kann den vollständigen Vertrag im Einzelfall nicht nachbilden, sondern nur versuchen, eine durchschnittliche Regelung zu entwerfen, die in möglichst vielen Fällen nur geringe Abweichungen erfordert. Das dispositive Recht muss sich also am typischen Fall ausrichten, um möglichst selten den optimalen Interessenausgleich zu verfehlen. Zugleich muss der richtige Kompromiss zwischen Rechtssicherheit (durch Einzelfallregelung) und Flexibilität (durch Allgemeinklauseln) gefunden werden. Je flexibler eine dispositive Regel ist, desto besser können die Interessen im Einzelfall getroffen werden, doch desto höher sind aufgrund der steigenden Unsicherheit die (Transaktions-)Kosten für Rechtsberatung und Gerichtsverfahren.[33]

Die Ausrichtung am vollständigen Vertrag bedeutet für das dispositive Vertragsrecht, dass seine Regeln für den typischen Fall so ausgestaltet werden müssen, dass die vertraglichen Risiken ökonomisch effizient verteilt sind. Denn wenn die Parteien verhandelten, würden sie sich zur Steigerung ihres Vorteils nur auf wertsteigernde, effiziente Regeln verständigen (REM-Hypothese).[34] Das Vertragsrecht muss deshalb die einzelnen vertraglichen Risiken – z. B. das Risiko vermeidbarer Mängel der Kaufsache, das Risiko unvermeidbarer Mängel, unüberwindbare äußere Einflüsse (*force majeure*), das Risiko von Preisschwankungen – demjenigen Vertragspartner aufbürden, der sie mit dem geringsten Aufwand tragen kann (***superior risk bearer***).[35]

Wenn daher ein bestimmtes Schadensereignis durch eine Vertragspartei leichter vermieden werden kann (***cheapest cost avoider***), dann sollte sie für den

31 Posner, EAL, S. 96: „[The parties] have a mutual interest in minimizing the cost of performance. The court can make use of this interest and fill out a contract along lines that the parties would have approved at the time of making the contract."; Richard Craswell, Stanford Law Review, vol. 48 (1) 1996, S. 481 (486)

32 Dazu Palandt/Heinrichs, § 157 Rn. 7; Grundlage für die Ergänzung des Vertrags ist der hypothetische Parteiwille, vgl. BGHZ 9, 273 (278); 111, 214 (217). Es ist danach zu fragen, was die Parteien bei Abwägung ihrer Interessen nach Treu und Glauben vereinbart hätten, wenn sie den Fall bedacht hätten, vgl. BGHZ 84, 1 (7); 90, 69 (77); 127,138 (142).

33 Posner & Ehrlich, Journal of Legal Studies, III (1), Januar 1974, S. 257 – 286 (Economic Analysis of Legal Rulemaking)

34 Schäfer/Ott, S. 403 „Die Rekonstruktion des vollständigen Vertrages durch Gesetz und Rechtsprechung"

35 Posner, EAL, S. 98 a. E.; Schäfer/Ott, S. 412 „Die Haftung des überlegenen Risikoträgers"; Steinmetzler, S. 95

Nichteinritt haften.[36] So kann z. B. der Hersteller einer Ware auf deren Design Einfluss nehmen und dadurch das Risiko schwerer Körperverletzungen leichter reduzieren als der Käufer, der das riskante Design unter Umständen nicht einmal erkennt (z. B. schlechte Schweißnähte, Haarrisse). Im vollständigen Vertrag würden sich die Parteien darauf einigen, dass der Hersteller dafür haftet, dass seine Ware keine Schwachstelle im Design hat. Denn wenn er für die Schäden aufkommen muss, hat er einen Anreiz, Vorsorgemaßnahmen zu treffen (solange sie ihn weniger kosten, als er dadurch an Schäden vermeiden kann).[37] Im Gegenzug hat der Verkäufer keinen Einfluss darauf, wie sein Produkt verwendet wird. Er kann falsche und riskante Anwendungen nicht unterbinden, er kann nur die richtige Handhabung erklären. Im vollständigen Vertrag würde also der Verkäufer für eine richtige Gebrauchsanweisung haften, der Käufer hingegen für die Folgen der falschen, riskanten oder überbeanspruchenden Verwendung entgegen der Gebrauchsanweisung.[38] Kann ein Risiko zwar nicht (wirtschaftlich) vermieden, aber doch durch eine Versicherung in seinen negativen Auswirkungen gemindert werden, so sollte diejenige Partei das Risiko tragen, die es am günstigsten versichern kann (***cheapest insurer***).[39] Die beiden genannten Konzepte, d. h. der Anreiz zur optimalen Vorsorge (*cheapest cost avoider*) und die Versicherung von Risiken (*cheapest insurer*), helfen, aus ökonomischer Sicht zu erklären, weshalb es ein Gewährleistungsrecht gibt und weshalb der vertragsbrüchige Verkäufer auf das Erfüllungsinteresse haften sollte (s. u. B.III).

Für eine ökonomische Kritik des dispositiven Vertragsrechts muss man also die (effiziente) Risikoverteilung ermitteln, die rational handelnde Parteien in einem vollständigen Vertrag vereinbart hätten. Weicht das dispositive Recht für den typischen Fall von diesem vollständigen Vertrag ab, sind die Transaktionskosten nicht optimiert und das dispositive Recht sollte entsprechend verändert werden.

2. Das Coase-Theorem: Transaktionskosten

Die Theorie des Marktes basiert auf der Annahme, dass immer, wenn es zwischen zwei Marktteilnehmern einen Unterschied in der Wertschätzung eines Gu-

36 Schäfer/Ott, S. 404 (406) „Effiziente Zuordnung von Vermeidungsaufwand"; Steinmetzler, S. 93 f.

37 Shavell, Foundations, S. 304; Shavell, Bell Journal of Economics, 11 (2) 1980, S. 466 (485); zum Deliktsrecht, s. o. B.I.2 und Finsinger/Borrmann, S. 493 (499)

38 Dies ist der Hintergrund für den Mitverschuldenseinwand: Finsinger/Borrmann, S. 498 f.; Shavell Foundations, S. 201 „defense of contributory negligence"

39 Schäfer/Ott, S. 406

tes gibt, diese auch ein Austauschgeschäft machen, um den dadurch generierten Nutzenzuwachs unter sich aufzuteilen.[40] Wenn es keine Transaktionskosten gibt, die den potentiellen Nutzenzuwachs schmälern, dann kann jede Wertdifferenz ausgeschöpft werden – mit der Folge, dass schließlich jedes Gut an den Ort seiner wertvollsten Verwendung gelangt.[41] Das **Coase-Theorem** überträgt diese Vorstellung einer perfekten Welt ohne Transaktionskosten auf die Rechtsordnung.[42] Das Ergebnis ist, dass die Verteilung der (Handlungs-) Rechte[43] durch die Rechtsordnung keine Rolle spielt in einer Welt, in der frei und kostenlos über alles verhandelt werden kann.[44] Immer, wenn jemand ein Handlungsrecht erhalten hat, das in der Hand eines anderen wertvoller wäre, wird es zu einem Tauschgeschäft kommen, so dass schließlich die Handlungsrechte durch den Markt ihrer wertvollsten Verwendung zugeführt werden – unabhängig von der ursprünglichen Verteilung durch die Rechtsordnung.

Harold Demsetz zum Coase-Theorem[45]: "There are two striking implications of this process that are true in a world of zero transaction costs. The output mix that results when the exchange of property rights is allowed is efficient and the mix is independent of who is assigned ownership (except that different wealth distributions may result in different demands)."

Wenn z. B. die Tiere eines Viehzüchters die Felder eines Farmers schädigen, und der Farmer das Recht bekommen hat, Einwirkungen auf seine Felder abzuwehren, obwohl die Viehzucht einen höheren Gewinn abwirft, dann würden sich die Parteien auf eine Entschädigung für die Duldung der Einwirkung einigen und so den Nutzenzuwachs der Viehzucht aufteilen:

---

40 Shavell, Foundations, S. 84: „Figuratively, when a change raises the sum of the two parties' utilities, it raises the size of the pie available to be shared by them. And if the size of the pie can be increased, plainly there must exist some way of dividing it that will make each of the parties better off than he would have been with only his slice of the original, smaller pie."

41 Shavell, Foundations, S. 85 „Social welfare maximization and frictionless bargaining"

42 Posner, L & E I, vol. I, Seite XVIII

43 Der Begriff „Handlungsrechte" umfasst alle denkbaren Rechtspositionen, die eine Handlung ermöglichen: Eigentum, Benutzungsrechte, das Recht zur Umweltverschmutzung, das Recht zum unbegrenzten Schnellfahren usw.

44 Shavell, Foundations, S. 102 „Frictionless bargaining and the irrelevance of legal rules: invariance version of the Coase Theorem"; Polinsky, Introduction to Law and Economics (Introduction), Kap. 3, S. 11 – 14

45 Journal of Legal Studies, I (1), January 1972, S. 13 – 28

	Farmer	Viehzüchter	Gesamtnutzen
Ohne Viehzucht	-100 Produktionskosten +120 Ertrag	0	+20 durch Feld
Nutzen	20	0	+20
Mit Viehzucht	-100 Produktionskosten +110 Ertrag (-10 Einbußen) +20 Ausgleichszahlung	-100 Produktionskosten +150 Ertrag -20 Ausgleichszahlung	+10 durch Feld +50 durch Vieh
Nutzen	30	30	+60

Erläuterung: Der Farmer kann ohne die benachbarte Viehzucht 120 Ertrag produzieren, mit Viehzucht nur noch 110. Der Viehzüchter kann einen Gewinn von 50 erwirtschaften. Das genügt, um dem Farmer sein Abwehrrecht durch eine Ausgleichszahlung abzukaufen, so dass schließlich beide von der Viehzucht profitieren.

Übersteigen die Ernteeinbußen durch die Viehzucht den Gewinn, der aus dem Feld erwirtschaftet werden kann, so werden die Parteien die Feldbewirtschaftung ganz einstellen. Der Gesamtnutzen, den die Parteien aufteilen können, ist größer ohne die Feldbewirtschaftung, weil sie die Gesamtbilanz nur belastet[46]:

	Farmer	Viehzüchter	Gesamtnutzen
Feldwirtschaft und 3-fache Viehzucht	-100 Produktionskosten +90 Ertrag (-30 Einbußen) +50 Ausgleichszahlung	- 300 Produktionskosten +450 Ertrag -50 Ausgleichszahlung	-10 durch Feld +150 durch Vieh
Nutzen	40	100	140
Ohne Feldwirtschaft	+45 Ausgleichszahlung	-300 Produktionskosten +450 Ertrag -45 Ausgleichszahlung	+150 durch Vieh
Nutzen	45	105	150

Erläuterung: Bei dreifacher Intensität der Viehzucht steigen die Schäden für die Feldwirtschaft auf 30 und übersteigen den möglichen Gewinn von 20. Eine Ausgleichszahlung von 50 kann den Farmer zwar noch befriedigen, doch ist die Einstellung der Verlustwirtschaft vorteilhafter, denn bei einer niedrigeren Ausgleichszahlung von 45 haben beide einen höheren Nutzen.

46 Vgl. Coase, 3 Journal of Law and Economics 1960, 1 ff. „The Problem of Social Cost“ – auf S. 134 der Übersetzung von Kirchner in Assmann/Kirchner/Schanze; ähnlich bei Schäfer/Ott, S. 103

Hätte der Viehzüchter von Beginn an das Recht zur uneingeschränkten Viehzucht, so würde das gleiche effiziente Gesamtergebnis erreicht. Denn auch hier würde der Farmer die Bewirtschaftung seines Ackers einstellen, sobald die Schäden durch die Viehzucht den möglichen Gewinn verzehren und er nur noch Verlust macht. Die Entscheidung, ob die Rechtsordnung das Nutzungsrecht dem Farmer oder dem Viehzüchter erteilt, hat also in der idealen Welt der kostenlosen Verhandlungen keinen Einfluss darauf, ob eine effiziente Bewirtschaftung stattfindet. Sie hat nur Einfluss darauf, wie der produzierte Gewinn zwischen den Beteiligten verteilt wird (Umverteilung).

Der Viehzüchter kann aus dem Recht zur uneingeschränkten Nutzung des Feldes einen höheren Nutzen ziehen und wird es deshalb dem Farmer „abkaufen". In einer Welt ohne Transaktionskosten kann jede Möglichkeit, durch die Umverteilung eines Rechts den Nutzen zu steigern, ausgeschöpft werden – und alle, die einen Verlust an ihnen gehörenden Gütern haben, könnten dafür eine Entschädigung aushandeln. Im Ergebnis würden so alle externen Kosten eines Verhaltens internalisiert. Deshalb stellte **G. J. Stigler** fest: *„The Coase theorem asserts that under perfect competition private and social costs will be equal."*[47]

Das Coase-Theorem spricht für eine Ordnungspolitik, die den Kräften des freien Marktes vertraut. Die Aufgabe des Rechts ist darin weniger die Zuordnung von Rechtspositionen als vielmehr die Senkung der Transaktionskosten.[48] Da in der realen Welt durchaus hohe Transaktionskosten vorliegen, muss das Rechtssystem versuchen, diese so weit wie möglich zu drücken. Informationsdefizite, die den Einzelnen daran hindern, sein (von ihm ignoriertes) Interesse zu verfolgen, müssten verringert werden.[49] Die Tatsache, dass manche keine Mittel haben, um sich an Tauschgeschäften zu beteiligen (weshalb u. U. eine nutzensteigernde Zuordnung verpasst wird[50]), müsste korrigiert werden.[51] Übermäßige Marktmacht müsste vermieden[52], strategisches Verhalten (sog. Trittbrettfahren) be-

---

47 Stigler, The Theory of Price, S. 113; vgl. Schäfer/Ott, S. 101

48 Posner, EAL, S. 98: „[...] contract law cannot readily be used to achieve goals other than efficiency."

49 Steven Shavell, Foundations, S.107 f. und S. 89 – 91 (asymmetry of information)

50 Shavell, Foundations, S.103 („wealth effects"): Wenn für 30 ein Rauchfilter installiert werden könnte, wodurch der Nachbar einen Nutzenzuwachs von 50 hätte, der Nachbar aber keine 30 hat, die er dem Rauchemittenten bieten kann, dann unterbleibt die für den Gesamtnutzen effiziente Investition.

51 Shavell, S. 103 – 107, wo er das Dilemma erklärt, dass die hierfür notwendige umverteilende Besteuerung den Markt verfälscht und ebenfalls Ineffizienz hervorruft; vgl. Polinsky, Introduction, Kap. 15, S. 119 – 127„Efficiency and Equity reconsidered"

52 Das ist die Aufgabe des Kartellrechts; vgl. Schäfer/Ott, S. 107; Posner, EAL, S. 273 ff. (Theory of Monopoly)

kämpft werden[53] und vieles mehr. Dem dispositiven Vertragsrecht fällt dabei die bereits beschriebene Aufgabe zu, die Kosten der Vertragsverhandlungen durch die Nachahmung des typischen, vollständigen Vertrages zu verringern. Aus Sicht der ökonomischen Analyse kann man die Regeln einer Rechtsordnung als die (mehr oder weniger gelungene) Reaktion auf die Abweichungen der wirklichen Welt von den Annahmen des Coase-Theorems (der REM-Hypothese, des perfekten Wettbewerbs) verstehen.

III. Die Haftung auf das Erfüllungsinteresse

Im Folgenden wird dargestellt, weshalb sich im Vertragsrecht als Folge eines Vertragsbruchs die Haftung auf das Erfüllungsinteresse durchgesetzt hat (1) und weshalb diese Haftung auch als Gewährleistungsrecht sinnvoll ist (2). Im Ergebnis ist die in § 280 I BGB für alle Fälle der Nicht- und Schlechterfüllung vorgesehene Haftung auf den „Schadensersatz statt der Leistung" aus ökonomischer Sicht zu begrüßen (3).

1. Erfüllungsinteresse und Vertragstreue

Die entscheidende Funktion des Erfüllungsschadens ist, einen effizienten Anreiz zur Erfüllung des Vertrages zu setzen. Gerade wenn nicht alle Eventualitäten eines Vertrages im Vorhinein bedacht werden können, stellt die Vereinbarung der Erfüllungshaftung sicher, dass beide Parteien den optimalen Aufwand zur Erfüllung ihrer Pflichten betreiben (a). Allerdings bildet der Erfüllungsschaden keinen optimalen Anreiz für Vertrauensinvestitionen (b) und kann auch unter dem Aspekt der richtigen Risikoverteilung kontraproduktiv sein (c). Er ermöglicht den „effizienten" Vertragsbruch auch, wenn der Schuldner nachträglich von einem Dritten ein besseres Angebot bekommt – was die Rechtssicherheit verringert (d).

a) Der effiziente Anreiz zur Erfüllung

Die Haftung des vertragsbrüchigen Schuldners auf den Gewinn, der dem Vertragspartner durch Pflichtverletzung entgeht (Erfüllungsinteresse), setzt aus ökonomischer Sicht den Anreiz, den Vertrag zu erfüllen, solange der Erfüllungsaufwand geringer ist als der dadurch generierte Nutzenzuwachs.[54]

---

53 Schäfer/Ott, S. 105

54 Vgl. Schäfer/Ott, S. 461 (Schadensersatz statt der Leistung)

Steven Shavell[55]: "[...] the expectation measure leads to performance if and only if the (gross) value of performance exceeds production cost – exactly when performance would occur under the terms of a mutually desirable completely specified contract."

Der Schuldner haftet bei Vertragsbruch für den gesamten ausfallenden Nutzenzuwachs, denn er verliert seinen im Kaufpreis enthaltenen Anteil am geplanten Geschäft und muss dem Gläubiger dessen erwarteten Anteil auszahlen. Er wird deshalb noch so lange versuchen, den Vertrag zu erfüllen, wie seine Ausgaben für die Erfüllung geringer sind als der Nutzenzuwachs des Vertrags. Ist der Erfüllungsaufwand höher, sind Vertragsbruch und Erfüllungsschaden günstiger. Aus volkswirtschaftlicher Sicht ist der Vertragsbruch dann effizient, denn es wird vermieden, dass für die Erfüllung eines Vertrags mehr aufgewendet wird (Nutzenverlust), als durch den Vertrag an Nutzenzuwachs erwirtschaftet werden kann:

	Verkäufer	**Käufer**	**Gesamtnutzen**
Vorher	50	150	200
Erfüllung trotz Kosten	+75 Kaufpreis -50 Nutzen der Sache -60 Erfüllungskosten	-75 Kaufpreis +100 Nutzen der Sache	+50 Nutzenplus -60 Erfüllungskosten
Nachher	15	175	190
Vorher	50	150	200
Vertrags-bruch	+75 Kaufpreis - 100 Schadensersatz	-75 Kaufpreis +100 Schadens-ersatz	
Nachher	25	175	200

Erläuterung: Erschwerte Erfüllung und Verlust der Kaufsache sind für den Schuldner um 10 teurer (-35) als die Haftung bei Vertragsbruch (-25), da der mögliche Nutzenzuwachs (50) um genau diese 10 unter den Erfüllungskosten (60) liegt.

Gleichzeitig wird durch die Haftung auf das volle Erfüllungsinteresse gewährleistet, dass der Schuldner keinen Vertragsbruch begeht, solange die Erfüllung noch den Nutzen steigert, denn in diesem Fall sind seine Ausgaben für die Erfüllung (= alter Nutzen der Sache + Erfüllungskosten) niedriger als der Schadensersatz (= neuer Nutzen beim Erwerber):

55 Shavell, Foundations, S. 344

	Verkäufer	Käufer	Gesamtnutzen
Vorher	50	150	200
Erfüllung trotz Kosten	+75 Kaufpreis -50 Nutzen der Sache -30 Erfüllungskosten	-75 Kaufpreis +100 Nutzen der Sache	+50 Nutzenplus -30 Erfüllungskosten
Nachher	45	175	220
Vorher	50	150	200
Vertrags-bruch	+75 Kaufpreis -100 Schadensersatz	-75 Kaufpreis +100 Schadens-ersatz	
Nachher	25	175	200

Erläuterung: Da die Erfüllungskosten um 20 unter dem gemeinsamen Nutzenzuwachs liegen, lohnt es sich für den Schuldner zu erfüllen, denn sein Verlust ist dann um genau diese 20 geringer.

Die Haftung des Schuldners auf das Erfüllungsinteresse garantiert also einerseits, dass die Möglichkeit, durch den Vertrag einen Nutzenzuwachs zu generieren, voll ausgeschöpft wird. Sie garantiert andererseits, dass ein Vertrag nicht mehr durchgeführt wird, wenn er aufgrund nachträglich veränderter Umstände nur noch Nutzen vernichten und einen volkswirtschaftlichen Schaden darstellen würde.[56] Könnten die Parteien das Risiko steigender Erfüllungskosten genau vorherbestimmen, so würden sie in ihrem Vertrag festlegen, dass keine Erfüllung mehr stattfinden soll, sobald kein Nutzenzuwachs mehr gewonnen werden kann. Denn wenn trotz überhöhter Erfüllungskosten noch erfüllt wird, dann schmälert dies den voraussichtlichen Gewinn, den man sich in den Vertragsverhandlungen aufteilen kann. Wenn z. B. zu 20 % wahrscheinlich ist, dass die Erfüllungskosten den Nutzenzuwachs um € 25 übersteigen, dann verringert sich die zu erwartende Rendite um € 5 (= 20 % von € 25). Die Parteien können in den Vertragsverhandlungen mehr unter sich aufteilen, wenn sie auf eine strenge Pflicht zur Erfüllung verzichten und dem Schuldner das Recht geben, eine überteuerte, nutzenvernichtende Erfüllung zu verweigern[57]:

56 Shavell, Foundations, S. 343 – 345; Schäfer/Ott, S. 461 f.; Posner, EAL, S. 120; Polinsky, Introduction, S. 31 ff., auf S. 33: „The key result is that the expectation remedy is the only remedy that creates efficient incentives with respect to breaches of contracts."

57 Ein komplexes Beispiel mit drei Wahrscheinlichkeiten findet sich bei Shavell, Foundations, S. 339 ff., insbesondere „Mutually preferred remedy for breach: the expecta-

	Verkäufer	Käufer	Gesamtnutzen
Vorher	50	150	200
Strenge Erfüllung	+75 Kaufpreis -50 Nutzen der Sache -8 Erfüllungskosten (80 % von 10) -15 Erfüllungskosten (20 % von 75)	-75 Kaufpreis +100 Nutzen der Sache	+50 Nutzenplus -23 Erfüllungskosten
Nachher	52	175	227

Vorher	50	150	200
Flexible Erfüllung	+60 Kaufpreis (80 % von 75) -40 Nutzen (80 % von 50) -8 Erfüllungskosten (80 % von 20)	-60 Kaufpreis +80 Nutzen (80 % von 100)	+40 Nutzenplus -8 Erfüllungskosten
Nachher	62	170	232

Erläuterungen: Bei strenger Erfüllung wird auch in den 20 % der Fälle erfüllt, in denen der Erfüllungsaufwand 75 beträgt. Deshalb wird zu 80 % Wahrscheinlichkeit ein Erfüllungsaufwand von 10 geleistet und zu 20 % Wahrscheinlichkeit ein Erfüllungsaufwand von 75. Bei flexibler Erfüllung wird nur in 80 % der Fälle geleistet, nämlich wenn die Erfüllungskosten bei 10 liegen. Deshalb wird der Kaufpreis nur in 80 % der Fälle gezahlt und auch die Nutzensteigerung kommt nur in 80 % der Fälle zustande.

Bei flexibler Erfüllung kann ein Nutzenplus von 32 aufgeteilt werden, anstelle eines Zuwachses von nur 27 bei der strengen Erfüllung. Der Verhandlungsspielraum für den Preis liegt im flexiblen Vertrag zwischen 48 beim Verkäufer (80 % der Kosten iHv 60) und 80 beim Käufer (80 % des Nutzens i.H.v. 100), im strengen Vertrag zwischen 73 (Verkäufer) und 100 (Käufer). Die Leistung wäre also teurer und würde weniger häufig nachgefragt. Es käme seltener zur wünschenswerten Nutzenmehrung (Ineffizienz).

In einem vollständigen Vertrag würden sich die Vertragsparteien darauf einigen, dass kein ineffizient hoher Erfüllungsaufwand betrieben werden soll – in unserem Beispiel also darauf, dass nur ein Erfüllungsaufwand von 10 betrieben

tion measure“; mathematische Analyse in Shavell, Bell Journal of Economics, 11 (2) 1980, S. 466 – 490

werden und dementsprechend eine Erfüllung in nur 80 % der Fälle erfolgen soll.[58] Wenn die Eventualitäten, welche die Erfüllungskosten in die Höhe treiben könnten, von den Parteien nicht (kostendeckend) ermittelt werden können, dann bietet die Vereinbarung einer Haftung auf das Erfüllungsinteresse die Möglichkeit, auch ohne diese Voraussicht sicherzustellen, dass der optimale Erfüllungsaufwand betrieben wird. Indem das dispositive Recht die Haftung auf den Erfüllungsschaden vorsieht, empfindet es also die Anreizstruktur des vollständigen Vertrages nach: *„[...] under the expectation measure, but not under other remedies for breach, there will be performance in precisely the contingencies that would have been set out in a mutually optimal completely specified contract."* **(Steven Shavell)**[59]

Wichtig ist allerdings, dass der Schuldner das Ausmaß seiner Haftung voraussehen kann, denn nur so kann er seinen Erfüllungsaufwand entsprechend anpassen. Deshalb hat sich im Common Law die Regel entwickelt, dass der Erfüllungsschaden auf vorhersehbare Verluste beschränkt ist (*foreseeability*).[60] Diese Regel „bestraft" den Gläubiger, der seine Interessen nicht offen legt, mit dem teilweisen Verlust des Erfüllungsschadens.[61] Sie setzt einen Anreiz zur Aufklärung des Schuldners und sorgt dafür, dass der Schuldner Kosten und Nutzen der Vertragserfüllung abwägen kann.[62] Im deutschen Recht erfüllt diese Funktion **§ 254 II 1 1. Alt. BGB**, weil dort der Schadensersatz anteilig beschränkt wird, wenn der Gläubiger es „unterlassen hat, den Schuldner auf die Gefahr eines ho-

58 Im vollständigen Vertrag könnte deshalb auf Schadensersatz als Anreizmechanismus verzichtet werden – der Leistende hätte schon keine Pflicht, mehr als den effizienten Aufwand zu betreiben: John H. Barton, 1972 Journal of Legal studies, I (2), S. 277 – 304, auf S. 291 (hypothesis 3): „Since risks and the settlements to be made in the event of their realization can be allowed for in negotiating a price, economic allocation theory provides no basis for prescribing measures of damages, so long as the risks involved are understood and projected correctly by each party in the negotiation. This conclusion assumes, of course, that no effort need be made to influence incentives to perform or to avoid the risk."

59 Shavell, Foundations, S. 345, und auf S. 307: „Moderate damage measures serve as implicit substitutes for more complete contracts."; Shavell, Bell Journal of Economics, 11 (2) 1980, S. 466 (485): „The expectation measure is therefore a perfect substitute for a Pareto efficient complete contingent contract."

60 *Hadley v. Baxendale*, 9 Ex. 341, 156 Eng. Rep. 145 (1854); Schäfer/Ott, S. 469; Ayres/Gertner, 99 Yale Law Journal 1989, S. 87 (101)

61 Ayres/Gertner a.a.O., S.101 – 104, sehen daran das allgemeine Prinzip bestätigt, dass dispositive Regeln (auch) dafür bestrafen sollten, das man beim Vertragsschluss nicht alle Risiken offengelegt hat. Zur „Bestrafung" wird ein Teil des Verlusts ersetzt.

62 Shavell, Foundations, S. 353 f.

hen Schadens aufmerksam zu machen, die der Schuldner weder kannte noch kennen musste [...]".[63]

b) Das richtige Maß an Vertrauen

Die Haftung des Schuldners auf das Erfüllungsinteresse kommt einer Versicherung des Gläubigers gleich, da ihm der Gewinn aus dem Geschäft garantiert wird. Entweder wird der lukrative Tausch durchgeführt oder er bekommt seinen Gewinn in Geld ersetzt. Dies kann – wie jede Versicherung – zu ineffizientem Vertrauen führen[64], sowohl in Form von Überinvestitionen als auch in Form von fehlender eigener Vorsorge.[65] Bei der Schadensvorsorge besteht das Problem, dass die Minderung des Schadens nur dem Schädiger zugute kommt, während die Vorsorgekosten den Geschädigten treffen. Deshalb besteht für den Geschädigten kein Anreiz, Investitionen zu tätigen, die den Verlust im Schadensfall reduzieren. Sind die Investitionen niedriger als die dadurch vermiedenen Ausfälle, so sind sie effizient und wären in einem vollständigen Vertrag auch vereinbart worden. Sind sie aber nicht vereinbart und ist der Gläubiger durch die Garantie der Erfüllungshaftung versichert, so wird er nachträglich nicht investieren, um seine eigenen Kosten gering zu halten:

	Verkäufer	**Käufer**	**Gesamtnutzen**
Ohne Vorsorge	+25 Gewinn -20 Haftung (20 % von 100)	+25 Gewinn - 20 Schaden +20 Haftung	
	5	25	30
Mit Vorsorge	+25 Gewinn - 5 Haftung (5 %)	+25 Gewinn -5 Schaden +5 Haftung -5 Vorsorge	
	20	20	40

63 Schäfer/Ott S. 469; Palandt/Heinrichs, § 254 Rn. 34; Beispiel: wenn jemand die Möglichkeit einer ungewöhnlich günstigen Kapitalanlage hat oder seine Spekulationsabsicht nicht offengelegt (vgl. Schimmel, WM 2000, S. 946), überraschender Ausfall eines Druckers im Wert von DM 28.235, der jeden Tag einen Schaden von DM 22.600 auslöst (Fall OLG Hamm, NJW-RR 1998, S. 380)

64 Posner, EAL, S. 122: „By giving the party a guaranteed profit [...] the expectation measure can induce overreliance, just as any other form of business insurance will tend to induce the insured to relax his efforts to avoid the hazard insured against."

65 Finsinger/Simon, S. 4 f. „The optimal Damage Rule for Breach of Contract"; Shavell, Foundations, S. 359 – 362

Erläuterung: Beide Seiten machen 25 Gewinn, wenn alles glatt läuft. Ohne Vorsorge des Käufers besteht allerdings eine 20 %ige Wahrscheinlichkeit eines Schadens von 100. Mit einer Vorsorge von 5 wird die Schadenswahrscheinlichkeit auf 5 % gesenkt. Ohne Vorsorge muss der Verkäufer mit wahrscheinlich 20 Haftungskosten rechnen, mit Vorsorge nur mit 5. Obwohl durch die Vorsorge insgesamt 10 gespart werden, verliert der Käufer 5, weil er für die Vorsorge keinen Aufwendungsersatz bekommt. Könnten die Parteien verhandeln, würden sie sich auf die Vorsorge einigen und sich den zusätzlichen Nutzen von 10 aufteilen.

Der garantierte Erfüllungsschaden bildet auch einen Anreiz für überhöhte Vertrauensinvestitionen. Der Grund ist, dass der Gläubiger bei seinen Investitionen in den Vertrag nicht das Risiko zu beachten braucht, dass der Vertag scheitert und die Investitionen in den Sand gesetzt sind[66], denn ihm ist der Gewinn sicher. Wenn z. B. eine Investition von 45 den Gewinn des Käufers um 50 steigern kann, gleichzeitig aber eine 20%ige Wahrscheinlichkeit besteht, dass ein Vertragsbruch stattfindet, dann werden durch 45 Investitionen nur 40 wahrscheinliche Nutzensteigerung generiert (80 % von 50). Könnten die Parteien kostenfrei verhandeln, würden sie solch überhöhte Investitionen ausschließen, um den Gesamtnutzen zu maximieren. Sind sie aber nicht ausgeschlossen und ist der Gläubiger durch die Garantie der Erfüllungshaftung versichert, so wird er die ineffiziente Investition tätigen, um für sich einen Zuwachs von 5 zu erzielen – den bewirkten Verlust muss sein Schuldner tragen:

	Verkäufer	**Käufer**	**Gesamtnutzen**
Ohne Investition	-50 Kaufsache +75 Kaufpreis -20 Haftung (20 % von 100)	+100 Kaufsache -75 Kaufpreis -20 Schaden (20 %) +20 Haftung	
	5	25	30
Mit Investition	-50 Kaufsache +75 Kaufpreis -30 Haftung (20 % von 150)	+150 Kaufsache -75 Kaufpreis -45 Investition -30 Schaden (20 %) +30 Haftung	+40 Nutzen -45 Investition
	-5	30	25

66 Shavell, Foundations, S. 357; Shavell, Bell Journal of Economics, 11 (2) 1980, S. 466 (478) (proposition 2): „Under the expectation measure [...] reliance exceeds the Pareto efficient level."

Erläuterung: Ohne Investition besteht 20 % Wahrscheinlichkeit, dass dem Käufer der Wert der Kaufsache von 100 entgeht – der wahrscheinliche Schaden ist 20. Mit Investition liegt der Wert der Kaufsache für den Käufer bei 150, der wahrscheinliche Schaden ist daher 30 (= 80 % von 150). Der Käufer gewinnt mit der Investition zwar 5, insgesamt werden aber 5 Nutzeneinheiten vernichtet, der Käufer verliert deshalb 10.

Es gibt theoretisch einen **optimalen Kompromiss** zwischen den konkurrierenden Zielen, effiziente Erfüllung und effizientes Vertrauen sicherzustellen. Dies wäre die Haftung auf den Erfüllungsschaden, der nur denjenigen entgangenen Gewinn ersetzt, der im Falle des effizienten Vertrauens (effiziente Vorsorge und Investitionen) generiert worden wäre: *„The damage payment should be equal to the loss, which the other would experience if it had chosen optimal preventive efforts and optimal reliance expenditures."* (**Jörg Finsinger**)[67] Die genaue Bestimmung dieses hypothetischen Schadens verlangt allerdings von den Gerichten, dass sie für das betroffene Geschäft die Abhängigkeit des Nutzenzuwachses vom Vertrauen ermitteln können und zudem die Wahrscheinlichkeit der verschieden hohen Erfüllungskosten kennen – kurz, dass sie alles über das Geschäft in Erfahrung bringen und nicht nur den tatsächlichen Schaden und die tatsächlichen Vertrauensinvestitionen betrachten.[68] Dies kann von den Gerichten nicht geleistet werden.[69] Demgegenüber ist die Haftung auf den Erfüllungsschaden die **zweitbeste Lösung**[70], denn sie

- stellt verlässlich den optimalen Erfüllungsaufwand sicher,
- garantiert zumindest das optimale Vertrauen desjenigen, der mit seinem eigenen Vertragsbruch rechnen muss (dagegen ist er nämlich nicht versichert)[71],
- kann von den Gerichten leichter gehandhabt werden,
- kann im Sinne der optimalen Formel verringert werden, wenn das Gericht erkennt, dass bei effizientem Verhalten seitens des Gläubigers der insgesamt zu ersetzende Schaden niedriger gewesen wäre, und

---

67 Finsinger/Simon a.a.O., S. 5; vgl. Shavell, Bell Journal of Economics, 11 (2) 1980, S. 466 (478) insb. Fn. 40; Shavell, Foundations, S. 361: „damages set equal to the level reflecting optimal reliance"

68 Shavell, Foundations, S. 361; Shavell, Bell Journal of Economics, 11 (2) 1980, S. 466 (478) Fn. 40

69 Das Finden des richtigen Haftungsmaßstabes wird noch schwieriger, wenn man die Möglichkeit einer Nachverhandlung mit in Betracht zieht. Dazu m.w.N.: Shavell, Foundations, S. 365 f. und Fn 38.

70 Finsinger/Simon a.a.O., S. 5: „Note that the [full compensation] damage rule is the second best given the inefficient reliance and preventive efforts of the buyer. Breach of contracts chosen precisely in those situations when it improves overall welfare."; Shavell in Bell Journal of Economics, 11 (2) 1980, S. 466 (487) (conclusion)

71 Shavell, Bell Journal of Economics, 11 (2) 1980, S. 466 (485) (proposition 8)

- die Parteien können selbst vorbeugen und sich auf das effiziente Vertrauen einigen; die Ergänzung des dispositiven Rechts erzeugt zwar Transaktionskosten, die Einführung des „vertrauenseffizienten Erfüllungsschadens" ist aber wegen des Aufwands für die Gerichte keine günstigere Alternative.[72]

Im Common Law kann die Einschränkung des Erfüllungsschadens auf das Niveau des effizienten Vertrauens vor allem durch die Doktrin der Schadensminderungspflicht (*mitigation*)[73] und die Beschränkung des Schadens auf das Vorhersehbare (*foreseeability*) angenähert werden. Im deutschen Recht bietet sich den Gerichten insbesondere **§ 254 BGB** an, um den Erfüllungsschaden auf effizientes Vertrauen zu beschränken.[74] § 254 II 1 2. Alt. BGB befähigt die Gerichte dazu, den Schadensersatz zu mindern, wenn der Gläubiger „es unterlassen hat, den Schaden abzuwenden oder zu mindern" (Schadensminderungspflicht[75]). Das Unterlassen offensichtlich angebrachter Vorsorge kann somit zu einer Minderung des Erfüllungsschadens auf das Niveau führen, das mit der effizienten Vorsorge erreicht worden wäre. Der Anreiz zur Vorsorge wird außerdem dadurch verstärkt, dass der Schädiger dem Geschädigten die notwendigen Aufwendungen zu ersetzen hat.[76] Die bereits erwähnte Warnpflicht für ungewöhnliche Schadensrisiken (§ 254 II 1 1. Alt. BGB)[77] gibt den Gerichten die Möglichkeit, bei ineffizient hohen Vertrauensinvestitionen nach Abschluss des Vertrages den Erfüllungsschaden auf das Niveau zu beschränken, das er ohne die überhöhten Investitionen gehabt hätte. Unvernünftiges Vertrauen kann auch durch die Anwendung des § 254 I BGB zur Senkung des Erfüllungsschadens führen, wenn das Gericht im Vertrauen eine anteilige Verursachung bzw. eine Steigerung des Schadens durch den fahrlässigen Gläubiger sieht.[78] Eine letzte Bremse gegen überhöhte Vertrauensinvestitionen ist schließlich, dass der Geschädigte vor Gericht darlegen

72 Vgl. Shavell, Foundations, S. 361

73 Craswell/Schwartz, S. 56 – 66 (darin: Goetz & Scott, S. 56 f.; Cooter, S. 59 f.); Andersen in Craswell/Schwartz, S. 119

74 Schäfer/Ott, S. 461: Die Höhe der zu ersetzenden Vertrauensaufwendungen wird über das Rechtsinstitut des Mitverschuldens durch die Gerichte kontrolliert. Vgl. Schäfer/Ott, Kap. 6 (Reziproke Schäden und Mitverschulden, S. 221 – 256)

75 Vgl. Palandt/Heinrichs, § 254 Rn. 32

76 Palandt/Heinrichs, § 254 Rn. 33; Aufwendungen die dem Geschädigten zur Erfüllung seiner Obliegenheit aus § 254 II entstehen, sind vom Schädiger als adäquat verursachter Schaden zu ersetzen (vgl. BGHZ 122, 79) und zwar auch dann, wenn die Maßnahmen ohne Verschulden des Geschädigten erfolglos geblieben sind (vgl. BGH NJW 1959, S. 933).

77 Vgl. Palandt/Heinrichs, § 254 Rn. 34

78 Schäfer/Ott, S. 462; Die Fälle des Mitverschuldens können als überhöhte Vertrauensinvestition oder unterlassene Vorsorge verstanden werden: Jemand verzichtet auf Sorgfalt (investiert Vertrauen) und erhöht vermeidbar die Haftung des anderen.

und beweisen muss, dass er durch seine Investitionen auch tatsächlich höhere Erlöse erzielt hätte.[79] Die „Rentabilitätsvermutung" hilft ihm zwar in manchen Fällen. Sie gilt aber nur für „notwendige Aufwendungen", ohne die das Grundgeschäft unmöglich gewesen wäre. Die Vermutung gilt nicht für „Aufwendungen, die der Käufer im Vertrauen auf die zugesicherte Eigenschaft für weitere Geschäfte getätigt hat" (**BGHZ 114, 193**[80]). Die Rentabilität von Investitionen, die nach dem Abschluss eines Vertrages aufgrund eines überzogenen Vertrauens gemacht werden, muss der Gläubiger also beweisen. Sind sie volkswirtschaftlich ineffizient und bringen sie nur auf Kosten des Vertragspartners Vorteile, kann das Gericht den Erfüllungsschaden verweigern.

c) Versicherung und effiziente Risikoverteilung

Wenn die Vertragsparteien den Einritt eines unabwendbaren Ereignisses für wahrscheinlich halten (Risiko), dann würden sie sich in einem vollständigen Vertrag darauf einigen, dass derjenige das Risiko übernimmt, der es am günstigsten tragen kann (*superior risk bearer*).[81] Eine risikoscheue (*risk-averse*) Partei würde ihrem weniger risikoscheuen Vertragspartner eine Dividende dafür zahlen, dass dieser für sie das Risiko übernimmt und sie dadurch versichert.

Risikoscheu ist jemand, für den nicht nur der wahrscheinliche Wert eines Verlustes[82], sondern auch der absolute Wert des drohenden Verlustes eine Rolle spielt. Risikoscheu ist zum Beispiel, wer die Gewissheit eines Gewinns von € 5.000 der 50%igen Chance eines Gewinns in Höhe von € 10.000 vorzieht, obwohl der wahrscheinliche Gewinn der Gleiche ist.[83] Man kann fallende Risikoaversion damit erklären, dass Geld für seinen Inhaber je weniger Nutzen hat, desto mehr er davon besitzt (Gesetz vom abnehmenden Grenznutzen des Einkommens). Anders ausgedrückt wiegt der Verlust der ersten € 10.000 schwerer als der Verlust der zweiten € 10.000 etc.[84] Deshalb verliert man weniger Nutzen, wenn man eine stetige, geringe Menge seines Einkommens (aus den letzten € 10.000) für eine Versicherung ausgibt, als wenn man im Falle der Verwirklichung des Risikos einen großen, einmaligen Verlust hinnehmen muss, der das unbedingt notwendige Grundkapital angreift (die ersten € 10.000) oder in die Verschuldung treibt. Dazu ein Beispiel: Ein Autofahrer mit einem Monatsgehalt

79 Schäfer/Ott, S. 462
80 BGHZ 114, 193 (2. Leitsatz)
81 Schäfer/Ott, S. 412
82 Wahrscheinlicher Verlust = möglicher Schaden multipliziert mit Eintrittswahrscheinlichkeit
83 Polinsky, Introduction, S. 53, Kap. 7 „Risk bearing and insurance"
84 Schäfer/Ott, S. 135 – 139 (Nutzen und Einkommen)

von € 1.800, der dem Risiko von 1:10.000 ausgesetzt ist, für die Querschnittslähmung seines Unfallopfers € 1 Million zahlen zu müssen, wird gerne bereit sein, anstatt der drohenden möglichen Haftung im Laufe seines Lebens € 1.000 an eine Versicherung zu zahlen, obwohl der wahrscheinliche Schaden nur € 100 beträgt (s. u. B.III.2.b).

Risikostreuung durch Versicherung ist für den Einzelnen lohnend, weil er einen höheren Nutzenverlust vermeiden kann, indem er weniger nützliches Geld für eine Versicherung ausgibt.[85] Da sie höhere Nutzenverluste vermeiden und risikoaverse Akteure zu nutzenbringenden Aktionen animieren, steigern Versicherungen die Wohlfahrt.[86] Die Haftung des Schuldners auf den Erfüllungsschaden ist ebenfalls eine Versicherung: Der Gläubiger wird durch die Garantie seiner Gewinnerwartung gegen den Fall eines Vertragsbruches versichert.[87] Diese Risikoverteilung ist wünschenswert, wenn der Gläubiger risikoscheu und der Schuldner risikoneutral ist, denn dann hätten die Parteien eine solche Versicherung auch vereinbart, ohne Anreize für die Erfüllung setzen zu wollen.[88] Die Versicherung ist hingegen kontraproduktiv, wenn der haftende Schuldner risikoscheu und sein Vertragspartner risikoneutral ist, denn dann wäre aus Sicht der richtigen Versicherung die umgekehrte Risikoverteilung angebracht. Es lässt sich deshalb festhalten, dass das Interesse an einem Anreiz zur optimalen Erfüllung mit dem Interesse an der optimalen Risikoverteilung unvereinbar ist, wenn der haftende Schuldner risikoavers ist[89]: *„The expectation remedy can optimally allocate the contract risk only if the seller is risk-neutral."* **(A. Mitchel Polinsky)**[90]

Wenn das dispositive Vertragsrecht die konkurrierenden Interessen von Risikoverteilung und Erfüllungsanreiz nicht vereinen kann, dann sollte es diejenige Regel anwenden, die den typischen Interessen am nächsten kommt. Denn dann fallen die geringsten Transaktionskosten für abweichende Vereinbarungen und die geringsten Effizienzverluste durch nicht individuell angepasste Verträge an. Da *prima facie* das Interesse an der verlässlichen Erfüllung der Verträge überwiegt, ist die Haftung auf das Erfüllungsinteresse grundsätzlich am besten geeig-

85 Posner, EAL, S. 105

86 Schäfer/Ott, S.138: „Die Nichtexistenz der Schadensstreuung führt bei risikoaversem Verhalten gesamtgesellschaftlich zu Nutzenentgang und damit im Sinne von Calabresi zu sekundären Schadenskosten. Diese sind die Differenz zwischen dem Nutzen bei versichertem Einkommen und dem Erwartungsnutzen bei unversichertem (wenn auch höherem) erwarteten Einkommen."

87 Polinsky, Introduction, S. 62; Polinsky, 1983 Journal of Legal Studies, XII, S. 427 (433)

88 Polinsky, Introduction, S. 63

89 John H. Barton, 1972 Journal of Legal Studies, I (2), S. 277 (299) (hypothesis 5)

90 Polinsky, 1983 Journal of Legal Studies, XII, S. 427 (429); vgl. Shavell, Foundations, S. 311; Polinsky, Introduction, S. 63

net, den typischen Fall richtig zu erfassen.[91] Für die Beachtung besonderer Risikoverteilungen muss man nicht unbedingt die Regel aufheben, dass jeder für die Erfüllung seiner (freiwillig übernommenen!) Pflichten haftet. Wenn ein konkretes Risiko tatsächlich typischerweise von einem bestimmten Vertragspartner übernommen werden sollte, dann kann speziell hierfür eine abweichende dispositive Regel festgeschrieben werden. Beispiele hierfür sind § 615 BGB, der das allgemeine Betriebsrisiko typischerweise dem Arbeitgeber auferlegt[92], und § 447 BGB, der die Transportgefahr beim Versendungskauf typischerweise dem Käufer zuweist.[93]

Für den **Kaufvertrag** kann man davon ausgehen, dass der typische Verkäufer tatsächlich risikoneutral ist, weil er mehrere Käufer für das gleiche Produkt hat. (Der typische Verkäufer ist Produzent oder Händler.) Dadurch kann er das Risiko einer Haftung gegenüber einem einzelnen Käufer auf alle Verkäufe streuen und sich quasi selbst versichern.[94] Deshalb stimmen im typischen Kaufvertrag die Interessen der richtigen Risikoverteilung – durch die Versicherung des Käufers gegen Ausfälle[95] – und des richtigen Erfüllungsanreizes überein. Der Erfüllungsschaden fördert als dispositiver Rechtsbehelf die Effizienz.

d) Exkurs: Das günstigere Alternativgeschäft (efficient breach?)

Die Idee hinter der Begrenzung der Haftung auf das Erfüllungsinteresse ist, den Schuldner zum „effizienten Vertragsbruch" zu veranlassen (*efficient breach of contract*), damit er keine überhöhten Erfüllungsausgaben tätigt. Das führt dazu, dass der Schuldner auch dann die Erfüllung verweigert und lieber die Haftung in Kauf nimmt, wenn er von einem Dritten ein besseres Angebot bekommen hat, das ihm trotz der Haftung einen insgesamt höheren Gewinn beschert.[96] Ein Dritter, der aus der gleichen Leistung einen höheren Nutzen als der ursprüngliche Käufer ziehen kann, ist immer imstande, dem Verkäufer einen Preis zu bieten, der ihn für die Haftung entschädigt und einen höheren Gewinn bietet. Der Grund

---

91 Polinsky, 1983 Journal of Legal Studies, XII, S. 427 (444)

92 Vgl. Jauernig (9. A.), § 616 Rn. 7 zur „Betriebsrisikolehre"

93 Vgl. Jauernig (9. A.), § 447 Rn. 3

94 Polinsky, Introduction, S.65; Diese „Selbstversicherung" findet dadurch statt, dass – wie bei einem Versicherungsunternehmen – dem negativen Saldo des einzelnen Schadensfalls viele andere Verkäufe ohne Schadensfall gegenüberstehen (risk pooling = Risikostreuung), so dass es mit steigender Zahl an Verkäufen immer unwahrscheinlicher wird, dass durch die unglückliche Verwirklichung des Risikos ein erheblicher Verlust entsteht, der den wertvollen Kapitalgrundstock (die ersten € 10.000) angreift.

95 Schäfer/Ott, S. 478

96 Schmidtchen in Berthold, Allgemeine Wirtschaftstheorie, S. 360 f. (Der effiziente Vertragsbruch)

dafür ist, dass das höhere Nutzenplus auch nach Abzug des alten Kaufpreises und der Haftung (die zusammen das alte Nutzenplus bilden) eine Dividende übrig lässt, die zwischen den Parteien aufgeteilt werden kann. Ein Dritter, der mit der Leistung mehr anfangen kann als der Käufer, wird diese also abwerben können. Aus volkswirtschaftlicher Sicht garantiert die Haftung auf das Erfüllungsinteresse also, dass eine Leistung trotz Vertragsschluss noch demjenigen verkauft wird, der damit den höchsten Nutzen generieren kann[97].

	Verkäufer	**Käufer**	**Dritter**	**Gesamtnutzen**
Vorher	50	150	150	350
Ursprünglicher Kauf	+75 Kaufpreis -50 Nutzen der Sache	-75 Kaufpreis +100 Nutzen		+50 Nutzenplus
Nachher	75	175	150	400

	Verkäufer	**Käufer**	**Dritter**	**Gesamtnutzen**
Vorher	50	150	150	200
Vertragsbruch	+150 Kaufpreis -50 Nutzen der Sache -25 Haftung	+25 Haftung	-150 Kaufpreis +200 Nutzen	+150 Nutzenplus
Nachher	125 (+50)	175	200 (+50)	550 (+100)

Erläuterungen: Der Dritte kann mit der Kaufsache einen Nutzen von 200 erreichen, 100 mehr als der Käufer. Deshalb kann er dem Verkäufer 150 als Kaufpreis bieten. Davon kann dieser die Haftung (25) übernehmen und hat trotzdem noch 50 mehr als im ursprünglichen Vertrag.

Allerdings gelangt die Leistung in einem freien Markt auch ohne den Vertragsbruch zum Dritten (Coase-Theorem). Denn der Dritte wird die Sache in einem Kettenverkauf vom Käufer erwerben, weil er aufgrund des höheren Nutzens an der Sache (200) einen Preis bieten kann (150), der den Nutzen des Käufers (100) übertrifft:

	Verkäufer	**Käufer**	**Dritter**	**Gesamtnutzen**
Vorher	50	150	150	200
Kettenverkauf	+75 Kaufpreis -50 Nutzen der Sache	-75 Kaufpreis +150 Kaufpreis	-150 Kaufpreis +200 Nutzen	+150 Nutzenplus
Nachher	75	225 (+50)	200 (+50)	550 (+100)

97 Polinsky, Introduction, S. 31 – 35

Der Unterschied zwischen Kettenverkauf und „effizientem" Vertragsbruch des Verkäufers beschränkt sich darauf, dass beim Vertragsbruch nicht für zwei Kaufverträge Transaktionskosten anfallen, sondern für einen Kauf und eine Schadensersatzabwicklung.[98] Das bedeutet, dass der Vertragsbruch des Verkäufers nur dann einen volkswirtschaftlich beachtlichen Vorteil bringt, wenn der Kettenverkauf hohe Transaktionskosten auslöst. Kann der Weiterverkauf aber ohne Schwierigkeiten zustande kommen, bringt der Vertragsbruch keine Einsparungen. Der Vorteil ist also ungewiss. Dem steht der sichere und gewichtige Nachteil gegenüber, dass die Rechtssicherheit (*pacta sunt servanda*) vermindert wird. Der Käufer kann nicht auf das Geschäft vertrauen und muss für den Fall vorsorgen, dass er nicht die benötigte Leistung, sondern nur Schadensersatz erhält.

Das deutsche Recht hat sich zugunsten der Rechtsicherheit zu einer strengeren Version des Grundsatzes *pacta sunt servanda* entschieden und sieht in **§ 285 BGB** vor, dass der Verkäufer bei Vertragsbruch auch den Gewinn aus einem anderweitigen Verkauf an den Käufer abtreten muss (stellvertretendes *commodum* oder *lucrum ex negotiatione*[99]). Für den Verkäufer entfällt der Anreiz zum Vertragsbruch bei einem günstigeren Alternativgeschäft, denn er kann den Vorteil nicht behalten.[100] Spürbare negative Auswirkungen hat diese Entscheidung des Gesetzgebers wohl kaum, denn es ist nicht zu erkennen, dass der Kettenverkauf typischerweise mehr Transaktionskosten auslöst als Vertragsbruch und Schadensersatzabwicklung.

2. Die Funktion(en) der Gewährleistung

Den bisherigen Ausführungen zufolge ist zu empfehlen, im dispositiven Recht eine Haftung auf das Erfüllungsinteresse vorzusehen, wobei der Umfang der Haftung verringert werden sollte, wenn der Gläubiger überzogenes Vertrauen an den Tag legt (vgl. § 254 BGB). Im früheren deutschen Recht wurde die Haftung auf das Erfüllungsinteresse uneingeschränkt nur bei Nichtleistung gewährt (vgl. § 326 BGB), im neuen Schuldrecht gibt es sie als Gewährleistungsrecht auch bei Schlechtleistung (§ 280 I BGB). Im Folgenden wird hergeleitet, weshalb der „Schadensersatz statt der Leistung" aus ökonomischer Sicht auch als Gewährleistungsrecht zu empfehlen ist: Er bildet einen Qualitätsanreiz für den An-

98 Schmidtchen in Berthold, Allgemeine Wirtschaftstheorie, S. 362

99 MüKo/Emmerich, § 285 BGB Rn. 19 f. (commodum ex negotiatione)

100 Schäfer/Ott, S. 459 f. (pacta sunt servanda); Nachweise zur Gewinnabschöpfung (disgorgement) bei Craswell/Schwartz, S. 126

bieter einer Leistung (a), bietet eine Versicherung für den risikoscheuen Abnehmer (b), dient als Qualitätssignal und fördert die richtige Informationspolitik (c). Allerdings muss die Haftung sinnvoll beschränkt werden, um dem Missbrauch durch die versicherten Abnehmer vorzubeugen (d). Die folgende Untersuchung orientiert sich am Leitbild des Kaufvertrags, doch sind die Überlegungen auf alle Austauschverträge übertragbar, in denen eine Leistung „verkauft" wird, also auch auf Dienstleistungen und Werke. Das Bedürfnis nach Gewährleistung entsteht immer, wenn ein Abnehmer von einem Anbieter eine Leistung erwirbt, die ein Qualitätsrisiko hat.

a) Qualitätsanreiz

Wie bereits dargestellt, bietet die Haftung auf das Erfüllungsinteresse den Anreiz für den Schuldner, einen effizienten Erfüllungsaufwand zu betreiben. Geht man realistischerweise davon aus, dass der Anbieter Einfluss auf die Güte seiner Ware nehmen oder zumindest den Verkauf mangelhafter Produkte vermeiden kann[101], dann hat die Haftung zur Folge, dass der Anbieter so lange zusätzliche Vorsorge gegen Mängel treffen wird (durch Kontrolle oder Verbesserung der Produktion), wie diese Qualitätsverbesserungen weniger Aufwand kosten, als sie Nutzen beim Abnehmer erzeugen.[102] Der Kunde ist in den Preisverhandlungen bereit, für eine höhere Qualität der Ware einen Aufpreis zu zahlen, solange für ihn der zusätzliche Nutzen (bzw. der vermiedene Schaden) höher ist als der Aufpreis. Die Vereinbarung der Haftung auf das Erfüllungsinteresse dient als Ersatz dafür, dass die Parteien in ihren Verhandlungen den optimalen Erfüllungsaufwand nicht (kostendeckend) im Vorhinein festlegen können.

Anders betrachtet, entfernt die Haftung auf den Erfüllungsschaden das Interesse des Anbieters, über die Qualität seines Produktes zu täuschen, denn die Haftung für schlechte Waren übersteigt den Betrag, den er zur Vermeidung der Haftung hätte investieren müssen. So „bestraft" die Gewährleistungshaftung zu schlechte (ineffizient schlechte) Qualität.[103] Durch die Haftung auf den Erfül-

---

101 Vgl. Posner EAL, S. 97: „The manufacturer warrants those [...] dimensions of performance that are primarily within his control rather than the buyer's."

102 Schäfer/Ott, S. 480 (Learned-Hand-Kriterium); Die Wirkungsweise des Anreizes ist die Gleiche, wie die Haftung des Schädigers auf den vollen Schaden: Schäfer/Ott, Kap. 5 (Verschuldens- und Gefährdungshaftung); Finsinger/Borrmann, S. 492: „Die notwendige Optimalitätsbedingung besagt also, dass die negativen Grenzschadenskosten [...] gleich den Grenzsorgfaltskosten [...] sein müssen. Dieses Kriterium wird als marginaler Learned-Hand-Test bezeichnet."

103 Emons, Theory of Warranty Contracts, Journal of Economic Surveys 1989, S. 43 (48) (The incentive motive)

lungsschaden hat der Anbieter also den Anreiz, die Qualität seines Produktes hochzuhalten, um seine eigenen Kosten zu minimieren[104]: *„The warranty promise establishes and enforces the obligation of the manufacturer to make investments in the design of the good or in quality control."* **(George L. Priest)**[105]

b) Versicherung (des Käufers)

Wenn Mängel der Ware nicht (kostensparend) vermieden werden können, stellt sich die Frage, wer das Risiko eines Mangels trägt. Wie bereits dargelegt, ist es effizient, wenn derjenige das Risiko übernimmt, der es mit den geringsten Verlusten ertragen kann (*superior risk bearer*). In einer optimalen Vertragsverhandlung würde die risikoscheue Partei der risikoneutralen Partei eine Dividende dafür zahlen, dass diese das Risiko übernimmt, denn der Aufpreis für die Versicherung ist geringer als der potentielle Nutzenverlust im Schadensfall. Im typischen Kaufvertrag ist der Verkäufer als Händler oder Produzent risikoneutral, da er das Risiko eines Mangels auf die vielen Verkäufe, die er tätigt, verteilen kann (Risikostreuung).[106] Der typische Käufer hingegen ist eher risikoavers, da er den Einkommensverlust im Schadensfall nicht durch andere Einkäufe ohne Schaden neutralisieren kann (der typische Käufer kauft nur wenige Sachen der gleichen Art). Tritt der Schaden ein, so vermindert sich nach dem Gesetz vom abnehmenden Grenznutzen des Einkommens derjenige Kapitalgrundstock, der den höchsten Nutzen erbringt.[107] Es kostet weniger Nutzen, eine geringe Summe für die Versicherung auszugeben, die zwar über dem wahrscheinlichen Geldverlust durch den Schaden liegt, jedoch weniger Nutzenverlust bedeutet (siehe Tabelle).[108] Die Haftung des Verkäufers auf das Erfüllungsinteresse ist demnach auch

---

104 Cooper/Ross, An Intertemporal Model of Warranties, Canadian Journal of Economics 1988, S. 72 (73)

105 George L. Priest, Theory of the Consumer Product Warranty, 90 Yale Law Journal 1981, S. 1297 (1309)

106 Schäfer/Ott, S. 478

107 Emons, Journal of Economic Surveys, 1989, S. 45: „Since the buyer's utility decreases with income, his marginal utility in the bad state [im Schadensfall] is higher than his marginal utility in the good state."; s. o. B.III.1.c

108 Emons a.a.O., S. 45 f.; Ausführlich zu Gewährleistungsrechten als Versicherung Geoffrey Heal, 1977 Review of Economic Studies 44, S. 549 – 560. Heal weist nach, dass die Versicherung des Verbrauchers durch Gewährleistung nur dann effizient ist, wenn der Verkäufer risikoneutral ist – was nicht immer der Fall sein muss, vgl. Zusammenfassung a.a.O., S. 560.

unter dem Aspekt der Versicherung bzw. der effizienten Risikoverteilung ökonomisch sinnvoll.[109]

	Verkäufer	Käufer	Gesamtnutzen
Vorher	50	150	200
Kauf ohne Versicherung	-50 Kaufsache +75 Kaufpreis	+100 Kaufsache -75 Kaufpreis -10 Schaden (10 % * €100 * 1,0)$^{+}$	
	75	165	240
Mit Versicherung	-50 Kaufsache +75 Kaufpreis +15 Prämie -10 Schaden^{+++}	+100 Kaufsache -75 Kaufpreis -7,5 Prämie (€15 * 0,5)$^{++}$	
	80	167,5	247,5

Erläuterungen: $^{+}$ Der Schadensfall ist zu 10 % wahrscheinlich und brächte einen Verlust von 100 Geldeinheiten. Da ohne Versicherung der Grundstock angegriffen wird, bewirkt jede Geldeinheit einen Verlust von einer vollen Nutzeneinheit (Faktor 1,0). $^{++}$ Als Versicherungsprämie zahlt der Käufer 15 Geldeinheiten an den Verkäufer. Da er damit nur die obere Schicht seines Einkommens verringert, hat jede Geldeinheit nur noch einen Nutzen von 0,5, der Nutzenverlust ist daher nur 7,5. $^{+++}$ Der Verkäufer ist risikoneutral und jede Geldeinheit hat bei ihm immer den gleichen Nutzen. Die Versicherungsprämie (15) hat daher für ihn, anders als beim risikoaversen Käufer, einen höheren Wert als der wahrscheinliche Schaden (10).

Das Ergebnis für den typischen Kaufvertrag ist auf Austauschverträge übertragbar, bei denen der typische Anbieter viele Verträge abschließt und durch die Streuung risikoneutral ist, während der typische Abnehmer nur einen oder wenige Verträge abschließt und deshalb eher risikoscheu ist. Für die Gesamtheit aller Austauschverträge ist ein typischer Vertrag kaum zu ermitteln. Da aber auch nicht davon ausgegangen werden kann, dass der typische Anbieter risikoscheu ist, ist die Risikoverteilung der Erfüllungshaftung jedenfalls nicht schädlich.[110]

109 Heal, 1977 Review of Economic Studies 44, S. 549 – 560; Schäfer/Ott, S.478; vgl. Finsinger /Borrmann, S. 476 f.; Michael Spence, 1977 Review of Economic Studies 44, S. 561 – 572, zum Aspekt der Versicherung auf S. 564 ff. Spence schlägt vor, dass die Haftungssumme an den Staat zu zahlen sei, um die Gefahr des „moral hazard" auszuschalten.; Polinsky, Introduction, S. 65

110 S. o. B.III.1.c

c) Der Markt für Nieten[111] *und die Signalisierung guter Qualität*

Die Ansätze des (Erfüllungs- bzw.) Qualitätsanreizes und der Versicherung können erklären, weshalb typischerweise eine Gewährleistungshaftung des Anbieters vereinbart wird, wenn Abnehmer und Anbieter über die Qualität des Produktes und die mit ihm verbundenen Risiken informiert sind. Beide Seiten profitieren davon, dass einerseits ein effizientes Qualitätsniveau sichergestellt ist und andererseits möglichst wenig Nutzen durch ein Schadensereignis vernichtet wird. Der Abnehmer erhält einen höheren Nutzenzuwachs durch bessere Qualität und der Verkäufer einen höheren Preis.[112] Schon aus diesen Gründen ist die dispositive Gewährleistungshaftung des § 280 I BGB ökonomisch sinnvoll.

Doch die Entstehung von Gewährleistung kann noch mit einem weiteren Ansatz erklärt werden, nämlich mit der regelmäßig anzunehmenden, unzureichenden Information der Verbraucher, welche die tatsächliche Qualität der Ware nicht (kostendeckend) beurteilen können.[113] Das Problem besteht darin, dass der Anbieter meist die Einzelheiten seines Produktes kennt, der Verbraucher aber nur über die marktübliche Durchschnittsqualität informiert ist (Informationsasymmetrie[114]).[115] Der Abnehmer kann überdurchschnittlich gute Ware nicht erkennen und wird deshalb besonders gute Produkte nicht kaufen, wenn sie teurer sind als der marktübliche Durchschnitt. Das hat zur Folge, dass gute Qualitäten nicht

---

111 Finsinger/Borrmann (S. 478 ff.) übersetzen so den Begriff „market for lemons", der von Akerlof geprägt wurde in „The Market for ‚Lemons'", 84 Quarterly Journal of Economics 1979, S. 488 – 500; vgl. Schäfer/Ott, S. 341 – 345 (Der Markt für „Zitronen")

112 Hierauf baut Priest seine „investment theory" auf, 90 Yale Law Journal 1981, S. 1297 – 1352: Der Verbraucher „investiert" den höheren Kaufpreis in bessere Qualität. S. 1307 ff.: Die Aspekte Anreiz und Versicherung werden dadurch ergänzt, dass der Verbraucher nicht mehr in höhere Qualität investiert, wenn er selbst durch Pflege am besten sicherstellen kann, dass die Ware funktionsfähig bleibt. Damit lassen sich die Beschränkungen der Gewährleistung erklären: s. u. B.III.2.d

113 Grundlegend Akerlof 84 Quarterly Journal of Economics 1979, S. 488 – 500; Finsinger/Borrmann S. 478 – 482; zu den Methoden, mit denen man die unzureichende Verbraucherinformation bekämpfen könnte, vgl. Michael Spence, 1977 Review of Economic Studies 44, S. 561 – 572. Spence untersucht insbesondere die Gewährleistungshaftung des Verkäufers.

114 Akerlof, 84 Quarterly Journal of Economics 1979, S. 490 f. (Asymmetrical Information)

115 Klaus Wehrt, Gewährleistungsregeln als Instrument der Informationsübertragung, ZWS 113 (1993), S.77 (78) – auf S. 82 definiert Wehrt die Informationsasymmetrie so, dass der Verkäufer „Stückwissen" habe, der Käufer aber nur „Marktwissen"; ähnlich Wehrt in Ott/Schäfer, Ökonomische Probleme des Zivilrechts 1991, S. 235 – 259; Finsinger/Borrmann, S. 478

mehr angeboten werden, denn für sie ist kein angemessener Preis zu erzielen. Dies senkt die Durchschnittsqualität ab und mit ihr fällt auch der Durchschnittspreis, den die Verbraucher zu zahlen bereit sind. Dies führt dann wiederum dazu, dass höherwertige Ware aus dem Markt herausgenommen wird, dass die Durchschnittsqualität fällt usw.[116] Es bildet sich ein Teufelskreis (race to the bottom[117]), in dem die Qualität auf das niedrigstmögliche Niveau abzusinken droht. Auf dem Markt werden nur noch Nieten (**George A. Akerlof**: *lemons*[118]) angeboten – das effiziente Qualitätsniveau wird nicht erreicht.

Der Anbieter guter Qualitäten kann diesen Kreislauf nur durchstoßen, wenn er glaubwürdig die überdurchschnittliche Qualität seiner Ware signalisieren kann. Nur wenn der Abnehmer sich der besseren Qualität sicher sein kann, ist er auch bereit, hierfür einen Aufpreis zu bezahlen. Ein solches Signal kann z. B. der gute Ruf einer Marke sein[119] oder schlicht die guten Erfahrungen des individuellen Kunden.[120] Ein vertrauenswürdiges Signal ist vor allem die Gewährleistung.[121] Der Anbieter qualitativ hochwertiger Waren kann sich das Versprechen der Haftung leisten, denn er wird eher selten in Anspruch genommen werden. Der Anbieter von Nieten hingegen kann die gleiche Gewährleistung nur gegen deutlich höhere Kosten bieten. Wer das effiziente Niveau an Qualität erzeugt, hat Haftungs- und Erfüllungskosten optimiert (s. o. B.III.2.a). Er kann unter Gewährleistung einen niedrigeren Preis anbieten als die Hersteller der minderwertigen Ware. Diese müssen entweder bei gleicher Gewährleistung einen höheren Preis verlangen oder beim gleichen Preis ihre Gewährleistung beschränken. Der Verbraucher kann folglich an der Gewährleistung ablesen, welcher Hersteller tatsächlich hochwertige Waren anbietet.[122] Letztendlich wird sich am Markt die Haftung auf den vollen Erfüllungsschaden durchsetzen, weil der Kunde hierbei für sein Geld

---

116 Emons, Journal of Economic Surveys 1989, S. 47: „High quality producers stop offering their products. The range of quality levels offered worsens; good products are driven out of the market by bad products."

117 Schäfer/Ott, S.341, 480 f., 505

118 Akerlof, 84 Quarterly Journal of Economics 1979, S. 489

119 Akerlof, 84 Quarterly Journal of Economics 1979, S, 499

120 Schäfer/Ott, S. 507 f. (Reputation, Goodwill und das Extrapolationsprinzip); Finsinger/Borrman, S. 485 f.

121 Finsinger/Borrmann, S. 482; Emons, Journal of Economic Surveys 1989, S. 43 (46); Schäfer/Ott, S. 480; Akerlof, 84 Quarterly Journal of Economics1979, S. 499; Besonders ausführlich: Spence, 1977 Review of Economic Studies 44, S. 561 – 572; Grossmann, 24 Journal of Law and Economics 1981, S. 461 (479): „Warranties seem like an incredibly useful device for getting around asymmetric information about product quality."

122 Emons, Journal of Economic Surveys 1989, S. 43 (47); Grossmann, 24 Journal of Law and Economics 1981, S. 461 (470)

die im Verhältnis beste Qualität *und* eine vollständige Versicherung gegen Mängel bekommt.[123]

Nimmt man nun an, dass es unvermeidlich auch Ausschussware gibt und dass es für diese schlechte Qualität spezielle Abnehmer gibt (z. B. Fleischreste für Tierfutter), dann wird der Anbieter von sich aus ein Interesse daran haben, die potentiellen Kunden über die jeweilige Qualität seiner Produkte aufzuklären.[124] Denn wenn er die schlechte Ware als gute Ware vertreibt und eine entsprechende Gewährleistung übernimmt, verliert er durch die Haftung Geld. Und wenn er gute Ware an Interessenten für die schlechte Ware verkauft, erzielt er einen zu geringen Kaufpreis. Er hat also ein Interesse daran, die Abnehmergruppen voneinander zu trennen und wird deshalb sein Wissen über die Qualität seiner Ware offen legen.[125] Mit Hilfe der Haftung auf den Erfüllungsschaden wird deshalb indirekt auch die Informationsasymmetrie abgebaut.

d) Notwendige Beschränkung der Gewährleistung

Die Anreiz-, die Versicherungs- und die Signaltheorie bieten eine Erklärung für die Existenz von Gewährleistung. Sie sprechen dafür, im dispositiven Recht die Haftung des Anbieters auf das Erfüllungsinteresse bei Lieferung mangelhafter Ware vorzusehen.

Winand Emons[126]: "The insurance, signalling and incentive motives are a sound basis to explain the existence of warranties. We have seen that warranties serve nicely all three purposes. They may provide consumers with full insurance and at the same time act as a signal of product quality or provide producers with the incentive not to cheat on quality."

Doch wirft die Vollversicherung der Abnehmer auch Probleme auf, die typisch sind für Versicherungslösungen (*moral hazard* und *adverse selection*)[127]

---

123 Spence a.a.O., S. 561 (570), proposition 5: „If, for each type of consumer, utility is restored at an optimum [...], then the signalling equilibrium is a first best optimum, in products, liability, prices and information.“; Wehrt in Ott/Schäfer, Ökonomische Probleme des Zivilrechts, S. 235 (247 – 249); Grossmann, 24 Journal of Law and Economics 1981, S. 461 (474); Hohe Qualitäten über dem effizienten Niveau sind zu teuer, denn sie können auch nicht mehr Schutz vor Mängeln bieten als eine Vollversicherung und kosten trotzdem mehr.

124 Grossmann, 24 Journal of Law and Economics 1981, S. 461 (479): „[...] when firms have tools available which they could use to convey information they will do so.“

125 Wehrt, ZWS 113 (1993), S. 77 (96)

126 Emons, Journal of Economic Surveys 1989, S. 43 (48)

127 Schäfer/Ott, S. 139 f.; William Bishop, The contract-tort boundary, 1983 Journal of Legal Studies, XII (2), S. 241 (247 f.)

und die durch die Einschränkung der Gewährleistung bekämpft werden können. Dieser letzte Aspekt der ökonomischen Analyse der Gewährleistungshaftung kann erklären, weshalb Gewährleistungsrechte zeitlich (manchmal auch im Umfang) beschränkt werden[128] und weshalb folglich die dispositiven Regeln zu Recht eher kurze Verjährungsfristen vorsehen (vgl. § 438 BGB).[129]

Das erste Problem besteht darin, dass natürlich auch der Abnehmer Einfluss darauf hat, wie lange ein Produkt hält. Behandelt er es pfleglich, wird es länger halten. Wenn er voll versichert ist, hat er allerdings keinen Anreiz mehr, Sorgfalt walten zu lassen, denn dadurch spart er nichts, sondern hat nur Aufwendungen (dies ist das Problem der Vertrauensinvestitionen, s. o. B.III.1.b). Die Gefahr, dass Versicherte ihre Versicherung ausnutzen, um eigene Aufwendungen für Sorgfalt zu sparen, wird als ***moral hazard*** bezeichnet, was man mit Missbrauchsrisiko übersetzen kann.[130] Wenn der Anbieter die Sorgfalt seines Kunden nicht kontrollieren kann, muss er einen Kompromiss finden, der eine Versicherung des Kunden bietet und trotzdem Anreize zur eigenen Sorgfalt aufrecht erhält.[131] Dies leistet z. B. die zeitliche Begrenzung der Gewährhaftung, denn durch sie bekommt der Kunde den Anreiz, das Produkt pfleglich zu behandeln, um es auch nach Ablauf der Garantie noch verwenden zu können.[132]

Winand Emons[133]: "Warranty coverage is set optimally when the marginal losses in risk-sharing equal the marginal benefits in providing the appropriate incentives."

George L. Priest hat in der sog. Investitionstheorie dieses Problem so beschrieben, dass die Abnehmer in die Haltbarkeit und Qualität der Produkte „investieren". Immer wenn es billiger ist, dass der Anbieter die Qualität erhöht, kaufen die Abnehmer eine Gewährleistungshaftung, denn diese setzt den Anreiz für des-

128 Die Grundlagen legte Priest mit der„investment theory", 90 Yale Law Journal 1981, S. 1297 – 1352; Diese wird aufgegriffen bei Emons, Journal of Economic Surveys 1989, S. 43 (49 – 52) (Moral hazard and adverse selection) - sowie bei Cooper/Ross („double moral hazard"), 16 Rand Journal of Economics 1985, S. 103 – 113

129 Schäfer/Ott, S. 493 f., auf S. 493: „Die optimale Verjährungsfrist sinkt mit der Möglichkeit des käuferseitigen moral hazard [...]."

130 Priest, 90 Yale Law Journal 1981, 1297 (1313 f.); Bishop, 1983 Journal of Legal Studies, XII, S. 241 (247 f.); Finsinger/Borrmann S. 476; Posner, EAL, S. 109

131 Emons, Journal of Economic Surveys 1989, S. 43 (49); Cooper/Ross, 16 Rand Journal of Economics 1985, S. 103 (104)

132 Priest, 90 Yale Law Journal 1981, S. 1297 (1316): „[...] for most consumer appliances, the least costly measure of use appears to be duration of ownership."; zur zeitlichen Beschränkung: Emons, Limitations of Warranty Duration, 37 Journal of Industrial Economics, 1989, S. 287 – 301; Schäfer/Ott, S. 482 (493)

133 Emons, Journal of Economic Surveys 1989, S. 43 (50)

sen effiziente Vorsorge.[134] Wenn sie aber günstiger durch eigene „Investitionen“ (z. B. Sorgfalt oder Verzicht auf hohe Beanspruchung[135]) die Haltbarkeit der Ware beeinflussen können, dann verzichten sie auf die (teurere) Gewährleistung.[136] Da mit fortlaufender Zeit der Einfluss des eigenen Umgangs mit dem Produkt ein immer wichtigerer Faktor wird, gibt es einen Zeitpunkt, ab dem der Kunde keine Gewährleistung mehr kaufen wird – die Haftung wird zeitlich beschränkt. Dieser Zeitpunkt entspricht dem von Emons formulierten Kompromiss zwischen Versicherung und Anreiz zur Selbstvorsorge.

Das zweite Problem besteht darin, dass es Abnehmergruppen mit unterschiedlich intensiver Nutzung und dementsprechend unterschiedlicher Wahrscheinlichkeit eines Schadens oder Ausfalls gibt. Die Gruppe mit dem höheren Risikopotential müsste für ihre Versicherung eigentlich mehr zahlen. Wenn jedoch der Anbieter das Risikopotential seiner Abnehmer nicht bestimmen kann, so kann er nicht verhindern, dass ein Kunde mit hohem Risikopotential eine günstige Gewährleistung kauft, die eigentlich nur für Kunden mit geringer Nutzungsintensität gedacht war.[137] Die durchschnittliche Haftung steigt dadurch an und die Gewährleistung verteuert sich – die Abnehmer mit geringem Risiko subventionieren die Käufer mit hohem Risiko. Irgendwann wird die Versicherung für die mit dem geringen Risiko zu teuer und sie verzichten darauf. Der Wegfall der guten Risiken erhöht wieder die Haftungssumme und führt zum Ausscheiden weiterer guter Risiken. Durch diesen Prozess der Negativauslese (***adverse selection***) selektiert die Versicherung die schlechten Risiken.[138] Um die Negativauslese zu vermeiden, kann ein Anbieter die verschiedenen Nutzungsintensitäten dadurch segmentieren, dass er seine Gewährleistung zeitlich begrenzt.[139] Den Kunden mit

---

134 Cooper/Ross, 16 Rand Journal of Economics 1985, S. 103 – 113, nennen die Theorie von Priest **„double moral hazard“**, weil sowohl beim Verkäufer als auch beim Käufer Missbrauch droht, der durch die beschränkte Gewährleistung vermieden wird: Der Verkäufer könnte das Unwissen des Käufers ausnutzen, um schlechte Waren zu produzieren (s. o. „market for lemons“). Der Käufer könnte die Versicherung ausnutzen, um Eigenvorsorge zu sparen. Letztendlich geht es darum, dass beide Seiten Anreize zur Sorgfalt haben müssen und das dies (nur) dadurch gewährleistet wird, dass ihnen Verluste drohen.; vgl. Wissink/Mann „Money-back contracts with Double moral hazard“, 19 Rand Journal of Economics 1988, S. 285 – 292

135 Priest unterscheidet Häufigkeit (amount) und Intensität (intensity) der Beanspruchung: a.a.O., S. 1297 (1315 f.)

136 Priest a.a.O., S. 1297 (1307 ff.); vgl. Emons, Journal of Economic Surveys 1989, S. 43 (49)

137 Schäfer/Ott, S. 336 – 338, 481 f.; Emons a.a.O., S. 43 (50); Emons, Limitations of Warranty Duration, 37 Journal of Industrial Economics 1989, S. 287 (288)

138 Schäfer/Ott, S. 139; Finsinger/Borrmann, S. 476/477; Posner, EAL, S. 110

139 Emons, Journal of Economic Surveys 1989, S. 43 (51): „Adverse selected phenomena are thus able to explain not only limited warranty coverage but also the li-

hoher Nutzungsintensität, bei denen ein eventueller Schaden schon nach kurzer Zeit auftreten würde, ist nämlich mit einer kurzen Gewährhaftung schlecht gedient. Sie wären bereit, für eine längere Gewährleistung mehr zu zahlen, und gäben sich so freiwillig zu erkennen. Die Kunden mit geringer Nutzungsintensität profitieren von dieser Selektion, indem ihre (verkürzte) Gewährleistung deutlich billiger angeboten werden kann.

3. Ergebnis: Bewertung des § 280 I BGB

Im Ergebnis sollte das dispositive Recht aus ökonomischer Sicht eine Haftung des Anbieters auf das Erfüllungsinteresse vorsehen. Diese Regel wird im neuen Schuldrecht durch § 280 I BGB umgesetzt, der die Haftung auf alle Schäden aufgrund einer zu vertretenen Vertragsverletzung vorschreibt.[140] Diese Haftung auf das Erfüllungsinteresse (Schadensersatz statt der Leistung, Nichterfüllungsschaden) erfüllt mehrere Funktionen zugleich: Sie setzt erstens einen Anreiz zur effizienten Erfüllung und zur Sicherstellung der optimalen Qualität durch den Anbieter (Qualitätsanreiz). Zweitens gewährleistet sie im Kaufvertrag und vergleichbaren Verträgen die richtige Risikoverteilung, indem der typischerweise risikoscheue Käufer und Abnehmer versichert wird (Versicherung). Und drittens hilft sie, das Problem der unzureichenden Information des Abnehmers zu beheben, indem einerseits für den Anbieter ein Anreiz gesetzt wird, über die Qualität seiner Produkte aufzuklären, und andererseits schlechte Qualität anhand der Haftungsbeschränkungen erkennbar wird (Aufklärungsanreiz und Signal). Die Parteien würden sich unter optimalen Bedingungen in einem „vollständigen Vertrag" auf die Haftung des Anbieters auf das Erfüllungsinteresse einigen, da sie hierdurch den gemeinsamen Nutzen ihres Geschäfts steigern können. Sieht das dispositive Recht diese Haftungsregelung vor, bleiben den Parteien erhebliche Transaktionskosten erspart, da sie weniger verhandeln müssen.

Dabei sollte der Schadensersatz statt der Leistung nicht nur für den Fall der Nichterfüllung gewährt werden, sondern gerade auch bei Schlechtleistungen, denn er kann die Interessen der Parteien an einer Gewährleistungshaftung befriedigen. Die Anreiz-, Versicherungs- und Signaltheorie sprechen dafür, auch im

---

mited warranty duration which is generally observed."; Emons, 37 Journal of Industrial Economics 1989, S. 287 (288, 296 f.); Finsinger/Borrmann, S. 477

140 Wie oben in A.III erläutert, enthalten §§ 281 – 283 BGB nicht den Grundsatz der Erfüllungshaftung, sondern die zusätzlichen Voraussetzungen für Befreiung und Rückgabe. Befreiung und Rückgabe bewirken mittelbar die Erhöhung des Schadensersatzes um den Ersatz der dauerhaft ausfallenden Leistungen – das ist der „Schadensersatz statt der (ganzen) Leistung".

Gewährleistungsrecht eine Haftung des Anbieters auf den vollen Nichterfüllungsschaden vorzusehen. Das neue Schuldrecht entspricht dieser Forderung, indem § 280 I BGB den Schadensersatz statt der Leistung bei allen Vertragsverletzungen, also sowohl bei Nichtleistung als auch bei Schlecht- und Teilleistung, vorsieht. Aus Sicht der ökonomischen Theorie ist es allerdings nötig, den Gefahren der Versicherung des Kunden dadurch entgegenzuwirken, dass der Schadensersatz bei überhöhtem Vertrauen beschnitten und die Gewährleistungshaftung zeitlich beschränkt wird. Diesen Forderungen wird im BGB grundsätzlich entsprochen: Bei überhöhtem, fahrlässigem Vertrauen kann ein Mitverschulden des Geschädigten festgestellt (§ 254 BGB[141]) und sein Ersatzanspruch entsprechend vermindert werden. Die Ersatzansprüche aufgrund von Vertragsverletzungen verjähren innerhalb relativ kurzer Fristen (vgl. §§ 195, 438 BGB).

Insgesamt ist die neue Regelung der Schadensersatzhaftung in § 280 I BGB aus ökonomischer Sicht vernünftig, da hierdurch der Grundsatz der Haftung auf das volle Erfüllungsinteresse (Äquivalenzinteresse) im deutschen Schuldrecht anerkannt wird. Das zentrale Vorhaben der Schuldrechtsreform, einen einheitlichen Haftungstatbestand in Anlehnung an den *breach of contract* des Common Law zu schaffen, setzt die zentrale ökonomische Forderung um, dass ein Schädiger für die durch ihn zurechenbar verursachten Schäden haften sollte.

IV. Die Kombination von Schadensersatz und Rücktritt

Im neuen Schuldrecht kann der Anspruch auf Schadensersatz stets mit dem Rücktritt kombiniert werden (§ 325 BGB). Der einfache „Rücktritt vom Vertrag" wird bei Unmöglichkeit oder nach erfolglosem Ablauf einer Nachfrist gewährt, § 323 I BGB. Unter besonderen Voraussetzungen wird zusätzlich der „Rücktritt vom ganzen Vertrag" gewährt, der das Recht zur Rückgabe des Empfangenen beinhaltet (§§ 323 V, 324 BGB). Im Folgenden wird am Beispiel des Kaufvertrags untersucht, inwiefern die Kombination mit dem Rücktritt die ökonomische Wirkung der Erfüllungshaftung verändert.

Hierbei ist wichtig, beim Rücktritt die **Befreiung** des Gläubigers und die **Rückgabe** des Empfangenen zu trennen, denn aus ökonomischer Sicht bestehen grundlegende Unterschiede: Erstens kann der Schuldner bei der Befreiung aufgrund der Nachfrist selbst entscheiden, ob er zusätzliche (Erfüllungs-)Kosten auf sich nimmt oder lieber den Schadensersatz zahlt. Er hat alle Kosten in der Hand und kann sich für die günstigste Alternative entscheiden. Bei der Rückgabe hingegen entscheidet der Gläubiger, ob er seinem Vertragspartner zusätzliche Rück-

141 S. o. B. III.1.b

abwicklungskosten aufbürdet. Der Gläubiger hat eigene Vorteile von der Entscheidung, muss die Kosten aber nicht tragen. Und zweitens spielt es nur bei der Rückgabe eine Rolle, welcher Vertragspartner die vertragswidrige Leistung am besten nutzen oder verwerten kann. Durch die Rückgabe der Leistung entstehen zusätzliche Kosten – und Nutzen geht verloren, wenn der Schuldner im Vergleich zum Gläubiger ein schlechter (teurer) Verwerter ist. Da die Befreiung nur unerfüllte Pflichten betrifft und nicht über die Rückgewähr entscheidet, kann sie diese Kosten nicht auslösen. Hingegen bewirkt eine verfrühte Befreiung, dass an sich lohnende Investitionen des Schuldners in die Erfüllung des Vertrags verloren gehen. Und die zu späte Befreiung verursacht vermeidbare Verzugskosten. Für die Effizienz von Befreiung und Rückgabe sind also verschiedene Kostenfaktoren zu beachten: Verzugskosten und Investitionen bei der Befreiung, optimale Verwertung bei der Rückgabe.

Um den Unterschied zwischen Befreiung und Rückgabe herauszuarbeiten, wird die Wirkung der Kombination zunächst bei Nichtleistung untersucht (1), denn hier dient der Rücktritt ausschließlich der Befreiung vom Vertrag. Im zweiten Schritt wird die Kombination bei Schlechtleistung untersucht (2). Hier kann „Rücktritt" Befreiung und Rückgabe ermöglichen. Es zeigt sich, dass die Kombination von Schadensersatz und Rückgabe wesentliche Probleme aufwirft, weil der Gläubiger die Kosten seiner Entscheidung nicht beachten muss. Der Vorteil eines freien Rückgaberechts, dass der Gläubiger ein einfaches und klares Selbsthilferecht erhält, wird vom Nachteil der Missbrauchsgefahr überwogen. Die Rückgabe sollte deshalb beschränkt werden (3).

1. Rücktritt bei Nichtlieferung: Befreiung

Im deutschen Recht ist der Rücktritt entstanden, um dem vertragstreuen Teil seine Dispositionsfreiheit zurückzugeben und ein Ersatzgeschäft zu ermöglichen.[142] „Die möglichst schnelle Wiederherstellung der Dispositionsfreiheit ist die eigentliche Triebfeder für den Behelf", schreibt **Hans G. Leser**[143] in Bezug auf das im ADHGB 1861 neu eingeführte Rücktrittsrecht bei Nichtlieferung.[144] Der Käufer soll sich vom Vertrag befreien und das benötigte Gut woanders besorgen können (Befreiungswirkung[145]), um größere Verluste durch die Verzögerung der Leistung zu vermeiden. Vor Einführung des Rücktritts gab es nur die

142 Leser, Rücktritt, S. 6, 10 f.
143 Leser, Rücktritt, S. 12
144 Art. 355 ADHGB wird oben in A.III.3 zitiert; vgl. Leser, Rücktritt, S. 14, Zusammenfassung S. 287
145 Leser, Rücktritt, S. 87 f.

Haftung auf den Schadensersatz wegen Nichterfüllung.[146] Dieser kann zwar den Käufer gegen Schäden versichern, ermöglicht aber nicht den kostensparenden Deckungskauf. Wenn sich der Käufer befreien und die Annahme zukünftiger Lieferungen ablehnen darf, kann er den Deckungskauf tätigen, ohne Gefahr zu laufen, die Ware doppelt einzukaufen und zweimal zahlen zu müssen.

a) Das kostensparende Ersatzgeschäft

Die Wiedererlangung der Dispositionsfreiheit und das Ermöglichen des Ersatzgeschäftes stellen die ökonomische Funktion der Befreiung durch Rücktritt dar. Könnten die Parteien bei Vertragsschluss das Risiko einer Leistungsstörung voraussehen, die dem Verkäufer die Erfüllung des Vertrags erschwert und eine Verzögerung mit der Leistung verursacht, dann würden sie vereinbaren, dass der Verkäufer nur so lange noch erfüllen soll, wie nicht der gleiche Erfolg durch Ersatzgeschäft günstiger erreicht werden kann. Wenn die Parteien am gestörten Vertrag festhalten, obwohl ein Ersatzkauf eine günstigere Erfüllung gewährleistet, produzieren sie vermeidbare Erfüllungskosten und mindern den Nutzen ihres Geschäfts. Die effiziente Reaktion auf eine Leistungsstörung ist daher, das Vertragsprogramm nur fortzuführen, wenn die Vollendung weniger kostet als ein Ersatzgeschäft:

	Verkäufer	**Käufer**	**Gesamtnutzen**
Vorher	50	150	200
	-10 Investitionen	+100 Kaufsache	
	-65 Resterfüllung	-75 Kaufpreis	
	-30 Haftung	-30 Verzug	
	+75 Kaufpreis	+30 Haftung	
	20	175	195
Vorher	50	150	200
Ersatzkauf	-10 Investitionen	+100 Kaufsache	
	-5 Haftung	-80 Kaufpreis	
		+5 Haftung	
	35	175	210

Erläuterung: Der Verkäufer hat bereits 10 Investitionen in seine Erfüllung getätigt. Diese gehen verloren, wenn er den gestörten Vertrag nicht weiterführt. Die weitere Erfüllung kostet ihn nochmals 65, plus weitere 30 an Haftung für Verzugsschäden. Im Fall des Ersatzkaufes haftet der Verkäufer hingegen nur in Höhe von 5 – den Mehrkosten für den Ersatzkauf, bei dem anstelle von 75 (alter Preis) 80 gezahlt werden müssen.

146 Leser, Rücktritt, S. 6, 87 („Monopol“ des Schadensersatzes)

Zur Ersparnis durch den Ersatzkauf im Verhältnis Käufer – Verkäufer kommt noch der Nutzengewinn des Dritten hinzu, den dieser durch den Verkauf erwirtschaftet. Das Umschwenken auf das Ersatzgeschäft ist deshalb volkswirtschaftlich effizient (siehe folgende Tabelle). Allerdings sollte ein Ersatzkauf unterbleiben, wenn der Ersatz beim Käufer weniger wert ist als beim Dritten (Ersatzverkäufer), denn dann bewirkt das Ersatzgeschäft einen zusätzlichen Nutzenverlust. Unter normalen Bedingungen würde kein Kauf zustande kommen, weil der Nutzen des Käufers unter dem Kaufpreis liegt. Da der Käufer aber durch seinen Verkäufer versichert ist und den Preis nicht selber zahlen muss, kann er auch einen zu hohen Kaufpreis akzeptieren (*moral hazard*).[147] Um derart überhöhte Ersatzgeschäfte zu vermeiden, muss der Schadensersatz beschränkt werden (s. u. B.IV.1.c). Die Kosten eines Ersatzes sollten nur erstattet werden, wenn er auch ohne Haftung auf eigene Kosten beschafft worden wäre. Daher werden zu Recht nur die Aufwendungen ersetzt, die ein „verständiger, wirtschaftlich denkender"[148] Mensch für notwendig halten durfte.[149]

	Verkäufer	**Käufer**	**Dritter**	**Gesamtnutzen**
Gestörter Kauf	20	175	50	245
Ersatz-geschäft	-10 Investitionen -5 Haftung	+100 Kaufsache -80 Kaufpreis +5 Haftung	-50 Kaufsache +80 Kaufpreis	
Nachher	35	175	80	290

Erläuterung: Der Dritte gewinnt beim Ersatzgeschäft 30. Das Alternativgeschäft ist insgesamt um 45 nützlicher als die Vollendung der gestörten Leistung.

Können die Parteien nicht im Vorhinein (kostendeckend) bestimmen, unter welchen Voraussetzungen ein Ersatzgeschäft getätigt werden sollte, dann würden sie sich in einem vollständigen Vertrag zumindest darauf einigen, dass der Gläubiger sich vom Vertrag befreien kann, wenn ein Ersatzgeschäft Kosten spart. Das dispositive Recht sollte also eine Regelung finden, die dem Gläubiger rechtzeitig zur Vornahme eines Alternativgeschäfts ermöglicht, sich von einer unerfüllten Pflicht durch Rücktritt zu befreien (Befreiungswirkung des Rücktritts).

147 Zum Problem der Versicherung siehe oben B.III.1.b und B.III.2.b

148 BGH NJW 1970, S. 1454 (1455) mit Verweis auf RGZ 99, 172 (183)

149 Palandt/Heinrichs, § 249 Rn. 12; der Schadensersatz bemisst sich nach objektiven Kriterien: BGH NJW 1970, S. 1545; 1992, S. 1619

b) Wahlmöglichkeit des Schuldners während einer Nacherfüllungsfrist

Obwohl der Käufer durch die Haftung des Verkäufers gegen Schäden eigentlich abgesichert ist, hat er ein Interesse daran, sich vom gestörten Vertrag zu befreien, denn er kann durch das Ersatzgeschäft noch die Ziele erreichen, die er mit dem gestörten Vertrag ursprünglich verfolgt hatte. Er bekommt die begehrte Leistung und gewinnt somit seine Planungssicherheit zurück. Zudem vermeidet er größere Verluste, die er zunächst selber tragen müsste und erst später von seinem Schuldner ersetzt verlangen könnte. Widrigenfalls müsste er einen Schadensersatzprozess mit ungewissem Ausgang anstrengen (Prozessrisiko) und könnte bei Insolvenz des Verkäufers sogar leer ausgehen (Insolvenzrisiko). Selbst wenn er einen Prozess gewinnt, ist nicht garantiert, dass er auch seinen ganzen Verlust ersetzt bekommt, denn die Gerichte beurteilen den Schaden grundsätzlich objektiv (meist nach Marktpreisen), wodurch die subjektiven Erwartungen und Wertschätzungen tendenziell unterschätzt werden.[150] Allerdings beachtet der Gläubiger bei seiner Entscheidung nicht die entscheidende Frage, ob der Ersatz tatsächlich günstiger ist. Er kann die Mehrkosten für die Alternative ersetzt verlangen und muss nicht beachten, wie teuer die Vollendung des gestörten Vertrages wäre.[151] Gibt man ihm die alleinige Entscheidung in die Hand und entscheidet er allein zu seinem Vorteil (REM-Hypothese), wird er sich in vielen Fällen für die Befreiung und das Ersatzgeschäft entscheiden, obwohl die verspätete Erfüllung insgesamt noch günstiger wäre.

Der Verkäufer hingegen muss für die Kosten der Erfüllung und die alternativen Haftungskosten, insbesondere für die Mehrkosten des Ersatzgeschäftes, aufkommen. Er trägt alle Vor- und Nachteile in seiner Hand und wird sich gegen die Weiterführung des gestörten Geschäftes nur entscheiden, wenn der Ersatzkauf günstiger ist. Dann ist die Haftung für die Mehrkosten des Ersatzes geringer als der Verlust durch die erschwerte Erfüllung (s. o. B.IV.1.a). Die Vereinigung von Kosten und Nutzen in der Hand des Schuldners führt zu einem effizienten Erfüllungsanreiz (s. o. B.III.1.a). Es ist ein wichtiges ökonomisches Grundprinzip, dass ein Mensch immer dann volkswirtschaftlich effiziente (d. h. für alle positive, den Wohlstand mehrende) Entscheidungen trifft, wenn sich Nutzen und Kosten

150 Craswell/Schwartz/Andersen, S. 119: „The damages remedy often falls short of adequately protecting the expectation interest."; Posner, EAL (§ 4.13 „Self-Help"), S. 133 – 135 zu „subjective damages" und auf S. 134: „[...] the assessment of ‚subjective' damages is obviously fraught with uncertainty."; vgl. Schäfer/Ott Kap. 8 zum Ersatz des „reinen Vermögensschadens"

151 Oft kann er es nicht beachten, weil er keinen Einblick in die Geschäfte des Schuldners hat.

der Entscheidung in seiner Hand vereinen. Aus ökonomischer Sicht sollte deshalb nicht der versicherte Gläubiger, sondern der haftende Schuldner über die Befreiung vom Vertrag entscheiden.

Dies kann erreicht werden, indem man dem Schuldner nach Eintritt der Leistungsstörung eine **Nacherfüllungsfrist** gewährt, damit er sich entscheiden kann, ob angesichts der unvorhergesehenen Umstände die Fortsetzung der Erfüllung noch lohnt oder die Haftung vorzuziehen ist. Gibt man das Befreiungsrecht ohne Nachfrist sofort nach Fälligkeit, so kann der Schuldner die Kosten von Erfüllung und Haftung nur in den seltenen Fällen abwägen, in denen er trotz Leistungsstörung noch rechtzeitig erfüllen kann. In den übrigen Fällen könnte sich der Gläubiger befreien, auch wenn die verspätete Erfüllung günstiger ist als ein Ersatz. Die ist vor allem bei hohen Investitionen und stark fortgeschrittener Erfüllung wahrscheinlich, wenn die Erfüllung kurz vor dem Abschluss steht. Durch eine Nacherfüllungsfrist („Gnadenfrist") hingegen gibt man dem Schuldner die Möglichkeit, die unvorhergesehenen Schwierigkeiten zu überwinden und zu erfüllen. Er kann dann den Mehraufwand für die Erfüllung während der Nachfrist mit den Kosten der Haftung und eines Ersatzgeschäftes vergleichen. Gegen die Nacherfüllung wird er sich nur entscheiden, wenn Haftung und Ersatzgeschäft günstiger sind. Wenn dem Gläubiger dann nach erfolglosem Ablauf der Nachfrist das Recht zur Befreiung zusteht, so hat der Schuldner durch seine Wahlmöglichkeit bereits die Fälle ausgeschieden, in denen sich die Nacherfüllung noch lohnte. Man kann deshalb nach erfolglosem Ablauf der Nachfrist typischerweise davon ausgehen, dass Befreiung und Ersatzgeschäft effizient sind.

Die Nachfrist sollte also die Möglichkeit geben, trotz der aufgetretenen Schwierigkeiten noch zu erfüllen. Sie kann jedoch nicht beliebig lang sein. Denn je länger man wartet, desto höher wachsen die Verzugsschäden. Es kommt für die Bemessung der Nachfrist einerseits darauf an, wie hoch die getätigten Investitionen sind, die bei vorschneller Beendigung verloren gingen. Je höher sie sind, desto dringender sollte eine zweite Chance und die Wahl zwischen Erfüllung und Haftung gewährt werden. Wenn z. B. die Erfüllung zu 80 % abgeschlossen ist und sich dann unvorhergesehen verzögert, sollte die Fertigstellung der letzten 20 % nicht durch eine zu strikte Nacherfüllungsfrist unterbunden werden, denn das neu zu beginnende Ersatzgeschäft ist vermutlich teurer. Und andererseits muss man die drohenden Verzugsschäden beim Käufer beachten. Sind diese besonders hoch, kann sich das sofortige Umschwenken auf ein Ersatzgeschäft empfehlen, das zwar teurer ist, aber die hohen Verzugskosten vermeidet (z. B. Noteinkauf bei Termingeschäften). In diesem Fall müsste die Nachfrist eher kurz sein.[152] Die ökonomische Aufgabe der Nachfrist ist also, vorschnelle Reaktionen des Gläubigers zu vermeiden und dem Schuldner eine angesichts der drohenden Verzugsschäden vertretbare Frist zur Wahl zwischen Erfüllung und Haftung zuzugestehen. Sie soll einerseits Verluste durch den zu frühen Abbruch der Nacherfüllung, andererseits Verzugsschäden aufgrund zu langer Verzögerung des Ersatzes vermeiden helfen.

c) Die Gefahr der ineffizienten Übererfüllung

Die Haftung auf das Erfüllungsinteresse setzt einen effizienten Anreiz, weil der Schuldner von den bestehenden Möglichkeiten die Günstigste auswählen kann und dabei Kosten und Nutzen seiner Entscheidung in seiner Hand trägt. Voraussetzung für die effiziente Wahl ist, dass dem Schuldner die günstigste Option nicht vorenthalten wird. Im einfachen Modell der Entscheidung über Erfüllung oder Haftung wegen Nichterfüllung (vgl. B.III.1.a) hat der haftende Schuldner alle Möglichkeiten zur Wahl und wählt die effiziente, weil er alle Kosten und Nutzen seiner Entscheidung trägt. Im hier behandelten Fall der Wahl zwischen Erfüllung des gestörten Vertrages und einem Ersatzgeschäft ist dies nicht der Fall, denn der Gläubiger entscheidet, ob er tatsächlich ein Ersatzgeschäft vornimmt. Damit entscheidet der Gläubiger und nicht der haftende Schuldner darüber, ob ein kostensparendes Ersatzgeschäft vorgenommen wird oder ob auf Ersatzgeschäfte verzichtet wird, die sich nur kostensteigernd auswirken, weil sie mehr kosten als nutzen. Ein Beispiel für den letzteren Fall ist, dass die verspätet gelieferte Ware für 100 weiterverkauft werden könnte, die Lieferung und Überwindung der Leistungsstörung aber bereits 105 kosten. Wenn ein Ersatzeinkauf ebenfalls 105 kostet, dann ist der Verzicht auf Erfüllung und Ersatzgeschäft die günstigste Alternative. Der Verkäufer sollte einfach nur auf den entgangenen Gewinn haften:

---

152 Anmerkung: Der Schuldner hat ein Interesse daran, seine Leistung offen zu verweigern und Schadensersatz anzubieten, sobald er weiß, dass die Nacherfüllung ineffizient teuer wäre. Denn dadurch wird sein Gläubiger vom Vertrag befreit und kann durch die schnelle Vornahme eines Ersatzgeschäfts die Verzugsschäden und damit die Haftung vermindern. Eine „zu lange“ Nachfrist muss demnach nicht schädlich sein, vorausgesetzt der Schuldner hat ausreichend Informationen, um den Vorteil des Ersatzgeschäfts zu erkennen. Hierzu muss ihm der Gläubiger Informationen über die drohenden Verzugsschäden geben, weshalb dieser nur dann Ersatz bekommen sollte, wenn die Schäden für seinen Schuldner vorhersehbar waren.

	Verkäufer		Käufer		Gesamtnutzen
Vorher	50		150		200
Gestörte Leistung	-105 +75	Resterfüllung Kaufpreis	+100 -75	Kaufsache Kaufpreis	
	20		175		195
Vorher	50		150		200
Teurer Ersatzkauf	-30	Haftung	+100 -105 +30	Kaufsache Kaufpreis Haftung	
	20		175		195
Vorher	50		150		200
Effizienter Verzicht	-25	Haftung	+25	Haftung	
	25		175		200

Der haftende Schuldner kann also gerade nicht bestimmen, dass die günstigste Alternative gewählt wird. Er ist der Gefahr ausgesetzt, dass sein Gläubiger eine kostensteigernde Entscheidung trifft. Diese Gefahr ist gegeben, weil der Käufer nicht für die Verzugskosten und Kosten des Ersatzgeschäftes aufkommen muss (s. o. B.IV.1.a). Insbesondere sein Interesse an der schnellen Wiederherstellung seiner Planungssicherheit kann zu überteuerten Ersatzgeschäften führen, wo ein gänzlicher Verzicht auf den Ersatz effizienter gewesen wäre. Die Gefahr der verteuernden Gläubigerentscheidungen bewirkt, dass der Schuldner bei seiner Entscheidung über Erfüllung oder Haftung von einer drohenden Haftungssumme ausgeht, die über dem effizienten Optimum liegt, weil er mit eigennützigen und haftungssteigernden Entscheidungen des Käufers rechnen muss. Er wird daher bereit sein, einen überhöhten Erfüllungsaufwand zu betreiben – solange dieser noch niedriger liegt als die befürchtete, ineffizient hohe Haftung. Diese Gefahr der ineffizienten Übererfüllung kann durch das dispositive Recht nur gemindert werden, indem der Käufer durch eine **Schadensminderungspflicht** gezwungen wird, entweder a) ein kostensenkendes Ersatzgeschäft vorzunehmen oder b) ein kostensteigerndes Ersatzgeschäft zu unterlassen.

Das Problem ist, dass die Versicherung des Gläubigers diesem den Anreiz nimmt, sich effizient zu verhalten. Dieses Problem wurde oben unter der Überschrift „Das richtige Maß an Vertrauen“ besprochen (s. o. B.III.1.b). Wie dort ist auch hier die Lösung, dass der Schuldner nur für denjenigen Schaden haften sollte, der bei effizientem Verhalten des versicherten Käufers entstanden wäre[153] (im Beispiel max. 25), so dass dieser einen Anreiz zu effizientem Verhalten behält.[154] Die Beschränkung der Haftung auf die Kosten der effizientesten Lösung bewegt nicht nur den Käufer zu effizientem Verhalten, sie garantiert auch, dass der Verkäufer bei seiner Entscheidung über die Erfüllung nicht mit einer überhöhten Haftung rechnen muss, so dass kein Anreiz zur ineffizienten Übererfüllung entsteht. Für den Ersatzkauf bedeutet das konkret, dass die Kosten nur erstattet werden dürfen, wenn der Gläubiger den Ersatz ohne die Haftung auf eigene Kosten angeschafft hätte. Dann ist gewährleistet, dass der Ersatzkauf nicht zusätzliche Kosten sondern Nutzenzuwachs bringt. In der Praxis werden deshalb zu Recht nur diejenigen Aufwendungen ersetzt, die ein „verständiger, wirtschaftlich denkender“ [155] Mensch für notwendig halten durfte.[156]

d) Fazit: Kombination von Befreiung und Schadensersatz fördert Effizienz

Die Kombination der Haftung auf das Erfüllungsinteresse mit dem Rücktrittsrecht ist bei der Nichterfüllung ökonomisch sinnvoll. Der Rücktritt ermöglicht bei unerfüllten Pflichten die Befreiung des Gläubigers von der Pflicht zur Annahme einer Nacherfüllung. Die Befreiung ist ökonomisch als Ergänzung zum Schadensersatz wünschenswert, da sie dem Käufer ermöglicht, durch ein Ersatzgeschäft hohe Verzugsschäden zu vermeiden. Allerdings sollte durch eine Nacherfüllungsfrist verhindert werden, dass dem Schuldner zu früh die Möglichkeit abgeschnitten wird, eine noch lohnende Nacherfüllung vorzunehmen. Eine Nachfrist gibt dem Schuldner die Wahl zwischen Erfüllung und Haftung. Diese Wahl sorgt dafür, dass das Rücktrittsrecht für den Gläubiger nur entsteht, wenn die Erfüllung des Vertrages nicht mehr effizient ist.

Die Kombination von Befreiung und Schadensersatz funktioniert, weil der Schadensersatz bewirkt, dass der Schuldner nach einer Leistungsstörung nur erfüllt, solange kein günstigeres Ersatzgeschäft möglich ist. Die Befreiung durch Rücktritt ermöglicht dem Gläubiger im Gegenzug, sich vom Vertrag zu befreien und das günstigere Ersatzgeschäft vorzunehmen. Eine Begrenzung des Schadens-

---

153 Finsinger/Simon, S. 5: „The damage payment should be equal to the loss, which the other party would experience if it had chosen optimal preventive efforts and optimal reliance expenditures.“ (s. o. B.III.1.b); Schäfer/Ott, S. 461 f. zum Mitverschulden

154 Das Problem taucht bei der Diskussion der Gewährleistung auf (B.III.2.d) unter dem Stichwort „moral hazard“. Dort war die – vor allem zeitliche – Beschränkung der Gewährleistungshaftung die Lösung.

155 BGH NJW 1970, S. 1454 (1455) mit Verweis auf RGZ 99, 172 (183)

156 Palandt/Heinrichs, § 249 Rn. 12; Der Schadensersatz bemisst sich nach objektiven Kriterien: BGH NJW 1970, S. 1545; 1992, S. 1619

ersatzes auf das Niveau, das er bei effizientem Verhalten des Käufers erreichen würde (z. B. durch eine Schadensminderungspflicht[157]), sichert die effiziente Auswahl des Ersatzes. Und die Nachfrist bewirkt, dass der Schuldner tatsächlich zwischen Nacherfüllung und Haftung wählen kann, bevor der Gläubiger den Vertrag vorschnell beendet und die kosteneffiziente Nacherfüllung unmöglich macht. Wenn das dispositive Recht die Kombination von Schadensersatzhaftung und Befreiung nach erfolgloser Nachfrist festschreibt, spart es Kosten, weil es die Einigung der Parteien darüber ersetzt, ab wann im Falle einer unvorhergesehenen Leistungsverzögerung nicht mehr am Vertrag festgehalten und ein Ersatz beschafft werden soll. Aufgrund dieser effizienzsteigernden Wirkung haben sich die Kombination von Befreiung und (kleinem) Schadensersatz und die dazugehörige Nachfristsetzung international als Rechtsbehelf bei Nichterfüllung durchgesetzt (s. u. C.VI.1.a). Der augenfällige Erfolg dieses Rechtsbehelfs, der 1861 im ADHGB eingeführt wurde[158] und inzwischen im CISG, in den Unidroit Principles, den European Principles of Contract Law und vielen anderen Rechtsordnungen verwendet wird, belegt die positive ökonomische Wirkung und kann durch diese erklärt werden.[159]

2. Rücktritt bei Schlechtlieferung: Befreiung und Rückgabe

Nach Lieferung einer mangelhaften Ware muss wie bei Nichterfüllung entschieden werden, ob die Erfüllung der gestörten Leistung fortgesetzt werden soll. Die Parteien müssen entscheiden, ob die Nacherfüllung noch lohnt oder die schlichte Haftung günstiger ist. Das ist die Frage der Befreiung vom gestörten Vertrag (a). Im Unterschied zur Nichtlieferung entsteht bei Schlechtlieferung zusätzlich die Frage, ob der Gläubiger das Recht haben soll, die empfangene Ware zurückzugeben (b). Ein unbeschränktes Recht zur Rückgabe setzt Anreize zu ineffizientem Verhalten, insbesondere in Kombination mit der Haftung des Schuldners auf das Erfüllungsinteresse.

---

157 S. o. B.III.1.b; Auch die Beschränkung des Schadensersatzes auf die Aufwendungen des „verständigen und wirtschaftlich denkenden" Menschen gehört hierzu: s. o. B.IV.1.c und Palandt/Heinrichs, § 249 Rn. 12

158 Leser, Rücktritt, S. 10 – 16

159 Zum Erfolg des „Nachfristmodells" Schlechtriem in Basedow, Europäische Vertragsvereinheitlichung, S. 159 (167)

a) Befreiung bei Schlechtleistung

Wenn mangelhafte Ware geliefert wurde, stellt sich die Frage, ob im Sinne des eigentlichen Vertrages (nach)erfüllt werden soll oder ob es günstigere Alternativen gibt. Entscheidet sich der Verkäufer gegen die Nacherfüllung, muss der Käufer zwischen folgenden Möglichkeiten auswählen: (a) die Duldung des Mangels, (b) eine Reparatur und (c) ein Ersatzkauf. Könnten die Parteien bei Vertragsschluss die Mängel vorhersehen, würden sie sich darauf einigen, dass erstens keine Nacherfüllung geschehen soll, wenn eine der drei Alternativen günstiger ist, und dass zweitens der Käufer die günstigste der drei Alternativen wählen soll. Die erste Vereinbarung kann vom dispositiven Recht dadurch nachgeahmt werden, dass dem Schuldner eine Nachfrist und damit die Wahlmöglichkeit zwischen Nacherfüllung und Haftung eingeräumt wird. Der Schuldner sollte also ein Nachbesserungsrecht (Recht zur zweiten Andienung) haben. Wie bei der Nichtleistung muss die Bemessung der Frist eine Brücke schlagen zwischen den konkurrierenden Zielen, einerseits den vorschnellen Abbruch der Nacherfüllung zu vermeiden und andererseits die Befreiung so rechtzeitig zu ermöglichen, dass kostentreibende Verzugsschäden vermieden werden (s. o. B.IV.1.b).

Die zweite Entscheidung über die Auswahl der günstigsten Alternative stellt das dispositive Recht wieder vor das Problem der Versicherung durch die Erfüllungshaftung, welche dem versicherten Geschädigten den natürlichen Anreiz nimmt, seine Schäden zu minimieren (moral hazard). Das dispositive Recht muss als Gegenreaktion die Haftung auf den Schaden beschränken, der bei Auswahl der günstigsten Alternative entstanden wäre: Es darf für einen Ersatzkauf nicht voll entschädigt werden, wenn die Weiternutzung der Ware günstiger ist; die Kosten einer Reparatur dürfen nicht voll ersetzt werden, wenn ein Ersatzkauf billiger kommt; und es dürfen die Schäden der Duldung nur voll ersetzt werden, wenn sowohl eine Reparatur als auch ein Ersatz nicht lohnen.[160] Dies kann durch eine Schadensminderungspflicht geschehen, die dazu führt, dass vermeidbare Schäden nicht ersetzt werden (zu § 254 BGB s. o. B.III.1.b) und durch die objektive Beschränkung des Schadensersatzes auf die Kosten, die ein wirtschaftlich vernünftig handelnder Mensch erzeugt hätte (s. o. B.IV.1.a/c).[161]

aa) Beschränkung der Haftung auf das effiziente Niveau

Um die Haftung auf das effiziente Niveau zu beschränken, müssen die Gerichte ermitteln können, welcher Umgang mit dem Schaden am günstigsten wäre.

---

160 Vgl. Schäfer/Ott, Seite 483 f.

161 Palandt/Heinrichs, § 249 Rn. 12; BGH NJW 1970, S. 1545; 1992, S. 1619

Dies ist bei Nichtlieferung noch relativ einfach, denn man muss nur die Lage mit und ohne Ersatz vergleichen. Dafür braucht das Gericht nur einen hypothetischen Wert ermitteln. Bei Schlechtlieferung ist es schwieriger, denn es stehen Ersatz, Reparatur und Hinnahme des Schadens zur Auswahl. Zudem spielt es eine Rolle, wie die zu ersetzende Leistung anderweitig verwertet werden könnte, denn je besser sie alternativ genutzt werden kann (z. B. durch Weiterverkauf), desto geringer sind die Verluste bei Ersatzkauf und Duldung.[162] Das Gericht muss folglich mehrere hypothetische Werte ermitteln, um den effizienten Schadensersatz zu bestimmen.[163] Um diese Schwierigkeiten bei der Kontrolle des Gläubigers zu vermeiden, könnte man auf die Schadensersatzhaftung verzichten. Dann trüge der Gläubiger den Schaden allein (Konsumentenhaftung[164]) und hätte allen Grund, ihn möglichst gering zu halten. Es gingen dann allerdings die Vorteile der Schadensersatzhaftung verloren, was vor allem zu schlechterer Qualität und mehr Mängeln führte (s. o. B.III.1). Dieser Nachteil überwiegt den Nachteil der Missbrauchsgefahr.

Man könnte auch auf das Recht des Gläubigers zur Befreiung verzichten, so dass der Schuldner allein entschiede, wie auf den Mangel reagiert werden soll. Er bekäme nicht nur durch die Nachfrist die Wahl zwischen Nacherfüllung und Haftung, sondern wäre zugleich aufgerufen, Reparatur oder Ersatzkauf vorzunehmen. Der Vorteil wäre, dass der Schuldner aufgrund seiner Haftung guten Grund hat, die Folgekosten des Mangels gering zu halten. Hätte er alle notwendigen Informationen zur Verfügung, würde er vernünftigerweise die kostensparendste Reaktion auf den Mangel auswählen. Allerdings geht die Annahme, dass der Schuldner alle notwendigen Informationen hat, zu weit. Der Schuldner hat nur Überblick über seinen eigenen wirtschaftlichen Bereich. Der Umgang mit der schlechten Leistung fällt aber in die Sphäre seines Kunden. Der Kunde kann den günstigsten Umgang mit dem Mangel viel besser sicherstellen. Wäre der Gläubiger nicht versichert (Konsumentenhaftung) und bestünde kein Anreiz zum Miss-

162 Fällt die Sache vollkommen aus und kann nicht mehr genutzt werden, sind die Verluste gleich dem Preis für einen Ersatz oder bei Duldung gleich dem entgangenen Gewinn. Auch bei Hinnahme des Schadens kann die alternative Verwertbarkeit eine Rolle spielen, denn wenn der Nutzen der alternativen Verwertung größer ist als bei der vertraglich vorgesehenen Verwendung, dann spart sie Kosten und verringert den Schaden (z. B. der Verkauf von verunreinigten Chemikalien, die im Chemiebetrieb nutzlos sind, aber als Futterbeimischung noch verwendet werden können, Fall BGHZ 132, 290).

163 Diese sind: 1.) Anschaffungskosten für den Ersatz, 2.) Nutzen einer alternativer Verwertung für die mangelhafte Sache, 3.) Verluste bei Tatenlosigkeit (Hinnahme des Schadens) und 4.) Kosten und Nutzen einer Reparatur.

164 Henning, Jahrbuch für Wirtschaftswissenschaften 46 (1995), S. 81 f.

brauch, könnte er zuverlässig die Kosten minimieren. Es ist deshalb trotz des Missbrauchsrisikos einfacher, dem Käufer die Aufgabe der Schadensminimierung zu geben und seinen Schadensersatz so zu beschränken, dass Anreize zur Schadensminderung bestehen.

Es fragt sich, was aus ökonomischer Sicht bei der Bestimmung der Schadensminderungspflicht beachtet werden muss – wann ein Ersatz gekauft und wann der Schaden schlicht geduldet werden sollte. Der Ersatzkauf kostet den Betrag, um den der Preis des Ersatzes (Pe) den Nutzen des mangelhaften Gutes in seiner alternativen Verwertung (Na) übersteigt, denn diese Summe müsste zusätzlich aufgewendet werden (Mehrkosten des Ersatzes [Me]). Es sollte kein Ersatz angeschafft werden, solange eine Reparatur (R) oder die schlichte Duldung des Schadens (D) günstiger sind [(R,D) > (Pe – Na = Me)]. Der Gläubiger sollte die mangelhafte Leistung also nicht ersetzen, sondern sie wie vorgesehen nutzen und gegebenenfalls reparieren, solange ein Ersatzkauf einschließlich der Vorteile einer anderweitigen Nutzung der Sache teurer ist. Und wenn ein Ersatz beschafft werden muss, dann sollte der Käufer sich bemühen, die bestmögliche alternative Verwertung für die mangelhafte Sache zu finden. Auch bei der Duldung des Schadens gilt, dass die Kaufsache einer alternativen Verwertung zugeführt werden sollte, wenn deren Nutzen größer ist als bei der vertraglich vorgesehenen Verwendung. Denn dann bringt sie eine zusätzliche Einnahme (z. B. durch Verkauf) und verringert den Schaden. Ein bekanntes Beispiel hierfür ist der Weiterverkauf von verunreinigtem Kobaltsulfat, das zwar als technischer Fließmittelzusatz für den Käufer nutzlos war, aber als Futtermittel von einem Dritten noch verwendet werden konnte: BGHZ 132, 290 (294/297).

Insgesamt sollte der Gläubiger die mangelhafte Lieferung nur dann noch wie vertraglich verwenden (ggfs. mit Reparatur), wenn sie auf diese Weise trotz des Mangels den größtmöglichen Nutzen erreichen kann. Ansonsten sollte er sie der besten Alternative zuführen (durch Umbau, eigene Verwertung oder eben Verkauf). Zusammenfassend kann festgehalten werden, dass das Ziel der effizienten Schadensminderung nur erreicht werden kann, wenn die mangelhafte Ware ihrer bestmöglichen Verwertung zugeführt wird.

	Verkäufer	**Käufer**	**Gesamtnutzen**
Vorher	50	150	200
Geplanter Kauf	-50 Kaufsache +75 Kaufpreis	+100 Kaufsache -75 Kaufpreis	
	75	175	250

	Verkäufer	Käufer	Gesamtnutzen
Vorher	50	150	200
Duldung des Mangels	-50 Kaufsache +75 Kaufpreis -40 Haftung	+60 Mangel -75 Kaufpreis +40 Haftung	
	35	175	210
Vorher	50	150	200
Duldung und Verwertung	-50 Kaufsache +75 Kaufpreis -25 Haftung	+75 Weiterverkauf -75 Kaufpreis -25 Haftung	
	50	175	225
Vorher	50	150	200
Ersatzkauf und Verwertung	-50 Kaufsache +75 Kaufpreis -15 Haftung	+75 Weiterverkauf -75 Kaufpreis -90 Ersatz: Preis +100 Ersatz: Nutzen +15 Haftung	
	60	175	235

Erläuterung: Der Mangel mindert den Nutzen der Sache um 40 auf nur noch 60. Die Verwertung durch Weiterverkauf bringt noch 75 und lohnt deshalb. Auch der Ersatzkauf lohnt, weil sein Preis geringer ist als der durch ihn erzielbare Nutzen. Ein Ersatz dürfte nicht beschafft werden, wenn er teurer wäre als der durch ihn erzielbare Nutzen (dazu schon oben B.IV.1.a). Dies ist der Fall, wenn er mehr als 100 kostet. Dann sind Duldung und Verwertung die günstigste Variante.

Man kann sich als Hilfestellung zur Bestimmung des effizienten Verhaltens vor Augen halten, wie der Käufer ohne die Haftung des Verkäufers entschieden hätte (s. o. B.IV.1.a). Dann hätte der Käufer von sich aus ein Interesse daran, den effizienten Umgang mit der Leistungsstörung zu finden, denn er würde selbst für die Folgen seiner ineffizienten Entscheidung haften. Gelingt es dem dispositiven Recht nicht, trotz der Versicherung einen Anreiz zu effizientem Käuferverhalten wiederherzustellen, so geht der entscheidende Vorteil der Schadensersatzhaftung verloren, für den Verkäufer einen Anreiz zur effizienten Erfüllung zu schaffen. Der Missbrauch der Versicherung durch den versicherten Käufer hat zur Folge, dass die drohenden Haftungskosten steigen, so dass der Verkäufer einen Anreiz zu verschwenderisch hohen Erfüllungsbemühungen erhält.

bb) Ergebnis: Haftungsbeschränkung und bestmögliche Verwertung

Das Recht zur Befreiung nach Ablauf einer Nachfrist wirkt sich effizienzsteigernd aus, wenn der Schadensersatz zugleich auf das Niveau der bestmöglichen Schadensminderung durch den Gläubiger beschränkt werden kann. Je weniger dieses Optimum angenähert wird, desto größer ist die Gefahr, dass der Gläubiger seine Versicherung missbraucht (*moral hazard*) und dass der Schuldner zur Vermeidung überhöhter Haftungskosten einen zu hohen Erfüllungsaufwand betreibt.[165] Das Ziel der effizienten Schadensminderung kann nur erreicht werden, wenn die mangelhafte Leistung vom Gläubiger ihrer bestmöglichen Verwertung zugeführt wird.

b) Rückgabe der Schlechtleistung

Nachdem sich der Gläubiger vom Vertrag befreit hat, stellt sich die Frage, wie er mit der mangelhaften Leistung verfahren soll. Der Umgang mit der mangelhaften Sache hat direkte Auswirkungen auf die Haftung des Schuldners, denn dieser muss „die Zeche zahlen". Da der Gläubiger durch die Haftung des Schuldners auf das Erfüllungsinteresse versichert ist und er deshalb das natürliche eigene Interesse an einem möglichst kostensparenden Umgang mit der Schlechtleistung verloren hat, ist es die Aufgabe des Vertragsrechts, den Käufer zum kostensparenden Umgang künstlich anzuhalten. Im Sinne der Schadensminderung sollten dem Käufer Reaktionsmöglichkeiten abgeschnitten werden, welche die Folgekosten der Störung nur erhöhen. Eine dieser Reaktionsmöglichkeiten des Käufers ist die Rückgabe der Sache an den Verkäufer. Hieraus wird deutlich, dass die Frage nach dem Rückgaberecht des Käufers aus ökonomischer Sicht die Frage nach dem effizienten Umgang mit der Schlechtleistung ist. Die Rückgabe ist ein wichtiger Faktor bei der **optimalen Schadensminderung.**[166] Denn wenn die Sache zum Verkäufer zurückgelangt, obwohl sie dort nicht ihre bestmögliche Verwertung findet, dann wirkt sich die Rückgabe kostensteigernd aus und verzerrt den Erfüllungsanreiz.[167]

Im Folgenden werden die ökonomischen Auswirkungen der Rückgabe untersucht und bestimmt, unter welchen Voraussetzungen ein Rückgaberecht die Effi-

---

165 Craswell/Schwartz, S. 116, auf S. 125: „[...] the threat of having to pay such a remedy could discourage an efficient breach."

166 Vgl. Goetz & Scott, Craswell/Schwartz, S. 115 ff., die das Problem der Rückgabe (rejection) und der Vertragsauflösung (rescission) als Teil der Schadensminderung behandeln („The Mitigation Principle").

167 George L. Priest, Remedy for the Tender of nonconforming Goods, 91 Harvard Law Review 1978, S. 960 – 1001

zienz des dispositiven Rechts steigert. In einem **vollständigen Vertrag** würden sich die Parteien nur darauf einigen, die mangelhafte Sache zum Schuldner zurückfließen zu lassen, wenn für beide Seiten ein Vorteil herausspringt. Falls der Schuldner für den Schadensersatz haftet, wird er bereit sein, die Ware zurückzunehmen, sobald das seine Haftung schmälert. Für die Effizienz der Rückgabe kommt es also darauf an, wann die Rückgabe den Schaden verringert, der aufgrund der Mangelhaftigkeit der Sache entsteht.

Es wurde bereits festgestellt, dass die mangelhafte Ware so lange im Sinne des Vertrages verwendet werden sollte (ggfs. mit Reparatur), wie dies die bestmögliche Verwertung der Sache darstellt (s. o. IV.2.a.aa). Die Einbußen durch den Mangel sollten dann schlicht geduldet und liquidiert werden, um den Schaden auf dem geringsten Niveau zu halten. Eine Rückgabe an den Verkäufer würde unter diesen Umständen einen Nutzenverlust und eine vermeidbare Aufblähung des Schadens bedeuten. Im vollständigen Vertrag würden die Parteien keine Rückgabe vereinbaren, denn der gemeinsame Nutzen nähme ab. (**Satz 1**:) *Die Rückgabe sollte nicht stattfinden, solange die Kaufsache kostengünstiger im Sinne des Vertrages genutzt werden kann.* Des Weiteren wurde zur Schadensminderung schon erläutert, dass der Gläubiger die mangelhafte Sache selbst anderweitig nutzen oder an einen Dritten verkaufen sollte, wenn darin die bestmögliche Verwertung liegt. Auch hier wäre die Rückgabe kontraproduktiv, weil sie nur die Verluste infolge des Mangels vergrößerte. Die frei verhandelnden Parteien würden nicht für die Rückgabe votieren. (**Satz 2**:) *Die Rückgabe sollte auch nicht stattfinden, wenn die Kaufsache kostengünstiger vom Käufer selbst verwertet oder an einen Dritten verkauft werden kann.* Dies führt dazu, dass die Rückgabe von den Parteien nur dann freiwillig vereinbart würde, wenn die Sache weder beim Käufer noch bei einem Dritten besser genutzt werden könnte – wenn also die bestmögliche Verwertung gerade durch den Verkäufer erreicht werden kann. Dies stimmt mit dem Ergebnis bei der Besprechung der Befreiung überein[168], dass das Ziel der effizienten Schadensminderung nur erreicht werden kann, wenn die mangelhafte Ware vom Käufer ihrer bestmöglichen Verwertung zugeführt wird. (**Satz 3**:) *Die Rückgabe sollte optimalerweise nur geschehen, wenn der Verkäufer die Ware am besten verwerten kann.*

Man kann sich dieses Ergebnis veranschaulichen, indem man das Verhalten des nicht versicherten Käufers betrachtet, der eine mangelhafte Ware empfangen hat. Er wird versuchen, seine Verluste durch die optimale Verwertung der gestörten Leistung zu minimieren. Kann er selbst den größten Nutzen erzielen, wird er die Sache behalten. Kann ein Dritter einen größeren Nutzen erzielen, wird er ihm die mangelhafte Sache verkaufen, denn aus dem Nutzenzuwachs kann ein

168 S. o. B.IV.2.a.aa

Kaufpreis bezahlt werden, der über dem eigenen Nutzen liegt. An den ursprünglichen Verkäufer schließlich wird er die Sache nur dann verkaufen, wenn dieser mehr bieten kann als alle anderen Interessenten – und dies wird nur der Fall sein, wenn er mit der Sache von allen Beteiligten den höchsten Nutzen erzielen kann.

aa) Bestmögliche Verwertung und Kosten der Rückgabe

Man kann das Problem der Rückgabe analysieren, indem man fragt, ob die mangelhafte Ware in den Händen des Käufers oder den Händen des Verkäufers ihren größten Nutzen hat. **George L. Priest** hat in der Harvard Law Review[169] diese Herangehensweise gewählt und kommt zu dem Schluss: *„Parties wishing to maximize their joint value of the transaction will prefer return of the goods to damages whenever the goods have a greater value in the seller's hands than in the buyer's.* "[170]

Bei der Bestimmung des jeweiligen Nutzens muss man alle Kostenfaktoren mit einbeziehen, die bei der Verwertung anfallen: Der Käufer kann die mangelhafte Sache an seine Bedürfnisse anpassen und selbst verwenden oder er kann die Ware auf dem Markt verkaufen. Sein Nutzen an der Ware wird also durch die Kosten der Anpassung, den Nutzen der Verwendung, den erzielbaren Marktpreis und die Ausgaben für einen Verkauf bestimmt.[171] Der Verkäufer muss nach der Rückgabe die Sache ebenso an seine Bedürfnisse anpassen oder kann sie auf dem Markt absetzen. Allerdings kommen bei ihm noch die Kosten für den Rücktransport vom Käufer hinzu, inklusive der hierzu notwendigen Versicherung und des Risikos von Schäden und Untergang.[172] Die Gegenüberstellung verdeutlicht, dass für die Verwertung beim Verkäufer immer die Kosten für den Rücktransport negativ zu Buche schlagen. **(Satz 4:)** *Je höher die Kosten für den Rücktransport sind, desto unwahrscheinlicher, dass der Schuldner der bessere Verwerter ist und desto wahrscheinlicher, dass die Rückgabe ineffizient ist.*[173]

Nur wenn trotz der zusätzlichen Kosten für den Rücktransport der Nutzen der Sache beim Verkäufer höher ist, würden die Parteien sich in einer freien Verhandlung auf die Rückgabe einigen. Dies ist zum Beispiel der Fall, wenn der Käufer keine eigenen Möglichkeiten hat, die mangelhafte Ware umzuarbeiten

---

169 George Priest, 91 Harvard Law Review 1978, S. 960 – 1001

170 Priest a.a.O., S. 965

171 Priest a.a.O., S. 964

172 Priest a.a.O., S. 963; Markus Krebs, S. 21; Nina Freiburg S. 49 (s. u. zum CISG C.I.2.b.aa)

173 Vgl. Henning, Jahrbuch der Wirtschaftswissenschaften 46 (1995), S. 93: Die Rückgabe würde bei niedrigen Transaktionskosten frei vereinbart werden, ansonsten wäre die Konsumentenhaftung (keine Haftung des Verkäufers) vorzuziehen.

oder zu reparieren und deshalb teure fremde Dienste einkaufen müsste, der Verkäufer hingegen die Ware in seiner eigenen Firma in Stand setzen kann und der Rücktransport keine hohen Kosten verlangt. Dies ist auch der Fall, wenn der Verkäufer als erfahrener Händler einen Zugang zu den Märkten hat, auf denen auch mangelhafte Waren verkauft werden, während der Käufer keine Informationen über diese Märkte hat: *„If, however, the value to the buyer of the defective goods is less than the market value, the parties would agree to return the goods to the seller if the seller's costs of resale were lower than the buyer's by an amount greater than the retrieval costs.*"(**George L. Priest**)[174] Im typischen Verbraucherkauf hat der Verbraucher einen geringen Nutzen an einer mangelhaften Anschaffung (er hätte dafür nur einen stark reduzierten Preis gezahlt) und kann gleichzeitig nicht kostendeckend die Mängel beheben oder die Ware anderweitig verkaufen. Deshalb kann die Rückgabe in diesem Umfeld oft tatsächlich Kosten sparen.[175] Ist der Käufer hingegen selbst ein Händler, der die defekte Ware genauso gut oder besser als der Verkäufer absetzen kann, so bewirkt die Rückgabe nur überflüssige Kosten für den Rücktransport und sollte unterbleiben.

George L. Priest: "If the buyer's business involves the sale of defective as well as conforming goods, the buyer's and the seller's costs of resale may be equivalent, so that retrieval costs tip the balance in favour of a damage remedy."[176]

John Honnold: "The buyer's need for rejection rather than adjustment of the price is likely to be strongest when goods have been purchased for use rather than resale. [...] On the other hand, rejection is least need if the buyer is a merchant who has purchased for resale, standards of quality are well understood and reflected in a current market price and there is live market for the goods to which the buyer has ready access."[177]

Wenn also beide Seiten Händler sind, so dass der Käufer die Ware genauso gut weiterverkaufen kann wie der Verkäufer, und zugleich sehr hohe Transportkosten anfallen, dann macht das Rückgaberecht für den Käufer nur selten Sinn. Dies ist genau der Grund, weshalb das Internationale Kaufrecht (**CISG**) das Rückgaberecht so strikt einschränkt[178]: Die Verwertung der Ware am Ort der Ablieferung durch einen sofortigen Weiterverkauf ist regelmäßig deutlich kostensparender als ein aufwendiger Rücktransport zum Absender, der die mangelhafte

---

174 Priest a.a.O., S. 965

175 Priest hat herausgearbeitet, dass die US Gerichte tatsächlich in Verbraucherfällen häufiger die Rückgabe gewähren als bei Kaufleuten, weil hier die Rückgabe häufiger kostensparend wirkt: a.a.O., S. 995

176 Priest a.a.O., S. 965

177 John Honnold, Buyer's right of rejection, 97 University of Pennsylvania Law Review 1949, S. 457 (469)

178 S. u. C.I.2.b.aa

Ware meist auch nicht günstiger absetzen kann als sein Käufer. Man kann festhalten, dass das Rückgaberecht mit steigenden Kosten für den Rücktransport (z. B. im internationalen Handel) immer weniger als Gewährleistungsrecht geeignet ist und dass es mit fallender Fähigkeit des Käufers, die Mangelsache zu verwerten (typischerweise bei Verbrauchern), immer besser geeignet ist, zur Schadensminderung beizutragen.

Exkurs: „verlorene" Investitionen des Verkäufers

An dieser Stelle lohnt die Klarstellung, dass zu den Kosten der Rückgabe nicht die Investitionen zählen, die der Verkäufer bereits in den Vertrag gemacht hat und die bei Abbruch der Erfüllung „verloren" gehen. Die Tatsache, dass diese Investitionen nicht weitergeführt werden, ist nur dann ein ökonomischer Nachteil, wenn ihre Fortführung und die Nacherfüllung die günstigste Möglichkeit wären, auf die Leistungsstörung zu reagieren. Vor allem die Nachfrist bei der Befreiung soll verhindern, dass die (Nach-)Erfüllung abgebrochen wird, obwohl sie den günstigsten Umgang mit dem Mangel darstellt (s. o. B.IV.1). An sich lohnende Investitionen gehen also nicht durch die Entscheidung des Käufers zur Rückgabe verloren. Sie können verloren gehen, wenn dem Käufer das Recht zur Befreiung zu früh eingeräumt und der Verkäufer daran gehindert wird, eine für ihn anstelle der Haftung lohnende Nacherfüllung zu leisten.

bb) Das Rückgaberecht als Anreiz für den Schuldner

Die Rückgabe senkt also die Verluste im Umgang mit einem Mangel nur, wenn der Verkäufer der beste Verwerter ist. Doch das dispositive Rückgaberecht kann auch anderen ökonomischen Zielen als der optimalen Schadensminderung dienen. Das Rückgaberecht hat ähnlich wie die Schadensersatzhaftung die Fähigkeit, dem Anbieter (Händler/Hersteller) einen Anreiz für höhere Qualität und bessere Information über die Produkte zu geben.[179] Dieser Aspekt wird im Folgenden erläutert. Im Ergebnis wirkt das Rückgaberecht in dieser Hinsicht allerdings suboptimal. In Kombination mit dem Schadensersatz birgt es vor allem die Gefahr, einen ineffizienten Anreiz zur Überfüllung auszulösen.

Klaus Wehrt hat aufgezeigt, dass das Wandlungsrecht des Käufers dazu führt, dass es sich für den Verkäufer nicht mehr lohnt, bei Informationsasymme-

---

179 Klaus Wehrt, ZWS 113 (1993), S. 77 (99): „Können die Käufer von einem Recht auf Wandlung Gebrauch machen, dann ist es für die Verkäufer profitabler, voll aufzuklären, als nur selektiv aufzuklären."; Wissink/Mann, „money-back warranties vs. replacement warranties", 80 American Economic Review 1990, S. 432 – 436; dies., 19 Rand Journal of Economics 1988, S. 285 – 292

trie (s. o. B.III.2.c) über die Qualität seiner Produkte nur unzureichend aufzuklären.[180] Der Grund ist, dass der Verkäufer nur mit voller Aufklärung die verschiedenen Käufergruppen voneinander trennen kann, um so in jeder Gruppe einen möglichst hohen Preis zu erzielen: Ohne ausreichende Information kaufen manche Qualitätskäufer Billigware und tauschen sie dann wegen nicht ausreichender Qualität enttäuscht um, was die auf dem Billigmarkt erzielbaren Einnahmen senkt.[181] Diese Analyse klärt allerdings nicht, wie im Umfeld der Informationsasymmetrie, in dem die Käufer vollkommen zu Recht den Angaben der Verkäufer misstrauen, glaubhafte Informationen vermittelt werden können. Um verlässlich die eigene Qualität signalisieren zu können, ist das Versprechen der Gewährleistungshaftung am besten geeignet, denn nur dann steht der Verkäufer für *alle* Folgen der Mangelhaftigkeit gerade. Bei einer Rücknahmegarantie trägt er nur die Kosten der Rückgabe, so dass sich das Anbieten unterdurchschnittlicher Ware lohnen kann. Denn die Haftung ist u. U. geringer als die Schäden beim Käufer, der Verkäufer trägt nicht alle Nachteile seiner Entscheidung. Dies ist das Umfeld, in dem der von **Akerlof** beschriebene Markt für Nieten gedeiht (*market for lemons*), weil derjenige, der immer noch schlechtere Qualität anbietet, daraus Profit schlagen kann (s. o. B.III.2.c). Durchbrechen kann diesen Kreislauf die Schadensersatzhaftung auf alle Verluste des Käufers, da sie einen Anreiz zur effizienten Qualität setzt und deshalb auch ein vertrauenswürdiges Signal für Qualität ist.[182]

Jennifer Wissink und **Duncan Mann** haben dargelegt, dass bis zu einem gewissen Grade auch Rücknahme- und Umtauschgarantien (*money-back* oder *replacement warranties*) Anreize für eine bessere Qualität beim Verkäufer und eine bessere Sorgfalt beim Käufer setzen können.[183] Allerdings ist das Risiko des Verkäufers auf die Kosten beschränkt, die ihm durch die Rückgabe entstehen.[184]

---

180 Wehrt, ZWS 113 (1993), S. 99

181 Wehrt, ZWS 113 (1993), S. 99

182 Wehrt bei Ott/Schäfer, Ökonomische Probleme des Zivilrechts, S. 235 – 259, stellt fest, das die Qualitätshaftung effiziente Produktionsanreize setzt und das Problem der unzureichenden Information löst (S. 249, 250) und fordert die Ausdehnung der Verkäuferhaftung anstelle des „so fein ausdifferenzierten Mangelgewährleistungsrechts“ des deutschen Kaufrechts (S. 258).

183 „Money-back contracts with double moral hazard“, 19 Rand Journal of Economics1988, S. 285 – 292, „double moral hazard“: Beide Parteien können ausnutzen, dass die andere Seite sie nicht kontrollieren kann: Fehlende Qualität beim Verkäufer, fehlende Sorgfalt beim Käufer; so schon Cooper/Ross, 16 Rand Journal of Economics 1985, S. 103 – 113; vgl. Wissink/Mann, 80 American Economic Review 1990, S. 432 – 436

184 Wissink/Mann, 80 American Economic Review 1990, S. 433: „the cost of servicing the warranty“

Wenn diese Rückgabekosten die Schäden beim Verbraucher über- oder untertreffen, besteht ein ineffizient hoher bzw. niedriger Produktionsanreiz. Bei besonders hohen Rückgabe- (bzw. Umtausch-)kosten wird ein Anreiz zu ineffizient hoher Qualität gesetzt, wodurch die Preise unnötig ansteigen.[185] Bei geringen Rückgabekosten lohnt es sich für die Verkäufer, schlechte Qualität anzubieten, weil sie kaum mit negativen Konsequenzen rechnen müssen.[186] Auch **Hans Henning** hat ermittelt, dass die Wirksamkeit der Rücknahmegarantie von der Höhe der Rückgabekosten abhängt: „Bei hinreichend hohen Transaktionskosten bevorzugen Anbieter und Nachfrager die Konsumentenhaftung [Anm.: d. h. keine Gewährleistung!], weil der mit dem Umtauschvorgängen verbundene Transportaufwand den Surplus aus der Versicherung aufzehrt."[187]

Ein Rückgabe- oder Umtauschrecht ohne zusätzliche Schadensersatzhaftung kann also nur unter sehr beschränkten Voraussetzungen das Bedürfnis nach Gewährleistung genauso gut erfüllen wie die Schadensersatzhaftung. Der Grund ist, dass die isolierte Rückgabe keinen effizienten Anreiz zur Erfüllung setzen kann, weil der Verkäufer nicht für den vollen Schaden gerade steht, den er durch sein ineffizientes Verhalten auslöst. Da das dispositive Recht in möglichst allen Fällen dem hypothetischen vollständigen Vertrag nahekommen muss und sich nicht auf die Fälle beschränkt, in denen die Rückgabe effizient wirkt, ist die Schadensersatzhaftung als das grundlegende Gewährleistungsrecht vorzuziehen. Die Rückgabe (Wandlung) kann unter dieser Voraussetzung nur noch eine Ergänzung zum Schadensersatzanspruch sein. In dieser Rolle ist sie nur sinnvoll, wenn sie einen zusätzlichen positiven Effekt bewirken kann, ohne gleichzeitig die Anreizwirkung des Schadensersatzes übermäßig zu konterkarieren. Im Folgenden soll bestimmt werden, unter welchen Umständen das zusätzlich zum Schadensersatz gewährte Rückgaberecht keine anreizverfälschende Wirkung hat.

Ein alternatives Rückgaberecht verfälscht immer dann nicht die Anreizwirkung des Schadensersatzes, wenn die Kosten der Rückgabe für den Schuldner geringer sind als die Haftung (wenn die Rückgabekosten also relativ niedrig sind). Denn dann bleibt der maximale Schaden, auf den sich der Schuldner einstellen muss, unverändert und es entsteht kein Anreiz zur Übererfüllung. Gleichzeitig haben die geringen Rückgabekosten keinen ineffizient niedrigen Anreiz zur Fol-

---

185 Wissink/Mann, 80 American Economic Review 1990, S. 435

186 Wissink/Mann, 80 American Economic Review 1990, S. 435 f.: „When the cost of servicing the warranty are quite small, replacement warranties serve as a relatively weak shirking deterrent. [...] At the other end of the spectrum, when costs of servicing the warranty are relatively high, replacement warranties are inferior, because the expected cost of repeatedly handling claims is passed back to the buyer through the price."

187 Henning, Jahrbuch der Wirtschaftswissenschaften 46 (1995), S. 76 (93)

ge, denn es droht der alternative Erfüllungsschaden. Ein zusätzliches Rückgaberecht hingegen (in Kombination mit Schadensersatz) verfälscht die Anreizwirkung des Schadensersatzes nur dann nicht, wenn es die drohende Haftung für den Verkäufer nicht erhöht. Das ist der Fall, wenn die Rückgabe die Verluste aufgrund der mangelhaften Leistung verringert, also nur dann, wenn der Verkäufer die Ware am besten verwerten kann. (**Satz 5**:) *Die Kombination der Schadensersatzhaftung mit einem Rückgaberecht hat nur dann keine anreizverfälschende Wirkung, wenn die Rückgabe auf die Fälle beschränkt ist, in denen der Verkäufer die mangelhafte Sache am besten verwerten kann.*

Die ökonomische Wirkung der Rückgabe hängt also stark davon ab, in welchem Verhältnis sie zum Schadensersatzrecht steht. Als isoliertes Gewährleistungsrecht ohne Schadensersatz könnte sie – in direkter Abhängigkeit von den Kosten der Rückgabe – ähnlich wie eine Schadensersatzhaftung wirken und die Funktionen der Anreizbildung, Signalisierung und Versicherung (suboptimal) erfüllen.[188] Als alternativer Rechtsbehelf zum Schadensersatz würde sie zumindest so lange die Wirkung des Schadensersatzes als Anreiz, Signal und Versicherung nicht verfälschen, wie keine hohen Rückgabekosten drohen.[189] In der Kombination mit dem Schadensersatz schließlich ist die Rückgabe immer anreizverfälschend, wenn der Verkäufer nicht der beste Verwerter der Sache ist. Als Ergebnis lässt sich festhalten, dass die Kombination ohne eine gezielte Beschränkung der Rückgabe auf die effizienten Fälle als dispositiver Rechtsbehelf ökonomisch nur sinnvoll sein kann, wenn der Nachteil der anreizverfälschenden Wirkung durch einen größeren anderweitigen Vorteil überwogen wird.

cc) Der Anreiz zur Wahrnehmung des Rückgaberechts (Missbrauchsgefahr)

Die Gefahr, dass ein unbeschränktes Rückgaberecht zu ineffizienten Ergebnissen und zur Übererfüllung führt, wächst mit der Wahrscheinlichkeit, dass der Gläubiger sein Rückgaberecht nutzt, obwohl der Schuldner gar nicht der beste Verwerter ist. Im Folgenden wird deshalb ermittelt, unter welchen Umständen der Gläubiger ein Interesse daran hat, mangelhafte Waren zurückzugeben. Im Ergebnis bewirkt insbesondere die Kombination mit dem Schadensersatz einen Anreiz für den Gläubiger, das Rückgaberecht zu nutzen.

Zunächst bietet die Rückgabe für den Käufer den Vorteil, dass er nicht auf eigene Initiative tätig werden muss, um die mangelhafte Kaufsache zu verwenden oder zu verkaufen. Er braucht gegenüber dem Verkäufer nicht in Vorlage zu ge-

---

188 Vgl. Wissink/Mann, 19 Rand Journal of Economics 1988; Wehrt, ZWS 113 (1993), S. 77 – 113

189 Henning, Jahrbuch der Wirtschaftswissenschaften 46 (1995), S. 76 (93)

hen, indem er Investitionen für die Verwertung tätigt. Durch einen Ersatzkauf kann er auch vermeiden, dass er Schäden erleidet, die er sich vom Verkäufer ersetzen lassen muss. Die Rückgabe gibt ihm also die Möglichkeit, ohne aufwendige Abrechnung eines Schadensersatzes und ohne das Risiko, dass der Verkäufer seine Schulden nicht bezahlt (Kreditrisiko), eigene Verluste aus der Leistungsstörung zu vermeiden.

John Honnold: "The buyer's right at a later date to recover damages is a lame answer to his need for protection from the seller's breach, since it forces in him the risk of impairment of the seller's credit, as well as the burden of instituting and prospecting legal action."[190]

Die Vermeidung der Abrechnung durch Schadensersatz ist ein kaum zu überschätzender Anreiz für den Käufer. Denn konkret bedeutet die Möglichkeit der Rückgabe für ihn, dass er nicht gezwungen ist, eine schadhafte Ware zu benutzen. Er kann sich nach der Rückgabe auf Kosten seines Schuldners eine neuwertige, mangelfreie Sache besorgen und muss keine eingeschränkte Verwendbarkeit dulden. Er kann vermeiden, eine von ihm so nicht bestellte Ware verwenden und dafür auch zahlen zu müssen. Der Vorteil der Nutzung der schadhaften Sache wird nicht von seinem Schadensersatz abgezogen. Er spart sich durch die Rückgabe also die mühselige Arbeit, eine mangelhafte Ware bestmöglich einzusetzen, und bekommt eine neuwertige Ware, ohne hierfür mehr ausgeben zu müssen. Und zusätzlich umgeht er die Probleme der Abrechnung in Geld durch Schadensersatz, einschließlich der drohenden Rechtsstreitigkeiten und der Gefahr, durch Geld nicht ausreichend kompensiert zu werden (z. B. weil seine aufgewendete Arbeitszeit nicht angemessen berücksichtigt wird).

Dieses „Selbsthilferecht" der Rückgabe (s. u. B.IV.2.b.ee) ist für den Gläubiger allerdings erheblich weniger attraktiv, wenn er durch die Wahl der Rückgabe seinen alternativen Schadensersatzanspruch verliert, der ihm immerhin den Gewinn aus dem gestörten Geschäft garantiert (Versicherung). In diesem Fall ist es oft lohnender, die mangelhafte Ware zu behalten und zu verwerten und sich den resultierenden Verlust ersetzen zu lassen. Konkret bedeutet der Verlust des Schadensersatzes, dass der Käufer den begehrten neuwertigen Ersatz für die Mangelware selbst zahlen muss. Kostet der Ersatz mehr als die ursprüngliche Leistung, so muss er selbst die Mehrkosten tragen. Bei der unbeschränkten Kombination hingegen ist der Schadensersatz auch bei Rückgabe sicher, so dass der Käufer die Vorteile der Rückgabe in Anspruch nehmen kann, ohne den versicherten Gewinn zu verlieren. Ist die Beschaffung eines neuwertigen Ersatzes teurer als der ursprüngliche Kauf, so muss der vertragsbrüchige Schuldner die Mehrkosten tra-

190 John Honnold, 97 University of Pennsylvania Law Review 1949, S. 467

gen. Der Käufer hat durch die Vorteile der Rückgabe (neuwertiger Ersatz, Vermeidung von Schäden und Abrechnung in Schadensersatz, kein Insolvenzrisiko) einen positiven Anreiz, die Waren zurückzugeben, und erleidet keinen Nachteil. Ohne eine Beschränkung der Rückgabe ist es daher sehr wahrscheinlich, dass der Käufer sie auch nutzt. Und da die Vorteile des Käufers in keiner Beziehung dazu stehen, ob der Verkäufer der beste Verwerter ist oder nicht, ist es sehr wahrscheinlich, dass sich der Käufer für eine kostensteigernde, ineffiziente Rückgabe entscheidet. Werden weder der Schadensersatz noch die Rückgabe beschränkt, fehlt dem Käufer jeglicher Anreiz, sich gegen die kostensteigernde Rückgabe zu entscheiden. Im Gegenteil, weil ihm die Vorteile der Rückgabe zusätzlich zum Schadensersatz geboten werden, wird ein Anreiz dazu gesetzt, gerade die Rückgabe zu wählen. (**Satz 6**:) *Die unbeschränkte Kombination von Schadensersatz und Rückgaberecht bildet einen Anreiz zur ineffizienten Rückgabe.*

Ein weiterer Vorteil des Rückgaberechts für den Käufer ist, dass er einem Geschäft entkommen kann, das für ihn unvorteilhaft geworden ist (Motivirrtum[191]). Vor allem wenn die Preise seit dem Vertragschluss gefallen sind und der Käufer die gleiche Ware inzwischen billiger kaufen könnte, ist es für ihn interessant, sich vom Vertrag zu lösen.[192] Üblicherweise übernimmt in Kaufverträgen der Verkäufer das Risiko steigender Märkte (der vereinbarte Kaufpreis steigt nicht mit und wird „zu billig") und der Käufer das Risiko fallender Märkte (der Kaufpreis fällt nicht mit und wird „zu teuer"). Wollte der Käufer während der Vertragsverhandlungen erreichen, dass der Verkäufer auch das Risiko fallender Märkte trägt, so müsste er für diese Versicherung einen Aufpreis bezahlen. Das unbeschränkte Recht zur Rückgabe gibt ihm diesen Vorteil kostenlos, sobald mangelhafte Waren vorliegen.[193] Dies verletzt die vertragliche Risikoverteilung und bewirkt eine unfreiwillige Umverteilung vom Verkäufer zum Käufer.[194] Vor allem aber bildet diese Versicherung einen weiteren Anreiz, die Ware ohne Rücksicht auf die Kosten zurückzugeben. Sobald der Käufer ein besseres Geschäft machen kann, wird er den Mangel nutzen und das unvorteilhafte Geschäft durch die Rückgabe beenden. Da er hierbei aufgrund der Versicherung nicht darauf achten muss, wie hoch die Verluste des Verkäufers durch die Rückgabe sind, sondern lediglich das für ihn günstigere Geschäft vor Augen hat, wird er seinen Vorteil

191 Schäfer/Ott, S. 484

192 Posner, EAL, S. 126; Schäfer/Ott, S. 484; Honnold a.a.O., S. 470; Priest, 91 Harvard Law Review 1978, S. 966; Craswell/Schwartz, S. 116 , auf S. 125: „The result is that rescission and/or restitution is more favorable for the nonbreacher than expectation damages would have been."

193 Posner, EAL, S. 126

194 Schäfer/Ott, S. 484; bzw. die unfreiwillige Versicherung des Käufers gegen fallende Märkte

auch dann noch verfolgen und die Ware zurückgeben, wenn insgesamt die Verluste die Vorteile überwiegen. Die Versicherung gegen fallende Märkte ruft also das bekannte Missbrauchsproblem hervor. Der Käufer sucht seinen Vorteil auf Kosten des Verkäufers und handelt ineffizient.

Besteht keine Versicherung (Konsumentenhaftung), so werden sich Verkäufer und Käufer nur auf die Rückgabe einigen, wenn der Käufer den Verkäufer aus den Gewinnen im alternativen Geschäft entschädigen kann. Der Käufer müsste für den ‚Rückverkauf' an den Verkäufer einen Preis bieten, der unter dem Nutzen des Verkäufers an der Mangelsache liegt, damit dieser einen Vorteil hat und einwilligt. Falls nun der Verkäufer die Ware schlechter nutzen kann als der Käufer, dann läge der Preis unter dem Wert der Mangelsache für den Käufer. Zu einem so schlechten Preis wird der Käufer aber nur zurückgeben (zurückverkaufen), wenn er im günstigen Alternativgeschäft einen noch höheren Gewinn machen kann. Die Rückgabe wird also unterbleiben, wenn der Gewinn aus dem Ersatzgeschäft die Kosten der Rückgabe nicht übersteigt. Denn dann würden Rückgabe und Ersatzgeschäft nur Nutzen vernichten und zwischen den Parteien könnte kein Gewinn aufgeteilt werden:

	Verkäufer	**Käufer**	**Gesamtnutzen**
Vorher	75	60 Mangelsache	135
Rückgabe und Ersatz	-40 Kaufpreis +45 Mangelsache	+40 Kaufpreis -60 Mangelsache +100 Ersatz -65 Preis für Ersatz	-15 Rückgabe +35 Ersatz
	80	75	155

Vorher	75	60 Mangelsache	135
Zu teurer Ersatz	-40 Kaufpreis +45 Mangelsache	+40 Kaufpreis -60 Mangelsache +100 Ersatz -90 Preis für Ersatz	-15 Rückgabe +10 Ersatz
	80	50	130

Erläuterung: Der Verkäufer ‚kauft' die Mangelsache freiwillig zurück, weil er hierfür nur 40 zahlen muss, aber 45 Nutzen an der Sache hat. Der Käufer hatte einen Nutzen von 60 an der Mangelsache, kann den Rückkauf aber subventionieren (-20), weil er dadurch den Weg für den Ersatzkauf frei macht, der ihm einen Zuwachs von 35 beschert (100 Nutzen - 65 Ersatzpreis). Die volkswirtschaftliche Bilanz ist positiv, da durch die Rückgabe zwar 15 Nutzeneinheiten verloren gehen, durch den Ersatz aber 35 neu hinzukommen. Anders ist es, wenn der Ersatz so teuer ist, dass er den Verlust durch die Rückgabe nicht wettmachen kann. Unter diesen Voraussetzungen würden sich die Parteien bei der Konsumentenhaftung nicht auf die Rückgabe einigen.

Im Falle der Versicherung durch das unbeschränkte Rückgaberecht muss der Käufer nicht für die Kosten der Rückgabe aufkommen, so dass sich für ihn jedes Alternativgeschäft lohnt, das günstiger ist als der ursprüngliche Kaufvertrag. Er wird auch zurückgeben, obwohl dies insgesamt nur Nutzen vernichtet.[195] Bei fallenden Märkten (wie bei anderen Motivirrtümern) gilt also wiederum, dass das unbeschränkte Rückgaberecht einen Anreiz zur ineffizienten Rückgabe bildet. Der Anreiz der fallenden Märkte besteht allerdings bei der zusätzlichen Schadensersatzhaftung (Kombination) genauso wie bei alternativer Haftung. Denn wenn der Anreiz zur Rückgabe der mögliche höhere Gewinn des alternativen Geschäfts ist, dann spielt es keine Rolle mehr, ob der Käufer eine Versicherung für die Gewinne aus dem alten, für ihn unvorteilhaft gewordenen Geschäft hat.

Die Verbindung der Gewinnversicherung durch die Haftung auf das Erfüllungsinteresse mit den Vorteilen der unkomplizierten Rückgabe und dem möglichen Profit bei fallenden Märkten macht die Kombination von Rückgabe und (großem) Schadensersatz zu einem so attraktiven Rechtsbehelf, dass Mängel vorgeschoben werden, um den Vorteil dieser Rückgabeversicherung zu erlangen. Es lohnt sich für den Käufer, selbst den kleinsten Mangel zu rügen. Da kleinste Mängel nicht völlig zu vermeiden sind, führt ein unbeschränktes Rückgaberecht für nahezu alle Kaufverträge zur Versicherung des Käufers gegen Motivirrtümer – mit der Folge häufiger ineffizienter Rückgaben. Zudem gilt, dass je kleiner der Mangel ist, desto höher auch die Wahrscheinlichkeit, dass die Rückgabe ineffizient ist. Schließlich wurde der Kauf der mangelfreien Ware vereinbart, weil sie beim Käufer einen größeren Nutzen hat als beim Verkäufer – und dieses Wertgefälle wird durch kleinere und kleinste Mängel im Zweifel nur geringfügig verändert. Dies zeigt, dass das Rückgaberecht nicht unbeschränkt gewährt werden darf und zumindest für Bagatellen und Kleinstschäden ausgeschlossen sein muss. (**Satz** 7:) *Das Rückgaberecht sollte für Bagatellfälle ausgeschlossen werden.*

Zusammenfassend ist die Gefahr der ineffizienten Rückgabe bei der Kombination von Rückgabe und (großem) Schadensersatz also besonders hoch. Sie bildet einen Anreiz zur Rückgabe, weil der Gläubiger alle Vorteile der Rückgabe behalten kann, ohne die Garantie des Gewinns zu verlieren. Sind Rückgabe und Schadensersatz alternativ, besteht der Anreiz zur Rückgabe nur, wenn der Kauf unvorteilhaft geworden ist (Motivirrtum) und der Käufer an der Garantie des Gewinns kein Interesse mehr hat – insbesondere bei fallenden Märkten. Der Ver-

---

195 Es muss auch der Nutzenvorteil des Dritten am Ersatzgeschäft beachtet werden. Wenn die Rückgabekosten den Nutzen des Käufers und des Dritten übersteigen, wird insgesamt Nutzen vernichtet.

gleich zeigt, dass bei der Kombination die Missbrauchsgefahr von Versicherungen (*moral hazard*) besonders zum Tragen kommt. Dies liegt daran, dass die Kombination dem Käufer eine Gewinnversicherung und eine Versicherung gegen fallende Märkte und Motivirrtümer bietet.

Im Ergebnis hat die Kombination den Nachteil, dass sich jede kostensteigernde Rückgabe anreizverfälschend auswirkt, weil die Kosten der Rückgabe die Haftung des Schuldners erhöhen. Zugleich bildet gerade die Kombination einen Anreiz zur ineffizienten Rückgabe. Bei der alternativen Schadensersatzhaftung ist sowohl die Anreizverfälschung durch die Rückgabe[196] als auch die Rückgabe selbst weniger wahrscheinlich.[197] Bei der Kombination sind also Missbrauchsgefahr (durch die kostensteigernde Rückgabe) und der resultierende Schaden (durch Mehrkosten und den Anreiz zur Übererfüllung) besonders hoch. Deshalb sollten bei der Kombination das Rückgaberecht oder der Schadensersatz beschränkt werden, sobald die Rückgabe vermeidbare Mehrkosten erzeugt.

dd) Selbsthilferecht und Rechtssicherheit

Will man die Missbrauchsgefahr, die daraus resultierende Aufblähung der Schadensfolgen und die Verzerrung der Erfüllungsanreize vermeiden, muss man entweder das Rückgaberecht auf die effizienten Fälle oder die Schadensersatzhaftung auf das effiziente Niveau beschränken. Im ersten Fall wird eine ineffiziente Wahl des Käufers unmöglich gemacht, im zweiten Fall ein Anreiz gegeben, die ineffiziente Rückgabe zu unterlassen. Beide Methoden erfordern, dass im Einzelfall bestimmt wird, ob eine Rückgabe kostensparend ist oder nicht. Die entsprechende Regel müsste also auf den Einzelfall abstellen, was ihre Klarheit verringert. Wenn ein Gericht im Einzelfall bestimmen soll, ob die Rückgabe förderlich und der Verkäufer der bessere Verwerter ist, dann muss es mehrere hypothetische Werte ermitteln, z. B. die Möglichkeit eines Weiterverkaufs durch Verkäufer und Käufer oder den Wert der Weiternutzung durch den Käufer (s. o. B.IV.2.b.aa). Die Entscheidung wäre also nicht nur abhängig vom konkreten Einzelfall, sondern auch unweigerlich ungenau. Für die Parteien wäre der Ausgang eines Rechtsstreites nur eingeschränkt vorhersehbar. Im Folgenden wird daher untersucht, ob dieser Nachteil der verringerten Rechtsklarheit dafür spricht, von einer Beschränkung der Rückgabe Abstand zu nehmen. Im Ergebnis zeigt sich jedoch, dass ein unbeschränktes Rückgaberecht noch höhere Verluste durch Rechtsunsicherheit hervorrufen würde und deshalb zumindest eine Bagatellgrenze eingeführt werden muss.

---

196 Sie entsteht nur, wenn die Rückgabekosten die Schadenshaftung übersteigen.

197 Die Rückgabe ist nur bei fallenden Märkten und vergleichbaren Motivirrtümern attraktiv.

Aus ökonomischer Sicht bewirkt Rechtsunsicherheit, dass die Parteien bereit sind, Geld in einen Rechtsstreit zu investieren, um einen drohenden Nachteil abzuwenden.[198] Jede Seite wird bereit sein, in Rechtsberatung und Streitverfahren zu investieren, solange die Kosten hierfür unter dem erhofften Vorteil liegen.[199] Die Ausgaben für einen Rechtsstreit verteuern den Umgang mit der Leistungsstörung und können dazu führen, dass die Beschränkung der Rückgabe letztlich mehr (Rechtsverfolgungs-)Kosten produziert als durch den Ausschluss der kostensteigernden Rückgabe eingespart werden kann (siehe Tabelle). Es kann somit der Fall eintreten, dass die Beschränkung auf die einfache Haftung ohne Rückgabe zwar effizient wäre, die Kosten der Rechtsunsicherheit diesen Vorteil aber wieder vernichten: *„Thus the remedy of damages remains the more efficient, but its true value is never realized unless the legal rules are certain enough to discourage expensive legal disputes."* **(George L. Priest)**[200]

	Verkäufer	Käufer	Gesamtnutzen
Vorher	50	150	200
Geplanter Kauf	-50 Kaufsache +75 Kaufpreis	+100 Kaufsache -75 Kaufpreis	
	75	175	250

	Verkäufer	Käufer	Gesamtnutzen
Vorher	50	150	200
Duldung und Haftung	-50 Kaufsache +75 Kaufpreis -40 Haftung	*+60 Mangel* -75 Kaufpreis +40 Haftung	+10 Nutzenzuwachs
	35	175	210

	Verkäufer	Käufer	Gesamtnutzen
Vorher	50	150	200
Rückgabe	-50 Kaufsache +30 Mangel +75 Kaufpreis -75 Kaufpreis zurück -25 Haftung	+60 Mangel -60 Mangel zurück -75 Kaufpreis +75 Kaufpreis zurück +25 Haftung	-20 Mangel
	5	175	180

198 Priest, 91 Harvard Law Review 1978, S. 968; Shavell, Foundations, S. 401 ff., 415 ff.

199 Shavell, Foundations, S. 415: „A party will generally make a litigation expenditure as long as it costs less than the expected benefit it yields."

200 Priest a.a.O., S. 968 bringt das Beispiel, dass der Rückgabeverzicht $ 4 einspart, die Parteien aber bereit sind, jeweils $ 5 in den Rechtsstreit zu investieren.

	Verkäufer	Käufer	Gesamtnutzen
Vorher	50	150	200
Duldung und Rechtstreit	-50 Kaufsache +75 Kaufpreis -40 Haftung -25 eigene Streitkosten +25 Ersatz	+60 Mangel -75 Kaufpreis +40 Haftung -25 eigene Streitkosten -25 Streitkosten Gegner	+10 Nutzenzuwachs -50 Streitkosten
	35	125	160

Erläuterung: Der Mangel mindert den Nutzen um 40 auf 60. Dadurch entsteht bei der Duldung mit Haftung noch ein Nutzenzuwachs von 10. Der Verkäufer ist der deutlich schlechtere Verwerter. Bei ihm ist die Mangelsache nur noch 30 wert, es entsteht also ein Verlust von –20 durch den Mangel, die Rückgabe ist ineffizient. Wenn nun aufgrund der unklaren Rechtslage ein Streit entsteht, so ist der Verkäufer bereit, bis zu 30 in den Streit zu investieren, denn das ist sein persönlicher Nachteil aufgrund der Rückgabe. Der Käufer investiert ebenfalls 25, um seinen Vorteil aufgrund der Rückgabe (z. B. Alternativkauf) zu verteidigen und die Haftung auf die Rechtskosten zu vermeiden. Er verliert den Streit und muss die Mangelware behalten. Insgesamt fallen 50 Streitkosten an, was den Effizienzgewinn durch den Verzicht auf die ineffiziente Rückgabe übersteigt.

Die theoretisch wünschenswerte Einschränkung der Rückgabe muss also durch eine Norm geschehen, die den Ausgleich findet zwischen den gegenläufigen Zielen der Einzelfallgerechtigkeit und der Rechtsklarheit.[201] Die Einzelfallgerechtigkeit erfordert eine flexible Generalklausel, die den Rechtsanwendern Ermessensspielraum gibt, die aber hierdurch die Entscheidung schlecht voraussagbar macht. Rechtssicherheit erfordert klar spezifizierte, strikte Regeln, die aber im Gegenzug im Einzelfall zu Ungerechtigkeit führen können: *„Specific legal rules and general legal standards lie at opposite ends of the specificity – generality spectrum."* **(Richard A. Posner)**[202]

Der Verlust an Rechtsklarheit bewirkt, dass ein wesentlicher Vorteil des Rückgaberechts relativiert wird, nämlich die Tatsache, dass die Rückgabe im

201 Grundlegend zum Problem der ungenauen Generalklauseln im Konflikt mit Einzelfallgerechtigkeit, Ehrlich/Posner, Economic Analysis of Legal Rulemaking, 1974 Journal of Legal Studies, III, S. 257 – 286; Shavell beschäftigt sich auf S. 450 – 456 (Foundations) mit dem verwandten Problem der Genauigkeit des Rechtssystems (accuracy).

202 Posner/Parisi, L&E I, S. XIII zum Aufsatz von Posner/Ehrlich (1974); vgl. Posner, EAL, S. 555 – 560 (§20.3 „Statutory production; Rules versus Standards")

Unterschied zum Schadensersatz ein Selbsthilferecht ist.[203] Durch die Rückgabe kann der Käufer ohne Hilfe durch die Gerichte vermeiden, dass ihm ein Schaden entsteht, den er sich nach mühsamen rechtlichen Auseinandersetzungen vom Verkäufer ersetzen lassen kann. Der Schadensersatz hingegen zwingt den Käufer, seinem Verkäufer Kredit einzuräumen und damit dessen Insolvenzrisiko zu tragen (s. o. B.IV.2.b.cc).[204] Ein unbedingtes, klares Rückgaberecht löst auch keine Kosten für einen Rechtsstreit aus und ermöglicht dadurch eine direkte Verhandlung der Parteien über den Umgang mit der Leistungsstörung. Das klare, unbestreitbare (Selbsthilfe-)Recht des Käufers gäbe ihm ein gutes Drohpotential, um den Verkäufer zu Nachbesserungen zu bewegen. Drohen diesem durch die Rückgabe erhebliche Verluste, so kann er dem Käufer das Rückgaberecht durch einen angemessenen Preisnachlass „abkaufen". Für die Parteien lohnt es, sich auf den kostensparendsten Umgang mit der Leistungsstörung zu einigen, weil hiervon beide Seiten profitieren können. Auch der Käufer hat ein eigenes wirtschaftliches Interesse, auf eine ineffiziente Rückgabe zu verzichten, weil er hierfür vom Verkäufer einen zusätzlichen Preisnachlass verlangen kann (maximal in der Höhe der drohenden Verluste).[205] Wenn also keinerlei Verhandlungskosten bestünden, kämen die Parteien auch ohne eine gesetzliche Beschränkung der Rückgabe durch freiwillige Einigung zum effizienten Ergebnis (Coase-Theorem, s. o. B.II.2).[206]

Rechtsunsicherheit durch unklare Normen kann den Einigungsprozess der Parteien erschweren, weil die Parteien anstatt zu verhandeln noch darauf hoffen, durch Investitionen in den Streit ihren Vorteil voll durchsetzen zu können. Eine gesetzliche Beschränkung der Rückgabe auf effiziente Fälle ruft diese Gefahr hervor und kann ökonomisch nur gerechtfertigt werden, wenn die hierdurch vermiedenen Effizienzverluste höher liegen als die Verluste aufgrund der Rechtsunsicherheit.

Es wurde bereits festgestellt (s. o. B.IV.2.b.cc, Satz 7), dass das Rückgaberecht zumindest für *Bagatellfälle* ausgeschlossen werden muss. Denn wenn der Käufer schon bei kleinsten Mängeln zurückgeben kann, dann entsteht hierdurch ein erheblicher Anreiz, nach solchen kleinsten Mängeln zu suchen. Angesichts der Vorteile des Käufers bei Rückgabe bestünde ein erheblicher Anreiz, Ressourcen darin zu investieren, einen Mangel zu finden (durch technische Untersuchungen, Rechtsberatung, Gerichtsverfahren etc.). Im gleichen Maße wie bei einem Streit über das gesetzlich beschränkte Rücktrittsrecht wäre der Käufer bereit, bis

---

203 Posner EAL, S. 132 – 135; Goetz/Scott in Craswell/Schwartz, S. 115 f.; Honnold, 97 University of Pennsylvania Law Review 1949, S. 468

204 Honnold a.a.O., S. 467 f.

205 Goetz/Scott in Craswell/Schwartz, S. 115 f.

206 Craswell/Schwartz nennen das „renegotiation", S. 117, 125; dazu Shavell, Foundations, S. 362 – 367 (grundlegend S. 314 – 320)

zur Höhe seines Vorteils in das Auffinden eines Mangels zu investieren. Auch über die Frage, ob überhaupt ein Mangel vorliegt, kann es zu einem Rechtsstreit kommen. Es ist deshalb ein Trugbild, dass bei einem unbeschränkten Rückgaberecht für mangelhafte Waren größere Rechtsklarheit herrscht. Eine klare Abgrenzung der vertragsgerechten Erfüllung zu geringfügigen Abweichungen und kleinsten Fehlern ist kaum möglich. Im Gegenteil, in den seltensten Fällen werden keine geringfügigen Abweichungen vorliegen, so dass ohne Bagatellgrenze in beinahe allen Verträgen über das Rückgaberecht gestritten werden kann. Tatsächlich verringert eine Bagatellgrenze die Menge der streitverdächtigen Fälle, denn erhebliche Fehler liegen viel seltener vor als geringfügige und kleinste Abweichungen.[207]

Eine Bagatellgrenze erhöht die Rechtssicherheit, weil sie die Menge der möglicherweise strittigen Fälle senkt. Zugleich steigert sie die Effizienz, da in den meisten Bagatellfällen eine Rückgabe kostensteigernd wirken würde und die Parteien sich in einem vollständigen Vertrag auf eben diesen Ausschluss der Rückgabe geeinigt hätten. Gerade im Fall der kleinen Abweichungen vom Vertragsprogramm ist es besonders wahrscheinlich, dass der Käufer der bessere Verwerter der Ware ist und deshalb die Rückgabe zusätzliche Verluste erzeugt. Unerhebliche Abweichungen verringern den Wert der Sache für den Käufer nur unerheblich, so dass die Ware beim Käufer trotzdem noch mehr wert ist als beim Verkäufer. Wegen des höheren Wertes beim Käufer wurde die Ware ja schließlich an ihn verkauft. **(Satz 8:)** *Eine Bagatellgrenze verringert sowohl die Rechtsunsicherheit als auch die Gefahr der ineffizienten Rückgabe.*

Auf eine Beschränkung der Rückgabe durch zumindest eine Bagatellgrenze (*de minimis non curat praetor*) kann also nicht verzichtet werden. Diese Forderung wird von allen Rechtsordnungen erfüllt (s. u. C.VI.2.a.gg). Damit steht auch fest, dass eine absolute Rechtsklarheit nicht erreicht werden kann und stets Abgrenzungsschwierigkeiten in Kauf genommen werden müssen.[208] **(Satz 9:)** *Da das Rückgaberecht zumindest durch eine Bagatellgrenze beschränkt werden muss, sind Abgrenzungsschwierigkeiten unumgänglich.*

---

207 In diesem Punkt irrt Rabel, Warenkauf II, S. 238 ff., 242: Er hält das „Ermessen" der Gerichte für einen Unsicherheitsfaktor. Die Verunsicherung, die entstünde, wenn jeder Käufer versuchen würde, sich Vorteile durch die Suche nach Bagatellen zu sichern, bedenkt er nicht (weil er implizit von der Alternativität der ädilizischen Rechtsbehelfe ausgeht, die davon abschreckt: s. u. C.VI.3.c). Wenn die Gerichte aber für Bagatellfälle Ermessen bekommen müssen, steigt die Verunsicherung nicht mehr wesentlich, wenn man als Rückgabeschranke gleich das ökonomisch entscheidende Kriterium anlegt.

208 Es sei denn, man schafft das Rückgaberecht ganz ab oder gibt es in jedem Vertrag für jeden Fall, nicht beschränkt auf „Mängel".

Ob eine „Bagatelle" vorliegt, kann nicht abstrakt-generell sondern nur im Einzelfall bestimmt werden. Damit entsteht die Frage, anhand welcher Faktoren bestimmt werden soll, ob ein Mangel erheblich ist – etwa nach dem Ausmaß der Abweichung oder den Verlusten des Käufers. Aus ökonomischer Sicht ist es sinnvoll, bei der notwendigen Abgrenzung maßgeblich auf die Effizienz der Rückgabe abzustellen. Wenn schon Abgrenzungsschwierigkeiten hingenommen werden müssen, sollte zumindest nach effizienten Kriterien beschränkt werden. So kann der Nachteil der Rechtsunsicherheit durch den Vorteil der Effizienz (ersparte Verhandlungskosten, geringeres Missbrauchsrisiko und geringe Anreizverzerrung) ausgeglichen werden. Die unumgängliche Abgrenzung zwischen Mängeln, die zur Rückgabe berechtigen, und solchen, die kein Rückgaberecht nach sich ziehen, sollte daher an die Frage geknüpft werden, ob der Verkäufer der bessere Verwerter ist (s. o. B.IV.2.b.bb, Satz 5).[209]

In einem vollständigen Vertrag würden sich die Parteien darauf verständigen, die Rückgabe nur zuzulassen, wenn der Verkäufer der bessere Verwerter ist. So können sie den effizienten Umgang mit der mangelhaften Leistung sicherstellen und die erzielten Ersparnisse aufteilen. Das dispositive Recht sollte den Gerichten ermöglichen, diese Regel im Einzelfall zu befolgen. Zwar besteht der aufgezeigte Nachteil der Rechtsunsicherheit, ineffiziente Rückgaben werden aber ausgeschlossen. Andere denkbare Definitionen einer Erheblichkeitsschranke für das Rückgaberecht haben ebenfalls den Nachteil der Rechtsunsicherheit. Wenn sie die Effizienz der Rückgabe nicht beachten, haben sie den zusätzlichen Nachteil vermeidbarer Mehrkosten durch die ineffiziente Rückgabe. Zum unvermeidlichen Nachteil der rechtlichen Ungewissheit (durch Abgrenzung) käme der Nachteil der ineffizienten (zu wenig oder zu stark beschränkten) Rückgabe hinzu. Im Ergebnis kann deshalb festgehalten werden, dass eine einzelfallbezogene Beschränkung des Rückgaberechts notwendig ist und dass es hierbei ökonomisch wünschenswert ist, die Rückgabe nur zuzulassen, wenn der Verkäufer der beste Verwerter ist.[210] **(Satz 10:)** *Für die notwendige Abgrenzung zwischen wesentlichem und unwesentlichem Mangel sollte das Kriterium sein, ob der Verkäufer die mangelhafte Sache am besten verwerten kann.*

---

209 (Satz 5:) Die Kombination der Schadensersatzhaftung mit einem Rückgaberecht hat nur dann keine anreizverfälschende Wirkung, wenn die Rückgabe auf die Fälle beschränkt ist, in denen der Verkäufer die mangelhafte Sache am besten verwerten kann.

210 Alternativ zur Beschränkung des Rückgaberechts kann auch vom Schadensersatz die vermeidbare Kostensteigerung aufgrund einer ineffizienten Rückgabe abgezogen werden.

ee) Exkurs: Rückgaberecht bei Verbrauchern und Kaufleuten

Bei der Beschränkung der Rückgabe können die Besonderheiten eines typischen Anwendungsbereichs berücksichtigt werden. Im Fall von Verbrauchern kann man davon ausgehen, dass in vielen Fällen der Anbieter (Händler/Hersteller) eine defekte Ware besser verwerten kann, weil er leichteren Marktzugang und die Ressourcen für eine Reparatur hat. Deshalb ist das Rückgaberecht bei Verbrauchern typischerweise effizienzsteigernd und sollte eher unbeschränkt gewährt werden.[211] Man könnte z. B. auf eine strengere Schranke als die Bagatellgrenze verzichten (s. o. B.IV.2.b.aa). Das hätte den zusätzlichen Vorteil, dem Verbraucher ein durchsetzungsfähiges Selbsthilferecht zu geben, das ihm in den Verhandlungen mit dem Anbieter „den Rücken stärkt" (s. o. B.II.b.dd). Im Handelsrecht unter Kaufleuten hingegen ist davon auszugehen, dass beide Parteien mangelhafte Ware weiterverkaufen können, weil sie Zugang zu den entsprechenden Märkten haben. Der Verkäufer ist nicht per se der bessere Verwerter. Sobald hohe Transportkosten für die Rückgabe hinzukommen – wie vor allem im internationalen Handel – ist die Rückgabe typischerweise ineffizient und sollte vom dispositiven Recht stark beschnitten werden. Aus diesem Grunde ist das Rückgaberecht im CISG streng auf wesentliche Mängel beschränkt (s. o. B.IV.2.b.aa, s. u. C.I.2.cc).

Wenn eine Rechtsordnung schließlich keinen eindeutig überwiegenden typischen Fall hat, z. B. weil sie für Verbraucher und Kaufleute gleichermaßen gilt, sollte sich die Rückgabeschranke einer wertenden Gewichtung enthalten und eine neutrale Generalklausel schaffen. Diese ermöglicht den Gerichten, die verschiedenen typischen Fallgruppen zu differenzieren. So könnte sich auf Grundlage einer neutralen Beschränkung der Rückgabe auf den Fall der bestmöglichen Verwertung beim Schuldner eine Fallgruppe für Verbraucher herausbilden, die *prima facie* ein Rückgaberecht gibt – und eine andere Fallgruppe für Kaufleute, welche die Rückgabe nur unter der zu beweisenden Bedingung zulässt, dass die Belastung des Verkäufers nicht vermeidbar erhöht wird.[212]

---

211 Priest hat herausgearbeitet, dass die US Gerichte in Verbraucherfällen häufiger die Rückgabe gewähren als bei Kaufleuten, weil hier die Rückgabe häufiger kostensparend wirkt: Priest, 91 Harvard Law Review 1978, S. 995

212 S. u. D.II.1.b

ff) Zusammenfassung: Einschränkung der Rückgabe auf die optimale Verwertung

Der effiziente Umgang mit einer mangelhaften Leistung ist, sie demjenigen zufließen zu lassen, der sie am besten verwerten kann. Die Rückgabe sollte daher nur geschehen, wenn der Schuldner der beste Verwerter ist (siehe Sätze 1 – 3).[213] Zur Beurteilung dieser Frage müssen der Wert der Nutzung bzw. die möglichen Einnahmen aus einem Weiterverkauf von Schuldner und Gläubiger verglichen werden. Beim Verkäufer kommen belastend die Kosten des Rücktransports hinzu. Deshalb kann der Verkäufer bei hohen Transportkosten nur in seltenen Fällen der bessere Verwerter sein (siehe Satz 4).[214]

Gewährt man dem Gläubiger ein unbeschränktes Rückgaberecht, so wird er die Rückgabe wählen, wenn sie ihm einen Vorteil bietet – auch wenn sie ineffizient ist. Wird der Schadensersatz alternativ gewährt, hat der Gläubiger durch eine ineffiziente Rückgabe nur einen Vorteil, wenn die Preise gefallen sind oder ein vergleichbarer Motivirrtum vorliegt. Bietet man ihm hingegen die Kombination von Rückgabe und (großem) Schadensersatz, die ihm den Gewinn versichert, hat er in vielen Situationen einen Vorteil von der ineffizienten Rückgabe, wenn für ihn die Rückgabe einfacher ist als die Duldung des Schadens und die Abrechnung des Schadensersatzes. Zugleich hat die Kombination den Nachteil, dass dem Schuldner die Kosten der Rückgabe immer zusätzlich zum Schadensersatz aufgebürdet werden. Dadurch hat jede ineffiziente Rückgabe eine vermeidbare Erhöhung der Haftung zur Folge, die wiederum den Anreiz zur effizienten Erfüllung verfälscht. Im Ergebnis löst ein unbeschränktes Rückgaberecht bei der Kombination einen starken Anreiz zur Übererfüllung aus. Dieser Effekt kann nur vermieden werden, indem man die Rückgabe auf die effizienten Fälle beschränkt (siehe Sätze 5 und 6).[215]

---

213 (Satz 1:) Die Rückgabe sollte nicht stattfinden, solange die Kaufsache kostengünstiger im Sinne des Vertrages genutzt werden kann.
(Satz 2:) Die Rückgabe sollte auch nicht stattfinden, wenn die Kaufsache kostengünstiger vom Käufer selbst verwertet oder an einen Dritten verkauft werden kann.
(Satz 3:) Eine Rückgabe sollte optimalerweise nur dann geschehen, wenn der Verkäufer die Ware am besten verwerten kann.

214 (Satz 4:) Je höher die Kosten für den Rücktransport sind, desto unwahrscheinlicher, dass der Verkäufer der bessere Verwerter ist, und desto wahrscheinlicher, dass die Rückgabe ineffizient ist.

215 (Satz 5:) Die Kombination der Schadensersatzhaftung mit einem Rückgaberecht hat nur dann keine anreizverfälschende Wirkung, wenn die Rückgabe auf die Fälle beschränkt ist, in denen der Verkäufer die mangelhafte Sache am besten verwerten kann.

Für den Gläubiger besteht vor allem bei der Kombination ein erheblicher Anreiz, einen Mangel vorzuschieben, um sich die Vorteile der Rückgabe zu sichern. Dies führt bei geringfügigen Mängeln dazu, dass bewusst investiert wird, um Fehler zu finden. Da kleine Abweichungen in den meisten Fällen gefunden werden können, entstünde ohne den Ausschluss der Rückgabe für Bagatellfälle (*de minimis non curat praetor*) eine erhebliche Gefahr von Rechtsstreitigkeiten über das Vorliegen eines Mangels und zugleich eine erhebliche Anreizverfälschung durch eine hohe Anzahl an kostentreibenden Rückgaben. Aus diesem Grunde ist zumindest eine Beschränkung der Rückgabe auf Bagatellfälle notwendig (siehe Sätze 7 und 8).[216] Hierdurch entstehen unweigerlich Abgrenzungsschwierigkeiten zwischen erheblichen und unerheblichen Vertragsverletzungen. Wenn man aber Abgrenzungsschwierigkeiten ohnehin nicht vermeiden kann, dann ist es aus ökonomischer Sicht sinnvoll, als Abgrenzungskriterium die ökonomisch letztlich entscheidende Frage zu nehmen, ob der Verkäufer der bestmögliche Verwerter der mangelhaften Leistung ist (siehe Sätze 9 und 10).[217] Aus ökonomischer Sicht ist deshalb zu fordern, das Rückgaberecht durch ein Kriterium zu beschränken, das die Rückgabe nur zulässt, wenn der Verkäufer die mangelhafte Ware besser verwerten kann als der Käufer. Alternativ kann auch der Schadensersatz des Käufers im Falle einer ineffizienten Rückgabe um die vermeidbaren Mehrkosten gekürzt werden.

3. Ergebnis

Insgesamt lässt sich für die Kombination von Schadensersatz und Rücktritt festhalten, dass das Recht des Käufers zur Befreiung vom Vertrag (Verweigerung der Annahme weiterer Erfüllungsversuche) aus ökonomischer Sicht sinnvoll ist, wenn es durch eine angemessene Frist zur Nacherfüllung und eine Schadensminderungspflicht für den Verkäufer ergänzt wird. Das Recht zur Rückgabe muss im Falle der Kombination beschränkt werden – entweder, indem man die Rückgabe

---

(Satz 6:) Die unbeschränkte Kombination von Schadensersatz und Rückgaberecht bildet einen Anreiz zur ineffizienten Rückgabe.

216 (Satz 7:) Das Rückgaberecht sollte für Bagatellfälle ausgeschlossen werden.
(Satz 8:) Eine Bagatellgrenze verringert sowohl die Kosten der Rechtsunsicherheit als auch die Gefahr der ineffizienten Rückgabe.

217 (Satz 9:) Da das Rückgaberecht beschränkt werden muss, sind Abgrenzungsschwierigkeiten unumgänglich.
(Satz 10:) Das Kriterium für die notwendige Abgrenzung zwischen wesentlichem und unwesentlichem Mangel sollte sein, dass der Verkäufer die mangelhafte Sache am besten verwerten kann.

nur zulässt, wenn der Verkäufer der bessere Verwerter ist, oder indem man den Schadensersatz um diejenigen vermeidbaren Mehrkosten kürzt, die durch eine ineffiziente Rückgabe ausgelöst werden. Ohne eine Beschränkung wirkt sich die Kombination von Rückgabe und Schadensersatz wirtschaftlich nachteilig aus, weil der Verkäufer einen Anreiz zu ineffizienter Übererfüllung und der Käufer einen Anreiz zur Suche nach Mängeln und zum kostentreibenden Rücktritt erhält. Will man die Kombination von Rücktritt und Schadensersatz gewähren, muss folglich ein Schwerpunkt der Regulierung durch das dispositive Recht darin liegen, das Rückgaberecht zu beschränken.

V. Analyse der Kombination im neuen Schuldrecht

Der Grundsatz des neuen **§ 280 I BGB**, dass derjenige, der eine Vertragsverletzung zu vertreten hat, für alle zurechenbar verursachten Schäden haftet, entspricht den ökonomischen Anforderungen an das dispositive Recht (s. o. B.III.4). Insbesondere ist zu begrüßen, dass die Haftung auf den Erfüllungsschaden durch die Schuldrechtsreform auf das Gewährleistungsrecht ausgedehnt wurde und nicht mehr, wie im alten Schuldrecht, auf bestimmte Bereiche beschränkt ist. Der wichtige Beitrag dieses Rechtsbehelfs ist, dass der Schuldner angehalten wird, nicht mehr und nicht weniger als den effizienten Aufwand für Erfüllung und Nacherfüllung zu erbringen (Anreiztheorie). Darüber hinaus bewirkt er im Kaufvertrag eine erstrebenswerte Versicherung des typischerweise risikoscheuen Käufers gegen Verluste durch Sachmängel (Versicherungstheorie). Und außerdem ist die Haftung auf das volle Erfüllungsinteresse für den Anbieter ein Anreiz, seine Kunden über die Qualität seiner Produkte aufzuklären (Signaltheorie). Die notwendige Beschränkung des Schadensersatzes bei überhöhtem Vertrauen des versicherten Gläubigers wird durch § 254 BGB und die objektive Beschränkung des Schadensersatzes einerseits und die Verjährungsregeln andererseits ermöglicht.[218]

Die Regelung der Kombination von Schadensersatz und Rücktritt wird im Folgenden genauer untersucht, aufgeteilt in die Kombination von Befreiung und kleinem Schadensersatz und die Kombination von Rückgabe und großem Schadensersatz. Im Ergebnis ist die Regelung der Befreiung aus ökonomischer Sicht gelungen (1). Bei der Rückgabe hingegen ist die Rückgabeschranke „unerhebliche Pflichtverletzung" problematisch (2).

---

218 Zu § 254 BGB s. o. B.III.1.b; zur Beschränkung des Schadensersatzes auf objektiv notwendigen Ausgaben, s. o. B.IV.1.a/c; zu den Verjährungsregeln, s. o. B.III.2.d

1. Die Kombination von Befreiung und (kleinem) Schadensersatz

Bei Nichtlieferung wie bei Schlechtlieferung ist die Kombination von Befreiung und Schadensersatz aus ökonomischer Sicht wünschenswert, wenn sie mit einer angemessenen Frist für den Schuldner zur Nacherfüllung verbunden wird. Die Nachfrist ermöglicht dem Schuldner, trotz Leistungsstörung abzuwägen, ob Nacherfüllung oder Haftung günstiger ist. Der Anreiz durch die Haftung auf das Erfüllungsinteresse sorgt dafür, dass der Schuldner während der Nachfrist nur erfüllen wird, wenn dies noch effizient ist. Verweigert er die Erfüllung, kann man davon ausgehen, dass sie nicht mehr effizient wäre. Das Recht des Gläubigers, nach erfolgloser Nachfrist weitere Erfüllungsgesuche abzulehnen, wird deshalb in der Regel keine lohnende Erfüllung verhindern oder lohnende Investitionen zunichte machen. Die §§ 281 I 1, 323 I BGB sehen in Übereinstimmung mit diesen Vorgaben die Befreiung nach erfolgloser Nachfrist vor.

Eine angemessene Nachfrist muss verhindern, dass einerseits der Gläubiger eine lohnende Nacherfüllung zu früh unterbindet und dass sich andererseits während einer zu langen Wartezeit die Verzugsschäden anhäufen. Die Angemessenheit der Nachfrist muss deshalb von den drohenden Schäden einerseits und dem Fortschritt der Erfüllung und der für eine Beendigung benötigten Zeit andererseits abhängen.[219] Diese Anforderungen werden durch die Rechtsprechung zur Angemessenheit der Nachfrist im deutschen Recht weitestgehend erfüllt: Einerseits muss der Schuldner noch eine letzte Gelegenheit bekommen, um unter Anspannung aller Kräfte[220] die begonnene Erfüllung zu beenden[221] – andererseits muss die erforderliche Interessenabwägung[222] die drohenden Verzugsschäden berücksichtigten (s. o. A.IV.1.b). Die Tatsache, dass zur Bestimmung der Angemessenheit die objektive Sachlage des Einzelfalls[223] herangezogen wird, um eine Interessenabwägung durchzuführen, ermöglicht es den Gerichten, den aus ökonomischer Sicht notwendigen Kompromiss zwischen schnellem Ersatzgeschäft und ausreichender Chance für die Nacherfüllung herzustellen. Je größer die drohenden Verzugsschäden, desto eher muss die Nachfrist enden; je größer die

---

219 S. o. B.IV.1.b

220 Staudinger/Otto, § 323 Rn. B58

221 BGH NJW 1982, S. 1280; NJW 1985, S. 320 (323); Erman/Battes (9. A.), § 326 Rn. 29; MüKo/Emmerich (Band 2), § 326 BGBaF, Rn. 56; Staudinger/Otto, § 323 Rn. B63; MüKo/Ernst, § 323 Rn. 69, spricht von der „letzten Gelegenheit, seine im Wesentlichen ins Werk gesetzte und abgeschlossene Leistung nunmehr endlich voll zu erbringen und damit den Vertrag vor der Gefährdung durch ein gläubigerseitiges Rücktrittsrecht zu ‚retten'."; vgl. AK/Dauner-Lieb, § 281, Rn. 13

222 RGZ 89, 1251, BGH NJW 1985, S. 2641; Staudinger/Otto, § 323 Rn. B64

223 BGH NJW 1985, S. 2641; Ermann/Battes (9. A.), § 326 BGBaF Rn. 29

Mehrkosten für ein Ersatzgeschäft, desto länger muss die Frist zur Beendigung der begonnen Erfüllung sein.

Die Befreiung bei Unmöglichkeit (§§ 283 I, 326 V BGB) ist selbstverständlich, weil nicht mehr erfüllt werden kann. Das Ersatzgeschäft muss so schnell wie möglich vorgenommen werden. Die Befreiung von der Nachfrist bei der endgültigen Erfüllungsverweigerung (§§ 281 II, 323 II BGB) macht Sinn, weil das Ersatzgeschäft schnell durchgeführt werden sollte, wenn der Schuldner signalisiert, dass die Erfüllung nicht lohnt. Ein weiteres Abwarten kann die Erfüllungskosten nicht senken, erhöht aber die Verzugsschäden. Die Befreiung aufgrund einer vertraglichen Fixabrede (§ 323 II Nr. 2 BGB) gehorcht dem ökonomischen Gesetz, dass individuelle Abreden dem dispositiven Recht vorgehen müssen (Vertragsfreiheit[224]). Schließlich können durch die Allgemeinklausel der „besonderen Umstände" (§§ 323 II Nr. 3, 281 II BGB) Situationen beachtet werden, in denen ein weiteres Abwarten zu so hohen Schäden führt, dass die möglichen Effizienzverluste durch ein sofortiges Abbrechen der Erfüllung vernachlässigbar sind.

Trotz der Nachfrist wird der Schuldner einen überhöhten Erfüllungsaufwand betreiben, wenn die drohende Haftung nicht auf das Niveau des effizienten Umganges mit der Leistungsstörung beschränkt ist[225], wenn also der Gläubiger durch sein Verhalten vermeidbare Mehrkosten auslöst. Durch die Versicherung des Gläubigers besteht die Gefahr, dass er die Kosten seines Handelns nicht beachtet (*moral hazard*). Deshalb bedarf es einer Schadensminderungspflicht. In § 254 BGB sind entsprechend dieser Forderung eine Schadensminderungspflicht (§ 254 II 1 2. Al. BGB), eine Warnpflicht für nicht ungewöhnliche Schadensrisiken (§ 254 II 1 1. Al. BGB) und der allgemeine Mitverschuldenseinwand (§ 254 I BGB) vorgeehen (s. o. B.III.1.b). Zudem kann der Gläubiger seine Aufwendungen für Schadensminderung und Vorsorge ersetzt verlangen[226], was aus ökonomischer Sicht das Problem verringert, dass er freiwillig keine Aufwendungen machen wird, die nur seinem Schuldner zugutekommen. Gegen die Gefahr überhöhter Vertrauensinvestitionen hilft die Rechtsprechung, dass der Gläubiger nachweisen muss, dass sich andere als „notwendige Investitionen" auch tatsächlich rentiert hätten.[227] Und schließlich wird der ineffizient teure Ersatzkauf durch die Beschränkung des Schadensersatzes auf diejenigen Aufwendungen bekämpft,

---

224 S. o. B.II

225 S. o. B.III.1.b

226 BGH 122, 179; BGH NJW 1959, 933; Palandt/Heinrichs § 254 Rn. 33;

227 Die Rentabilitätsvermutung gilt nicht für „Aufwendungen, die der Käufer im Vertrauen auf die zugesicherte Eigenschaft für weitere Geschäfte getätigt hat" (BGHZ 114, 193)

die ein „verständiger, wirtschaftlich denkender“[228] Mensch für notwendig halten durfte[229] (s. o. B.IV.1.a).

Unter dem Strich entspricht die Regelung der Kombination von Befreiung und (kleinem) Schadensersatz im neuen Schuldrecht den ermittelten ökonomischen Anforderungen. Die Ausweitung des Rechts des Schuldners zur zweiten Andienung auch auf die Schlechterfüllung sowie die Ausdehnung der Schadensersatzhaftung des Schuldners sind zu begrüßen.

2. Die Kombination von Rückgabe und (großem) Schadensersatz

Voraussetzung dafür, dass die Haftung auf das Erfüllungsinteresse einen Anreiz zur effizienten Erfüllung setzt, ist, dass der Schuldner mit einer kostensparenden Reaktion des Gläubigers auf die Leistungsstörung rechnen kann. Erzeugt der Gläubiger durch seinen Umgang mit der Störung vermeidbare Mehrkosten, schraubt er damit die vom Schuldner zu erwartende Haftung in die Höhe, so dass dieser zur Erfüllung noch bereit sein wird, obwohl es einen effizienteren Umgang mit dem Mangel gegeben hätte (Anreizverzerrung). Nur die effiziente Schadensminderung des Käufers sichert den effizienten Anreiz zur Erfüllung. Wenn der Schuldner eine vertragswidrige Leistung erbracht hat, dann ist die Rückgabe ein wichtiger Faktor für den kostensparenden Umgang mit dem Mangel, denn sie kann vermeidbare Folgekosten auslösen. Die Rückgabe wirkt kostensteigernd, wenn nicht der Verkäufer sondern der Käufer die mangelhafte Kaufsache am besten verwerten kann. Verwerten bedeutet Nutzung mit oder ohne Reparatur, Weiterverkauf oder eine sonstige nutzenbringende Verwendung. Aus ökonomischer Sicht sollte die Kaufsache nur zurückgegeben werden, wenn der Käufer der bessere Verwerter ist, wobei mit einbezogen werden muss, dass für die Rückgabe stets zusätzliche Kosten anfallen durch den Transport, die erhöhten Schadensrisiken, die entsprechende Versicherung und den reinen Zeitablauf. Entgegen der Annahme mancher Schöpfer der Schuldrechtsreform (s. o. A.IV.2.b.aa[230]) kann die Pflicht zur Gewährung einer Nachfrist nicht zur Einschränkung der Rückgabe genutzt werden, denn das Problem der ineffizienten Rückgabe ist, dass der Schuldner eine ineffizient hohe Haftung befürchten muss und deswegen während der Nachfrist zu einem überhöhten Erfüllungsaufwand bereit ist. Die einzige

228 BGH NJW 1970, S. 1454 (1455) mit Verweis auf RGZ 99, 172 (183)
229 Schadensersatz bemisst sich nach objektiven Kriterien: BGH NJW 1970, S. 1545; 1992, S. 1619; vgl. Palandt/Heinrichs, § 249 Rn. 12
230 SchuldRKom, S. 166 und wortgleich DiskE v. 04.08.2000, S. 392

Möglichkeit, diese anreizverfälschende Wirkung der Rückgabe auszuschließen, ist, sie entsprechend zu beschränken.

a) Interessefortfall und Unzumutbarkeit

Das neue Schuldrecht hält für die gezielte Beschränkung der Rückgabe drei Kriterien bereit: den Interessefortfall bei Teilleistungen, die Unzumutbarkeit bei Verletzung von nicht-leistungsbezogenen Nebenpflichten und die nicht unerhebliche Pflichtverletzung bei Schlechtleistungen. Der **Interessefortfall** ermöglicht zu prüfen, ob eine unverhältnismäßige Belastung des Käufers entsteht, wenn er die mangelhafte Sache behalten muss und für die geschädigten Interessen „nur" den kleinen Schadensersatz erhält[231] (s. o. A.IV.2.a.aa). Nur wenn eine nicht hinnehmbare Beschränkung des Vertragsgegenstandes[232] vorliegt, wenn das ursprüngliche Vertragsinteresse nur noch unter unverhältnismäßigen Schwierigkeiten verwirklicht werden kann[233] und es deshalb günstiger wäre, einen gänzlich neuen Vertrag abzuschließen[234], kann die Rückgabe gerechtfertigt sein. Im Ergebnis müssen die objektiv zu bestimmenden Interessen[235] des (gegen Verluste versicherten!) Käufers so schwer wiegen, dass sie die zusätzliche Belastung des Verkäufers rechtfertigen.

Diese Abwägungsformel ermöglicht den Gerichten, die Rückgabe auf solche Situationen zu beschränken, in denen sie zumindest keinen erheblichen wirtschaftlichen Verlust erzeugt. Wenn die Rückgabe zu einer höheren Belastung des Schuldners führt, obwohl der Gläubiger die Kaufsache mit zumutbarem Aufwand und unter Entschädigung des Mehraufwandes verwerten kann, dann können die Interessen des Gläubigers die vermeidbare Mehrbelastung des Schuldners gerade nicht rechtfertigen. Durch die umfassende Interessenabwägung können die Gerichte einer Rückgabe den Riegel vorschieben, die eine vermeidbare, durch die Interessen des Gläubigers nicht gerechtfertigte, Mehrbelastung des Schuldners bewirkt. Sicherlich können die Gerichte nicht im Einzelnen ausrechnen, welche Partei der bessere Verwerter ist. Wenn aber deutlich wird, dass die Rückgabe für den Schuldner hohe zusätzliche Belastungen auslöst und zugleich eine einfachere Lösung greifbar ist, indem der Gläubiger die Sache behält, dann reicht die Schranke einer **Verhältnismäßigkeitsprüfung**, um wirtschaftlich offenbar un-

---

231 Vgl. Palandt/Heinrichs, § 281 Rn. 46

232 BGH NJW 2000, S. 1332; Erman/Westermann, § 323 Rn. 26

233 MüKo/Ernst, § 323 Rn. 203

234 BGH NJW 1990, S. 2549 (2550); MüKo/Emmerich (Band 2), § 325 BGBaF Rn. 127

235 MüKo/Emmerich (Band 2), § 325 BGBaF Rn. 127; MüKo/Ernst, § 323 BGB Rn. 203

vernünftige Ergebnisse zu vermeiden. Die Gerichte sollten die Schranke des Interessefortfalls so auslegen, dass in einem ersten Schritt festgestellt wird, ob die Rückgabe zusätzlich zur Haftung eine Mehrbelastung für den Schuldner darstellt. Ist sie keine zusätzliche Belastung, kann man davon ausgehen, dass der Schuldner der bessere Verwerter ist. Erzeugt sie zusätzliche Kosten, sollte im zweiten Schritt danach gefragt werden, mit welchem Aufwand der Gläubiger die Ware verwerten kann. Kann die Ware vom Käufer leichter verwertet werden, ist die Mehrbelastung des Verkäufers nicht gerechtfertigt und muss als unverhältnismäßig versagt werden (s. D.I.).

Die Schranke der **Unzumutbarkeit** ermöglicht gleichermaßen eine Verhältnismäßigkeitsprüfung. Denn auch die Unzumutbarkeit ist eine Wertungsfrage, bei der alle Umstände des Einzelfalles zu beachten sind[236], was eine umfassende Interessenabwägung ermöglicht[237] (s. o. A.IV.2.c). Auch hier ist für das Interesse des Gläubigers maßgeblich zu beachten, dass ihn der kleine Schadensersatz gegen Verluste versichert.[238] Die Pflichtverletzung muss daher eine so grundlegende Störung des vertraglichen Vertrauensverhältnisses bewirken, dass diese durch den Schadensersatz nicht wieder gutgemacht werden kann und trotz Schadensersatz die Fortsetzung der Vertragsbeziehung unzumutbar ist.[239] Wieder gilt, dass die Rückgabe kein Problem darstellt und auch ohne gewichtige Interessen des Käufers zugelassen werden kann, wenn sie für den Verkäufer keine erhebliche Mehrbelastung bedeutet, denn dann ist er zumindest kein deutlich schlechterer Verwerter. Löst hingegen die Rückgabe erhebliche Mehrkosten aus, muss der Käufer zur Rechtfertigung der Rückgabe Interessen vortragen, die durch Schadensersatz nicht angemessen entschädigt werden können und zugleich die zusätzlichen Schäden des Verkäufers überwiegen (s. u. D.I).

Sowohl Interessefortfall als auch Unzumutbarkeit sind geeignet, um die Rückgabe aus ökonomischer Sicht richtig zu beschränken, weil sie eine Verhältnismäßigkeitsprüfung vorsehen, in der die zusätzlichen Belastungen des Schuldners gegen die durch Schadensersatz nicht zu befriedigenden Interessen des Gläubigers aufgewogen werden. Je größer die wirtschaftlichen Verluste infolge der Rückgabe sind – weil der Verkäufer die mangelhafte Leistung schlechter verwerten kann –, desto größer ist der Rechtfertigungsdruck. Dies lässt allen Rückgabeverlangen freie Bahn, die keine oder nur vernachlässigbare Verluste er-

236 AK/Dauner-Lieb, § 324 Rn. 8; Staudinger/Otto, § 324 Rn. 53

237 Ausführlich Staudinger-Otto, § 324 Rn. 53 – 59, zusammenfassend Rn. 59: Unzumutbarkeit bei unannehmbaren Begleitumständen, Schaden an Leben und Gesundheit, Arglist, Wegfall der Vertrauensgrundlage, Gefährdung des Vertragszwecks

238 Erman/Westermann, § 324 Rn. 6; Staudinger/Otto, § 324 Rn. 53; AK/Dauner-Lieb, § 324 Rn. 7; MüKo/Ernst, § 282 Rn. 5

239 MüKo/Ernst, § 282 Rn. 5

zeugen. Und da es nur wenige Interessen gibt, die tatsächlich nicht ausreichend durch Schadensersatz berücksichtigt werden können, wird verlustreichen Rückgabeverlangen ein effektiver Riegel vorgeschoben. In beiden Fällen wird die materiell-rechtliche Schranke dadurch verstärkt, dass der Gläubiger die Darlegungs- und Beweislast dafür trägt, dass seine Interessen die Belastung des Schuldners rechtfertigen. Wenn der Schuldner einwendet, dass ihn die Rückgabe hart trifft und seine Haftung deutlich erhöht, muss der Gläubiger beweisen, dass seine Interessen überwiegen und nur durch die Rückgabe befriedigt werden. Dies können weder wirtschaftliche Verluste noch Mehrkosten infolge der Leistungsstörung sein, die mit Geld ersetzt werden können.

b) Die nicht unerhebliche Pflichtverletzung

Die im neuen Schuldrecht für die Schlechtleistung vorgesehene Rückgabeschranke bei „unerheblicher Pflichtverletzung“ stellt in ihrer weniger strengen Auslegung nur eine **Bagatellgrenze** dar. Dies kann aus ökonomischer Sicht nur die Mindestanforderung an eine Schranke für das Rückgaberecht erfüllen. Die Bagatellgrenze hilft zu vermeiden, dass für nahezu jeden Vertrag ein Mangel gefunden wird, der dem Käufer das Recht verleiht, unter Versicherung seines Gewinns aus dem gestörten Geschäft die Vorteile einer Rückgabe auszuschöpfen. Sie verleiht den Gerichten (nur) die Möglichkeit Fälle auszuscheiden, die „an den Haaren herbeigezogen“ sind, und hilft damit, die schlimmsten Auswirkungen der Gewinn- und Rückgabeversicherung des Käufers zu vermeiden (s. o. B.IV.2.cc, Satz 7). Sie kann aber nicht verhindern, dass bei erheblichen Mängeln die Rückgabe gewählt wird, wenn hierdurch unnötigerweise (auf Kosten des Schuldners) Nutzen vernichtet wird. Die Bagatellgrenze kann daher die Schadensminderung durch den Käufer nicht hinreichend gewährleisten und schützt deswegen nicht ausreichend vor der anreizverzerrenden Wirkung ineffizienter Rückgabeverlangen.

Entgegen der im Werdegang der Schuldrechtsreform geäußerten Ansicht[240] kann die Nachfrist allein die Rückgabe nicht ausreichend beschränken, denn sie schließt die ineffizienten Fälle der Rückgabe nicht aus. Vielmehr muss der Schuldner ohne die gezielte Beschränkung der Rückgabe mit unnötig hohen Belastungen rechnen und wird deshalb während der Nachfrist zu einem ineffizient hohen Erfüllungsaufwand bereit sein. Diese Anreizverzerrung kann nur durch den direkten Ausschluss der kostentreibenden Rückgabe verhindert werden (s. o. B.IV.2.b.bb). Nachfrist und Bagatellgrenze bilden zusammen keine hinreichende Schranke für die Rückgabe. Vielmehr muss die „unerhebliche Pflichtverletzung“

240 S. o. A.IV.2.b.aa; SchuldRKom, S. 166 und wortgleich DiskE v. 04.08.2000, S. 392

aus ökonomischer Sicht so ausgelegt werden, dass wie bei Interessefortfall und Unzumutbarkeit eine **Verhältnismäßigkeitsprüfung** möglich wird. Das Kriterium der „Erheblichkeit" sollte als Interessenabwägung verstanden werden, so dass eine „nicht unerhebliche" Pflichtverletzung nur vorliegt, wenn „erhebliche" Interessen des Gläubigers – die durch den kleinen Schadensersatz nicht befriedigt werden können – die zusätzliche Mehrbelastung des Schuldners durch die Rückgabe rechtfertigen.

Diese Forderung wird von derjenigen Ansicht umgesetzt, die §§ 281 I 3, 323 V 2 BGB deutlich strenger auslegen will als nur als Bagatellgrenze[241] und eine „umfassende Interessenabwägung"[242] fordert (s. o. A.V.2.b.aa). In Übereinstimmung mit den ökonomischen Bedürfnissen soll die Erheblichkeitsschwelle demnach vermeiden, dass „die Rückabwicklung für den Schuldner unverhältnismäßig lästig, auch wirtschaftlich nachteilig ist."[243] Die insbesondere von **Wolfgang Ernst** vertretene Auslegung erfüllt die ökonomische Forderung nach einer Verhältnismäßigkeitsprüfung, welche die Belastungen des Schuldners und die durch Schadensersatz nicht zu befriedigenden Interessen des Gläubigers in Ausgleich bringt: „Der (Total-)Rücktritt ist ausgeschlossen, der Gläubiger also auf Teilrücktritt bzw. Minderung verwiesen, wenn sein vertragliches Leistungsinteresse bei einer Herabsetzung der Gegenleistung zwar beeinträchtigt ist, diese Beeinträchtigung aber in Abwägung zu dem Schuldnerinteresse am Bestand des Vertrages als untergeordnet erscheint. Berücksichtigt werden mag auch, dass die Rückabwicklung des Vertrages i.d.R. mit einem wirtschaftlichen Verlust verbunden ist."[244] Dem ist hinzuzufügen, dass die Verhältnismäßigkeit nur dann geprüft werden muss, wenn die Rückgabe mit einem spürbaren wirtschaftlichen Verlust des Schuldners verbunden ist, denn ansonsten ist der Verkäufer ein geeigneter Verwerter und die Rückgabe wirtschaftlich verträglich.

Da Interessefortfall und Unzumutbarkeit die ökonomischen Anforderungen an eine Rückgabeschranke erfüllen, spricht die ökonomische Sicht für deren bevorzugte Anwendung. Denn erstens unterliegt die Schranke der „unerheblichen

---

241 MüKo/Ernst, § 323 Rn. 243 (deutlich höher als § 459 I 2 BGBaF); Staudinger/Otto, § 323 Rn. C30 (umfassende Interessenabwägung); Bamberger/Roth, § 281 Rn. 67, § 323 BGB Rn. 39 (umfassende Interessenabwägung); Palandt/Heinrichs, § 281 Rn. 48 (umfassende Interessenabwägung); v. Westphalen/Dedek, § 281 Rn. 50 ff. (umfassende Interessenabwägung – außer beim Verbraucherkauf, Rn. 51); Erman/Westermann, § 323 Rn. 27 (keine „unverhältnismäßige" Belastung des Schuldners), andere Tendenz bei § 281 Rn. 9; Rolland in FS Schlechtriem (2003), S. 627 (644) (Übereinstimmung mit dem CISG)

242 Staudinger/Otto, § 323 Rn. C30; Bamberger/Roth/Grothe, § 281 Rn. 67; Palandt/Heinrichs, § 281 Rn. 48

243 Erman/Westermann, § 323 Rn. 27

244 MüKo/Ernst, § 323 Rn. 243

Pflichtverletzung" der Gefahr, als Bagatellgrenze ausgelegt zu werden. Und zweitens muss der Schuldner beweisen, dass die Rückgabe durch eine „unerhebliche Pflichtverletzung" nicht gerechtfertigt ist. Das widerspricht der ökonomischen Forderung, eine spezielle Rechtfertigung für das Rückgaberecht zu verlangen. Die Abgrenzungsschwierigkeiten bei Mankolieferung[245], Teilnichtleistung[246] und Teilschlechtleistung[247] sollten daher zugunsten der Schranke des Interessefortfalls und der Anwendung der Regeln für die Teillieferung entschieden werden (s. u. D.II.2 – 4). Ebenso stützt die ökonomische Analyse grundsätzlich den Ruf nach zusätzlichen Anforderungen an eine leistungsbezogene Nebenpflichtverletzung, welche die alte Rechtsprechung fortführt, nach der die Rückgabe nur bei „Unzumutbarkeit des Festhaltens am Vertrag" möglich war[248] (s. u. D.II.5).[249] Schließlich müsste aus ökonomischer Sicht auch darauf verzichtet werden, dem Käufer vor Abnahme von vertragswidrigen Leistungen ein Abnahmeverweigerungsrecht zuzusprechen, dass weniger strenge Anforderungen stellt als §§ 281 – 283 BGB.[250] Um den Rechtsbehelf der Rückgabe als effizienzförderliche Ergänzung zur Schadensersatzhaftung auszugestalten, muss das dispositive Recht die Rückgabe gezielt auf die Fälle einschränken, in der sie den Gesamtnutzen der Transaktion heben oder zumindest nicht erheblich mindern kann. Dies ist nicht möglich, wenn man dem Käufer ein nahezu unbeschränktes Abnahmeverweigerungsrecht zugesteht. Denn unter wirtschaftlichen und praktischen Gesichtspunkten ist es kein Unterschied, ob eine gelieferte Ware zurückgesendet werden muss, weil sie „nicht abgenommen" oder weil sie „abgelehnt" wurde. Die wirtschaftliche Perspektive streitet deshalb dafür, die Verbote von Teillieferungen (§ 266 BGB) und Schlechtleistungen (z. B. § 434 BGB) nur mit der Haftung auf das Erfüllungsinteresse zu sanktionieren und die Rückgabe zusätzlich nur zuzulassen, wenn sie sich als verhältnismäßig erweist (s. u. D.III).

3. Ergebnis

Aus Sicht der ökonomischen Analyse sind bei der Regelung der Kombination von Rücktritt und Schadensersatz im neuen Schuldrecht genau die Bereiche pro-

---

245 S. o. A.IV.2.a.bb
246 S. o. A.IV.2.a.dd
247 S. o. A.IV.2.a.ee
248 S. o. A.IV.2.b.bb
249 Im Ergebnis kann bei strikter Beschränkung der „unerheblichen Pflichtverletzung" auf die unteilbare Schlechtleistung auf weitere Kriterien verzichtet werden, weil die alte Rechtsprechung so im Wesentlichen fortbesteht: s. u. D.II.5
250 S. o. A.IV.2.a.cc und A.IV.2.b.cc

blematisch, die bei der Untersuchung des Streit- und Meinungsstandes in den Vordergrund getreten sind, nämlich a) die Definition und Abgrenzung der Schranke der „unerheblichen Pflichtverletzung“ in §§ 281 I 3, 323 V 2 BGB und b) die Frage der Abnahmeverweigerungsrechte bei gestörten Leistungen (s. o. A.IV.3). Der Grund für die Übereinstimmung ist, dass an diesen Stellen die Grundsatzfrage aufgeworfen wird, welche Schranke das dispositive Recht für die Kombination von **Rückgabe** und großem Schadensersatz vorsehen sollte. Diese Frage ist auch aus ökonomischer Sicht ein wichtiges Problem bei der Regelung von Schadensersatz und Rücktritt.

Die ökonomische Analyse bietet auch eine volkswirtschaftliche Antwort auf die Frage nach der richtigen Rückgabeschranke: Die zusätzlich zum Schadensersatz gewährte Rückgabe sollte auf diejenigen Fälle beschränkt werden, in denen der Schuldner im Vergleich zum Gläubiger der bessere Verwerter ist. Diese ökonomische Forderung kann im dispositiven Recht umgesetzt werden, indem als Rückgabeschranke eine **Verhältnismäßigkeitsprüfung** eingeführt wird. Danach sollte die Rückgabe nur zulässig sein, wenn überwiegende Gläubigerinteressen, die nicht ausreichend mit Schadensersatz befriedigt werden können, die Mehrbelastung des Schuldners durch die Rückgabe rechtfertigen. In Bezug auf die in Teil A dargestellten Streitfragen zur Anwendung der Kombination von Rückgabe und großem Schadensersatz spricht die ökonomische Analyse des Rechts dafür, a) die „unerhebliche Pflichtverletzung“ als strenge Schranke im Sinne einer Verhältnismäßigkeitsprüfung auszulegen, b) die Abgrenzungsstreitigkeiten bei Manko- Teilnicht- und Teilschlechterfüllung zugunsten der Schranke „Interessefortfall“ zu entscheiden, c) bei leistungsbezogenen Nebenpflichtverletzung zusätzlich die Unzumutbarkeit des Festhaltens oder den Interessefortfall einzufordern und (d) Abnahmeverweigerungsrechte unterhalb der Rückgabeschranken der §§ 281 – 281, 323 – 326 BGB zu verneinen.

In Bezug auf die Kombination von Befreiung und kleinem Schadensersatz bestätigt die ökonomische Analyse die Schuldrechtsreform. Die Ausdehnung der allgemeinen Schadensersatzhaftung inklusive der Haftung auf das Erfüllungsinteresse einerseits und andererseits die Ausdehnung des Rechts des Schuldners zur zweiten Andienung sind aus wirtschaftlicher Sicht sinnvoll.

Teil C. Rechtsvergleichende Betrachtung der Kombination

Die ökonomische Analyse der Kombination von Schadensersatz und Rücktritt führt zu konkreten Vorgaben an das dispositive Recht. Wenn die Annahme der ökonomischen Schule richtig ist, dass sich organisierte Gesellschaften ein effizienzförderndes Rechtssystem schaffen und daher unsere Rechtsordnungen dazu tendieren, sich (zumindest versteckt) an dem übergeordneten Interesse der Effizienz zu orientieren[1], dann müsste die Untersuchung anderer Rechtsordnungen, welche die Kombination von Rücktritt und Schadensersatz vorsehen, die Tendenz ergeben, die Befreiung nicht stärker als durch eine Nachfrist zu beschränken und die Rückgabe so zu beschneiden, dass sie dem Schuldner keine unverhältnismäßige Belastung aufbürdet. Die rechtsvergleichende Betrachtung der Kombination von Schadensersatz und Rücktritt soll also dazu dienen, die Ergebnisse der ökonomischen Analyse zu überprüfen und Vorbilder für die praktische Behandlung der Kombination zu liefern. Die Rechtsvergleichung ermöglicht außerdem zu erkennen, wo das neue Schuldrecht bewährte Regeln übernommen hat und wo es neue Wege einschlägt. Bei den bewährten Regeln liefert die Rechtsvergleichung Vorbilder für die Anwendung. Und bei neuen Regeln ermöglicht der funktionelle Vergleich mit anderen Lösungen die kritische Überprüfung, ob die Normen ihre Funktion gut erfüllen.

Aus diesem Grunde werden im Folgenden das internationale UN-Kaufrecht (CISG) (I), das englische Kaufrecht (II), der US Uniform Commercial Act (III), das niederländische Nieuw Burgerlijk Wetboek (IV), das schweizerische Obligationenrecht (V) und schließlich die rechtsvereinheitlichenden Projekte Unidroit Principles und European Principles of Contract Law (VI), die allesamt die Kombination von Schadensersatz und Rücktritt gewähren, daraufhin untersucht, wie sie Befreiung und Rückgabe beschränken. Amerikanisches und englisches Kaufrecht vertreten das Common Law. Das schweizerische und niederländische Recht bieten als moderne römisch-rechtlich geprägte Rechtsordnungen eine Alternative zum BGB. CISG, Unidroit Principles (UP) und Principles of European Contract Law (EP) vertreten als Produkte rechtsvergleichender Studien den derzeitigen „internationalen Konsens". Abschnitt VI, der auch UP und EP behandelt, ver-

1 Zum Common Law Posner, L&E I, Intro, S. XII ff. „The hypothesis that the Common Law is efficient"; Posner, EAL, Kap. 8, S. 249 – 252 „The Implicit Economic Logic of Common Law"; s. o. B.I.2

gleicht die verschiedenen Rechtsordnungen und filtert gemeinsame Wertungen heraus. Im Ergebnis werden die Erkenntnisse der ökonomischen Analyse bestätigt: Die Nachfrist bei Befreiung und eine Verhältnismäßigkeitschranke für die Rückgabe entsprechen dem Konsens der Rechtsordnungen, welche die Kombination gewähren.

I. Rücktritt und Schadensersatz im UN-Kaufrecht (CISG)

Das Übereinkommen der Vereinten Nationen über den Internationalen Warenkauf (Convention on International Sales of Goods, kurz CISG) wurde am 1. April 1980 in Wien abgeschlossen. Es gilt inzwischen in 67 Vertragsstaaten und ist in der BRD seit dem 1. Januar 1991 in Kraft.[2] Es bietet ein dispositives Kaufvertragsrecht für grenzüberschreitende Kaufverträge und gilt automatisch, solange die Parteien keine andere Rechtsordnung bestimmen.[3] Das CISG ersetzte das Haager Einheitliche Kaufgesetz (EKG) vom 25. April 1964[4], das auf die Ideen von Ernst Rabel zurückging. Dieser hatte schon im Jahre 1928 ein einheitliches internationales Kaufrecht angeregt und mit seinem Werk „Das Recht des Warenkaufs“[5] und einem „Entwurf eines einheitlichen Kaufgesetzes“[6] die Ausarbeitung des EKG maßgeblich beeinflusst. Das CISG stellt eine Vereinfachung des EKG dar und hat seine Grundstrukturen übernommen.[7] Die wichtigste Änderung betraf bezeichnenderweise die Kombination von Rückgabe und Schadensersatz: Im CISG kann bei Schlechtleistung der Vertrag trotz erfolgloser Nachfrist nur aufgehoben werden, wenn eine „wesentliche“ Vertragsverletzung vorliegt (Art. 49 I b CISG) – im EKG reichte noch der Ablauf der Nachfrist für die Auf-

---

2 Stand 01.02.2006, www.uncitral.org/en-index.htm

3 Art. 1, Art. 6 CISG

4 Abgedruckt bei Mertens/Rehbinder, S. 25 ff.; BGBl. I, S. 856, 17. Juli 1973

5 Das Recht des Warenkaufs, Band I de Gruyter 1964, Band II de Gruyter und JCB Mohr 1967; zu den Vorarbeiten Rabels' vgl. Beß, S. 58 f. (Rabel leitete das Berliner Institut für ausländisches und internationales Privatrecht); ausführlich zur Geschichte der Kaufrechtsvereinheitlichung, vgl. Schlechtriem, Einheitliches Kaufrecht und nationales Obligationenrecht, S. 27 – 48

6 Sonderabdruck aus der Zeitschrift für ausländisches und internationales Privatrecht, IX. Jahrgang, Heft 1 – 3, 1935; s. u. C.VI.3.c

7 Joachim Aue, S. 2; Jan Heilmann, S. 681; MüKo/Westermann vor Art. 1 CISG, Rn. 8

hebung aus.[8] Durch diese Veränderung wurde das prägende Prinzip des UN-Kaufrechts bestärkt, dass die Vertragsaufhebung nur *ultima ratio* sein soll.[9]

Der grundlegende Rechtsbehelf des Käufers bei Leistungsstörungen ist Schadensersatz. Er wird im CISG für jede Vertragsverletzung geschuldet und setzt kein Verschulden sondern die Vorhersehbarkeit der Pflichtverletzung und des Schadens voraus.[10]

Art. 74 CISG [Umfang des Schadensersatzes][11] „Als Schadenersatz für die durch eine Partei begangene Vertragsverletzung ist der der anderen Partei infolge der Vertragsverletzung entstandene Verlust, einschließlich des entgangenen Gewinns, zu ersetzen. Dieser Schadenersatz darf jedoch den Verlust nicht übersteigen, den die vertragsbrüchige Partei bei Vertragsabschluß als mögliche Folge der Vertragsverletzung vorausgesehen hat oder unter Berücksichtigung der Umstände, die sie kannte oder kennen mußte, hätte voraussehen müssen."

Art. 79 [Hinderungsgrund außerhalb des Einflussbereiches des Schuldners] „(1) Eine Partei hat für die Nichterfüllung einer ihrer Pflichten nicht einzustehen, wenn sie beweist, daß die Nichterfüllung auf einem außerhalb ihres Einflußbereichs liegenden Hinderungsgrund beruht und daß von ihr vernünftigerweise nicht erwartet werden konnte, den Hinderungsgrund bei Vertragsabschluß in Betracht zu ziehen oder den Hinderungsgrund oder seine Folgen zu vermeiden oder zu überwinden. [...]"

Im Unterschied zu § 280 I BGB spielt nicht das Verschulden die ausschlaggebende Rolle, sondern die Frage, ob der Schuldner die Leistungsstörung oder das Leistungshindernis voraussehen und vermeiden konnte, Art. 79 I CISG.[12] Diese Voraussehbarkeit beschränkt zugleich auch die Höhe des geschuldeten Schadensersatzes, Art. 74 CISG.[13] Der Begrenzung liegt zugrunde, dass sich die Parteien bei Vertragsschluss über die Verteilung des Haftungsrisikos einigen und jede Partei angesichts der voraussehbaren Risiken eine Gegenleistung einfordert,

8 Vgl. 44 II EKG; Max Hutter, S. 130 f.; Beß S. 102 f.; Schlechtriem/Schwenzer, Art. 25 Rn. 21; Ulrich Huber, RabelsZ 43 (1979), S. 413 (485 f.); vgl. Staudinger/Magnus, Art. 49 Rn. 5; Mertens/Rehbinder, Art. 44 Rn. 17, 19 f.

9 Markus Krebs, S. 21; BGHZ 132, 290 (298); Nina Freiburg, S. 48; MüKo/Huber, Art. 49 Rn. 3, 6

10 Schlechtriem, UN Kaufrecht, S. 194, Rn. 302 f.; Gritli Ryffel, S. 54 ff.

11 Gesetzesauszüge BGBl. 1989 II, S. 588; bei Jayme/Hausmann, S. 170 ff.

12 Schlechtriem, UN-Kaufrecht, S. 186 f., Rn. 289, 289a; Gritli Ryffel, S. 92; Brunner, Art. 79 Rn. 1: Risiko objektiv nicht beherrschbar und auch nicht als vertragliches Risiko zugewiesen

13 Schlechtriem, UN-Kaufrecht, S. 194, Rn. 302 f.; Die Regel wird auch im englischen Recht verwendet, wo sie zum ersten Mal im Fall *Hadley v. Baxendale* (1854) 9 Ex., S. 341, ausformuliert wurde. Sie existierte auch im römischen Recht: „Culpam autem esse cum quod a diligente provideri poterit, non esset provisorum." (Paulus Dig. 9, 2, 31), Gritli Ryffel, S. 54 f.

die diese Risiken auch abdecken kann. Eine Partei soll nicht über das Versprochene hinaus haften, da ansonsten das vertragliche Gleichgewicht gestört wird. Solange keine besonderen Absprachen vorliegen, muss man davon ausgehen, dass jede Partei maximal für die jeweils voraussehbaren Risiken einstehen wollte. Deshalb kommt die Begrenzung der Haftung im dispositiven Recht auf Vorhersehbarkeit der Risikoverteilung der Parteien bei Vertragsabschluss in der Regel am nächsten.[14]

Wird der Vertrag aufgehoben, so schuldet die vertragsbrüchige Partei vollen Schadensersatz anstatt des ganzen Vertrages. Im Zweifel ist dieser Schaden auf die Kosten eines tatsächlichen (Art. 75 CISG) oder hypothetischen (Art. 76 CISG) Deckungskaufes beschränkt.[15] Die Kombination von Rücktritt und Schadensersatz ist im CISG immer gegeben, wenn die Vertragsaufhebung möglich ist.[16]

1. Vertragsaufhebung und Schadensersatz bei Nichtlieferung

Die Vertragsaufhebung bei Nichtlieferung bewirkt die Befreiung von der Pflicht, die noch ausstehende Lieferung abwarten zu müssen. Nach Vertragsaufhebung dürfen weitere Erfüllungsangebote zurückgewiesen und stattdessen Schadensersatz eingefordert werden (s. o. A.III.3). Diese Rechte stehen dem Käufer nach dem CISG zur Verfügung, wenn entweder die Lieferung nicht innerhalb einer vom Käufer gesetzten angemessenen Nachfrist stattfindet oder wenn der Verzug eine „wesentliche" Vertragsverletzung darstellt.

Art. 49 CISG [Vertragsaufhebung] „(1) Der Käufer kann die Aufhebung des Vertrages erklären, a) wenn die Nichterfüllung einer dem Verkäufer nach dem Vertrag oder diesem Übereinkommen obliegenden Pflicht eine wesentliche Vertragsverletzung darstellt oder b) wenn im Falle der Nichtlieferung der Verkäufer die Ware nicht innerhalb der vom Käufer nach Artikel 47 Absatz 1 gesetzten Nachfrist liefert oder wenn er erklärt, daß er nicht innerhalb der so gesetzten Frist liefern wird."

Eine wesentliche Vertragsverletzung liegt vor, wenn der Schuldner seine Leistung verweigert[17] oder wenn sie endgültig unmöglich geworden ist.[18] Wird

---

14 Schlechtriem, UN-Kaufrecht, S. 195, Rn. 302; s. o. B.III.1.a; Schäfer/Ott, S. 469; Ayres/Gertner, 99 Yale Law Journal 1989, S. 87 (101)

15 Gritli Ryffel, S. 72 – 77

16 Schlechtriem, UN-Kaufrecht, S. 201, Rn. 310 ff. und S. 194, Rn. 301; Huber in Schlechtreim, Einheitliches Kaufrecht und nationales Obligationenrecht, S. 199 (216)

17 Schiedsgericht der Handelskammer Hamburg vom 21.03.1996, NJW 1996, S. 3229 (3231); OLG Düsseldorf vom 10.02.1994, NJW-RR 1994, S. 506: Die Erklärung „zur

die Leistung nur verzögert, so liegt eine wesentliche Vertragsverletzung vor, wenn die Lieferpflicht für den Vertrag als wesentlich vereinbart wurde[19] (z. B. bei Fixgeschäften oder Just-in-time-Käufen) oder erkennbar für den Käufer besonders wichtig war (z. B. bei Saisonware).[20] Ansonsten kann die einfache Überschreitung des Liefertermins[21] in eine wesentliche Vertragsverletzung umschlagen, wenn der Käufer unangemessen lange hingehalten wird.[22] Für diesen Fall verhilft eine vom Käufer gesetzte Nachfrist zu mehr Klarheit, denn nach ihrem erfolglosen Ablauf kann sich der Käufer vom Vertrag loslösen, Art. 49 I b CISG.

Die Nachfrist ist nur angemessen, wenn sie dem Schuldner eine realistische Möglichkeit für die Erfüllung gewährt.[23] Sie muss um so länger sein, je umfangreicher die notwendigen Leistungsvorbereitungen des Verkäufers sind – und kann kürzer sein, wenn der Verkäufer schon bei Abschluss des Geschäfts ein erkennbares Interesse an rascher Erfüllung gezeigt hatte oder bereits eine erhebliche Verzögerung vorliegt. Bei der verlangten Abwägung der entgegenstehenden Interessen sind im Zweifel die (bei Vertragsschluss erkennbaren) Interessen des Käufers ausschlaggebend[24], so dass die Nachfrist um so kürzer bemessen werden kann, je höher die Verluste des Käufers durch die Verzögerung sind. Umgekehrt rechtfertigen niedrige Schäden des Käufers eine kurze Nachfrist nicht, wenn dem Verkäufer deutlich höhere Verluste drohen. Insgesamt entspricht die Regelung des CISG bei Nichtlieferung dem heutigen § 323 I BGB und auch dem früheren § 326 BGBaF, die beide die Kombination von Befreiung vom Vertrag mit Schadensersatz (Nichterfüllungsschaden) nach Ablauf einer Nachfrist, Erfüllungsverweigerung oder Überschreitung eines fixen Liefertermins gewähren.

Zeit" nicht liefern zu können, reicht nicht aus; Achilles, Art. 49 Rn. 8; Staudinger/Magnus, Art. 49 Rn. 13

18 Schlechtriem/Schwenzer/Müller-Chen, Art. 49 Rn. 6; Staudinger/Magnus, Art. 49 Rn. 13

19 Nina Freiburg, S. 75; Soergel/Lüderitz/Schüßler-Langeheine, Art. 49 Rn. 4; Steinmetzler, S. 154

20 Schlechtriem/Schwenzer/Müller-Chen, Art. 49 Rn. 6; Staudinger/Magnus, Art. 49 Rn. 11

21 Vgl. Art. 33 CISG: Wird kein Termin vereinbart, so gilt eine angemessene Frist (lit c).

22 Freiburg, S. 78; Schlechtriem/Schwenzer/Müller-Chen, Art. 49 Rn. 6; Schmidt-Kessel, Anm. zu BGH v. 15.2.1995 (= RIW 1995, S. 505), RIW 1996, S. 60 (63); Soergel/ Lüderitz/Schüßler-Langeheine, Art. 49 Rn. 5; Steinmetzler, S. 155

23 Schlechtriem/Schwenzer/Müller-Chen, Art. 47 Rn. 6; Achilles, Art. 47 Rn. 4

24 Achilles, Art. 47 Rn. 4; MüKo/Huber, Art. 47 Rn. 11 – 13; Brunner, Art. 47 Rn. 5; Steinmetzler, S. 156 f. zur Vorhersehbarkeit

2. *Vertragsaufhebung und Schadensersatz bei Schlechtleistung*

Wenn die gelieferte Ware mangelhaft ist oder begleitende Vertragspflichten verletzt wurden, stellt sich zunächst die Frage, unter welchen Voraussetzungen sich der Käufer vom Vertrag befreien, weitere Erfüllungsversuche des Verkäufers zurückweisen und den (kleinen) Schadensersatz anstelle der nicht erbrachten Leistung verlangen darf (a). Zusätzlich muss geklärt werden, ob er alle vertraglichen Leistungen zurückgeben und den (großen) Schadensersatz statt des ganzen Vertrages fordern kann (b).

a) Befreiung und Schadensersatz: Zumutbare Nacherfüllung

Der Käufer muss weitere Erfüllungsversuche des Verkäufers dulden, wenn der Verkäufer noch ein Anrecht auf Nachbesserung hat. Das CISG gibt dem Verkäufer das Recht zur zweiten Andienung, solange dem Käufer dies noch zugemutet werden kann. Allerdings darf der Verkäufer Nacherfüllungsversuche sofort ablehnen, wenn eine „wesentliche" Vertragsverletzung vorliegt.

Art. 48 CISG [Recht des Verkäufers auf Nacherfüllung] „(1) Vorbehaltlich des Artikels 49 kann der Verkäufer einen Mangel in der Erfüllung seiner Pflichten auch nach dem Liefertermin auf eigene Kosten beheben, wenn dies keine unzumutbare Verzögerung nach sich zieht und dem Käufer weder unzumutbare Unannehmlichkeiten noch Ungewißheit über die Erstattung seiner Auslagen durch den Verkäufer verursacht. [...]"

Der Verweis auf Art. 49 CISG soll klarstellen, dass kein Nacherfüllungsrecht mehr besteht, wenn der Käufer schon das Recht erworben hat, vom Vertrag zurückzutreten. Dies ist der Fall, wenn ein „wesentlicher" Mangel vorliegt, Art. 49 I a CISG.[25] Das heißt allerdings nicht, dass bei schwerwiegenden Mängeln der Ware kein Recht zur Nacherfüllung besteht. Vielmehr ist ein Mangel erst dann wesentlich, wenn er nicht mehr durch zumutbare Nacherfüllung zu einem unwesentlichen Mangel reduziert werden kann.[26] Besteht die Fähigkeit und Bereitschaft des Verkäufers, den Mangel vollständig ohne unzumutbare Verzögerung und unzumutbare Belastung zu beheben, dann liegt kein wesentlicher Mangel vor, denn dem Käufer entgeht dann nicht „was er nach dem Vertrag hätte er-

---

25 Grundlegend zur Bedeutung des Vorbehalts des Art. 49 CISG: Petrikic, S. 80 – 97; Markus Krebs, S. 39 – 41; Honsell/Schnyder/Straub, Art. 48 Rn. 29 ff.

26 „Dynamischer Wesentlichkeitsbegriff" Krebs, S. 39; Schlechtriem/Schwenzer/Müller-Chen, Art. 48 Rn. 15; Vor allem in der Vorauflage (3. A.): Schlechtriem/Huber, § 48, Rn. 18 ff., Rn. 24; OLG Koblenz v. 03.01.1997, 2 U 31/96, CISG Online 256; Honsell/Schnyder/Straub, Art. 48 Rn. 31; Brunner, Art. 48 Rn. 7 – 9

warten dürfen“ (Art. 25 CISG)[27] (s. u. C.I.2.b.bb). Lag ein Fixgeschäft oder ein Just-in-time-Geschäft vor, so liegt der wesentliche Mangel darin, dass zum Lieferzeitpunkt nicht das versprochene Werk vorlag – und dieser Mangel kann nicht durch spätere Nacherfüllung behoben werden.[28]

Eine noch mögliche nachträgliche Korrektur der Schlechterfüllung kann erst zurückgewiesen werden, wenn dem Käufer ein weiteres Abwarten unzumutbar ist. Die Kriterien für diese Unzumutbarkeit sind im Wesentlichen dieselben wie bei der Bemessung der angemessenen Nachfrist bei Nichterfüllung[29], denn es handelt sich sachlich um den gleichen Interessenkonflikt: Der Verkäufer will noch erfüllen, um seine Haftung in Schadensersatz zu vermeiden. Der Käufer braucht hingegen Planungssicherheit und will sicher wissen, woran er ist, um gegebenenfalls eine Nachbesserung bei Dritten einkaufen zu können. Die Zumutbarkeitsschwelle sinkt mit jedem fehlgeschlagenen Nachbesserungsversuch. Ebenso sinkt sie mit steigenden Verlusten des Käufers. Ein Abwarten wird insbesondere unzumutbar, wenn der Verkäufer nicht unverzüglich für alle Verluste und Kosten des Käufers aufkommt.[30] Unzumutbarkeit tritt nicht erst dann ein, wenn inzwischen aufgrund der Verzögerung eine wesentliche Vertragsverletzung vorliegt.[31] Denn bei vielen nebensächlichen Pflichten würde nicht einmal die völlige Erfüllungsverweigerung eine wesentliche Vertragsverletzung darstellen und trotzdem muss der Käufer die Möglichkeit haben, sich vom Vertrag zu befreien, um nicht beliebig lange auf Erfüllung warten zu müssen.

Schließlich kann der Käufer auch bei der Schlechterfüllung eine angemessene Nachfrist setzen, um auf das Ende des Nacherfüllungsrechts des Verkäufers hinzuwirken.[32] Obwohl das CISG hier eigentlich keine Nachfrist vorsieht, gelten inhaltlich für die Unzumutbarkeit doch die gleichen Regeln. Deshalb kann eine ausdrücklich festgesetzte Nachfrist die Beweisführung darüber wesentlich erleichtern, dass ein weiteres Abwarten unzumutbar war.[33] Auch der Ablauf einer

---

27 Schlechtriem/Schwenzer/Müller-Chen, Art. 48 Rn. 15; MüKo/Huber, Art. 48 Rn. 10; Petrikic, S. 94 f.; Brunner Art. 25 Rn. 14

28 Schlechtriem/Schwenzer/Müller-Chen, Art. 48 Rn. 15; MüKo/Huber, Art. 48 Rn. 10; Petrikic, S. 93

29 Achilles, Art.48 Rn. 4; MüKo/Huber, Art. 48 Rn. 5 – 8; Staudinger/Magnus, Art. 48 Rn. 13 ff.

30 Schlechtriem/Schwenzer/Müller-Chen, Art. 48 Rn. 12; MüKo/Huber, Art. 48 Rn. 8

31 Schlechtriem/Schwenzer/Müller-Chen, Art. 48 Rn. 9 m.w.N.

32 Vgl. Art. 49 II b ii CISG, der nach Ablauf einer solchen Nachfrist für die Nacherfüllung den Käufer verpflichtet, sich zügig für oder gegen die Vertragsaufhebung zu entscheiden. S. u. C.I.3.a

33 Petrikic, S. 79; Schlechtriem/Schwenzer/Müller-Chen, Art. 48 Rn. 10; Vorauflage (3. A.): Schlechtriem/Huber, § 48 Rn. 18 ff., Rn. 24; MüKo/Huber, Art. 48 Rn. 6 a. E.

vom Verkäufer für seine Nacherfüllung gesetzten Frist (Art. 48 II, III CISG) beendet die Wartezeit.[34]

b) Rückgabe und Schadensersatz: Wesentliche Vertragsverletzung

Die Vertragsaufhebung aufgrund einer Schlechterfüllung erlaubt dem Gläubiger, die empfangene Leistung in vollem Umfang zurückzugeben und Schadensersatz statt der ganzen Leistung zu verlangen. Wenn das CISG nach Schlechtleistung also die Vertragsaufhebung zulässt, so handelt es sich hierbei um die Kombination von Rückgabe und Schadensersatz. Die Voraussetzung für den kombinierten Totalrechtsbehelf ist eine wesentliche Vertragsverletzung, Art. 49 I a CISG. Diese wird in Art. 25 CISG definiert:

Art. 25 CISG [Wesentliche Vertragsverletzung] „Eine von einer Partei begangene Vertragsverletzung ist wesentlich, wenn sie für die andere Partei solchen Nachteil zur Folge hat, daß ihr im wesentlichen entgeht, was sie nach dem Vertrag hätte erwarten dürfen, es sei denn, daß die vertragsbrüchige Partei diese Folge nicht vorausgesehen hat und eine vernünftige Person der gleichen Art diese Folge unter den gleichen Umständen auch nicht vorausgesehen hätte."

aa) Ultima Ratio

Im EKG konnte das Recht auf Vertragsaufhebung auch ohne wesentliche Vertragsverletzung durch den erfolglosen Ablauf einer Nachfrist herbeigeführt werden, so dass auch kleinere Mängel zur Vertragsaufhebung berechtigen konnten.[35] Das CISG hat diese Möglichkeit abgeschafft und stellt damit klar, dass die Vertragsaufhebung für den Gläubiger nur als *ultima ratio* zur Verfügung steht, d. h. nur wenn die anderen Rechtsbehelfe – Erfüllungsanspruch, Schadensersatzanspruch, Minderung – nicht ausreichen.[36]

Der Grund für den starken Vorbehalt des CISG gegen die Vertragsaufhebung (und den vergleichbaren Anspruch auf Ersatzlieferung) sind die im internationalen Handel in der Regel hohen Verluste, die dem Verkäufer durch die Rückgabe

34 Schlechtriem/Schwenzer/Müller-Chen, Art. 48 Rn. 27; Auf das nach Ablauf dieser Frist entstehende Rücktrittsrecht weist auch Art. 49 II b iii hin, der den Käufer auffordert, sich zügig für oder gegen die Vertragsaufhebung zu entscheiden. S. u. C.I.3.a

35 Max Hutter, S. 134; Dölle zum EKG, Art. 44 Rn. 5; Mertens/Rehbinder, Art. 44 Rn. 17 ff.

36 Schlechtriem/Schwenzer/Müller-Chen, Art. 49 Rn. 2; BGH 03.04.1996 = CISG online 135 = BGHZ 132, 290 (298) („letzte Möglichkeit"); Achilles, Art. 25 Rn. 3; Soergel/Lüderitz/Budzikiewicz, Art. 25 Rn. 2 (bei Fn 10); Huber in Schlechtriem, Einheitliches Kaufrecht und nationales Obligationenrecht, S. 199 ff. Fn 71 und Fn 11

entstehen[37]: Zunächst verursachen die langen Transportwege hohe Transportkosten. Bei Ablehnung der Ware gehen die Kosten für den Hintransport verloren. Zusätzlich fallen neue Transportkosten an, wenn der Verkäufer die abgelehnte Ware nicht am Ort der Ablehnung weiterverkaufen kann und entweder zurücknehmen oder an einen anderen Ort verschiffen muss. Außerdem erfordern die hohen Risiken im internationalen Warenhandel eine teure Versicherung. Zu den Transportkosten kommt erschwerend hinzu, dass die Ware bei einem Notverkauf am Erfüllungsort meist nur zu einem erheblich schlechteren Preis abgesetzt werden kann. Zudem muss die Ware nach der Ablehnung gelagert werden. Und schließlich kommt die Gefahr hinzu, dass die Ware mit Zeitablauf verfällt oder beschädigt wird. Durch diese in der Regel hohen zusätzlichen Belastungen des Verkäufers aufgrund der Vertragsaufhebung ist es wahrscheinlich, dass in vielen Fällen die Belastungen des Verkäufers die Verluste weit übersteigen, die dem Käufer entstehen, wenn er die mangelhafte Ware behält. Da der Verkäufer im System des CISG den Käufer vollumfänglich schadlos stellen muss, gibt es für den Käufer zumeist keinen billigen Grund, weshalb er seinen Schuldner mit solchen vermeidbaren Mehrkosten belastet. Oft steht hinter der Ablehnung die Aussicht, in einem fallenden Markt einem schlechten Geschäft zu entgehen und anderweitig günstiger einkaufen zu können (s. o. B.IV.2.b.cc). Daher soll sich der Käufer nur als *ultima ratio* vom Vertrag loslösen dürfen, wenn der (kleine) Schadensersatz seine verletzten Interessen tatsächlich nicht ausreichend befriedigen kann.

Die Beschränkung der Rückgabe auf *ultima ratio*-Fälle kommt in einem Urteil des **BGH** vom 3. April 1996[38] zum Tragen. Nach diesem Urteil ist eine Qualitäts- oder Artabweichung nur dann wesentlich im Sinne von Art. 25 CISG und berechtigt zur Vertragsaufhebung, wenn für den Käufer keine Möglichkeit einer zumutbaren anderweitigen Verwertung besteht.[39] Diese Rechtsprechung zu Art. 25 CISG verlangt, dass auch bei unbehebbaren Mängeln die Ware notfalls zu Schleuderpreisen weiterverkauft und für den Verlust Schadensersatz verlangt wird.[40] Außer bei Fixgeschäften oder ausdrücklich vereinbarter Rückgabegarantie für bestimmte Eigenschaften kommt damit ein wesentlicher Mangel nur noch in Betracht, wenn die vertragswidrige Beschaffenheit die Ware für den Käufer

---

37 Markus Krebs, S. 21; Nina Freiburg, S. 49; Steinmetzler, S. 102, 199

38 BGHZ 132, 290 (298 f.)

39 Achilles, Art. 25 Rn. 4; Der BGH stellt damit unmittelbar auf ökonomische Kriterien ab. Die Frage, wer die Ware am besten verwerten kann, ist die aus ökonomischer Sicht entscheidende Frage für die Rückgabe, s. o. B.2.b.aa

40 Vgl. OLG Frankfurt a. M. 5 U 15/93, 18.01.1994: Da der Käufer die Ware mit Preisnachlass weiterverkaufen konnte, wurde die Rückgabe versagt (= NJW 1994, S. 1013); vgl. Hanna Sivesand S. 141 – 144 mit weiteren Fällen

schlechthin unverwertbar macht.[41] Dies ist z. B. der Fall, wenn die Ware aufgrund von Sicherheitsmängeln beschlagnahmt worden ist.[42] Allgemeiner formuliert, muss für das Vorliegen einer wesentlichen Vertragsverletzung ein **wesentliches Vertragsinteresse** des Käufers verletzt worden sein. Ein solches wesentliches Vertragsinteresse – oder ein wesentlicher „Nachteil" des Käufers[43] – verlangt, dass dem Käufer ein Vorteil entgeht, an den er erkennbar sein Interesse an dem Vertrag gebunden hatte, so dass ihm nach Wegfall des erhofften Vorteils die Durchführung des Vertrages nicht mehr zugemutet werden kann (Interessefortfall).[44]

Wie der zweite Halbsatz des Art. 25 CISG zum Ausdruck bringt, muss das besondere wesentliche Interesse des Käufers für den Verkäufer erkennbar gewesen sein (Voraussehbarkeit).[45] Es ist strittig, ob das besondere Interesse bereits bei Vertragsschluss erkennbar gewesen sein muss oder ob auch nachträglich erlangtes Wissen des Käufers ausreichen kann.[46] Unumstritten ist allerdings, dass keine Vertragspartei einseitig das vereinbarte Haftungsrisiko der anderen Seite wesentlich erhöhen kann.[47] Deshalb kann letztlich nur die Erkennbarkeit im Zeitpunkt des Vertragsschlusses maßgeblich sein[48]: Durch eine nachträgliche Mitteilung kann der Gläubiger aus einer unwesentlichen Pflicht keine wesentliche machen. Er kann durch nachträgliche Mitteilungen allenfalls die Art und Weise der Erfüllung einer wesentlichen Pflicht präzisieren.

---

41 Schlechtriem, UN-Kaufrecht, S. 128, Rn. 197; Brunner, Art. 25, Rn. 16 m.w.N. in Fn 587; Staudinger/Magnus Art. 25 Rn. 12 a. E. und Art. 49 Rn. 14

42 Achilles, Art. 25 Rn. 4; Schlechtriem, Anmerkung zu US District Court Louisiana v. 17.05.1999 (CISG-online Nr. 387), IPrax 1999, S. 388 (389); Schlechtriem, UN-Kaufrecht S. 99 Rn. 139

43 Schlechtriem/Schwenzer/Schlechtriem, Art. 25 Rn. 9

44 Krebs, S. 21; Soergel/Lüderitz/Budzikiewicz, Art. 25, Rn. 2 a. E. vergleicht Art. 25 CISG mit § 326 II BGBaF; „Interessewegfall" war ausschlaggebend in BGHZ 132, 290 (298): An der Definition des „Interessefortfalls" als „Unzumutbarkeit" der Vertragsdurchführung wird deutlich, wie austauschbar die Begriffe sind; Schlechtriem, Schuldrecht AT Rn. 435, sieht in Interessefortfall und Unzumutbarkeit im Wesentlichen das gleiche Kriterium; s. o. B.V.2.a

45 Petrikic, S. 113; Honnold Art. 25 No. 183; Brunner, Art. 25 Rn. 9 f.

46 Schlechtriem/Schwenzer/Schlechtriem, Art. 25 Rn. 15; Honnold, Art. 25, No. 183; Achilles Art. 25, Rn. 13

47 Huber, RabelsZ 43 (1979),S. 463: Sonst könnte der Käufer durch die einseitige Mitteilung an den Verkäufer, es käme ihm auf eine pünktliche Lieferung an – da er z. B. mit seinen Abnehmern bei Verspätung Vertragsstrafen vereinbart habe und daher jede Verspätung zum Wegfall des Vertragsinteresses führe – einem einfachen Kauf den Charakter eines Fixgeschäfts geben.

48 Petrikic, S. 29; Schlechtriem/Schwenzer/Schlechtriem, Art. 25 Rn. 15; Schlechtriem, UN-Kaufrecht, S. 83, S. 112; Vgl. Salger in Witz/Salger/Lorenz, Art.25 Rn. 16, der deshalb die ausdrückliche Kennzeichnung wesentlicher Interessen anrät; Krebs, S. 23

bb) Wesentliche Verletzung trotz möglicher Nachbesserung?

Es ist fraglich, ob für die Wesentlichkeit der Vertragsverletzung die Fähigkeit und Bereitschaft des Verkäufers, den Mangel zu beheben, eine Rolle spielen.[49] Nach der „**dynamischen Auslegung**" kann eine wesentliche Vertragsverletzung nur vorliegen, wenn sie nicht durch eine dem Käufer zumutbare Nacherfüllung behoben oder zu einer unwesentlichen Vertragsverletzung vermindert werden kann.[50] Diese Ansicht stellt darauf ab, ob im Moment der Befreiung des Gläubigers eine wesentliche Vertragsverletzung vorliegt, welche die zusätzliche Rückgabe rechtfertigt. Die Gegenmeinung will hingegen die Wesentlichkeit schon zum Zeitpunkt der ersten Lieferung bewerten und mögliche Nachbesserungen bewusst außer Acht lassen.[51] Die Ansicht würde zu dem Ergebnis führen, dass erstens das in Art. 48 CISG ausdrücklich auch für schwerwiegende Mängel vorgesehene Nachbesserungsrecht abgeschnitten und auf leichtere Mängel zurückgedrängt würde und dass zweitens entgegen dem Grundsatz des *ultima ratio* eine Vertragsaufhebung möglich wäre, obwohl eine Nachbesserung die Interessen des Käufers ausreichend befriedigen und eine deutlich höhere Belastung des Schuldners vermeiden könnte.[52]

Die Zielsetzung des CISG, den Verkäufer vor vermeidbaren Belastungen zu schützen, hat zu Recht dazu geführt, dass sich die „dynamische Auslegung" in der Praxis durchgesetzt hat.[53] So formulierte das OLG Köln in seinem Urteil vom 14. Oktober 2002[54]: „Selbst ein schwerwiegender Mangel stellt dann keine wesentliche Vertragsverletzung dar, wenn der Verkäufer zur Nachlieferung ohne unzumutbare Belastung des Käufers bereit ist". Demnach ist zu fragen, ob ein

---

49 Ausführlich Honsell/Schnyder/Straub, Art. 49 Rn. 18 – 24; Staudinger/Magnus Art. 48 Rn. 22 – 30; Soergel/Lüderitz/Schüßler-Langeheine, Art. 48 Rn. 4

50 MüKo/Huber, Art. 49 Rn. 28 f.; Honnold, S. 210, Art. 25 No. 184; Petrikic, S. 93 f.; Markus Krebs, S. 40; Schlechtriem/Schwenzer/Schlechtriem, Art. 25 Rn. 20; Schlechtriem/Schwenzer/Müller-Chen, Art. 48 Rn. 15; Honsell/Schnyder/Straub, Art. 49 Rn. 23

51 Freiburg, S. 104, in Fn 298 – 301 m.w.N. und S. 104 – 106 (ihr eigener Standpunkt); Holthausen, RIW 1990, 101 f.; dazu Honsell/Schnyder/Straub, Art. 49 Rn. 19; Soergel/Lüderitz/Schüßler-Langeheine, Art. 48 Rn. 4

52 Vgl. Markus Krebs, S. 40; MüKo/Huber, Art. 49 Rn. 25

53 MüKo/Huber Art. 49, Rn. 28 f.; Markus Krebs, S. 40; Schlechtriem/Schwenzer/Müller-Chen Art. 48 Rn. 15; Schlechtriem/Huber (3. A.), Art. 49 Rn. 12; Schlechtriem/Schwenzer, Art. 25 Rn. 21a, Fn 84 m.w.N.; Hutter, S. 143; Huber, RabelsZ 43 (1979), S. 490 ff.; Honsell/Karollus, Art. 25 Rn. 11 ff., 22 ff.; Honsell/Schnyder/Straub, Art. 49 Rn. 23; CISG-online 154, Cor d'Appel de Grenoble 26.04.1995; Handelsgericht Zürich 26.04.1995, CISG-online 248 = IHR 1999, S. 54; OLG Koblenz 31.01.1997, CISG-online 256

54 OLG Köln vom 14.10.2002, CISG-online 709 = IHR 2003, S. 15

wesentlicher Mangel zu dem Zeitpunkt vorliegt, da weitere Nacherfüllungsversuche als unzumutbar zurückgewiesen werden dürfen. Ist die Nachbesserung dem Käufer noch zumutbar, so hat der Schuldner auch bei schwerwiegenden Mängeln noch das Recht zur zweiten Andienung, um sich gegen die Folgen der Vertragsaufhebung und vermeidbare Kosten zu schützen.

cc) Bewertung

Insgesamt ist die Vertragsaufhebung im CISG stark beschränkt: Wenn der Mangel nicht behoben oder dem Käufer ein weiteres Abwarten nicht mehr zugemutet werden kann, dann liegt ein wesentlicher Mangel nur vor, wenn die Interessen des Käufers nicht angemessen durch Schadensersatz oder einen Preisnachlass befriedigt werden können.[55] Erst wenn dem Käufer die Verwertung des Empfangenen nicht mehr zugemutet werden kann, darf er die Waren zurückgeben. Durch das Nachbesserungsrecht und die Formel, dass jede zumutbare Verwertungsmöglichkeit vom Käufer auch genutzt werden muss, ist der Verkäufer vor der vermeidbaren Aufblähung seiner Haftung effektiv geschützt.

Diesen Schutz erreicht das CISG allerdings nicht – wie es ökonomisch ratsam erscheint – durch eine Abwägung der Vor- und Nachteile der Vertragsaufhebung. Der Schwerpunkt bei der Bestimmung der Wesentlichkeit liegt nicht auf einer Verhältnismäßigkeitsprüfung, sondern darauf, dass wesentliche Vertragsinteressen des Käufers betroffen sein müssen. Es wird nicht gefragt, ob die Rückgabe dem Schuldner Mehrkosten aufbürdet, die einer Rechtfertigung bedürfen (s. o. B.V.2.a und s. u. D.I). Vielmehr wird unterstellt, dass die Rückgabe stets zusätzliche Kosten auslöst und deshalb durch besondere Interessen gerechtfertigt werden muss. Diese Tendenz lässt sich durch die in der Regel hohen zusätzlichen Kosten erklären, die im internationalen Handel bei der Rückgabe vor allem für Transport[56] entstehen. Die Rückgabe kann jedoch Kosten sparen, wenn die schadhafte Ware vom Verkäufer kostengünstiger verwertet werden kann. In diesem Fall braucht sie nicht beschränkt zu werden. Durch das untergründige Urteil des CISG, dass jede Rückgabe ineffizient ist, könnten auch effiziente Rückgabeverlangen unterbunden werden. In der Praxis allerdings wird in den Fällen, in denen der Verkäufer trotz allem der bessere Verwerter ist, zumeist eine einvernehmliche Vertragsaufhebung zustande kommen: Der Verkäufer, der alle Folgekosten der Leistungsstörung in seiner Hand trägt, wird einem Rückgabeverlangen des Käufers nicht widersprechen, wenn er hierdurch Kosten sparen kann. Im Er-

55 Honnold, No. 185, Art. 25, S. 211; Schlechtriem/Schwenzer/Schlechtriem, Art. 25 Rn. 21a

56 S. o. C.I.2.b.aa

gebnis fördert das CISG trotz der Verengung der Wesentlichkeit auf die Gläubigerinteressen die effiziente Vertragsaufhebung. Wirkt die Rückgabe ausnahmsweise kostensparend, werden sich die Parteien darauf einigen. Ist sie nicht kostensparend, kann sich der Verkäufer dagegen wehren, solange es eine günstigere Alternative gibt, die den Käufer angemessen zufrieden stellen kann (*ultima ratio*).

c) Ersatzlieferung, Teilerfüllung, Sukzessivlieferungsvertrag

Die Beschränkung der Vertragsaufhebung auf die wesentliche Vertragsverletzung wird vom CISG konsequent durchgehalten für Teillieferungen, Sukzessivlieferungsverträge und auch für das Recht des Käufers auf Ersatzlieferung, da in diesen Fällen die zu schützenden Interessen des Schuldners dem Fall der Rückgabe bei Schlechtlieferung gleichkommen. So bedeutet insbesondere das Recht des Käufers auf eine Ersatzlieferung, dass die empfangene Ware zurückgegeben werden kann – durch die Lieferung einer neuen Sache entstehen sogar noch weitere Kosten. Deshalb beschränkt Art. 46 II CISG den Anspruch auf wesentliche Mängel.[57] Bei teilweiser Nichterfüllung und mangelhafter Teilleistung in einem Sukzessivlieferungsvertrag dürfen die empfangenen Waren ebenfalls nur zurückgegeben werden, wenn ein wesentlicher Mangel bezüglich des ganzen Vertrags besteht – wenn also der Käufer kein objektives Interesse mehr an dem Vertrag hat und auch die empfangenen Waren nicht anderweitig verwerten kann: Art. 51 II (teilweise Nichterfüllung), Art. 73 III (Sukzessivlieferungsvertrag) CISG.

3. Weitere Beschränkungen des Rückgaberechts[58]

Im CISG besteht aufgrund des Art. 39 CISG eine strenge Mängelrügeobliegenheit. Wenn ein Mangel nicht gerügt wird, sobald er hätte entdeckt werden müssen, sind alle Rechtsbehelfe in Bezug auf diesen Mangel ausgeschlossen, Art. 39 I CISG. Dies entspricht im Wesentlichen dem § 377 HGB.[59] Im Gegensatz zum Schadensersatzrecht unterliegt das Recht zur Rückgabe noch weiteren

---

57 Petrikic, S. 96 f.: Der Ersatzlieferungsanspruch ist nur zu gewähren, wenn man aufgrund des Gewichts des Mangels und der Umstände davon ausgehen kann, dass sich der ursprüngliche Mangel ohne Austausch der Sache zu einer wesentlichen Vertragsverletzung ausweiten wird. Das bedeutet, dass auch hier das Recht des Verkäufers auf Nachbesserung vorgeht.

58 Ausführlich Nina Freiburg, S. 181 ff.

59 Freiburg, S. 181 - 243

Beschränkungen: Außer dem Erfordernis der wesentlichen Vertragsverletzung besteht eine besondere Ausschlussfrist in Art. 49 CISG. Außerdem ist die Vertragsaufhebung durch Art. 82 CISG bei Unmöglichkeit der unversehrten Rückgabe verwehrt.

a) Erklärungsfrist in Art. 49 II CISG

Artikel 49 [Vertragsaufhebung]: „(2) Hat der Verkäufer die Ware geliefert, so verliert jedoch der Käufer sein Recht die Aufhebung des Vertrages zu erklären, wenn er

a) im Falle der verspäteten Lieferung die Aufhebung nicht innerhalb einer angemessenen Frist erklärt, nachdem er erfahren hat, daß die Lieferung erfolgt ist, oder
b) im Falle einer anderen Vertragsverletzung als verspäteter Lieferung die Aufhebung nicht innerhalb einer angemessenen Frist erklärt, i) nachdem er die Vertragsverletzung kannte oder kennen mußte, ii) nachdem eine vom Käufer nach Artikel 47 Absatz 1 gesetzte Nachfrist abgelaufen ist oder nachdem der Verkäufer erklärt hat, daß er seine Pflichten nicht innerhalb der Nachfrist erfüllen wird, oder iii) nachdem eine vom Verkäufer nach Artikel 48 Absatz 2 gesetzte Frist abgelaufen ist oder nachdem der Käufer erklärt hat, daß er die Erfüllung nicht annehmen wird.“

Nach Art. 49 II CISG geht das Rückgaberecht verloren, wenn sich der Käufer nicht innerhalb einer angemessenen Frist auf die Rückgabe festlegt. Das bedeutet konkret, dass der Käufer nur während der unmittelbar auf die Entdeckung der Vertragsverletzung folgenden Zeit das Recht hat, die Ware zurückzugeben. Danach ist er auf den Schadensersatz beschränkt. Ebenso ergeht es ihm, wenn er einen Mangel aus Unachtsamkeit nicht entdeckt („kennen müssen“). Der Käufer kann anstatt der zügigen Erklärung des Rücktrittes auch Nachbesserung einfordern und hierfür eine Nachfrist setzen (Art. 47 I CISG) – oder der Verkäufer kann sich eine solche Nachbesserungsfrist seinerseits durch eine unwidersprochene Fristsetzung sichern (Art. 48 II CISG). Das Recht des Verkäufers zur zweiten Andienung endet dann erst mit dem Ablauf dieser Fristen. Und nach Art. 49 II lit b ii) und iii) CISG muss sich der Käufer direkt nach Ablauf der Fristen zusammen mit seiner Befreiung für die Rückgabe entscheiden[60] oder auf sie verzichten. Insgesamt liegt in Art. 49 II CISG eine Beschränkung des Rückgaberechts auf die Zeit unmittelbar nach seiner Entstehung. Der Käufer muss sich schnell entscheiden. Der Verkäufer wird vor einer Vertragsaufhebung nach dem Verstreichen einer längeren Zeit geschützt und erhält Planungssicherheit.

60 Schlechtriem/Schwenzer/Müller-Chen Art. 49 Rn. 36 - 41; Hutter, S. 154 - 157; Petrikic, S. 123 - 125

b) Unmöglichkeit der unversehrten Rückgabe[61]

Art. 82 CISG [Verlust der Rechte auf Vertragsaufhebung oder Ersatzlieferung wegen Unmöglichkeit der Rückgabe im ursprünglichen Zustand] „(1) Der Käufer verliert das Recht, die Aufhebung des Vertrages zu erklären [...], wenn es ihm unmöglich ist, die Ware im wesentlichen in dem Zustand zurückzugeben, in dem er sie erhalten hat. (2) Absatz 1 findet keine Anwendung, (a) wenn die Unmöglichkeit [...] nicht auf einer Handlung oder Unterlassung des Käufers beruht, b) wenn die Ware [...] infolge der [...] Untersuchung [...] verschlechtert worden ist oder c) wenn der Käufer die Ware im normalen Geschäftsverkehr verkauft, [...] verbraucht oder verändert hat, bevor er die Vertragswidrigkeit entdeckt hat oder hätte entdecken müssen."

Der Käufer muss die Ware unversehrt zurückgeben, wobei eine Verschlechterung nur unberücksichtigt bleibt, wenn sie bei gewöhnlicher Lagerung durch Zeitablauf eintritt.[62] In Art. 82 II CISG wird der Ausschluss auf Fälle beschränkt, in denen der Käufer von seinem Rückgaberecht wusste oder wissen musste, so dass im Ergebnis die Rückgabe nur ausgeschlossen wird, wenn der Käufer die Sache trotz seines schon bestehenden Rücktrittsrechts verbrauchte, verkaufte oder veränderte.[63] Dem Käufer wird durch den zweiten Absatz die Verantwortung für Verschlechterungen außerhalb seines Verantwortungsbereiches abgenommen[64], weshalb es sich nicht um eine besonders weitreichende Einschränkung der Rückgabe handelt.

4. Zusammenfassung

Die Kombination von Befreiung und (kleinem) Schadensersatz wird im CISG nur durch das Recht des Verkäufers zur zweiten Andienung beschränkt. Bei Nichterfüllung steht die Kombination regelmäßig nach Ablauf einer Nachfrist zur Verfügung. Bei Schlechtlieferung kann sich der Käufer erst befreien, wenn ihm ein weiteres Abwarten unzumutbar wird – wobei eine Nachfrist helfen kann, die Loslösung herbeizuführen. Das Recht, nach der Befreiung vom Vertrag eine mangelhafte Ware auch zurückzugeben, ist weit strenger eingeschränkt. Es besteht nur bei wesentlichen Mängeln, die sich auf solche Fälle beschränken, in denen der Käufer die vertragswidrige Ware nicht anderweitig verwerten kann und Schadensersatz seine Interessen nicht ausreichend befriedigt (*ultima ratio*). Außerdem kann die Rückgabe nur in der Zeit unmittelbar nach der Entstehung des

61 Ausführlich Nina Freiburg S. 256 – 264
62 Salger in Witz/Salger/Lorenz, Art. 82 Rn. 2
63 Salger in Witz/Salger/Lorenz, Art. 82 Rn. 4
64 Achilles, Art. 82 Rn. 7; Brunner, Art. 82 Rn. 11

Rückgaberechts verlangt werden. Eine Verschlechterung der Ware, die im Verantwortungsbereich des Käufers liegt, schließt die Rückgabe ebenfalls aus.

Das CISG hat sich zur Aufgabe gemacht, insbesondere die Kombination von Rückgabe und (großem) Schadensersatz zu beschränken, denn dieser Rechtsbehelf wird als besonders belastend für den Verkäufer angesehen. Diese Aufgabe wird hauptsächlich durch die Schranke der „Wesentlichkeit" erfüllt. Das CISG beschränkt damit nicht den Rücktritt (Vertragsaufhebung) per se, denn die Befreiung steht dem Käufer trotzdem offen. Das CISG hat sich nicht dem Festhalten am Vertrag (*pacta sunt servanda*) aus Prinzip verschrieben. Vielmehr wird gezielt die Kombination von Rückgabe und Schadensersatz beschnitten, und zwar in dem konkreten Interesse, den Verkäufer vor vermeidbaren zusätzlichen Kosten zu schützen. Damit bekämpft das CISG den ineffizienten Gebrauch der Rückgabe durch den Käufer.

II. Rücktritt und Schadensersatz im englischen Kaufrecht

Das englische Recht kennt keine Trennung des allgemeinen Leistungsstörungsrecht vom Gewährleistungsrecht, die Grundprinzipien des allgemeinen Vertragsrechts gelten auch für den Kaufvertrag. Dennoch gibt es Sonderregeln, die in das Common Law durch das Gesetz über Kaufverträge (Sale of Goods Act, SGA) eingeführt wurden – erstmals 1893.[65] Die wichtigsten Bestimmungen des (dispositiven) SGA unterstellen bestimmte Verkäuferpflichten, die sogenannten stillschweigenden Bedingungen (*implied terms*) – so unter anderem die Freiheit von Rechtsmängeln[66], die ausreichende Qualität der Waren[67], die Übereinstimmung mit einer Beschreibung.[68] 1979 wurde der SGA generalüberholt, 1994 um eine Beschränkung des Rechts zur Vertragsaufhebung[69] und 2002 um Regeln für den Verbraucherkauf[70] ergänzt.

---

65 Sale of Goods Act (SGA) 1893, siehe Benjamin's Sale of Goods, Chapter 1-001

66 Section 12 SGA

67 Section 14 SGA

68 Section 13 SGA

69 Sale and Supply of Goods Act 1994: Die Reform setzte den Law Commission Report No. 160 (1987) um, der insbesondere die Einführung der neuen Sections 15A, 30 (2A) SGA zur Beschränkung der Rückgabe empfahl. Auszüge des Reports bei Beal Bishop Furmston (BBF), S. 522 – 524.

70 Sale and Supply of Goods to Consumers Regulations 2002 (SI 2002/3045): Diese Reform setzte die EG-Verbrauchsgüterkaufrichtlinie 1999/44 ins englische Recht um und führte Sections 48A ff. ein. Dazu eigens Special Supplement von Benjamin's (2003)

Das englische Recht bietet für alle Vertragsverletzungen (*breach of contract*) stets Schadensersatz (*damages*) als wichtigsten Rechtsbehelf.[71] Er soll die geschädigte Partei so stellen, als wäre der Vertragsbruch nicht vorgekommen – sie also „in die Lage versetzen, als ob der Vertrag erfüllt worden wäre".[72] Dies umfasst wie im deutschen Recht (§ 252 BGB) insbesondere den entgangenen Gewinn (*loss of bargain*).[73] Im Unterschied zum deutschen Recht verlangt die Haftung des Schuldners grundsätzlich kein Verschulden.[74] Die meisten vertraglichen Versprechen werden im englischen Recht als Garantieversprechen verstanden, die eine verschuldensunabhängige, strikte Haftung auslösen (*strict liability*).[75]

Raineri v. Miles[76]: "In relation to a claim for damages for breach of contract, it is, in general, immaterial why the defendant failed to fulfil his obligations and certainly no defence to plead that he had done best."[77]

Bleibt eine geschuldete Leistung aus oder wird sie nur unvollständig erfüllt, haftet der Schuldner auf das Erfüllungsinteresse (*expectation interest*)[78] einschließlich des entgangenen Gewinns. Das gilt bei dauerhafter Unmöglichkeit und wenn der Gläubiger das Recht erwirbt, sich vom Vertrag zu befreien, ausstehende Leistungen abzulehnen[79] und bereits empfangene Waren zurückzugeben.[80]

---

71 Treitel, Law of Contract (Contract Law), 11th edition , S. 926 ff.

72 *Robinson v. Harman* (1848) 1 Ex., S. 850 (855): The injured party has to be put „in the same situation [...] as if the contract had been performed"; *Lock v. Furze* (1866) L.R. 1 C.P., S. 441 (450-451); *Watts v. Mitsui* (1917) A.C., S. 227 (241), Lord Dunedin; *Czarnikow v. Koufos* (1969) 1 A.C., S. 350 (414, Lord Pearce, and 420, Lord Upjohn); *Senate Electrical Wholesalers Ltd. v. Alcatel Submarine Networks* (1999) 2 Lloyd's Rep., S. 423 (430) m.w.N.; Beatson in Anson's Law of Contract (Anson) S. 596

73 Treitel, Contract Law, S. 937, 944

74 Kern, S. 1 (in Fn 1 m.w.N. zur Entwicklung des englischen Vertragsrechts und der Besonderheit des „Garantieversprechens")

75 Treitel, Contract Law, S. 838

76 (1981) A.C., S. 1050 (1086)

77 *Young & Marten Ltd. v. McManus Childs Ltd.* (1969) A.C., S. 454 ff. (siehe auch Treitel, Breach of Contract, S. 26, Nr. 26) verdeutlicht diese drastische Regel: Ein Dachdecker haftet für verdeckte Mängel der Schindeln, obwohl er die Mängel nicht selbst verursacht hatte, sie nicht hatte entdecken oder vermeiden können und obwohl er die Schindeln nach Vorgabe seines Auftraggebers bei einem bestimmten Hersteller eingekauft hatte.

78 Kern, S. 46, 51 ff. und 78; Treitel, Contract Law, S. 948, damages for non-delivery

79 Treitel, Contract Law, S. 949; ein Beispiel: Rejection for late delivery: *The Almare Seconda* (1981) 2 Lloyd's Rep., S. 433 ff.

80 Treitel, Contract Law, S. 948: Bei Rückgabe der Waren nach Ablehnung wird der gleiche Schadensersatz geschuldet wie bei Nichterfüllung. Dies war der Fall in *The*

Lord Diplock bezeichnete die Umwandlung der Leistungsschuld in die Haftung auf das Erfüllungsinteresse in *Photo Production v. Securicor* als den Übergang der Primärpflicht auf Leistung in die Sekundärpflicht zur Zahlung von Schadensersatz[81]:

Lord Diplock in *Photo Production Ltd. v. Securicor Transport Ltd*[82]: "[...] there is substituted by implication of law for the primary obligations of the party in default which remain unperformed a secondary obligation to pay monetary compensation to the other party for the loss sustained by him in consequence of their non-performance."

Sobald der Käufer den Vertrag aufheben oder die Annahme einer Leistung verweigern kann, steht ihm auch der Schadensersatz statt der Leistung zu. Das englische Recht gewährt für jede Loslösung vom Vertrag auch die Kombination mit Schadensersatz. Das Recht zur Loslösung vom Vertrag (*rescission*) wird im englischen Recht allerdings deutlich eingeschränkt.

1. Das Recht zur Loslösung vom Vertrag[83]

Im englischen Recht werden die Befreiung vom Vertrag bei Nichtlieferung und das Recht zur Rückgabe bei Schlechtlieferung begrifflich nicht unterschieden. Der meist verwendete Begriff *rescission* (Loslösung vom Vertrag, Vertragsaufhebung) vereint beide Funktionen[84], ähnlich wie der Begriff „Rücktritt" im deutschen Recht. Im Prinzip sind bei allen Leistungsstörungen die Voraussetzungen für die Vertragsaufhebung gleich, ebenso wie für alle Leistungsstörungen unter den gleichen Voraussetzungen Schadensersatz geschuldet wird. Deshalb soll hier zunächst die englische Diskussion um die Zulässigkeit der Loslösung vom Vertrag nachvollzogen werden, bevor in einem gesonderten Teil (2) Nichterfüllung (a) und Schlechterfüllung (b) sowie Befreiung und Rückgabe unterschieden werden.

Almare Seconda (a.a.O.), wo die Verspätung so gewichtig war, dass die Ware vollends abgewiesen werden durfte.

81 Auch in *Lep Air Services v. Rolloswin Investments Ltd* (1973) A.C., S. 331 (354 – 355) wird von den „secondary obligations" gesprochen. Im niederländischen Recht wird es als „Umwandlung" bezeichnet: Art. 6:87 NBW (s. u. C.IV.1.a)

82 (1980) 1 All ER, S. 556 (564 ff.); ausdrücklich bestätigt von Lord Wilberforce, ebenda S. 563; Treitel, Contract Law, S. 850 f. zu den Folgen der Vertragsaufhebung für die vertragsbrüchige Partei.

83 Dazu ausführlich Betina Kern „Rescission nach Vertragsverletzung im englischen Recht", Marburg 1983 (Kern)

84 Treitel, Contract Law, S. 759 f.; Kern, S. 3 – 5

Die englische Diskussion der Vertragsaufhebung verdeutlicht sehr gut die widerstreitenden Interessen von Schuldner und Gläubiger bei der Auflösung des Vertrages. Die Geschichte des Common Law zeigt besonders anschaulich die Schwierigkeit, beim Rücktritt Einzelfallgerechtigkeit und Rechtssicherheit in Ausgleich zu bringen. Da die Loslösung vom Vertrag im englischen Recht seit jeher anstelle der wegfallenden primären Leistungspflicht eine sekundäre Schadensersatzpflicht entstehen ließ (Lord Diplock in *Photo Production v. Securicor*[85]), behandelt die immer währende Diskussion über die Zulässigkeit der *rescission* letztlich die Frage, wann die Kombination von Rücktritt und Schadensersatz zugänglich sein soll. **G. H. Treitel** fasst in seinem Buch zum Vertragsrecht die widerstreitenden Interessen zusammen[86]: Für den Gläubiger könne der Rücktritt vorteilhafter sein als Schadensersatz, wenn er ein schlechtes Geschäft gemacht habe oder wenn seine Verluste durch Schadensersatz schlecht ersetzt, durch Rücktritt aber vermieden werden könnten. Insbesondere bekomme der Käufer einen schnellen und effizienten Rechtsbehelf an die Hand. Durch Rücktritt und Ersatzkauf könne er sich eine zeitaufwendige Klage auf Schadensersatz ersparen und vermeide das Risiko der Insolvenz seines Schuldners. Selbst wenn er den bereits gezahlten Preis zurückfordern müsse, so sei dies leichter als ein Streit über den angemessenen Schadensersatz. Der Schuldner hingegen habe ein Interesse daran, die bereits auf den Vertrag gemachten Ausgaben (z. B. eine Kommission oder Transportkosten) nicht zu verlieren. Außerdem sei es eine unbillige Härte, wenn der Käufer bei fallenden Marktpreisen kündige, denn der Verkäufer müsse u. U. einen Wertverlust seiner Waren hinnehmen, der weit über dem Verlust liegt, den der Käufer aufgrund der Schlechtleistung erlitten hätte.[87]

a) Ursprung: Rescission nur bei wesentlicher Vertragsverletzung

Diese Gegenüberstellung der Interessen zeigt, dass im englischen Recht deutliche Vorbehalte gegen den Rücktritt bestehen, da er dazu führen kann, dass sich der Gläubiger auf Kosten des Schuldners Vorteile verschafft. Insbesondere

---

85 (1980) 1 All ER, S. 556 (564 ff.); bestätigt von Lord Wilberforce, ebenda S. 563; Treitel, Contract Law, S. 850 f.

86 Treitel, Contract Law, Section 3 „Rescission for failure to perform", S. 760 f.

87 Zudem besteht im englischen Recht infolge der Entscheidung *Sumpter v. Hedges* (1898) 1 Q.B., S. 673, die Gefahr, dass dem Schuldner nach Rücktritt keine Entschädigung für die zum Teil erbrachte Leistung zusteht. Treitel a.a.O., S. 760 f. und S. 825 f., wo er diesen Präzedenzfall als eines der Hauptdefizite des englischen Leistungsstörungsrechts bezeichnet.

das Motiv, einem schlechten Geschäft entkommen zu wollen, wird als unbillig empfunden.[88]

Roskill LJ in ***The Hansa Nord***[89]: "[...] contracts are made to be performed and not to be avoided according to the whims of market fluctuation and where there is a free choice between two possible constructions I think the court should tend to prefer that construction which will ensure performance, and not encourage avoidance of contractual obligations."

Im allgemeinen Vertragsrecht hat sich daher die Regel entwickelt, dass der Gläubiger nur zum Rücktritt berechtigt ist, wenn ein wesentlicher Vertragsbruch (*substantial failure*) „an die Wurzel des Vertrages reicht" (*breach goes to the root of the contract*)[90] – oder anders ausgedrückt, wenn dem Gläubiger im Wesentlichen das entgeht, wofür er den Vertrag abgeschlossen hat.[91] Folgende Umstände sind nach der Rechtsprechung ausschlaggebend:[92]

- Die Frage, ob der Schadensersatz eine adäquate Entschädigung bietet,

Ein Beispiel ist der Fall ***Decro-Wall***[93]: Eine verzögerte Zahlung konnte durch den Ausgleich des Zinsverlusts schon ausreichend entschädigt werden. In ***Boone v. Eyre***[94] wurde geurteilt: "Where mutual covenants go to the whole of the consideration on both sides, they are mutual conditions. But where they only go to a part, where a breach may be paid for in damages, there the defendant has a remedy on his covenant and shall not plead it as a condition precedent."

---

88 Treitel, Breach of Contract, S. 103, No. 97

89 *Cehave NV v Bremer Handelsgesellschaft mbH, The Hansa Nord* (1976) Q.B., S. 44; (1975), 3 All ER, S. 739

90 *Glaholm v. Hays* (1841) 2 Man & G, S. 257 (268); Vorbild ist der Fall *Boone v. Eyre* (1777) 1 Hy. Bl., 273n.; 2 W. Bl., S. 1312: „Where mutual covenants go to the whole of the consideration on both sides, they are mutual conditions."; vgl. Hugh Beale, Towards a European Code Civil, S. 348 (352)

91 Die mustergültige Formulierung im Fall *Photo Production Ltd. v. Securicor Transport Ltd* (1980) A.C., S. 827 (849), lautete: „deprived of substantially the whole benefit which it was intended that the buyer should receive from the contract."; Treitel, Contract Law, S. 770; Kern, S. 6; die Formel entspricht der amerikanischen Lehre vom „material breach", s. u. C.III.2

92 Treitel, Contract Law, S. 771 – 778; Kern, S. 12 – 15; vgl. G. H. Treitel (1967), 30 M.L.R., S. 139 – 155 zu den Motiven für rescission und die Folgen für die Risikoverteilung

93 *Decro-Wall International SA v. Practitioners in Marketing Ltd* (1971) 1 WLR, S. 361; vgl. unten *Hongkong Fir Shipping Co Ltd. v Kawasaki Kisen Kaisha Ltd.* (1962) 2 Q.B., S. 26

94 (1777) 1 Hy. Bl., 273n.; 2 W. Bl., S. 1312

- die Frage, ob die Schlechtleistung im Vergleich zur Gesamtleistung als gering erscheint,

Beispiel ist der Fall ***Maple Flock***[95]: Ein Mangel in nur einer relativ kleinen Teillieferung konnte nicht die Aufhebung des gesamten Vertrages begründen. In ***Hongkong Fir***[96] konnte eine 20-wöchige Reparaturpause nicht die Kündigung eines 24-monatigen Chartervertrages begründen, da das Schiff noch weitere 17 Monate zur Verfügung stand, während der Reparaturzeit nicht gebraucht wurde und deswegen die zeitweilige Aussetzung der Pacht als Entschädigung schon ausreichte.

- die Ungewissheit, ob der Schuldner seine zukünftigen Pflichten noch erfüllen wird[97],

In ***Bradford v. Williams***[98] durfte der Besitzer eines Schiffes den Vertrag mit der geheuerten Mannschaft kündigen, da er sich nicht darauf verlassen konnte, dass ihm die Mannschaft tatsächlich zur Verfügung stehen würde. In ***Poussard v Speirs***[99] berechtigte die Ungewissheit darüber, wie lange der Ausfall einer Sängerin dauern würde, zur Vertragsaufkündigung, um einen Ersatz beschaffen zu können. Hingegen erzeugte in ***Bettini v. Gye***[100] eine kurze Krankheit während der Generalproben, die den Auftritt eines Sängers nicht wirklich gefährdete, keine hinreichende Ungewissheit.

- das (unbillige) Hauptmotiv, einem schlechten Geschäft entgehen zu wollen.

Ein Beispiel ist das obige Zitat von Roskill LJ in ***The Hansa Nord***[101]. In ***Dakin v. Oxley***[102] wäre die Ware auch ohne den (leichten) Mangel aufgrund eines rapiden Preisverfalls bei Ankunft gerade soviel Wert gewesen wie die Frachtkosten. Diesem schlechten Geschäft wollte der Käufer durch seinen Rücktritt entkommen, was ihm verwehrt wurde: "It would be unjust and most absurd that [...] the risk of a mercantile adventure should be thrown upon the ship owner by the mere accident of the value of the cargo [when

95 *Maple Flock Co Ltd v. Universal Furniture Products (Wembley) Ltd.* (1934) 1 K.B., S. 148
96 *Hongkong Fir Shipping Co Ltd. v Kawasaki Kisen Kaisha Ltd.* (1962) 2 Q.B., S. 26
97 Treitel, Contract Law, S. 771 – 778: „The need to remove uncertainty as to future performance"; Kern, S. 13 – 15
98 (1872) L.R. 7 Ex., S. 259; Vgl die Fälle *Hongkong Fir* und *Maple Flock*, in denen maßgeblich darauf abgestellt wurde, dass bezüglich der zukünftigen Erfüllung gerade keine Unsicherheit bestand
99 *Poussard v. Speirs & Pond* (1876) L.R. 1 Q.B.D., S. 410
100 (1876) L.R. 1 Q.B.D., S. 183
101 *Cehave NV v Bremer Handelsgesellschaft mbH, The Hansa Nord* (1976) Q.B., S. 44; (1975) 3 All ER, S. 739
102 (1864) 15 C.B. (NS), S. 646

undamaged] being worth little more than the freight."[103] Auch in ***Hongkong Fir***[104] war der wahre Grund der begehrten Vertragsaufhebung eine Flaute im Markt für internationale Frachten, so dass das Schiff vom Pächter nicht gebraucht wurde und nur Kosten verursachte.

b) Conditions, warranties und intermediate terms

Die „Wesentlichkeit" einer Vertragsverletzung kann auf zwei Arten bestimmt werden: Entweder man stellt auf die konkreten Konsequenzen der Verletzung ab oder auf die abstrakte Wichtigkeit der Pflicht.[105] Der erste Weg ermöglicht Einzelfallgerechtigkeit, weil man Vor- und Nachteile des Rücktritts abwägen kann. Er hat aber den Nachteil, dass man nicht sicher vorhersagen kann, wann ein Rücktrittsrecht besteht. Der zweite Weg bietet zwar keine Einzelfallgerechtigkeit, fördert aber die Rechtssicherheit, da von Beginn des Vertrages an festgelegt werden kann, welche Pflichtverletzungen zum Rücktritt führen.[106] Aus eben diesem Bedürfnis der Rechtssicherheit heraus[107] hat das englische Recht abstrakte Kategorien gebildet: *Conditions*[108] sind solche Vertragspflichten, deren Bruch die Vertragsaufhebung immer rechtfertigt, *warranties* solche, deren Bruch nur Recht auf Schadensersatz gibt.[109] Eine Zeit lang wurden vertragliche Pflichten ausschließlich nach diesen Kategorien beurteilt. Wenn der Wille der Parteien[110] nicht ermittelt werden konnte, griffen die Gerichte auf Präzedenzfälle zurück, um die Pflichten einer der beiden Kategorien zuzuteilen. Ein Großteil der typischen Pflichten wurde mit der Zeit als condition eingeordnet – immer mit der Folge,

---

103 *Dakin v. Oxley* (1864) 15 C.B. (NS), S. 646 (667 – 668)

104 *Hongkong Fir Shipping Co Ltd. v Kawasaki Kisen Kaisha Ltd.* (1962) 2 Q.B., S. 26; (1962) 2.WLR, S. 474; (1962) 1 All. ER, S. 474

105 Betina Kern, S. 9

106 Vgl. Treitel, Contract Law, S. 825 zur Kritik an der Kategorie „conditions" und S. 801 seine Kritik an Section 15A SGA

107 *Maredelanto Compania Naviera SA v Bergbau Handel GmbH (The Mihalis Angelos)* (1971) 1 Q.B. 164; (1970) 3 WLR , S. 601: Um die Rechtssicherheit zu erhalten wurde an den festen Kategorien des überlieferten Rechts festgehalten.

108 Schon im Fall *Boon v. Eyre* (s. o.) wird von „mutual conditions" gesprochen, was die gegenseitige Abhängigkeit im Synallagma bezeichnet: Nur wenn der andere seine wesentlichen Vertragspflichten erfüllt, ist man auch selbst hierzu verpflichtet. „Warranty" hingegen bedeutet schlicht haftbarmachendes Garantieversprechen.; vgl Beß S. 22 f.

109 Beale Bishop and Furmston, S. 495; *Wallis, Son & Wells v. Pratt and Haynes* (1910) 2 K.B., S. 1003, House of Lords (1911) A.C., S. 394; Chitty on Contracts, 12-019, S. 716; *Reardon Smith Line Ltd v. Yngvar Hansen Tangen* (1976) 1 WLR, S. 989 (998); Mansel IPG 2000/2001, Nr. 10, S. 145; vgl. Section 61 (1) SGA

110 *Glaholm v Hays* (1841) 2 Man & G, S. 257 (266); *Tradax Export SA v European Grain & Shipping Co* (1983) 2 Lloyd's Rep., S. 100

dass jede Verletzung die Vertragsauflösung begründet. So galten als *conditions* zum Beispiel die Aussagen, dass sich das Schiff in einem bestimmten Hafen befinde[111], an einem bestimmten Tag fahren werde[112] oder an einem bestimmten Tag zur Ladung bereit sei[113] sowie die Lieferzeit in Kaufverträgen.[114]

In ***Bunge v. Tradax***[115] hielt das House of Lords durch Lord Roskill fest: "[...] there are many cases [...] where terms the breaches of which do not deprive the innocent party of substantially the whole benefit which it was intended to receive from the contract were nonetheless held to be conditions any breach of which entitled the innocent party to rescind."[116]

Die äußerst technische Herangehensweise bei conditions[117] gewährt das Rücktrittsrecht auch, wenn nur triviale Fehler vorliegen und die Rücktrittsfolgen für den Schuldner unverhältnismäßig hart sind[118] – im deutlichen Widerspruch zum eigentlichen Ausgangspunkt des Common Law, dass der Rücktritt nur bei wesentlichen Vertragsverletzungen möglich sein soll.[119] Ein Beispiel ist der Fall ***Arcos v. Ronaasen***[120], in dem die Dicke von Holzbrettern als *condition* bewertet wurde. Obwohl die gelieferten Bretter dicker waren als bestellt, konnten sie für den vertraglichen Zweck (Zementfässer bauen) uneingeschränkt verwendet werden. Trotzdem durfte der Besteller sie zurückweisen – und dies obwohl sein Beweggrund offensichtlich war, nach dem zwischenzeitlichen Preisverfall billiger einkaufen zu können. In der Gegenreaktion auf die übermäßig unflexiblen *conditions* wurde deshalb eine weitere Kategorie von Verpflichtungen geschaffen, bei

111 *Behn v. Burness* (1863) 3 B. & S., S. 751 (755)
112 *Glaholm v. Hays* (1841) 2 Man & G, S. 257
113 *The Mihalis Angelos* (1971) 1 Q.B., S. 164
114 McCardie J in *Hartley v. Hymans* (1920) 3 K.B., S. 475 (484); Beale Bishop Furmston, S. 504
115 *Bunge Corp v. Tradax Export SA* (1981) 1 WLR, S. 711; (1981) 2 All ER, S. 540 (House of Lords)
116 Ebenda 1 WLR, S. 711 (724); Ebenso Lord Diplock in *Photo Production Ltd v. Securicor Transport Ltd* (1980) A.C., S. 827 (849)
117 In Worten von Lord Wilberforce „excessively technical": *Reardon Smith Line Ltd. v. Hansen Tangen* (1976) 1 WLR, S. 989 (998)
118 Atiyah, Sales of Goods (5th ed., 1975), S. 285: Once a condition was breached termination was possible „no matter how trivial the breach and no matter that the loss to the seller would be much greater than any benefit to the buyer". „There is much to be said for cutting down this right of rejection."
119 Treitel meint in Breach of Contract, S. 361 ff., das englische Recht befinde sich im Widerspruch zu den Grundregeln des Common Law.
120 *Arcos Ltd. v. E A Ronaasen & Son* (1933) A.C., S. 470

denen die Zulässigkeit der Vertragsaufhebung maßgeblich von den konkreten Folgen des Vertragsbruches abhängt: die *innominate* oder *intermediate terms.*[121]

Hongkong Fir, Lord Diplock: Die Verletzung der "innominate terms" erlaubt den Rücktritt nur, wenn "the occurrence of [this] event [...] deprives the party who has further undertakings to perform of substantially the whole benefit, which it was the intention of the parties as expressed in the contract that he should obtain as the consideration for performing those undertakings."[122]

Hongkong Fir, Lord Upjohn: "[...] the remedies open to the innocent party for breach of a stipulation which is not a condition strictly so called, depend entirely on the nature of the breach and its foreseeable consequences."[123]

The Hansa Nord[124]: Die Verkäufer wiesen die Ware (Zitronenextrakt), für die sie unter dem Vertrag £ 100.000 hätten zahlen müssen, wegen Mängeln zurück, kauften aber eben diese Ware auf Umwegen für nur £ 30.000 und führten sie der ursprünglich geplanten vertraglichen Verwendung zu, für welche die Ware trotz der Mängel geeignet war. Der Court of Appeal beurteilte die Pflichtverletzung im Sinne von *Hongkong Fir* als "innominate", um dadurch die Regel aus *Arcos v. Ronaasen* umgehen zu können, und befand, dass der Vertragsbruch nicht schwerwiegend genug sei, um eine Vertragsaufhebung zu rechtfertigen. Hieran ließ sich das Gericht auch nicht dadurch hindern, dass im auf den Fall anwendbaren Sale of Goods Act eigentlich nur warranties und conditions vorgesehen sind.[125]

Im ***Bunge v. Tradax***[126] lehnte das House of Lords jedoch ab, in Reaktion auf die *Hongkong Fir* Rechtsprechung die Kategorie der conditions auf solche extrem seltenen Pflichten zu beschränken, bei denen jede denkbare Verletzung immer zum Verlust des gesamten Vorteils führt. Für manche Pflichten rechtfertige das Interesse an Rechtssicherheit die Einordnung als *condition* und das daraus

---

121 Benjamin's Sale of Goods, Chapter 10-030, S. 464: The „nature and consequences test", vgl. S. 542, Chapter 12-025

122 *Hongkong Fir Shipping Co Ltd v. Kawasaki Kisen Kaisha Ltd* (1962) 1 All ER, S. 474 (487) Court of Appeal; Feuerstein, S. 8 – 11; Die Formulierung im Fall *Photo Production Ltd. v. Securicor Transport Ltd* (1980) A.C., S. 827 (849) lautete: „substantially the whole benefit which it was intended that the buyer should receive from the contract"

123 *Hongkong Fir Shipping Co Ltd v. Kawasaki Kisen Kaisha Ltd* (1962) 1 All ER, S. 474 (484)

124 *Cehave NV v Bremer Handelsgesellschaft mbH, The Hansa Nord* (1976) Q.B., S. 44; (1975) 3 All ER, S. 739

125 Kern, S. 19; vgl. *Bremer Handelsgesellschaft mbH v, Vandem Avenue Izegem* (1978) 2 Lloyd's Rep. , S. 109 (113); *Federal Commerce & Navigation v. Molena Alpha* (1978) 3 WLR, S. 991 (999, 1005)

126 *Bunge Corp. v. Tradax SA* (1981) 2 All ER, S. 513 ff., Court of Appeal (513 – 540) und House of Lords (540 – 555)

folgende unbeschränkte Rücktrittsrecht. Konkret ging es in *Bunge v. Tradax* um die Pflicht in Handelsverträgen, pünktlich zu liefern. **Lord Wilberforce** befand aufgrund der drohenden Rechtsunsicherheit die Einordnung dieser Pflicht als *innominate term* für wirtschaftlich schädlich („*commercially most undesirable*"): „*It would fatally remove from a vital provision in the contract that certainty which is the most indispensable quality of mercantile contracts, and lead to a large increase in arbitrations.*" Im Ergebnis stehen heute drei Kategorien von Vertragspflichten nebeneinander und bilden ein flexibles Instrumentarium für den Rücktritt:[127]

- Besteht ein besonderes Interesse an Rechtssicherheit, kann eine Pflicht als *condition* behandelt werden.[128] Außerdem können die Parteien dies ausdrücklich so vorsehen.[129]
- Ansonsten führt auch die Verletzung wesentlicher Pflichten nur zum Rücktritt, wenn die konkreten Folgen dies rechtfertigen (*innominate terms*).[130]
- Bei Nebenpflichten kann der Rücktritt durch die Einordnung als *warranty* ausgeschlossen werden.

Die Einordnung von Vertragspflichten als *condition* wurde durch die neue Flexibilisierung stark zurückgedrängt[131], dem Prinzip des *substantial breach* wird heute auch im Kaufvertrag wieder mehr Raum gegeben.[132] Diese Entwick-

---

127 Treitel, Contract Law, S. 796 f.; Chitty on Contracts, Chapter 12-019 f., S. 719; vgl. Mansel IPG 2000/2001, Nr. 10, S. 145

128 Treitel, Contract Law, S. 796 f.; *Bunge v. Tradax* (s. o.)

129 Chitty on Contracts, Chapter 12-040, S. 728 f.

130 Chitty on Contracts, Chapter 12-040, S. 728 f.; Treitel, Contract Law, S. 797 – 800 „The scope of intermediate terms";

131 Lord Wilberforce meinte in *Reardon Smith Line Ltd. v. Hansen Tangen* (1976) 1 WLR, S. 989 (998), dass einige Präzedenzfälle bezüglich der conditions entsprechend überprüft werden müssten (ausdrücklich der oben erwähnte Fall *Behn v. Burness* (1863) 3 B. & S., S. 751 (755)): „I find to be excessively technical and due for fresh examination in this House".; Lord Wilberforce meinte in *Bunge v. Tradax* (1981)1 WLR, S. 714 (715), (1981) 2 All ER, S. 541 f., dass man vorsichtig sein müsse mit der Einordnung einer Pflicht als condition: „The courts should not be too ready to interpret contractual clauses as conditions". Lord Roskill bestätigte ebenfalls „considering the modern approach and not being overready to construe terms as conditions unless the contract clearly requires the court to do so",(1981) 1 WLR, S. 724, (1981) 2 All ER, S. 551. Im Gegenteil: In *Tradax Internacional S.A. v. Goldshmidt S.A.* (1977) 2 Lloyd's Report, S. 604 (612) wurde ausdrücklich gesagt, die Gerichte sollten Vertragspflichten möglichst als intermediate terms einordnen: They „should lean in favour" of classifying terms as intermediate; Siehe Treitel Breach of Contract, S. 363; vgl. auch Mansel IPG 2000/2001, Nr. 10, S. 147

132 Treitel, Breach of Contract, S. 363

lung führte in den Fällen *Wickmann v. Schuler*[133] und *Reardon Smith Line Ltd. v. Hansen Tangen*[134] dazu, sogar beim Vorliegen von conditions das Rücktrittsrecht für triviale Abweichungen zu verwehren (*de minimis rule*) – und schließlich zur Einführung einer Verhältnismäßigkeitskontrolle im SGA für den Rücktritt bei *conditions* (s. u. C.II.1.c).

In ***Wickmann v. Schuler***[135] war die verletzte vertragliche Bestimmung (sechs Kundenbesuche pro Woche zu machen) ausdrücklich als *condition* vereinbart worden – und trotzdem beurteilte das House of Lords das Auslassen nur eines von insgesamt 1.400 geschuldeten Kundenbesuchen als nicht ausreichend für eine Vertragsauflösung. In ***Reardon Smith Line Ltd. v. Hansen Tangen***[136] verlangte das House of Lords, dass die Abweichung von einer vertraglichen Beschreibung (*description*, deren Einhaltung eine *condition* ist[137]) wesentlich sein muss, bevor überhaupt eine Verletzung vorliegt. Dass ein Schiff nicht wie beschrieben in der Werft „Yard No. 354 at Osaka", sondern unter Leitung dieser Werft an einem anderen Ort hergestellt wurde, konnte die Vertragsauflösung nicht rechtfertigen – zumal der Preis für Tankschiffe inzwischen gefallen war und hierin der wahre Grund für die Ablehnung lag.

c) Sale of Goods Act 1979

Der Sale of Goods Act hat für den Kaufvertrag die wichtigsten Vertragspflichten als *conditions* eingeordnet: erstens die Freiheit von Rechtsmängeln (Section 12 SGA), zweitens die Beschaffenheit der Ware, d. h. a) die Übereinstimmung mit einer Beschreibung (Section 13 SGA), b) die zufriedenstellende Qualität (Section 14 SGA) und c) die Übereinstimmung mit einem Muster (Section 15 SGA), sowie schließlich drittens die Menge (Section 30 (1) SGA). Die „zufriedenstellende Qualität" der Section 14 SGA macht nahezu jeden Warenmangel zum Rücktrittsgrund, denn hier sind der Preis, die Verwendbarkeit für alle üblichen Zwecke, das äußere Erscheinungsbild, Sicherheit und Haltbarkeit und insbesondere die Freiheit von kleineren Defekten zu beachten.

Section 14 SGA Implied terms about quality or fitness

"(2) Where the seller sells goods in the course of a business, there is an implied term that the goods supplied under the contract are of satisfactory quality.

(2A) For the purposes of this Act, goods are of satisfactory quality if they meet the standard that a reasonable person would regard as satisfactory, taking account of any description of the goods, the price (if relevant) and all the other relevant circumstances.

---

133 *Wickmann Machine Tool Sales Ltd. v. L. Schuler A.G.* (1973) 2 WLR, S. 683 (House of Lords)

134 *Reardon Smith Line Ltd. v. Yngvar Hansen Tangen* (1976) 1 WLR, S. 989

135 *Wickmann Machine Tool Sales Ltd. v. L. Schuler A.G.* (1973) 2 WLR, S. 683 (House of Lords)

136 *Reardon Smith Line Ltd. v. Yngvar Hansen Tangen* (1976) 1 WLR, S. 989

137 Section 13 SGA

(2B) For the purposes of this Act, the quality of goods includes their state and condition and the following (among others) are in appropriate cases aspects of the quality of goods – (a) fitness for all[138] the purposes for which goods of the kind in question are commonly supplied, (b) appearance and finish, (c) freedom from minor defects, (d) safety, and (e) durability.“

Diese extreme Ausdehnung der *conditions* führte dazu, dass – ähnlich wie durch die amerikanische *perfect tender rule*[139] – bei Schlechtlieferung die Kombination von Rückgabe und (großem) Schadensersatz fast immer gewährt wurde, entgegen der traditionellen Regel der „wesentlichen Pflichtverletzung“. Um dieser Verschärfung der Schuldnerhaftung wieder entgegenzuwirken, wird das Konzept der *innominate terms* für nahezu alle Verkäuferpflichten verwendet, die vom Gesetz nicht als *conditions* definiert werden (vgl. *The Hansa Nord*[140]). Außerdem werden wie in *Reardon Smith Line Ltd. v. Hansen Tangen*[141] die gesetzlichen Pflichten (*implied terms*) einschränkend ausgelegt und bei trivialen Abweichungen verneint. Dies ist möglich, indem für die Beurteilung der „zufriedenstellenden Qualität“[142] oder die Abweichung von einer Beschreibung[143] ein objektiver Maßstab verwendet wird, der auf den vernünftigen Käufer abstellt.[144] Zudem gibt es auch im englischen Recht das Prinzip *de minimis non curat praetor*.[145] Trotz dieser richterrechtlichen Einschränkungen des weiten Rückgaberechts bei Schlechtlieferung sah die Law Commission Reformbedarf[146] und setzte die Einführung der heutigen Section 15A und Section 30 (2A) SGA durch, die das Rücktrittsrecht durch eine Verhältnismäßigkeitskontrolle beschränken[147]:

---

138 Als Gegenreaktion zu *Aswan Engineering Establishment Co v, Lupdine Ltd* (1987) 1 WLR, S. 1 ff., stellte die 1994er Reform klar, dass Güter für alle üblichen Zwecke verwendbar sein müssen: Section 14(2B)a SGA. In Aswan war nämlich geurteilt worden, dass es ausreiche, wenn die Ware nur für einen üblichen Zweck verwendet werden kann. Vgl. Howells & Weatherill, S. 135 f.

139 S. u. C.III.2

140 *Cehave NV v Bremer Handelsgesellschaft mbH, The Hansa Nord* (1976) Q.B., S. 44; (1975) 3 All ER, S. 739

141 *Reardon Smith Line Ltd. v. Yngvar Hansen Tangen* (1976) 1 WLR, S. 989

142 „Satisfactory quality“, Section 14 SGA

143 Description, Section 13 SGA: so geschehen in *Reardon Smith Line Ltd. v. Yngvar Hansen Tangen* (1976) 1 WLR, S. 989

144 *Bramhill Edwards* (2004) EWCA Civ, S. 403; Chitty on Contracts, Chapter 43-086, S. 1329 (vol. II)

145 Benjamin's Sale of Goods, Chapter 12-030, S. 545

146 Law Commission 1987 „Sale and Supply of Goods“, No. 160; Auszüge des Reports abgedruckt bei BBF S. 522 – 524

147 Benjamin's Sale of Goods, Chapter 12-024 f., S. 542 und Chapter 12-030, S. 545; vgl. Mansel IPG 2000/2001, Nr. 10, S. 153 ff.

Section 15A SGA Modifications of remedies for breach in non-consumer cases

"(1) Where in the case of a contract of sale – (a) the buyer would, apart from this subsection, have the right to reject goods by reason of a breach on the part of the seller of a term implied by section 13, 14 or 15 above, but (b) the breach is so slight that it would be unreasonable for him to reject them, then, if the buyer does not deal as an consumer, the breach is not to be treated as a breach of condition but may be treated as a breach of warranty. [...]"

Section 30 SGA Delivery of wrong quantity

"(2A) A buyer who does not deal as a consumer may not – (a) where the seller delivers a quantity of goods less than he contracted to sell, reject the goods under subsection (1) above, or (b) where the seller delivers a quantity of goods larger than he contracted to sell, reject the whole under subsection (2) above, if the shortfall or, as the case may be, excess is so slight that it would be unreasonable for him to do so. [...]"

Diese Verhältnismäßigkeitseinrede[148] steht dem Verkäufer in Verbraucherverträgen nicht zu. Sie gilt für alle Quantitäts- und Qualitätsmängel[149]. Die Formulierung in Section 15A (b) SGA *„so gering, dass eine Ablehnung der Ware unverhältnismäßig wäre"* legt nahe, dass es um das Verhältnis des Mangels zu den Folgen der Ablehnung geht[150] und dass keine Bagatellgrenze gemeint ist, die nur auf die Schwere des Mangels abstellt. Demnach wäre eine Ablehnung für geringere Mängel ausgeschlossen bei hohen Rücktrittskosten, nicht jedoch in den Fällen, wo dies dem Verkäufer keine übermäßigen Mehrkosten aufbürdet.[151] Die Law Commission wollte vor allem den Rücktritt bei fallenden Preisen bekämpfen[152] und solche Vertragsaufhebungen ausschließen, die der Käufer nicht mit billigen Argumenten rechtfertigen kann. Dies deutet auf einen objektiven Test hin, in dem die entgegenstehenden Interessen von Käufer und Verkäufer abgewogen werden.[153] Die Gerichte erhalten einen erheblichen Spielraum für die An-

148 Der Verkäufer muss sich hierauf berufen: Benjamin's Sale of Goods, Chapter 12-025, S. 542

149 Sie gilt für Sections 13 – 15, 30 SGA

150 Ähnlich der Formulierung in Art. 6:265 NBW: Die Vertragsauflösung ist verwehrt, wenn „die Pflichtverletzung, unter Beachtung ihrer besonderen Art oder geringen Bedeutung, die Auflösung mit ihren Folgen nicht rechtfertigt."

151 Dann wird er die Einrede schon gar nicht erheben.

152 Paras 4.21 und 4.24 des Reports der Law Commission 1987, No.160; Benjamin's Sale of Goods, Chapter 12-025

153 Treitel, Contract Law, S. 802; Benjamin's Sale of Goods, Chapter 12-025; McKendrick Chapter 10-006, S. 487

wendung des Prinzips des *substantial failure.*[154] Leider gibt es noch keine Entscheidungen zu Sections 15A, 30 (2A) SGA.[155]

d) Acceptance

Das Recht zur Rückgabe wird im englischen Recht gezielt ausgeschlossen, sobald die Ware angenommen wurde (*acceptance*), Section 11 SGA. Da die Annahme vom Gesetz schon nach dem Ablauf der für die Untersuchung benötigten Zeit unterstellt wird (Section 35 (5) SGA)[156], ist das Ablehnungsrecht des Käufers wie im amerikanischen Recht auf offensichtliche Mängel beschränkt. Im Unterschied zum US-Recht kann man im englischen Recht die Annahme nicht widerrufen.[157] Die Annahme schließt eine Rückgabe auch für die Fälle der „falschen Versprechen" (*misrepresentation*) aus: *Long v. Lloyd*[158]. Nur der Verbraucher darf infolge der EG-Verbraucherkaufrichtlinie noch nach Annahme den Vertrag aufheben (Section 48C (1) (b) SGA), allerdings nur nach Ermessen des Gerichts (Section 48E SGA).[159]

Section 35 SGA Acceptance

"(1) The buyer is deemed to have accepted the goods subject to subsection 2 below (a) when he intimates to the seller that he has accepted them, or (b) when the goods have been delivered to him and he does any act in relation to them which is inconsistent with the ownership of the seller [...]

(4) The buyer is also deemed to have accepted the goods when after the lapse of a reasonable time he retains the goods without intimating to the seller that he has rejected them."

154 McKendrick, S. 487 (Fn 28) sieht das englische Recht damit dem Wiener Kaufrecht angenährt. Allerdings kann Section 15A SGA nicht so weit gehen wie der „fundamental breach" im CISG, denn sie ist auf geringere Mängel beschränkt. Treitel, Contract Law, S. 802: „The policy underlying these requirements is similar to that on which the development of the intermediate terms is based: it is to prevent the buyer from rejecting on unmeritorious grounds."

155 Treitel, Contract Law, S. 800; McKendrick Chapter 10-006, S. 487; Benjamin's Sale of Goods, Chapter 12-025, sieht zwar in der Praxis bisher wenig Auswirkungen, aber erhebliche Unsicherheiten.

156 McKendrick, Chapter 6-061, S. 310; *Bernstein v. Pamson Motors (Golders Green) Ltd* (1987) 2 All ER, S. 220

157 Zur „revocation of acceptance" s. u. C.III.4.d

158 *Long v. Lloyd* (1958) 1 WLR, S. 753; McKendrick, Chapter 7-067, S. 353

159 Überblick zu den neuen Rechtsbehelfen des Verbrauchers: Treitel, Contract Law, S. 803

Die Annahme durch Zeitablauf geschieht im englischen Recht äußerst schnell[160], was am Fall ***Bernstein v. Pamson Motors***[161] deutlich wird: Schon drei Wochen nach dem Kauf wurde die Rückgabe eines defekten Neuwagens ausgeschlossen, weil der Käufer ausreichend Gelegenheit hatte, den Wagen zu testen. Rougier J. befand, der Käufer hätte innerhalb der drei Wochen mehr Testfahrten machen können, die den Mangel zum Vorschein gebracht hätten, so dass per Gesetz eine Annahme unterstellt werde und der Käufer auf Schadensersatz beschränkt sei. Es ist die gezielte Politik des Sales of Goods Act, das Rücktrittsrecht zugunsten des Käufers frei zu gewähren und zugleich zum Schutz des Verkäufers auf die unmittelbare Ablehnung der Ware bei Lieferung zu beschränken.[162]

Eine Annahme wird eher impliziert, wenn erfolgreich nachgebessert wird. In *Bernstein v. Pamson* war ausschlaggebend, dass der Wagen nach der gelungenen Reparatur „so gut wie neu" war. Rougier J. ergänzte, dass ein Rücktritt denkbar gewesen wäre, wenn keine volle Nachbesserung stattgefunden hätte.[163] In *Rogers v. Parish*[164] misslangen mehrere Nachbesserungsversuche, so dass auch nach mehreren Monaten noch ein Rückgaberecht zugestanden wurde.[165] Das Rückgaberecht wird zuletzt durch Handlungen ausgeschlossen, die den Rechten des Verkäufers an der zurückgegebenen Sache widersprächen (Section 35 (1b) SGA). Hierunter fallen Weiterverarbeitung, Verkauf und Verbrauch sowie alle Handlungen, die eine vollständige Rückgabe (*restitutio in integrum*) unmöglich machen.[166] Darüber hinaus werden auch solche Akte erfasst, die den Herrschaftswillen[167] des Käufers zum Ausdruck bringen, so vor allem die Benutzung der Ware über das für die Untersuchung notwendige Maß hinaus.[168]

---

160 McKendrick, Chapter 6-061, S. 310; Hicks QC in *A.C. Daniels & Co. v. Jungwoo Logic*, Q.B.D., 14.04.2000

161 *Bernstein v. Pamson Motors (Golders Green) Ltd* (1987) 2 All ER, S. 220

162 McKendrick, Chapter 10-011, S. 491 f.; vgl. Law Commission Report No.160; Howells & Weatherill, S. 150

163 (1987) 1 All ER, S. 220 (224); McKendrick, Chapter 10-011, Seite 492

164 *Rogers v. Parish (Scarborough) Ltd.* (1987) Q.B., S. 933; siehe auch Beale Bishop Furmston, S. 544

165 Vgl. Section 35 (6) SGA, der eine Annahme während der Wartezeit auf Nachbesserung ausschließt

166 Chitty on Contracts, Chapter 43-307, vol. II, S. 1422

167 Im US Recht „dominion", s. u. C.III.4.e

168 *Hanor v. Groves* (1855) 15 C.B., S. 667; Chitty on Contracts, Chapter 43-307, vol. II, S. 1422

2. Befreiung und Rückgabe

Obwohl das englische Recht vordergründig nicht zwischen Schlecht- und Nichtleistung oder Befeiung und Rückgabe unterscheidet, kann man in der Sache sehr wohl die Voraussetzungen für die Loslösung vom Vertrag bei Nichtlieferung (Befreiung) (a), für die Verweigerung der Annahme weiterer Nacherfüllungsversuche bei Schlechtleistung (Befreiung) und die Aufhebung des ganzen Vertrages aufgrund einer Schlechtleistung (Rückgabe) unterscheiden (b).

a) Befreiung bei Nichterfüllung (Verzug)

Die Frage, wann sich der Gläubiger bei Verzug (*default*) vom Vertrag befreien und die Annahme der ausstehenden Leistung verweigern kann, ist im englischen Recht die Frage, unter welchen Voraussetzungen das Nichteinhalten der vertraglichen Lieferzeit (*stipulations as to time*)[169] zur Loslösung vom Vertrag berechtigt. Zunächst berechtigt ein Verzug zur Verweigerung der Annahme, wenn die Lieferzeit eine wesentliche Vertragspflicht ist (*time is of the essence*)[170] – wenn sie also eine *condition* darstellt. Dies ist der Fall, wenn die Parteien es ausdrücklich vereinbart haben (*express term*) oder wenn aus den Umständen geschlossen werden kann, dass die Lieferzeit ausschlaggebende Bedeutung haben sollte (*implied term*).[171] In gewöhnlichen Kaufverträgen gibt es keine Vermutung (*prima facie)*, dass die vereinbarte Lieferpflicht in diesem Sinne wesentlich ist[172], bei Handelskaufvertragen hingegen schon.[173] Ist die vereinbarte Lieferzeit nicht

---

169 Treitel, Contract Law, S. 826 „stipulations as to time"; McKendrick, Chapter 6-019 ff. „Time of delivery"; Chitty on Contracts vol. I, Chapter 21-011 ff. „Time of performance"; Benjamin's Sale of Goods, Chapter 8-025 ff. „Time of delivery"

170 Chitty on Contracts, vol. I, Chapter 21-011, stellt klar, dass die Frage, ob die Zeit wesentlich ist, für jede Vertragspflicht gesondert bestimmt werden muss. Man kann nicht für den Verzug einer jeden Vertragspflicht automatisch den Vertrag beenden, sondern eben nur, wenn die Zeit für die Erfüllung dieser Pflicht als ausschlaggebendes Merkmal vereinbart war: *British and Commonwealth Holdings plc v. Quadrex Holdings Inc.* (1989) Q.B., S. 842 (856 – 857)

171 Benjamin's Sale of Goods, S. 373, Chapter 8-025; Section 10 SGA (Stipulations as to time): „(1) Unless a different intention appears from the terms of the contract, stipulations as to time of payment are not of the essence of a contract of sale. (2) Whether any other stipulation as to time is or is not of the essence of the contract depends on the terms of the contract.[...]"

172 McKendrick, Chapter 6-019; *Compagnie Commerciale Sucres et Denrees v. C Czarnikow Ltd* (1990) 1 WLR, S. 1337 (1347)

173 Benjamin's Sale of Goods, S. 373, Chapter 8-025; *Bowes v. Shand* (1877) 2 App. Cas., S. 455 (463); *Bunge Corp. v. Tradax Export SA* (1981) 1 WLR, S. 711; *Gill &*

wesentlich oder ist gar keine feste Lieferzeit vereinbart, dann muss der Gläubiger trotzdem nicht unbegrenzt auf die noch ausstehende Leistung warten.[174] Vielmehr handelt sich dann um einen *intermediate* oder *innominate term*[175], der in Anbetracht der Folgen der Vertragsverletzung zur Annahmeverweigerung berechtigt, wenn der Verzug den Gläubiger „im Wesentlichen um den Vorteil bringt, den er durch den Vertrag erhalten sollte".[176] Manchmal wird dies auch so formuliert, dass das Interesse der verletzten Partei am Vertrag „frustriert" sein muss, d. h. endgültig fortgefallen.[177]

In diesen Fällen kann der wartende Gläubiger auch eine **Nachfrist** setzen (*notice*)[178] und hierdurch die Lieferzeit „wesentlich" machen.[179] Dogmatisch gesehen führt zwar der erfolglose Ablauf einer Nachfrist nicht automatisch zu einem Rücktrittsrecht[180], denn durch die Nachfrist kann der Käufer nicht einseitig einen *innominate term* in eine *condition* umformen.[181] Praktisch gesehen führt die Aufforderung aber dazu, dass die andere Seite nun innerhalb der Nachfrist liefern muss, um ein Rücktrittsrecht zu vermeiden. Denn wenn sie nicht liefert,

---

Duffus SA v. Société pour l'Exportation des Sucres SA (1986) 1 Lloyd's Rep., S. 322

174 Erfüllung wird innerhalb einer angemessenen Zeit geschuldet: Section 29 (3) SGA: „Where under a contract of sale the seller is bound to send the goods to the buyer, but no time for sending them is fixed, the seller is bound to send them within a reasonable time." Nach Ablauf dieser Zeit kommt der Schuldner in Verzug. Eine formelle Mahnung steht hierfür nicht zur Verfügung. Ihre Funktion wird aber durch die Nachfrist (s. u.) meistens miterfüllt. Vgl. Chitty on Contracts, vol. I, Chapter 21-020, S. 1246; *Postlethwaite v Freeland* (1880) 5 App. Cas., S. 599; *Jolley v. Carmel Ltd* (2000) 2 E.G.L.R., S. 153 (160)

175 Benjamin's Sale of Goods, S. 373, Chapter 8-025; McKendrick Sale of Goods, Chapter 6-019, S. 296

176 „If the delay in delivery is so prolonged as to deprive him of substantially the whole benefit which it was intended he should receive from the contract": *Scandinavian Trading Co. A/B v. Zodiac Petroleum SA* (1981) 1 Lloyd's Rep., S. 81; *Tradax Export SA v. Italgrani di Francesco Ambrosio* (1986) 1 Lloyd's Rep., S. 112; Beale, Towards a European Civil Code, S. 348 (354)

177 *Universal Cargo Carriers Corp. v. Citati* (1957) 2 Q.B., S. 401; Treitel, Contract Law, S. 830

178 *Hartley v. Hymans* (1920) 3 K.B., S. 475; *Rickards (Charles) Ltd. v. Oppenhaim* (1950) 1 K.B., S. 616; *Behzadi v. Shaftsbury Hotels Ltd.* (1992) Ch., S. 1 ff.; *Re Olympia & York Canary Wharf Ltd. (No.2)* (1993) B.C.C., S. 159 (171)

179 Chitty on Contracts, Chapter 21-014, S. 1242, m.w.N. in Fn 87; McKendrick, Chapter 6-021, S. 296

180 Benjamin's Sale of Goods, Chapter 8-026, S. 374; *Behzadi v. Shaftsbury Hotels Ltd.* (1992) Ch., S. 1 (24); Beale, Towards a European Civil Code, S. 348 (354)

181 Chitty on Contracts, Chapter 21-016, S. 1244; *Behzadi v. Shaftsbury Hotels Ltd.* (1992) Ch., S. 1 (24). „The notice has in law no import" – das soll in diesem Fall heißen: die Nachfrist allein reicht nicht aus, um ein Rücktrittsrecht zu begründen.

besteht nach Ablauf der Frist eine Vermutung für eine Erfüllungsverweigerung (*repudiatory breach*), die immer wesentlich ist und zum Rücktritt berechtigt.[182] Die vertragsbrüchige Partei muss den Verzug objektiv entschuldigen können, um das Rücktrittsrecht zu vermeiden. Der dogmatische Vorbehalt gegen „automatische" Rücktrittsrechte reduziert sich praktisch darauf, dass innerhalb einer „angemessenen" Nachfrist geliefert werden muss, die nach den jeweiligen Umständen objektiv bestimmt wird[183] und dass der Ablauf einer unangemessen kurzen Nachfrist eben kein Rücktrittsrecht begründet.[184] Im Ergebnis hat damit die *notice* im englischen Recht eine ähnliche Wirkung wie die Nachfrist im deutschen Recht[185]: Die Festsetzung einer angemessenen Nachfrist bewirkt, dass der Gläubiger nach Verstreichen zurücktreten kann, wenn nicht besondere Entschuldigungsgründe vorgetragen werden.[186]

Zusammenfassend kann man für das englische Recht festhalten, dass der Käufer sich bei Verzug vom Vertrag befreien kann, wenn entweder eine Erfüllungsverweigerung, ein Fixgeschäft oder eine so wesentliche Verzögerung vorliegt, dass ein Festhalten am Vertrag unzumutbar wäre, oder wenn auf eine angemessene Nachfristsetzung hin eine mögliche Nacherfüllung nicht geleistet wurde.[187] Dies entspricht weitestgehend der Regelung des § 323 BGB oder des § 326 BGBaF – auch in Bezug auf die mögliche Kombination mit dem (kleinen) Schadensersatz.

---

182 Chitty on Contracts, Chapter 21-017, S. 1245: „Failure to comply with the terms of the notice can [...] be used as evidence of a repudiatory breach; it is not a repudiatory breach per se." m.w.N. in Fn 113; *Astea (UK) Ltd. v. Time Group Ltd* (2003) EWHC, S. 725 (T.C.C.) = (2003) All ER (D.), 212 (Apr.) (147 – 148)

183 *Barclays Bank plc v. Savile Estates Ltd* [2002] EWCA Civ, S. 589

184 *Behzadi v. Shaftsbury Hotels Ltd.* (1992) Ch., S. 1 ff.; *Re Olympia & York Canary Wharf Ltd. (No.2)* (1993) B.C.C., S. 159, (171); vgl. Treitel, Contract Law, S. 830 insb. Fn. 61; Chitty on Contracts, Chapter 21-017, S. 1244, rät deswegen, bei der Bestimmung der Nachfrist vorsichtig zu sein, um nicht selber vertragsbrüchig zu werden.

185 Palandt/Heinrichs, § 323 Rn. 14; BGH NJW 1985, S. 2640: Eine zu kurze Frist, setzt die objektiv angemessene Frist in Gang

186 Dies hat McKendrick entgegen allen dogmatischen Einwände dazu bewogen, die Regel so darzustellen, dass nach Ablauf einer angemessenen Nachfrist die Lieferzeit als condition behandelt wird: McKendrick, Chapter 6-021, S. 296; So auch bei Halsbury 9 § 481; Das House of Lords hat die Wirkung der Nachfrist für das Vertragsaufhebungsrecht grundsätzlich anerkannt in den Fällen: *United Scientific Holdings Ltd v. Burnley Borough Council* (1978) A.C., S. 904; *Bunge v. Tradax SA* (1981) 1 WLR, S. 711

187 Zur Wirkung der Nachfrist im englischen Recht: Lando/Beale, European Principles 2000, S. 377

b) Schlechterfüllung: Nachbesserungsrecht und rescission

Bei Schlechterfüllung entsteht das Befreiungsrecht des Käufers, sobald der Verkäufer sein Recht zur zweiten Andienung verliert. Im englischen Recht wird dem Käufer im Prinzip kein Recht auf Nachbesserung (*liberty to cure*) gewährt.[188] Dies gilt in dieser Härte jedoch nur für die Fälle, in denen ein fester Liefertermin vereinbart war, der eine *condition* darstellte (Fixgeschäfte), denn hier hat der Käufer sein Interesse an pünktlicher Lieferung ausreichend deutlich gemacht.[189] In den übrigen Fällen ist äußerst fraglich, ob das Recht zur zweiten Andienung tatsächlich nicht besteht. Wenn nämlich ein Mangel durch Nachbesserung leicht behoben werden kann, dann steht dem Käufer kein Rückgaberecht zu, denn es entgeht ihm nicht „im Wesentlichen, was er nach dem Vertrag erwarten durfte".[190] Dies verdeutlicht der Fall *Bernstein v. Pamson Motors*[191] (s. o. C.II.1.d), in dem der Rücktritt verwehrt wurde, weil eine zufriedenstellende Nachbesserung gewährt werden konnte. In den Fällen, in denen die Vertragsaufhebung nur für wesentliche Fehler (*substantial failure*) gewährt wird, gilt daher, dass ein zumutbares Angebot der Nachbesserung dazu führt, dass der Käufer nicht zurücktreten kann – weil ihm das wesentliche Vertragsinteresse nicht entgeht. Und wenn der Käufer nicht zurücktreten darf, weil der Verkäufer eine Nachbesserung anbietet, dann ist er umgekehrt auch gezwungen, die Nachbesserung anzunehmen. Im Ergebnis besteht ein Nachbesserungsrecht des Verkäufers bei Schlechtlieferung, solange die Nachbesserung noch zumutbar ist.[192]

Man kommt mit dieser Argumentation für die Fälle, in denen das englische Recht einen *substantial failure* einfordert oder eine Verhältnismäßigkeitskontrolle (*reasonability*) vorschreibt[193], zu einem ähnlichen Ergebnis wie die Vorschriften des CISG:[194] Erstens, eine mögliche Nachbesserung kann nur abgewie-

188 Treitel, Breach of Contract, S. 370 – 371

189 Treitel, Breach of Contract, S. 372

190 Zur Regel aus *Hongkong Fir* s. o. C.II.1.b

191 *Bernstein v. Pamson Motors (Golders Green) Ltd* (1987) 2 All ER, S. 220

192 Treitel, Breach of Contract, S. 371 (Nr. 276): „English law recognizes also the principle of liberty to cure, in the sense that a party who has made a defective tender is entitled, if that tender is rejected, to cure it by substituting a second tender; and if that second tender is in accordance with the contract it must, as a general rule, be accepted."

193 Das gilt also nicht für Fixgeschäfte, weil der wesentliche Mangel der Verspätung hier nicht behoben werden kann.

194 Zum CISG s. o. C.I.2.b.bb

sen werden, wenn sie unzumutbar ist.[195] Zweitens, der Rücktritt aufgrund eines wesentlichen Mangels kann nur erfolgen, wenn dieser zum Zeitpunkt der Befreiung noch vorliegt. Diese Ähnlichkeit zum CISG dürfte auch der Grund dafür sein, dass die englischen Juristen bei den Beratungen zum UN-Kaufrecht keine Schwierigkeiten mit dem Vorbehalt des Rücktritts für wesentliche Vertragsbrüche beim Nachbesserungsrecht des Verkäufers hatten (Art. 48 I CISG[196]). Es war für sie aus dem eigenen Recht klar, dass keine wesentliche Vertragsverletzung vorliegt, wenn eine zumutbare Nachbesserung den Mangel noch beheben kann.[197]

3. Zusammenfassung

Die bestimmende Frage im englischen Leistungsstörungsrecht ist das Recht zur Vertragsaufhebung (*rescission*). Da für jede Vertragsverletzung Schadensersatz geschuldet wird, geht es hierbei eigentlich um die Kombination von Schadensersatz und Rücktritt. Der kombinierte Rechtsbehelf wird stark eingeschränkt, denn wie die Geschichte des englischen Rechts zeigt, wird er als unbillig empfunden, sobald er dem Verkäufer unverhältnismäßige Lasten aufbürdet. Hierbei wird grundsätzlich nicht zwischen Nichterfüllung und Schlechterfüllung, Befreiung und Rückgabe unterschieden. Die Grundregel für alle Fälle ist, dass für das Recht zur Vertragsaufhebung ein wesentlicher Vertragsbruch vorliegen muss. Im Ergebnis wird das Rücktrittsrecht auf Fälle reduziert, in denen es nach Abwägung der Interessen von Käufer und Verkäufer als verhältnismäßig erscheint oder (bei *conditions*) das Interesse an Rechtssicherheit das Interesse an Einzelfallgerechtigkeit überwiegt.

---

195 Es ist ratsam, auch hier eine Nachfrist zu setzen, um – wie im CISG und wie bei Nichtlieferung – die Lage zuzuspitzen und dadurch einen prima facie Beweis für die Unzumutbarkeit zu begründen. Vgl. zum CISG C.I.2.a

196 Art. 48 CISG gewährt das Nachbesserungsrecht nur „vorbehaltlich des Artikels 49“, der das Rücktrittsrecht bei wesentlichen Vertragsverletzungen gibt. S. o. C.I.2.b.bb

197 Der UK-Vertreter war Mr. Feltham. Er nahm auf der Konferenz das Beispiel des deutschen Vertreters Klingsporn auf. Darin kam eine mangelhafte Maschine vor, die vom Verkäufer nachgebessert werden könnte, ohne Nachbesserung aber einen wesentlichen Mangel hätte, der zum Rücktritt berechtigten würde. Klingsporn forderte, dass deutlich gemacht werde, dass der Verkäufer ein Recht auf Nachbesserung habe, um sich gegen den Rücktritt schützen zu können. Mr. Feltham antwortete, dass überhaupt kein wesentlicher Mangel vorliegen könne, wenn eine zumutbare Nachbesserung den Mangel noch beheben könne – und deshalb bestehe schon kein Rücktrittsrecht: Nachzulesen in Honnold, History of the CISG, S.562 f. (Doc. C(4) – C.48). Feltham's Ansicht führte dazu, dass der Vorbehalt in Art. 48 CISG beibehalten wurde, da man darin keine Beschränkung des Schutzes des Verkäufers sah: s. o. zum CISG C.I.2.b.bb

Trennt man die Vertragsaufhebung nach Befreiung und Rückgabe, so ergibt sich folgendes Bild: Die Kombination von **Befreiung** und (kleinem) Schadensersatz wird bei Nichtlieferung gewährt, wenn eine vertraglich als wesentlich bestimmte Lieferfrist (*time of the essence*) verstrichen ist, wenn eine unzumutbare Verzögerung vorliegt oder bei Erfüllungsverweigerung. Zur Herbeiführung des Ablehnungsrechts kann eine angemessene Nachfrist gesetzt werden. Bei Schlechtlieferung kann der Gläubiger die Annahme einer Nachbesserung (*cure*) ablehnen, wenn ihm ein weiteres Abwarten unzumutbar ist oder die Lieferzeit wesentlich war. Die Kombination von **Rückgabe** und Schadensersatz wird stark beschränkt. Sie steht regelmäßig nur bei wesentlichen Vertragsverletzungen zur Verfügung, deren negative Folgen für den Käufer die Belastungen des Verkäufers rechtfertigen können (*substantial failure*, *innominate terms*) – und ist für Nebenpflichten (*warranties*) ganz ausgeschlossen. Manche Pflichten erlauben zwar im Grundsatz bei jeder Verletzung ohne Ansehung der tatsächlichen Folgen Rücktritt und Rückgabe (*conditions*). Sie werden von der Rechtsprechung jedoch nur mit Zurückhaltung angenommen, hauptsächlich, wenn das Interesse der Rechtssicherheit überwiegt.[198] Wo der Sales of Goods Act sie ausdrücklich vorschreibt, wird ihr Pflichtenumfang zurückhaltend ausgelegt[199] und das Rücktrittsrecht einer Verhältnismäßigkeitskontrolle unterworfen.[200] Insbesondere aber ist das Recht zur Rückgabe im englischen Recht durch die Annahme (*acceptance*) auf kurze Zeit nach der Übergabe beschränkt, so dass nur offenbare Mängel eine unmittelbare Abweisung ermöglichen. Kann die Sache nicht zurückgegeben werden, ist der Rücktritt ebenfalls ausgeschlossen. Der Vorteil der Rückgabe wird vor allem in einer schnellen Abwicklung gesehen. Deshalb wird sie auf die unmittelbare Ablehnung bei Annahme beschränkt.

Das englische Recht kommt damit den Regeln des CISG nahe. Der wichtigste Unterschied besteht darin, dass im CISG für die Kombination von Rückgabe und Schadensersatz immer ein wesentlicher Mangel vorliegen muss, während im englischen Recht die Kategorie der *conditions* die Rückgabe auch bei unwesentlichen Mängeln ermöglicht. Kein Unterschied besteht, wenn die Parteien selbst – ausdrücklich oder konkludent – bestimmte Pflichten als „wesentlich" bestimmt haben. Nur für die durch den SGA als *conditions* definierten Qualitäts- und Quantitätsmängel ergibt sich ein Unterschied, der sich allerdings darauf beschränkt, dass im CISG die Rückgabe ultima ratio sein soll, während im englischen Recht nur eine **Verhältnismäßigkeitseinrede** besteht (Sections 15A,

198 Vgl. *Bunge Corp. v. Tradax SA* (1981) 2 All ER, S. 513, Court of Appeal (513 ff.) and House of Lords (540 ff.)

199 Vgl. *Reardon Smith Line Ltd. v. Yngvar Hansen Tangen* (1976) 1 WLR, S. 989

200 Sections. 15A und 30 (2A) SGA

30(2A) SGA). Die schnelle Beendigung des Rückgaberechts kommt im englischen Recht durch die *acceptance* zustande, im CISG durch die vergleichbare Erklärungsfrist aus Art. 49 II CISG. Für die Befreiung sind die Regeln nahezu identisch. Beide Systeme verzichten auf eine direkte Gewähr des Rechts zur zweiten Andienung bei der Schlechtlieferung und gestehen es dem Verkäufer indirekt zu, indem sein Angebot zur Nachbesserung nur abgelehnt werden kann, wenn es unzumutbar ist. Im Unterschied zum CISG erkennt das englische Recht das Nachbesserungsrecht des Schuldners auch bei Verzug (Nichtlieferung) nur indirekt an.

III. Rücktritt und Schadensersatz im US Uniform Commercial Code

Das Kaufvertragsrecht wird in den USA durch § 2 des Uniform Commercial Code (UCC) geregelt. Der UCC löste in den 1950er Jahren den Uniform Sales Act[201] ab und wurde bis Ende der 1960er Jahre in allen Staaten der Union eingeführt.[202] 2003 wurde der Code überholt. Der UCC widmet sich dem allgemeinen Zivilrecht und dem Handelsrecht und gilt für alle Kaufverträge.[203] Die Wesenszüge des Kaufrechts im UCC[204] sind die verschuldensunabhängige Haftung auf Schadensersatz für Vertragsverletzungen (1), der Grundsatz des Rechts zur unmittelbaren Ablehnung aller vertragswidriger Lieferungen (*perfect tender rule*) (2) sowie die Erschwerung der Rückgabe nach Annahme der Ware (*acceptance*) (4 d). Das Kaufrecht weicht auf den ersten Blick vom allgemeinen (auch im englischen Recht geltenden[205]) Grundsatz des Common Law ab, das Rückgabe- und Ablehnungsrecht auf schwerwiegende Störungen (*material breach*) zu beschränken. Die zahlreichen Einschränkungen der *perfect tender rule* führen allerdings dazu, dass im Ergebnis das Rückgaberecht deutlich beschnitten wird (4).

---

201 Ein Kaufgesetz, dass von Professor Samuel Williston Anfang des 19. Jh. konzipiert wurde und auf dem englischen Sales of Goods Act (1893) basierte. Es wurde bis 1941 in 36 Staaten der Union eingeführt. Viele seiner Regeln leben in Section 2 des UCC fort.

202 Nordstrom, Introduction, S. 3; Die letzte Reform des UCC fand 2003 statt: vgl. Supplement 2004 von White & Summers zur neu überarbeiteten Section 2 (Kaufrecht)

203 Manche Staaten haben ergänzende verbraucherschützende Vorschriften eingeführt. Vgl. § 2-108 UCC (1b); White & Summers Supplement 2004, S. 58 f., § 2-2

204 Einen kurzen Überblick geben Hay, S. 95 f., und Reimann, S. 61 – 67

205 S. o. C.II.1.a

1. Schadensersatz bei Vertragsverletzungen

Im Kaufrecht haftet der Schuldner für jede Vertragsverletzung auf Schadensersatz.[206] Bleibt seine Lieferung ganz aus oder wird sie als Ganzes zurückgewiesen, schuldet er zunächst nur die Differenz von Marktpreis und Vertragspreis (§ 2-713 UCC), denn dies sind die normalerweise anfallenden Mehrkosten für eine Ersatzbeschaffung (abstrakter Schaden). Besorgt der Käufer tatsächlich einen Ersatz (*cover*), so kann er auch darüber hinausgehende Kosten ersetzt verlangen, solange er seiner Schadensminderungspflicht nachgekommen ist (§ 2-712 UCC). Behält der Käufer eine mangelhafte Lieferung, kann er Ersatz für die Differenz zwischen versprochenem und tatsächlichem Wert verlangen (§ 2-714 UCC). Der Schadensersatz nach diesen Regeln ist allerdings auf den Schaden beschränkt, den der übliche Verkäufer normalerweise als Folge seines Vertragsbruches voraussehen kann.[207] Ein darüber hinausgehender, vom Üblichen abweichender Schaden wird dem Käufer nur ersetzt, wenn er darlegen und beweisen kann, dass der Verkäufer zum Zeitpunkt des Vertragsabschlusses von der Möglichkeit solcher Verluste tatsächlich wissen konnte und musste (*foreseeability*[208]), § 2-715 UCC.[209] Mangelfolgeschäden an der Person und dem sonstigen Vermögen des Käufers dürfen keine zu weit entfernten Folgen der Vertragsverletzung sein (*proximity*).

§ 2-715 UCC. Buyer's Incidental and Consequential Damages. "(2) Consequential damages resulting from the seller's breach include (a) any loss resulting from general or particular requirements and needs of which the seller at the time of contracting had reason to know and which could not reasonably be prevented by cover or otherwise; and (b) injury to person or property proximately resulting from any breach of warranty."

Die Beschränkung auf die Vorhersehbarkeit basiert auf der Vorstellung, dass der Verkäufer seine Haftung vertraglich aushandelt und deshalb nur eine Haftung für solche Schäden versprochen hat, die er auch erkennen konnte. Dies entspricht dem Ansatz der ökonomischen Analyse, dass bei Vertragsschluss die Risiken zwischen den Parteien verhandelt werden. Der Kaufpreis entschädigt den Verkäufer auch für die vertraglichen Risiken, die er zu tragen bereit ist. Deshalb ist der Kaufpreis nur auf der Grundlage der für den Verkäufer erkennbaren Haf-

---

206 Farnsworth., S. 469; Smith & Roberson, S. 489

207 Rohwer/Skrocki, S. 447 ff.

208 Abgeleitet vom Präzedenzfall *Hadley v. Baxendale* (1854) Court of Exchequer, Ex., S. 341; 156 Eng. Rep, S. 145; Farnsworth, S. 521 ff.

209 Smith & Roberson, S. 491

tungsrisiken vereinbart worden. Schäden, die der Schuldner nicht zumutbar voraussehen konnte, sollten deshalb von der Haftung nicht umfasst sein.[210]

Der Käufer kann außerdem keinen Ersatz für Schäden verlangen, die er durch zumutbare Maßnahmen hätte vermeiden können (*avoidance*[211]). Diese Pflicht zur Schadensminderung führte in dem Fall *Jacobs & Youngs v. Kent*[212] dazu, dass dem Bauherrn eines Hauses verwehrt wurde, aufgrund der Verwendung der falschen Rohrmarke einzufordern, dass gänzlich neue Rohre einzubauen sind. Dies hätte die Folgekosten des Vertragsbruchs unverhältnismäßig aufgebläht. Stattdessen wurde der Schadensersatz auf den relativ geringen, absoluten Wertverlust beschränkt. Die Pflicht zur Schadensminderung kann demnach dazu führen, dass der Gläubiger eine vertragswidrige Ware behalten muss, um seinem Schuldner keine unverhältnismäßigen Folgekosten aufzubürden.[213]

2. *Material breach und perfect tender rule*

Das Ziel der Schadensminderung liegt auch dem Grundprinzip des allgemeinen Vertragsrechts zu Grunde, dass eine unerhebliche Vertragsverletzung (*minor breach)* kein Recht zum Rücktritt vom ganzen Vertrag begründen kann. Eine unerheblich vertragswidrige Leistung muss man annehmen und seine Schäden in Geld ersetzt verlangen.[214] Solange die vertragliche Leistung im Wesentlichen noch erbracht wird (*substantial performance*[215]) und keine „schwerwiegende“

---

210 S. o. B.III.1.a

211 Rohwer/Skrocki, S. 455

212 Court of Appeals of New York, 1921 230 N.Y. 239, 129 N.E. 889, 23 A.L.R. 1429

213 Farnsworth, S. 507 ff.; In *Peevyhouse v. Garland Coal & Mining Co.*, 383 P.2d 109 (Okla. 1962), cert denied, 375 U.S. 906 (1963), wurde dem Gläubiger aufgrund der Schadensminderungspflicht der Ersatz für die Kosten für ein Selbstvornahme der vom Schuldner verweigerten Arbeiten verwehrt ($ 29.000), weil die Wertsteigerung durch diese Arbeiten nur $ 300 betragen hätte. Als Ersatz wurden nur diese $ 300 für den Wertverlust aufgrund der Erfüllungsverweigerung zugesprochen.

214 Rohwer/Skrocki, S. 382; Farnsworth, S. 700 ff.; Nordstrom § 106, S. 322; *Kaufmann v. Reader* 108, F. 171 (8th Cir. 1901); *Harvey v. White* 213 Cal. App.2d 275, 28 Cal.Rptr. 601 (1963); Kommentar zu Restatement (2nd) § 241 (a) a. E., S. 238 mit Verweis auf §§ 236, 243 der Restatements (2nd)

215 *Plante v. Jacobs*, Supreme Court of Wisconsin, 1960 10 Wis.2d 567, 103 N.W.2d 296; *Venzke v. Magdanz*, 1943, 243 Wis. 155, 9 N.W.2d 604; Farnsworth, S. 705, gibt ein Beispiel nach *Spence v. Ham*, 57 N.E. 412, 414 (N.Y.1900): „Where the size and placement of girders was faulty, affecting the solidity of the building, these were ‚deviations from the general plan of so essential a character that they cannot be remedied without partially reconstructing the building, and hence do not come

Vertragsverletzung (*material breach*) vorliegt, ist der Gläubiger nicht zur Zurückweisung der gesamten vertraglichen Leistung berechtigt.[216] Restatement (2nd) § 241[217] zählt auf, welche Faktoren eine Vertragsverletzung „schwerwiegend" machen:

Restatement (2nd) § 241

"In determining whether a failure to render or to offer performance is material, the following circumstances are significant:

(a) The extent to which the injured party will be deprived of the benefit he reasonably expected;
(b) The extent to which the injured party can be adequately compensated for the part of that benefit of which he will be deprived;
(c) The extent to which the party failing to perform or to offer to perform will suffer forfeiture;
(d) The likelihood that the party failing to perform or to offer to perform will cure his failure, taking account of all circumstances including any reasonable assurances;
(e) The extent to which the behaviour of the party failing to perform or to offer to perform comports with standards of good faith and fair dealing."[218]

Diese Kriterien verlangen nach einer Abwägung der Vorteile des Gläubigers gegen die Nachteile des Schuldners bei Ablehnung der Leistung. Wenn die Interessen des Gläubigers durch Schadensersatzzahlungen ausreichend geschützt werden können und der Schuldner aufgrund der Zurückweisung seiner Leistung deutlich höhere Kosten hätte, ist im Regelfall nur eine unerhebliche Vertragsverletzung anzunehmen – es sei denn, der Schuldner handelt bewusst treuwidrig (*wilfulness*[219]). Bei der Abwägung ist besonders wichtig, dass das Erfüllungsinteresse des Gläubigers durch die Schadensersatzhaftung des Schuldners bereits abgesichert ist. Die zusätzliche Rückgabe kann nur selten so gewichtige zusätzliche Vorteile für den Gläubiger mit sich bringen, dass hierdurch eine vermeidbare Mehrbelastung des Schuldners gerechtfertigt werden kann.

---

within the rule of substantial performance'." (Es lag damit keine substantial performance vor.)

216 Restatement (2nd) on Contracts, § 237: „[...] it is condition of each party's remaining duties to render performances to be exchanged under an exchange of promises that there be no uncured material failure by the other party to render any such performance due at an earlier time."; vgl. Reimann, S. 52

217 Restatement of the Law, 2nd, Contracts 2d, vol. 2, §§ 178 – 315 (1981)

218 Vgl. Rohwer/Skrocki, S. 385

219 *Groves v. John Wunder Co.* Supreme Court of Minnesota, 1939 205 Minn. 163, 286 N.W. 235; Farnsworth, S. 513; Kommentar zu Restatement (2nd), § 241 (f), S. 242

Die Schranke der schwerwiegenden Vertragsverletzungen galt ursprünglich auch im Kaufrecht.[220] Bei vertraglichen Garantien für bestimmte Eigenschaften (*warranties*) bestand allerdings ein unbeschränktes Rückgaberecht. Die ursprünglich nur freiwilligen Garantien wurden von den Gerichten immer mehr als konkludent vereinbart betrachtet (*implied warranties*), so dass schließlich nahezu alle Leistungspflichten als Garantie aufgefasst wurden. Richter Learned Hand meinte daher in *Mitsubishi v. J. Aron & Co.*[221]: *„There is no room in commercial contracts for the doctrine of substantial performance."* Diese strenge Garantiehaftung wurde im Kaufrecht als ***perfect tender rule*** bekannt[222]: Der Käufer muss nur perfekt vertragsgemäße Leistungen annehmen; eine nicht perfekte Andienung darf er zurückweisen[223], ohne dass etwa die Schwere der Abweichung eine Rolle spielt.[224] Diese Regel hat der Uniform Commercial Code grundsätzlich übernommen:

§ 2-601 UCC. Buyer's Rights on Improper Delivery. "[...] if the goods or the tender of delivery fail in any respect to conform to the contract, the buyer may (a) reject the whole, (b) accept the whole, (c) accept any commercial unit or units and reject the rest."

Nach Ablehnung der nicht vertragsgemäßen Ware kann der Käufer den Vertrag beenden und Schadensersatz wegen Nichterfüllung der ganzen Verbindlichkeit verlangen:

§ 2-711 UCC. Buyer's Remedies in General. "(2) If the seller is in breach of contract [...], the buyer [...] may (a) In the case of rightful cancellation, rightful rejection, or justifiable revocation of acceptance, [...] (c) cancel, (d) cover and have damages under Section 2-712 [...], (e) recover damages for non-delivery [...] under Section 7-713 [...]."

220 Rohwer/Skrocki, S. 420; White & Summers, vol. 1, § 8-3, S. 442

221 *Mitsubishi Goshi Kaisha v. J. Aron & Co.*, 16 F.2d 185 (1926, CA2 NY)

222 Williston on Sales, vol. 2, § 16-6, S. 439; Farnsworth, S. 706

223 Williston on Sales, vol. 2, § 16-6, S. 439; bekannter Beispielsfall ist *Filley v. Pope*, 115 US 213, 29 L Ed 372, 6 S. Ct. 19 (1885), wo allein aufgrund einer Abweichung im Einschiffungshafen eine ansonsten makellose Ladung Gusseisen zurückgewiesen wurde, obwohl es sich um einen Überseekauf handelte mit erheblichen Transportkosten.

224 Official Comment § 2-106 Nr. 2: „It is in general intended to continue the policy of requiring exact performance by the seller of his obligations as a condition to his right to require acceptance."

3. Die Kombination von Schadensersatz und Rücktritt

Der UCC ermöglicht wie § 325 BGB für alle Arten der Vertragsverletzung[225] die Kombination von Schadensersatz und Rückritt.[226] Nach § 2-711 UCC können bei Nichtlieferung die Vertragsaufhebung (*cancellation*) und bei Schlechtlieferung die Ablehnung der Waren (*rejection*) mit dem Schadensersatz für Nichterfüllung (*damages for non-delivery*) kombiniert werden, vorausgesetzt der Rücktritt ist überhaupt zulässig. Im Folgenden wird für die Voraussetzungen des Rücktritts wieder nach Befreiung und Rückgabe unterschieden.

a) Befreiung und (kleiner) Schadensersatz

Die Verbindung von Nichterfüllungsschaden und Befreiung von den noch ausstehenden Vertragspflichten (*executory duties*[227]) setzt voraus, dass der Käufer die Annahme weiterer Erfüllungsversuche ablehnen kann. Bei Verzug verlangt § 3-309 UCC für das Ablehnungsrecht in der Regel eine erfolglose Nachfristsetzung (*notice of termination*).

§ 2-309 UCC. Absence of specific time provisions, Notice of Termination. "(1) The time for shipment or delivery or any other action under a contract if not provided in this Article or agreed upon shall be a reasonable time. [...] (3) Termination of a contract by one party except on the happening of an agreed event requires that reasonable notification be received by the other party [...]."

Wenn eine feste Lieferzeit vereinbart worden ist (*time of the essence*), so berechtigt deren Verfehlung zur Ablehnung.[228] Ist keine Lieferzeit vereinbart (zumindest nicht als wesentlich), so muss nach § 2-309 UCC innerhalb einer angemessenen Zeit geliefert werden.[229] Absatz 3 verlangt für die Befreiung eine Mit-

---

225 Vgl. § 2-711 UCC (1): „A breach of contract by the seller includes the seller's wrongful failure to deliver or to perform a contractual obligation, making of a non-conforming tender of delivery or performance, and repudiation."

226 Die früher im amerikanischen Recht geltende Regel der Alternativität (election) wurde aufgehoben: Bradford Stone, S. 111; Nordstrom, § 146, S. 437; vgl. *Reno Sales Co. v. Pritchard Indus. Inc.*, 178 F.2d 279 (7th Cir. 1949) zitiert bei 3 S. Williston, Sales § 608b (revised edition 1948); White & Summers, vol. 1, § 8-3, S. 439

227 Bradford Stone, S. 122

228 White & Summers, vol. 1, S. 127; *Snider v. Berea Kar Co.*, 65 Ohio App.3d 552; 584 N.E.2d 1248, 16 UCC.2d 1056 (1989); *Hope's Architectural Products Inc. v. Lundy's Constr., Inc.*, 781 F.Supp. 711, 16 UCC.2d 1059 (D.Kan. 1991)

229 Was angemessen ist, hängt von der Art der Güter, ihrem vertraglichen Verwendungszweck, dem Wissen des Verkäufers von den speziellen Absichten des Käufers, den Umständen der Lieferung, der Art des Marktes usw. ab: White & Summers ,vol.

teilung des Gläubigers an den Schuldner. In dieser Mitteilung muss dem Schuldner ähnlich wie bei der deutschen Nachfristsetzung eine angemessene Zeit für die Erfüllung gegeben werden.[230] Diese Nachfrist ist wie bei § 323 II BGB überflüssig, wenn besondere Umstände vorliegen, die eine sofortige Beendigung rechtfertigen[231], so vor allem beim Fixgeschäft (*time of the essence*) und bei der ernsthaften Erfüllungsverweigerung (*repudiation*).

b) Rückgabe und (großer) Schadensersatz bei Schlechtlieferung

Aufgrund des Rechts des Käufers, im Grundsatz alle nicht perfekten Leistungsangebote zurückzuweisen (*perfect tender rule*), steht die Kombination von Rückgabe und (großem) Schadensersatz theoretisch für alle Fälle der Schlechterfüllung zur Verfügung, egal ob es sich um defekte Waren handelt oder um die Verletzung sonstiger Vertragspflichten (vgl. § 2-601 UCC). Die Verbindung des unbeschränkten Ablehnungsrechts mit dem Recht auf den vollen Nichterfüllungsschaden (§ 2-711 UCC) bietet ein extrem käuferfreundliches Totalrecht. Das Besondere an dieser Regel ist nicht die unbeschränkte Schadensersatzhaftung für alle auch unerheblichen Mängel, denn die Haftung für alle Vertragsverletzungen ist im Common Law selbstverständlich. Das Besondere ist das unbeschränkte Rückgaberecht, das dem Grundprinzip des Common Law der wesentlichen Vertragsverletzung (*material oder substantial breach*) widerspricht und auch der im Common Law wichtigen Beschränkung des Schadensersatzanspruches durch eine strenge Pflicht zur Schadensminderung (UK: *mitigation*, US: *avoidance*) entgegensteht. Die *perfect tender rule* gewinnt gerade durch die Kombination von Rückgabe und Schadensersatz ihre Brisanz[232]. Aus ökonomischer Sicht ist das Problem, dass die Verbindung der Gewinnversicherung durch den Schadensersatz mit einer Rückgabeversicherung einen besonders starken Anreiz zur eigennützigen und ineffizienten Rückgabe bildet (*moral hazard*).

1, S. 126; vgl. *Kutner-Goldstein Co. v. Workman*, 112 Cal.App. 132; 296 P. 313 (1931); official Comment Nr. 1 zu § 2-309 UCC

230 Official comment Nr. 8 zu § 2-309 UCC hierzu: „Subsection (3) recognizes that the application of principles of good faith and sound commercial practice normally call for such notification of the termination of a going contract relationship as will give the other party reasonable time to seek a substitute arrangement.“

231 Official Comment Nr. 9 zu § 2-309 UCC spricht von einer „gerechtfertigten Vertragsaufhebung“: „Justifiable cancellation for breach is a remedy for breach and is not the kind of termination covered in the present subsection“; *Mott Equity Elevator v. Svihovec*, 236 N.W.2d 900; 18 UCC 388 (N.D. 1975): Nach Ungerechtfertigter Ablehnung der Ware durch den Käufer braucht der Verkäufer keine weitere Nachfrist mehr setzen, um die Ware anderweit verkaufen zu können.

232 Nordstrom, § 106, S. 322

Die *perfect tender rule* wird dementsprechend als zu streng empfunden. Das unbeschränkte Rückgaberecht wird als systemfremd und ökonomisch unsinnig auf breiter Front abgelehnt. Aufgrund der starken Bedenken gegen den kombinierten Rechtsbehelf[233] haben sich in der Rechtsprechung und auch unmittelbar im Gesetzestext des UCC wesentliche Einschränkungen durchgesetzt[234], die allesamt darauf abzielen, das Recht zur Rückgabe einzuschränken, den Käufer zum Behalten der empfangenen Ware zu verpflichten und ihm folglich nur den „kleinen" Schadensersatz zuzugestehen. Infolge dieser Einschränkungen bildet das unbeschränkte Rückgaberecht in der Praxis nur noch die Ausnahme.[235] Ohnehin besteht es aufgrund der Wirkungen der Annahme (*acceptance*) nur für offensichtliche Mängel der Ware.[236] Im Folgenden werden die entwickelten Beschränkungen des Rückgabe- und Ablehnungsrechts vorgestellt.

4. Einschränkungen des Rückgabe- und Ablehnungsrechts

Der UCC und seine Auslegung durch die Rechtsprechung bieten eine lange Liste von Mechanismen, die gezielt die Kombination von Rückgabe und Schadensersatz einschränken, indem sie das Recht zur Ablehnung (*rejection*) aus § 2-601 UCC beschränken oder zumindest dessen Folgen abmildern.

---

233 Grundlegend George L. Priest „Breach and remedy for the tender of nonconforming goods under the UCC", Harvard Law Review 1978 (91), S. 960 – 1001, S. 969 f. zu den Bedenken gegen die perfect tender rule; Karl Llewellyn forderte schon seit Langem die Einführung der „substantial performance" rule: Warranty and society II, Columbia Law Review 1937, S. 341 (398)

234 Nordstrom, §§ 102 – 106, §§ 142 – 145; Williston on Sales, vol. 2, § 16-6, S. 440 – 444; Die meisten Einschränkungen gehen auf die Forderungen von Karl Llewellyn zurück: Columbia Law Review 1936, S. 699 – 744 (Teil I) und 1937, S. 341 – 409 (Teil II); vgl. George Priest, Harvard Law Review 1978, S. 960 (968 ff.)

235 Priest stellt in der ökonomischen Untersuchung fest, dass die Gerichte die Einschränkungen nutzen, um die Rückgabe ökonomisch sinnvollen zu beschränken: Harvard Law Review 1978, S. 960 (1000 f.); Vgl. White & Summers, vol.1, § 8-3, S. 441; in der jüngsten Reform 2003 wurden die Versuche, die perfect tender rule zugunsten einer Beschränkung des Ablehnungsrechts auf „substantial nonconformity" abzuschaffen, trotzdem abgewehrt: White & Summers, 2004 Supplement zu Section 2, § 5-7, S. 155

236 The buyer „will be able to reject at will only tenders nonconforming on their face": Ellan A. Peters „Remedies for Breach Relating to the Sale of Goods Under the UCC", 73 Yale Law Journal 1963, S. 199 (209); Williston on Sales, vol. 2, § 16-6, S. 442

a) Treu und Glauben (good faith)

Die allgemeine Treuepflicht (§ 1-203 UCC) verbietet dem Käufer, sein Recht zur Ablehnung vertragswidriger Lieferungen dafür zu missbrauchen, einem für ihn nachteiligen Vertrag zu entkommen.[237] So wurde im Fall *T.W.Oil, Inc. v. Consolidated Edison Co.*[238] der Rücktritt aufgrund unwesentlicher Vertragsverletzungen zurückgewiesen, weil dem Käufer eine angemessene Preisminderung angeboten worden war und er offenbar nur zurücktreten wollte, um eine für ihn vorteilhafte Marktschwankung zu nutzen.[239] Der Käufer muss mit dem Zustand der Ware oder der Art der Lieferung tatsächlich unzufrieden sein und darf für ihn eigentlich unwichtige Abweichungen nicht dazu ausnutzen, ein nicht mehr gewünschtes Geschäft zu beenden.[240] Er muss die Ware untersuchen und die Mängel nennen, die seine Unzufriedenheit auslösen. Da es für die Gerichte äußerst schwierig ist, zu bestimmen, ob jemand subjektiv treuwidrig handelt, wird ein objektiver Test[241] benutzt, nämlich, ob ein durchschnittlicher, vernünftiger Käufer die Ware wegen der Vertragsverletzungen abgelehnt hätte.[242] Danach liegt immer dann keine vertragswidrige Leistung vor, wenn ein vernünftiger Käufer die Ware angenommen hätte – wenn die Ware also das erfüllt, was sie normalerweise erfüllen soll. Der Käufer muss dann die Ware annehmen und ist auf Schadensersatz beschränkt.

Diese Regel schließt einen Rücktritt mit dem erkennbaren Ziel, ein besseres Geschäft zu machen, aus. Ausgeschlossen werden auch Bagatellfälle, so dass auch im UCC die Regel *de minimis non curat praetor* gilt.[243] Darüber hinaus hat diese Treuepflicht das Potential, den Käufer auf die Annahme zu beschränken, wenn die Rückgabe als willkürlich und unverhältnismäßig empfunden wird – ähnlich wie in dem oben zur Schadensminderungspflicht zitierten Fall *Jacobs &*

---

237 Anderson, vol. 4, § 2-601: 19 – 26; Rohwer/Skrocki, S. 466 und S. 268 f.; *Neumiller Farms, Inc. v Cornett* (Ala) 368 So.2d 272; 26 UCC 61; *National Fleet Supply, Inc. v. Fairchild*, 450 N.E.2d 1015; 36 UCC 480 (Ind.App.1983); *McKenzie v. Alla-Ohio Coals, Inc.*, 1979 WL 30087; 29 UCC 852 (D.D.C. 1979)

238 57 N.Y.2d 574; 457 N.Y.S.2d 458; 443N.E.2d 932; 35 UCC 12 (1982)

239 White & Summers, vol. 1, § 8-3, S. 441

240 So durfte ein Käufer, der ein Klavier für 30 Tage auf Probe erhalten hatte, um es bei Unzufriedenheit wieder zurückgeben zu können, das Klavier nicht zurückgeben, weil der Grund der Rückgabe nicht Unzufriedenheit war, sondern die Tatsache, dass er inzwischen zur Armee eingezogen worden war: 86 A.L.R. 2d 200 (206, § 5); Anderson, vol. 4, § 2-601:21

241 Neumiller Farms, *Inc. v. Cornett* (Ala) 368 So.2d 272; 26 UCC 61

242 Anderson, vol. 4, § 2-601:23

243 Nordstrom, § 102, S. 308

Youngs v. Kent[244]. **James White** und **Robert Summers**[245] stellen fest, dass ihnen kein Fall bekannt ist, in dem tatsächlich aufgrund unwesentlicher Mängel eine Ablehnung der Ware zugelassen wurde. Zwar gebe es einige Fälle, die sich angeblich zu dieser Regel bekennen, jedoch sei in allen jenen Fällen der Mangel niemals tatsächlich unerheblich gewesen.[246] Die Gerichte würden auch die prozessualen Vorschriften nutzen, um die Rückgabe bei unerheblichen Mängeln auszuschließen, zum Beispiel, indem sie aufgrund verspäteter Anzeige die Gültigkeit der Ablehnung bestritten. Nach Ansicht von White & Summers wäre es daher nur noch eine unerhebliche Änderung der Gesetzeslage, wenn man § 2-601 UCC so abänderte, dass die Ablehnung nur noch bei wesentlichen Vertragsverletzungen (*substantial nonconformity*) zulässig ist.[247]

b) Recht zur Nachbesserung (cure)

Der Verkäufer wird gegen die Ablehnung seiner Waren durch ein Nachbesserungsrecht geschützt, wenn er in gutem Glauben nicht von einer Ablehnung ausgehen musste (§ 2-508 (2) UCC).[248] Er kann nach Ablauf des Liefertermins[249] und nach der zeitigen Anzeige (*seasonable notice*) einer beabsichtigten Annahmeverweigerung innerhalb einer angemessenen Frist nachbessern.[250] Die Nachbesserung muss dem Käufer zumutbar sein und zügig geschehen (*appropriate and timely*).[251] Das Nachbesserungsrecht besteht auch bei versteckten Mängeln, die den Käufer zum Widerruf seiner Annahme berechtigen (*revocation*

244 Court of Appeals of New York, 1921 230 N.Y. 239; 129 N.E. 889; 23 A.L.R. 1429

245 Volume 1, S. 441, § 8-3

246 White & Summers, vol. 1, S. 441, § 8-3, vgl. Fn 7; *Moulton Cavity & Mould, Inc. v. Lyn-Flex Indus., Inc.*, 396 A.2d 1024; 25 UCC 1026 (Me. 1979); *Ramirez v. Autosport*, 88 N.J. 277; 440 A.2d 1345; 33 UCC 134 (1982); *Marlowe v. Argentine Naval Comm'n*, 808 F.2d 120; 2 UCC.2d 1226 (D.C.Cir. 1986)

247 White & Summers, vol.1, § 8-3, S. 441; In der jüngsten Reform 2003 wurden die Versuche, die perfect tender rule durch die Beschränkung des Ablehnungsrechts auf „substantial nonconformity" zu ersetzen, abgewehrt: White & Summers 2004, Supplement zu Section 2, § 5-7, S. 155

248 Official Comment Nr.2 zu § 2-508 spricht von „surprise rejection": Die perfect tender rule soll nicht für überraschende Ablehnungen herhalten; so auch ausdrücklich Official Comment Nr.2 zu § 2-106

249 Auch vor Ablauf der vereinbarten Lieferzeit kann er seine Lieferung noch nachbessern: § 2-508 (1) UCC

250 „Liberty to cure": vgl. Restatements (2nd), Chapter 10, S. 194, § 327, Comment a; Treitel, Breach of Contract, S. 371

251 Zur Frage, was eine „reasonable time" für die Nacherfüllung darstellt: White & Summers, vol. 1, § 8-5, S. 472 f.

of acceptance).[252] In ***Ramirez v. Autosport***[253] konkretisierte der New Jersey Supreme Court, wann eine Nachfrist noch zumutbar ist: *„The determination of what constitutes a further reasonable time depends on the surrounding circumstances, which include the change of position by and the amount of inconvenience to the buyer [...], the length of time needed by the seller to correct the nonconformity and his ability to salvage the goods by resale to others.“* Ausdrücklich spielt eine Rolle, wie groß die Verluste des Verkäufers wären, wenn er nach Rückgabe die Waren anderweitig verkaufen müsste (*salvage*). Das knüpft direkt an die ökonomisch ausschlaggebende Frage an, wie gut der Verkäufer die Kaufsache verwerten kann. Da es auch auf die Verluste beim Käufer ankommt, ist die Nachbesserung unzumutbar, wenn ein Just-in-time-Vertrag vorliegt, bei dem der Käufer sofort Ersatz beschaffen muss.[254] Ebenso ist eine Nachbesserung bei Fixgeschäften ausgeschlossen.[255] Die Regelung in § 2-508 UCC entspricht im Ergebnis der Regelung in Art. 48 CISG.[256]

Das Nachbesserungsrecht stellt eine erhebliche Einschränkung der *perfect tender rule* dar und schließt in vielen Fälle die Rückgabe aus.[257] Während der

---

252 Die Reform des UCC hat diesen Punkt klargestellt. Das Nachbesserungsrecht auch bei revocation wurde schon vorher angenommen: White & Summers, vol.1, § 8-5, S. 467 f.; *Rester v. Morrow*, 491 So.2d 204; 1 UCC.2d 751 (Miss. 1986); *Fitzner Pontiac-Buick-Cadillac, Inc. v. Smith*, 523 So.2d 324; 6 UCC.2d 396 (Miss. 1988): In diesem Fall begründet das Gericht die Ausdehnung des Nachbesserungsrechts auf die „revocation“ bei latenten Defekten damit, dass dem UCC das Ziel eigen sei, ökonomische Verschwendung zu vermeiden. Deshalb sei ein Nachbesserungsrecht stets wünschenswert und vom UCC gewollt.

253 *Ramirez v. Autosport*, 88 N.J. 277 (285 – 286) ; 440 A.2d 1345 (1349); 33 UCC 134 (140) (1982)

254 Official Comment No. 4 zu § 2-508

255 Official Comment No. 4 zu § 2-508

256 S. o. C.I.2.a; Im Gegensatz zum deutschen Recht ist keine formelle Nachfrist erforderlich, um das Ende des zumutbaren Abwartens zu bestimmen. In UCC und CISG kann jedoch der Verkäufer selbst eine Frist setzen („seasonable notice“ in § 2-508 UCC, Art. 48 II, III CISG), nach deren Ablauf die Nacherfüllungsfrist endet.

257 Williston on Sales, vol. 2, § 16-6, S. 443, auf S. 441: „it is the purpose of § 2-508, whose purpose is to do away with the perfect tender rule and the forced breach by rejection (sometimes called a surprise rejection; as the name implies, it is the seller who is surprised that the goods are rejected because he has, as far as he knows, complied with the terms of the contract), at least when founded on trivial nonconformity“; Nordstrom, § 105 zur „Cure“; Priest, Harvard Law Review 1978, S. 960 (971 f. und 980 f.); Official Comment Nr.2 zu § 2-106: „[...] It is intended to continue the policy of requiring exact performance by the seller of his obligations as a condition to his right to require performance. However, the seller is in part safeguarded against surprise as a result of sudden technicality on the buyer's part by the provisions of section 2-508 on seller's cure of improper tender or delivery.“

Nachfrist wird der Verkäufer nur erfüllen, wenn dies billiger ist als die Rückgabe. Dies wird vor allem bei leicht behebbaren (Quantitäts- und Qualitäts-)Mängeln der Fall sein. Aus ökonomischer Sicht verringert das Recht zur zweiten Andienung allerdings nur sehr eingeschränkt die Gefahr der Ineffizienz. Wenn durch die Rückgabe eine überhöhte Haftung droht, wird der Verkäufer auch zur ineffizienten Übererfüllung bereit sein.[258]

c) Ratenlieferungsverträge[259] *(instalment contracts)*

§ 2-612 UCC schafft für Kaufverträge, in denen die Ware in mehreren Lieferungen erbracht werden kann, die *perfect tender rule* ab und verlangt als Voraussetzung für die Ablehnung eine wesentliche Vertragsverletzung.[260] Das gilt sowohl für die Zurückweisung einer einzelnen Teillieferung als auch für die Auflösung des gesamten Vertrags.[261] Die Wesentlichkeit bestimmt sich nach den allgemeinen Kriterien des *material breach*, die in Restatement (2nd) § 241 zusammengefasst werden.[262] So wurde in *Continental Forest v. White Lumber Sales*[263] entschieden, dass bei 20 Lieferungen Bauholz keine wesentliche Vertragsverletzung des ganzen Vertrages vorlag, obwohl eine der Lieferungen erheblich von den vorgegeben Maßen abwich, denn dafür konnte durch eine Preisreduzierung ausreichend Abhilfe geschaffen werden. Im Ergebnis wird das Recht, den gesamten Vertrag aufzulösen, auf die Fälle beschränkt, in denen der Käufer befürchten muss, dass der Vertrag insgesamt nicht mehr erfüllt werden wird, so dass ein Festhalten am Vertrag nicht mehr zumutbar ist.[264]

Der Begriff des Ratenlieferungsvertrag*s* wird weit ausgelegt[265] und erfasst alle Verträge, die eine Lieferung in mehreren Abschnitten auch nur stillschweigend (!) erlauben.[266] Darunter fallen neben den Ratenlieferungsverträgen alle Kaufverträge, bei denen es dem Käufer nicht darauf ankommt, dass es nur eine

258 S. o. B.IV.2.b.bb

259 Oder Sukzessivlieferungsverträge

260 § 2-612 UCC: „(2) The buyer may reject any instalment that is nonconforming if the nonconformity substantially impairs the value of that instalment [...].“

261 *Plotnick v. Pennsylvania Smelting & Refining Co.*, 194 F.2d 859 (3d Cir.1952)

262 White & Summers, vol. 1, S. 442, § 8-3; zu Restatement (2nd), § 241, s. o. C.III.2

263 *Continental Forest Products, Inc. v. White Lumber Sales, Inc.*, 256 Or. 466; 474 P.2d 1; 8 UCC 178 (1970)

264 White & Summers, S. 444; *Plotnick v. Pennsylvania Smelting & Refining Co.*, 194 F.2d 859 (3d Cir.1952)

265 White & Summers, vol. 1, § 8-3, S. 443; Nordstrom, § 105, S. 317

266 Official Comment Nr. 1 zu § 2-612 UCC: „The definition of an instalment contract is phrased more broadly in this Article so as to cover instalment deliveries tacitly authorized by the circumstances or by the option of either party.“

Lieferung gibt.[267] Die weite Ausdehnung kann alle Gattungskäufe erfassen (vor allem bei Massengütern) und stellt daher eine weitreichende Einschränkung der *perfect tender rule* dar.

d) Die Annahme (acceptance) und ihr Widerruf (revocation)

Die Annahme einer Leistung bewirkt, dass sie nur noch aufgrund von wesentlichen Mängeln zurückgegeben werden darf, § 2-608 UCC. Im UCC heißt die Rückgabe nach Annahme „Widerruf der Annahme" (*revocation of acceptance*)[268]:

§ 2-608 UCC. Revocation of Acceptance in Whole or in Part. "The buyer may revoke his acceptance of a lot or commercial unit whose nonconformity substantially impairs its value to the buyer if he has accepted it: (a) on the reasonable assumption that its nonconformity would be cured [...]; or (b) [...] if the buyer's acceptance was reasonably induced either by the difficulty of discovery before acceptance or by the seller's assurances."

Kannte der Käufer den Mangel schon bei der Annahme, so kann er sie nur widerrufen, wenn er den Mangel angezeigt und vergeblich auf eine Nachbesserung gewartet hatte, § 2-608 (1a) UCC.[269] Kannte er den Mangel nicht, sondern entdeckt ihn erst später (*latent defects*), so kann er die Sache nur zurückgeben, wenn er den Mangel bei angemessener Prüfung nicht hätte erkennen können. Der Käufer muss den entdeckten Mangel unverzüglich anzeigen[270] und eine Nachbesserung des Verkäufers zulassen (§ 2-508 UCC, s. o. C.III.4.b). Die Annahme bewirkt also eine strenge Beschränkung der Rückgabe auf versteckte wesentliche Mängel.

aa) Bestimmung des wesentlichen Mangels

Ob ein „wesentlicher" Mangel vorliegt, bestimmt sich nach der Abwägungsformel des Restatement (2nd) § 241.[271] Der entscheidende Punkt ist, dass demnach auch auf die Kosten geachtet werden muss, die dem Schuldner durch die

267 Anderson, vol. 4, § 2-612:4, S. 245

268 Dazu Priest, Harvard Law Review 1978, S. 960 (977 ff.)

269 § 2-607 (2) UCC: „Acceptance of Goods by the buyer precludes rejection of the goods and if made with knowledge of a nonconformity may not be revoked because of it unless the acceptance was on the reasonable assumption that the nonconformity would be seasonably cured, but acceptance does not of itself impair any other remedy provided by this Article for nonconformity."

270 § 2-605 UCC, § 2-608 (2) UCC

271 Das Restatement nimmt ausdrücklich auf §§ 2-608 (revocation) und 2-612 (instalments) Bezug: vgl. Kommentare zu lit. (a) (b) (d) und (e)

Rückgabe entstehen.[272] Wenn dem Verkäufer im Vergleich zum Vorteil des Käufers übermäßige Verluste aufgebürdet werden, dann ist der Mangel nicht wesentlich. Hat der Verkäufer hohe Investitionen auf den Vertrag gemacht, die im Falle der Rückgabe für ihn verloren wären (*forfeiture*), oder hat er hohe Transportkosten, so ist es weniger wahrscheinlich, dass ein Mangel als *material* befunden wird.[273] Kann der Verkäufer die Ware hingegen leicht wieder zurücknehmen und sie gewinnbringend verwerten, so wird bereits ein geringfügiger Mangel eine wesentliche Vertragsverletzung darstellen.[274] Bei Verbraucherverträgen wird die Rückgabe deshalb nur selten ausgeschlossen sein, da hier oft die Verkäufer die mangelhafte Ware besser verwerten (reparieren und weiterverkaufen) können[275] (so im Fall *Dehahn v. Innes*[276]). Doch selbst wenn der Verkäufer nur geringen Schaden erleidet, ist die Rückgabe für triviale Mängel[277] und bei problemloser Nachbesserung[278] ausgeschlossen (*de minimis rule*).

---

272 Vgl. Restatement (2nd), § 241 lit c): "The extent to which the party failing to perform or to offer to perform will suffer forfeiture"

273 Restatements (2nd) § 241, Comment (d): "[...] the potential forfeiture may be aggravated if the seller has manufactured the goods specially for the buyer or has spent substantial sums in shipment."

274 Restatements (2nd), § 241, Comment (d): „The same factors argue for a finding of material failure where a seller tenders goods and can salvage them by resale to others if they are rejected. This helps to explain the severity of the rule as applied to the sale of goods.[...]"

275 Der Verbraucher muss bei verwehrter Rückgabe und Unmöglichkeit der Nachbesserung auf Dauer mit einem schadhaften Gegenstand verbleiben, was seine subjektiven Verluste erhöht. Es mag sein, dass objektiv nur ein geringer Minderwert vorliegt, subjektiv kann dieser aber hoch bewertet werden (z. B. Schönheitsfehler).; vgl. Craswell/Schwartz/Andersen, S. 119: „The damages remedy often falls short of adequately protecting the expectation interest"; Posner, EAL (§ 4.13, "Self-Help"), S. 133 – 135 zu „subjective damages" und auf S. 134: „[..] the assessment of ‚subjective' damages is obviously fraught with uncertainty"; vgl. Schäfer/Ott, Kap. 8, zum Ersatz des "reinen Vermögensschadens"; s. o. B.IV.1.b

276 *Dehahn v. Innes*, UCC Reporting Service 19, 407 (para 2608): „The underlying reason for requiring substantial impairment of value to legitimate a revocation of acceptance under UCC § 2-608 (1) (a) is to bar revocation for trivial defects or defects which may be easily corrected."

277 Lit. a & b, Restatement (2nd), § 241

278 Lit. d, Restatement (2nd), § 241

bb) Annahme durch Zeitablauf

Das Gesetz unterstellt die Annahme, wenn der Käufer die Waren nicht innerhalb der zur Untersuchung benötigten Zeit[279] ablehnt (§ 2-606 (1b) UCC)[280]. Das Ablehnungsrecht besteht demnach nur kurze Zeit unmittelbar nach Anlieferung.[281] So wurden sieben Wochen bei der Lieferung von Stahlrollen für zu lang befunden, da nur ein simpler Test vonnöten gewesen wäre, um die Fehler zu entdecken.[282] Drei Wochen waren zu lang, um bei Waschmaschinen ein zu starkes Vibrieren aufgrund eines Konstruktionsfehlers zu entdecken.[283] Bei einem Rennpferd wurde bereits ein Tag für zu lang gehalten, da die Krankheit bei der üblichen sofortigen Untersuchung hätte bemerkt werden müssen.[284] Kann der Fehler sofort entdeckt werden, muss auch sofort zurückgewiesen werden.[285] Vier Wochen waren noch zulässig bei einer Lieferung Sojabohnen, da eine angemessene Untersuchung tatsächlich vorher nicht stattfinden konnte.[286] Eine Woche musste genügen, um eine schadhafte Schwimmbadabdeckung abzulehnen.[287] Im Ergebnis beschränkt sich die *perfect tender rule* damit auf offensichtliche Mängel, die

279 *Rutland Music Service, Inc. v. Ford Motor Co.*, 138 Vt. 562; 422 A.2d 248: "The reasonableness of the time for the buyer's rejection is usually coincidental with the period of time during which the buyer may exercise his right to inspect the goods for conformity under Section 2-513 (1) UCC"

280 § 2-602 spricht von angemessener Zeit, die allerdings aufgrund der § 2-606 (1) (b) auf die Dauer der Untersuchung beschränkt ist.

281 Die Wirkung der Annahme geht über die Verschärfung der Rückgabeschranke hinaus: Der Käufer trägt nach der Annahme die Beweislast, dass die Güter bei Übergabe schadhaft waren: § 2-607 (4) UCC

282 *Michael M. Berlin & Co. v. T. Whiting Mfg., Inc.*, 1968 WL 9236; 5 UCC 357 (N.Y.Sup. 1968)

283 *Buenviaje v. Jorge*, 1993 WL 625738; 22 UCC.2d 719 (N.Y.Civ.Ct. 1993)

284 *Miron v. Yonkers Raceway, Inc.*, 400 F.2d 112; 5 UCC 673 (2d Cir.1968); dazu Priest, Harvard Law Review 91 (1978), S. 960 (988): Der Handelsbrauch verlangt eine sofortige Untersuchung, da ein gebrochenes Bein bei einem Rennpferd leicht festgestellt werden kann. Die kurze Frist soll vermeiden, dass nachträgliche Unfälle als angebliche Mängel der Ware ausgegeben werden.

285 *DiDomenico Packaging Corp. v. Nails Again, Inc.*, 139 Misc.2d 525; 527 N.Y.S.2d 676; 6 UCC.2d 119 (1988)

286 *Jacob Hartz Seed Co. v. Coleman*, 271 Ark. 756; 612 S.W.2d 91; 30 UCC 944 (1981)

287 *Dubrofsky v. Messer*, 1981 Mass.App.Div. 55; 31 UCC 907 (1981); vgl. Priest, HLR 1978, S. 960 (984)

leicht und schnell entdeckt werden. Für alle Mängel, die erst später entdeckt werden, gilt tatsächlich die Regel des *material breach.*[288]

e) Veränderung, Verkauf und Verwendung der Sache

Der Widerruf der Annahme ist ausgeschlossen, wenn sich der Zustand der Waren wesentlich verschlechtert, ohne dass dies auf den Mangel selbst zurückzuführen ist (§ 2-608 (2) UCC).[289] Beispiele für eine wesentliche Verschlechterung sind das Zerschneiden eines Stoffes[290], die Verarbeitung von Stahl zu Einzelteilen[291] und das Verstricken eines Garns[292].

Der Käufer verliert sein Rückgaberecht auch dadurch, dass er mit den Waren im Widerspruch zu den Rechten des Verkäufers verfährt (§ 2-606 (1c) UCC).[293] Es sind alle Handlungen gemeint, die mit der Tatsache in Widerspruch stehen, dass nach Rückgabe der Verkäufer wieder Eigentümer der Sache sein soll. Hierunter fallen Weiterveräußerung[294], Weiterverarbeitung[295] und jede weitere Handlung, mit welcher der Käufer trotz des erkannten Mangels seinen Herrschaftsanspruch bezüglich der Sache zum Ausdruck bringt (*act of dominion*[296]),

---

288 The buyer „will be able to reject at will only tenders nonconforming on their face": Ellen A. Peters, 73 Yale Law Journal 1963, S. 199 (209); Williston on Sales, vol. 2, § 16-6, S. 442

289 White & Summers, vol. 1, § 8-4, S. 461; Official Comment Nr.6 zu § 2-608: „Under subsection (6) the prior policy is continued of seeking substantial justice in regard to the condition of goods restored to the seller. Thus the buyer may not revoke his acceptance if the goods have materially deteriorated except by reason of their own defects.[…]"

290 *Trinkle v. Schuhmacher Co.*, 100 Wis.2d 13; 301 N.W.2d 255; 31 UCC 39 (App. 1980)

291 *Intervale Steel Corp. v. Borg & Beck Div., Borg-Warner Corp.*, 578 F.Supp. 1081; 38 UCC 805 (E.D.Mich. 1984)

292 *Calvert Knit Corp. v. Glendale Textiles, Inc.*, 1987 WL 257439; 2 UCC.2d 585 (N.Y.Sup. 1987)

293 § 2-606 (1c) UCC: „Acceptance occurs when the buyer [...] does any act inconsistent with the seller's ownership [...]"; Official Comment Nr. 4 zu § 2-606: „Under paragraph (c), any action taken by the buyer, which is inconsistent with his claim that he has rejected the goods, constitutes an acceptance. […]"

294 *Industria De Calcados Martini Ltda v. Maxwell Shoe Co.*, 36 Mass. App. Ct. 268; 630 N.E.2d 299; 23 UCC.2d 89 (1994); Anderson, vol. 4, § 2-606:24, S. 107; *Borges v. Magic Valley Foods, Inc.*, 101 Idaho 494; 616 P.2d 273; 29 UCC 1282 (1980): Hier hatte der Käufer schadhafte Kartoffeln entgegen dem Willen des Verkäufers zu Flocken verarbeitet und weiterverkauft.

295 Anderson vol. 4, § 2-606:31 f., S. 112 f.

296 *Lang v. Fleet*, 22 Pa.D & C.2d 361; affd. 193 Pa Super 365; 165 A.2d 258

z. B. wenn er sich als Eigentümer geriert.[297] Auch die Weiterverwendung der Ware kann einen solchen Beherrschungswillen ausdrücken.[298] So wurde als Annahme gesehen, dass ein LKW mit defektem Gaszug und übermäßigem Ölverbrauch noch für mehrere Monate weiterbenutzt[299], oder dass ein defekter PKW in fünf Monaten 3.000 Meilen gefahren wurde.[300] Die Verwendung der Ware über das Maß hinaus, das notwendig ist, um den Fehler der Sache zu erkennen, wird als unwiderrufliche Annahme gesehen (§ 2-608 (4) UCC)[301]. Der Gebrauch der Ware bis zur Entdeckung des Fehlers schließt die Rückgabe hingegen nicht aus[302], ebenso wenig der Gebrauch in der Erwartung einer Nachbesserung.[303]

f) Spezielle Rügepflicht für Rückgabe; Ausschluss durch Zeitablauf

§ 2-605 UCC verlangt eine spezielle, besonders detaillierte und zeitige Rüge als Voraussetzung für die sofortige Ablehnung oder den Widerruf der Annahme. Wird die Rüge nicht ausreichend substantiiert, entfällt das Recht, wegen des Mangels die Ware zurückzugeben. Aufgrund des § 2-608 (2) UCC muss ein Fehler gerügt werden, sobald er mit zumutbarem Aufwand erkannt werden kann. Es kommt also nicht auf das tatsächliche Entdecken des Fehlers an, sondern vielmehr auf die Zeit, die ein sorgfältiger Durchschnittskäufer gebraucht hätte, um den Mangel zu entdecken. Ist diese Zeit abgelaufen, so ist die Rückgabe ausgeschlossen. Dies begründet eine strenge Beschneidung des Rückgaberechts auf eine Zeit, die deutlich unterhalb der gesetzlichen Verjährung liegt.[304] So wurde eine Expertenuntersuchung eines Flugzeuges, die „erst" vier Monate nach der Lieferung begonnen und erst neun Monate nach der Lieferung zum Widerruf der

---

297 *Ingle v. Marked Tree Equipment Co.*, 244 Ark. 1166; 428 SW.2d 286; *Grucella v. General Motors Corp.*, 10 Pa.D & C.2d 65

298 Anderson, vol. 4, § 2-606:27, S. 108; White & Summers, vol.1, § 8-3, S. 451

299 *Hudspeth Motors, Inc. v Wilkinson*, 238 Ark 410; 382 SW.2d 191

300 *Green Chevrolet Co. v Kemp*, 241 Ark 62; 406 SW.2d 142

301 Anderson, vol. 4, § 2-606:27 – 30, S. 108 f.; vol. 4, § 2-608:44, S. 204; White & Summers, vol. 1 § 8-4, S. 463; *McCullogh v. Bill Swad Chrysler-Plymouth, Inc.*, 5 Ohio St.3d 181; 449 N.E.2d 1289; 36 UCC 513 (1983)

302 Anderson, vol. 4, § 2-608:44, S. 204; *Rozmus v. Thompson's Lincoln-Mercury Co.*, 209 Pa Super 120; 224 A.2d 782

303 White & Summers, vol. 1, § 8-3, S. 461; *Smith v. Navistar Int'l Transp. Corp.*, 714 F.Supp. 303; 10 UCC.2d 790 (N.D.Ill. 1989)

304 Nach § 2-725 UCC vier Jahre ab der Vertragsverletzung und maximal ein Jahr, nachdem der Mangel entdeckt wurde oder hätte entdeckt werden müssen; White & Summers, vol. 1, § 8-4, S. 460 f.

Annahme geführt hatte, als verspätete Rüge abgewiesen.[305] Elf Monate waren bei Pflanzenzüchtungen zu lang[306], ein Jahr bei einem Felsenbrecher.[307]

g) Art und Weise der Erfüllung: Ersatzleistung und Versendungskauf

§ 2-614 UCC gibt dem Käufer das Recht, eine Ersatzleistung anzubieten, wenn ihm die eigentlich geschuldete Art und Weise der Erfüllung wirtschaftlich unmöglich geworden ist, jedoch ein gleichwertiger Ersatz gefunden werden kann.[308] Zudem darf bei einem Versendungskauf die Ware aufgrund der fehlerhaften Versendung nur bei einem wesentlichen Fehler zurückgewiesen werden: § 2-504 UCC. Die beiden Regeln beschränken den Umfang der *perfect tender rul*e auf den Zustand der Ware selbst, während für die Art und Weise der Leistung nicht jede Abweichung zur Ablehnung führen kann.[309]

h) Handelsbräuche und Garantiehaftung (warranties)

In § 2-314 (1) UCC wird festgelegt, dass der Verkäufer stets Waren schuldet, die im allgemeinen Handel ohne weitere Beanstandungen verkauft werden könnten. Das ist die gesetzlich vermutete Handelbarkeit der Waren (*merchantability*). Während früher im amerikanischen Recht die Tendenz dazu bestand, sämtliche Leistungspflichten der *perfect tender rule* zu unterstellen, macht Absatz § 2-314 (3) UCC nunmehr deutlich, dass andere Vertragspflichten als die Handelbarkeit ohne ausdrückliche Vereinbarung nur dann eine absolute Haftung auslösen (als *warranties*), wenn Handelsbräuche oder die bisherige Praxis der Vertragsparteien die perfekte Erfüllung auch tatsächlich verlangen.[310] Darin liegt eine wesentliche Beschränkung der *perfect tender rule*, denn im Handel wird man nicht so häufig eine perfekte Erfüllung versprechen.[311] Das Gesetz verzichtet nun auf

---

305 *Euroworld, Inc. v. Blakey*, 613 F.Supp. 129; 41 UCC 403 (S.D.Fla. 1985); affd. 794 F.2d 686 (11th Cir.1986)

306 *Oda Nursery, Inc. v. Garcia Tree & Lawn, Inc.*, 103 N.M. 438; 708 P.2d 1039; 42 UCC 163 (1985)

307 *In re Bob Rigby, Inc.*, 62 B.R. 900; 3 UCC.2d 954 (Bankr.M.D.Fla. 1986)

308 Vgl. zu §§ 2-614 und 2-504 UCC Priest, Harvard Law Review 1978, S. 960 (972)

309 Williston on Sales, vol. 2, § 16-6, S. 442

310 § 2-314 UCC: „(1) Unless excluded […], a warranty that the goods shall be merchantable is implied in a contract for their sale if the seller is a merchant with respect to goods of that kind. […] (3) Unless excluded […] other implied warranties may arise from course of dealing or usage of trade.“

311 Williston, vol. 2, § 16-6, S. 440 f.: „The Code, by taking notice of commercial practices, creates a substantial breach, if not a total destruction, in the previously impenetrable wall of the requirement of perfect tender.“; Official Comment Nr.2 zu

die Vermutung der Garantiehaftung, die einst überhaupt erst zur Entstehung der perfekten Erfüllungspflicht geführt hatte. Bei der Verletzung anderer Pflichten als der Lieferung ausreichender Qualität (und anderer Hauptleistungspflichten) wird deshalb die Rückgabe regelmäßig nur möglich sein, wenn nach den allgemeinen Regeln eine „wesentliche" Vertragsverletzung vorliegt.

i) Pflicht des Käufers zur Hilfe bei der Verwertung der Kaufsache

Schließlich gibt es im UCC noch die Pflicht des Käufers, nach Ablehnung der Ware dem Verkäufer zu helfen, die abgelehnte Ware möglichst kostensparend zu verwerten. Diese Pflicht schränkt zwar nicht die Rückgabe ein, verringert aber die Gefahr ineffizient hoher Folgekosten durch die Rückgabe, die ja daher rührt, dass der Verkäufer die Ware u. U. nicht gut verwerten kann, insbesondere weil ihm die Mittel fehlen, die Ware gleich am Ort der Ablehnung weiterzuverkaufen. Für eine kostensparende Verwertung ist die Kooperation des Käufers unbedingt nötig, denn er hat die Waren in seinem Besitz und kann über sie physisch verfügen. Verstößt der Käufer gegen seine nachvertraglichen Treuepflichten, fallen ihm die Kosten zur Last, die hätten erspart werden können. Die Kosten der Kooperation werden dem Käufer im Rahmen des Schadensersatzes für die Leistungsstörung ersetzt.

§ 2-603 UCC. Merchant Buyer's Duties as to Rejected Goods. "(1) [...] if the seller has no agent or place of business at the market of rejection, a merchant buyer is under a duty after rejection[312] of goods in the buyer's possession or control to follow any reasonable instructions received from the seller with respect to the goods and in the absence of such instructions to make reasonable efforts to sell them for the seller's account if they are perishable or threaten to decline in value speedily. In the case of a rightful rejection, instructions are not reasonable if on demand indemnity for expenses is not forthcoming."[313]

---

§ 2-106: „Moreover usage of trade frequently permits commercial leeways in performance and the language of the agreement itself must be read in the light of such custom or usage and also, prior course of dealing, and in a along term contract, the course of performance."

312 Wegen § 2-608 (3) UCC auch nach revocation of acceptance

313 Der gewöhnliche Käufer muss nach § 2-602 (2b) UCC die Ware nur aufbewahren und zur Abholung bereithalten.

5. Zusammenfassung

a) Die Einschränkungen der perfect tender rule

Auf den ersten Blick ist die Besonderheit des Kaufrechts im UCC, dass Schadensersatz und Rückgabe aufgrund der *perfect tender rule* unbeschränkt zugelassen werden. Auf den zweiten Blick sieht man, dass diese Kombination als unverhältnismäßig empfunden wird und deshalb vielen Einschränkungen unterliegt[314]: Nur die sofortige Ablehnung offensichtlicher Mängel, meist beschränkt auf Mängel der Ware selbst, unterliegen der *perfect tender rule* – unter völligem Ausschluss aller (weit verstandenen) Ratenlieferungen. Selbst in diesen Fällen bewirkt das Missbrauchsverbot den Ausschluss der Ablehnung bei unerheblichen Mängeln. Außerdem darf stets nachgebessert werden. In den übrigen Fällen, d. h. bei allen Ratenlieferungen, versteckten Mängeln, Fehlern in der Art und Weise der Leistung oder sonstigen Nebenpflichtverletzungen, gilt die Regel, dass nur ein wesentlicher Vertragsbruch (*material breach*) zur Rückgabe berechtigt. Es bestehen strenge Rügepflichten, die speziell die Rückgabe einschränken. Zudem muss die Rückgabe innerhalb der Zeit geschehen, die notwendig ist, um den Mangel zu entdecken. Sie wird außerdem durch eine wesentliche Verschlechterung sowie Verkauf, Verarbeitung und Weiterbenutzung des Gegenstandes ausgeschlossen. Zuletzt wird der Schadensersatz gekürzt, wenn der Käufer nach Rückgabe dem Verkäufer nicht hilft, die Waren kostengünstig zu verwerten.

b) Befreiung und Rückgabe

Übersetzt man die vorhandenen Einschränkungen für die Kombination von Schadensersatz und Rücktritt in die Unterscheidung von Befreiung und Rückgabe, so ergibt sich ein ähnliches Bild wie für das englische Recht und das CISG. Die Kombination von Befreiung und (kleinem) Schadensersatz wird auch im amerikanischen Recht bei Nichterfüllung durch die Pflicht zur Nachfristsetzung beschränkt, die dem Schuldner eine angemessene Zeit zur Erfüllung geben soll.[315] Bei Schlechtlieferung muss der Käufer wie im CISG eine zumutbare Frist für die Nachbesserung (*cure*) gewähren, bevor er weitere Erfüllungsangebote ablehnen kann. Die Gewähr von Rückgabe und (großem) Schadensersatz unterliegt den vielfältigen Einschränkungen der *perfect tender rule*. Die Verletzung der Pflicht zur perfekten Vertragserfüllung löst zunächst einen Schadensersatzan-

314 Dazu schon Ernst Rabel, Der Warenkauf, Band II, S. 241 f. und Fn. 79: „subtile Mittel" zur Einschränkung

315 § 2-309 (3) UCC, s. o. C.III.3.aa

spruch aus. Ein zusätzliches Rückgaberecht wird nur unter zusätzlichen Voraussetzungen gewährt. Die wichtigste Voraussetzung ist, dass – außer bei sofortiger Zurückweisung offensichtlicher (Haupt-)Mängel der Ware – eine wesentliche Vertragsverletzung vorliegen muss (*material breach*). Bei der Bestimmung der „Wesentlichkeit“ werden die Vorteile des Käufers mit den Verlusten des Verkäufers aufgrund der Rückgabe abgewogen, so dass im Endeffekt die unverhältnismäßige Belastung des Schuldners eine Rückgabe ausschließt.

IV. Rücktritt und Schadensersatz im Nieuw Burgerlijk Wetboek

Im niederländischen Recht stehen dem Käufer bei Leistungsstörungen[316]die Rechtsbehelfe des allgemeinen Schuldrechts zur Verfügung (Art. 7:22 NBW)[317]: Schadensersatz für Verzug und Pflichtverletzungen[318], Schadensersatz statt der Leistung[319], Vertragsaufhebung[320] und Schadensersatz statt der ganzen Leistung[321].[322] Das besondere Gewährleistungsrecht ergänzt diese Rechtsbehelfe um Ansprüche des Käufers auf Nacherfüllung[323], eine recht strenge Rügeobliegenheit[324] (die darauf abstellt, wann ein Fehler hätte entdeckt werden müssen) sowie Sonderregeln für den Verbraucherkauf[325], welche die parallele Produkthaftung[326] einschränken und dem Verkäufer das Recht geben, anstelle der Ersatzlieferung einer neuen Kaufsache „nur“ die Wandlung zu wählen (Rückabwicklung).[327]

Dreh- und Angelpunkt für das gesamte Leistungsstörungsrecht ist die Schadensersatzpflicht des Schuldners für zurechenbare Vertragsverletzungen (*wanprestatie*). Sie entsteht entweder, wenn eine Pflicht endgültig nicht mehr erfüllt

316 Buch 7 (Besondere Verträge), Titel 1 (Kauf und Tausch), Abschnitt 1 (Besondere Folgen der Nichterfüllung der Pflichten des Verkäufers)

317 Nach Buch 6 (Allgemeiner Teil des Schuldrechts)

318 Buch 6, Artikel 74 = Art. 6:74 NBW

319 Art. 6:87 NBW

320 Art. 6:265 NBW

321 Art. 6:277 NBW

322 Übersicht bei Mincke, Einführung in das niederländische Recht, Rn. 242 ff. und 257 ff.; Einführung bei Nieper & Westerdijk, Buch 6, 7 und 7a, Niederländisches Bürgerliches Gesetzbuch, Seite XXI f. und XXVI f.

323 Art. 7:20 und 7:21 NBW

324 Art. 7:23 NBW

325 Consumentenkoop, Art 7:24 und Art.7:23 (2) NBW

326 Buch 6, Titel 3 (Unerlaubte Handlung), Abschnitt 3 (Produkthaftung); Art. 7:24 NBW

327 Art. 7:23 (2) NBW

werden kann oder wenn der Schuldner bei noch möglichen Leistungen in Verzug gerät – in der Regel durch schriftliche Mahnung mit Nachfrist.

Art. 6:74 NBW[328] „(1) Jede Pflichtverletzung bei der Erfüllung einer Verbindlichkeit verpflichtet den Schuldner, den Schaden, den der Gläubiger durch sie erleidet, zu ersetzen, es sei denn, dass die Pflichtverletzung dem Schuldner nicht zugerechnet werden kann. (2) Soweit die Erfüllung nicht bereits dauerhaft unmöglich ist, findet Absatz 1 nur Anwendung unter Beachtung der Bestimmungen über den Schuldnerverzug [...].“

Art. 6:82 NBW[329] „(1) Der Verzug tritt ein, wenn der Schuldner durch eine schriftliche Mahnung in Verzug gesetzt wird, durch die ihm eine angemessene Frist zur Erfüllung gesetzt wird, und die Erfüllung innerhalb dieser Frist ausbleibt. [...]“

1. Rücktritt und Schadensersatz

Die Kombination von Rücktritt und Schadensersatz ist im niederländischen Recht unterteilt in die Frage nach der Umwandlung einer Primärpflicht in den Nichterfüllungsschaden und die Frage nach dem Recht zur Vertragsaufhebung.

a) Umwandlung nach Art. 6:87 NBW: Befreiung und Schadensersatz

Der Schadensersatz statt der Leistung wird geschuldet, wenn die Erfüllung einer Pflicht (zurechenbar) unmöglich geworden ist, Art. 6:74 (2) NBW. Wenn die Pflicht noch erfüllbar ist und der Schuldner sich nach einer Mahnung mit seiner Leistung im Verzug befindet (Art. 6:82 NBW), kann der Gläubiger die noch ausstehende Primärpflicht in einen Anspruch auf Schadensersatz statt der Leistung „umwandeln“:

Art. 6:87 NBW „(1) Soweit die Erfüllung nicht bereits dauerhaft unmöglich ist, wird die Verbindlichkeit in eine an ihre Stelle tretende Verbindlichkeit zum Schadensersatz umgewandelt, wenn der Schuldner im Verzug ist und der Gläubiger ihm schriftlich mitteilt, dass er Schadensersatz anstelle der Erfüllung verlangt. (2) Es findet keine Umwandlung statt, die durch eine Pflichtverletzung von untergeordneter Bedeutung nicht gerechtfertigt ist.“

Dies entspricht § 281 I 1 BGB, der bei Nichterfüllung einer noch möglichen Leistung dem Gläubiger nach erfolgloser Nachfrist das Recht gibt, seine Pflicht

---

328 Buch 6, Artikel 74; alle Übersetzungen nach Nieper & Westerdijk, Buch 6, 7 und 7a, Niederländisches Bürgerliches Gesetzbuch

329 Art. 6:83 NBW beschreibt, wann eine Mahnung entfallen kann, so zum Beispiel bei Verstreichen einer für die Erfüllung festgesetzten Frist. Art. 6:83 NBW ist vergleichbar mit § 286 II BGB.

zur Annahme zu vernichten und stattdessen den Nichterfüllungsschaden zu verlangen. Art. 6:87 NBW regelt also das Recht des Gläubigers, sich von noch ausstehenden Vertragspflichten (*executory duties*[330]) zu befreien und den (kleinen) Schadensersatz zu verlangen. Die Funktion der Nachfrist übernimmt im niederländischen Recht die Mahnung (*ingebrekstelling*), die gemäß Art. 6:82 NBW eine angemessene Nachfrist für die Erfüllung geben muss (*redelijk termijn vor de nakoming*). Die Mahnung darf wie in § 281 II BGB bei Erfüllungsverweigerung und bei sonstiger Unzumutbarkeit entfallen, Art. 6:83 NBW.

b) Vertragsaufhebung (ontbinding) und (großer) Schadensersatz

Anstatt nur einzelne, unerfüllte Pflichten in Nichterfüllungsschaden „umzuwandeln", kann der Gläubiger auch den ganzen Vertrag beenden, wenn eine Pflichtverletzung vorliegt, die eine solche Auflösung des Vertrages „rechtfertigt":

> **Art. 6:265 NBW** „(1) Jede Pflichtverletzung einer Partei bei der Erfüllung einer ihrer Verbindlichkeiten gibt der anderen Partei das Recht, den Vertrag ganz oder teilweise aufzulösen, es sei denn, dass die Pflichtverletzung, unter Beachtung ihrer besonderen Art oder geringen Bedeutung, diese Auflösung mit ihren Folgen nicht rechtfertigt. (2) Soweit die Erfüllung nicht dauerhaft oder zeitweilig unmöglich ist, entsteht das Recht zur Auflösung nur, wenn der Schuldner im Verzug ist."

Der Gläubiger hat auch das Recht, den Vertrag nur teilweise aufzuheben, Art. 6:270 NBW. Die Vertragsaufhebung (*ontbinding*) löst wie im deutschen „Rücktritt" ein Rückabwicklungsschuldverhältnis aus, Art 6:271 NBW. Wenn die Pflichtverletzung dem Schuldner zugerechnet werden kann, haftet er zusätzlich auf den vollen Nichterfüllungsschaden anstelle der ausbleibenden Leistungen:

> **Art. 6:277 NBW** „(1) Wird ein Vertrag ganz oder teilweise aufgelöst, dann ist die Partei, deren Pflichtverletzung einen Grund zur Auflösung gegeben hat, verpflichtet, der anderen Partei den Schaden zu ersetzen, den diese dadurch erleidet, dass keine gegenseitige Erfüllung, sondern die Auflösung des Vertrages stattfindet. (2) Wenn die Pflichtverletzung dem Schuldner nicht zugerechnet werden kann, findet der vorige Absatz nur innerhalb der Grenzen der Bestimmung von Artikel 78[331] Anwendung."

Wenn noch keine Leistungen geflossen sind, ist das Ergebnis von Vertragsaufhebung und Umwandlung gleich: Der Gläubiger wird vom Vertrag befreit und kann den Schadensersatz anstelle der (endgültig ausbleibenden) Leistung verlan-

---

330 S. o. zum US-Recht C.III.3.a; Bradford Stone, S. 122

331 Art. 6:78 NBW, Herausgabe eines Vorteils aufgrund der Nicht- oder Schlechterfüllung; vergleichbar mit § 285 BGB

gen. Ein Unterschied ergibt sich erst, wenn bereits Leistungen geflossen sind. Diese können aufgrund der Umwandlung nach Art. 6:87 NBW nicht zurückgeben werden[332], jedoch nach der Aufhebung gemäß Art. 6:265 NBW im Rahmen der Rückabwicklung. Wenn also bereits Leistungen geflossen sind, dann stellt nur Art. 6:265 NBW den Rechtsbehelf der Kombination von Rückgabe und (großem) Schadensersatz zur Verfügung.

2. Schranken für Befreiung (durch Umwandlung) und Rückgabe (durch Aufhebung)

Sowohl die Umwandlung als auch die Vertragsaufhebung werden nur beschränkt gewährt: In Art. 6:265 (1) NBW wird die Vertragsaufhebung verwehrt, wenn „die Pflichtverletzung, unter Beachtung ihrer besonderen Art oder geringen Bedeutung, diese Auflösung mit ihren Folgen nicht rechtfertigt.“ Laut Art. 6:87 NBW „findet keine Umwandlung statt, die durch eine Pflichtverletzung von untergeordneter Bedeutung nicht gerechtfertigt ist.“ Die Schranken folgen der gleichen Logik: Grundsätzlich wird die Kombination gewährt, es sei denn, die negativen Folgen für den Verkäufer können nicht mehr durch die Vorteile für den Käufer „gerechtfertigt“ werden.[333] In der Kommentarliteratur spielt die Beschränkung des Art. 6:87 NBW nur eine untergeordnete Rolle. Das liegt daran, dass die Umwandlung nur Befreiung und kleinen Schadensersatz ermöglicht. Die Vertragsaufhebung hingegen ermöglicht Rückgabe und großen Schadensersatz und hat somit für den Schuldner einschneidendere Folgen.[334] Die Schranken der Vertragsaufhebung werden dementsprechend in Literatur und Rechtsprechung viel diskutiert.[335]

Schon unter dem alten Recht, das keine ausdrückliche Beschränkung vorgesehen hatte (Art. 1302 BW oud), war anerkannt, dass unerhebliche Vertragsverletzungen die Vertragsauflösung nicht rechtfertigen[336]:

---

332 Asser-Hijma, Bijzondere Overeenkomsten, Deel I, Koop en Ruil, Nr. 440, S. 384

333 Zum Interesse der vertragsbrüchigen Partei (te kort schietende partij): Hartlief, Kluwer Verbintenissenrecht IV, Art. 265 aant. 10

334 Wissink, Kluwer Verbintenissenrecht, vol. 1, Art. 87 aant. 20; Parlamentarische Beratung, Beitrag von Toelichting Meijers (T. M.), S. 302, S. 1012; Olthof in Niewehnhuis, Art. 6: 87 Rn. 5; Asser-Hartkamp, Verbintenissenrecht, Deel I, Nr. 377, S 298

335 Hartlief, Kluwer Verbintenissenrecht, vol. 4, Art. 265 aant. 7 (Geringe Betekenis en bijzondere aard van de tekortkoming)

336 Hooge Rad vom 11.06.1982, NJ 1983, S. 695; Hoge Raad vom 10.08.1992, NJ 1992, S. 715

Hooge Rad 24 december 1993, NJ 1994, 317

„Dat de wanprestatie zo weinig ernstig van aard of betekenis is dat de rechter daarin anleiding kann vinden de vordering tot ontbondenverklaring af te weisen, is een uitzondering op de regel dat wanprestatie ontbondenverklaring wettigt, op welke uitzondering de in gebreke zijnde schuldnenaar zich voldoende gemotiveerd moet beroepen (vg. HR 25. juni 1971, 398)."[337] (Eigene Übersetzung:) „Dass eine Schlechtleistung so wenig schwerwiegend in ihrer Art oder Bedeutung ist, dass der Richter hierin einen Grund sehen kann, die Forderung nach einer Vertragsaufhebung zurückzuweisen, ist eine Ausnahme, auf die sich der vertragsbrüchige Schuldner mit ausführlicher Begründung berufen muss, zu der Regel, dass eine Schlechtleistung die Vertragsauflösung rechtfertigt (vgl. Hoher Rat vom 25. Juni 1971, 389)."

Diese Regel ist samt der Tatsache, dass der Schuldner für die Voraussetzungen der Ausnahme die Darlegungslast trägt[338], in den neuen Art. 6:265 NBW übernommen worden.[339] Allerdings soll die konkrete Formulierung des Gesetzestextes deutlich machen, dass neben einem rein quantitativen Kriterium (schwerwiegende Schlechtleistung) auch die besondere Art der Verpflichtung und insbesondere „außergewöhnlich schwerwiegende Folgen"[340] für den Schuldner auf die Frage Einfluss haben, ob die Vertragsverletzung die Auflösung rechtfertigen kann.[341] Diese ausdrückliche Verankerung und Bestärkung der Schranke des Aufhebungsrechts hat eine intensive Diskussion darüber ausgelöst, wie stark die Vertragsauflösung nach dem neuen Recht eingeschränkt werden muss. Insbesondere **Hartlief**[342] und **Bakels**[343] vertreten eine weitreichende Einschränkung des Aufhebungsrechts und weisen darauf hin, dass eine Einschränkung der Vertragsaufhebung unter Art. 6:265 NBW (Rückgabe plus großer Schadensersatz) dem Gläubiger immer noch die Umwandlung unter Art. 2:87 NBW beließe (also

---

337 Eigene Übersetzung

338 Man beachte die Formulierung des Art. 6:265 NBW: „es sei denn, dass die Pflichtverletzung, unter Beachtung ihrer besonderen Art oder geringen Bedeutung, diese Auflösung mit ihren Folgen nicht rechtfertigt"; Asser-Hijma, S. 424 Nr. 498, Bijzondere Overeenkomsten, Deel I; Asser-Hartkamp, Verbintenissenrecht, Deel II, Nr. 516, S. 542 f.

339 Hartlief, Kluwer Verbintenissenrecht, vol. 4, Art. 265-41 aant. 7; Parlamentarische Beratung, Beitrag von T. M., S. 1005

340 „Uitzonderlijk ingrijpende gevolgen" oder „buitegewoon ingrijpende gevolgen": Parlamentarische Beratung, Beitrag von T. M., S. 1005 mit Verweis auf Hooge Rad, Januar 1959, NJ 1960, S. 46

341 Hartlief, Kluwer Verbintenissenrecht, vol. 4, Art. 265-41 aant. 7 sowie aant. 10

342 Dissertation „Ontbinding. Over ongedaanmaking, bevrijding en rechterlijke bevoegheden bij ontbinding wegens wanprestatie"; auch in Kluwer Verbintenissenrecht, Art. 265 aant. 11 (Kritiek op het Recht op ontbinding)

343 F.B. Bakels Disssertation „Ontbinding van wederkerige overeenkommsten"

Befreiung plus kleinen Schadensersatz).[344] Sie fordern als Regel ein, dass der am meisten eingreifende Rechtsbehelf der Vertragsaufhebung nur dann gerechtfertigt ist, wenn dem Gläubiger keine weniger schädigenden Mittel zur Verfügung stehen.[345] Auch wird vorgeschlagen, Hauptpflichten, die grundsätzlich eine Vertragsaufhebung rechtfertigen können, von Nebenpflichten zu unterscheiden, die nur dann den Rücktritt rechtfertigen, wenn das objektive Interesse des Gläubigers an der Vertragsauflösung schwerer wiegt als das Interesse des Schuldners an der Fortsetzung des Vertrages.[346]

Der Hohe Rat hat bisher am Gesetzeswortlaut festgehalten und bestätigt, dass auch weiterhin der Schuldner die besonderen Umstände vortragen muss, die dazu führen, dass die Aufhebung nicht zu rechtfertigen ist.[347] Dies bedeutet allerdings nicht, dass die Interessen des Schuldners nicht zu berücksichtigen sind, sondern lediglich, dass er hierfür die Darlegungs- und Beweislast trägt.[348] Vielmehr ist inzwischen allgemein anerkannt, dass die Belastungen des Schuldners für das Rücktrittsrecht eine wesentliche Rolle spielen[349] und dass im Einzelfall abgewogen werden muss.[350] Die stetig lauter werdende Kritik in der Literatur fordert vom Hohen Rat ein, seinen Standpunkt zu überdenken und das Rückrittsrecht

---

344 Asser Hartkamp, Verbintenissenrecht, Deel II, Nr. 516, S. 542 f.; Olthof in Niewehnhuis, Art. 6: 265 Rn. 4; Damit fordern sie indirekt eine Beschränkung der Rückgabe ein, denn die Befreiung bliebe weitgehend unbeschränkt.

345 Hartlief, Dissertation S. 87 ff., 204 ff.; Asser-Hijma, S. 423 Nr. 497, Bijzondere Overeenkomsten, Deel I; Bei Asser-Hartkamp, Verbintenissenrecht, Deel II, Nr. 516, S. 542 f., finden sich weitere Hinweise auf Kommentatoren, die mit Hartlief diesen Standpunkt vertreten.; Hierbei ist anzumerken, dass die Vertragsauflösung deshalb ein so einschneidendes Recht darstellt, weil sie als Totalrecht mit dem vollen Schadensersatz kombiniert werden kann. Als weniger schädigendes Mittel reicht der isolierte Schadensersatz, solange er den Gläubiger ausreichend entschädigt. Die Vertragsaufhebung wäre auf die Fälle beschränkt, in denen der alleinige (kleine) Schadensersatz nicht ausreicht, was eine weitreichende Beschränkung darstellte.; vgl. van Kooten, EP & Dutch Law, S. 366

346 Asser-Hartkamp, Verbintenissenrecht, Deel II, Nr. 516, S. 542 f.; so auch Mincke S. 123, Rn. 251

347 Hooge Rad vom 24.11.1995; 27.11.1998; 22.10.1999, NJ 1999, S. 159; 04.02.2000, NJ 2000, S. 562

348 Asser-Hijma, S. 424 Nr. 498, Bijzondere Overeenkomsten I; Asser-Hartkamp, Verbintenissenrecht, Deel II, Nr. 516, S. 542 f.; van Kooten, EP & Dutch Law, S. 365 (367)

349 Hartlief, Kluwer Verbintenissenrecht, vol. 4, Art. 265, aant. 10

350 Asser-Hijma, S. 423 Nr. 496, Bijzondere Overeenkomsten, Deel I; Bakels a.a.O., S. 227; Hooge Rad vom 04.02.2000, NJ 2000, S. 562

ausdrücklich auf die Verletzung wesentlicher, grundlegender Vertragspflichten einzuschränken.[351]

In der bisherigen Rechtsprechung wurde die Aufhebung von den Gerichten tatsächlich verweigert, u. a. bei: geringfügiger Schlechtleistung, geringer Verzögerung, Verletzung von Nebenbedingungen und Nebenpflichten, wenn der Schuldner bisher immer seinen Verpflichtungen nachgekommen ist, wenn der Schuldner zur Vorbeugung der Leistungsstörung alles in seiner Macht Stehende getan hat, wenn der Schuldner in Treu und Glauben gehandelt hat, wenn nachgebessert wurde oder dies weiterhin angeboten wird, wenn der Gläubiger die Versäumnis leicht beheben kann, wenn der Gläubiger die Auflösung nur aus einem Scheingrund einfordert, wenn der Gläubiger kein (redliches) Interesse an der Auflösung hat oder wenn der Gläubiger keinen Schaden erlitten hat.[352] Diese Auflistung macht deutlich, dass nicht allein das Ausmaß der Schlechtleistung beachtet wird. Auffällig ist insbesondere, dass – wie im amerikanischen Recht – der Scheingrund und die unredlichen Absichten als Abweisungsgrund anerkannt sind, was einer Loslösung aufgrund eines schlechten Geschäftes (*bad bargain*) entgegensteht.

An der Tatsache, dass sich die Diskussion im niederländischen Recht an Art. 6:265 NBW entzündet hat und nicht am Umwandlungsrecht des Art. 6:87 NBW, zeigt sich, dass insbesondere die Kombination von Rückgabe und Schadensersatz als problematisch empfunden wird. Eine stärkere Beschränkung der Vertragsaufhebung unter Art. 6:265 NBW behindert nämlich nur die Rückgabe. Die Tendenz der Rechtspraxis, gezielt die Rückgabe zu beschränken, hat dazu geführt, dass die Voraussetzungen des Art. 6:265 NBW deutlich strenger gehandhabt werden als die des Art. 6:87 NBW: Leistungsstörungen, die zur Umwandlung berechtigen, können nicht automatisch auch die Aufhebung rechtfertigen.[353] So ist es möglich, dass ein Mangel dazu berechtigt, die Nacherfüllungspflicht des Verkäufers[354] in eine Schadensersatzforderung „umzuwandeln" (Schadensersatz statt der Leistung), jedoch nicht dazu, den gesamten Vertrag aufzuheben und die Ware zurückzugeben (Schadensersatz anstatt der ganzen Leistung[355]).[356]

---

351 Hartlief, KluwerVerbintenissenrecht, Art. 265, aant. 11 (Kritiek op het Recht op ontbinding) m.w.N.

352 Hartlief, KluwerVerbintenissenrecht, Art. 265, aant. 7 (265-29 ff.)

353 Olthof in Niewehnhuis, Art. 6:87 Rn. 5

354 Art. 7:20 NBW

355 Art. 6:277 NBW

356 Asser-Hijma, Bijzondere Overeenkomsten. Deel I, Nr. 440, S. 384; Olthof in Niewehnhuis. Art. 6:87, Rn. 5; Asser-Hartkamp, Verbintenissenrecht, Deel I, Nr. 377, S. 299

3. Zusammenfassung

Das niederländische Recht stellt die Kombination von Befreiung und Schadensersatz nach Art. 6:87 NBW eher unbeschränkt zur Verfügung. Art. 6:87 NBW wird im Wesentlichen als Bagatellgrenze gehandhabt. Entscheidende Voraussetzung ist eine schriftliche Mahnung mit Nachfristsetzung.[357] Dies gilt – wie in § 323 I BGB – sowohl bei Nichtlieferung als auch bezüglich der Nachbesserung bei Schlechtleistung. Die Kombination von Rückgabe und Schadensersatz hingegen ist über die Vertragsaufhebung nach Art. 6:265 NBW zugänglich, für die eine deutlich stärkere Beschränkung gilt. Die für den Schuldner negativen Folgen der Vertragsaufhebung müssen durch die Schwere der Vertragsverletzung und die Vorteile des Gläubigers gerechtfertigt werden. Es besteht der Trend, dieses Kriterium streng auszulegen. Von der Rechtsliteratur wird gefordert, die Rückgabe auf die Verletzung wesentlicher Hauptpflichten und auf den Fall zu beschränken, dass dem Gläubiger keine minder eingreifende Alternative zur Verfügung steht.

V. Rücktritt und Schadensersatz im schweizerischen Obligationenrecht

1. Befreiung des Käufers bei Nicht- und Schlechtlieferung

Im schweizerischen Obligationenrecht von 1911 (OR) kann der Gläubiger bei Verzug des Schuldners eine angemessene Nachfrist setzen und nach erfolglosem Ablauf den Nichterfüllungsschaden einfordern, Art. 107 II i.V.m. Art. 97 OR.[358] Die Regelung stimmt mit Art. 49 I b CISG, § 323 BGB und § 326 BGBaF überein. Bei Schlechtlieferung ist das Nachbesserungsrecht des Käufers ausdrücklich in Art. 206 II OR nur für Gattungssachen vorgesehen.[359] Es wird allerdings aufgrund Art. 2 Zivilgesetzbuch (ZGB), in dem Treu und Glauben vorgeschrieben und ein Verbot des Rechtsmissbrauchs ausgesprochen werden, auch für geringere

---

357 Art. 6:82 (1) NBW

358 Die dabei zur Verfügung stehende Wahl zwischen Rücktritt und Schadensersatz beschränkt sich auf die Frage, ob der Gläubiger selbst noch seine Leistung erbringen will. Beim Kaufvertrag, wo die geschuldete Summe ohnehin gegen den Erfüllungsschaden aufgerechnet werden kann, spielt dieses Wahlrecht keine Rolle, genau wie in §326 BGBaF.; Kren-Kostkiewicz, Art. 107, Rn. 10; Wittibschlager, Rn. 534 – 540, S. 160 f.

359 Kren-Kostkiewicz/Reich, Art. 206 Rn. 3; Honsell, Art. 206 Rn. 1 (S. 1157)

Mängel beim Spezieskauf angenommen.[360] Das Nachbesserungsrecht ist durch Art. 206 II OR zeitlich knapp bemessen („sofortige Lieferung"). Die Regel gleicht also grundsätzlich dem CISG, das allerdings eine großzügigere (zumutbare) Nachfrist gewährt. Die Befreiung des Käufers von der Pflicht zur Annahme einer zweiten Andienung tritt nach dem OR schon vergleichsweise früh ein.

2. *Nichterfüllungsschaden bei Wandlung, Art. 208 III OR*

Im Obligationenrecht sind dem Käufer bei Sachmängeln die ädilizischen Rechtsbehelfe gegeben (Wandlung oder Minderung, Art. 205 I OR). Allerdings steht dem Käufer anders als im alten BGB bei Wandlung immer zusätzlich Schadensersatz zu, Art. 208 II, III OR. Liegt ein Verschulden des Verkäufers vor, kann der Käufer wandeln und den Erfüllungsschaden bzw. das positive Interesse ersetzt verlangen, Art. 208 III i.V.m. Art. 97 OR.[361] Die Kombination von Rückgabe und Schadensersatz ist nur ausgeschlossen – wie im CISG, Common Law und dem NBW – wenn die Rückgabe (Wandlung) verwehrt wird.

3. *Einschränkung der Rückgabe (Wandlung)*

Das Wandlungsrecht ist ausgeschlossen, wenn die Sache durch Verschulden des Käufers untergegangen ist oder von diesem veräußert oder umgestaltet worden ist, Art. 207 III OR.[362] Diese Regel ist auch anwendbar, „wenn der Käufer die Kaufsache trotz der von ihm erkannten Mängel der Sache ohne stichhaltigen Grund gebraucht"[363] und damit konkludent genehmigt[364]. Vor allem aber kann das Wandlungsrecht durch den Richter beschränkt werden, wenn es ungerechtfertigt erscheint:

360 Honsell, Art. 205 Rn. 6; Berner Kommentar/Giger, Art. 205 Rn. 43; Bei aliud Lieferungen gilt ohnehin der ursprüngliche Erfüllungsanspruch fort, so dass also auch eine Nachfrist zur Erfüllung besteht – nach den Vorschriften über die Nichtlieferung; Honsell, Art. 206 Rn. 3 m.w.N.

361 BundesgerichtsE 56 II, S. 207; Kren-Kostkiewicz/Reich, Art. 208 Anm. 5; Guhl/Koller, § 42 Rn. 40; Honsell, Art. 208 Rn. 10

362 Honsell ,OR BT, S. 70 (§ 10 VI 4)

363 BundesgerichtsE 105 II 90; Altherr/Brehm/Bühlmann, S. 211, Nr. 1 zu Art. 207 OR; Honsell, Art. 207 OR Rn. 4

364 Keller/Siehr, S. 87; Kren-Kostkiewicz/Reich, Art. 205 Anm. 3

Art. 205 OR [Wandlung oder Minderung] „(2) Auch wenn die Wandelungsklage angestellt worden ist, steht es dem Richter frei, bloß Ersatz des Minderwertes zuzusprechen, sofern die Umstände es nicht rechtfertigen, den Kauf rückgängig zu machen."

Diese Vorschrift enthält das Prinzip, dass der Käufer auf die Minderung beschränkt ist, „wo der Nachteil der Wandlung für den Verkäufer unverhältnismäßig viel größer wäre als der Vorteil für den Käufer"[365]. Das **Schweizerische Bundesgericht** hat hierzu festgestellt[366]: „Ist aber dem Käufer das Aufrechterhalten des Vertrages zumutbar, und sprechen die Interessen des Verkäufers gegen eine Rückabwicklung des Vertrages, ist bloß auf Minderung zu erkennen [...]."[367] Der Richter hat trotz Wandelungsklage bloß auf Minderung zu erkennen, wenn dem Käufer nach Treu und Glauben im Verkehr unter billiger Abwägung der beiderseitigen Interessen zugemutet werden kann, das Kaufobjekt trotz seiner Mängel zu behalten.[368] Anders ausgedrückt ist eine Wandelung nur gerechtfertigt, wenn die Sache für den Käufer unbrauchbar ist[369] oder ihm die Aufrechterhaltung des Vertrages nicht zuzumuten ist.[370] Hierzu noch einmal das Bundesgericht: „Die Wandelung ist z. B. dann gerechtfertigt, wenn der Vertragsgegenstand aufgrund des Mangels unbrauchbar ist, oder wenn die Reparaturkosten bzw. der Minderwert hoch sind und sich der Mangel dennoch nicht gänzlich beseitigen lässt."[371]

365 BundesgerichtsE 94 II, S. 35; so schon Oser/Schönenberger 1936, Art. 205 Rn. 11, S. 863; er führt weiter aus: „Dies trifft zu, wo die Frachtauslagen eine sehr große Rolle spielen (wie im überseeischen Verkehr, Entscheidung des Zürcher Handelsgerichts in Blätter für handelsrechtliche Entscheidungen 16, S. 330), oder wo die Ware auf besondere Bestellung geliefert wurde und andere dafür keine Verwendung hätten."; Berner Kommentar/Giger, Art. 205, Rn. 50; Giger verweist in Rn. 51 außerdem auf Treu und Glauben und darauf, dass sie eine Wandelung als rechtsmissbräuchlich erscheinen lassen können.

366 BundesgerichtsE 124 II, S. 456 (461) (vom 27.8.1998)

367 Dazu ausführlich Dissertation von Hans Henzen „Die Relativierung des Wandelungsanspruchs des Käufers durch den Vorbehalt des richterlichen Ermessens gemäß OR205/II", S. 42 ff.; vgl. Honsell, OR BT, S. 69 f.

368 Keller/Siehr, S. 87; Zeitschrift des Bernischen Juristenvereins 61 (1925), S. 195 f.

369 Oser/Schönenberger, Art. 205 Rn. 9; BundesgerichtsE 23 II, S. 1097 ff.; Berner Kommentar/Giger, Art. 205 Rn. 54

370 Kren-Kostkiewicz/Reich, Art. 205 Anm. 4; Damit wird die Regel im Kaufrecht in der neueren Rechtsprechung des Bundesgerichts der Regelung für den Werkvertrag angenähert: Art. 368 OR (1): „Leidet das Werk an so erheblichen Mängeln oder weicht es so sehr vom Vertrage ab, dass es für den Besteller unbrauchbar ist oder dass ihm die Abnahme billigerweise nicht zugemutet werden kann, so darf er diese verweigern und bei Verschulden des Unternehmers Schadensersatz fordern."

371 BundesgerichtsE 124 II, S. 456 (461) (vom 27.8.1998)

Wandlung ist meistens gerechtfertigt, wenn der Sache wesentliche[372] zugesicherte Eigenschaften fehlen.[373] Ein ungerechtfertigt langes Zuwarten des Käufers nach Entstehung seines Wandlungsrechts führt allerdings zum Verlust des Wandlungsrechts[374]; der Verkäufer kann den Käufer dazu auffordern, sein Recht in angemessener Frist auszuüben.[375] Außerdem ist die Wandlung als rechtsmissbräuchlich abzulehnen, wenn der Käufer damit versucht, einen Preissturz auszunutzen[376] oder die Abwendung ganz anderer Nachteile als den Mangel verfolgt.[377] Zuletzt ist zu beachten, dass dem Verkäufer für Gattungskäufe ein Nachbesserungsrecht zugestanden wird[378] und auch beim Spezieskauf zumindest für leicht behebbare kleinere Mängel ein Nachbesserungsrecht besteht (nach Treu und Glauben, Art. 2 ZGB).[379] Bei der Beurteilung der Frage, ob die Wandlung verhältnismäßig ist, spielt demnach – wie im UN-Kaufrecht durch Art. 48 CISG – auch die mögliche Nachbesserung eine Rolle. Das ist nur konsequent, denn wenn ein Mangel leicht nachgebessert werden kann, ist der viel einschneidendere Rücktritt unverhältnismäßig und nicht zu rechtfertigen.[380]

Die Rückgabe ist also ausgeschlossen, wenn dem Verkäufer durch sie unverhältnismäßige Nachteile entstehen und dem Käufer die Aufrechterhaltung des Vertrages zumutbar ist. Für die Beschränkung der Rückgabe wird unmittelbar auf die Belange des Verkäufers abgestellt. Das ermöglicht den gezielten Ausschluss der Wandlung, wenn sie zu einer ineffizienten Aufblähung der Folgekosten einer Leistungsstörung führt. Der Ausschluss der Wandlung durch Annahme einer konkludenten Genehmigung bei Gebrauch und bei langem Zuwarten hilft zusätzlich, die Spekulation des Käufers bei fallenden Märkten zu verhindern.

---

372 Berner Kommentar/Giger, Art. 205 Rn. 50: Der zweite Absatz bringe das Schweizer Recht der österreichischen „Hauptmängeltheorie" näher (dort § 932 ABGB alte Fassung), d. h. einer Einschränkung auf „wesentliche" Mängel

373 Honsell, Art.205 Rn. 6; Keller/Siehr, S. 88; Oser/Schönenberger, Art. 205 Rn. 12

374 Kren-Kostkiewicz/Reich, Art. 205 Anm. 7, 10

375 Honsell, Art. 205 Rn. 2

376 BundesgerichtsE 23 II, S. 1098 ff.

377 Berner Kommentar/Giger, Art. 205 Rn. 56

378 Honsell, Art. 206, Rn. 1 m.w.N.; Guhl/Koller, S. 390, § 42 Rn. 47; Schweizerische Juristenzeitung 1947, S. 112

379 Honsell, Art. 205 Rn. 6; Berner Kommentar/Giger, Art. 205, Rn. 43

380 Grundsätzlich muss dem Verkäufer eine Nacherfüllung möglich sein, sobald für die Rückgabe eine Verhältnismäßigkeitsprüfung bzw. ein „wesentlicher" oder „nicht geringfügiger" Mangel verlangt wird. Denn dann kann die den Verkäufer weniger belastende Nacherfüllung nur abgewiesen werden, wenn die sofortige Rückgabe durch überwiegende Interessen des Käufers gerechtfertigt ist. Und dies ist nur ausnahmsweise der Fall, wenn der Käufer durch den einfachen Verzug sein Interesse am Vertrag verliert (z. B. beim Fixgeschäft): Dieter Beinert, S. 35

4. Zusammenfassung

Das Schweizer Recht weicht von den bisher besprochenen Rechten kaum ab: Die Kombination von Befreiung und Schadensersatz steht dem Gläubiger bei Nichtlieferung nach Ablauf der von ihm zu setzenden angemessenen Nachfrist zu, bei Schlechtlieferung nach Ablauf der (außergewöhnlich kurzen) Frist für Nachbesserungen. Die Kombination von Rückgabe und Schadensersatz wird deutlich stärker beschränkt. Die Rückgabe wird verwehrt, wenn dem Verkäufer durch sie unverhältnismäßige Nachteile entstehen und dem Käufer eine Aufrechterhaltung des Vertrages zumutbar ist oder wenn zu langes Abwarten oder ein ungerechtfertigter Gebrauch der abgelehnten Sache vorliegen.

VI. Rechtsvergleichung

Die vorgestellten Rechtsordnungen verwenden für die Beschränkung der Kombination von Schadensersatz und Rücktritt ähnliche Kriterien. Die Behandlung von Befreiung und Rückgabe basiert auf gemeinsamen Wertungen. Dieser Konsens spiegelt sich darin wieder, dass die rechtsvereinheitlichenden Forschungen der Unidroit Principles[381] und der Principles of European Contract Law von **Ole Landø** und **Hugh Beale**[382] im Wesentlichen die gleichen Kriterien herausgefiltert haben. In der folgenden Zusammenfassung werden die gemeinsamen Wertungen herausgestellt und mit den Regeln der beiden „Principles" verglichen. Unidroit Principles (UP) und die Principles of European Contract Law (EP) basieren beide auf umfassender Rechtsvergleichung und versuchen, die Grundprinzipien des Vertragsrechts der verschiedenen Rechtsordnungen in Einklang zu bringen. Sie führen damit die Arbeit von **Ernst Rabel** fort, der für das Kaufrecht aufgrund seiner rechtsvergleichenden Studien eine vereinheitlichende Lösung vorschlagen konnte, auf die das Internationale Kaufrecht des CISG zurückgeht. Da CISG, UP und EP auf dem gleichen Ansatz beruhen, verwundert es nicht, dass sie in vielem übereinstimmen.

---

381 Unidroit Principles of international Commercial Contracts, International Institute for the Unification of Private Law, Rome

382 Principles of European Contract Law, Parts I and II, Prepared by the Commission of European Contract Law, Kluwer Law International, The Hague 2000

1. Gemeinsame Wertungen; European Principles und Unidroit

Ebenso wie die bisher angeführten Rechte gehen UP und EP von dem Grundprinzip aus, dass die verschiedenen Rechtsbehelfe des Gläubigers kombiniert werden können, so dass insbesondere die Vertragsaufhebung nicht das Recht auf Schadensersatz ausschließt:

Article 8:102 EP [Cumulation of Remedies] "Remedies which are not incompatible may be cumulated. In particular, a party is not deprived of its right to damages by exercising its right to any other remedy."

Artikel 7.4.1 UP [Recht auf Schadensersatz] „Jede Nichterfüllung[383] gibt der benachteiligten Partei ein Recht auf Schadensersatz, und zwar entweder ausschließlich oder zusammen mit anderen Rechtsbehelfen [...]."

a) Befreiung bei Nichterfüllung

Zwischen den untersuchten Systemen bestehen die geringsten Unterschiede bei der Kombination von Befreiung und Schadensersatz bei Nichterfüllung. Wenn nicht schon Unmöglichkeit vorliegt, kann sich der Gläubiger vom noch erfüllbaren Vertrag nach dem Ablauf einer durch ihn gesetzten, angemessenen Nachfrist lossagen. Alle Rechtsordnungen, außer der englischen, sehen die Möglichkeit einer solchen formellen Nachfrist vor, deren erfolgloser Ablauf das Recht begründet, weitere Erfüllungsversuche abzulehnen und stattdessen den kleinen Schadensersatz einzufordern. Im englischen Recht hat eine Nachfrist im Ergebnis die gleiche Wirkung, der Mechanismus ist aber im SGA nicht ausdrücklich erwähnt.[384] Auf eine Nachfrist kann stets verzichtet werden bei Fixgeschäften, Erfüllungsverweigerung und, wenn dem Gläubiger ein weiteres Abwarten aus anderen Gründen unzumutbar ist. Im Ergebnis stimmen die verwendeten Regeln mit § 281 I 1, II BGB und dem früheren § 326 BGBaF überein. Die Nachfristsetzung nach dem Vorbild des ADHGB von 1861 hat sich international durchgesetzt[385], weil sie einen guten Kompromiss zwischen den Interessen an Rechtssicherheit

383 Bei UP steht „Nichterfüllung" für jede Vertragsverletzung: Art. 7.1.1 UP (Nichterfüllung) „Eine Nichterfüllung liegt vor, wenn eine Partei irgend eine ihrer Vertragspflichten nicht erfüllt, einschließlich einer mangelhaften oder einer verspäteten Erfüllung."; vgl. Ole Lando, Towards a European Civil Code, S. 333 (336 f.)

384 Das wird für das englische Recht auf den Punkt gebracht bei Beale/Lando, EP 2000, S. 377, Anmerkung zu Art. 8:106 EP

385 Vgl. zur Entwicklung Flessner, ZeuP 1997, S. 262; vgl. Leser, Rücktritt vom Vertrag, S. 12, 87 ff.; Leser prägt auf S. 87 den Begriff der „Befreiungswirkung"

und Einzelfallgerechtigkeit darstellt.[386] Sie findet sich auch bei UP und EP wieder:

Article 8:106 EP [Notice Fixing Additional Period for Performance] "(3) If in a case of delay in performance which is not fundamental[387] the aggrieved party has given a notice fixing an additional period of time of reasonable length, it may terminate the contract at the end of the period of notice. [...]"

Artikel 7.1.5 UP [Nachfrist] „(3) Hat im Fall einer Verzögerung der Erfüllung, die nicht wesentlich ist, die benachteiligte Partei durch Erklärung eine Nachfrist von angemessener Länge gewährt, so kann sie den Vertrag am Ende der Frist aufheben. [...]"

b) Befreiung bei Schlechterfüllung

Das Recht zur Befreiung bei Schlechterfüllung in dem hier verwendeten Sinn ist das Recht des Käufers, weitere Erfüllungsversuche zurückzuweisen. Es entsteht in dem Moment, in dem der Verkäufer sein Recht auf Nachbesserung verliert. Die Befreiung friert den erreichten Status der Erfüllung sozusagen ein. Alle Mängel der Erfüllung, die dann noch vorliegen, müssen durch Schadensersatz vergolten werden. Nach dem Zustand der „eingefrorenen" Leistung kann dann beurteilt werden, ob die Schlechtleistung auch eine Rückgabe rechtfertigt. Im Grundsatz gewähren alle untersuchten Rechte das Recht zur Nachbesserung, auch wenn dies nicht immer so genannt wird. Im englischen und schweizerischen Recht sowie im CISG wird das Nachbesserungsrecht aus allgemeinen Überlegungen hergeleitet, vor allem aus der Beschränkung der Vertragsaufhebung durch eine Abwägung der Interessen von Verkäufer und Käufer: Wenn die Nachbesserung den Verkäufer am wenigsten belastet, kann ihre Ablehnung nur gerechtfertigt werden, wenn der Käufer schon durch den einfachen Verzug sein objektives Interesse am Vertrag verloren hat (z. B. beim Fixgeschäft).[388] Da dies nur ausnahmsweise der Fall ist, verlangt die Verhältnismäßigkeitsschranke im Ergebnis regelmäßig ein (wenn auch unausgesprochenes) Nachbesserungsrecht, das dem Verkäufer eine zweite Chance gibt, die drohende Vertragsaufhebung abzuwenden.

---

386 Dieter Beinert, wesentliche Vertragsverletzung, S.40 f. und S. 52

387 Der Verweis auf den wesentlichen Vertragsbruch bedeutet in diesem Zusammenhang wie in Art. 48 CISG (s. o. C.I.2.a), dass in manchen Situationen die einfache Verzögerung bereits so schwerwiegend sein kann, dass dem Gläubiger kein weiteres Abwarten mehr zuzumuten ist - so insbesondere bei Fixgeschäften, just-in-time Verträgen und der ernsthaften Erfüllungsverweigerung.

388 Dieter Beinert, S. 35; s. o. zum Vorbehalt des Rücktrittes in Artikel 48 CISG, C.I.2.a

Das Recht zur zweiten Andienung wird regelmäßig dadurch begrenzt, dass die Nacherfüllung dem Gläubiger zumutbar sein muss. In der Schweiz wird strenger die „sofortige" Nacherfüllung verlangt, doch auch diese kurze Frist muss verhältnismäßig bleiben und eine reelle Chance zur Nacherfüllung belassen. Die Beurteilung der Zumutbarkeit verlangt eine Abwägung der Interessen und muss einerseits dem Verkäufer genug Zeit geben und andererseits den Käufer vor Verzögerungen schützen, die sein Interesse an dem Vertrag zerstören. Unzumutbar ist die Nacherfüllung z. B. bei Fixgeschäften oder wenn der Käufer sofortigen Ersatz benötigt. Erstaunlicherweise nutzt nur das neue BGB die formelle Nachfristsetzung, um bei Schlechterfüllung das Ende der Zumutbarkeit der Nacherfüllung zu markieren (§§ 281 I 1, 323 I BGB). Dabei ist aus ökonomischer Sicht eine Nachfristsetzung auch bei Schlechterfüllung empfehlenswert[389], denn sie bietet mehr Rechtssicherheit als die weniger leicht zu fassende „Unzumutbarkeit" und lässt trotzdem die Abwägung des Einzelfalls zu.[390] Wichtig ist, dass die erfolglose Nachfrist wie im BGB nur die Befreiung auslöst und nicht die Rückgabe, denn für die letztere ist sie keine ausreichende Schranke.[391] Da die vom Gläubiger erfolglos gesetzte Nachfrist ein hilfreiches Instrument zur Bestimmung des Zeitpunktes der Befreiung ist, wird sie in den Systemen ohne formelle Nachfrist als Beweismittel dafür anerkannt, dass ein weiteres Abwarten unzumutbar geworden ist.[392]

Während das neue BGB das Recht zur zweiten Andienung anerkennt und es durch die Nachfristsetzung auf einen zumutbaren Zeitraum beschränkt, wich das alte BGB vom internationalen Konsens auffällig ab: Dem Verkäufer wurde kein Recht zur zweiten Andienung gewährt. Die Befreiung fand also sofort mit Ablieferung der schlechten Leistung statt, war aber in der Regel nicht kombinierbar mit dem (kleinen) Schadensersatz. Das alte BGB verwendete bei Schlechtleistung im Gewährleistungsrecht die ädilizischen Rechtsbehelfe, die gerade nicht auf dem Grundprinzip der Erfüllungshaftung beruhen (s. u. C.VI.3). Aus ökonomischer Sicht ist es günstiger, den Schadensersatzanspruch nicht zu beschränken und die zusätzliche Befreiung erst nach einer erfolglosen Nachfrist zuzulassen.[393] Die Reform des Schuldrechts setzt für die Befreiung bei Schlechtleistung diese ökonomischen Forderungen um und kommt zugleich dem internationalen Kon-

---

389 S. o. B.IV.1.d (Befreiung bei Nichterfüllung); B.IV.2.a (Befreiung bei Schlechterfüllung)

390 Vgl. zu dieser Ausgleichsfunktion der Nachfrist: Beinert, S. 50 – 52

391 S. o. B.V.2.b, B.IV.2.b.bb

392 S. o. zum englischen Recht C.II.2.a; Zum CISG s. o. C.I.2.a; Schlechtriem/Schwenzer/Müller-Chen, Art. 48, Rn. 10; Vorauflage (3. A.) Schlechtriem/Huber. § 48, Rn. 18 ff., Rn. 24

393 S. o. B.IV.2.a

ökonomischen Forderungen um und kommt zugleich dem internationalen Konsens näher, der sich in Art. 8:104 EP und Art. 7.1.4 UP wiederfindet.[394] Der Ansatz des neuen BGB, die formelle Nachfrist auch bei der Schlechterfüllung zu verwenden, ist aus ökonomischer Sicht konsequent, dient der Rechtsklarheit und kann international als Vorbild dienen.

Article 8:104 EP [Cure by Non-Performing Party] "A party whose tender of performance is not accepted by the other party because it does not conform to the contract may make a new and conforming tender where [...] the delay would not be such as to constitute a fundamental non-performance."

Artikel 7.1.4 UP [Nacherfüllung durch die nichterfüllende Partei] „(1) Die nichterfüllende Partei kann auf eigene Kosten jede Nichterfüllung heilen, sofern (a) sie unverzüglich die Nacherfüllung anzeigt und die vorgesehene Weise und den zeitlichen Ablauf mitteilt; (b) die Nacherfüllung nach den Umständen geeignet ist; (c) die benachteiligte Partei kein berechtigtes Interesse an der Zurückweisung der Nacherfüllung[395] hat; und (d) die Nacherfüllung umgehend vorgenommen wird."

c) Rückgabe bei Schlechtlieferung

Auch bei Rückgabe finden sich in den untersuchten Rechten gemeinsame Wertungen. Alle gewähren bei Rückgabe die Kombination mit dem großen Schadensersatz (Schadensersatz statt der ganzen Leistung i.S.v. § 281 I 2 und 3 BGB). Und alle beschränken die Rückgabe zumindest durch ein Verhältnismäßigkeitskriterium[396], das die Abwägung der Interessen von Käufer und Verkäufer verlangt. Häufig[397] wird die Rückgabe zusätzlich durch eine spezielle Ausschlussfrist beschränkt.[398] Vor allem im Common Law, das die Verbindung von Schadensersatz und Rücktritt traditionell gewährt, spielt die Diskussion der Einschränkung des Rückgaberechts bei Schlechtleistung eine tragende Rolle. Die wichtigsten Mittel der Einschränkung sind im englischen wie im amerikanischen Recht die Beschränkung der Rückgabe auf einen wesentlichen Vertragsbruch

394 Vgl. Lehmkuhl, S. 55 – 99, der das Nacherfüllungsrecht in UCC, SGA, UP, EP, CISG und BGBaF ausführlich vergleicht.

395 Das „berechtigte Interesse an der Zurückweisung der Nacherfüllung" (UP) bedeutet das gleiche wie der Vorbehalt der wesentlichen Vertragsverletzung in Art. 8: 106 EP und Art. 7.1.5 UP (s. o. C.VI.1.a): Bei Unzumutbarkeit und insbesondere bei Fixgeschäften muss die Nacherfüllung nicht geduldet werden.

396 Vgl. Hanna Sivesand, S. 133 ff., insbesondere S. 136 – 141, conclusion S. 150 ff. – sie spricht neutraler von „gravity of the breach".

397 Bei den hier untersuchten Rechten nur nicht im NBW

398 Acceptance bei Zeitablauf: § 2-606 (1b) UCC (s. o. C.III.4.d.bb), Section 35 (4) SGA (s. o. C.II.1.d); zum schweizerischen Recht s. o. V.III und Kren-Kostkiewicz/ Reich, Art. 205 Anm. 10; Honsell, Art. 205 Rn. 6

(*substantial breach*) und die zeitliche Beschränkung des Rückgaberechts durch die Annahme der Ware (*acceptance*). Das CISG hat im Anschluss hieran in Art. 25 CISG die Voraussetzung der wesentlichen Vertragsverletzung (*fundamental breach*) eingeführt und in Art. 49 II CISG eine strenge Erklärungs- bzw. Ausschlussfrist vorgesehen.[399] Die wesentliche Vertragsverletzung und eine strenge Erklärungsfrist sind auch in UP und EP wichtige Schranken für die Kombination von Rückgabe und Schadensersatz:

Article 9:301 EP [Right to Terminate the Contract] "(1) A party may terminate the contract if the other party's non-performance is fundamental."[400]

Article 9:303 EP [Notice of Termination] "(2) The aggrieved party loses its right to terminate the contract unless it gives notice within a reasonable time after it has or ought to have become aware of the non-performance."

Artikel 7.3.1 UP [Recht auf Vertragsaufhebung] „(1) Eine Partei kann den Vertrag aufheben, wenn die Nichterfüllung einer der anderen Partei nach dem Vertrag obliegenden Pflicht eine wesentliche Nichterfüllung darstellt."

Artikel 7.3.2 UP [Aufhebungserklärung] „(2) Wenn die Erfüllung verspätet angeboten wurde oder sonst vertragswidrig ist, büßt die benachteiligte Partei ihr Recht zur Aufhebung des Vertrages ein, es sei denn, sie macht der anderen Partei Mitteilung binnen angemessener Frist, nachdem sie des Angebots oder der vertragswidrigen Erfüllung gewahr wurde oder hätte gewahr werden müssen."

Es fällt auf, dass sowohl UP als auch die EP zwar im Grundsatz alle Leistungsstörungen gleich behandeln (beide nennen alle Vertragsverletzungen vereinheitlichend „Nichterfüllung" (*non-performance*)), bei der Frage der Vertragsaufhebung aber wieder zwischen Nichterfüllung und Schlechterfüllung unterscheiden. Beide lassen die Befreiung vom Vertrag bei Nichterfüllung nach erfolgloser Nachfrist zu (Art. 8:106 EP; Art. 7.1.5 UP), fordern aber bei Schlechterfüllung, wenn also das Rückgaberecht behandelt wird, eine wesentliche Vertragsverletzung ein, die nicht schon allein aufgrund der erfolglosen Nachfrist gegeben ist. Die spezielle Schranke für das Rückgaberecht ist also die wesentliche Vertragsverletzung. In beiden Systemen wird die bloße Nichterfüllung auch „Verzögerung" (*delay*) genannt. Die Vertragsaufhebung bei Verzögerung, die nur die Befreiung bewirkt, wird von der wesentlichen Vertragsverletzung freigestellt,

399 S. o. C.I.3.a

400 Non-performance umfasst auch bei den EP die Schlechterfüllung: „Under the system adopted by the Principles there is non-performance whenever a party does not perform any obligation under the contract.", Beale/Lando, EP 2000, S. 359, Kommentar zu Art. 8:101 EP, (A. Non-performance)

indem sie wie in Art. 49 I b CISG auch ohne Ansehung der Schwere der Vertragsverletzung nach dem erfolglosen Ablauf der Nachfrist zugestanden wird:

Article 9:301 EP [Right to Terminate the Contract] "(2) In the case of delay the aggrieved party may also terminate the contract under Article 8:106 (3)."[401]

Artikel 7.3.1 UP [Recht auf Vertragsaufhebung] „(3) Im Fall der Verzögerung kann die benachteiligte Partei den Vertrag auch dann aufheben, wenn die andere Partei nicht vor Ablauf der ihr nach Artikel 7.1.5[402] gewährten Nachfrist erfüllt."

Die Nachfrist bei Verzögerung stellt eine weniger hohe Schranke für die Befreiung dar als die auf eine Verhältnismäßigkeitsprüfung angelegte „Wesentlichkeit" für die Rückgabe. Die Sonderbehandlung der Verzögerung in UP und EP rührt daher, dass die Befreiung den Schuldner weniger stark belastet und aus ökonomischer Sicht nicht die Gefahr einer ineffizienten Aufblähung der Folgekosten mit sich bringt. Der gezielte Ausschluss der unverhältnismäßigen Rückgabe durch die Schranke der „Wesentlichkeit" stimmt mit der ökonomischen Forderung überein, die Rückgabe auf ihre ökonomisch effizienten Fälle zu beschränken. Im Ergebnis setzen UP und EP genauso wie die anderen untersuchten Systeme die ökonomische Forderung um, die Rückgabe im Vergleich zur Befreiung zusätzlich durch eine Verhältnismäßigkeitsprüfung zu beschränken.

Auf den ersten Blick widerspricht das alte BGB der internationalen Tendenz, die Rückgabe besonders zu beschränken, denn die Wandlung wurde nur durch die Bagatellgrenze in § 459 I 2 BGBaF begrenzt.[403] Doch wird auf den zweiten Blick deutlich, dass die strikte Alternativität von Schadensersatz und Rückgabe die ineffiziente Rückgabe auf andere Weise bekämpfte, nämlich, indem der Verlust des Schadensersatzanspruchs von der Rückgabe abschreckt[404] (s. u. C.VI.3). Das neue Schuldrecht sieht für die Rückgabe drei verschiedene Schranken vor: Interessefortfall bei Teilleistungen, Unzumutbarkeit bei nicht-leistungsbezogenen Nebenpflichten und die nicht unerhebliche Pflichtverletzung bei der Schlechtleistung.[405] Unzumutbarkeit und Interessefortfall ermöglichen eine Verhältnismäßigkeitsprüfung, die mit den Wertungen der übrigen Rechtsordnungen übereinstimmt (s. o. B.V.2.a). Für die nicht unerhebliche Pflichtverletzung ist gerade die Frage umstritten, ob tatsächlich eine Verhältnismäßigkeitsprüfung stattfinden soll oder ob nur eine Bagatellgrenze im Sinne des alten Rechts vorliegt (s. o. A.IV.2.b.aa). Der Vergleich mit den übrigen Rechtsordnungen spricht dafür, eine

---

401 Zu Art. 8:106 (3) EP, s. o. C.VI.1.a
402 Zu Art. 7.1.5 UP, s. o. C.VI.1.a
403 S. o. A.IV.2.b.aa
404 S. o. B.IV.2.b.bb und s. u. speziell zu den ädilizischen Rechtsbehelfen C.VI.3.a
405 S. o. A.IV.3

Verhältnismäßigkeitsprüfung im Sinne der wesentlichen Vertragsverletzung vorzunehmen. Das entspräche auch den Ergebnissen der ökonomischen Analyse.[406]

d) Überblick

Die untersuchten Rechtsordnungen inklusive UP und EP gehen von der Grundregel aus, dass der Schuldner für die von ihm zu vertretenen Vertragsverletzungen auf Schadensersatz haftet.[407] Zusätzlich gewähren sie alle die Verbindung von Schadensersatz und Rücktritt. Für die Beschränkung des Rücktritts bestehen drei gemeinsame Grundregeln:

I. **[Befreiung bei Nichterfüllung]** Bei Nichterfüllung (Verzug) kann sich der Gläubiger von der Pflicht zur Annahme einer Nacherfüllung nach dem erfolglosen Ablauf einer vom Gläubiger gesetzten **Nachfrist** befreien. Bei Unmöglichkeit, Erfüllungsverweigerung, Fixgeschäft oder anderweitiger Unzumutbarkeit des weiteren Abwartens findet die Befreiung ohne Nachfrist statt.

II. **[Befreiung bei Schlechterfüllung]** Bei Schlechterfüllung wird der Gläubiger vom Vertrag befreit, wenn eine Nacherfüllung dem Gläubiger nicht mehr **zumutbar** ist.

III. **[Rückgabe bei Schlechterfüllung]** Die Rückgabe einer vertragswidrigen Leistung muss zum Schutze des Verkäufers vor unverhältnismäßigen Belastungen eingeschränkt werden, insbesondere durch eine Beschränkung auf „**wesentliche**" oder nicht „**geringfügige**" Vertragsverletzungen.

Der gemeinsame Ursprung dieser Regeln ist die Wertung, dass der Rücktritt nur zugelassen werden sollte, wenn die Interessen des Käufers dies in Anbetracht der Belastungen des Verkäufers rechtfertigen. Außerdem zerlegen alle Systeme den „Rücktritt" (Vertragsaufhebung, Loslösung vom Vertrag) in die Befreiung des Gläubigers von der Pflicht zur Annahme der Nacherfüllung und die Rückgabe aller vertraglichen Leistungen (s. u. C.VI.1.e). Und schließlich sind die Rechtsordnungen in der Wertung vereint, dass die Kombination der Rückgabe mit dem großen Schadensersatz deutlich stärker beschränkt werden muss als die Verbindung der Befreiung mit dem kleinen Schadensersatz.

Das neue Schuldrecht wendet die ersten beiden Regeln ebenfalls an, mit dem Unterschied, dass für die Befreiung auch bei Schlechtleistung eine formelle Nachfristsetzung möglich ist (§§ 281 I 1, 323 I BGB). Bezüglich der Beschränkung der Rückgabe benutzt das neue Schuldrecht drei Schranken, wovon der Interessefortfall und die Unzumutbarkeit der dritten Grundregel entsprechen und

406 S. o. B.V.3

407 Die Unterschiede beschränken sich auf die Bestimmung dessen, was zu vertreten ist. So wird im BGB auf Verschulden abgestellt, im Common Law auf foreseeability und proximity und im NBW auf Zurechenbarkeit.

eine Verhältnismäßigkeitsprüfung ermöglichen. Es ist allerdings umstritten, ob die Schranke der **„unerheblichen Pflichtverletzung"** (§§ 281 I 3, 323 V 2 BGB) nur eine Bagatellgrenze darstellt oder ebenfalls eine Verhältnismäßigkeitsprüfung verlangt. Außerdem wird bei Teil- und Schlechtlieferung von der h. M. ein nur durch Treu und Glauben beschränktes „Abnahmeverweigerungsrecht" angenommen, für das die Schranken der Rückgabe nicht gelten sollen. Mit einer Beschränkung der Rückgabe allein durch eine Bagatellgrenze oder gar nur durch Treu und Glauben stellte sich das neue Schuldrecht in Widerspruch zu der international einheitlichen Grundwertung (III), dass die Rückgabe für unverhältnismäßige Fälle ausgeschlossen werden muss. Wie schon bei der ökonomischen Analyse zeigt sich, dass die Schranken der Rückgabe im neuen Schuldrecht problematisch sind. Es sind genauer gesagt die Schranke der unerheblichen Pflichtverletzung und die Doktrin des Abnahmeverweigerungsrechts, die im deutschen Recht die Gefahr hervorrufen, dass die Rückgabe und der entsprechende große Schadensersatz nicht ausreichend beschränkt werden. Im Folgenden wird deshalb die Beschränkung der Rückgabe in den Vergleichsrechtsordnungen genauer untersucht – nach einem Exkurs zur Unterscheidung von Befreiung und Rückgabe.

e) Exkurs: Die Unterscheidung von Befreiung und Rückgabe

Die Unterscheidung von Rückgabe und Befreiung rührt daher, dass sich bei einer Leistungsstörung zwei klar zu trennende praktische Fragen stellen: Zunächst ist zu klären, ob die vertragliche Leistung trotz der Störung noch durchgeführt werden soll. Das Recht zur Befreiung ermöglicht dem Gläubiger, diese Frage zu entscheiden, indem er die Annahme weiterer Erfüllungsversuche verweigert. Wird der Vertrag nicht weiter durchgeführt, stellt sich die zweite Frage, ob der Gläubiger die bereits empfangenen Leistungen behalten soll oder sie zurückgeben kann. Das Recht zur Rückgabe ermöglicht dem Gläubiger, auch diese Frage zu entscheiden. Die ökonomische Sicht verdeutlicht, weshalb eine Rechtsordnung diese beiden Fragen nicht auf die gleiche Art und Weise beantworten kann: Der haftende Schuldner kann sich vor seinem Vertragsbruch überlegen, ob sich für ihn die Erfüllung noch lohnt. Belastet die Befreiung den Schuldner mit Mehrkosten, dann wird er gar nicht erst den Vertrag brechen und es zum Befreiungsrecht kommen lassen. Da der Schuldner selbst zwischen Erfüllung oder Vertragsbruch entscheidet, ist weitestgehend vermieden, dass er durch die Befreiung mit unverhältnismäßigen Kosten belastet wird. Es bedarf keiner weiteren Einschränkung des Befreiungsrechts zum Schutze des Schuldners. Um ihm allerdings seine Wahlmöglichkeit auch bei unvorhergesehenen Störungen zu erhalten, wird ihm das Recht zur zweiten Andienung gewährt. Bei der Rückgabe hingegen entscheidet der Gläubiger darüber, ob dem Schuldner zusätzliche Belastungen aufgebürdet werden. Um den Schuldner vor unverhältnismäßigen Kosten zu schützen, muss das Rückgaberecht von außen beschränkt werden. Insbesondere bei der Kombination mit dem großen Schadensersatz hat der Gläubiger keinen Grund, eine für ihn vorteilhafte Rückgabe zu unterlassen.

Kurz, vor unverhältnismäßigen Belastungen durch die Befreiung kann sich der Schuldner selbst schützen, vor unverhältnismäßigen Belastungen durch die Rückgabe nicht. Wenn der Schuldner aufgrund einer Erfüllungshaftung für alle Folgekosten einer Leistungsstörung haftet, kann er also eine übermäßige Aufblähung der Folgekosten durch die Befreiung vermeiden, die übermäßige Aufblähung der Folgekosten durch die Rückgabe aber nicht. Volkswirtschaftlich übersetzt, führt die freie Gewähr der Befreiung (mit Nachfrist) zu effizienten Entscheidungen, die freie Gewähr der Rückgabe (auch mit Nachfrist) nicht. Deshalb muss das Recht zur Rückgabe durch eine Verhältnismäßigkeitsprüfung beschränkt werden, für das Recht zur Befreiung reicht das Recht zur zweiten Andienung.

Aufgrund dieser praktischen Bedürfnisse hat sich in allen Rechtsordnungen die Unterscheidung zwischen Befreiung und Rückgabe in der Sache auch durchgesetzt. Häufig wird die Unterscheidung allerdings nur verdeckt vorgenommen. Dies geschieht insbesondere, indem für den „Rücktritt" bei Nichtleistung, der nur die Befreiung ermöglicht, allein der Ablauf einer Nachfrist verlangt wird – für den „Rücktritt" bei Schlechtleistung, der auch zur Rückgabe berechtigt, aber eine wesentliche Vertragsverletzung. So verfahren insbesondere das CISG, die UP und die EP. Alle drei gehen von dem Grundsatz aus, die Vertragsaufhebung nur bei wesentlichen Vertragsverletzungen zu gewähren[408], ermöglichen bei der Nichtlieferung die Vertragsaufhebung aber dann doch allein aufgrund der erfolglosen Nachfrist ohne Ansehung der Schwere der Vertragsverletzung.[409]

Eine weitere verdeckte Unterscheidung von Befreiung und Rückgabe zeigt sich bei der Schlechtleistung. Hier wird häufig die „Vertragsaufhebung", die das Rückgaberecht auslöst, nur bei einer wesentlichen Vertragsverletzung zugelassen. Das Recht zur Befreiung hingegen entsteht schon unter der weniger strengen Voraussetzung, dass eine Nacherfüllung unzumutbar ist. Bei weniger schwerwiegenden Mängeln führt dies dazu, dass der Gläubiger nicht mehr auf die Nachbesserung warten muss und einen Ersatz kaufen kann und dennoch nicht berechtigt ist, alle empfangenen Waren zurückzugeben. Der Gläubiger bekommt also in Bezug auf die Nacherfüllung einen „Teilrücktritt" (die Befreiung), ohne das Recht zum „Totalrücktritt" (Befreiung und Rückgabe) zu haben. So verfahren z. B. CISG, EP und UP, die das Recht zur zweiten Andienung auf eine zumutbare

---

408 Art. 9:301 EP; Art. 7.3.1 UP; Art. 49 Ia CISG

409 Art. 8:106 i.V.m. 9:301 EP; Art. 7.1.5 i.V.m. 7.3.1 UP; Art. 49 Ib CISG

Dauer beschränken[410], die Vertragsaufhebung nach Ablauf dieser Zeit aber nur bei wesentlichen Vertragsverletzungen gewähren. Der Nachteil der nur verdeckten Behandlung der Befreiung ist, dass das Problem nicht offen beim Namen genannt werden kann und daher auf eine formelle Nachfristsetzung durch den Gläubiger verzichtet wird, die zu mehr Rechtsklarheit führen könnte (praktisch wird sie dann trotzdem anerkannt[411]). Der (rein ästhetische) Vorteil ist, dass man den vereinheitlichenden Begriff der „Vertragsaufhebung" beibehalten kann, ohne Rückgabe und Befreiung, Teil- und Totalrücktritt (Rücktritt vom Vertrag und vom ganzen Vertrag), kleinen und großen Schadensersatz (statt der Leistung und statt der ganzen Leistung) begrifflich zu unterscheiden.

Das neue Schuldrecht trennt Rückgabe und Befreiung auch begrifflich, indem beim Rücktritt der einfache Rücktritt vom Vertrag (Teilrücktritt = Befreiung) und der Rücktritt vom ganzen Vertrag (Totalrücktritt = Befreiung und Rückgabe) und dem entsprechend beim Schadensersatz der einfache Schadensersatz statt der Leistung (kleiner Schadensersatz = Schadensersatz *plus* Befreiung) und der Schadensersatz statt der ganzen Leistung (großer Schadensersatz = Schadensersatz *plus* Befreiung *plus* Rückgabe) unterschieden werden (s. o. A.V.2) . Diese offene Aufspaltung des Rücktritts ermöglicht für die Schlechterfüllung die klare Trennung der Schranken für die Befreiung von den Schranken für die Rückgabe. Und dies hat den Vorteil, dass für die Befreiung im neuen Schuldrecht immer die gleiche Schranke gilt, nämlich der erfolglose Ablauf einer vom Gläubiger gesetzten, angemessenen Nachfrist (§§ 281 I 1, 323 I BGB). Es muss für die Befreiung nicht mehr unterschieden werden, ob Nichtlieferung oder Schlechtleistung vorliegt. Tatsächlich besteht in Bezug auf die Befreiung auch die gleiche Interessenlage, so dass eine Unterscheidung nicht sinnvoll scheint. Die Notwendigkeit einer unterschiedlichen Behandlung des „Rücktritts" oder der „Vertragsaufhebung" bei der Schlechtleistung gründet ausschließlich auf der Notwendigkeit einer besonderen Einschränkung der Rückgabe. Trennt man die Befreiung von der Rückgabe, kann sie in allen Fällen so behandelt werden, wie sie schon immer als „Rücktritt" oder „Vertragsaufhebung" bei der Nichtleistung behandelt worden ist. Das neue Schuldrecht kann insofern als internationales Vorbild dienen.[412]

---

410 Art. 8:104 EP und Art. 7.1.4 UP (s. o. C.VI.1.b); Art. 48 I CISG

411 S. o. C.I.2.a zum CISG und C.II.2.b zum englischen Recht

412 Bisher war diskutiert worden, die Nachfrist als Rückgabeschranke zu verwenden, so z. B. im EKG. Es hat sich herausgestellt, dass die Nachfristsetzung für die Rückgabe nicht passt, so dass er im CISG wieder abgeschafft wurde und auch in UP und EP nicht mehr so verwendet wird. Die Nachfristsetzung zur Beendigung des Rechts zur zweiten Andienung bei Schlechterfüllung ist hingegen eine sinnvolle Neuerung.

2. *Die Schranken für Rückgabe und (großen) Schadensersatz*

Den untersuchten Rechtsordnungen liegt die gemeinsame Wertung zugrunde, die Rückgabe und ihre Kombination mit dem großen Schadensersatz zum Schutze des Schuldners vor unverhältnismäßigen Belastungen zu beschränken. Schon **Ernst Rabel** erkannte diesen „grundlegenden Gedanken, dass erbrachte Leistungen möglichst nicht rückgängig zu machen sind".[413] Und **G. H. Treitel** beschreibt die Grundwertung „that the law becomes more reluctant to allow termination, the further performance of the contract has progressed".[414] Im Folgenden werden die einzelnen Mechanismen zur Beschränkung der Rückgabe genauer untersucht. Der mit Abstand wichtigste Mechanismus ist, eine schwerwiegende Vertragsverletzung (*material breach*) zu verlangen (a). Die Prüfung einer schwerwiegenden Vertragsverletzung erfordert eine umfassende Verhältnismäßigkeitsprüfung, bei der bestimmte Faktoren stets zu beachten sind (aa – ll). Zu den sonstigen Mechanismen der Beschränkung (b) zählen vor allem kurze Ausschlussfristen (aa) und die allgemeine Schadensminderungs- und Treuepflicht (dd).

a) Die Einschränkung auf „wesentliche" oder nicht „geringfügige" Mängel

Zwischen den hier untersuchten sieben Rechtsordnungen[415] besteht Einigkeit darüber, dass die Aufhebung des gesamten Vertrags als Reaktion auf eine Schlechtleistung nur unter besonderen Voraussetzungen bezüglich der Schwere der Vertragsverletzung erlaubt werden sollte.[416] Diese Wertung ist repräsentativ für alle Rechtsordnungen, die den Erfüllungsschaden für alle Vertragsverletzungen gewähren und die Kombination mit Rücktritt zulassen. (Zum gegensätzlichen System der ädilizischen Rechtsbehelfe s. u. C.VI.3). Die besondere Intensität der

---

413 Ernst Rabel, Warenkauf I, S. 443

414 Treitel, Breach of Contract, S. 398, Nr. 290

415 USA, Großbritannien, UN-Kaufrecht (inklusive EKG), Niederlande, Schweiz, Unidroit und European Principles

416 Flessner, Befreiung vom Vertrag wegen Nichterfüllung, EuZP 1997, S. 255 (257); Sandrock, Vertragswidrigkeit der Sachleistung, S. 246 f.; Schwartze, Europäische Sachmängelgewährleistung beim Warenkauf, S. 176 f.; Beinert, Wesentliche Vertragsverletzung und Rücktritt, S. 30 f., S. 144; Beale/Lando, EP 2000, S. 366 – 368; Treitel, Breach of Contract, S. 349 – 381 „Seriousness of Default", insb. S. 350 und Fn. 53; Schlechtriem/Schwenzer/Schlechtriem, Art. 25 Rn. 1; vgl. Kirchner, S. 201; Schlechtriem in Basedow, Europäische Vertragsvereinheitlichung, S. 159 (163); vgl. Beale, Towards a European Civil Code, S. 348 (352 f., 358); Sivesand, S. 150 ff. und S. 237

Leistungsstörung wird in der Mehrzahl der weltweit bestehenden Rechtsordnungen als Voraussetzung für die Vertragsaufhebung genannt.[417]

G. H. Treitel: "The most important single principle used to control the remedy of termination [...] is that the remedy is only available if the default attains a certain minimum degree of seriousness."[418]

Oft wird verlangt, dass der Fehler „wesentlich", „fundamental", „substantial", „material" ist oder an die Wurzel des Vertrages reichen muss (*goes to the root of the contract*[419]).[420] Eine häufig verwendete Umschreibung für die verlangte Intensität ist, dass der vertragstreuen Partei „im wesentlichen entgeht, was sie nach dem Vertrag hätte erwarten dürfen" (Wortlaut Art. 25 CISG) bzw. „the breach must deprive the aggrieved party of substantially the whole benefit which it was intended that he should obtain from the contract" (*Photo Production v. Securicor*[421]). Das Charakteristische an den Regeln, die eine solche "wesentliche" Störung verlangen, ist, dass sie die Aufhebung nur ausnahmsweise zulassen[422]. Das bedeutet, dass der Käufer darlegen und notfalls beweisen muss, dass die **Wesentlichkeitsschwelle** überschritten wurde. Art. 49 I a CISG, § 2-608 UCC (*revocation of acceptance*), die Regel der *intermediate terms* im englischen Recht (z. B. in *Photo Produktion v. Securicor*) sowie Art. 9:301 EP und Art. 7.3.1 UP sehen diese Art der Beweisverteilung vor. Die entgegengesetzte Herangehensweise schließt die Aufhebung des Vertrages für „unwesentliche" oder „geringfü-

417 Vgl. Beale/Lando, EP (2000), S. 366 – 368: Dort zusätzlich zu den hier besprochenen Rechten italienisches und spanisches Recht sowie Belgien, Frankreich und Luxemburg; Dieter Beinert untersucht ausführlich das (damalige) skandinavische Recht (inzwischen weitgehend an das CISG angepasst) und das französische Recht, sowie eher kursorisch das frühere österreichische ABGB und die Tschechoslowakei; Bei Andreas Schwartze (S. 176 – 189) werden das italienische, spanische und französische Recht mit untersucht, sowie die neueren skandinavischen Kodifikationen (weitestgehend einheitlich).

418 Treitel, Breach of Contract, S. 350, Nr. 259

419 So die häufige Formulierung im Common Law, die auf den Fall *Glaholm v. Hays* (1841) 2 Man & G, S. 257 (268) zurückreicht.

420 Treitel, Brach of Contract, S. 351

421 *Photo Production Ltd. v. Securicor Transport Ltd.* (1980) A.C., S. 827 (849); Mit den Worten von Lord Diplock: „[the breach] deprives the party who has further undertakings to perform of substantially the whole benefit, which it was the intention of the parties as expressed in the contract that he should obtain as the consideration for performing those undertakings", *Honk Kong Fir Shipping Co Ltd v. Kawasaki Kisen Kaisha Ltd* (1962) 1 All ER, S. 474 (487), Court of Appeal

422 Andrea Sandrock, S. 253, fasst diese Regeln als „Wesentlichkeitsschwelle" zusammen.; vgl. Sivesand S. 135 ff.

gige“ Vertragsverletzungen aus.[423] So verwehren das schweizerische und niederländische Recht die Vertragsaufhebung nur ausnahmsweise, wenn sie durch die Schwere der Pflichtverletzung und die Umstände nicht „gerechtfertigt“ ist, Art. 205 II OR, Art. 6:265 (1) NBW. Hier muss der Verkäufer also eine Einrede erheben, in der er darlegt und beweist, weshalb die Vertragsaufhebung im konkreten Fall nicht verhältnismäßig[424] und deshalb unzulässig ist.[425] Auch die neu eingefügten Sections 15A und 30 (2A) SGA sehen eine solche **Verhältnismäßigkeitseinrede** vor.[426]

Die genannten Herangehensweisen unterscheiden sich zwar bezüglich der Beweislast, nicht aber bezüglich der inhaltlichen Anforderungen. In allen Systemen geht es letztendlich darum, die Vertragsaufhebung nur zuzulassen, wenn dies in Abwägung der Interessen von Verkäufer und Käufer verhältnismäßig erscheint.[427] So sehen zum Beispiel die skandinavischen Kaufrechte, die für die Wesentlichkeitsschwelle des CISG Pate gestanden haben[428] und nach dessen Vorbild inzwischen nochmals konsolidiert wurden[429], nur den Ausschluss bei

---

423 Andrea Sandrock will diese Rechtsordnungen in die Gruppe der „Geringfügigkeitsschwelle“ einordnen: S. 248. Darunter fallen nach ihrer Ansicht auch England, die Verbraucherkaufrichtlinie und das französische Recht.: vgl. Art. 6:87 NBW

424 Zum Schweizer Recht: Oser/Schönenberger 1936, Art. 205 Rn. 11, S. 863

425 Man beachte die Formulierung des Art. 6:265 NBW: „es sei denn, dass die Pflichtverletzung, unter Beachtung ihrer besonderen Art oder geringen Bedeutung, diese Auflösung mit ihren Folgen nicht rechtfertigt“; Asser-Hijma, S.424 Nr. 498, Bijzondere Overeenkomsten, Deel I; Asser-Hartkamp, Verbintenissenrecht, Deel II, Nr. 516, S. 542 f.

426 Der Verkäufer muss sich hierauf berufen: Benjamin's Sale of Goods, Chapter 12-025, S. 542; Ganz ähnlich formuliert auch § 932 IV 1 ABGB (Österreich) nach der Reform: „ (4) Sind sowohl die Verbesserung als auch der Austausch unmöglich oder für den Übergeber mit einem unverhältnismäßig hohen Aufwand verbunden, so hat der Übernehmer das Recht auf Preisminderung oder, sofern es sich nicht um einen geringfügigen Mangel handelt, das Recht auf Wandlung.“; vgl. Sivesand, S. 144 ff. zur „minor non-conformity“

427 So auch Flessner, ZeuP 1997, S. 255 (267): „Ob die eine oder andere Formulierung gewählt wurde, hat deshalb meist nur gesetzestechnische Gründe, der Sinn ist der gleiche: die Befreiung des Gläubigers von einem zusätzlichen Erfordernis abhängig zu machen, mit welchem auch den Interessen des nichterfüllenden Schuldners Rechnung getragen werden kann.“

428 Dieter Beinert, S. 101; Ernst Rabel, Warenkauf I, §§ 36 – 40 zu Skandinavien: auf S. 311 f. lobt er die Einfachheit und Klarheit des Systems, dessen Grundzüge vom CISG übernommen wurden, insbesondere der einheitliche Vertragsbruchstatbestand („Kontraktsbrott“) (ebenda, S. 117) und die Wesentlichkeit als Voraussetzung für die Vertragsaufhebung (ebenda, S. 297 f.).

429 Schwartze, S.181: „Das Vorbild für die skandinavische Regelung war augenscheinlich das Internationale Kaufrecht“ (also Art. 49 I CISG, Art. 43 Satz 1 EKG)

„unwesentlichen" Mängeln vor[430] – was in der Sache nicht als Widerspruch zum CISG gesehen wird.[431] Man kann an der negativen oder positiven sprachlichen Umschreibung der Schranke keine Unterschiede für die inhaltlichen Anforderungen festmachen. Wer den Rücktritt nur für „wesentliche" oder „erhebliche" Mängel zulässt, schließt ihn eben für „un-wesentliche" oder „un-erhebliche" Verletzungen aus, und umgekehrt.[432] Die inhaltlichen Anforderungen an die Schwere der Vertragsverletzung werden in UP und EP in weitgehender Übereinstimmung mit den US-amerikanischen Restatements (2nd), § 241[433] umschrieben:

Article 8:103 EP [Fundamental Non-Performance] "A non-performance of an obligation is fundamental to the contract if:
(a) strict compliance with the obligation is of the essence of the contract; or
(b) the non-performance substantially deprives the aggrieved party of what it was entitled to expect under the contract, unless the other party did not foresee and could not reasonably have foreseen that result; or
(c) the non-performance is intentional and gives the aggrieved party reason to believe that it cannot rely on the other party's future performance."

Artikel 7.3.1 UP [Recht auf Vertragsaufhebung] „(1) Bei der Feststellung, ob die Nichterfüllung einer Pflicht eine wesentliche Nichterfüllung darstellt, soll insbesondere berücksichtigt werden, ob
(a) Die Nichterfüllung der benachteiligten Partei im wesentlichen nimmt, was sie nach dem Vertrag hätte erwarten dürfen, es sei denn, dass die andere Partei diese Folge nicht vorausgesehen hat und vernünftigerweise auch nicht voraussehen konnte;
(b) die genaue Einhaltung der nicht erfüllten Vertragspflicht für den Vertrag entscheidend ist;
(c) die Nichterfüllung absichtlich und leichtfertig geschieht;
(d) die Nichterfüllung der benachteiligten Partei Anlass zur Annahme gibt, zu glauben, dass sie sich auf zukünftige Erfüllung durch die andere Partei nicht verlassen kann;
(e) die nichterfüllende Partei aufgrund der Vorbereitung oder Erfüllung unverhältnismäßige Einbußen erleidet, wenn der Vertrag aufgehoben wird."

---

430 Schwartze, S.180; Als Beispiel: Art. 412 (2) des Dänischen Kobelov: „If the lack of conformity must be deemed immaterial, the buyer may not, however, declare the contract avoided or require delivery of substitute goods unless the seller has acted fraudulently or was aware of the lack of conformity at a point in time when he could have supplied goods in conformity with the contract without reasonable sacrifice." [Übersetzung von http://www.sprog.asb.dk/sn/cisg, Dänisches Kaufgesetz, konsolidiert am 28.3.2003 (Consolidation Act No. 237)]

431 Schwartze, S. 180 f.; Beinert, S. 106 (noch zu den früheren Regelungen, die weitestgehend gleichlautend waren)

432 Das Glas ist eben halb leer oder halb voll.; a. A. Sandrock, S. 257 – 260, die zwischen „Wesentlichkeitsschwelle" und „Geringfügigkeitsschwelle" auch inhaltliche Unterschiede sieht.

433 Restatement of the Law (2nd), Contracts, vol. 2, §§ 178 – 315 (1981); s. o. C.III.2

Vor allem ist der Wille der Parteien maßgebend, sei es, dass sie ihr Interesse an der Aufrechterhaltung des Vertrages ausdrücklich an eine bestimmte Pflicht gebunden haben, oder sei es, dass dies durch Auslegung ermittelt werden kann (Parteiautonomie).[434] Fehlt eine solche Festlegung, muss im Einzelfall abgewogen werden, ob dem Gläubiger trotz der mangelhaften Erfüllung zugemutet werden kann, am Vertrag festzuhalten.[435] Die Vertragsverletzung muss so wesentlich sein, dass sie die nachteiligen Folgen der Vertragsaufhebung für den Schuldner rechtfertigt.[436] Diese **Verhältnismäßigkeitsprüfung** bleibt dem Ermessen der Richter überlassen und kann durch abstrakte Regeln kaum festgelegt werden.[437] Trotzdem lassen sich Faktoren nennen, die für die Verhältnismäßigkeit entscheidend sind:

aa) Der Interessefortfall (und seine Vorhersehbarkeit)

Die oft verwendete Formel, dass die Vertragsverletzung „der benachteiligten Partei im wesentlichen nimmt, was sie nach dem Vertrag hätte erwarten dürfen" (Art. 7.3.1 (2) (a) UP)[438], eröffnet als Generalklausel den Weg zur Verhältnismäßigkeitsprüfung („... im wesentlichen nimmt ...")[439] und stellt klar, dass der zentrale Maßstab der Interessenabwägung die Auslegung des Vertrages ist.[440] Nicht beliebige Interessen der vertragstreuen Partei dürfen beachtet werden, sondern nur die Interessen, die vom Vertrag geschützt werden („... was sie nach dem Vertrag hätte erwarten dürfen ..."). Der Schuldner soll nur für das Risiko haften, dass er bei Vertragsschluss übernommen hat. Dieser Punkt wird oft zusätzlich unterstrichen, indem die zu beachtenden Interessen auf die durch den Schuldner vorhersehbaren Interessen beschränkt werden: „[...] es sei denn, dass die andere

---

434 Lando/Beale, EP 2000, Kommentar zu Art. 8:103 (a) EP, S. 364

435 Flessner, ZeuP 1997, S. 255 (288); Treitel, Breach of Contract, S. 356: „the test being whether it can reasonably expected that the aggrieved party will continue to accept performance and to perform his own promises."; vgl. den Zumutbarkeitstest bei der pVV im alten Schuldrecht: MüKo/Emmerich (Band 2),vor § 275 BGBaF Rn. 318; stetige Rechtsprechung: BGHZ 11, 80 (94); 23, 198 (202); 59, 104 (105); Palandt/Heinrichs (60. A.), § 276 BGBaF Rn. 124, s. o. A.II.3.e

436 Sandrock, S. 268; so auch die Formulierung des niederländischen Rechts in Art. 6:265 (1) NBW; zu Art. 205 II OR: Oser/Schönenberger 1936, Art. 205 Rn. 11, S. 863; BundesgerichtsE 124 II, S. 456 (461) (vom 27.08.1998) und Hans Henzen, S. 42 ff.

437 Treitel, Breach of Contract, S. 350; vgl. Schlechtriem in Basedow, Europäische Vertragsvereinheitlichung, S. 159 (164 f.)

438 Ebenso in Art. 25 CISG; Art.10 EKG; Art.8:103 b EP; Restatements (2nd), § 241 a; Formel aus *Hongkong Fir* und *Photo Production v. Securicor* (s. o. C.II.1.b)

439 Beinert, S. 33 zum vergleichbaren Art. 10 EKG

440 Schlechtriem/Schwenzer/Schlechtriem, Art. 25 Rn. 11 – 15

Partei diese Folge nicht vorausgesehen hat und vernünftigerweise auch nicht voraussehen konnte" (Art. 7.3.1 (2) (a) UP)[441]. Wenn ein Interesse von den Parteien nicht ausdrücklich als „wesentlich" bestimmt wurde, kann es nur noch beachtlich sein, wenn der Schuldner bei Vertragsschluss[442] vernünftigerweise hätte wissen oder erkennen müssen[443], dass der Gläubiger darauf besonderen Wert legte. Denn nur in Anbetracht des voraussehbaren Haftungsrisikos war der Schuldner bereit, den Vertrag zu den abgeschlossenen Bedingungen auch einzugehen. Würde er im Nachhinein Belastungen tragen müssen, die nicht zu erkennen waren, würde die Risikoverteilung des Vertrages verletzt werden. Dies würde gegen das Prinzip der Privatautonomie verstoßen und die aus ökonomischer Sicht zentrale Funktion des Vertrages verletzen, die bestehenden Risiken zwischen den Parteien effizient zu verteilen.

bb) Die ausreichende Entschädigung in Geld (für das Erfüllungsinteresse)

Ob es zumutbar ist, eine empfangene Leistung trotz einer Vertragsverletzung behalten zu müssen, hängt entscheidend davon ab, ob die entstehenden Verluste durch Schadensersatz ausgeglichen werden können.[444] Dieser Aspekt wird in den Restatements (2nd) in § 241 lit b genannt, im CISG dadurch ausgedrückt, dass die Vertragsaufhebung nur *ultima ratio* sein soll[445] und bildet den Ursprung der *substantial failure* Regel im englischen Recht, wie der Fall *Boone v. Eyre*[446] zeigt: „*[...] where a breach may be paid for in damages, there the defendant has a remedy on his covenant and shall not plead it as a condition precedent.*"[447] Der Schadensersatz entschädigt den Gläubiger für den Verlust seines Erfüllungsinteresses mit dem Ziel, ihn so zu stellen, als wäre der Vertrag erfüllt worden.

---

441 Ebenso in Art. 25 CISG; Art. 10 EKG; Art. 8:103 b EP

442 Schlechtriem/Schwenzer/Schlechtriem, Art. 25 Rn. 15

443 Dies stellte früher Art. 13 EKG klar; Beinert, S. 32, vgl. Fn 13; Für die Schadensersatzhaftung ist diese Anbindung an den Vertrag (Vorhersehbarkeit, Adäquanz, Vertragszweck) ebenfalls Konsens: Dazu schon Rabel, Warenkauf I, S. 491 – 497, der ausdrücklich auf die ausgehandelte Verteilung der Risiken bei Vertragsschluss abstellt, die gewahrt werden muss (S. 497)

444 Treitel, Breach of Contract, S. 356 f. (adequate compensation); Sandrock, S. 265; Kirchner S. 203

445 Honnold, Art. 25, No. 185, S. 211; Schlechtriem/Schwenzer/Schlechtriem, Art.25 Rn. 21a; Schlechtriem/Schwenzer/Müller-Chen, Art. 49 Rn. 2; BGH 03.04.1996 = CISG online 135 = BGHZ 132, 290 (298); Achilles, Art. 25 Rn. 3; s. o. C.I.2.b.aa

446 (1777) 1 Hy. Bl. 273n.; 2 W. Bl., S. 1312

447 Eine weiteres Beispiel im englischen Recht ist der Fall *Decro-Wall International S.A. v. Practitioners in Marketing Ltd.* (1971) 1 WLR, S. 361 (erwähnt in C.II.1.a); Treitel, Breach of Contract, S. 357

Wenn der Gläubiger das, was er vernünftigerweise vom Vertrag erwarten durfte, in Geld erstattet bekommt, kann er sein (Erfüllungs-)Interesse am Vertrag nur verlieren, wenn Geld als Ersatz ausnahmsweise nicht ausreicht. Solange das verletzte Interesse aber in Geld ersetzt werden kann, ist es kaum zu rechtfertigen, den Schuldner durch die Rückgabe zusätzlich zu belasten.[448]

cc) Die zumutbare anderweitige Verwertung des Empfangenen

Eng mit der ausreichenden Entschädigung in Geld ist die Frage verknüpft, ob der Käufer die vertragswidrige Ware anderweitig verwenden kann als ursprünglich vorgesehen. Wenn er die Waren noch einer sinnvollen Verwendung zuführen kann und zusätzlich den Verlust gegenüber dem ursprünglichen Vertragszweck ersetzt bekommt (Erfüllungsinteresse), erleidet er keinen Verlust, erspart aber dem Verkäufer die Rückgabe und u. U. erhebliche zusätzliche Rückabwicklungskosten. Die alternative Verwertung beim Käufer wird in der Rechtsprechung zum CISG besonders betont, weil im internationalen Handel regelmäßig besonders hohe Transportkosten anfallen, die es zu vermeiden gilt.[449] Der mögliche Weiterverkauf durch den Käufer war im Urteil des Bundesgerichtshofs vom 3. April 1996 zu Art. 25 CISG der ausschlaggebende Grund[450], die Rückgabe abzulehnen:

BGHZ S. 132 (290) „Beruht die Vertragswidrigkeit auf einer Abweichung von der vertraglichen Beschaffenheit oder einem sonstigen Mangel der Ware, so kommt es darauf an, ob eine anderweitige Verarbeitung oder der Absatz der Ware im gewöhnlichen Geschäftsverkehr, wenn auch etwa mit einem Preisabschlag, ohne unverhältnismäßigen Aufwand möglich und zumutbar ist [m.w.N.[451]].“[452] „Die Beantwortung der Frage, ob eine Vertragswidrigkeit nach dem dargelegten Maßstab als wesentlich anzusehen ist, obliegt in erster Linie dem Tatrichter. Entscheidend sind stets die Umstände des Einzelfalles

448 Ist die Rückgabe keine Mehrbelastung, weil der Schuldner der bessere Verwerter ist, kann der Gläubiger sie ohnehin verlangen.

449 Markus Krebs, S.21; Nina Freiburg, S. 49; s. o. B.IV.2.b.aa

450 BGH 03.04.1996 = CISG online 135 = BGHZ 135, 290 (298); Achilles, Art. 25 Rn. 3; vgl. Ranieri, S. 315

451 Die amtlichen Nachweise sind: Herber / Czerwenka, Internationales Kaufrecht, Art. 25 CISG Rn. 7; Soergel/Lüderitz, BGB, 12. Auflage, UN-Kaufabkommen, Art. 25 CISG Rn. 2 und Art. 49 Rn. 3; Staudinger/Magnus, BGB, 13. Bearbeitung Art. 25 CISG Rn. 12; Kappus, NJW 1994, S. 984 unter II

452 BGHZ 132, 290 (298)

[m.w.N.[453]]; dazu gehört vor allem auch die Möglichkeit einer zumutbaren anderweitigen Verwertung."[454]

Eng mit der Möglichkeit der zumutbaren Verwertung ist der Ausschluss der Rückgabe verknüpft, wenn der Käufer die Sache noch nach der (möglichen) Kenntnis des Mangels verwendet hat. Das schweizerische Recht nimmt dann eine konkludente Genehmigung[455], das Common Law eine *acceptance* an.[456] Denn wer die schadhafte Sache tatsächlich weitergebrauchen konnte, dem ist eine anderweitige Verwertung anstelle der Rückgabe auch zumutbar (s. u. C.VI.2.b.cc).

dd) Das schiere Ausmaß der Abweichung vom Vertrag

Natürlich spielt auch eine Rolle, wie stark die vertragswidrige Leistung vom geschuldeten Programm abweicht.[457] Je größer die Abweichung, desto wahrscheinlicher, dass das Interesse des Gläubigers verloren geht.[458] Insbesondere bei teilweise mangelhaften Leistungen ist die Größe des betroffenen Teils im Vergleich zum übrigen Vertrag maßgeblich für die Frage, ob der gesamte Vertrag oder nur der mangelhafte Teil aufgehoben werden kann.[459]

ee) Die Einbußen des Schuldners (waste of expense)

Der Grund für die Einschränkung der Rückgabe sind die Mehrbelastungen des Schuldners, die durch die Rückgabe entstehen können.[460] Die Rückgabe wird mit dem Ziel beschränkt, unverhältnismäßige Mehrbelastungen des Schuldners zu vermeiden. Der Punkt wird direkt angesprochen von den Restatements (2nd) in

---

453 Die amtlichen Nachweise sind: Soergel/Lüderitz, BGB, 12. Auflage, UN-Kaufabkommen, Art. 25 Rn. 2; Staudinger/Magnus, BGB, 13. Bearbeitung, Art. 25 Rn. 13

454 BGHZ 132, 290 (299)

455 BundesgerichtsE 105 II, S. 90; Altherr/Brehm/Bühlmann, S. 211, Nr. 1 zu Art. 207 OR; Honsell, Art. 207 Rn. 4; Keller/Siehr, S. 87; Kren-Kostkiewicz/Reich, Art. 205 Anm. 3

456 Englisches Recht: Section 35 (1) (b) SGA; US Recht: § 2-606 (1) (c) UCC: „acts inconsistent with the ownership of the seller"

457 Treitel, Contract Law, S. 771 – 778; Betina Kern, S. 12 – 15

458 Treitel, Breach of Contract, S. 359, Nr. 264

459 Flessner, ZeuP 1997, S. 255 (290 ff.): Er unterscheidet die „vollständige Befreiung" und die „Teilbefreiung"; vgl. § 281 I 2 BGB: Kein Interesse an der Teilleistung.

460 Flessner, ZeuP 1997, S. 255 (264); Sandrock, S. 268; Schwartze, S. 186; Treitel, Breach of Contract, S. 349, Nr. 259; Treitel, Contract Law, S. 771 – 778; Betina Kern, S. 12 – 15; vgl. G. H. Treitel, (1967) 30 M.L.R., S. 139 – 155 zu den Motiven für rescission und die Folgen für die Risikoverteilung

§ 241 lit c (*forfeiture*) und von Art. 7.3.1 lit e UP: „[es ist zu berücksichtigen, ob] die nichterfüllende Partei [...] unverhältnismäßige Einbußen erleidet [...]". In der Schweiz gilt das Prinzip, dass der Käufer auf die Minderung beschränkt ist, „wo der Nachteil der Wandlung für den Verkäufer unverhältnismäßig viel größer wäre als der Vorteil für den Käufer".[461] Auch Art. 6:265 NBW stellt auf die Belastungen des Schuldners ab und schließt die Rückgabe aus, wenn „die Pflichtverletzung [die] Auflösung mit ihren Folgen nicht rechtfertigt".

Bei der Befreiung können dem Schuldner dadurch vermeidbare Schäden entstehen, dass seine u. U. erheblichen **vertragsspezifischen Investitionen** verloren gehen, d. h. alle Aufwendungen, die er für die Erfüllung des Vertrages bereits gemacht hat und die er nicht mehr für ein alternatives Geschäft weiterverwenden kann (z. B. eine Spezialanfertigung, die anderweitig nicht absetzbar ist, oder die Kosten für den Transport der Ware zum Käufer).[462] Diese Aufwendungen sind umso höher, je weiter die Erfüllung des Vertrages fortgeschritten ist. Und je weiter die Erfüllung fortgeschritten ist, desto höher ist die Wahrscheinlichkeit, dass die Vollendung der Erfüllung trotz der Leistungsstörung günstiger ist als der Abbruch durch Befreiung, der ein Ersatzgeschäft notwendig macht. Wie in der ökonomischen Analyse herausgearbeitet wurde, sollte die Befreiung nur stattfinden, wenn die Fortsetzung der Erfüllung nicht mehr lohnt – und das wird mit steigenden vertragsspezifischen Investitionen immer unwahrscheinlicher.[463] Dies ist der Grund, weshalb die Vertragsaufhebung mit fortschreitender Erfüllung immer zögerlicher zugelassen wird – und weshalb eine Nachfrist je großzügiger sein muss, desto mehr Investitionen seitens des Schuldners getätigt wurden.

G. H. Treitel: "[...] the law becomes more reluctant to allow termination, the further performance of the contract has progressed."[464]

Durch die Rückgabe entstehen dem Schuldner vermeidbare Mehrbelastungen, wenn der Gläubiger die mangelhafte Sache besser verwerten kann.[465] Der Gläubiger kann die Sache selbst verwenden oder sie weiterverkaufen. Der Nutzen, den

461 So schon Oser/Schönenberger 1936, Art. 205 Rn. 11, S. 863; er führt weiter aus: „Dies trifft zu, wo die Frachtauslagen eine sehr große Rolle spielen (wie im überseeischen Verkehr, Entscheidung des Zürcher Handelsgerichts in Blätter für handelsrechtliche Entscheidungen 16, S. 330), oder wo die Ware auf besondere Bestellung geliefert wurde und andere dafür keine Verwendung hätten."; Berner Kommentar/Giger, Art. 205 Rn. 50 f.; BundesgerichtsE 94 II, S. 35

462 Flessner, ZeuP 1997,S. 255 (264); Sandrock, S. 267; Schwartze, S. 186 f.; Ernst Rabel, Warenkauf II, S. 240

463 Siehe oben B.IV.1.b und B.IV.2.b.aa

464 Treitel, Breach of Contract, S. 398, Nr. 290

465 S. o. B.IV.2.b.aa

er hierbei noch erzielen kann, wird vom Schadensersatz des Schuldners abgezogen – selbst wenn der Gläubiger einen vollkommen neuen Ersatz beschaffen muss, um sein ursprüngliches Vertragsziel zu erreichen. Kann der Schuldner mit der Sache (z. B. durch Notverkauf) einen weniger großen Nutzen generieren, bedeutet die Rückgabe für ihn eine zusätzliche Belastung, weil der kleinere Nutzen die Belastung durch den Schadensersatz weniger verringert. Es ist wahrscheinlicher, dass der Käufer der bessere Verwerter ist, je geringer der Mangel ist und je geringer die **Rücktransportkosten** sind. Denn ein Kauf entsteht, weil der Käufer der bessere Verwerter ist, und deshalb wird ein sehr geringer Mangel nur selten dazu führen, dass der Verkäufer der bessere Verwerter ist. Und hohe Kosten für den Rücktransport verringern den Nutzen der Sache beim Verkäufer und machen ihn zu einem schlechten Verwerter. Zu diesen Kosten zählen auch zusätzlich anfallende Versicherungen für die Ware, die Gefahr einer Verschlechterung und des Verfalls der Ware und Lagerungskosten.[466]

Zu diesen zusätzlichen Belastungen durch die Rückgabe zählt auch die Rückverlagerung des Risikos fallender Märkte. Der Käufer kann die Rückgabe nutzen, um einem für ihn (inzwischen) unvorteilhaften Geschäft zu entgehen und die Waren anderweitig zu gefallenen Preisen zu beschaffen.[467] Das Risiko, dass sich ein Geschäft aufgrund der Marktschwankungen als schlecht entpuppt (*bad bargain*), muss der Käufer tragen, es sei denn, er zahlt seinem Verkäufer ein besonderes Entgelt dafür, dass dieser die Ware bei fallenden Märkten zurücknimmt. Das Rückgaberecht gibt ihm kostenlos die Möglichkeit, dieses Risiko wieder auf den Verkäufer zurückzuverschieben. Der Käufer wird umsonst gegen Veränderungen der Marktpreise „versichert“ und der Verkäufer muss auf die ihm unter dem Vertrag eigentlich zustehenden Gewinne aus einem für ihn guten Geschäft verzichten.[468]

Ernst Rabel[469]: „Völlig fehlen Anklänge an solche Billigkeitserwägungen nirgends, weil sie durch ernste volkswirtschaftliche Erwägungen gestützt sind. Die Waren sollen möglichst rasch in den Umlauf kommen, die Rücktransportkosten tunlichst gespart werden; und vor allem soll dem Käufer das wohlfeilste Mittel, sich von einem durch die Marktentwicklung unvorteilhaft gewordenen Vertrag zu befreien, genommen werden.“

G. H. Treitel[470]: “In particular, and the importance of this point can hardly be overemphasized, the effect of termination may be to throw back on the defaulting party a risk which, having regard to the nature of the contract, was clearly intended to be borne

466 Zum CISG: Krebs, S. 21; Freiburg, S. 49; außerdem Flessner, ZeuP 1997, S. 255 (264 – 266)
467 Flessner, ZeuP, S. 255 (305)
468 S. o. B.IV.2.b.cc
469 Ernst Rabel, Warenkauf II, S. 240
470 Treitel, Breach of Contract, S. 350, Nr. 259

by the aggrieved party. This will, for example, be the position when a buyer seeks to terminate on a falling market, or when a seller seeks to terminate on a rising market."

Die Verluste des Schuldners infolge der Vertragsaufhebung müssen durch die Interessen des Gläubigers gerechtfertigt werden. Die Kosten des Schuldners sollen nicht unverhältnismäßig aufgebläht werden (*waste of expense to the party in breach*[471]). Volkswirtschaftlich betrachtet führt die Bekämpfung vermeidbar hoher Belastungen des auf das Erfüllungsinteresse haftenden Schuldners zur effizienten Minimierung der Folgeschäden. Bei der Befreiung kann dem Schuldner durch das Recht zur zweiten Andienung die Möglichkeit gegeben werden, unverhältnismäßige Kosten selbst zu vermeiden.[472] Bei der Rückgabe muss eine (exogene) Verhältnismäßigkeitsschranke eingebaut werden, weil der Gläubiger von sich aus kein Interesse an Schadensminderung hat (*moral hazard*).[473] Der letztlich bestimmende Parameter für die Rückgabe ist deshalb, ob der Schuldner im Vergleich zur einfachen Haftung auf das Erfüllungsinteresse stärker belastet wird.[474] Entstehen dem Verkäufer im konkreten Fall nur geringe zusätzliche Verluste, ist die Rückgabe unproblematisch. Drohen ihm hingegen hohe Verluste, so ist die Rückgabe zu rechtfertigen – was umso weniger gelingen kann, je besser die Interessen des Gläubigers durch den (kleinen) Schadensersatz gewahrt werden.

ff) Die nicht billigenswerten Motive

Der Rechtsbehelf der Vertragsaufhebung soll nicht missbraucht werden, um Ziele zu verfolgen, die vom Recht nicht gebilligt werden.[475] Hierunter fällt vor allem das Motiv, einem (inzwischen) schlechten Geschäft zu entgehen. Im schweizerischen[476], niederländischen[477], englischen[478] und amerikanischen[479] Recht wird die Vertragsaufhebung versagt, wenn sie nur aus Scheingründen erfolgt und das wahre Motiv eine Unzufriedenheit mit dem Geschäft ist, die nicht

---

471 Treitel, Breach of Contract, S. 357, Nr. 264

472 S. o. B.IV.1.b/d

473 S. o. IV.2.b.cc/ff

474 Schwartze, S. 188: für ein objektives Kriterium wäre erforderlich, auf die konkreten Folgen der Wandelung abzustellen

475 Treitel, Breach of Contract, S. 357, Nr. 264

476 BundesgerichtsE 23 II, S. 1098 ff.; Berner Kommentar/Giger, Art. 205 Rn. 56

477 Hartlief, Kluwer Verbintenissenrecht, Art. 265 aant. 7 (S. 265-29 ff.)

478 *Cehave NV v Bremer Handelsgesellschaft mbH, The Hansa Nord* (1976) Q.B., S. 44; (1975) 3 All ER, S. 739

479 *T.W.Oil, Inc. v. Consolidated Edison Co.*, 57 N.Y.2d 574; 457 N.Y.S.2d 458; 443 N.E.2d 932; 35 UCC 12 (1982); White & Summers, vol. 1 § 8-3, S. 441

vom Mangel herrührt. Am deutlichsten ist dieses Kriterium im amerikanischen Recht ausgeformt, das durch die allgemeine Pflicht zu Treu und Glauben (*good faith*) das Recht des Käufers zur Vertragsaufhebung auf die Fälle beschränkt, in denen ein vernünftiger Käufer einen billigenswerten Grund hätte, die Ware zurückzugeben.

gg) Die Bagatellgrenze de minimis non curat praetor

Der Ausschluss der nicht billigenswerten Motive geht auf das Verbot von Rechtsmissbrauch zurück bzw. auf den Grundsatz von Treu und Glauben (*good faith*). Hiermit verbunden ist der Grundsatz, dass niemand aufgrund trivialer Vertragsverletzungen soll Beschwerde führen können. Das Recht verweigert sich für Bagatellfälle (*de minimis non curat praetor*). Das führt in allen Rechtsordnungen[480] dazu, dass für triviale Mängel kein Rücktritt gewährt wird. Am deutlichsten zeigt sich die Lebendigkeit dieses Grundsatzes im amerikanischen UCC.[481] Dort soll eigentlich für alle offensichtlichen Mängel die sofortige Ablehnung zulässig sein (*perfect tender rule*), doch durch die Treuepflicht wird dies auf Fälle beschränkt, in denen so wesentliche Fehler vorliegen, dass ein vernünftiger, treu handelnder Vertragspartner mit billigenswerten Motiven die Ware zurückgewiesen hätte.[482] Kein System wird den Verkäufer belasten, wenn der Käufer keine ernst zu nehmenden Interessen hat, die es zu schützen gilt.

hh) Die Möglichkeit der zumutbaren Nachbesserung (liberty to cure[483])

Die Rückgabe wird (unter zusätzlichen Voraussetzungen) erst gewährt, wenn der Gläubiger sich befreien kann. Und die Befreiung findet nur statt, wenn eine noch mögliche Nachbesserung nicht mehr zumutbar ist (Vorrang der Nacherfüllung, vgl. Art. 8:104 EP, Art. 7.1.4 (1) UP[484]). Dies führt z. B. im CISG zur sog. dynamischen Auslegung: Ein Fehler kann nicht wesentlich sein, wenn durch eine Nacherfüllung das Interesse des Gläubigers gewahrt werden kann.[485] Die US

---

480 Besonders auffällig im englischen Fall *Reardon Smith Line Ltd. v. Yngvar Hansen Tangen* (1976) 1 WLR, S. 989, in welchem ausdrücklich für conditions das Rücktrittsrecht bei trivialen Abweichungen verwehrt wurde (s. o. C.II.1.b).; vgl. Art. 197 II OR; Honsell, OR BT, S. 59

481 Dazu schon Rabel, Warenkauf II, S. 241 f. und Fn. 79 im Abschnitt über die „Beschränkung auf schwere Mängel"

482 White & Summers, vol. 1, § 8-3, S. 441

483 Treitel, Breach of Contract, S. 370 ff., Nr. 276

484 S. o. C.VI.1.b

485 MüKo/Huber, Art. 49 Rn. 28 f.; Honnold, S. 210 Art 25, No. 184; Petrikic, S. 93 f.; Krebs, S. 40; Schlechtriem/Schwenzer/Schlechtriem, Art. 25 Rn. 20; Schlecht-

Restatements (2nd) greifen diesen Aspekt in § 241 lit d auf. Aufgrund der Verhältnismäßigkeitsprüfung gilt für die Rückgabe der Vorrang der Nacherfüllung.[486] Denn durch die zumutbare Nacherfüllung kann der Schuldner die Kosten der Rückgabe vermeiden – und vermeidbare Mehrkosten sind unverhältnismäßig.[487]

ii) Die seit der Übergabe abgelaufene Zeit

Für die Höhe der Verluste des Verkäufers ist ein wichtiger Faktor, wie viel Zeit seit der Übergabe der Sache bereits vergangen ist.[488] Der Verkäufer verliert während der Schwebezeit, in der die gelieferte Sache noch zurückgegeben werden kann, seine Dispositionsfreiheit. Er weiß nicht, ob er sich zur Leistung bereithalten muss und die Gegenleistung behalten kann.[489] Das Risiko einer Verschlechterung der Ware und das auf den Verkäufer durch die Wandlung zurückgeworfene Risiko eines Preisverfalls steigen mit der Zeit an.[490] Dies führt in den meisten Rechtsordnungen dazu, dass für Rückgabe eine besondere Ausschlussfrist gilt (s. u. C.VI.2.b.aa), insbesondere im Common Law durch die *acceptance* aufgrund verstrichener Zeit.[491] In den Rechtsordnungen, in denen keine solche Ausschlussfrist besteht, muss die vergangene Zeit bei der Bestimmung der „Wesentlichkeit" der Vertragsverletzung berücksichtigt werden.

jj) Unsicherheit über die künftige Vertragserfüllung

Wenn unter dem gestörten Vertrag noch Leistungen ausstehen, ist es für die vertragstreue Partei wichtig zu erfahren, ob die zukünftigen Erfüllungen noch erbracht werden. Die Ungewissheit darüber kann dem Gläubiger unzumutbar

---

riem/Schwenzer/Müller-Chen, Art. 48 Rn. 15; Honsell/Karollus, Art. 25 Rn. 11 ff., 22 ff.; Honsell/Schnyder/Straub, Art. 49 Rn. 23, s. o. C.I.2.b.bb

486 Sandrock, S. 264

487 Zusammenfassend Dieter Beinert, S. 35: „Wenn die Nachholung der geschuldeten Leistung nicht zum Wegfall des Gläubigerinteresse führt, ist es nur innere Konsequenz des Ausgangspunktes, die Vertragsaufhebung vom Interessenwegfall abhängig zu machen, bei nachholbaren Leistungen dem Schuldner die Wiedergutmachung seiner Pflichtverletzung zu gestatten und dem Gläubiger deshalb die Vertragsaufhebung zu versagen."

488 Schwartze, S. 189 (besondere Frist für die Inanspruchnahme der Vertragsaufhebung)

489 Flessner, ZeuP 1997, S. 255 (305)

490 Treitel, Breach of Contract, S. 400, Nr. 291

491 Schwartze, S. 189; Sandrock, S. 137 – 147; Flessner, ZeuP 1997, S. 255 (305)

sein.[492] Nach Art. 7.3.1 (2) lit d UP ist daher maßgeblich, „[ob] die Nichterfüllung der benachteiligten Partei Anlass zur Annahme gibt, zu glauben, dass sie sich auf zukünftige Erfüllung durch die andere Partei nicht verlassen kann". Auch Art. 8:103 lit c EP erwähnt die fehlende Verlässlichkeit für den Gläubiger.

kk) Die vertragsfeindliche Einstellung

Ein vorsätzlicher, arglistiger oder aus anderen Gründen verwerflicher Vertrauensbruch kann die Aufhebung des ganzen Vertrags begründen, denn wer selbst gegen Treu und Glauben verstößt, ist nicht mehr schutzwürdig (vertragsfeindliche Einstellung).[493] In diesem Fall übernimmt die Vertragsaufhebung die Aufgabe einer zusätzlichen Sanktion.[494] Ein Beispiel ist § 463 BGBaF, der für Arglist und Vorsatz ausnahmsweise die Kombination von Rückgabe und großem Schadensersatz zuließ. Der Treueverstoß wird in Art. 8:103 lit c EP und Art. 7.3.1 (2) lit c UP genannt und ist nach den US Restatements (2nd) in § 241 lit e ein Kriterium der Wesentlichkeit *„the extent to which the behaviour of the party failing to perform or to offer to perform comports with standards of good faith and fair dealing."*

ll) Rechtssicherheit und Rechtsbräuche

Vor allem die Entwicklung der festen Kategorie der *conditions* im englischen Recht zeigt, dass Rechtssicherheit ein wesentliches Argument für ein Rückgaberecht sein kann. Im Fall *Bunge v. Tradax*[495] wurde festgestellt, dass bei manchen Pflichten das Interesse an Rechtssicherheit so sehr überwiegt, dass ihre Verletzung immer einen wesentlichen Bruch darstellt.[496] Wenn demnach eine bestimmte Vertragsklausel nach den Rechtsbräuchen eines Landes oder einer Zunft (im Fall *Bunge v. Tradax* war es die Lieferzeit im Handelskauf) als besonders wichtig anerkannt ist und für deren Bruch normalerweise ein Rückgaberecht ent-

492 Treitel, Breach of Contract, S. 358, Nr. 264; Betina Kern, S. 13 – 15; Treitel, Contract Law, S. 771 – 778: „The need to remove uncertainty as to future performance"; Flessner, ZEuP 1997, S. 255 (295)

493 Flessner ZeuP, S. 255 (269), Beispiel auf S. 285: BGH 19.10.1977, NJW 1978, S. 260 (Autohändler tauscht treuwidrig Neuteile gegen gebrauchte aus; Betrugsversuch); Treitel, Breach of Contract, S. 359: „the deliberate nature of the breach"; Sandrock, S. 266

494 Schwartze, S. 188

495 *Bunge Corp v. Tradax Export SA* (1981) 1 WLR, S. 711

496 *Lord Roskill, Bunge Corp v. Tradax Export SA* (1981) 1 WLR, S. 711 (724); ebenso Lord Diplock in *Photo Production Ltd v. Securicor Transport Ltd* (1980) A.C., S. 827 (849)

steht, dann muss eine schwerwiegende Störung der Verhältnismäßigkeit vorliegen, um entgegen dem Interesse der Rechtssicherheit die Rückgabe noch ausschließen zu können. Umgekehrt spricht das Kriterium der Rechtssicherheit und der Rechtsbräuche gegen die Rückgabe, wenn man die Regel so versteht, dass nur bei überwiegendem Interesse an Rechtssicherheit ausnahmsweise nicht auf die konkreten Folgen im Einzelfall abgestellt werden muss. Dies ist die Wirkung des § 2-314 (3) UCC, der das Entstehen neuer Garantien (*warranties*) neben den gesetzlichen des UCC nur aufgrund von Handelsbräuchen zulässt.[497] So sind auch die *conditions* im englischen Recht die (nur durch Rechtssicherheit zu rechtfertigende) Ausnahme von der Regel geworden.[498]

Die Tatsache, dass es Situationen gibt, in denen die Rechtssicherheit der Einzelfallgerechtigkeit vorgehen sollte und folglich eine feste Kategorisierung Sinn machen kann, ist der Grund, weshalb sich bei der Nichterfüllung die (nicht immer einzelfallgerechte) Konstruktion der Befreiung nach Ablauf einer vom Gläubiger gesetzten Nachfrist international durchgesetzt hat – und sich auch für die Befreiung bei Schlechtleistung empfiehlt.

b) Sonstige Schranken der Rückgabe

Neben Wesentlichkeitsschwelle und Verhältnismäßigkeitseinrede gibt es noch weitere spezielle Schranken für die Rückgabe. Sie existieren zusätzlich zu den allgemeinen Beschränkungen der Käuferrechte, die alle Gewährleistungsansprüche ausschließen. Zu diesen allgemeinen Beschränkungen zählen vor allem die Bagatellgrenze bzw. der Grundsatz *de minimis non curat praetor,* die allgemeinen Untersuchungs- und Rügepflichten, wie etwa in § 377 HGB oder Art. 39 (1) CISG, und die Verjährung.

aa) Spezielle Ausschlussfristen

Häufig finden sich spezielle Ausschlussfristen, die das Rückgaberecht auf eine relativ kurze Zeit nach Übergabe beschränken, den Schadensersatzanspruch aber unberührt lassen.[499] Besonders ausgeprägt ist dieser Mechanismus im engli-

---

497 Williston on Sales, vol. 2, § 16-6, S. 440 f.: „The Code, by taking notice of commercial practices, creates a substantial breach, if not a total destruction, in the previously impenetrable wall of the requirement of perfect tender."

498 In *Tradax Internacional S.A. v. Goldshmidt S.A.* (1977) 2 Lloyd's Report, S. 604 (612) wurde gesagt, die Gerichte „should lean in favour" of classifying terms as intermediate; vgl. Treitel, Breach of Contract, S. 363

499 Schwartze, S. 185 und 189; Flessner, ZeuP 1997, S. 255 (306 – 309); Treitel, Breach of Contract, S. 396 ff., Nr. 289 – 291; Rabel, Warenkauf I, S. 440 – 443

schen Recht durch die gesetzliche, unwiderlegliche (!) Vermutung der Annahme der Ware (*acceptance*) nach Ablauf einer für die Untersuchung der Ware angemessenen Frist.[500]

Section 35 SGA Acceptance "(4) The buyer is also deemed to have accepted the goods when after the lapse of a reasonable time he retains the goods without intimating to the seller that he has rejected them."

Section 35 (2) SGA stellt klar, dass eine ausreichende Möglichkeit zur Untersuchung bestehen muss. Der unwiderrufliche Ausschluss der Rückgabe gilt auch für latente Mängel, die kurz nach Übergabe selbst durch eine gründliche Untersuchung nicht festgestellt werden können. Das Rückgaberecht im SGA ist deshalb nur ein zeitlich sehr eng begrenztes „Annahmeverweigerungsrecht".[501] Im US amerikanischen Recht ist die *acceptance* widerruflich (*revocation of acceptance*) und dient dazu, zwischen dem sofortigen Annahmeverweigerungsrecht für offensichtliche Mängel (*perfect tender rule*) und dem längerfristigen Rückgaberecht nach den Regeln der wesentlichen Vertragsverletzung zu unterscheiden. Doch der Widerruf der Annahme ist ausgeschlossen, wenn ein Mangel nicht innerhalb der Zeit gerügt wird, die ein sorgfältiger Käufer benötigt, um den Mangel zu entdecken (§ 2-608 (2) UCC).[502] Auf die tatsächliche Kenntnis kommt es nicht an. Dies führt dazu, dass die Rückgabe schon lange vor der Verjährung der Gewährleistungsrechte ausgeschlossen ist. Ähnliche Regeln enthalten Art. 49 II b (i) CISG, Art. 9:303 (2) EP und Art. 7.3.2 (2) UP. In der Schweiz führt ein „ungerechtfertigt langes Zuwarten" nach Entstehung des Wandlungsrechts zu dessen Verlust.[503] Das alte BGB sah eine zeitliche Beschränkung in § 466 BGBaF vor: Der Schuldner konnte dem Gläubiger eine Frist zur Erklärung setzen, nach deren Ablauf das Wandlungsrecht verfiel. Im neuen Schuldrecht gilt diese Regel laut § 350 BGB nur noch für ein vertraglich vereinbartes Rücktrittsrecht.[504]

---

500 Rabel, Warenkauf I, S. 443

501 Schwartze, S. 177

502 § 2-608 (2) UCC: „Revocation of acceptance must occur within a reasonable time after the buyer discovers or should have discovered the ground for it [...]"

503 Kren-Kostkiewicz/Reich, Art. 205, Anm. 10; Honsell, Art. 205 Rn. 6

504 Palandt/Heinrichs, § 350 Rn. 1 a. E.: es wird eine entsprechende Anwendung des § 264 II BGB diskutiert, um die Regel wieder zum Leben zu erwecken, vgl. Schwab, JR 2003, S. 136, (was aber keinen sinnvollen Schutz bewirken kann: s. u. D.IV.4.b)

bb) Unmöglichkeit der unversehrten Rückgabe

Einige Rechtsordnungen schließen die Rückgabe aus, wenn die empfangene Sache nicht mehr unversehrt zurückgegeben werden kann. So schloss § 351 S. 1 BGBaF die Rückgabe bei verschuldeter Unmöglichkeit der Herausgabe aus.[505] Im Common Law kommt es nicht auf ein (wie auch immer geartetes[506]) Verschulden an. § 2-608 (2) UCC schließt die Rückgabe aus, wenn die Sache wesentlich verändert oder verschlechtert wurde und dies nicht auf den Mangel zurückgeht.[507] Das UN-Kaufrecht verfolgt eine ähnliche Regel wie das alte BGB in Art. 82 CISG, das schweizerische Recht ebenfalls durch Art. 207 III OR. Das neue Schuldrecht hingegen schließt die Rückgabe nicht mehr aus, sondern macht die rückgabepflichtige Partei für den Wertverlust haftbar, § 346 II BGB. Diese Haftungslösung haben auch Art. 9:309 EP und Art. 7.3.6 (1) S. 2 UP gewählt. Das ist konsequent, denn bei Verschlechterung und Untergang geht es darum, wer das Risiko des nachträglichen Wertverlustes tragen soll (Haftung für die Gefahr der Sache[508]). Um das Risiko dem Rückgabeberechtigten aufzulasten, muss man nicht die Rückgabe ausschließen. Es reicht, wenn er in Geld haftet, sobald die Verlustursache in seine Risikosphäre fällt.[509]

Der Ausschluss der Rückgabe bei Unmöglichkeit vermeidet nicht gezielt zusätzliche Kosten aufgrund der Rückgabe. Er regelt nur die Sachgefahr nach Übergabe, was genauso gut durch eine Haftung in Geld geschehen kann. Indirekt schränkt die Regel trotzdem die ineffiziente Rückgabe ein, denn der Verfall der Sache tritt umso wahrscheinlicher ein, je mehr Zeit seit der Übergabe vergangen ist. Somit vermeidet der Ausschluss bei Verschlechterung mittelbar, dass der Schuldner übermäßig lange in der Schwebe gehalten wird, was zusätzliche Kosten verursachen kann. Um dieses Zeitmoment zur vollen Geltung zu bringen, müsste allerdings wie im englischen Recht – und wie **Hans G. Leser** es für

---

505 Dazu ausführlich (insbesondere zur problematischen Vorstellung von „Verschulden“) Leser, Rücktritt, S. 179 – 193

506 Leser schlägt für das deutsche Recht eine Regelung vor, die dem Common Law gleichkommt: jede „freie Handlung“ die eine Verschlechterung verursacht, soll für den Ausschluss ausreichen; § 350 BGBaF soll entsprechend beschränkt werden, S. 201 und 204

507 „Substantial change in condition of the goods which is not caused by their own defects“; zum englischen Recht vgl. Chitty on Contracts, Chapter 43-307, vol. II, S. 1422: es gilt die Regel des „restitutio in integrum“

508 Leser, Rücktritt, S. 194 – 204

509 Leser, Rücktritt, S. 212: „Für den gesetzlichen Rücktritt bietet sich dabei ganz zwanglos der Weg an, vom beschränkten Rücktritt auf den sehr viel elastischeren Schadensersatz zur Liquidation des ursprünglichen Vertrages überzugehen.“

§ 350 BGBaF gefordert hat[510] – nicht auf Verschulden, sondern schlicht auf kausales Handeln[511] und Risikosphären[512] abgestellt werden, damit der Käufer für jede Verschlechterung einzustehen hat.

cc) Verwenden der Sache nach Entdecken des Mangels

Zur Begrenzung der ineffizienten Rückgabe unmittelbar dienlich ist hingegen der Ausschluss der Rückgabe, wenn der Käufer die Sache weiterbenutzt oder verkauft, nachdem er den Mangel festgestellt hat. In diesem Fall beweist er nämlich, dass es noch eine ihm zumutbare Verwertungsmöglichkeit für die Sache gibt und dass der kleine Schadensersatz seine Interessen ausreichend entschädigt. So schließt z. B. Section 35 SGA die Rückgabe aus, wenn Handlungen des Käufers den (nach Rückgabe wieder eintretenden) Eigentumsrechten des Verkäufers widersprechen.[513] Diese Handlungen werden so definiert, dass der Käufer mit ihnen seinen Herrschaftsanspruch gegenüber der Sache zum Ausdruck bringt (*dominion*) – dass er also über sie verfügen und sie verwerten will.[514] Im US-amerikanischen Recht vermutet § 2-608 (4) UCC eine unwiderrufliche Annahme[515], wenn die Weiterverwendung nach Entdeckung des Mangels nicht gerechtfertigt werden kann. Im schweizerischen Recht gilt ein vergleichbarer Ausschluss der Rückgabe, „wenn der Käufer die Kaufsache trotz der von ihm erkannten Mängel der Sache ohne stichhaltigen Grund gebraucht“[516] und damit konkludent genehmigt.[517]

---

510 Leser, Rücktritt, S. 194 – 204 (Neubestimmung von Haftung und Gefahr für die Sache)

511 Leser, Rücktritt, S. 201: Haftung für „jede freie Handlung, die die Nichtherausgabe oder nicht volle Herausgabe verursacht hat“

512 Leser, Rücktritt, S. 202: „Einstandspflicht für die empfangene Sache oder ihr Surrogat“

513 Section 35 SGA: „Any act in relation to them which is inconsistent with the ownership of the seller [..]“

514 Zum US-UCC: Anderson, vol. 4, § 2-606:27, S. 108; White & Summers, vol. 1, § 8-3, S. 451

515 Anderson, vol. 4, § 2-606:27, S. 108 und vol. 4, § 2-608:44, S. 204; White & Summers, vol. 1, S. 463, § 8-4; *McCullogh v. Bill Swad Chrysler-Plymouth, Inc.*, 5 Ohio St.3d 181; 449 N.E.2d 1289; 36 UCC 513 (1983)

516 BundesgerichtsE 105 II, S. 90; Altherr/Brehm/Bühlmann, S. 211, Nr. 1 zu Art. 207 OR; Honsell, Art. 207 OR Rn. 4

517 Keller/Siehr, S. 87; Kren-Kostkiewicz/Reich, Art. 205 OR Anm. 3

dd) Besondere Treuepflicht und Schadensminderungspflicht

Im amerikanischen Recht hat sich als Gegenreaktion auf die *perfect tender rule*[518] eine spezielle Treuepflicht herausgebildet, entgegen dem Missbrauch des nach dem Buchstaben des Gesetzes eigentlich gegebenen Rückgaberechts.[519] Das Rückgaberecht soll nicht nur ausgeschlossen sein, wenn die eigentliche Motivation des Zurücktretenden ein fallender Marktpreis ist[520], sondern auch ganz allgemein, wenn ein vernünftiger Käufer den Mangel nicht zum Anlass genommen hätte zurückzutreten (objektiver Test).[521] Auch in der Rechtsprechung zum alten Schuldrecht wurde die Wandlung in seltenen Ausnahmefällen unter Berufung auf Treu und Glauben ausgeschlossen.[522] Aus der Treuepflicht wird die Wertung abgeleitet, dass man seinem Vertragspartner keine vermeidbaren Lasten aufbürden darf – jedenfalls nicht, wenn man dadurch keinen billigenswerten eigenen Vorteil verteidigt. Dieser Gedanke findet sich bei der Bewertung des „wesentlichen" Vertragsbruchs wieder, indem die Rückgabe ausgeschlossen wird, wenn das Behalten der vertragswidrigen Ware zumutbar ist und der (kleine) Schadensersatz zur Befriedigung des Gläubigers ausreicht (vgl. US Restatements (2nd) § 241 lit b).

Die Treuepflicht ist auch in der Schadensminderungspflicht enthalten, die im Common Law besonders stark ausgeprägt ist. Der Käufer kann keinen Ersatz für solche Schäden verlangen, die er durch zumutbare Maßnahmen hätte vermeiden können (im US-Recht: *avoidance*[523]; *mitigation* im englischen Recht[524]). Im Fall *Jacobs & Youngs v. Kent*[525] führte dies dazu, dass die Rückgabe, die unverhältnismäßig hohe Folgekosten ausgelöst hätte, aufgrund einer Verletzung der Schadensminderungspflicht verwehrt wurde.[526] Art. 9:505 EP[527] zieht bei Verletzung

518 Die „subtilen" Mittel zur Einschränkung der Rückgabe im US Recht schildert Rabel, Warenkauf II, S. 241 f.

519 Anderson, vol. 4, § 2-601: 19 – 26; Rohwer/Skrocki, S. 466, S. 268 f.; *Neumiller Farms, Inc. v. Cornett* (Ala) 368 So 2d 272; 26 UCC 61; *National Fleet Supply, Inc. v. Fairchild*, 450 N.E.2d 1015; 36 UCC 480 (Ind.App.1983); *McKenzie v. Alla-Ohio Coals, Inc.*, 1979 WL 30087; 29 UCC 852 (D.D.C.1979)

520 White & Summers, vol. 1, § 8-3, S. 441; *T.W.Oil, Inc. v. Consolidated Edison Co.*, 57 N.Y.2d 574; 457 N.Y.S.2d 458; 443 N.E.2d 932; 35 UCC 12 (1982)

521 Anderson, vol. 4, § 2-601:23

522 Schwartze, S. 177; Rabel, Warenkauf I, S. 241 (dort zu RGZ 61, 92 (94); OLG Hamm, NJW-RR 1988, S. 1461 (1462); Huber/Soergel, BGB, Rn. 4 zu § 462 BGBaF

523 Rohwer/Skrocki, S. 455

524 Treitel, Breach of Contract, S.179 ff., Nr. 145 ff.

525 Court of Appeals of New York, 1921 230 N.Y. 239; 129 N.E. 889; 23 A.L.R. 1429

526 S. o. C.III.1

527 Dem entspricht Art. 7.4.8 UP

der Schadensminderungspflicht die vermeidbaren Mehrkosten von der Haftung des Schuldners ab. Löst die Rückgabe vermeidbare Mehrkosten aus, ist die Haftung des Schuldners auf das Niveau ohne die unnötige Rückgabe beschränkt.[528] Ein Gläubiger, der die Folgekosten einer Leistungsstörung durch Rückgabe oder Annahmeverweigerung treuwidrig aufbläht, muss die Mehrkosten also selber tragen. Aus ökonomischer Sicht stellt die Haftung des Gläubigers für die Mehrkosten eine gangbare Alternative zum gesetzlichen Ausschluss der ineffizienten Rückgabe dar. Die Beschränkung der Erfüllungshaftung auf das effiziente Niveau kann die Gefahr des treuwidrigen Ausnutzens (*moral hazard*) beheben.[529]

Article 9:505 EP [Reduction of Loss] "(1) The non-performing party is not liable for loss suffered by the aggrieved party to the extent that the aggrieved party could have reduced the loss by taking reasonable steps. (2) The aggrieved party is entitled to recover any expenses reasonably incurred in attempting to reduce the loss."

Commentary A: "The failure to mitigate loss may arise either because the aggrieved party incurs unnecessary or unreasonable expenditure or because it fails to take reasonable steps which would result in reduction of loss or in offsetting gains."[530]

ee) Nachvertragliche Kooperationspflichten

Die Rückgabe ist nur ineffizient, wenn der Gläubiger die Sache besser verwerten kann. Insbesondere die Kosten für Rückverfrachtung, Versicherung und Lagerung nach der Rückgabe, aber auch die Schwierigkeiten des Verkäufers beim Notverkauf am Ort der Ablieferung können den Schuldner zu einem schlechten Verwerter machen. Deshalb wird der Gläubiger in manchen Rechtsordnungen dazu verpflichtet, dem Schuldner bei der sofortigen Verwertung vor Ort zu helfen. Diese nachvertragliche Kooperationspflicht schränkt zwar nicht das Rückgaberecht ein, dämpft aber die Folgekosten. Ernst Rabel hat diese „Sorge für die Sache" gefordert[531], was zu Art. 86 CISG geführt hat (Pflicht zur Erhaltung der Ware). Das amerikanische Recht geht in § 2-603 (1) UCC weiter und verpflichtet den Käufer, den Anweisungen des Verkäufers in Bezug auf die Sache zu folgen, so dass dieser vor Ort einen kostensparenden Helfer bekommt. Kommen keine Anweisungen, ist der Käufer u. U. sogar zu einem kostensenkenden Notverkauf verpflichtet. Die nachvertragliche Kooperation ist letztlich eine Aus-

---

528 Dies zeigt Beispiel 2 im Kommentar (A) zu Art. 9:505 (Lando/Beale, EP 2000, S. 445): Der Käufer lehnt zu Unrecht die Anmietung des angebotenen Ersatzwohnmobils ab. Deshalb ist sein Schadensersatzanspruch auf die hypothetischen Schäden ohne die Ablehnung beschränkt.

529 S. o. B.III.1.b

530 Lando/Beale, EP 2000, S. 445 zu Art. 9:505, Kommentar A

531 Rabel, Warenkauf II, S. 276

prägung der Schadensminderungspflicht, denn der Gläubiger soll zumutbare Maßnahmen ergreifen, um die Kostenlast seines Schuldners zu drücken. Den Gläubiger kann daher auch die Pflicht zu Rücktritt und Ersatzkauf treffen, wenn das höhere Verluste vermeidet.[532]

ff) Kategorisierung und Nebenpflichten

Zuletzt wird die Rückgabe oft dadurch beschränkt, dass sie nur bei Verletzung von „Hauptpflichten" zugelassen und für „Nebenpflichten" ausgeschlossen oder jedenfalls deutlich stärker beschränkt wird. So schränkt § 282 BGB die Rückgabe bei Verletzung von nicht-leistungsbezogenen Nebenpflichten stärker ein als § 281 I 3 BGB bei Verletzung von Haupt- und Nebenleistungspflichten. Im englischen Recht wird für *warranties* die Rückgabe ganz verwehrt. Die Einteilung der Pflichten in feste Kategorien macht das Rückgaberecht zwar voraussehbar, verhindert aber die Verhältnismäßigkeitsprüfung im Einzelfall. Kategorien, welche die Rückgabe *immer* ausschließen oder zulassen, sollten daher nur geschaffen werden, wenn das Interesse an Rechtssicherheit deutlich überwiegt.[533] Kategorien können auch zur Abstufung der Schranke dienen. So verzichtet z. B. das neue Schuldrecht für die Nebenpflichten i.S.v. § 241 II BGB nicht ganz auf die Verhältnismäßigkeitsprüfung, sondern setzt einen strengeren Maßstab an – insbesondere durch eine Beweislastumkehr.

3. Die Tradition der ädilizischen Rechtsbehelfe

Im Folgenden wird das System des alten BGB (a) mit dem gefundenen Konsens der untersuchten Rechtsordnungen kontrastiert (b), um die Gefahr der Vermischung der unterschiedlichen Ansätze zu verdeutlichen (c).

a) Anreize im ädilizischen System

§ 326 BGBaF entspricht durch die Befreiung nach erfolglosem Ablauf der Nachfrist und die Kombination mit dem kleinen Schadensersatz (Nichterfüllungsschaden) dem vorgefundenen internationalen Konsens.[534] Bei der Rückgabe

532 Treitel, Breach of Contract, S. 181, Nr. 147 und S. 116, Nr. 104; abstrakte Schadensberechnung

533 Vgl. *Bunge Corp v. Tradax Export SA* (1981) 1 WLR, S. 711, s. o. C.II.1.b

534 Leser, Rücktritt, S. 131: Der Nichterfüllungsschaden sei „im Ergebnis die Kombination von Befreiungswirkung, wie sie ursprünglich dem Rücktritt vorbehalten war, mit dem Schadensersatz", siehe Fn. 89 m.w.N.; Leser, ibid, S. 143; vergleiche dazu

weicht das alte BGB stark ab: Bei Rückgabe einer vertragswidrigen Leistung[535] wird die Kombination mit Schadensersatz versperrt, denn „Rücktritt“ und Schadensersatz schlossen sich grundsätzlich aus (s. o. A.II.3).[536] Im besonderen Kaufgewährleistungsrecht gaben die ädilizischen Rechtsbehelfe[537] dem Käufer keinen Schadensersatz, sondern nur Minderung oder alternativ Wandlung.

Exkurs: Die **Minderung** ist eine Art reduzierter Schadensersatz, denn sie ersetzt nur den Wertverlust der Sache selbst. Der Preis einer Ware wird in dem Verhältnis gekürzt, um das der Wert der Ware hinter dem vereinbarten Wert zurückbleibt.[538] Im Unterschied zum Schadensersatz wird der entgangene Gewinn nicht ersetzt. Die Rendite des Geschäfts bleibt dem Käufer erhalten, denn das Verhältnis von Kaufpreis zum Wert der Ware wird nicht verändert. Der Käufer macht bei der Minderung noch Gewinn durch den Vertrag, allerdings ist der absolute Wert seiner Gewinne kleiner, weil er bei gleicher Rendite weniger Umsatz macht.[539] Die Minderung schützt also ähnlich wie der Erfüllungsschaden das Äquivalenzinteresse, jedoch nur die relative Rendite anstelle des absoluten entgangenen Gewinns.

Aufgrund der Alternativität verliert der Käufer bei der Rückgabe den Schutz seines Äquivalenzinteresses (Minderung oder Schadensersatz). Diesen Vorteil wird er nur verloren geben, wenn er in einem anderen Geschäft mehr verdienen

---

schon Rabel, Warenkauf I, S. 434 und zum früheren § 921 ABGB (Österreich) S. 186

535 Vgl. Leser, Rücktritt, S. 132 – 138 („Qualitativ ungenügende Leistungen in der Abwicklung (Erfüllungsversuch)“)

536 Leser, Rücktritt, S.138 – 142 („Rücktritt und Schadensersatz schließen sich aus – seit dem ADHBG“)

537 Der Name geht auf das römische Recht zurück. In einem Edikt der Marktgerichtsbarkeit der „kurulischen Ädilen“ wurde die Alternativität von Minderung und Wandlung ursprünglich als spezielle Lösung für den Kauf von typischen Marktwaren wie Zugtiere und Sklaven entwickelt. Später weitete sich der Kompromiss zwischen einer Haftung ohne Verschulden und der Beschränkung auf die Rückgewähr der ausgetauschten Leistungen auf Sachen aller Art und alle Fehler aus. Siehe ausführlich zur „actio redhibitoria“ Leser, Rücktritt, S. 41 ff.

538 Vgl. Rabel, Warenkauf II, S. 232 – 234, der die Formel befürwortet: „Der Käufer kann den Preis im Verhältnis ändern, in dem der Wert den die Sache zur Zeit des Kaufabschlusses hatte, durch den Mangel gemindert ist.“

539 Ein Rechenbeispiel: A kauft für € 1000 Tomaten, die er für € 1200 weiterverkaufen kann. Sein anvisierter Gewinn ist € 200, seine Rendite 20 %. Sind die Tomaten schadhaft und können nur noch für € 600 abgesetzt werden, dann liegt ein Wertverlust von 50 % vor. Der Kaufpreis kann um 50 % auf € 500 gemindert werden, wodurch dem Käufer seine Rendite von 20 % auf den Kaufpreis erhalten bleibt, denn er verdient € 100. Im Vergleich zum ursprünglich anvisierten Gewinn verdient er nur die Hälfte.

kann als durch den gestörten Vertrag.[540] Wenn keine lukrative Alternative bereitsteht, wird der Käufer die mangelhafte Sache behalten und verwerten und entsprechend dem Nutzenverlust mindern oder Schadensersatz verlangen. Im Gegensatz zur Kombination bildet die Alternativität daher einen starken Anreiz, das Empfangene zu behalten.[541] Bei fallenden Marktpreisen wirkt dieser Anreiz nicht, weil das alte Geschäft relativ schlecht war und es lukrative Alternativen gibt. Im alten BGB wirkten dann die Bagatellklausel des § 459 I 2 BGBaF und die kurze Verjährung des § 477 BGBaF als Rückgabeschranken.

Die ädilizischen Rechtsbehelfe stellen einen ausgefeilten Kompromiss zwischen den Interessen von Käufer und Verkäufer her. Ein erster „Kompromiss zwischen der Haftung ohne Verschulden und der Beschränkung auf die Rückgewähr der ausgetauschten Leistungen" (**Hans G. Leser**)[542] ermöglicht die schnelle Rückabwicklung des gestörten Geschäfts und versetzt die Parteien zurück in die Lage, in der sie sich vor Vertragsschluss befanden (*status quo ante*). Dem Käufer entgeht der Vorteil des Geschäfts und der Verkäufer bekommt seine schadhafte Ware zurück. Ein zweiter Kompromiss zwischen dem nahezu unbeschränkten Rückgaberecht und der nur alternativen Minderung sorgt dafür, dass der Käufer die Rückgabe nur wählt, wenn er das Interesse am alten Geschäft verloren hat. Will er trotz des Mangels den Vorteil des Geschäftes erhalten, muss er für die Ware eine alternative Verwendung finden. Das vermeidet kostentreibende Rückgabeverlangen, der Käufer wird die Sache verwerten und der Verkäufer haftet für den Schaden durch die Minderung. Sollte der Verkäufer der bessere Verwerter sein, werden sich die Parteien auf die Rückgabe einigen.

Durch die Alternativität erschaffen die ädilizischen Rechtsbehelfe ein **Anreizsystem**, dass die Rückgabe erheblich einschränkt. Obwohl die Rückgabe kaum durch externe Mechanismen beschränkt wird, geschieht dies dadurch, dass sie für den Käufer nicht lukrativ ist. Zusätzlich wird durch die Beschränkung der Haftung auf die Minderung der Anreiz für den Gläubiger erhalten, die Verluste durch den Mangel möglichst gering zu halten, denn er muss sie teilweise selbst tragen und wird daher eine möglichst nützliche Verwertung suchen. Dieses ausgewogene System wird durch die übrigen Facetten der ädilizischen Rechtsbehelfe ergänzt: Erstens verringert die kurze Verjährung das Risiko des Missbrauchs der Rückgabe, um einen fallenden Markt auszunutzen. Zweitens schafft der Schadensersatz in Kombination mit der Rückgabe bei Arglist und zugesicherten Eigenschaften eine zusätzliche, wirkungsvolle Sanktion für Untreue und leere Ver-

540 S. o. B.IV.2.b.cc
541 S. o. B.IV.2.b.cc
542 Leser, Rücktritt, S. 42

sprechen. Drittens ist die Haftung des Verkäufers für Mangelfolgeschäden[543] beim Käufer – gleich der Schadensersatzhaftung im Deliktsrecht und insbesondere bei Produkthaftung – ein Anreiz für die Vermeidung von Mängeln.[544]

Dieses „ädilizische Anreizsystem" der ***actio redhibitoria*** und ***actio quanti minoris*** stellt eine in sich stimmige Antwort auf das Problem der vermeidbaren Kosten bei Rückgabe dar und bietet ein auf die Schlechtleistung im Kaufvertrag speziell abgestimmtes Leistungsstörungsrecht. Diese innere Stimmigkeit ist der Grund, weshalb sich der in dem Edikt der kurulischen Ädilen zunächst nur für den Marktkauf von Vieh und Sklaven entwickelte Kompromiss mit der Zeit auf Sachen aller Art und alle Fehler ausdehnte und auf dem römisch-rechtlich geprägten europäischen Kontinent in alle Rechtsordnungen Eintritt fand. Neben dem deutschen BGB wählte auch das frühere österreichische ABGB dieses System sowie der französische Code Civil, der es dadurch in alle romanischen Rechte einbrachte (Italien, Spanien und Südamerika, Belgien, früher die Niederlande u. a.).[545] Im Code Civil fanden sich die ädilizischen Rechtsbehelfe in den Art. 1644 – 1646 CC, im früheren Burgerlijk Wetboek der Niederlande beinahe wortgleich in den Art. 1543 – 1545 BW.[546]

Article 1644 Code Civil: « Dans le cas des articles 1641 et 1643 [garantie à raison des défauts / vices cachés], l'acheteur a le choix de rendre la chose et de se faire restituer le prix, ou de garder la chose et de se faire rendre une partie du prix, telle qu'elle sera arbitrée par experts. »

Article 1645 Code Civil : « Si le vendeur connaissait les vices de la chose, il est tenu, outre la restitution du prix qu'il en a reçu, de tous dommages et intérêts envers l'acheteur. »

Article 1646 Code Civil : « Si le vendeur ignorait le vices de la chose, il ne sera tenu qu'a la restitution du prix, et a rembourser à l'acquéreur les frais occasionnés par la vente. »

543 Im alten Schuldrecht zu ersetzen nach der pVV: Palandt/Heinrichs (60. A.), § 276 BGBaF, Rn. 110 f.

544 Schäfer/Ott, S. 487: Die Haftung für Mangelfolgeschäden und die Produkthaftung „stimmen hinsichtlich ihrer Haftungskriterien weitgehend überein".

545 Zum romanischen Rechtskreis Rabel, Warenkauf I, S. 21 ff.

546 Man findet dort wieder Alternativität und Minderung (Art. 1644 CC, Art. 1543 BW) und die Sanktion der Kombination mit Schadensersatz bei Arglist (Art. 1645 CC, Art. 1544 BW) und Zusicherung (Art. 1646 CC, Art. 1545 BW). In beiden Gesetzen vervollständigen kurze Verjährung und Haftung für Mangelfolgeschäden den Kompromiss der ädilizischen Rechtsbehelfe.

b) *Alternativität v. Verhältnismäßigkeit*

Im Kontrast zu den ädilizischen Rechtsbehelfen basiert das System des Common Law, das Eingang in das CISG gefunden[547] und sich inzwischen international durchgesetzt hat, auf der Schadensersatzhaftung für alle Vertragsverletzungen (*breach of contract*). Der Rücktritt wird zusätzlich in Kombination gewährt – unter besonderen Voraussetzungen. Da dem Käufer das volle Erfüllungsinteresse sicher ist, hat er keinen natürlichen Anreiz mehr, sich um Schadensminderung zu bemühen (Missbrauchsrisiko). Um zu vermeiden, dass die Rückgabe nur Nutzen vernichtet, wird sie beschränkt, insbesondere durch die Verhältnismäßigkeitsprüfung der „wesentlichen Vertragsverletzung". Es werden externe Schranken für die Rückgabe geschaffen, um den Schuldner vor unverhältnismäßigen Belastungen zu schützen. Für die Schuldnerhaftung bei Schlechtleistung stehen sich somit zwei ordnungspolitische Modelle gegenüber: Auf der einen Seite die vom Gesetz nahezu unbeschränkte[548] Wandlung in den ädilizischen Rechtsbehelfen, ergänzt durch die alternative Haftung auf Minderung – auf der anderen Seite die allgemeine Schadensersatzhaftung für alle Vertragsverletzungen, komplettiert durch die Einschränkung der Rückgabe auf Verhältnismäßigkeit.

c) *Die zu gläubigerfreundliche Hybridlösung*

Um die ineffiziente Rückgabe zurückzudrängen, wird sie traditionell entweder nur alternativ zum Schadensersatz oder nur bei Wahrung der Verhältnismäßigkeit gewährt. Lässt man sie unbeschränkt zu in Kombination mit der Schadensersatzhaftung, so verzichtet man auf beide Korrektive und verliert die Möglichkeit, den Missbrauch der Rückgabe zu vermeiden. Möchte man bei jeder Vertragsverletzung stets das Erfüllungsinteresse gewähren (§ 280 I BGB), muss man auch die komplementäre Beschränkung der Rückgabe auf die Verhältnismäßigkeit übernehmen. Hier liegt das Problem des neuen Schuldrechts: Nach dem Vorbild des CISG und des Common Law wird in §§ 280 I, 325 BGB die einheitliche Schadensersatzhaftung und die Möglichkeit der Kombination mit Rückgabe und Befreiung geschaffen. Daher schreckt die Alternativität nicht mehr von der Wandlung ab. Um die Rückgabe trotzdem auf die Fälle ihrer positiven oder zumindest nur geringfügig negativen Wirkung zu beschränken, muss die Beschränkung auf Verhältnismäßigkeit übernommen werden – nach dem Vorbild der Rechtsordnungen, die bei Schlechterfüllung die Kombination gewähren. Ohne die Schranke der Verhältnismäßigkeit wird ein zu gläubigerfreundliches **Hybrid**

547 Vgl. Ole Lando, Towards a European Civil Code, S. 333 (340)
548 Die Bagatellgrenze ist beiden Systemen gemein: de minimis non curat praetor

aus ädilizischer Wandlung und der Schadensersatzhaftung des Common Law geschaffen. Mit diesem Ergebnis bestätigt die Rechtsvergleichung das Ergebnis der ökonomischen Analyse.

Die Entwicklung hin zu einer strengeren Schranke der Rückgabe kann beispielhaft an der Reform des niederländischen Zivilgesetzbuchs verfolgt werden. Die ädilizischen Rechtsbehelfe (Art. 1543 – 1545 altes BW) wurden abgeschafft und eine unbeschränkte Schadensersatzhaftung eingeführt. Zugleich wurde in Art. 6:265 NBW für die Rückgabe eine Verhältnismäßigkeitseinrede geschaffen. Weil das alte BW aufgrund der Alternativität noch keine besondere Einschränkung der Rückgabe hatte, ist, wie beim BGB, der Streit entbrannt, ob im neuen Recht die alten Bagatellgrenzen gelten oder ob die Rückgabe nur noch gerechtfertigt ist, wenn kein weniger schädigender Rechtsbehelf zur Verfügung steht.[549] Die entscheidende Veränderung ist, dass der „Rücktritt" früher Rückgabe statt Haftung auslöste, heute aber Rückgabe und Haftung ermöglicht. Auch das schweizerische Recht zeigt diese Entwicklung, denn es hat mit dem Obligationenrecht von 1907 zusätzlich zu den ädilizischen Rechtsbehelfen ein Recht auf Schadensersatz eingeführt und zum Ausgleich die Verhältnismäßigkeitskontrolle des Art. 205 OR neu geschaffen.[550]

Das zu gläubigerfreundliche Hybrid aus römisch-rechtlicher Wandlung und Common Law Schadensersatz taucht schon in der rechtvergleichenden Arbeit von **Ernst Rabel** auf. Dieser hatte zwar erkannt, dass „ernste volkswirtschaftliche Erwägungen" dafür sprechen, die Wandlung einzuschränken, wollte aber trotzdem die Wandlung nicht auf die „wesentliche Vertragsverletzung" beschränken:

> „Trotz alledem verharren die modernen Gesetze, insbesondere der größeren Staaten, bei der freien Wahl [Anm.: ob Wandlung oder nicht], die schon die Römer richtig fanden. Es liegt wohl daran, dass das Ermessen der ordentlichen Gerichte in solchen Fragen nicht beliebt ist; sie gelten nicht als genug sachverständig. [...] Wesentlichere Abhilfe bleibt den Vertragsbedingungen und Handelsbräuchen überlassen." [551]

In seinem „Entwurf eines einheitlichen Kaufgesetzes"[552] kombinierte Rabel den umfassenden Schadensersatz bei Schlechterfüllung mit einem unbegrenzten

---

549 Hartlief, Dissertation, S. 87 ff., 204 ff.; Asser-Hijma, S. 423 Nr. 497, Bijzondere Overeenkomsten, Deel I; Bei Asser-Hartkamp, Verbintenissenrecht, Deel II, Nr. 516, S.542 f. m.w.N.

550 Im früheren österreichischen ABGB wurde der Rücktritt nur bei „Hauptmängeln" zugelassen, obwohl er im ädilizischen System nur alternativ zur Verfügung stand.

551 Rabel, Warenkauf II, S. 240

552 Sonderabdruck aus der Zeitschrift für ausländisches und internationales Privatrecht, IX. Jahrgang (1935), Heft 1 – 3

Rückgaberecht (Art. 51, 57). Er schreibt, das Ergebnis sei „eine Häufung von Behelfen, die meinem ursprünglichen Bemühen um Vereinfachung entgegenläuft; aber so ist jedem Land seine Gewohnheit verblieben“[553] Zur Rückgabe schreibt er: „Abgelehnt wurde auch die Beschränkung der Wandlung auf schwere Mängel, wie sie in Österreich, Schweiz und Skandinavien gilt und immer zu einem in ternationalen Beziehungen unerwünschten Ermessen des Richters führt.“[554] Rabel verkannte, dass im römischen Recht die Alternativität das Problem der Rückgabe entschärfte. Die „modernen Gesetze“ der „größeren Staaten“, die bei Rückgabe kein Ermessen vorsahen, waren Systeme mit ädilizischen Rechtsbehelfen (Deutschland, Italien, Frankreich, Spanien u. a.). Für den Schadensersatz orientierte er sich allerdings an Systemen, welche die Kombination vorsahen (Schweiz, Skandinavien, USA[555], England) und lehnte trotzdem deren Wesentlichkeitsschranke ab.[556] Im Ergebnis hat Rabel die Rechtsbehelfe aus ihrem Kontext gerissen und dadurch die notwendigen Schranken der Rückgabe verloren. Er gesteht selbst, dass sein Hybrid unmäßig gläubigerfreundlich geraten ist, wenn er „wesentlichere Abhilfe [...] den Vertragsbedingungen und Handelsbräuchen überlassen“ will. Folgerichtig wich das EKG bei der Einschränkung der Wandlung von Rabel's Entwurf ab. Art. 10 EKG verlangte eine „wesentliche Vertragsverletzung“. Zunächst wurde die Wandlung im EKG bei erfolgloser Nachfrist auch noch für unwesentliche Mängel gewährt.[557] Das CISG hat diese Nachfristlösung aber abgeschafft und gewährt die Rückgabe ausschließlich für wesentliche Vertragsverletzungen (Art. 25 CISG) – als *ultima ratio.*[558]

4. Zusammenfassung der Rechtsvergleichung

Die untersuchten Rechtsordnungen[559] gewähren dem Käufer für vom Schuldner zu vertretene Vertragsverletzungen das volle Erfüllungsinteresse in Kombination mit dem Rücktritt. Der Rücktritt wird (zumindest in der Sache) aufgeteilt in Befreiung und Rückgabe und nur unter bestimmten zusätzlichen Vorausset-

553 Rabel, Entwurf eines einheitlichen Kaufgesetzes a.a.O., S. 84 zu Art. 51
554 Rabel, Entwurf eines einheitlichen Kaufgesetzes a.a.O., S. 84
555 Hier hat Rabel die besondere Wirkung der acceptance, nämlich die gezielte Einschränkung der Rückgabe auf wesentliche Mängel, beschrieben: Warenkauf II, S. 241 a. E.
556 Auch die acceptance des englischen Rechts empfand er als „schroff“ und „nicht annehmbar“, Entwurf eines einheitlichen Kaufgesetzes a.a.O., S. 84
557 Max Hutter, S. 130 f.; Schlechtriem/Schwenzer/Schlechtriem, Art. 25 Rn. 21
558 S. o. C.I.2.b.aa zum CISG; BGHZ 132, 290 (298); Nina Freiburg, S. 48
559 CISG, England, USA, Niederlande, Schweiz, UP & EP

zungen gewährt. Die Kombination von Befreiung und dem kleinen Schadensersatz wird bei Nichtlieferung nach erfolgloser Nachfrist gewährt. Auch bei Schlechtlieferung wird dem Schuldner das Recht zur zweiten Andienung gewährt, doch nur im neuen BGB wird die Befreiung vom Ablauf der vom Gläubiger gesetzten Nachfrist abhängig gemacht. Die übrigen Systeme verzichten auf die formelle Nachfrist und lassen die Befreiung zu, wenn das Warten auf Nacherfüllung unzumutbar wird. Die Lösung des BGB ist klarer und deshalb auch für die anderen Systeme zu empfehlen. Hierfür müssten sie offen zwischen Befreiung und Rückgabe (Teil- und Totalrücktritt) unterscheiden.

Die Kombination von Rückgabe und großem Schadensersatz wird durch eine Verhältnismäßigkeitsprüfung eingeschränkt, die entweder als **Wesentlichkeitsschwelle** oder als **Verhältnismäßigkeitseinrede** ausgestaltet ist. Der Unterschied liegt in der Beweislastverteilung, die inhaltlichen Kriterien für die einzelfallbezogene Interessenabwägung entsprechen sich. Es wird geprüft, ob dem Schuldner durch die Rückgabe eine Mehrbelastung aufgebürdet wird, die sich durch solche schützenswerten Interessen des Gläubigers rechtfertigen lässt, die der kleine Schadensersatz nicht angemessen befriedigen kann. Manche Rechte sehen noch weitere Schranken vor, insbesondere spezielle Ausschlussfristen. Das neue BGB sieht für die Rückgabe drei alternative Schranken vor, wovon der Interessefortfall und die Unzumutbarkeit dem internationalen Konsens entsprechen und im Sinne einer Wesentlichkeitsschwelle eine umfassende Interessenabwägung verlangen. Für die Schranke der „nicht unerheblichen Pflichtverletzung“ ist umstritten, ob sie eine vollgültige Verhältnismäßigkeitseinrede oder nur eine Bagatellgrenze im Sinne des alten BGB darstellt. Aus Sicht der Rechtsvergleichung sollte sie als Verhältnismäßigkeitseinrede verstanden werden. Wenn die Kombination von Erfüllungsschaden und Rückgabe eingeführt wird, sollte auch die traditionell hiermit verbundene Schranke der Verhältnismäßigkeit übernommen werden, um ein übermäßig gläubigerfreundliches Hybrid aus unbeschränkter Rückgabe (ädilizische Wandlung) und unbeschränktem Schadensersatz (*breach of contract*) zu vermeiden.

VII. Ergebnis: Rechtsvergleichung und ökonomische Analyse

Die Ergebnisse der Rechtsvergleichung bestätigen die ökonomische Analyse. Tatsächlich hat sich international ein System durchgesetzt, das a) die Erfüllungshaftung als Grundprinzip verwendet, b) die Kombination mit der Befreiung erst nach Ablauf des Rechts zur zweiten Andienung gewährt und c) die Rückgabe zumindest durch eine Verhältnismäßigkeitsprüfung beschränkt. Der herausgearbeitete internationale Konsens für die Regelung von Rücktritt und Schadensersatz im dispositiven Vertragsrecht fördert das Interesse der Effizienz und lässt sich durch das Interesse der Vertragsparteien erklären, mit Hilfe des dispositiven Vertragsrecht Transaktionskosten zu sparen, um so einen größeren Nutzenzuwachs durch den Vertrag zu erzielen.

Um einen möglichst sparsamen Umgang mit einer Leistungsstörung zu erreichen, sollte das dispositive Recht das Rücktrittsrecht des Gläubigers beschränken und dabei Befreiung und Rückgabe unterscheiden. Die Befreiung ruft die Gefahr hervor, dass die Erfüllung zu früh abgebrochen wird, obwohl sie angesichts der Investitionen des Schuldners noch lohnt. Dieser Gefahr kann dadurch begegnet werden, dass man dem Schuldner das Recht zur zweiten Andienung während einer Nachfrist gewährt. Da der Schuldner aufgrund seiner Erfüllungshaftung sowohl die Kosten der Erfüllung als auch die Einbußen bei Nichterfüllung trägt, wird er noch solange leisten, wie dies effizient ist.[560] Hieraus erklärt sich das in allen Rechtsordnungen anzutreffende Nacherfüllungsrecht. Es empfiehlt sich, das Recht zur zweiten Andienung immer durch eine vom Gläubiger gesetzte angemessene Nachfrist zu beschränken, denn hierdurch wird Rechtssicherheit gewonnen, ohne eine Interessenabwägung zu verhindern.[561] Das neue BGB liefert hier mit §§ 281 I 1, 323 I BGB ein Vorbild.

Die Rückgabe ruft die Gefahr hervor, dass die Ware zurückgegeben wird, obwohl sie beim Käufer billiger verwertet werden kann. Wenn die Rückgabe in Kombination mit Erfüllungshaftung gewährt wird, kann dieser Gefahr nur begegnet werden, indem man das Rückgaberecht auf die kostensenkenden oder zumindest nicht stark kostensteigernden Fälle beschränkt.[562] Dies kann durch eine **Wesentlichkeitsschwelle** oder eine **Verhältnismäßigkeitseinrede** erreicht werden, die als maßgeblichen Faktor die Verluste des Schuldners beachtet. Da der Schuldner aufgrund seiner Erfüllungshaftung alle Folgekosten der Schlechtleistung trägt, kann an seiner Belastung abgelesen werden, ob die Rückgabe kostensteigernd wirkt. Steigt seine Belastung, ist die Rückgabe ineffizient – fällt sie, ist sie effizient. Deshalb beachtet die Prüfung, ob dem Schuldner durch die Rückgabe eine verhältnismäßige[563] Mehrbelastung aufgebürdet wird, unmittelbar das Interesse der Wirtschaftlichkeit.

---

560 S. o. B.IV.1.b/d sowie B.IV.2.a.bb

561 Verschoben wird hierdurch hauptsächlich die Beweislast: Es muss nicht der Gläubiger die Unzumutbarkeit nachweisen, sondern der Schuldner die Unangemessenheit der Nachfrist.

562 S. o. B.IV.2.b.ff

563 Verhältnismäßig ist eine Mehrbelastung, die sich durch solche schützenswerte Interessen des Gläubigers rechtfertigt, die der kleine Schadensersatz nicht angemessen befriedigen kann.

Nicht nur die Verhältnismäßigkeitsprüfung an sich, sondern auch die oben genannten zwölf Faktoren (s. o. C.VI.2.a), die bei ihr beachtet werden, dienen dem Interesse der Effizienz: Die Frage, ob das Empfangene beim Käufer anderweitig verwertet werden kann (cc), entspricht unmittelbar dem ökonomischen Interesse der bestmöglichen Verwertung. Die Beachtung der Belastungen des Schuldners (ee) sperrt die kostentreibende, ineffiziente Rückgabe und öffnet die Schranke für die entlastende, kostensenkende Rückgabe. Die zumutbare Nacherfüllung (hh) vermeidet die kostentreibende Befreiung. Die Frage, ob die Entschädigung in Geld ausreicht (bb), vermeidet eine kostentreibende Rückgabe, wenn der kleine Schadensersatz das Erfüllungsinteresse befriedigt, und ermöglicht zugleich die Beachtung von Interessen, die ausnahmsweise nicht in Geld zu messen sind. Die Frage nach dem Ausmaß der Abweichung vom Vertrag (dd) schützt genauso wie die Formel *de minimis non curat praetor* (gg) vor teuren Rechtsbehelfen bei nur vergleichsweise geringen Schäden und bestärkt damit die Notwendigkeit einer Abwägung. Der Zeitablauf (ii) weist auf die mit der Zeit steigenden Verluste des Verkäufers hin. Die Beachtung der Unsicherheit des Gläubigers bezüglich der künftigen Vertragserfüllung (jj) beachtet ein Gläubigerinteresse an der Vertragsauflösung, das nicht ohne weiteres in Geld gemessen werden kann. Zudem ermöglicht es, die möglichen Ersparnisse durch ein schnelles Ersatzgeschäft mit einzubeziehen. Zuletzt vermeidet die Ächtung der nicht billigenswerten Motive (ff), dass dem Käufer entgegen der vertraglichen Risikoverteilung das Risiko fallender Märkte aufgebürdet wird.

Die übrigen genannten Faktoren verfolgen (auch ökonomische) Ziele, die mit einer einzelfallbezogenen Effizienzkontrolle nicht erreicht werden können. Die Formel vom „Interessefortfall" (aa) garantiert (neben der Funktion als Verhältnismäßigkeitsformel), dass der Wille der Parteien und die ausdrücklich vereinbarte Risikoverteilung eingehalten werden. Das schützt den Individualvertrag, der aus ökonomischer Sicht die Funktion des Marktes garantiert. Das Rückgaberecht bei vertragsfeindlicher Einstellung (kk) bildet eine besondere Sanktion für Treueverstöße und schützt das Interesse an Kooperation, indem die Opportunitätskosten für kooperationsfeindliches Handeln erhöht werden. Der Vorteil der Rechtssicherheit (ll) wirkt sich zwar nicht innerhalb einer einzelnen Transaktion aus, aber allgemein durch Vertrauen in Verträge und steigende volkswirtschaftliche Aktivität.

Zuletzt dienen auch die oben genannten Mechanismen, die neben der Verhältnismäßigkeitsprüfung die Rückgabe einschränken (s. o. C.VI.2.b), der Vermeidung vermeidbarer Mehrkosten. Die speziellen Ausschlussfristen (aa) schützen den Verkäufer vor hohen Verluste durch eine zu lange Schwebezeit. Der Ausschluss bei Weiterverwendung (cc) dient dem Interesse, eine kostensparende Verwertung beim Käufer zu sichern. Die nachvertraglichen Kooperationspflichten (ee) dienen ebenfalls der möglichst schnellen und günstigen Verwertung. Die Schadensminderungspflicht (dd) bewirkt, dass auf den letztendlich ausschlaggebenden Faktor der Verluste des Schuldners abgestellt wird. In der gleichen Weise verpflichtet die Treuepflicht (dd), die Vermögensinteressen des Schuldners zu wahren. Die Kategorisierung der Nebenpflichten (ff) dient wiederum dem Interesse an Rechtssicherheit, welches zwar der Effizienz im Einzelfall entgegenstehen kann, jedoch insgesamt volkswirtschaftlich positiv wirkt, wenn die Vorteile der Anhebung der Aktivität durch gesteigertes Vertrauen die Nachteile der verminderten Einzelfalleffizienz übersteigen. Zur Unmöglichkeit der Rückgabe (bb) wurde bereits festgestellt, dass sie nur mittelbar das Interesse verfolgt, die Rückgabe nach langer Zeit zu verhindern.

Das Interesse an einem möglichst kostensparenden Vertragsrecht kann schließlich Unterschiede in der Strenge der Verhältnismäßigkeitsprüfung erklären helfen. Die Kostensteigerung durch die Rückgabe ist typischerweise besonders stark im internationalen Handel, weil Transport- und Versicherungskosten besonders hoch sind. Deshalb wird im CISG die Rückgabe besonders scharf eingeschränkt und zur *ultima ratio* erklärt.[564] In weniger stark auf den internationalen Handel ausgerichteten Gesetzesordnungen[565] ist der typische Fall weniger klar, so dass das gesetzliche Vorurteil gegen die Rückgabe möglicherweise nicht mehr den typischen Fall trifft. Vielmehr kann die Rückgabe gerade in Verbraucherfällen ökonomisch sinnvoll sein, weil der gewerbliche Anbieter (Händler/Hersteller) die Sache oft besser verwerten kann und die Transportkosten gering sind (s. u. D.II.1.b). Aus diesem Grunde haben sich die Rechtsordnungen der Schweiz und der Niederlande für die Lösung entschieden, die Beweislast dem Verkäufer aufzuerlegen, der eine Verhältnismäßigkeitseinrede gegen die an sich zulässige Rückgabe erhält.[566]

Diese Übereinstimmung von ökonomischer Analyse und Rechtsvergleichung in Bezug auf die Einschränkung der Rückgabe spricht dafür, die umstrittene Schranke der „nicht unerheblichen Pflichtverletzung" in §§ 281 I 3, 323 V 2 BGB nicht als Bagatellschwelle, sondern – aufgrund der eindeutigen Beweislastverteilung – als **Verhältnismäßigkeitseinrede** zu verstehen. Auch die Lösung der aufgeworfenen Abgrenzungsschwierigkeiten und die Frage der Abnahmeverweigerungsrechte sollte sich an dem Ziel ausrichten, eine unverhältnismäßige Belastung des Schuldners zu vermeiden. Im folgenden **Teil D** wird ausführlich besprochen, wie die Ergebnisse der ökonomischen Analyse und der

---

564 Sandrock, S. 257 f.

565 Das Common Law ist klassischerweise stark von den Interessen der Kaufleute geprägt und nimmt daher eine ähnliche Warte ein wie CISG und UP.

566 Sandrock, S. 257 f., nennt das die „Geringfügigkeitsschwelle" im Unterschied zur „Wesentlichkeitsschwelle"

Rechtsvergleichung für die Anwendung des neuen Schuldrechts genutzt werden können.

Exkurs: Das Zurückdrängen der ädilizischen Rechtsbehelfe

Die ädilizischen Rechtsbehelfe haben durch die Alternativität zwischen Minderung und Rückgabe einen Anreiz für den Käufer geschaffen, die mangelhafte Ware noch zu verwerten. Zugleich bewirkt die Beschränkung der Haftung auf die Minderung, dass der Käufer einen Anreiz zur Schadensminderung behält. Die Haftung für die Mangelfolgeschäden, auf Minderung oder Rückgabe gibt auch dem Verkäufer einen Leistungsanreiz. Das „ädilizische Anreizsystem" fördert also ebenfalls das ökonomische Ziel, eine Leistungsstörung möglichst kostensparend zu bewältigen. Es kommt dabei ohne Ermessensklausel für die Rückgabe aus und muss den Käufer, der nicht „rundum" versichert ist, weniger zur Schadensminderung zwingen. Außerdem erhält der Käufer durch das unbeschränkte Wandlungsrecht ein effektives Selbsthilferecht[567], das ohne Gerichte funktioniert und ein gutes Druckmittel an die Hand gibt, um mit dem Verkäufer zu verhandeln (was nach dem Coase-Theorem zur effizienten Lösung führt[568]). Der augenfällige Vorteil des alten ädilizischen Systems ist demnach der weitgehende Verzicht auf gerichtliches Ermessen.[569]

Das System der umfassenden Schadensersatzhaftung (§ 280 I BGB; *breach of contract*) hat sich trotzdem im CISG, den Niederlanden, Österreich, der Schweiz und den Principles (EP und UP) durchgesetzt. Es hat zwar den Nachteil, dass die Rückgabe durch eine Ermessensvorschrift beschränkt werden muss und eine gesonderte Schadensminderungspflicht (*mitigation*) benötigt wird, weil die „Rundum"-Versicherung dem Käufer seine Anreize nimmt (*moral hazard*), aber es hat den entscheidenden Vorteil, dass die vertragsbrüchige Partei immer **in Geld** auf den **vollen Erfüllungsschaden** haftet.[570] Obwohl die Bemessung des Erfüllungsinteresses dem Ermessen der Gerichte ausgeliefert ist, ist die Entschädigung in Geld das präziseste Instrument, um den Schuldner für genau diejenigen Risiken haften zu lassen, die er im Vertrag übernommen hat. Die Möglichkeit, einzelne Risiken in Geld zu quantifizieren, ermöglicht ihre Übertragung und dadurch eine effiziente Verteilung – geradeso wie die Bemessung des Warenwertes in Geld den Handel gegenüber dem Tausch erleichtert und die effiziente Vertei-

567 S. o. B.IV.2.b.dd
568 S. o. B.II.2
569 Der im alten BGB aufgrund der unzähligen Abgrenzungsschwierigkeiten zwischen allgemeinem und besonderem Leistungsstörungsrecht kaum zur Geltung kam.
570 S. o. B.III

lung der Ressourcen fördert. Die Haftung in Geld ist daher am besten geeignet, die Funktion des Vertrages als Risikoverteilungsmechanismus in die Praxis umzusetzen. Die ädilizischen Rechtsbehelfe sind im Vergleich zu grobkörnig.[571] Ihr Vorteil des Verzichts auf richterliches Ermessen wird durch den Nachteil übertroffen, dass verletzte Interessen nicht voll entschädigt werden, was falsche Erfüllungsanreize setzt[572], Risiken nicht genau bestimmbar macht und ihre effiziente Zuordnung verhindert.

---

571 Sie sind für die römische (und mittelalterliche) Wirtschaft noch gut, für die heutigen Bedürfnisse aber nicht ausreichend. Die stärkere Arbeitsteilung nutzt das Geld als abstrahierten, genau quantifizierten Nutzen.

572 S. o. B.III.1.a und vgl. B.IV.2.b.bb

Teil D. Schlussfolgerungen für die Anwendung der Kombination im neuen Schuldrecht

Ökonomische Analyse und Rechtsvergleichung liefern anhand der Untersuchung des Kaufvertrags ein einheitliches Bild für die Regelung der Kombination von Schadensersatz und Rücktritt bei Leistungsstörungen: Der Schuldner sollte auf den Ersatz aller Schäden haften, die er dem Gläubiger durch eine Vertragsverletzung zugefügt hat – auf das volle Integritäts- und Äquivalenzinteresse. Diese Haftung sollte unter zusätzlichen Voraussetzungen mit der Aufhebung des Vertrags kombinierbar sein. Vor der Befreiung sollte dem Schuldner eine angemessene Nachfrist gewährt werden, damit er eine lohnende Erfüllung zu Ende führen kann. Die Nachfrist muss enden, wenn dem Gläubiger ein weiteres Abwarten in Abwägung der gegenseitigen Interessen unzumutbar wird. Idealerweise sollte der Gläubiger eine angemessene Nachfrist setzen können, deren erfolgloser Ablauf das Nacherfüllungsrecht erlöschen lässt. Die zusätzliche Rückgabe aller empfangenen Leistungen sollte auf die Fälle beschränkt werden, in denen sie angesichts der Interessen des Gläubigers, die durch Schadensersatz nicht angemessen entschädigt werden können, keine unverhältnismäßigen Mehrkosten für den Schuldner verursacht.[1]

Während im neuen Schuldrecht die Regelung von Schadensersatz und Befreiung sowie die Rückgabeschranken bei Teilleistung und Verletzung von Nebenpflichten i.S.v. § 241 II BGB diese Empfehlungen umsetzen (I), ist die Rückgabeschranke der „unerheblichen Pflichtverletzung" bei Schlechtleistung problematisch. Hier ist umstritten, ob eine „Verhältnismäßigkeitseinrede"[2] oder eine Bagatellgrenze vorliegt.[3] Eine reine Bagatellgrenze widerspricht den entwickelten Empfehlungen, weil sie die ineffiziente Rückgabe nicht ausschließt und den Schuldner unverhältnismäßig belastet. Sie unterscheidet sich zudem deutlich von den anderen Rückgabeschranken und verschärft dadurch die Abgrenzungsschwierigkeiten bei Mankolieferung, Teilnicht- und Teilschlechterfüllung.[4] Die „unerhebliche Pflichtverletzung" sollte deshalb so ausgelegt und abgegrenzt werden, dass sie dem Interesse der Effizienz gerecht wird und sich am rechtsvergleichen-

1 Vgl. Kirchner, Sachmängelhaftung, S. 200 ff. (insbesondere 201 – 203 zur Wandlung), der vergleichbare Empfehlungen entwickelt

2 Die Beweislast trifft in §§ 281 I 3, 323 V 2 BGB den Schuldner, die Verhältnismäßigkeit wird also vermutet, s. o. C.VI.2.a (Einf.)

3 S. o. A.IV.2.b.aa

4 S. o. A.IV.2.a.bb/dd/ee

den Konsens ausrichtet (**II**). Der sinnvollen Einschränkung der Rückgabe stehen auch die unbeschränkten Abnahmeverweigerungsrechte entgegen.[5] Sie entspringen einer im Gesetz nicht angelegten Rechtsfortbildung, die korrigiert werden sollte (**III**). Schließlich können manche Mechanismen, die in anderen Rechtsordnungen die Rückgabe einschränken, auch das neue Schuldrecht sinnvoll ergänzen (**IV**). Insgesamt ergeben sich sieben Empfehlungen zur Anwendung und Auslegung des neuen Schuldrechts, die sicherstellen, dass die Kombination von Rücktritt und Schadensersatz das Interesse der Wirtschaftlichkeit wahrt und dem rechtsvergleichenden Konsens entspricht. *De lege ferenda* können Verbesserungen empfohlen werden (**V**).

I. Unproblematische Regeln: Befreiung, Unzumutbarkeit und Interessefortfall

1. Befreiung und Schadensersatz

Das neue Schuldrecht entspricht den aus ökonomischer Analyse und Rechtsvergleichung entwickelten Vorgaben in der Regelung des kleinen Schadensersatzes und der Befreiung. Dem Gläubiger wird der volle Schadensersatz für alle vom Schuldner zu vertretenen Pflichtverletzungen gewährt (§ 280 I BGB) und die Kombination mit der Befreiung steht offen (§ 325 BGB). Die Befreiung von der Pflicht zur Annahme von (Nach-)Erfüllungen und der kleine Schadensersatz statt der Leistung setzen bei Nicht- und Schlechtlieferung den erfolglosen Ablauf einer angemessenen Nachfrist voraus, §§ 281 I 1, 323 I BGB. Die Ausnahmen von der Pflicht zur Nachfristsetzung in §§ 281 II, 323 II BGB basieren darauf, dass ein weiteres Abwarten unzumutbar ist.[6] Vorbildlich ist, dass der Gläubiger das Befreiungsrecht auch bei Schlechterfüllung durch den erfolglosen Ablauf einer von ihm gesetzten Nachfrist herbeiführen kann.[7] Das schafft mehr Rechtssicherheit, ohne den Gerichten die Möglichkeit zu nehmen, die konkreten Interessen bei Beurteilung der Angemessenheit der Nachfrist zu beachten.[8] Die

---

5 S. o. A.IV.2.a.cc/b.cc

6 Aus ökonomischer Sicht, s. o. B.IV.1.b: Die angemessene Nachfrist muss einen Ausgleich herstellen zwischen dem Interesse am kostensparenden Ersatzgeschäft und dem Interesse an der Fortführung der begonnenen Erfüllung.

7 S. o. C.VI.1.b/e

8 Aufgrund der formellen Nachfristsetzung muss der Schuldner beweisen, weshalb die Nachfrist unangemessen war (Beweislastumkehr). Da ein wesentlicher Faktor hierfür ist, ob der Schuldner eine reelle Chance zur Nacherfüllung erhält, muss er hauptsächlich Tatsachen aus seiner Sphäre darlegen. Das ist ihm durchaus zuzumuten.

dogmatische Leistung des reformierten BGB ist, bei Schlecht- und Teilerfüllung offen zwischen den Voraussetzungen für Befreiung[9] und Rückgabe[10] zu unterscheiden.[11] Das ermöglicht, die Nachfristsetzung als einheitliche Schranke für alle Fälle der Befreiung zu nutzen[12], ohne dass dadurch auch die Rückgabe ermöglicht wird, für die die Nachfrist keine ausreichende Beschränkung ist.[13]

Die Schuldrechtsreform hat für Befreiung und (kleinen) Schadensersatz wichtige Änderungen eingeführt. Die umfassende Erfüllungshaftung und das Recht zur zweiten Andienung wurden auf alle Leistungsstörungen ausgedehnt – insbesondere auf die Schlechtleistung, für die sie im alten Kaufgewährleistungsrecht nicht vorgesehen waren. Diese Änderungen sind aus ökonomischer Sicht zu begrüßen[14] und bringen das deutsche Schuldrecht in Einklang mit dem rechtsvergleichenden Konsens, für den es mit der formellen Nachfristsetzung bei Schlechterfüllung als Vorbild dienen kann.[15] Bei Anwendung der neuen Vorschriften in §§ 281 I 1, II, 323 I, II BGB sind im Ergebnis keine Besonderheiten zu beachten. Die Regelung der Kombination von Befreiung und kleinem Schadensersatz ist gelungen. Die überlieferte Definition der angemessenen Nachfrist[16] ist ausreichend, um die neuen Aufgaben zu bewältigen.

2. Die Rückgabeschranken Unzumutbarkeit und Interessefortfall

Die Regeln des neuen Schuldrechts für die Rückgabe entsprechen den Empfehlungen der ökonomischen Analyse und der Rechtsvergleichung nur, wenn sich ihre Auslegung an dem Ziel ausrichtet, die Rückgabe auf Fälle zu beschränken, in denen sie – ökonomischer Sicht – die Folgekosten der Leistungsstörung zumin-

---

9 Einfacher (Teil-)Rücktritt vom Vertrag, (kleiner) Schadensersatz statt der Leistung: §§ 281 I 1, 323 I BGB, s. o. A.III

10 (Total-) Rücktritt vom ganzen Vertrag, (großer) Schadensersatz statt der ganzen Leistung: §§ 281 I 2 und 3, 323 V BGB, s. o. A.III

11 Wird die Vertragsaufhebung nicht nach Befreiung und Rückgabe aufgetrennt – wie bei CISG, UP und EP – ist es schwierig, für die beiden Funktionen des Rücktritts unterschiedliche Voraussetzungen zu verlangen. Möglich ist, das Recht zur zweiten Andienung durch Nachfrist oder Zumutbarkeit zu beschränken und die „Vertragsaufhebung“, die dann nur die Rückgabe enthält, von zusätzlichen Voraussetzungen abhängig zu machen. So verfahren CISG, EP und UP, s. o. C.VI.1.e

12 Unberath, ZeuP 2005, S. 5 (28 - 32) problematisiert allerdings die Pflicht zur Fristsetzung bei Schlechtleistung als Verstoß gegen die Vorgaben der Verbrauchsgüterkaufrichtlinie, vgl. insbesondere S. 29

13 S. o. C.VI.1.e

14 S. o. B.III.4 (Schadensersatz) und B.IV.1.d/2.a.bb (Befreiung, Nacherfüllung)

15 S. o. C.IV.1.a/b/e

16 S. o. A.IV.1.b

dest nicht wesentlich erhöht und – aus Sicht der Rechtsvergleichung – dem Schuldner keine unverhältnismäßige Belastung aufbürdet. Das neue Schuldrecht setzt die Empfehlungen insoweit um, dass es Rückgabe und Befreiung unterscheidet und für die Rückgabe zusätzliche Schranken aufstellt. Als Rückgabeschranken dienen die Unzumutbarkeit bei Pflichten i.S.v. § 241 II BGB, der Interessefortfall bei Teilleistungen und die unerhebliche Pflichtverletzung bei Schlechtleistung. Unzumutbarkeit und Interessefortfall sind aus dem alten Recht übernommen.[17] Ihre traditionelle Auslegung ermöglicht eine Verhältnismäßigkeitsprüfung, in der die zusätzlichen Belastungen des Schuldners gegen diejenigen Interessen des Gläubigers abgewogen werden, die durch den kleinen Schadensersatz nicht berücksichtigt werden.[18] Da die Beweislast für Interessefortfall und Unzumutbarkeit beim Gläubiger liegt, entsprechen diese Schranken im Ergebnis einer „Wesentlichkeitsschwelle“ im Sinne der Art. 9:301 EP und 7.3.1 UP[19], Art. 25 CISG[20] oder des *material breach* im Common Law[21].

a) Verhältnismäßigkeitsprüfung bei Rückgabe

Bei Auslegung und Anwendung von Unzumutbarkeit und Interessefortfall sollten die Gerichte im Rahmen der erforderlichen **Verhältnismäßigkeitsprüfung** beachten, dass sich die Rückgabe positiv auswirkt, wenn der Schuldner die vertragswidrige Leistung besser verwerten kann als der Gläubiger.[22] Dann entstehen dem Schuldner keine zusätzlichen Belastungen, seine Haftung wird gemildert, die Rückgabe braucht nicht beschränkt zu werden. Deshalb sollte bei der Interessenabwägung zuerst geprüft werden, ob dem Schuldner durch die Rückgabe Mehrkosten entstehen (s. o. C.VI.2.a.ee). Hierzu muss man einerseits die Kosten des Rücktransports betrachten und andererseits vergleichen, wie gut Gläubiger und Schuldner die vertragswidrige Leistung nachbessern, weiterverkaufen oder sonst verwerten können. Sind die Transportkosten (inkl. Versicherung, Lagerung und Verfallsrisiken[23]) hoch oder kann der Gläubiger die Sache kostengünstig verwerten (s. o. C.VI.2.a.cc), so löst die Rückgabe Mehrkosten für den Schuldner aus. Sind die Transportkosten hingegen gering oder kann der Schuldner die Lieferung gut verwerten, so bewirkt Rückgabe keine wesentlichen Mehrkosten und kann ohne weiteres zugelassen werden.

---

17 S. o. A.IV.2.a.aa (Interessefortfall) und A.IV.2.c (Unzumutbarkeit)
18 S. o. B.V.2.a und C.VI.1.d
19 S. o. C.VI.1.c
20 S. o. C.I.2.b
21 S. o. C.II.1.a (englisches Recht) und C.III.2 (US Recht)
22 S. o. B.IV.2.b.aa
23 S. o. B.IV.2.b.aa und C.I.2.b.aa (zum CISG)

Erst wenn der erste Prüfungsschritt ergibt, dass dem Schuldner erhebliche Mehrkosten entstehen, muss gefragt werden, welche Interessen des Gläubigers die Rückgabe rechtfertigen. Für diese Prüfung ist ausschlaggebend, ob die Interessen des Gläubigers durch Geld befriedigt werden können (s. o. C.VI.2.a.bb). Wurden z. B. bei Aufstellung einer Maschine andere Geräte des Käufers beschädigt[24] und dadurch ihr Ausstoß verringert, kann das Interesse an einer Reparatur der Geräte und dem Ersatz des entgangenen Gewinns durch Geld befriedigt werden. Da zudem die aufgestellte und unbeschädigte Maschine beim Käufer den größeren Nutzen hat, muss er sie behalten und bekommt seine Schäden in Geld ersetzt. Ist der Schaden hingegen aufgrund eines schlampigen Kundendienstes entstanden und muss der Käufer befürchten, dass derlei Schäden immer wieder vorkommen werden, so lässt sich eine angemessene Geldentschädigung nur für den bereits eingetretenen Schaden bestimmen. Für die zu befürchtenden zukünftigen Schäden kann noch kein Ersatz bestimmt werden. Die Interessen des Gläubiger würden nicht ausreichend geschützt, wenn man ihm aufbürden würde, die drohenden Schäden hinzunehmen, abzurechnen und u. U. für jeden Schadensposten erneut zu klagen. Die Unsicherheit über die zukünftige Erfüllung wird deshalb als ein Interesse anerkannt, das durch Schadensersatz nicht ausreichend befriedigt wird (s. o. C.VI.2.a.jj). Das Beispiel verdeutlicht, dass die Prüfung, ob ein Interesse in Geld entschädigt werden kann, nicht rein ökonomisch beurteilt werden kann. Theoretisch lässt sich zwar jedes Interesse in Geld quantifizieren.[25] Die unvermeidbare Ungenauigkeit der Schadensfestsetzung durch die Gerichte, das Risiko von Schadensersatzprozessen, das dazugehörige Insolvenzrisiko, einschließlich der Mühe einer Zwangsvollstreckung[26], das Problem der Berücksichtigung rein individueller Vorlieben[27] sowie der schlichte Nervenaufwand führen aber in der Praxis dazu, dass Geld gerade nicht alle Interessen befriedigen kann. Es ist demnach nicht zu prüfen, ob das verletzte Interesse theoretisch in Geld quantifizierbar ist, sondern ob es praktisch durch die gerichtliche Zuerkennung von Schadensersatz angemessen befriedigt wird.

---

24 Verletzung einer nicht-leistungsbezogenen Schutz- und Rücksichtnahmepflicht i.S.v. § 241 II BGB

25 Auch Wahrscheinlichkeit und Größe des Schadens durch den unzuverlässigen Kundendienst lassen sich theoretisch bestimmen.

26 S. o. B.IV.2.b.dd

27 Schäfer/Ott, S. 380 – 384 zum Problem, dass der von der Rechtsordnung festgelegte Ersatz kleiner als der Schaden ist; Craswell/Schwartz/Andersen, S. 119: „The damages remedy often falls short of adequately protecting the expectation interest.“; Posner, EAL (§ 4.13 "Self-Help“), S. 133 – 135 zu „subjective damages“ und auf S. 134: „[..] the assessment of ‚subjective' damages is obviously fraught with uncertainty.“; vgl. Schäfer/Ott, Kap. 8 zum Ersatz des „reinen Vermögensschadens“

Obwohl die Verhältnismäßigkeitsprüfung alle betroffenen Interessen der Parteien abwägen muss (s. o. C.VI.2.a.aa – II), kann sie in **drei logische Prüfungsabschnitte** zerlegt werden: Zunächst ist zu prüfen, ob dem Schuldner angesichts der Rücktransportkosten und der Verwertbarkeit der Ware Mehrkosten durch die Rückgabe entstehen. Ist dies der Fall, muss im zweiten Schritt geprüft werden, welche (billigenswerten)[28] Interessen des Gläubigers nur durch Rückgabe und nicht durch Schadensersatz befriedigt werden können. Im dritten Schritt ist abzuwägen und zu fragen, ob die schützenswerten Gläubigerinteressen die Mehrbelastung des Schuldners rechtfertigen. Die entsprechende Prüfungsformel ist: *Die Rückgabe ist zulässig, wenn dem Schuldner angesichts der schützenswerten Interessen des Gläubigers, die durch Schadensersatz nicht angemessenen berücksichtigt werden können, keine unverhältnismäßige Mehrbelastung entsteht.* Der erste Prüfungsschritt beachtet das Interesse der Effizienz, weil er auf die zusätzlichen Kosten durch die Rückgabe abstellt.[29] Der zweite Prüfungsschritt berücksichtigt, dass die praktische Umsetzung des Schadensersatzanspruchs nicht alle Bedürfnisse des Gläubigers befriedigt. Und die Abwägung im dritten Schritt ermöglicht eine Gewichtung, damit von den betroffenen Interessen möglichst wenige verletzt werden.

b) Rückgabe bei Teilleistung und Nebenpflichtverletzung

Für Teilleistungen und die Verletzung von nicht-leistungsbezogenen Schutz- und Rücksichtnahmepflichten sehen §§ 281 I 2, 323 V 1 und 282, 324 BGB eine „**Wesentlichkeitsschwelle**“ vor, die dem Gläubiger die Beweislast aufbürdet. Das dispositive Recht vermutet für diese Fallgruppen, dass die Rückgabe im typischen Fall nicht verhältnismäßig ist. Mit der dreistufigen Prüfung lässt sich zeigen, dass die Vermutung zutrifft und die dispositive Kategorisierung[30] dem „vollständigen Vertrag“[31] näher kommt: Bei Teilleistung wird zu wenig von einer ansonsten mangelfreien Ware geliefert. Der Käufer hat die Ware gekauft, weil er an ihr größeren Nutzen hat als der Verkäufer. Da kein Mangel vorliegt, ist zu vermuten, dass auch die Teilleistung beim Gläubiger größeren Wert hat. Deshalb ist der Schuldner im Regelfall der schlechtere Verwerter, ihm entstehen Mehrkosten (Schritt I). Wenn der Gläubiger den Teil allein nicht verwenden kann, so kann er die mangelfreie Ware ohne hohe Investitionen weiterverkaufen oder den fehlenden Teil hinzukaufen. Die Teilbarkeit lässt zudem vermuten, dass es sich um eine

28 S. o. C.VI.2.a.ff

29 Der Verkäufer haftet auf alle Schäden. Deshalb ist seine Mehrbelastung eine Aufblähung der Folgekosten der Leistungsstörung.

30 S. o. C.VI.3.ff

31 S. o. B.II.1

Gattungssache handelt, die am Markt gehandelt wird und einen Marktpreis hat. Die Kosten eines Weiterverkaufs oder die Mehrkosten für einen Zukauf können durch Schadensersatz leicht ersetzt werden. Deshalb sind typischerweise keine Interessen des Gläubigers betroffen, die durch Schadensersatz unzureichend befriedigt werden (Schritt II). Im Regelfall überwiegen also die Mehrkosten des Schuldners, die Rückgabe ist unverhältnismäßig (Schritt III). Es macht daher Sinn, dem Gläubiger den Beweis abzuverlangen, dass er die Ware aufgrund der Teilleistung schlechter als der Schuldner verwerten kann (I) oder dass seine Interessen ausnahmsweise nicht mit Schadensersatz befriedigt werden können (II).[32]

Bei der nicht-leistungsbezogenen Nebenpflichtverletzung ist die vertragliche Leistung ohne Mangel. Sie kann deshalb vom Gläubiger besser verwertet werden (I). Die aufgrund der Schutzpflichtverletzung bereits entstandenen Schäden können in der Regel in Geld ersetzt werden, eine Rückgabe kann sie jedenfalls nicht ungeschehen machen. Nur wenn ausnahmsweise die Pflichtverletzung dazu führt, dass der Gläubiger zu Recht kein Vertrauen mehr in seinen Schuldner hat, ist Schadensersatz kein ausreichender Ersatz (II). Wenn erhebliche zukünftige Leistungen ausstehen, auf die der Gläubiger angewiesen ist, weil er keinen Ersatz beschaffen kann[33], kann das mit Geld nicht zu berichtigende Misstrauen die Mehrbelastung des Schuldners überwiegen (III). Da derartige Vertrauenskrisen die Ausnahme sind und der typische Vertrag eher keine zukunftsgerichtete Komponente hat (er ist auf eine Einmalleistung ausgerichtet), macht es Sinn, dem Gläubiger den Beweis abzuverlangen, dass für ihn aufgrund der besonderen Bedeutung der Verletzung ein Festhalten am Vertrag ausnahmsweise unzumutbar ist. Eine sinnvolle Ergänzung stellt die Beweiserleichterung dar, eine erfolglose Abmahnung als Indiz für die Unzumutbarkeit anzuerkennen.[34]

---

32 Z. B. kann ein Bauunternehmen, das bei einer Eisenhütte mehrere Brückenteile bestellt hat, mit einer Teilleistung wenig anfangen, wenn ein Ersatz bei einer anderen Hütte nicht mehr rechtzeitig beschafft werden kann und deshalb der gesamte Auftrag für die Brücke entzogen wird. Das Eisenwerk wird dann die gelieferten Brückenteile leichter einschmelzen und verwerten können als das Bauunternehmen (I). Kann jedoch noch rechtzeitig Ersatz besorgt werden, reicht der (kleine) Schadensersatz aus (II).

33 Wenn Software gekauft wurde, die einer ständigen Weiterentwicklung und Pflege durch den Hersteller bedarf (z. B. SAP, Datev, Online-Datenbanken etc.) und andere Softwarehäuser für diese Betreuung keine Lizenz bekommen, dann ist das Festhalten am Vertrag entgegen dem berechtigten Misstrauen u. U. unzumutbar.

34 Erman/Westermann, § 282 Rn. 4; Staudinger/Otto, § 324 Rn. 60 f. (keine Regelvoraussetzung); MüKo/Ernst, § 282 Rn. 6; Palandt/Heinrichs, § 282 Rn. 4; vgl. BGH NJW 1978, S. 260

Die Rückgabeschranken der Unzumutbarkeit (§§ 282, 324 BGB) und des Interessefortfalls (§§ 281 I 2, 323 V 1 BGB) entsprechen den Anforderungen, die durch Rechtsvergleichung und ökonomische Analyse entwickelt wurden. Erstens ermöglichen sie eine Verhältnismäßigkeitsprüfung und zweitens bilden sie eine sinnvolle gesetzliche Vermutung der Unverhältnismäßigkeit. Beide Schranken stammen aus dem alten Schuldrecht und erfüllen im neuen Schuldrecht ihre alte Funktion.[35] Ihre Auslegung nach der alten Rechtsprechung entspricht auch dem neuen Recht. Bei Anwendung der Schranken sind deshalb keine Besonderheiten zu beachten. Den Gerichten ist allerdings zu empfehlen, die Verhältnismäßigkeit in den beschriebenen drei Schritten vorzunehmen nach der Formel: *Die Rückgabe ist zulässig, wenn dem Schuldner angesichts der schützenswerten Interessen des Gläubigers, die durch Schadensersatz nicht angemessenen berücksichtigt werden können, keine unverhältnismäßige Mehrbelastung entsteht.*

II. Auslegung und Abgrenzung der „unerheblichen Pflichtverletzung"

Auslegung und Abgrenzung der Rückgabeschranke der „unerheblichen Pflichtverletzung" in §§ 281 I 3, 323 V 2 BGB sind aus ökonomischer und rechtsvergleichender Sicht problematisch. Sie sind auch in der deutschen Diskussion umstritten. Kern der Diskussion ist die Frage, wie die Kombination von Rückgabe und großem Schadensersatz eingeschränkt werden muss, um einen interessengerechten Ausgleich zu erzielen.[36] Mit Hilfe der Ergebnisse aus der ökonomischen Analyse und der Rechtsvergleichung kann die Frage beantwortet werden: Die Rückgabe sollte nur zulässig sein, wenn dem Schuldner angesichts der schützenswerten Interessen des Gläubigers, die durch Schadensersatz nicht angemessen berücksichtigt werden können, keine unverhältnismäßige Mehrbelastung entsteht. Im Folgenden wird entwickelt, wie dieses Ergebnis bei Auslegung der §§ 281 I 3, 323 V 2 BGB (1) und Lösung der Streitfragen bei Mankolieferung (2), Teilnicht- (3) und Teilschlechterfüllung (4) sowie bei der Behandlung der leistungsbezogenen Nebenpflichten (5) berücksichtigt werden kann.

1. Bagatellgrenze v. Verhältnismäßigkeitseinrede

Die Auslegung des unbestimmten Rechtsbegriffs „unerhebliche Pflichtverletzung" in §§ 281 I 3, 323 V 2 BGB nach Wortlaut, Systematik, europarechtlichen

35 S. o. A.IV.2.a.aa (Interessefortfall) und A.IV.2.c (Unzumutbarkeit)
36 S. o. A.V.3

Vorgaben, historischem Hintergrund und Zielsetzung ergibt, dass der Begriff als Verhältnismäßigkeitseinrede verstanden werden sollte, um den zugrunde liegenden Interessenkonflikt zu lösen (a). Die Deutung als Bagatellgrenze i.S.v. § 459 I 2 BGBaF ist weder sinnvoll noch haltbar. Für die Verhältnismäßigkeit sollten Fallgruppen gebildet werden (b).

a) Auslegung der „unerheblichen Pflichtverletzung"

§ 281 BGB (1) „[3]Hat der Schuldner die Leistung nicht wie geschuldet bewirkt, so kann der Gläubiger Schadensersatz statt der ganzen Leistung nicht verlangen, wenn die Pflichtverletzung unerheblich ist."

§ 323 BGB (5) „[2]Hat der Schuldner die Leistung nicht vertragsgemäß bewirkt, so kann der Gläubiger vom Vertrag nicht zurücktreten, wenn die Pflichtverletzung unerheblich ist."

Der **Wortlaut** der §§ 281 I 3, 323 V 2 BGB gibt durch die negative Formulierung als Ausschlusskriterium dem Schuldner die Beweislast dafür, dass die Pflichtverletzung so unerheblich war, dass Rückgabe und großer Schadensersatz ausgeschlossen sind.[37] Für die Frage, wann eine Pflichtverletzung unerheblich ist, stellt der Wortlaut auf das Ausmaß der Pflichtverletzung ab, denn „erheblich" ist gleichbedeutend mit „groß, beträchtlich, durch das Ausmaß bedeutend" - „unerheblich" bedeutet „nicht erheblich, nicht wesentlich, unbedeutend".[38] In der **Systematik** des BGB dient die „unerhebliche Pflichtverletzung" ausschließlich als Schranke für den Schadensersatz statt der ganzen Leistung und den Rücktritt vom ganzen Vertrag. Der Begriff wird nirgends definiert. Anders als § 459 I 2 BGBaF, der alle Gewährleistungsrechte ausschloss, verhindern §§ 281 I 3, 323 V 2 BGB nur die Rückgabe. Dem Gläubiger steht bei unerheblicher Pflichtverletzung der kleine Schadensersatz zu (§ 281 I 1 BGB) und ohne Verschulden bleiben das Recht zur Befreiung (§ 323 I BGB) und die Minderung (§ 441 I 1 BGB). Die Funktion als spezielle Rückgabeschranke spricht dagegen, die Rechtsprechung zum Gewährleistungsausschluss des § 459 I 2 BGBaF zu übernehmen, denn der zugrunde liegende Interessenkonflikt ist anders: Der Schuldner wird durch den Ausschluss der Rückgabe nicht von seiner Haftung befreit und dem Gläubiger wird nicht der Schutz seiner Interessen entzogen.

---

37 Vgl. MüKo/Ernst, § 281 Rn. 149; § 323 Rn. 243 a. E.; Gieseler, ZGS 2003, S. 408 (409)

38 Der kleine Wahrig, Wörterbuch der deutschen Sprache, S. 300 (erheblich), S. 956 (unerheblich)

Das neue Schuldrecht dient u. a. der Umsetzung der EG-Verbrauchsgüterkaufrichtlinie (**1999/44/EG**[39], VR)[40]. Die Regeln zum Verbraucherkauf müssen deshalb **richtlinienkonform** ausgelegt werden.[41] Der Begriff der „unerheblichen Pflichtverletzungen" setzt Art. 3 Abs. 6 VR um, der vorsieht, dass der Verbraucher „bei einer geringfügigen Vertragswidrigkeit [...] keinen Anspruch auf Vertragsauflösung" hat. Es handelt sich auch in der Richtlinie um eine spezielle Rückgabeschranke: Das Minderungsrecht (Art. 3 V VR) und die Befreiung vom Nachbesserungsrecht des Schuldners nach einer „angemessenen Frist" (Art. 3 III 3 VR[42]) bleiben dem Verbraucher auch bei geringfügigen Vertragsverletzungen erhalten. Die Schranke gilt auch nicht für Schadensersatz, da die Richtlinie diesen nicht regelt.[43] Die Richtlinie definiert nicht, was eine „geringfügige" Vertragsverletzung ist. Dem Wortlaut nach sind „unerhebliche Pflichtverletzung" im BGB und „geringfügige Vertragsverletzung" in Art. 3 VI VR Synonyme.[44] Nur die Gesetzgebungsgeschichte der Richtlinie gibt einen Hinweis für die Auslegung, denn der Rat[45] hat die Rückgabeschranke des Art. 3 VI VR eingeführt, um ausdrücklich dem Prinzip der Verhältnismäßigkeit Geltung zu verschaffen: „Im Sinne dieser Verhältnismäßigkeit hat [der Rat] die Auflösung von Verträgen in Fällen geringfügiger Vertragswidrigkeit ausgeschlossen."[46] Das Kriterium der Verhältnismäßigkeit wurde durch den Rat in Erwägungsgrund Nr. 11 verankert und näher definiert: „Unverhältnismäßig sind Abhilfen, die im Vergleich zu anderen unzumutbare Kosten verursachen; bei der Beantwortung der Frage, ob es sich um unzumutbare Kosten handelt, sollte entscheidend sein,

39 Richtlinie 1999/44/EG des europäischen Parlaments und des Rates vom 25. Mai 1999 zu bestimmten Aspekten des Verbrauchsgüterkaufs und der Garantien für Gebrauchsgüter, ABl. EG 1999, L 171, S. 12 – 16; Darstellung in Riesenhuber, System und Prinzipien des Europäischen Vertragsrechts, S. 478 – 500; vgl. Schlechtriem, Zivilrechtswissenschaft und Schuldrechtsreform, „Das geplante Gewährleistungsrecht im Licht der Kaufrechtsrichtlinie", S. 205 – 224

40 RegE, BT-Drucks. 14/6020, S. 1; amtlicher Hinweis zum BGB Nr. 1/11

41 Unberath, Die richtlinienkonforme Auslegung am Beispiel der Kaufrechtsrichtlinie, ZeuP 2005, S. 5 – 42; Pfeiffer, ZGS 2002, S. 94 f., 138 – 140; Grigoleit/Riehm, ZGS 2002, S. 115 (121)

42 Art. 3 Abs. 3 Satz 3 VR: „Die Nachbesserung oder die Ersatzlieferung muss innerhalb einer angemessenen Frist und ohne erhebliche Unannehmlichkeiten für den Verbraucher erfolgen, wobei die Art des Verbrauchsgutes sowie der Zweck, für den der Verbraucher das Verbrauchsgut benötigt, zu berücksichtigen sind."

43 Unberath, ZeuP 2005, S. 5 (32)

44 Sowohl „geringfügig" als auch „unerheblich" bedeuten „unwesentlich, unbedeutend": vgl. Der kleine Wahrig, S. 396, 956

45 Gemeinsamer Standpunkt (EG) Nr. 51/98 vom 24.09.1998, ABl. EG 1998, C 333, S. 46 – 55; dort S. 49, Begründung S. 53

46 ABl. EG 1998, C 333, S. 46 (53)

ob die Kosten der Abhilfe deutlich höher sind als die Kosten einer anderen Abhilfe." Dies spricht dafür, bei der Bestimmung der „Geringfügigkeit" und der „Erheblichkeit" eine Verhältnismäßigkeitsprüfung vorzunehmen, die maßgeblich darauf abstellt, ob dem Verkäufer durch die Rückgabe höhere Kosten entstehen als bei der „Abhilfe" durch den (kleinen) Schadensersatz. Es lässt sich festhalten, dass die Richtlinie 1999/44/EG beim Verbraucherkauf der Auslegung von §§ 281 I 3, 323 V 2 BGB als Verhältnismäßigkeitseinrede nicht im Weg steht[47] und insbesondere keine Beschränkung auf eine Bagatellschwelle i.S.v. § 459 I 2 BGB vorgibt.[48]

Bei der **historischen Auslegung** kann § 459 I 2 BGBaF kein Vorbild sein, denn er diente als Gewährleistungssauschluss und nicht als Rückgabeschranke.[49] Da § 459 I 2 BGBaF dem Gläubiger alle Rechte nahm, wurde er eng ausgelegt. Für diese Verengung besteht bei §§ 281 I 3, 323 V 2 BGB kein Bedarf, weil die Rückgabeschranke dem Gläubiger Befreiung, kleinen Schadensersatz und Minderung belässt. Zur Erfüllung der neuen Aufgabe müssen neue Kriterien entwickelt werden. Die Gesetzgebungsgeschichte der Schuldrechtsreform gibt keine schlüssigen Hinweise für die Auslegung, weil für die Kombination von Rückgabe und großem Schadensersatz lange Zeit zwei unterschiedliche Kriterien vorgesehen waren. Der erste Regierungsentwurf nannte als Voraussetzung für den großen Schadensersatz bei Schlechtleistung den Interessefortfall[50], für den Totalrücktritt nur die „unerhebliche Pflichtverletzung"[51]. Es wurde verkannt, dass sich großer Schadensersatz und Totalrücktritt gegenseitig bedingen. Erst der Rechtsausschuss formte die einheitliche Schranke der „unerheblichen Pflichtverletzung"[52]. Dieser entschied sich für die „unerhebliche Pflichtverletzung" nur, um die Vorgaben der Verbrauchsgüterkaufrichtlinie einzuhalten.[53] Übereinstimmend mit Art. 3 VI VR sollte den Schuldner die Beweislast für die Unerheblichkeit der Schlechtleistung treffen. Der Interessefortfall hätte dem Gläubiger die Beweislast auferlegt und beim Verbraucherkauf der Richtlinie widersprochen. Beachtet man Erwägungsgrund Nr. 11 der Richtlinie und die erwähnte Begründung des Rats, so spricht die

---

47 MüKo/Ernst, § 323 Rn. 243 a. E.; vgl. Grigoleit/Riehm, ZGS 2002, S. 115 (121) in Fn. 32 (dort auch weitere Nachweise)

48 So aber ohne genauere Begründung v. Westphalen/Dedek, § 281 Rn. 51

49 MüKo/Ernst, § 323 Rn. 243; v. Westphalen/Dedek, § 281 Rn. 52; Staudinger/Otto, § 323 Rn. C 30

50 § 281 I 3 des RegE, BT-Drucks. 14/6040, S. 7, Begründung S. 139

51 RegE, BT-Drucks. 14/6040, S. 187 zu § 323 IV 2 KE

52 Rechtausschuss, BT-Drucks. 14/7052, S. 185; Canaris hatte in JZ 2001, S. 499 (515), auf das Problem hingewiesen und eine teleologische Reduktion des § 323 V 2 BGB gefordert, s. o. A.I.2

53 Rechtausschuss, BT-Drucks. 14/7052, S. 185

gewünschte enge Anlehnung an die Richtlinie dafür, die Rückgabeschranke zur Wahrung der Verhältnismäßigkeit einzusetzen.

In der Vorgeschichte der Schuldrechtsmodernisierung finden sich schließlich hilfreiche Hinweise. Der Abschlussbericht der Schuldrechtskommission führte die „unerhebliche Pflichtverletzung“ als Rückgabeschranke ein (§ 323 III Nr. 1 BGB-KE[54]) und begründete die Wahl: Nach dem Willen der Kommission sollte das neue BGB bei der Einschränkung des Rücktritts dem Vorbild des CISG und der Unidroit Principles entsprechen. Anstatt allerdings eine „Erheblichkeitsschwelle“ zu verwenden, meinte man, dieses Ziel schon durch die Pflicht zur formellen Nachfristsetzung zu erreichen:

Abschlussbericht der Schuldrechtskommission: „Vertragsauflösender Rücktritt soll als tief einschneidender Rechtsbehelf nur dann zur Verfügung stehen, wenn die Pflichtverletzung erheblich ist, wovon nach Fristablauf regelmäßig auszugehen ist. Regelungstechnisch lässt sich deshalb entweder entsprechend den einheitlichen Kaufrechten und den [Unidroit Principles] die Erheblichkeitsschwelle als Voraussetzung der Vertragsaufhebung abstrakt definieren und für Zweifelsfälle Nachfristsetzung zur Klärung der Rechtslage vorsehen. Das Gesetz kann aber auch die Nachfristlösung als Prinzip zugrunde legen und in Ausnahme von diesem Prinzip in bestimmten „schweren“ Fällen die Nachfrist als entbehrlich regeln.“[55]

Weil man die Rückgabe durch die Nachfristsetzung für ausreichend beschränkt hielt, wurde die Schranke in § 323 III Nr. 1 BGB-KE als negatives Ausschlusskriterium formuliert und als reine Bagatellschwelle verstanden.[56] Die Betrachtung der ökonomischen Wirkung der Nachfristsetzung macht allerdings klar, dass sich die Schuldrechtskommission irrte: Die Nachfrist ermöglicht dem Schuldner, eine zu frühe Befreiung zu verhindern und eine kostensparende Erfüllung noch durchzuführen. Sie ermöglicht ihm aber nicht, unverhältnismäßige Belastungen durch die Rückgabe zu vermeiden. Lässt man die Rückgabe nach erfolgloser Nachfrist unbeschränkt zu, muss der Schuldner mit einer übermäßigen Haftung rechnen, was einen Anreiz zu ineffizienter Übererfüllung setzt.[57] Ohne eine Verhältnismäßigkeitsprüfung für die Rückgabe entspricht das deutsche

54 Abschlussbericht der Schuldrechtskommission, S. 293; Begründung, S.169, § 323 BGB-KE (Rücktritt bei Pflichtverletzung): „(3) Der Rücktritt ist ausgeschlossen, wenn 1. die Pflichtverletzung unerheblich ist [...].“

55 SchuldRKom, S. 166 und wortgleich DiskE vom 04.08.2000, S. 392

56 SchuldRKom, S. 216; DiskE vom 04.08.2000, S. 495 f.; Canaris, JZ 2001, S. 499 (513 f.); vgl. Bamberger/Roth/Grothe, § 323 Rn. 39; Huber, Gutachten 1981, S. 707, meinte, dass eine Bagatellgrenze im Ergebnis mit der Erheblichkeitsschwelle übereinstimme.

57 S. o. B.IV.2.b.cc/ff und C.VII

Recht nicht den Vorbildern CISG und UP.[58] Das Ziel der Schuldrechtskommission, den „vertragsauflösenden Rücktritt" (Befeiung plus Rückgabe) wie CISG und UP zu beschränken, spricht deshalb für die Auslegung der „unerheblichen Pflichtverletzung" als Verhältnismäßigkeitseinrede. Die zitierte Begründung für die Schranke der „unerheblichen Pflichtverletzung" und die Zielvorstellung, Rückgabe und Befreiung entsprechend CISG und UP einzuschränken, wurden vom Diskussionsentwurf der Bundesregierung übernommen[59] und im weiteren Gesetzgebungsverfahren nicht mehr in Frage gestellt.[60]

Für die Auslegung als Verhältnismäßigkeitseinrede kann zusätzlich angeführt werden, dass der große Schadensersatz ursprünglich nur bei Interessefortfall gewährt werden sollte. Das entspricht der „Wesentlichkeitsschwelle" des CISG und hat sich im BGB nur deshalb nicht durchgesetzt, weil die Richtlinie 1999/44/EG für den Verbraucherkauf eine andere Beweislastverteilung verlangt. Die Umstellung auf die „unerhebliche Pflichtverletzung" hat die Beweislast umgekehrt, bedeutet aber nicht den Verzicht darauf, den großen Schadensersatz auf verhältnismäßige Fälle zu beschränken. Diesem Ziel werden die §§ 281 I 3, 323 V 2 BGB nur als Verhältnismäßigkeitseinrede gerecht. Im Ergebnis spricht die historische Auslegung für die Auslegung der „unerheblichen Pflichtverletzung" als Verhältnismäßigkeitseinrede – und gegen eine Bagatellschwelle i.S.v. § 459 I 2 BGBaF.

Für die **teleologische Auslegung** muss der Interessenkonflikt ermittelt werden, den die spezielle Rückgabeschranke lösen soll. Das hierfür entscheidende Merkmal ist, dass die Haftung des Schuldners auf den vollen Erfüllungsschaden bestehen bleibt und nur die zusätzliche Rückgabe ausgeschlossen wird. Die ökonomische Analyse zeigt, dass der Schuldner durch die zusätzliche Rückgabe mehr belastet wird, wenn der Gläubiger die Sache besser verwerten kann. Und der Gläubiger wird durch den Ausschluss der Rückgabe belastet, wenn Schadensersatz seine Interessen nicht befriedigen kann. Zum Interessenkonflikt kommt es also, wenn die Rückgabe kostenerhöhend wirkt und zugleich der Schadensersatz den Gläubiger nicht befriedigt. Die in diesem Fall widerstreitenden Interessen sollen durch die Schranke der „unerheblichen Pflichtverletzung" zum Ausgleich gebracht werden. Es macht deshalb keinen Sinn, die Rückgabe zu beschränken, wenn dem Käufer keine zusätzlichen Belastungen entstehen – oder die Rückgabe zu gewähren, wenn der Gläubiger hierdurch keinen zusätzlichen Vorteil erlangt. Die Rückgabeschranke erfüllt nur dann ihre Funktion, wenn sich

---

58 CISG und UP sehen durch die Wesentlichkeitsschranke eine Verhältnismäßigkeitsprüfung vor: s. o. C.I.2.b.cc (CISG), C.VI.1.c (Unidroit)

59 DiskE vom 04.08.2000, S. 392

60 Im DiskE fand sich die Schranke der „unerheblichen Pflichtverletzung" in § 323 III Nr. 1 DiskE, in der konsolidierten Fassung dann in § 323 IV 2 KF und seit den Vorschlägen des Rechtsausschusses in § 323 V 2 BGB.

Schuldner- und Gläubigerinteressen widersprechen. Die Auslegung muss deshalb beachten, ob erstens die Rückgabe dem Schuldner Mehrkosten aufbürdet und ob zweitens die Interessen des Gläubigers durch den kleinen Schadensersatz befriedigt werden. Dies wird durch eine Bagatellgrenze nicht gewährleistet, weil sie nur das Ausmaß der Pflichtverletzung betrachtet und die beiden entscheidenden Faktoren außer Acht lässt. Die Bagatellgrenze verwehrt die Rückgabe, auch wenn sie den Schuldner nicht schädigt – und lässt sie zu, selbst wenn der Gläubiger sie nicht braucht. Sie ist deshalb für die Lösung des zugrunde liegenden Interessenkonflikts nicht geeignet.

Ziel der teleologischen Auslegung ist, den Interessenkonflikt zu lösen, indem das überwiegende Interesse bevorzugt wird. Bei der Rückgabe überwiegen weder immer die Schuldner- noch die Gläubigerinteressen. Es kommt darauf an, wie teuer Rücktransport-, Versicherungs- und Lagerkosten sind, wie und von wem die Sache am besten verwertet werden kann, welche konkreten Nachteile dem Käufer ohne Rückgabe drohen und ob diese tatsächlich durch Schadensersatz nicht ersetzt werden können. Angesichts dieser einzelfallbezogenen Faktoren kann eine abstrakt-generelle Festlegung der „Erheblichkeit" nicht garantieren, dass sich das überwiegende Interesse durchsetzt. Wird die Rückgabe z. B. nur bei objektiv kleinen Vertragsverletzungen ausgeschlossen (Bagatellgrenze), so erfolgt sie zu häufig, obwohl sie den Schuldner schädigt und dem Gläubiger keinen Vorteil bringt. Wird sie nur bei objektiv großen Vertragsverletzungen erlaubt, ist sie zu häufig ausgeschlossen, obwohl der Schuldner der bessere Verwerter ist oder die überwiegenden Interessen des Gläubigers nur durch Rückgabe befriedigt werden. Um den Interessenkonflikt zu lösen, müssen die Gerichte also die Interessen im Einzelfall bestimmen und abwägen können. Dies hat zwar den Nachteil der verminderten Rechtssicherheit. Doch auch ein „objektiver" Grad der Vertragsverletzung ist kein scharfes Kriterium und erfordert Gewichtung, stellt aber nicht auf die maßgeblichen Interessen ab. Im Ergebnis kann die Auslegung der „unerheblichen Pflichtverletzung" als **Verhältnismäßigkeitseinrede** den Interessenkonflikt am besten lösen, weil sie unmittelbar auf die betroffenen Interessen abstellt. Die Prüfung sollte deshalb in den entwickelten drei Prüfungsschritten (s. o. D.I.2.a) der Formel folgen: *Die Pflichtverletzung ist unerheblich, wenn die schützenswerten Interessen des Gläubigers, die durch Schadensersatz nicht angemessenen berücksichtigt werden können, angesichts der Mehrkosten des Schuldners als gering erscheinen.*

Die teleologische Herangehensweise führt zu einer Auslegung, die den Ergebnissen der ökonomischen und rechtsvergleichenden Untersuchung entspricht. Der Grund für die Übereinstimmung ist, dass ökonomische Analyse und (funktionale[61]) Rechtsvergleichung den Interessenkonflikt aufdecken, der in §§ 281 I 3, 323 II 2 BGB geregelt wird. So zeigt die ökonomische Analyse, dass die Interessen des Schuldners (nur) geschützt werden müssen, wenn der Gläubiger der bessere Verwerter und die Rückgabe deshalb die Schuldnerhaftung erhöht – während die Rechtsvergleichung verdeutlicht, dass die Gläubigerinteressen beachtet werden müssen, die der kleine Schadensersatz nicht befriedigt. Die beiden Ansätze sind also Instrumente zur genauen Bestimmung des Interessenkonflikts, auf dem die teleologische Auslegung aufbaut. Gleichzeitig bieten sie Anregungen für die interessengerechte Lösung des Konflikts – worin das Ziel der teleologischen Auslegung liegt. So zeigt die Rechtsvergleichung, dass eine starre Rückgabeschranke nicht geeignet ist, und dass das Ausschlusskriterium der §§ 281 I 3, 323 V 2 BGB als eine „Verhältnismäßigkeitseinrede" verstanden werden kann, die trotz der umgekehrten Beweislast nicht auf eine umfassende Interessenabwägung verzichtet.

Zusammenfassend kann die „unerhebliche Pflichtverletzung" schon aufgrund ihrer neuen Funktion als spezielle Rückgabeschranke nicht im Sinne des alten Gewährleistungsausschlusses in § 459 I 2 BGBaF ausgelegt werden. Die Vorgaben der Verbrauchsgüterkaufrichtlinie 1999/44/EG und die Geschichte der Reform sprechen für die Auslegung als Verhältnismäßigkeitsprüfung. Die Zielsetzung des Gesetzes, den Interessenkonflikt zwischen Schuldner und Gläubiger bei der Rückgabe zu lösen, verlangt eine einzelfallbezogene Interessenabwägung, weil sich die Interessen nicht durch ein abstraktes Kriterium erfassen lassen. Mit Hilfe der Erkenntnisse aus der ökonomischen Analyse und der Rechtsvergleichung kann der Interessenkonflikt genau bestimmt werden: Die Interessen des Schuldners sind (nur) betroffen, wenn die Rückgabe erfolgt, obwohl der Gläubiger die Sache besser verwerten kann. Die Interessen des Gläubigers sind (nur) betroffen, wenn Schadensersatz zu seiner Befriedigung nicht ausreicht. Ob und in welchem Maße diese Interessen betroffen sind, hängt von den Umständen des Einzelfalls ab – eine abstrakte Schranke eignet sich nicht für ihren Ausgleich. Aus diesen Gründen empfiehlt sich die Auslegung der „unerheblichen Pflichtverletzung als Verhältnismäßigkeitseinrede nach der Formel: *Die Pflichtverletzung ist unerheblich, wenn die schützenswerten Interessen des Gläubigers, die durch Schadensersatz nicht angemessenen berücksichtigt werden können, angesichts der Mehrkosten des Schuldners als gering erscheinen.*

---

61 Zweigert/Kötz, S. 33 (Funktionalitätsprinzip) „[...] vergleichbar ist im Recht nur, was dieselbe Aufgabe, dieselbe Funktion erfüllt."

b) Fallgruppen: Handelskauf v. Verbraucherkauf

Bei einer einzelfallbezogenen Verhältnismäßigkeitsprüfung ist das Ergebnis der richterlichen Abwägung nicht leicht vorherzusagen. Die Rechtssicherheit[62] wird allerdings erhöht, wenn man in der Verhältnismäßigkeitsprüfung typische **Fallgruppen** unterscheidet, für die eine spezielle Vermutung gilt. So fallen im Fernhandel typischerweise hohe Transportkosten an. Gleichzeitig sind im Handelskauf die Käufer typischerweise ebenso gut für den Weiterverkauf positioniert wie die Verkäufer. Zudem sind die Interessen der Kaufleute zumeist gut in Geld zu befriedigen. Im typischen Handelskauf ist der Verkäufer also ein schlechter Verwerter, die Rückgabe löst Mehrkosten aus und die Interessen des Käufers sind durch Schadensersatz zu befriedigen. Die Rückgabe ist typischerweise unverhältnismäßig und sollte eingeschränkt werden. Daher geben CISG und UP in (internationalen) Handelsverträgen durch die „Wesentlichkeitsschwelle" dem Gläubiger die Beweislast, dass die Rückgabe ausnahmsweise verhältnismäßig ist.[63] Entgegen den typischen Interessen gibt die Schranke der §§ 281 I 3, 323 II 2 BGB auch im **Handelsrecht** dem Schuldner die Beweislast. Um den Nachteil der falschen gesetzlichen Vermutung zu mildern, empfiehlt sich für das Handelsrecht eine schuldnerfreundliche Handhabung der Verhältnismäßigkeitseinrede – z. B. durch die Vermutung, dass die Interessen des Gläubigers gut in Geld entschädigt werden können.[64] Der Schuldner müsste dann für die Verhältnismäßigkeitseinrede nur nachweisen, dass die Rückgabe im Vergleich zum kleinen Schadensersatz Mehrkosten auslöst. Der Gläubiger müsste dann konkrete Interessen nachweisen, die durch Schadensersatz nicht befriedigt werden können und diese Mehrkosten rechtfertigen. Für den Schuldner läge darin eine Erleichterung, weil er nicht mehr Umstände beweisen müsste, die ausschließlich in der Sphäre des Gläubigers liegen.

Im durchschnittlichen **Verbraucherkauf** sind die Transportkosten eher niedrig (Kauf vor Ort). Der Hersteller/Händler kann die Ware mit eigenen Mitteln reparieren und wieder verkaufen, hat Zugang zu Märkten für (leicht) defekte Waren oder kann funktionstüchtige Einzelteile verwerten. Der Verbraucher hat in der Regel keine eigenen Mittel für eine Reparatur und hat nur schlechten Zugang zum Markt für Einzelteile oder defekte Geräte. Zudem lassen sich die Einbußen aufgrund der Verwendung eines defekten Produktes (z. B. ein zu heißer Fön,

62 S. o. C.VI.2.a.ll

63 S. o. B.IV.2.b.ee

64 Die doppelte Vermutung, dass Mehrkosten entstehen und die Gläubigerinteressen durch Geld befriedigt werden, wäre im Ergebnis die Umkehrung der Beweislast. De lege ferenda wäre sie wünschenswert, de lege lata widerspricht sie aber der Beweislastverteilung in §§ 281 I 3, 323 II 2 BGB.

flimmernder Fernseher, undichte Regenjacke) nur schwer in Geld messen, da sie oft nur in persönlichen Unannehmlichkeiten bestehen und Verbrauchsgüter selten zur Gewinnerzielung genutzt werden. Für den typischen Verbraucherkauf kann also vermutet werden, dass dem Verkäufer durch die Rückgabe nur geringe Mehrkosten entstehen und zugleich der Schadensersatz nicht zur Entschädigung des Käufers ausreicht. Da demnach die Rückgabe im Regelfall verhältnismäßig ist, ist die Beweislastverteilung der Verhältnismäßigkeitseinrede für den Verbraucherkauf geeignet.[65]

Im Verbraucherkauf ist auch die Bagatellgrenze als Rückgabeschranke geeignet: Sie lässt die typischerweise verhältnismäßige Rückgabe zu und erfüllt die Mindestanforderung an eine Rückgabeschranke, den Anreiz zur Suche nach trivialen Mängeln zu nehmen.[66] Sie hat allerdings gegenüber der Verhältnismäßigkeitseinrede den Nachteil, dass dem Schuldner im untypischen Fall die Verteidigung gegen eine unverhältnismäßige Rückgabe abgeschnitten ist. Gleichzeitig ist der Vorteil der Rechtssicherheit nur gering, weil auch die „Bagatelle" ein unbestimmter Rechtsbegriff ist. Deshalb ist zweifelhaft, ob die Bagatellgrenze im Verbraucherkauf besser geeignet ist als die Verhältnismäßigkeitseinrede. Im deutschen Recht und bei der Anwendung der Verbrauchsgüterkaufrichtlinie 1999/44/EG hätte eine Bagatellgrenze den alles entscheidenden Nachteil, dass die unverhältnismäßige Rückgabe für untypische Verbraucherverträge nicht individualvertraglich ausgeschlossen werden könnte, denn die Verbraucherschutzrechte sind **unabdingbar** (§ 475 I 1 BGB; Art. 7 I 1 VR[67]). Der Nachteil würde sich also nicht auf die Kosten einer abweichenden Vereinbarung (Transaktionskosten, *Coase-Theorem*[68]) beschränken, sondern bestünde darin, dass das Gesetz den Parteien eine nicht passende Risikoverteilung aufzwingt und dadurch unmittelbar die Preise erhöht. Für alle untypischen Fälle wäre die Bagatellgrenze eine teure Zwangs-(Rückgabe-)versicherung. Selbst im speziellen Fall des Verbraucherkaufs ist die Verhältnismäßigkeitseinrede deshalb der Bagatellgrenze vorzuziehen.

---

65 Die Verbrauchsgüterkaufrichtlinie wählt die Verhältnismäßigkeitseinrede deshalb aus gutem Grund. Die Schuldrechtsreform hat diese für den Verbraucherkauf passende Regel auf alle Kaufverträge übertragen.

66 S. o. B.IV.2.b.cc (Satz 7)

67 Dies betrifft nicht nur AGB, sondern jede individualvertragliche Abrede vor Kenntnis der Vertragswidrigkeit. Art. 7 Abs. 1 Satz 1 VR: „Vertragsklauseln oder mit dem Verkäufer vor dessen Unterrichtung über die Vertragswidrigkeit getroffene Vereinbarungen, durch welche die mit dieser Richtlinie gewährten Rechte unmittelbar oder mittelbar außer Kraft gesetzt oder eingeschränkt werden, sind für den Verbraucher gemäß dem innerstaatlichen Recht nicht bindend."

68 S. o. B.II.2

2. Mankolieferung

Die Zuweniglieferung ist eine Teilleistung. §§ 281 I 2, 323 V 1 BGB sehen hierfür eigentlich den Interessefortfall als Rückgabeschranke vor. Aufgrund des Wortlauts von **§ 434 III BGB** ist allerdings unklar, ob im Kaufvertrag nicht auch bei Teilleistungen die für Schlechtleistungen vorgesehene Rückgabeschranke gelten soll.[69] Wenn die „unerhebliche Pflichtverletzung" nach den entwickelten Empfehlungen als Verhältnismäßigkeitseinrede ausgelegt wird, beschränkt sich der Streit darauf, welche Beweislastverteilung gilt. Der Interessefortfall vermutet die Unverhältnismäßigkeit. Der Gläubiger muss beweisen, dass der Schuldner keine erheblichen Mehrkosten hat oder dass Schadensersatz seine überwiegenden Interessen nicht befriedigt. Bei der Verhältnismäßigkeitseinrede der „unerheblichen Pflichtverletzung" muss hingegen der Schuldner beweisen, dass er erhebliche Mehrbelastungen erleidet und dass der Käufer auch gut mit Geld befriedigt werden kann. Welche Beweislastverteilung am besten geeignet ist, hängt vom typischen Fall ab. Ist die Rückgabe typischerweise unverhältnismäßig, sollte der Käufer die Beweislast tragen – und umgekehrt. Die Frage wurde für die gewöhnliche Teilleistung bereits erörtert[70]: Da der Gläubiger eine mangelfreie Leistung erhalten hat, ist es wahrscheinlich, dass die Ware bei ihm einen höheren Wert hat als beim Verkäufer, denn deswegen ist der Kauf abgeschlossen worden. Zudem kann die mangelfreie Leistung gut weiterverkauft oder der fehlende Teil leicht zugekauft werden – die dabei entstehenden Mehrkosten können durch Geld ersetzt werden. Im typischen Fall kann der Gläubiger die Sache also besser verwerten und außerdem in Geld befriedigt werden – die Rückgabe ist unverhältnismäßig, die Beweislast sollte den Gläubiger treffen. Der Interessefortfall (§§ 281 I 2, 323 V 1 BGB) ist deshalb für die Mankoleistung die bessere Rückgabeschranke. Wird die „unerhebliche Pflichtverletzung" als Bagatellgrenze verstanden, so spricht für den Interessefortfall nicht nur die richtige Beweislastverteilung, sondern auch die Möglichkeit der Interessenabwägung.

Aus diesen Gründen ist der Ansicht zu folgen, die § 434 III BGB nicht als Rechtsfolgenverweis versteht[71] und deshalb §§ 281 I 2, 323 V 1 BGB auch im Kaufvertrag für die Mankolieferung anwendet.[72] Wie bei der Auslegung der §§ 281 I 3, 323 V 2 BGB kann dieses Ergebnis mit den herkömmlichen Ausle-

---

69 S. o. A.IV.2.a.bb

70 S. o. D.I.2.a

71 Grigoleit/Riehm, ZGS 2002, S. 115 (121); Canaris, ZRP 2001, S. 329 (334 f.)

72 Stephan Lorenz, NJW 2003, S. 3097 (3099); insbesondere Grigoleit/Riehm, ZGS 2002, S. 115 – 122; Canaris ZRP, 2001, S. 329 (334 f.); Schwab/Witt/Mattheus, S. 118 f.; KompaktKom/Willingmann/Hirse, § 281 Rn. 12; zu den (nicht bestehenden) Vorgaben der Verbrauchsgüterkaufrichtlinie Unberath, ZeuP 2005, S. 5 (15 ff.)

gungsmethoden begründet werden. Wortlaut und Systematik des § 434 III BGB geben keine eindeutige Antwort. Die historische Auslegung muss beachten, dass der Rechtsausschuss die Lösung der Streitfrage ausdrücklich der Rechtsprechung überlassen hat und deshalb der Normtext gerade keine eindeutige Festlegung treffen sollte.[73] Und die teleologische Auslegung kann sich auf die durch ökonomische Analyse und Rechtsvergleichung erarbeiteten Erkenntnisse stützen[74] – mit dem Ergebnis, dass Verhältnismäßigkeitsprüfung und Beweislastverteilung des Interessefortfalls am besten das gesetzliche Ziel verwirklichen, die widerstreitenden Interessen bei der Mankoleistung auszugleichen.

3. Teilnichterfüllung

Wenn eine von der Hauptleistung abtrennbare, leistungsbezogene Nebenpflicht verletzt wird, entsteht die Streitfrage, ob eine Teil- oder eine Schlechtleistung vorliegt. Der Streit hat nur Bedeutung für die Frage, ob der Interessefortfall oder die „unerhebliche Pflichtverletzung" die Rückgabe beschränken.[75] Welche Rückgabeschranke besser geeignet ist, hängt wieder davon ab, ob die Rückgabe im typischen Fall verhältnismäßig ist. Zur problematischen Abgrenzung zwischen Teil- und Schlechtleistung kommt es nur, wenn die Nebenpflicht abtrennbar ist[76] und die Hauptleistung durch die Pflichtverletzung nicht gestört wurde. Ansonsten liegt eine vertragswidrige Hauptleistung und damit Schlechterfüllung vor. Da die Hauptleistung also vertragsgemäß ist, kann der Gläubiger sie regelmäßig besser verwerten als der Schuldner, denn nur deshalb kam das Geschäft zustande. Das Ausbleiben einer Nebenpflicht hat nur ausnahmsweise zur Folge, dass der Gläubiger die ungestörte Hauptleistung nicht gebrauchen kann – und wenn die begleitende Pflicht für die Hauptleistung derart fundamental ist, ist sie im Zweifel nicht abtrennbar. Für abtrennbare Nebenleistungen kann man außerdem vermuten, dass sie von einem Ersatzanbieter erbracht werden können. Der Gläubiger kann sich andernorts die fehlende Nebenleistung einkaufen, entstehende Mehrkosten lassen sich durch Geld ersetzen. Die Interessen des Gläubigers können durch Schadensersatz nur dann nicht befriedigt werden, wenn ausnahmsweise die Nebenpflicht nicht auf dem Markt gekauft werden kann oder wenn die Pflichtverlet-

73 BT-Drucks. 14/ 7052, S. 185; Der RegE konnte zu diesem Problem nur bei § 323 IV KF Stellung nehmen: BT-Drucks. 14/6040, S. 186. Beim großen Schadensersatz bestand das Problem aufgrund des damaligen § 281 I 3 KF noch nicht, s. o. A.I.2

74 Vgl. D.II.1.a

75 S. o. A.IV.2.a.dd

76 MüKo/Ernst, § 323 Rn. 201, 226; Staudinger/Otto, § 323 Rn. B14; Erman/Westermann, § 323 Rn. 26

zung wie bei § 282 BGB eine schwerwiegende Vertrauensstörung für die zukünftige Zusammenarbeit darstellt. Insgesamt kann man also für den Regelfall davon ausgehen, dass die Rückgabe Mehrkosten auslöst, zur Wahrung der Gläubigerinteressen aber nicht erforderlich und damit unverhältnismäßig ist. Deshalb sollte die Beweislast beim Gläubiger liegen und als Rückgabeschranke der Interessefortfall dienen. Wird die „unerhebliche Pflichtverletzung" als Bagatellgrenze verstanden, sollte der Interessefortfall schon deshalb die Rückgabeschranke sein, weil er eine Verhältnismäßigkeitsprüfung ermöglicht. Die teleologische Auslegung führt demnach dazu, dass „Teilleistung" gemäß §§ 281 I 2, 323 V 1 BGB auch die Nichterfüllung einer abtrennbaren Nebenleistungspflicht erfasst. Der zugrunde liegende Interessenkonflikt bei der Rückgabe entspricht der Teilerfüllung einer ansonsten mangelfreien Hauptleistung – und ist mit der Schlechterfüllung der Hauptleistung gerade nicht vergleichbar.[77]

4. Teilschlechterfüllung

Wie bei der Nichterfüllung einer abtrennbaren Nebenleistungspflicht wird auch bei der mangelhaften Erfüllung einer abtrennbaren Teilleistung darüber gestritten, ob eine Teil-(schlecht-)leistung[78] oder eine Schlechterfüllung vorliegt – ob also der Interessefortfall oder die unerhebliche Pflichtverletzung die Rückgabe beschränkt. Für die Entscheidung über die Beweislastverteilungen kommt es wieder darauf an, ob die Rückgabe im typischen Fall verhältnismäßig ist. Das entscheidende Kriterium ist die Teilbarkeit der Leistung. Eine Leistung kann aufgrund ihrer technischen Beschaffenheit oder des Willens der Parteien unteilbar sein.[79] Dies ist immer der Fall, wenn der Mangel des einen Teils zwingend dazu führt, dass auch der andere Teil nicht mehr vertragsgemäß ist. **Teilbarkeit** besteht also, wenn die Schlechterfüllung des einen Teils nach objektiven Kriterien und dem Willen der Parteien nicht zur Folge hat, dass auch der übrige Teil der Leistung vertragswidrig wird.[80] Teilleistungen sind z. B. die Einzelteile einer komplexen Maschine, die ersetzt werden können. Unteilbar sind hingegen Software- und Hardwarekauf, wenn beide Verträge miteinander „stehen und fallen"

---

77 So MüKo/Ernst, § 323 Rn. 226; Schlechtriem, Schuldrecht AT, Rn. 435 a. E.

78 MüKo/Ernst, § 323 Rn. 256; § 281 Rn. 151; Stephan Lorenz, NJW 2003, S. 3097 (3098 f.); Canaris, ZRP 2001, S. 329 (335); Grigoleit/Riehm, ZGS 2002, S.120 f. (zur teilweise mangelhaften Leistung); KompaktKom/Willingmann/Hirse, § 281 BGB Rn. 12; vgl. Erman/Westermann, § 281 Rn. 10

79 Staudinger/Otto, § 323 Rn. B123; BGH NJW 1990, S. 3011 (3012)

80 Der Test ist vergleichbar mit der Untersuchung der Einheitlichkeit des Vertrages bei Teilnichtigkeit nach § 139 BGB. Vgl. Staudinger/Otto, § 323 Rn. B123

sollen.[81] Wie bei der Mankolieferung und der Verletzung einer abtrennbaren Nebenleistungspflicht geht es also um Fälle, in denen dem Gläubiger trotz der Leistungsstörung eine Leistung verbleibt, die genau dem entspricht, was er bestellt hat. Wie erläutert[82], kann der Gläubiger eine mangelfreie Teilleistung besser verwerten als der Schuldner. Verliert der mangelfreie Teil ohne den mangelbehafteten Teil dramatisch an Wert, liegt schon keine Teilbarkeit vor. Der Gläubiger wird sich den fehlenden Teil in der Regel am Markt beschaffen können, entstehende Mehrkosten können gut ersetzt werden. Nur ausnahmsweise wird ein Markt fehlen oder ein Schaden vorliegen, der durch Geld nicht zu befriedigen ist (insbesondere Vertrauensschäden). Im Ergebnis bewirkt die Rückgabe Mehrkosten, obwohl sie zur Wahrung der Gläubigerinteressen nicht erforderlich ist. Die Rückgabe ist daher typischerweise unverhältnismäßig und sollte nur bei Interessefortfall zulässig sein, denn diese Schranke vermutet die Unverhältnismäßigkeit und gibt dem Gläubiger die Beweislast dafür, dass ausnahmsweise keine Mehrkosten entstehen oder der Schadensersatz den Gläubiger nicht befriedigt.

Nach dieser Auslegung ist nur der vertragswidrige Teil eine Schlechtleistung i.S.v. §§ 281 I 3, 323 V 2 BGB. Für diesen Teil bleibt die Rückgabe zulässig, solange der Schuldner nicht nachweist, dass für ihn erhebliche Mehrkosten anfallen und die Gläubigerinteressen auch durch Schadensersatz gewahrt bleiben. Der Ansatz der „Teilschlechterfüllung" bedeutet, dass die Leistung in ihre Einzelpflichten zerlegt wird, um zu untersuchen, welche Teilpflichten tatsächlich vertragswidrig geworden sind. Nur die unmittelbar „befallenen" Teilpflichten sind „nicht wie geschuldet" (§ 281 I 3 BGB) oder „nicht vertragsgemäß" (§ 323 V 2 BGB). Die abtrennbaren, „unbefallenen" Teile sind vertragswidrige Teilleistung und berechtigen zu Schadensersatz (§ 281 I 1 BGB). Zurückgeben kann der Gläubiger sie nur, wenn er an ihnen trotz Mangelfreiheit und kleinem Schadensersatz kein Interesse hat.[83] Das Ziel der angemessenen Beschränkung der Rückgabe spricht also bei Teilschlecht- genauso wie bei Teilnichterfüllung dafür, die unbestimmten Rechtsbegriffe „nicht wie geschuldete Leistung" (§ 281 I 3 BGB) und „nicht vertragsgemäße Leistung" (§ 323 V 2 BGB) eng auszulegen: Sie sind nicht auf den Vertrag als Ganzes zu beziehen, sondern müssen

81 BGH NJW 1990, S. 3011 (3012)

82 Bei Besprechung der Mankolieferung (D.II.2), Teilnichterfüllung (D.II.3) und zur Teilleistung (D.I.2.b)

83 Stephan Lorenz, NJW 2003, S. 3097 (3099): „Zunächst ist am Maßstab von § 323 V 2 BGB isoliert in Bezug auf den mangelhaften Teil der Leistung die Frage des Rücktritts zu klären, was bei einem nur unerheblichen Mangel (des Teils als solchem) ausgeschlossen ist. Die Befugnis des Käufers zum Totalrücktritt setzt dann nach § 323 V 1 BGB weiter voraus, dass wegen des Teilrücktritts sein Leistungsinteresse im Übrigen entfallen ist."

auf nicht weiter teilbare (Einzel-)Leistungen beschränkt werden. Die entscheidende Abgrenzung zwischen Schlecht- und Teilleistung ist damit die **Teilbarkeit** der Leistung. Nur die mangelhafte und unteilbare Leistung ist Schlechtleistung i.S.v. §§ 281 I 3, 323 V 2. Der Grund für die Beschränkung der Schlechtleistung ist, dass die Rückgabe bei mangelfreien Teilleistungen typischerweise unverhältnismäßig ist. Das dispositive Recht sollte die Unverhältnismäßigkeit vermuten und Interessefortfall verlangen, um für den Regelfall die richtige Interessenabwägung zu treffen und dem „vollständigen" Vertrag näherzukommen.

5. Verletzung leistungsbezogener Nebenpflichten

Für die Verletzung von leistungsbezogenen Nebenpflichten wird teilweise die Fortsetzung der alten Rechtsprechung zur positiven Vertragsverletzung vorgeschlagen, nach der die Rückgabe (Totalliquidation) nur bei Unzumutbarkeit des Festhaltens am Vertrag zulässig war.[84] Solche besonderen Voraussetzungen für die Rückgabe lassen sich durch den Gesetzeswortlaut nicht stützen. Die Anwendung der Rückgabeschranke für Teilleistung bei der „**Teilnichterfüllung**" erreicht allerdings bereits das gewünschte Ergebnis. Wenn die Schranke der „Schlechtleistung" nur für vertragswidrige und unteilbare Leistungen gilt, kann der Gläubiger den ungestörten Teil der Leistung nur bei Interessefortfall zurückgeben. Und Interessefortfall ist im Ergebnis genauso wie die Unzumutbarkeit eine „Wesentlichkeitsschwelle".[85] Die Verletzung einer Nebenpflicht, welche die abtrennbare Hauptleistung unberührt lässt, führt dann nur noch zur Aufhebung des ganzen Vertrages, wenn die Rückgabe verhältnismäßig erscheint – mit anderen Worten, wenn ein Festhalten am Vertrag unzumutbar ist. Die Auslegung bei „Teilnichterfüllung" und „Teilschlechterfüllung", nach der die „Schlechtleistung" auf vertragswidrige und unteilbare Teilleistungen beschränkt wird, führt im Ergebnis zur Fortsetzung der alten Rechtsprechung zur pVV. Diese Rechtsprechung war interessengerecht, weil sie zu Recht durch die Schranke der „Unzumutbarkeit" die Unverhältnismäßigkeit der Rückgabe im typischen Fall der abtrennbaren Nebenpflichtverletzung vermutete.

---

84 Staudinger/Otto, § 323 Rn. C12; dagegen MüKo/Ernst, § 323 Rn. 12; zur alten Rechtsprechung, s. o. A.II.3.e, A.IV.2.b.bb

85 Schlechtriem, Schuldrecht AT, S. 216, Rn. 435: „Da 'Interessefortfall' und ‚Unzumutbarkeit des Festhaltens am Vertrag' letztlich Verschlüsselungen des selben Grundgedankens sind, dass die Schwere der Pflichtverletzung, gemessen am Gläubigerinteresse, über den Rücktritt entscheidet (vgl. Art. 25 CISG), dürften im Ergebnis beide Lösungswege zum gleichen Ziel führen."

6. Zusammenfassung

Als Ergebnis der ökonomischen Analyse und der Rechtsvergleichung ist zu fordern, die Rückgabe nur zuzulassen, wenn sie dem Schuldner keine unverhältnismäßige Mehrbelastung aufbürdet. Das spricht für die Auslegung der „unerheblichen Pflichtverletzung in §§ 281 I 3, 323 V 2 BGB als **Verhältnismäßigkeitseinrede**. Eine Pflichtverletzung ist demnach „unerheblich", *wenn die schützenswerten Interessen des Gläubigers, die durch Schadensersatz nicht angemessenen berücksichtigt werden, angesichts der Mehrkosten des Schuldners als gering erscheinen.* Diese Auslegung ist mit Wortlaut, Systematik und Geschichte der Schuldrechtsreform vereinbar und lässt sich dadurch begründen, dass die Verhältnismäßigkeitseinrede den zugrunde liegenden Interessenkonflikt am besten lösen kann. Bei Anwendung der §§ 281 I 3, 323 V 2 BGB auf den Handelskauf sollte die widerlegliche Vermutung gelten, dass die Gläubigerinteressen durch Schadensersatz befriedigt werden.

Verwendet man die gewonnen Erkenntnisse für die Lösung der Abgrenzungsschwierigkeiten zwischen Teil- und Schlechtleistung, so ist zu fordern, dass eine abtrennbare und vom Mangel nicht erfasste Teilleistung immer nur nach den Regeln der Teilleistung zurückgegeben werden kann (§§ 281 I 2, 323 V 1 BGB). Der Grund ist, dass die Rückgabe hier typischerweise unverhältnismäßig ist. Das dispositive Recht sollte diese Tatsache widerspiegeln, indem es durch die Rückgabeschranke des „Interessefortfalls" die Unverhältnismäßigkeit vermutet und dem Gläubiger die Beweislast für das Gegenteil gibt. Für die Fälle der „Teilnichterfüllung" (Nichterfüllung einer abtrennbaren Nebenpflicht) und „Teilschlechterfüllung" (Vertragwidrigkeit einer abtrennbaren Teilleistung) führt dies zur Anwendung der §§ 281 I 2, 323 V 1 BGB auf den nicht gestörten Teil der Leistung. Die Regeln der „Schlechtleistung" gelten nur für die vertragswidrige und nicht weiter teilbare Leistung. Damit gilt die Rückgabeschranke des Interessefortfalls auch bei Nebenpflichtverletzungen – was der alten Rechtsprechung zur pVV entspricht. Da die „Mankolieferung" (Zuweniglieferung im Kaufvertrag, § 434 II BGB) eine Teilleistung ist, darf auch hier die Rückgabe nur ausnahmsweise bei Interessefortfall zulässig sein. Das entscheidende Abgrenzungskriterium zwischen Teil- und Schlechtleistung ist demnach die **Teilbarkeit** der Leistung: Nur für die Rückgabe unteilbarer Schlechtleistungen gilt die Verhältnismäßigkeitseinrede der §§ 281 I 3, 323 V 2 BGB, für die Rückgabe an sich ungestörter Teilleistungen[86] muss die Wesentlichkeitsschwelle der §§ 281 I 2, 323 V 1 BGB gelten.

86 Diese Teilleistungen sind zwar nicht vom Mangel betroffen, sie sind aber absprachewidrig i.S.v. § 266 BGB.

III. Abnahmeverweigerungsrechte

Die Einschränkung der Rückgabe durch die Verhältnismäßigkeitsprüfung ist nicht möglich, wenn man dem Gläubiger ein uneingeschränktes Abnahmeverweigerungsrecht gibt, denn zwischen Ablehnung der Annahme und „Rücktritt vom ganzen Vertrag" besteht kein praktischer Unterschied. Beides ermöglicht die Rückgabe und muss von den gleichen Vorschriften erfasst werden.[87] Für das Abnahmeverweigerungsrecht bei **Schlechtleistung** sollte daher die Schranke der Verhältnismäßigkeitseinrede aus §§ 281 I 3, 323 V 2 BGB gelten. Die „Gleichschaltung" von Abnahmeverweigerung und Rücktrittsrecht lag schon dem alten Recht zugrunde: „Für die Rechtmäßigkeit der Zurückweisung [... war] erforderlich, dass die vertragswidrige Sachbeschaffenheit für den Käufer Rechtsbehelfe begründet, bei deren Geltendmachung er die angebotene Sache zurückzugewähren hätte." (**Wolfgang Ernst**)[88] Die häufig anzutreffende Ansicht, dass das Abnahmeverweigerungsrecht entsprechend der alten Rechtsprechung nur durch Treu und Glauben (§ 242 BGB) bei ganz geringfügigen Mängeln eingeschränkt sei[89], verkennt, dass die alte Rechtsprechung darauf abzielte, die Bagatellgrenze des § 459 I 2 BGB aufrecht zu erhalten. Um auch im heutigen Schuldrecht diese „Gleichschaltung" von Rückgabe und Annahmeverweigerung zu erreichen, ist eine Bagatellgrenze zu wenig. Die Anwendung der alten Kriterien hebelt die neue Rückgabeschranke in §§ 281 I 3, 323 V 2 BGB aus und ermöglicht außerdem entgegen § 281 I 1 BGB die Befreiung ohne Nachfrist. Rückgabeschranke und Recht zur zweiten Andienung würden zu einer „Sanktion für schusseliges Annehmen" degradiert.[90] Die Sanktion für eine Schlechtleistung ist im neuen Recht Schadensersatz, § 280 I BGB. § 280 III BGB stellt klar, dass Rückgabe und Befreiung, die den Schadensersatz statt der (ganzen) Leistung auslösen, als zusätzliche Rechte nur unter den Voraussetzungen der §§ 281 – 283 BGB (spiegelbildlich §§ 323 – 326 BGB) gewährt werden. Ein Abnahmeverweigerungsrecht bei Schlechtleistung unterhalb der Schranke der §§ 281 I 3, 323 V 2 BGB zerstört also nicht nur die wünschenswerte Einschränkung des Rücktrittsrechts, es widerspricht auch Wortlaut und System des BGB.

Auch bei **Teilleistungen** darf die Rückgabeschranke der §§ 281 I 2, 323 V 1 BGB nicht durch ein „ungezügeltes" Abnahmeverweigerungsrecht außer

87 Staudinger/Beckmann, Eckpfeiler, S. 571 und zu § 433 Rn. 160

88 Wolfgang Ernst, Zurückweisung der Ware, NJW 1997, S. 896 (901), bei Fn. 67

89 Palandt/Heinrichs, § 281 Rn. 41 (gestützt auf BGH NJW 86, S. 920); Bamberger/Roth/Grüneberg, § 281 Rn. 60; Staudinger/Otto, § 323 Rn. C5; Philipp Lamprecht, ZIP 2002, S. 1790 (1792); v. Westphalen/Dedek, § 281 Rn. 29; Maultzsch, ZGS 2003, S. 411 (414)

90 Nils Jansen, ZIP 2002, S. 1794

Kraft gesetzt werden. Hier wird **§ 266 BGB** im Anschluss an die alte Rechtsprechung als Abnahmeverweigerungsrecht bei absprachewidriger Teilleistung gedeutet.[91] Nach berechtigter Ablehnung liege eine vollständige Nichtlieferung vor, so dass die Rückgabeschranke des Interessefortfalls trotz Teilleistung keine Anwendung finde.[92] Der BGH hatte die Ablehnung im alten Schuldrecht nur durch Treu und Glauben beschränkt, wenn „die Annahme in verständiger Würdigung der Lage des Schuldners und seiner eigenen schutzwürdigen Interessen zuzumuten ist".[93] Der Wortlaut des § 266 BGB[94] sieht allerdings kein Ablehnungsrecht, sondern nur das Verbot von Teilleistungen vor. § 266 BGB sagt gerade nicht, welche Sanktion den Schuldner bei absprachewidriger Teilleistung treffen soll. Bei Auswahl der Sanktion ist zu beachten, dass die Schuldrechtsreform einen Systemwechsel durchgeführt hat. § 280 BGB sieht für alle zu vertretenen Vertragsverletzungen die Haftung auf den vollen Schadensersatz vor, der Rücktritt wird in Form von Befreiung und Rückritt nur unter zusätzlichen Voraussetzungen zugelassen, § 280 III BGB. Leistet der Schuldner absprachewidrig nur einen Teil, muss er alle hierdurch verursachten Schäden ersetzen. Rückgabe und großer Schadensersatz sind nur bei Interessefortfall möglich. Ein unbeschränktes Abnahmeverweigerungsrecht bei § 266 BGB gewährt entgegen §§ 280 I, III, 281 I 2 BGB den großen Schadensersatz auch ohne Interessefortfall.

Diesen Verstoß gegen das System des neuen Schuldrechts kann auch die teleologische Auslegung von § 266 BGB nicht begründen. Zweck des § 266 BGB ist nach einhelliger Meinung, „den Gläubiger vor den Nachteilen und Unannehmlichkeiten zu schützen, die ihm durch wiederholte Ratenleistungen entstehen".[95] Dieses Ziel wird durch die Schadensersatzhaftung des Schuldners erreicht, denn erstens schreckt das von Teilleistungen ab und zweitens wird der Gläubiger durch den Ersatz der entstandenen Schäden geschützt. Sollte der Schadensersatz zur Wiedergutmachung nicht ausreichen, stünde es dem Gläubiger nach §§ 281 I 2, 323 V 1 BGB offen, den Fortfall seines Interesses geltend zu machen und Rückgabe zu verlangen. Lässt man zusätzlich die unbeschränkte Abnahmeverweigerung zu, nimmt man dem Schuldner den Schutz vor einer Mehr-

91 Staudinger/Otto, § 323 Rn. C9; Erman/Westermann, § 323 Rn. 25; Palandt/Heinrichs, § 323 Rn. 24; Bamberger/Roth/Grüneberg, § 281 Rn. 53, § 266 Rn. 18, § 323 Rn. 42; MüKo/Ernst, § 323 Rn. 216 und Fn. 388; vgl. LG Rottweil vom 26.05.2003 in NJW 2003, S. 3139 mit Kommentar von Stephan Lorenz, NJW 2003, S. 3097 – 3099; Staudinger/Huber, Eckpfeiler, S. 147

92 Erman/Westermann, § 323 Rn. 25; MüKo/Ernst, § 323 Rn. 200

93 BGH NJW 1965, S. 1763 (1764); vgl. MüKo/Krüger (Band 2), § 266 BGBaF; Erman/Kuckuk, § 266 Rn. 6

94 § 266 BGB: „Der Schuldner ist zu Teilleistungen nicht berechtigt."

95 So schon RGZ 79, 359 (361); Staudinger/Huber, Eckpfeiler, S. 146

belastung, die durch die Gläubigerinteressen nicht gerechtfertigt ist. Der Verzicht auf die Verhältnismäßigkeitsprüfung hat zur Folge, dass der Missbrauch des Rückgaberechts durch den vollversicherten Gläubiger (*moral hazard*)[96] nicht bekämpft wird. Der Schuldner wird schlechter gestellt, ohne dass der Gesetzeszweck, den Gläubiger vor den Nachteilen absprachewidriger Teilleistungen zu schützen, gefördert wird. Die teleologische Auslegung des § 266 BGB rechtfertigt kein Ablehnungsrecht unterhalb der Schranke aus §§ 281 I 2, 323 V 1 BGB.

Ein rechtsvergleichender Blick bestätigt, dass bei voller Schadensersatzhaftung kein Ablehnungsrecht benötigt wird: Im CISG wird der Gläubiger zur Annahme von Teilleistungen verpflichtet, wenn er kein Recht zur Rückgabe (Aufhebung des ganzen Vertrages nach Art. 49 I a CISG) hat, Art. 51 CISG.[97] Die Principles of European Contract Law gewähren ein Ablehnungsrecht nur unter den Voraussetzungen für die Vertragsaufhebung, Art. 9:301 EP.[98] Und die Unidroit Principles verlangen in Art. 6.1.3 UP, dass der Gläubiger ein berechtigtes Interesse an der Zurückweisung der Teilleistung hat.[99] Alle drei Rechtsordnungen schützen den Gläubiger wie § 266 BGB durch ein Verbot absprachewidriger Teilleistungen.[100] Sie beschränken die Sanktion aber wie bei allen anderen Vertragsverletzungen auf den Schadensersatz. Befreiung und Rückgabe werden nur unter den für alle Vertragsverletzungen geltenden zusätzlichen Voraussetzungen gewährt (Nachfrist und Verhältnismäßigkeit). Es gibt keinen Grund, weshalb der Vertragsbruch durch eine unabgesprochene Teilleistung anders behandelt werden sollte als andere Vertragsverletzungen. Es gibt auch keinen Grund, weshalb das Rückgaberecht nach Annahme der Ware strenger eingeschränkt werden sollte als

---

96 Zum Missbrauchsrisiko bei der Kombination s. o. B.IV.2.b.cc

97 Schlechtriem, UN Kaufrecht, S. 151, Rn. 221; Schlechtriem/Schwenzer/Müller-Chen, Art. 51 Rn. 4

98 Das folgt daraus, dass es keine gesonderte Regel für Vertragsaufhebung oder Ablehnung bei Teilleistungen gibt. Vgl. Kommentar C zu Art. 9:302 EP, v. Bar/Zimmermann, S. 499: „Manchmal besteht die Leistungsverpflichtung einer Partei aus selbständigen Teilen, und die Nichterfüllung betrifft nur einen dieser Teile [...]. Wenn jedoch die Leistung der ersten Partei tatsächlich teilbar ist und ihre Bezahlung gleichmäßig zugeteilt werden kann, findet Artikel 9:302 Anwendung und die Vertragsaufhebung ist in Bezug auf den betroffenen Teil zulässig" – die Ablehnung der Teilleistung ist dann nur bei Wesentlichkeit möglich, Art. 9:301 EP.

99 Art. 6.1.3 UP: „The obligee may reject an offer to perform in part [...], unless the obligee has no legitimate interest in doing so." Allerdings wird dem Schuldner die Beweislast auferlegt, es handelt sich um eine Verhältnismäßigkeitseinrede. Kommentar Nr. 3 zu Art. 6.1.3 UP zeigt, dass zur Beurteilung des berechtigten Interesses Gläubiger- und Schuldnerinteressen abzuwägen sind.

100 Auch im englischen Recht kann eine Teilleistung nur abgelehnt werden, wenn die üblichen Voraussetzungen für die Vertragsaufhebung erfüllt sind: Treitel, Contract Law, S. 816

vor der Annahme. Der Interessenkonflikt ist der gleiche, die teleologische Auslegung des § 266 BGB kann deshalb zu keinem Rückgabe-Sonderrecht führen.[101]

Zusammenfassend wird die Auslegung des § 266 BGB als Abnahmeverweigerungsrecht durch den Wortlaut nicht gestützt und widerspricht dem System des neuen Schuldrechts. Sie kann auch teleologisch nicht begründet werden, denn der Gläubiger wird vor absprachewidrigen Teilleistungen genauso wie vor anderen Vertragsverletzungen durch die Haftung auf Schadensersatz, die Befreiung nach erfolgloser Nachfrist und das auf Verhältnismäßigkeit beschränkte Rückgaberecht ausreichend geschützt. § 266 BGB ist vielmehr in Übereinstimmung mit dem CISG, den EP und UP als ein schlichtes Verbot von Teilleistungen zu verstehen, dessen Verletzung die gesetzlichen Gewährleistungsrechte nach sich zieht. § 266 BGB ist dabei nicht funktionslos, denn es versteht sich nicht von selbst, das Ratenlieferungen einen Vertragsbruch darstellen, solange sie weder Verzug noch Mängel auslösen. Ohne das Verbot des § 266 BGB müssten Teilleistungen vertraglich ausgeschlossen werden, um Ersatz für die Verluste durch unabgesprochene Ratenlieferungen zu erhalten.

IV. Weitere Methoden zur Beschränkung der Rückgabe

Die bisherigen Erkenntnisse führen zu einer Auslegung der Rückgabeschranken des neuen Schuldrechts nach dem Leitbild, die Rückgabe durch eine Verhältnismäßigkeitsprüfung zu beschränken. Die Mehrkosten des Schuldners sollen gegen die durch Schadensersatz nicht zu wahrenden Interessen des Gläubigers abgewogen werden. Konkret führt dies dazu, die „unerhebliche Pflichtverletzung" als Verhältnismäßigkeitseinrede zu verstehen und auf unteilbare Schlechtleistungen zu beschränken sowie die Abnahmeverweigerungsrechte den Rückgabeschranken zu unterstellen. Die in der Rechtsvergleichung untersuchten Rechtssysteme verwenden neben der Verhältnismäßigkeitsprüfung weitere Mechanismen zur Einschränkung der Rückgabe. Auch aus den ökonomischen Überlegungen lassen sich weitere Schranken ableiten. Im Folgenden wird untersucht, ob diese Anregungen für die Anwendung des neuen Schuldrechts fruchtbar gemacht werden können.

---

101 LG Rottweil, NJW 2003, S. 3139, vom 26.05.2003, ist deshalb nicht nur abzulehnen, weil § 266 BGB eine vollständig mögliche Leistung voraussetzt – so Stephan Lorenz, NJW 2003, S. 3097 (3098) – sondern schon deshalb, weil § 266 BGB kein Ablehnungsrecht begründen kann. Auch bei der sofortigen Ablehnung sind die Kriterien der §§ 281 I 2, 323 V 1 BGB anzuwenden.

1. De minimis non curat praetor

Der Grundsatz *de minimis non curat praetor* (der Richter kümmert sich nicht um Kleinigkeiten)[102] stammt aus dem römischen Recht[103] und führt dazu, dass der Gläubiger triviale Vertragsverletzungen dulden muss. Er basiert auf dem Gedanken, dass der Aufwand der gerichtlichen Rechtsverfolgung für triviale Verletzungen nicht gerechtfertigt ist. Im alten Schuldrecht wurde der Grundsatz durch die Bagatellgrenze in § 459 I 2 BGBaF umgesetzt.[104] Er existiert auch im Common Law als *de minimis rule.*[105] Bei Beschränkung der Rückgabe ist die Regel im Prinzip der Verhältnismäßigkeit enthalten: Bei trivialen Mängeln ist die Rückgabe unverhältnismäßig. Eigenständige Bedeutung kann der Rechtssatz daher nur für die Beschränkung des Schadensersatzanspruchs aus § 280 I BGB erlangen.[106] Dort kann er dazu führen, dass triviale Abweichungen nicht als Vertragsverletzung anerkannt werden. Im Kaufvertrag ist eine Abweichung z. B. „trivial", wenn die vereinbarte Beschaffenheit nicht beeinträchtigt ist (§ 434 I 1 BGB), die Kaufsache für die vorausgesetzte Verwendung noch geeignet ist (§ 434 I 2 Nr. 1 BGB) und die üblichen Erwartungen erfüllt (§ 434 I 2 Nr. 2 BGB). Durch Auslegung dessen, was vereinbarte Beschaffenheit, vertraglich vorausgesetzte Verwendung und übliche Erwartungen sind, können die Gewährleistungsrechte für triviale Abweichungen verwehrt werden. Wie dies im Einzelnen zu geschehen hat, wird hier nicht untersucht. Die Rechtsprechung zur alten Bagatellgrenze in § 459 I 2 BGBaF liefert Anregungen.

2. Besondere Treue- und Schadensminderungspflicht (Haftung des Gläubigers)

Im US-amerikanischen Recht wird aus der besonderen Treuepflicht (§ 1-203 UCC, *good faith*) die Pflicht des Käufers abgeleitet, die Ware anzunehmen, wenn ein „vernünftiger" Käufer sie angenommen hätte.[107] Bei Nichtannahme

---

102 Oder „minima non curat praetor", vgl. Creifelds Rechtswörterbuch, S. 828

103 Motive des BGB Teil II, S. 225

104 Staudinger/Honsell (12.A.), § 459 Rn. 27

105 Treitel, Breach of Contract, S. 365; Benjamin's Sale of Goods, Chapter 12-030, S. 545

106 BT-Drucks. 14/6040, S. 187, meint deshalb, bei „unerheblichen" Mängeln seien sowohl Teil- als auch Totalrücktritt ausgeschlossen. Das macht nur dann Sinn, wenn triviale Mängel keinen Vertragsbruch darstellen. Sobald ein Vertragsbruch vorliegt, muss es auch ein Ende des Abwartens auf die Nacherfüllung geben – also Befreiung bzw. Teilrücktritt.

107 S. o. C.III.4.a

haftet der Gläubiger für die Schäden aufgrund seines Verstoßes gegen die Treuepflicht. Die im Common Law ausgeprägte Schadensminderungspflicht (*mitigation, avoidance*[108]) verringert den Schadensersatzanspruch des Gläubigers, wenn eine Annahmeverweigerung unnötige Mehrkosten auslöst.[109] Diese Mechanismen schließen nicht die Rückgabe nach Annahme aus, sondern lassen den Gläubiger für die Mehrkosten durch seine unberechtigte Abnahmeverweigerung haften. Aus ökonomischer Sicht bildet dies den notwendigen Anreiz zur effizienten Schadensminderung. Denn der Ersatz des Erfüllungsschadens sollte auf die Schäden beschränkt sein, die bei effizientem Verhalten entstanden wären: „*The damage payment should be equal to the loss, which the other would experience if it had chosen optimal preventive efforts and optimal reliance expenditures.*" (**Jörg Finsinger**)[110] Das Beispiel des Common Law macht deutlich, dass die Beschränkung der Rückgabe nach Annahme nicht ausreicht, um die unverhältnismäßige Zurückweisung von Leistungen zu verhindern. Der Gläubiger muss durch eine haftungsbewehrte Abnahmepflicht auch von der Abnahmeverweigerung abgehalten werden. Genauso wie es kein Recht zur unverhältnismäßigen Rückgabe und Abnahmeverweigerung geben sollte, sollte der Gläubiger die Kosten der unverhältnismäßigen Rückgabe und Abnahmeverweigerung tragen.

Die Haftung für die Folgen einer unverhältnismäßigen Abnahmeverweigerung wird im neuen Schuldrecht erreicht, wenn die Rückgabeschranken auch für die Abnahmeverweigerung gelten (s. o. D.III). Dann ist die unverhältnismäßige Verweigerung der Abnahme eine Verletzung der Abnahmepflicht (z. B. § 433 II BGB), für deren Folgen der Gläubiger nach § 280 I BGB haftet. Die Haftung für die Mehrkosten der unverhältnismäßigen Zurückweisung beschränkt zugleich den Erfüllungsschaden auf die effiziente Höhe ohne die vermeidbaren Mehrkosten: Ein unbehebbarer, unerheblicher Mangel löst die Haftung des Schuldners nach §§ 280, 283 BGB aus, berechtigt aber wegen § 281 I 3 BGB nicht zur Annahmeverweigerung. Verweigert der Gläubiger trotzdem die Annahme, so haftet er für die Mehrkosten nach § 280 I BGB. Und sein Schuldner haftet ihm nur auf den kleinen Schadensersatz, (§§ 280, 283 BGB) also auf alle Folgeschäden abzüglich der Mehrkosten aufgrund der Annahmeverweigerung.[111]

Solange die Auslegung der Rückgabeschranken das Verhältnismäßigkeitsprinzip beachtet und die Abnahmeverweigerungsrechte den Rückgabeschranken

---

108 S. o. C.III.1 (US) und C.VI.2.b.dd (Rechtsvergleichung); zum englischen Recht Treitel, Breach of Contract, S. 179 ff., Nr. 145 ff.

109 S. o. C.VI.2.b.dd

110 Finsinger/Simon, The optimal Damage Rule for Breach of Contract, S. 5; Shavell, Bell Journal of Economics, 11 (2) 1980, S. 466 (478) Fn. 40; Shavell, Foundation, S. 361: "damages set equal to the level reflecting optimal reliance"; s. o. B.III.1.b

111 Zusätzlich gerät der Käufer in Gläubigerverzug nach §§ 293 ff. BGB.

unterstellt werden, bedarf es keiner zusätzlichen Einschränkung des Rückgaberechts durch Schadensminderungspflicht oder Treuepflicht, denn der Gläubiger trägt bereits die Kosten einer unverhältnismäßigen Abnahmeverweigerung. Wenn allerdings die „unerhebliche Pflichtverletzung" nur als Bagatellgrenze verstanden wird oder das Abnahmeverweigerungsrecht weniger als das Rückgaberecht beschränkt wird, dann bieten die Schadensminderungspflicht oder die Treuepflicht eine Möglichkeit, den Gläubiger für die ineffiziente Nutzung seines Rückgabe- und Abnahmeverweigerungsrechts haften zu lassen, um auf diesem Umweg die ineffiziente Rückgabe zu bekämpfen. Man könnte dann argumentieren, dass es der Gläubiger durch die Wahl der kostensteigernden Rückgabe gemäß § 254 II Satz 1 BGB „unterlassen hat, den Schaden abzuwenden oder zu mindern". Die Rückgabe könnte auch gegen die Pflicht aus § 241 II BGB zur „Rücksicht auf die Rechte, Rechtsgüter und Interessen des anderen Teils" verstoßen oder einen Missbrauch i.S.v. § 242 BGB darstellen, weil es angesichts des kleinen Schadensersatzes zur Befriedigung der eigenen Interessen nicht der Rückgabe bedurft hätte. Diese sekundäre Pflicht zum Verzicht auf die primär gewährte Rückgabe oder Abnahmeverweigerung wäre systematisch unsauber. Logischer, systematisch sauber und teleologisch sinnvoll ist hingegen die primäre Beschränkung von Rückgabe und Abnahmeverweigerung durch die Verhältnismäßigkeit.

3. Nachvertragliche Kooperationspflicht

Die nachvertragliche Kooperationspflicht in Art. 86 CISG und § 2-603 (1) UCC ermöglicht die Verwertung der zurückgewiesenen Leistung vor Ort, nutzt die Ortskundigkeit des Käufers für einen Notverkauf und vermeidet höhere Kosten durch die Rücksendung.[112] Die Pflicht beschränkt nicht die Rückgabe, sondern mildert ihre nachteiligen Folgen. § 379 I HGB sieht entsprechend die Pflicht zur einstweiligen Aufbewahrung abgelehnter Waren vor. Der Verkäufer kann die Ware dort verwenden, wo sie ist – dem Käufer ist einstweilen das Zurücksenden nicht gestattet.[113] Vergleichbare Pflichten gelten in Anlehnung an das HGB auch für Nichtkaufleute aufgrund der Pflicht des Gläubigers, auf die Vermögensinteressen des Schuldners Rücksicht zu nehmen (vgl. § 241 II BGB) und ihn vor vermeidbaren Schäden zu bewahren (vgl. § 254 II 1 BGB).[114] Ein Verstoß führt zu Schadensersatzansprüchen des Schuldners (Verkäufers) nach

---

112 S. o. C.VI.2.b.ee

113 MüKo/Grunewald, § 379 HGB Rn. 2

114 MüKo/Grunewald, § 379 HGB Rn. 4; Erman/Grunewald, § 433 Rn. 59

§ 280 I BGB.[115] Da die kostengünstige Verwertung der Kaufsache das Kernproblem der Rückgabe ist, stellt die Ausdehnung der Aufbewahrungspflicht auf alle Kaufverträge eine sinnvolle Ergänzung der Rückgabeschranken dar. Neben der Aufbewahrung sollte der Gläubiger nach dem Vorbild des § 2-603 (1) UCC (s. o. C.III.4.i) auch verpflichtet sein, dem Schuldner beim Absetzen der Ware zu helfen und dessen Anweisungen zu folgen. Seine Aufwendungen bekommt der Gläubiger bei Anweisung nach Auftragsrecht (§ 670 BGB), ansonsten aufgrund einer Geschäftsführung ohne Auftrag (§§ 683, 670 BGB) ersetzt.[116] Je stärker die nachvertragliche Kooperationspflicht ausgeformt wird, desto weniger muss die Rückgabe eingeschränkt werden. Wenn die Kooperation die kostengünstige Verwertung beim Gläubiger trotz Rückgabe ermöglicht, dann sinken die Mehrkosten der Rückgabe und die Interessen des Gläubigers können schneller überwiegen. Es liegt also im Interesse des Gläubigers, nach Ablehnung der Ware bei deren Verwertung zu helfen. Erst Pflicht und Haftung machen diese Kooperation aber verlässlich, so dass sie bei der Verhältnismäßigkeitsprüfung vorausgesetzt werden kann. Im Ergebnis ist eine möglichst weitreichende Pflicht zur Kooperation bei der Verwertung der abgelehnten Leistung zu fordern, denn hierdurch wird der Interessenkonflikt bei Rückgabe entschärft: Der Verkäufer spart Mehrkosten durch die Rückgabe und die Interessen des Käufers, die durch Geld nicht befriedigt werden, können leichter berücksichtigt werden. Konkret sollte der Käufer entsprechend § 2-603 (1) UCC den Anweisungen des Verkäufers in Bezug auf die Sache zu folgen haben.[117] Dies kann durch die Ausformung der Pflicht aus § 241 II BGB zur Rücksichtnahme auf die Vermögensinteressen des Schuldners erreicht werden und sollte *de lege ferenda* im Gesetz verankert werden.

4. Ausschluss der Rückgabe nach dem Vorbild der „acceptance"

Die Annahme (acceptance) beschränkt im Common Law das Ablehnungs- und Rückgaberecht und nicht den Schadensersatz. Sie ist also eine spezielle Rückgabeschranke. Sie erfüllt dabei mehrere Funktionen[118]: Die Rückgabe wird

115 Erman/Grunewald, § 433 Rn. 59; MüKo/Grunewald, § 379 HGB Rn. 13

116 Vgl. MüKo/Grunewald, § 379 HGB Rn. 4

117 Da der Verkäufer für die Aufwendungen aufkommen muss, die seine Anweisungen verursachen, wird er nur Anweisungen geben, die eine kostengünstige Verwertung ermöglichen. Einer Beschränkung des Anweisungsrechts bedarf es daher nur, wenn der Verkäufer die Kosten nicht übernehmen will.

118 S. o. C.VI.2.b.aa-cc

erstens nach freiwilliger Annahme ausgeschlossen.[119] Zweitens wird nach Ablauf der für eine gründliche Untersuchung benötigten Zeit die freiwillige Annahme unterstellt.[120] Drittens wird die Annahme bei Weiterbenutzung und Verkauf vermutet[121], und schließlich wird eine Annahme auch bei wesentlicher Verschlechterung der Ware angenommen.[122] Im Folgenden wird geprüft, ob diese vier Ausschlussgründe auch im neuen Schuldrecht Verwendung finden sollten.

a) Freiwillige Annahme

Es gibt in der deutschen Kommentarliteratur den Ansatz, die Rückgabe (Totalrücktritt) wie im Common Law auszuschließen, wenn der Gläubiger eine mangelhafte Leistung freiwillig angenommen hat oder sich zumindest die Rückgabe bei der Annahme nicht ausdrücklich vorbehalten hat[123] (s. o. A.IV.2.a.ff). Ein solcher Ausschluss des Rückgaberechts durch die Annahme widerspricht allerdings dem System des neuen Schuldrechts, denn der Gläubiger ist zur vorläufigen Annahme einer mangelhaften Leistung verpflichtet. Bei einem behebbaren Mangel kann er die Ware erst zurückweisen, wenn er erfolglos eine Nachfrist gewährt hat, §§ 281 I 1, 323 I BGB.[124] Um die Nachfrist zu gewähren, muss er die Ware zumindest vorläufig entgegennehmen. Annahme und Nachfrist sind zwingende Voraussetzungen der Rückgabe. Sie können nicht zum Verzicht auf das Recht führen, das von ihnen abhängig gemacht wird – sonst wäre die Rückgabe immer unmöglich. Auch die Pflicht, sich die Rückgabe ausdrücklich vorzubehalten, widerspricht dem System, denn sie bestraft den unaufmerksamen Gläubiger für die Erfüllung seiner Annahmepflicht. Sie bewirkt auch keinen zusätzlichen Schutz des Schuldners vor einer überraschenden Rückgabe[125], denn die ausdrückliche Nachfrist macht hinreichend klar, dass die Rückgabe droht. Der Gesetzgeber hat deshalb die Ablehnungsandrohung abgeschafft[126], die praktisch der Pflicht zum Vorbehalt der Rechte gleichkommt. Er hat auch § 464 BGBaF abgeschafft, der

---

119 Vgl. Section 35 (1) a SGA

120 Vgl. Section 35 (4) SGA; § 2-606 (1b) UCC

121 Vgl. § 2-606 (1c) UCC; Section 35 (1) b SGA („acts inconsistent with the ownership of the seller")

122 Vgl. § 2-608 (2) UCC

123 Dafür MüKo/Ernst, § 323 Rn. 206; vgl. MüKo/Emmerich (Band 2), § 326 BGBaF Rn. 103, 109 für den Ausschluss trotz Vorbehalt

124 Vgl. §§ 437, 439, 440 BGB

125 So aber MüKo/Ernst, § 323 Rn. 207

126 AK/Dauner-Lieb, § 323 Rn. 10; insofern eindeutig Rechtsauschuss BT-Drucks. 14/7052, S. 185 (Nr. 9); Staudinger/Otto, § 323 Rn. B52; Palandt/Heinrichs, § 323 Rn. 13; zur „kleinen Ablehnungsandrohung" Erman/Westermann, § 323 Rn. 13; vgl. Staudinger/ Kaiser, Eckpfeiler, zur Nachfristsetzung auf S. 301

die Gewährleistungsrechte ausschloss, wenn sich der Käufer seine Rechte trotz Kenntnis nicht vorbehalten hatte.[127] Diese vor dem Hintergrund des Nacherfüllungsrechts bewusst abgeschafften Regeln sollten nicht „durch die Hintertür" wieder eingeführt werden.

Der Ausschluss der Rückgabe durch Annahme ist auch nicht sinnvoll, wenn die Annahme wegen der Pflicht zur Gewähr der Nacherfüllung erfolgt. Die Annahme sagt dann nichts darüber aus, wie gut der Gläubiger die Leistung verwerten kann, denn er wartet noch auf Nachbesserung. Auch im Common Law liegt keine rücktrittsausschließende Annahme vor, wenn die Sache in Erwartung einer Nachbesserung entgegengenommen wird.[128] CISG, EP und UP verzichten auf den Ausschluss der Rückgabe durch freiwillige Annahme, weil sie dem Käufer das Recht zur zweiten Andienung gewähren[129] und die Annahme der Ware deshalb in der Regel kein Einverständnis des Käufers mit der Qualität der Ware ausdrückt. Das neue Schuldrecht, das durch die Nachfristsetzung auch bei Schlechtleistung das Recht zur zweiten Andienung stark betont, sollte diesen Vorbildern folgen und mit der Annahme nicht den Ausschluss des Rückgaberechts verbinden.[130]

b) Spezielle Ausschlussfrist

Der frühzeitige Ausschluss des Rückgaberechts schützt den Schuldner vor Ungewissheit in der Schwebezeit.[131] Er nimmt allerdings dem Gläubiger die Möglichkeit, die Ware bei erst später entdeckten Mängeln noch zurückzugeben. Der Kompromiss im Common Law ist deshalb, die Annahme der Leistung durch Zeitablauf erst anzunehmen, wenn der Gläubiger den Mangel durch eine gründli-

127 Vgl. § 441 DiskE vom 04.08.2000, S. 50 und S. 511 f.; § 442 KF, BT-Drucks. 14/6040, S. 20 und S. 205 (zur Aufhebung des § 464 BGBaF), S. 236 (zu § 442 BGB); Der Abschlussbericht der SchuldRKom hatte in § 434 BGB-KE (S. 227) noch eine dem alten § 464 BGBaF vergleichbare Vorschrift vorgesehen.

128 Vgl. § 2-608 UCC: „The buyer may revoke his acceptance of a lot or commercial unit whose nonconformity substantially impairs its value to the buyer if he has accepted it: (a) on the reasonable assumption that its nonconformity would be cured [...]"; Auch im englischen Recht muss der Käufer die Ware tatsächlich billigen und nicht nur entgegennehmen, was bei Abwarten einer Nacherfüllung eben nicht der Fall ist: vgl. Benjamin's Sale of Goods, § 9-003, S. 412; Treitel, Breach of Contract, Rn. 290 (S. 397 ff.)

129 Vgl. Art. 7.1.4 UP und Art. 8:104 EP; vgl. zur „dynamischen Auslegung" des CISG C.I.2.b.bb

130 Erman/Westermann, § 323 Rn. 26; Bamberger/Roth/Grothe, § 323 Rn. 42, Fn. 150

131 Treitel, Breach of Contract, S. 400, Rn. 291; Staudinger/Kaiser, § 350, Rn. 2; Dagmar Kaiser, JZ 2001, S. 1057 (1069)

che Untersuchung hätte entdecken können.[132] Das CISG sieht eine vergleichbare Regel in Art. 49 II b i CISG vor, denn der Gläubiger muss die Vertragsaufhebung innerhalb einer angemessenen Nachfrist nach der möglichen Entdeckung des Mangels erklären.[133] Art. 49 II CISG beschränkt das Recht zur Vertragsaufhebung auf eine kurze Zeit nach seiner Entstehung und der möglichen Kenntnis.[134] Vergleichbare Regeln enthalten Art. 9:303 (2) EP[135] und Art. 7.3.2 (2) UP.[136] § 355 BGBaF sah früher zum Schutze des Schuldners die Möglichkeit einer „Gegenfrist" vor, nach deren Verstreichen das Rücktrittsrecht erlosch.[137] Der neue § 350 BGB schließt die Gegenfrist für gesetzliche Rücktrittsrechte aus.[138] Es gibt Stimmen, die dem Schuldner aufgrund § 264 II BGB (Verzug des Wahlberechtigten) eine ähnliche Gegenfrist zugestehen, nach deren Ablauf das Wahlrecht auf ihn übergeht.[139] Jedoch muss der Schuldner hierzu den Gläubiger in Annahmeverzug setzen und ihm also die geschuldete Leistung anbieten.[140] Diese Gegenfrist nach Annahmeverzug bietet dem Schuldner keinen sinnvollen Schutz, denn er hat während der Nachfrist im Regelfall ja gerade deswegen nicht geleistet, weil die Erfüllung im Vergleich zur Haftung übermäßige Kosten hervorriefe. Vom Übel der Ungewissheit über das Rücktrittsrecht könnte er sich also nur durch das Übel des ineffizienten Erfüllungsaufwandes befreien.

Da im neuen Schuldrecht die Gegenfristen nicht helfen, kann nur eine spezielle Ausschlussfrist das Rückgaberecht vor Verjährung ausschließen. (Nach

---

132 § 35 (4) SGA spricht von „reasonable time" für deren Bestimmung die Möglichkeit zur Untersuchung ausschlaggebend ist: vgl. *Bernstein v. Pamson Motors (Golders Green) Ltd* (1987) 2 All ER, S. 220; § 2-606 UCC: „(1) Acceptance of goods occurs when the buyer [...] (b.) fails to make an effective rejection [...], but such acceptance does not occur until the buyer has had a reasonable opportunity to inspect them [...]."; § 2-608 (2) UCC: „Revocation of acceptance must occur within a reasonable time after the buyer discovers or should have discovered the ground for it [...]"

133 Vgl. Schlechtriem/Schwenzer/Müller-Chen, Art. 49 CISG Rn. 28

134 S. o. C.I.3.a

135 Art. 9:303 (2) EP: „The aggrieved party loses his right to terminate unless he gives notice within a reasonable time after he has or ought to have become aware of the non-performance."

136 Zu den speziellen Ausschlussfristen s. o. C.VI.2.b.aa

137 Im schweizerischen Recht wurde eine ähnliche Methode zur Begrenzung entwickelt: vgl. Honsell, Art. 205 OR Rn. 2; Kren-Kostkiewicz/Reich, Art. 205 Anm. 7, 10; s. o. C.V.3

138 Martin Schwab, JR 2003, S. 133 (136 f.); Dagmar Kaiser, JZ 2001, S. 1057 (1069); Palandt/Heinrichs, § 350 Rn. 1; § 355 BGB wurde bewusst auf vertraglich vereinbarte Rücktrittsrechte beschränkt: BT-Drucks. 14/6040, S. 197; Staudinger/Kaiser, § 350 Rn. 3

139 Schwab, JR 2003, S. 133 (135 – 137); Palandt/Heinrichs, § 350 Rn. 1, § 262 Rn. 6

140 Palandt/Heinrichs, § 264 Rn. 3; Schwab JR 2003, S. 133 (135)

§ 218 BGB verjähren gesetzliche Rücktrittsrechte mit dem (Nach)Erfüllungsanspruch – im Kaufrecht mit den Mängelansprüchen nach § 438 BGB.[141]) Einen Ansatz für Ausschlussfristen bietet die Rechtsprechung zur **Verwirkung** des Rücktrittsrechts[142] bei ungebührlicher Verzögerung der Rücktrittserklärung.[143] Danach muss der Rücktritt „jedenfalls im kaufmännischen Geschäftsleben für den Regelfall in angemessener Frist ausgeübt werden".[144] Der Verwirkungseinwand entspringt Treu und Glauben (§ 242 BGB).[145] Ein Gestaltungsrecht ist verwirkt, wenn sich der Schuldner wegen der Untätigkeit seines Gläubigers berechtigterweise darauf eingerichtet hat, dass das Recht nicht mehr geltend gemacht werde.[146] Dies eröffnet eine Abwägung der Interessen im Einzelfall, denn es kommt darauf an, ob der Gläubiger länger zögert als notwendig und ob der Schuldner durch die Ungewissheit in seinen Interessen beeinträchtigt wird:

> **BGH, Urteil vom 18.10.2001**[147]: „Für Gestaltungsrechte gilt kein allgemeiner Grundsatz, dass eine Verwirkung bereits nach einem kurzen Zeitablauf eintritt. Treu und Glauben können es allerdings bei Gestaltungsrechten verlangen, dass der Berechtigte im Interesse der anderen Vertragspartei alsbald Klarheit darüber schafft, ob er beabsichtigt, seine Rechte auszuüben, und damit nicht länger zögert als notwendig.[148] Entscheidend sind aber letztlich immer die Umstände des Einzelfalls."[149]

Bei Anwendung dieser Abwägungsformel sollte für das Rückgaberecht beachtet werden, dass dem Schuldner durch die Ungewissheit Schäden entstehen, denn während der Schwebezeit verliert er seine Dispositionsfreiheit und muss sich für die Rücknahme bereithalten. Gleichzeitig ist dem Gläubiger zuzumuten, über die Rückgabe zu entscheiden, sobald er den Mangel der Leistung kennt oder kennen muss. Ihm wird das Rückgaberecht gewährt, weil der Mangel seine Interessen stark beeinträchtigt und Schadensersatz zum Ausgleich nicht genügt. Er müsste sich also angesichts des Mangels schnell zur Rückgabe entscheiden kön-

---

141 Staudinger/Kaiser, § 350 Rn. 3; MüKo/Ernst, § 323 Rn. 152

142 Vgl. MüKo/Ernst, § 323 Rn. 151; Schlechtriem, Schuldrecht AT, Rn. 436; Palandt/Heinrichs, § 242 Rn. 106

143 BGHZ 25, 47 (52) = NJW 1957, S. 1358

144 BGH NJW 1960, S. 2331; RGZ 107, 106 (109); vgl. MüKo/Ernst, § 323 Rn. 151

145 BGH NJW 1960, S. 2331; ebenda: Mit der Verwirkung soll die illoyal verspätete Geltendmachung von Rechten ausgeschlossen werden; vgl. BGHZ 25, 47 (51 f.)

146 BGH ZIP 2002, S. 400 (402); BGHZ 146, 217 (220) = ZIP 2001, S. 670 (671); BGH NJW 1957, S. 1358

147 BGH ZIP 2002, S. 400 (402 und Leitsatz) = I ZR 91/99 (OLG München)

148 Amtliche Nachweise: vgl. BGH, Urteil vom 11.03.1969 – III ZR 198/65, WM 1969, S. 721 (723)

149 Amtlice Nachwweise: vgl. BGH, Urteil vom 13.03.1996 – VIII ZR 99/94, NJW-RR 1996, S. 949 (950); MüKo/Roth, BGB (Band 2), § 242 Rn. 471

nen. Wenn er lange zögert und die mangelhafte Sache behält, spricht dies dafür, dass seine Interessen nicht durch Rückgabe geschützt werden müssen. Aus diesen Gründen sollte man in Anwendung der vom BGH entwickelten Formel zu dem Ergebnis kommen, dass die Rückgabe entsprechend Art. 9:303 (2) EP ausgeschlossen ist, *wenn sie nicht innerhalb einer angemessenen Zeit erklärt wird nachdem der Mangel erkannt wurde oder hätte erkannt werden müssen.*

c) Weiterverwenden und Verkauf nach Entdecken des Mangels

Weiterverwendung und Weiterveräußerung der Sache sind für die Rückgabe zu berücksichtigen, weil sie Indizien dafür sind, dass der Gläubiger die Sache gut verwerten kann.[150] Nach Weiterverkauf kann der Gläubiger außerdem gut in Geld entschädigt werden, indem die Differenz zwischen vertraglich geschuldetem und beim Verkauf erzieltem Wert ersetzt wird. Dass der Gläubiger die Ware nach Entdecken des Mangels weiter nutzt oder veräußert, sollte deshalb bei der Prüfung der Rückgabeschranken als Indiz für die Unverhältnismäßigkeit dienen. Wenn trotzdem ein Rückgaberecht zugesprochen wird, können Weiterverwendung und Rückgabe zur Verwirkung führen, denn sie können wie ein langes Zuwarten[151] als stillschweigender **Verzicht** auf die Rückgabe verstanden werden.[152] So tritt im schweizerischen Recht eine konkludente Genehmigung ein, „wenn der Käufer die Kaufsache trotz der von ihm erkannten Mängel der Sache ohne stichhaltigen Grund gebraucht".[153] Richtet sich der Schuldner aufgrund des Anscheins berechtigterweise auf den Verzicht ein, kommt es zur Verwirkung.[154] Der Aspekt der Weiterverwertung der mangelhaften Ware kann also bei Prüfung der Verhältnismäßigkeit und der Verwirkung berücksichtigt werden. Es bedarf keiner besonderen Rückgabeschranke.[155]

---

150 S. o. C.VI.2.b.cc

151 RGZ 107, 106 (110): „Wartet der Berechtigte Jahr und Tag, so wird sein Verhalten in der Regel als Verzicht [...] zu gelten haben."

152 Vgl. MüKo/Ernst, § 323 Rn. 159

153 BundesgerichtsE 105 II, S. 90; Altherr/Brehm/Bühlmann, S. 211, Nr. 1 zu Art. 207 OR; Honsell, Art. 207 OR Rn. 4; Keller/Siehr, S. 87; Kren-Kostkiewicz/Reich, Art. 205 Anm. 3

154 BGH NJW 1957, S. 1359; BGH ZIP 2002, S. 400 (402)

155 In beiden Fällen ist keine Rückgabeschranke mehr vorgesehen, sondern nur Wertersatz: vgl. § 346 II 1 Nr. 2 BGB (Veräußerung) und § 346 I a. E. BGB (gezogene Nutzungen)

d) Unmöglichkeit der unversehrten Rückgabe

Zur Unmöglichkeit der unversehrten Rückgabe wurde bereits festgestellt[156], dass es hierbei nicht um die Vermeidung von zusätzlichen Schäden durch die Rückgabe geht, sondern um die Verteilung des Risikos einer Verschlechterung (Haftung für die Gefahr der Sache[157]). Der Aspekt ist für die gezielte Beschränkung der ineffizienten Rückgabe nicht geeignet. Um dem Rückgabeberechtigten die Sachgefahr aufzulasten, muss man nicht die Rückgabe ausschließen. Es reicht, wenn er in Geld haftet (§ 346 II BGB), sobald die Verlustursache in seine Risikosphäre fällt.[158] Der in der Verschlechterung enthaltende Zeitaspekt wird durch die befürwortete strenge Verwirkungsregel ausreichend berücksichtigt.

5. Haftung des Gläubigers für die Mehrkosten der Rückgabe

Aus ökonomischer Sicht liegt das Problem der Rückgabe darin, dass der Gläubiger die Vorteile der Rückgabe erhält, ohne auch die Kosten zu tragen.[159] Trüge er Vorteile und Kosten in seiner Hand, könnte man sich wie bei der Erfüllung des haftenden Schuldners[160] darauf verlassen, dass er die Rückgabe nicht wählt, wenn sie nur Mehrkosten erzeugt. Würde der Gläubiger für die Mehrkosten der Rückgabe haften, gäbe es auch nicht mehr das Problem der Gläubigerinteressen, die nicht in Geld entschädigt werden können.[161] Der Gläubiger könnte selbst bestimmen, wie viel ihm die Wahrung seiner Interessen wert ist, und würde deshalb bei seiner Entscheidungsfindung die dreistufige Prüfung vornehmen, die für die Verhältnismäßigkeitsschranke entwickelt wurde.[162] Aus Sicht der ökonomischen Theorie wäre das Problem der zusätzlichen Schäden durch die Rückgabe deshalb am besten gelöst, wenn der Gläubiger für alle Kosten der

---

156 S. o. C.VI.2.b.aa

157 Leser, Rücktritt vom Vertrag, S. 194 – 204

158 Leser, a.a.O., S. 212: „Für den gesetzlichen Rücktritt bietet sich dabei ganz zwanglos der Weg an, vom beschränkten Rücktritt auf den sehr viel elastischeren Schadensersatz zur Liquidation des ursprünglichen Vertrages überzugehen."

159 S. o. B.IV.2.b.cc

160 S. o. B.III.1

161 S. o. B.IV.1.b; Craswell/Schwartz/Andersen, S. 119: „The damages remedy often falls short of adequately protecting the expectation interest"; Posner, EAL, S. 134: „[...] the assessment of ‚subjective' damages is obviously fraught with uncertainty"

162 Die Rückgabe sollte nur zulässig sein, wenn dem Schuldner angesichts der schützenswerten Interessen des Gläubigers, die durch Schadensersatz nicht angemessenen berücksichtigt werden können, keine unverhältnismäßige Mehrbelastung entsteht.

Rückgabe haften würde. Es bedürfte dann keiner gesetzlichen Beschränkung der Rückgabe.

Bei Anwendung des neuen Schuldrechts kann dieser Ansatz allerdings nicht verwirklicht werden. Erstens gibt es eine feststehende Rechtsprechung bezüglich der Kosten der Rückgewähr nach § 346 BGB, die den Großteil der Kosten dem Schuldner aufbürdet. Zwar wird ihm (zumeist[163]) die Kostenlast nicht unmittelbar auferlegt.[164] Doch müssen die Vertragsparteien die Kosten der Rückgewähr selbst tragen und der Erfüllungsort für die Rückgewähr der Hauptleistung ist beim gesetzlichen Rücktrittsrecht nach h. M. der Ort, an dem sich die Leistung zur Zeit des Rücktritts vertragsgemäß befindet.[165] Der Schuldner muss also die Sache in aller Regel dort, wo er sie abgeliefert hat, auf eigene Kosten abholen. Er trägt deshalb regelmäßig die Kosten des Rücktransports einschließlich Lagerung, Versicherung und Risiko. Diese feststehende Rechtsprechung wird man mit ökonomischen Argumenten nicht so umbiegen können, dass der Gläubiger stets alle Kosten der Rückgabe trägt. Zweitens bestünde das Problem, dass aus ökonomischer Sicht nicht nur die sichtbaren Transportkosten zu beachten sind, sondern auch die **Wertdifferenz** zwischen Gläubiger und Schuldner, d. h. die unterschiedlichen Möglichkeiten zur Verwertung. Trotz hoher Rücktransportkosten kann die Wertdifferenz dazu führen, dass keine Mehrkosten sondern Einspareffekte entstehen. Die Schwierigkeit einer Haftungsregel bestünde darin, dem Gläubiger sichtbare Kosten und Wertdifferenz aufzubürden. Es ist einfacher, die konkreten Faktoren dieser Wertdifferenz (Nutzungsmöglichkeiten, Verkaufsaussichten, Zugang zu Märkten, eigene Reparaturwerkstatt, spezielles Wissen und Erfahrungen etc.) in die juristische Abwägung der Verhältnismäßigkeitsprüfung einzubringen, als sie bei einer Schadensersatzhaftung genau zu beziffern. Die Entscheidung über das *Ob* der Zulässigkeit ist einfacher als die genaue Bestimmung der Mehrkosten. In der Abwägung können die Gerichte besonders auffälligen Faktoren entscheidendes Gewicht beimessen, ohne das Überwiegen dieser Faktoren in Zahlen zu messen. Mehrkosten genau zu ermitteln, die nicht durch Marktpreise oder tatsächliche Ausgaben bestimmt werden können, ist hingegen deutlich schwieriger. Im neuen Schuldrecht kann die Rückgabe zufriedenstellend durch eine Verhältnismäßigkeitsprüfung beschränkt werden, bei der die Gerichte angesichts der Mehrkosten über das *Ob* der Rückgabe entscheiden – ergänzt durch eine Haftung für Schäden bei unberechtigter Abnahmeverweigerung (§§ 280 I, 433 II BGB beim Kaufvertrag). Aufgrund der Schwierigkeit der ge-

163 MüKo/Gaier, § 346 Rn. 19, leitet aus §§ 439 II, 635 II BGB das allgemeine Prinzip ab, dass der Schuldner alle Kosten tragen muss

164 Staudinger/Kaiser, § 346 Rn. 80

165 Staudinger/Kaiser, § 346 Rn. 81 m.w.N.; Palandt/Heinrichs, § 269 Rn. 16; BGHZ 87, 109

nauen Bestimmung der Mehrkosten ist fraglich, ob eine Mehrkostenhaftung des Gläubigers in der Praxis besser zur Beschränkung der Rückgabe geeignet ist.

6. *Kategorisierung und Nebenpflichten*

Eine weitere Methode zur Beschränkung der Rückgabe ist die Kategorisierung von Pflichten, so dass die Rückgabe für „Nebenpflichten" ausgeschlossen oder eingeschränkt wird und für „Hauptpflichten" nicht.[166] Die Kategorisierung achtet anders als die Verhältnismäßigkeit nicht auf die konkreten Folgen des Vertragsbruchs sondern auf die Bedeutung der Pflicht im Vertrag. Ein Beispiel ist die Unterscheidung von *conditions* und *warranties* im englischen Recht: Jede Verletzung einer *condition* berechtigt zum Rücktritt[167], die Verletzung einer *warranty* nie.[168] Das neue Schuldrecht sieht für die Kategorie der nicht-leistungsbezogenen Nebenpflichten die strenge Rückgabeschranke der Unzumutbarkeit vor und schließt für die Kategorie der leistungsbezogenen Nebenpflichten die Rückgabe nur bei unerheblicher Pflichtverletzung aus. Es wird teilweise gefordert, diese Kategorisierung zu verändern und alle Nebenpflichten gleich stark zu beschränken – durch Ausdehnung von § 282 BGB[169] oder eine zusätzliche Unzumutbarkeitsschranke bei Nebenpflichtverletzungen in Tradition der Rechtsprechung zur pVV.[170] Aufgrund der hier befürworteten unterschiedlichen Behandlung der ungestörten Teilleistung (§§ 281 I 2, 323 V 1) und der unteilbaren Schlechtleistung (§§ 281 I 3, 323 V 2 BGB) bedarf es allerdings keiner Sonderbehandlung der Nebenpflichten. Denn bei einer abtrennbaren Nebenpflichtverletzung muss nach dieser Auffassung für die Rückgabe das Interesse an der ungestörten Hauptleistung fortgefallen sein, was der Rückgabeschranke der Unzumutbarkeit entspricht.[171]

Feste Kategorien könnten bei Auslegung der „unerheblichen Pflichtverletzung" verwendet werden, wenn man anstelle der erheblichen Verletzung einer beliebigen Pflicht die „erhebliche Verletzung einer erheblichen Pflicht" verlangte. Die Rückgabe wäre bei „unerheblichen Pflichten" immer ausgeschlossen, bei Verletzung „erheblicher Pflichten" müsste sie verhältnismäßig sein. Der Vorteil

166 S. o. C.VI.2.b.ff

167 Dieses Prinzip wird im Sales of Goods Act durch Sections 15A und 30 (2A) neuerdings eingeschränkt: s. o. C.II.1.c

168 S. o. C.II.1.b

169 Münch, Jura 2002, S. 361 (365)

170 Staudinger/Otto, § 323 Rn. C12

171 Beide Wege stellen letztlich eine „Wesentlichkeitsschranke" dar, s. o. D.I.2

der Kategorisierung ist die Rechtssicherheit.[172] Ihr Nachteil ist der Verlust der Einzelfallgerechtigkeit. Die abstrakte Bestimmung derjenigen „unerheblichen" Pflichten, deren Verletzung meistens keine Rückgabe rechtfertigt, ist schwierig und schnell willkürlich. Wenn aber über die richtige Kategorisierung gestritten werden muss, ist der Vorteil der Rechtssicherheit verloren[173] und nur der Verlust an Einzelfallgerechtigkeit bleibt. Daher ist die Kategorisierung nur für klare Fälle zu empfehlen. Diese können verlässlich nur durch langjährige Rechtsprechung herausgefiltert werden. Eine gesetzliche Kategorisierung hingegen zwänge die Gerichte, alle Pflichten einer Kategorie zuzuordnen, selbst wenn sich die möglichen Folgen ihrer Verletzung nicht kategorisieren lassen. Deshalb sollte die „unerhebliche Pflichtverletzung" als Verhältnismäßigkeitseinrede ohne Kategorien verstanden werden. Kristallisieren sich bei der Anwendung tatsächlich Pflichten heraus, deren Verletzung im Interesse der Rechtssicherheit immer oder niemals zur Rückgabe berechtigen sollte, kann eine richterrechtliche, im Extremfall unwiderlegliche Vermutung entwickelt werden.

7. Überblick

Ergänzend zur Auslegung der „unerheblichen Pflichtverletzung" als Verhältnismäßigkeitseinrede und der Beschränkung dieser Schranke auf die unteilbare Schlechtleistung, sollten zur Einschränkung der Rückgabe im neuen Schuldrecht folgende Maßnahmen ergriffen werden: Erstens sollte die Pflicht des Gläubigers zur Aufbewahrung der Kaufsache (entsprechend § 379 HGB) und zur Rücksichtnahme auf die Vermögensinteressen des Schuldners (§ 241 II BGB) auf die **Hilfe bei der Verwertung** der abgelehnten Sache ausgedehnt werden. Entsprechend § 2-603 (1) UCC sollte der Käufer verpflichtet sein, den Anweisungen des Verkäufers in Bezug auf die Sache Folge zu leisten. Zweitens sollte die Rechtsprechung des BGH[174] zur **Verwirkung** in Anlehnung an Art. 9:303 (2) EP so zugespitzt werden, dass die Rückgabe ausgeschlossen ist, wenn sie nicht innerhalb einer angemessenen Zeit erklärt wird nachdem der Mangel erkannt wurde oder hätte erkannt werden müssen. Und drittens sollten Weiterverwendung und Ver-

---

172 Vgl. House of Lords zur Leistungszeit im Handelskauf, *Bunge Corp. v. Tradax SA* (1981) 2 All ER, S. 540 – 555

173 Als abschreckendes Beispiel dient die frühere Abgrenzung zwischen pVV und Gewährleistungsrecht.

174 BGH ZIP 2002, S. 400 (402) „Treu und Glauben können es [..] bei Gestaltungsrechten verlangen, dass der Berechtigte im Interesse der anderen Vertragspartei alsbald Klarheit darüber schafft, ob er beabsichtigt, seine Rechte auszuüben [...].", s. o. D.IV.4.a

kauf nach Entdeckung des Mangels als Indiz für die Unverhältnismäßigkeit der Rückgabe und im Rahmen der Verwirkung als Indiz für einen Vertrauenstatbestand verwendet werden.

Nicht zu empfehlen ist hingegen, aufgrund der freiwilligen Annahme der Leistung das Rückgaberecht auszuschließen. Auch die Schaffung einer Kategorie der „unerheblichen Pflichten“ bei §§ 281 I 3, 323 V 2 BGB ist nicht zu empfehlen. Der Ausdehnung der Unzumutbarkeitsschranke analog § 282 BGB bedarf es nicht, wenn §§ 281 I 3, 323 V 2 BGB auf die unteilbare Schlechtleistung beschränkt werden. Einer besonderen Schadensminderungs- und Treuepflicht bedarf es nicht, solange man Rückgabe und Abnahmeverweigerung durch eine Verhältnismäßigkeitsprüfung beschränkt. Schließlich kann zur Beachtung des Rechtsgrundsatzes *de minimis non curat praetor* bei Bestimmung der Pflichtverletzung i.S.v. § 280 I BGB angeregt werden. Und zuletzt ist das Modell der Haftung des Gläubigers auf die Mehrkosten der Rückgabe ein ökonomisches Idealbild, das im Rahmen des neuen Schuldrechts nicht durchführbar ist und durch die Gerichte praktisch nur schwer umgesetzt werden kann.

V. Ergebnisse

Aus der ökonomischen und rechtsvergleichenden Analyse der Kombination von Rücktritt und Schadensersatz am Beispiel des Kaufvertrags ergeben sich konkrete Vorgaben für die Anwendung des allgemeinen Schuldrechts im BGB. Die entwickelten Empfehlungen für Auslegung und Abgrenzung der Schranken der Kombination müssen beachtet werden, um eine sachgerechte Lösung für die Interessenkonflikte bereitzustellen, die bei Leistungsstörungen zwischen Käufer und Verkäufer entstehen.

1. Kleiner Schadensersatz und Befreiung

Bei Anwendung der Regeln des neuen Schuldrechts zur Kombination von Befreiung und kleinem Schadensersatz müssen keine Besonderheiten beachtet werden. Die §§ 281 I 1, II, 323 I, II BGB entsprechen den Empfehlungen, die aus der ökonomischen und rechtsvergleichenden Analyse abgeleitet werden können, denn sie ermöglichen Befreiung und kleinen Schadensersatz nach dem erfolglosen Ablauf einer angemessenen **Nachfrist**. Die aus dem alten Schuldrecht überlieferte Auslegung der „Angemessenheit“ ermöglicht den Ausgleich der betroffenen Interessen[175], so dass es auch im neuen Anwendungsbereich der Schlechterfüllung keiner Korrektur bedarf.

2. Großer Schadensersatz und Rückgabe bei Teilleistung und Pflichtverletzung i.S.v. § 241 II BGB

Für die Anwendung der Regeln zur Kombination von Rückgabe und großem Schadensersatz lassen sich aus der ökonomischen und rechtsvergleichenden Analyse konkrete Empfehlungen ableiten. Die wichtigste Empfehlung ist, Rückgabe und großen Schadensersatz durch eine dreistufige **Verhältnismäßigkeitsprüfung** zu beschränken, die den Schuldner vor vermeidbaren Mehrbelastungen schützt. Hierbei sollte im ersten Schritt untersucht werden, ob der Schuldner durch die Rückgabe zusätzlich belastet wird. Dies ist nur der Fall, wenn er die mangelhafte Leistung schlechter als der Käufer verwerten kann. Ausschlaggebende Faktoren für die Mehrbelastung sind die Rücktransportkosten, die Möglichkeit und Kosten von Reparatur und Weiterverkauf sowie alternative Nutzungsmöglichkeiten bei den Vertragsparteien. Ist der Verkäufer kein schlechter Verwerter und drohen deshalb keine Mehrbelastungen, so ist die Rückgabe unbedenklich. Entstehen hingegen Mehrbelastungen, sollte im zweiten Schritt ermittelt werden, ob die Interessen des Gläubigers durch den kleinen Schadensersatz ausreichend befriedigt werden. Dies ist u. a. der Fall, wenn Ersatz oder Reparatur auf dem Markt eingekauft werden können, wenn sich der Minderwert durch einen niedrigeren Marktpreis bestimmen lässt, wenn ein Gewinn entgangen ist oder wenn Verluste und Aufwendungen bei Benutzung der mangelhaften Lieferung beziffert werden können. In diesen Fällen bedarf es zum Schutz des Gläubigers nicht der Rückgabe, sie sollte unterbleiben. Erst wenn die Gläubigerinteressen nicht durch Schadensersatz befriedigt werden können – z. B. weil es sich um einen tiefgreifenden Vertrauensverlust handelt oder weil ein unzumutbarer Prozessaufwand betrieben werden müsste – sind die betroffenen Interessen in einem dritten Schritt abzuwägen, damit sich das überwiegende Interesse durchsetzen kann. Die drei Stufen lassen sich auf die Formel bringen: *Die Rückgabe ist zulässig, wenn dem Schuldner angesichts der schützenswerten Interessen des*

175 Vgl. z. B. MüKo/Emmerich (Band 2), § 326 BGBaF Rn. 551: Die Nachfrist kann um so kürzer sein, „je dringlicher nach dem Vertrag das Interesse des Gläubigers an einer pünktlichen Leistung des Schuldners ist, da schutzwürdig nicht nur das Interesse des Schuldners an der nachträglichen Erbringung seiner Leistung, sondern in gleichem Maße das Interesse des Gläubigers an einer möglichst pünktlichen Erfüllung durch den Schuldner ist.“, s. o. A.IV.1.b

Gläubigers, die durch Schadensersatz nicht angemessenen berücksichtigt werden können, keine unverhältnismäßige Mehrbelastung entsteht.

Im neuen Schuldrecht sind für die Rückgabe drei Schranken vorgesehen. Hiervon verlangen der Interessefortfall bei Teilleistungen (§§ 281 I 2, 323 V 1 BGB) und die Unzumutbarkeit bei nicht-leistungsbezogenen Nebenpflichten i.S.v. § 241 II BGB (§§ 282, 324 BGB) eine Verhältnismäßigkeitsprüfung. Diese Prüfung sollte nach der beschriebenen Formel strukturiert werden und dabei die in der Rechtsvergleichung ermittelten Kriterien beachten (s. o. C.VI.2.a) (**Empfehlung Nr. 1**). Beide Schranken errichten eine mit Art. 9:301 EP[176] vergleichbare „**Wesentlichkeitsschranke**" (*fundamental breach*). Sie vermuten zu Recht, dass die Rückgabe im typischen Fall unverhältnismäßig ist, denn der Gläubiger erhält bei der nicht leistungsbezogenen Nebenpflichtverletzung und der teilweisen Nichterfüllung eine an sich ungestörte (Teil)Leistung, die er typischerweise gut verwerten und durch Zukäufe ergänzen kann.

3. *Großen Schadensersatz und Rückgabe bei Schlechtleistung*

Für Auslegung und Anwendung der Schranke der „unerheblichen Pflichtverletzung" bei Schlechtleistung (§§ 281 I 3, 323 V 2 BGB) ergeben sich aus den gewonnenen Erkenntnissen wichtige Vorgaben: Die „unerhebliche Pflichtverletzung" sollte als „**Verhältnismäßigkeitseinrede**" verstanden werden (**Nr. 2**). Die Pflichtverletzung ist demnach „unerheblich", *wenn die schützenswerten Interessen des Gläubigers, die durch Schadensersatz nicht angemessenen berücksichtigt werden können, angesichts der Mehrkosten des Schuldners gering erscheinen.* Diese Auslegung ist mit Wortlaut, Systematik und Geschichte der Schuldrechtsreform vereinbar und lässt sich teleologisch dadurch begründen, dass die Verhältnismäßigkeitsabwägung den zugrunde liegenden Interessenkonflikt am besten lösen kann. Der Unterschied zur „Wesentlichkeitsschranke" ist, dass der Schuldner die Darlegungs- und Beweislast für die Unerheblichkeit trägt. Dies ist vom Gesetz eindeutig vorgegeben. Doch sollte bei der Anwendung der Schranke im Handelskauf zusätzlich die Vermutung gelten, dass die Gläubigerinteressen durch Schadensersatz befriedigt werden können (**Nr. 3**). Für die Abgrenzung von Teil- und Schlechtleistung ist zu fordern, dass eine abtrennbare und vom Mangel nicht erfasste Teilleistung immer nur nach den Regeln der Teilleistung (§§ 281 I 2, 323 V 1 BGB) zurückgegeben werden kann (**Nr. 4**). Da die Rückga-

---

176 Art. 9:301 EP: „(1) A party may terminate the contract if the other party's non-performance is fundamental."; s. o. C.IV.1.c

be hier typischerweise unverhältnismäßig ist, sollte dem Gläubiger durch die „Wesentlichkeitsschranke" des Interessefortfalls die Darlegungs- und Beweislast für die Unverhältnismäßigkeit auferlegt werden. Bei „Teilnichterfüllung" (Nichterfüllung einer abtrennbaren Nebenpflicht) und „Teilschlechterfüllung" (Schlechterfüllung einer abtrennbaren Teilleistung oder Nebenpflicht) sowie bei „Mankolieferung" (Zuweniglieferung im Kaufvertrag, § 434 II BGB) führt dies dazu, dass der Gläubiger den nicht gestörten Teil der Leistung nur zurückgeben kann[177], wenn er daran kein Interesse hat (§§ 281 I 2, 323 V 1 BGB). Das entscheidende Abgrenzungskriterium zwischen Teil- und Schlechtleistung ist demzufolge die **Teilbarkeit** der Leistung. Die Verhältnismäßigkeitseinrede der „unerheblichen Pflichtverletzung" (§§ 281 I 3, 323 V 2 BGB) sollte ausschließlich für die Rückgabe unteilbarer Schlechtleistungen gelten.

4. Abnahmeverweigerungsrechte

Des Weiteren darf der Gläubiger bei Teilleistungen genauso wie bei Schlechtleistungen ein Abnahmeverweigerungsrecht nur erhalten, wenn nach §§ 281 – 283, 323 – 326 BGB Rückgabe und großer Schadensersatz gewährt werden (**Nr. 5**). Eine geringere Beschränkung hebelt die Rückgabeschranken aus und entwertet das Recht des Schuldners zur zweiten Andienung. Außerdem würde der Gläubiger nicht mehr für die Kosten einer unverhältnismäßigen Abnahmeverweigerung haften (im Kaufvertrag §§ 433 II, 280 I BGB). Der Verstoß des Schuldners gegen das Verbot von Teilleistungen (§ 266 BGB) und Schlechtleistungen (im Kaufvertrag § 433 I 2 BGB) sollte nur durch eine Haftung für alle Folgeschäden (§ 280 I BGB) sanktioniert werden.

5. Verwirkung der Rückgabe und Nachvertragliche Kooperationspflicht

Zur Ergänzung der drei Rückgabeschranken sollte die Pflicht des Gläubigers zur Aufbewahrung der Kaufsache (analog § 379 HGB) und zur Rücksichtnahme auf die Vermögensinteressen des Schuldners (§ 241 II BGB) auf die Hilfe bei der Verwertung der abgelehnten Sache ausgedehnt werden. Entsprechend § 2-603 (1) UCC sollte der Käufer verpflichtet sein, den Anweisungen des Verkäufers in Bezug auf die Sache Folge zu leisten (**Nr. 6**). Und schließlich sollte die

---

177 Diese Teilleistungen sind zwar nicht vom Mangel betroffen, sind aber absprachewidrig i.S.v. § 266 BGB.

Rechtsprechung des BGH[178] zur Verwirkung in Anlehnung an Art. 9:303 (2) EP so zugespitzt werden, dass die Rückgabe ausgeschlossen ist, *wenn sie nicht innerhalb einer angemessenen Zeit erklärt wird, nachdem der Mangel erkannt wurde oder hätte erkannt werden müssen* (**Nr. 7**).

6. Sieben Empfehlungen für die Anwendung des neuen Rechts

Für die Anwendung der Regeln des neuen Schuldrechts zur Kombination von Rückritt und Schadensersatz ergeben sich aus der ökonomischen und rechtsvergleichenden Analyse keine Vorgaben für die Behandlung der Kombination von kleinem Schadensersatz und Befreiung. Es lassen sich hingegen sieben konkrete Empfehlungen für die Kombination von großem Schadensersatz und Rückgabe ableiten:

Nr. 1 [Wesentlichkeitsschranke] Die in den Rückgabeschranken des Interessefortfalls bei Teilleistungen (§§ 281 I 2, 323 V 1 BGB) und der Unzumutbarkeit bei nicht leistungsbezogenen Nebenpflichten (§§ 282, 324 BGB) angelegte, umfassende Interessenabwägung sollte in drei Prüfungsschritte zerlegt werden nach der Formel: *Die Rückgabe ist zulässig, wenn dem Schuldner keine Mehrbelastung entsteht (Schritt 1), die angesichts derjenigen schützenswerten Interessen des Gläubigers, die durch Schadensersatz nicht angemessenen berücksichtigt werden können (Schritt 2), unverhältnismäßig erscheint (Schritt 3).*

Nr. 2 [Verhältnismäßigkeitseinrede] Die Rückgabeschranke der „unerheblichen Pflichtverletzung" bei Schlechtleistung (§§ 281 I 3, 323 V 2 BGB) sollte als Verhältnismäßigkeitseinrede verstanden werden nach der Formel: *Eine Pflichtverletzung ist unerheblich, wenn angesichts der Mehrkosten des Schuldners (Schritt 1) die schützenswerten Interessen des Gläubigers, die durch Schadensersatz nicht angemessenen berücksichtigt werden können (Schritt 2), unverhältnismäßig gering erscheinen (Schritt 3).*

Nr. 3 [Handelskauf] Bei der Anwendung der §§ 281 I 3, 323 V 2 BGB auf den Handelskauf sollte die Vermutung gelten, dass die Gläubigerinteressen durch Schadensersatz befriedigt werden können.

Nr. 4 [Teilbarkeit] Das entscheidende Abgrenzungskriterium zwischen Teil- und Schlechtleistung sollte die Teilbarkeit der Leistung sein: Nur für die Rückgabe unteilbarer Schlechtleistungen gilt die Verhältnismäßigkeitseinrede der §§ 281 I 3, 323 V 2 BGB. Für die Rückgabe an sich ungestörter Teilleistungen, die sich von der Schlechtleistung abtrennen lassen, muss die Wesentlichkeitsschwelle der §§ 281 I 2, 323 V 1 BGB gelten. Bei „Teilnichterfüllung", „Teilschlechterfüllung" und „Mankolieferung" ist deshalb die Rückgabe des nicht gestörten Teils der Leistung nur bei Interessefortfall möglich – der

178 Insbesondere die Abwägungsformel des amtlichen Leitsatzes BGH ZIP 2002, S. 400, s. o. D.IV.4.a

gestörte Teil kann zurückgegeben werden, solange die Pflichtverletzung nicht unerheblich ist (vgl. Nr. 2).

Nr. 5 [Abnahmeverweigerung] Abnahmeverweigerungsrechte dürfen bei Teil- und Schlechtleistung nur entstehen, wenn die Rückgabeschranken in §§ 281 – 283, 323 – 326 BGB Rückgabe und großen Schadensersatz ermöglichen.

Nr. 6 [Verwertung] Die Pflicht zur Rücksichtnahme auf die Vermögensinteressen des Schuldners (§ 241 II BGB) sollte auch zur Hilfe bei der Verwertung der abgelehnten Leistung verpflichten. Der Gläubiger sollte zumutbaren Anweisungen des Schuldners Folge zu leisten haben.

Nr. 7 [Verwirkung] Die Verwirkung des Rückgaberechts sollte eintreten, *wenn die Rückgabe nicht innerhalb einer angemessenen Zeit erklärt wird, nachdem der Mangel erkannt wurde oder hätte erkannt werden müssen.*

7. Vorschläge de lege ferenda

a) Herleitung

Mit Hilfe der entwickelten Vorgaben für Auslegung und Anwendung des neuen Schuldrechts kann die Kombination von Rücktritt und Schadensersatz im Allgemeinen und die Kombination von großem Schadensersatz und Rückgabe im Besonderen zufriedenstellend geregelt werden, ohne dass es einer Änderung des Gesetzestextes bedarf. Aus den gewonnenen Erkenntnissen können trotzdem Vorschläge zur Veränderung des Gesetzes abgeleitet werden, die Unsicherheiten bei der Auslegung beseitigen.

So wäre es erstens erstrebenswert, § 350 BGB wie § 355 BGBaF zu fassen, damit der Schuldner auch beim gesetzlichen Rücktrittsrecht eine Gegenfrist setzen kann. Hierfür müsste im Wortlaut des § 350 Satz 1 BGB das Wort „vertraglichen“ gestrichen werden. Ergänzend könnte in §§ 281 I, 323 V BGB eine spezielle Ausschlussfrist für das Rückgaberecht nach dem Vorbild des Art. 49 II b i CISG aufgenommen werden, wonach das Recht auf „Rücktritt vom ganzen Vertrag“ und „Schadensersatz statt der ganzen Leistung“ innerhalb einer angemessenen Zeit verlangt werden muss, nachdem der Mangel erkannt wurde oder hätte erkannt werden müssen. Zweitens könnte man die Pflicht zur Kooperation bei der Verwertung einer abgelehnten Leistung in § 379 HGB verankern. § 379 I 2 HGB könnte lauten: *„Der Käufer hat zumutbaren Anweisungen des Verkäufers für den Umgang mit der Ware Folge zu leisten, solange der Verkäufer die zusätzlichen Aufwendungen ersetzt.“* Die Übertragung der Grundprinzipien des § 379 HGB auf den bürgerlich-rechtlichen Kauf[179] würde dann auch diese verschärfte Kooperationspflicht erfassen. Ergänzend könnte man in § 346 BGB eine allgemeine Kooperationspflicht vorsehen. § 346 V BGB könnte lauten: *„Der Gläubiger ist verpflichtet, dem Schuldner bei der Verwertung der zurückzugewährenden Leistung behilflich zu sein und zumutbaren Anweisungen Folge zu leisten, solange der Schuldner die zusätzlichen Aufwendungen ersetzt."*

Drittens ist zu empfehlen, die besondere Rückgabeschranke für die Schlechtleistung abzuschaffen, denn durch sie entstehen die Schwierigkeiten bei der Anwendung des neuen Schuldrechts. Wie in der konsolidierten Fassung in § 281 I 3 BGB-KF vorgeschlagen[180], könnte § 281 I 3 entfallen und § 281 I 2 würde lauten: *„Hat der Schuldner teilweise oder nicht wie geschuldet geleistet, so kann der Gläubiger Schadensersatz statt der ganzen Leistung nur verlangen, wenn sein Interesse an der geschuldeten Leistung dies erfordert."* Entsprechend müsste der spiegelbildliche § 323 V 1 BGB[181] lauten: *„Hat der Schuldner teilweise oder nicht wie geschuldet geleistet, so kann der Gläubiger vom ganzen Vertrag nur zurücktreten, wenn sein Interesse an der geschuldeten Leistung dies erfordert."* Durch diese Änderung wäre klargestellt, dass bei der Schlechtleistung eine Verhältnismäßigkeitsprüfung zu erfolgen hat. Gleichzeitig wäre die problematische Abgrenzung von Teil- und Schlechtleistung vermieden. Auch auf die Sonderbehandlung der „nicht-leistungsbezogenen Nebenpflichten" könnte verzichtet werden, denn für die leistungsbezogenen Nebenpflichten gälte durch §§ 281 I 2, 323 V 1 BGB genau wie in §§ 282, 324 eine „Wesentlichkeitsschranke". Entsprechend dem Ansinnen des Bundesrates und der Bundesregierung könnten deshalb die §§ 282, 324 BGB ersatzlos gestrichen werden.[182] Die Einführung der „Wesentlichkeitsschranke", die dem Gläubiger die Beweislast für die Verhältnismäßigkeit der Rückgabe auferlegt, stimmt mit Art. 9:301 EP überein, der diese Regel für alle schuldrechtlichen Verträge empfiehlt – für das Handelsrecht genauso wie für das allgemeine Zivilrecht.[183]

Um die Vorgabe der Verbrauchsgüterkaufrichtlinie einzuhalten, die Beweislast für die Unverhältnismäßigkeit der Rückgabe bzw. die „Geringfügigkeit" der

179 MüKo/Grunewald, § 379 HGB Rn. 4; Erman/Grunewald, § 433 Rn. 59

180 Vgl. BT-Drucks. 14/6040, S. 7; Canaris, JZ 2001, S. 499 (525), Bemerkungen zum Kriterium des „Interesses": S. 513 f.

181 Zur Diskrepanz zwischen §§ 281 und 323 BGB: Canaris, JZ 2001, S. 499 (514)

182 BT-Drucks. 14/6857: Bundesrat in Anlage 2, S. 13 Nr. 31, S. 21 Nr. 67; Bundesregierung in Anlage 3, S. 50 Nr. 31: „[§ 282] kann deshalb gestrichen werden; ‚nicht wie geschuldet' in § 281 Abs. 1 RegE bezieht sich dann auch auf sämtliche Nebenpflichtverletzungen."; vgl. Zimmer, NJW 2002, S. 1 (6)

183 Art. 9:301 EP [Right to Terminate]: „(1) A party may terminate the contract if the other party's non-performance is fundamental."

Pflichtverletzung dem Schuldner aufzubürden[184], müssten die Sonderregeln für den Verbrauchsgüterkauf in §§ 474 BGB ergänzt werden. Bei Auslegung der Richtlinie 1999/44 EG ist unklar, ob sie nur die Schlechtleistung erfasst oder auch die Teilleistung.[185] Wie die obigen Überlegungen gezeigt haben, ist die Vermutung der Verhältnismäßigkeit der Rückgabe für die nicht gestörte, abtrennbare Teilleistung nicht angebracht, denn auch der Verbraucher kann die ungestörte Teilleistung wie vorgesehen verwenden und im Zweifel durch Zukäufe leicht vervollständigen. Deshalb ist für die Sonderregel im Verbrauchsgüterkaufrecht eine Beschränkung der Ausnahme auf die Schlechtleistung zu empfehlen. § 476 II BGB sollte demnach lauten: *„Hat der Schuldner die Leistung nicht vertragsgemäß bewirkt, so kann der Gläubiger abweichend von § 323 Abs. 5 Satz 1 vom ganzen Vertrag zurücktreten und abweichend von § 281 Abs. 1 Satz 2 Schadensersatz statt der ganzen Leistung verlangen, es sei denn die Pflichtverletzung ist geringfügig."* Die Auslegung der „Vertragsgemäßheit" in Art. 2 1999/44 EG sollte aus den gleichen Gründen die Richtlinie auf die Schlechtleistung beschränken.[186] Sollte sich trotzdem eine weite Auslegung der Richtlinie durchsetzen[187], müsste dies bei Auslegung des vorgeschlagenen § 476 II BGB berücksichtigt werden.

b) Änderungen in BGB und HGB

BGB

§ 281. Schadensersatz statt der Leistung wegen nicht oder nicht wie geschuldet erbrachter Leistung. (1) [1]Soweit der Schuldner die fällige Leistung nicht oder nicht wie geschuldet erbringt, kann der Gläubiger unter den Voraussetzungen des § 280 Abs. 1 Schadensersatz statt der Leistung verlangen, wenn er dem Schuldner erfolglos eine angemessene Frist zur Leistung oder Nacherfüllung bestimmt hat. [2]Hat der Schuldner ~~eine Teilleistung bewirkt~~ *teilweise oder nicht wie geschuldet geleistet*, so kann der Gläubiger Schadensersatz statt der ganzen Leistung nur verlangen, wenn ~~er an der Teilleistung kein Interesse hat~~ *sein Interesse an der geschuldeten Leistung dies erfordert.* [3]~~Hat der Schuld-~~

184 Art. 3 Abs. 6 der Richtlinie 1999/44/EG: „Bei einer geringfügigen Vertragswidrigkeit hat der Verbraucher keinen Anspruch auf Vertragsauflösung." Zur Auslegung der „Geringfügigkeit", s. o. D.II.1.a

185 Riesenhuber, System des Europäischen Vertragsrechts, S. 482; vgl. Schlechtriem in Ernst/Zimmermann, Zivilrechtswissenschaft und Schuldrechtsreform, S. 213 f. zur Mankolieferung; im Unterschied zu Art. 35 CISG wird die Teilleistung nicht erwähnt; zur Anlehnung an Art. 35 CISG: Unberath, ZeuP 2005, S. 5 (16)

186 So auch Grigoleit/Riehm, ZGS 2002, S. 115 (121), die davon ausgehen, dass die Richtlinie die Zuwenig-Leistung nicht regelt.

187 Riesenhuber a.a.O., S. 482, vertritt die weite Auslegung mit dem Ziel, die Abgrenzungsschwierigkeiten zu vermeiden.

~~ner die Leistung nicht wie geschuldet bewirkt, so kann der Gläubiger Schadensersatz statt der ganzen Leistung nicht verlangen, wenn die Pflichtverletzung unerheblich ist.~~ *Der Gläubiger kann Schadensersatz statt der ganzen Leistung nur innerhalb einer angemessenen Zeit verlangen nachdem er die Pflichtverletzung erkannt hat oder hätte erkennen müssen.* [Abs. 2 bis 5 unverändert]

~~**§ 282. Schadensersatz statt der Leistung wegen Verletzung einer Pflicht nach § 241 Abs. 2.**~~ [*aufgehoben*]

§ 323. Rücktritt wegen nicht oder nicht vertragsgemäß erbrachter Leistung. [Abs. 1 bis 4 unverändert] (5) [1]Hat der Schuldner ~~eine Teilleistung bewirkt~~ *teilweise oder nicht wie geschuldet geleistet*, so kann der Gläubiger vom ganzen Vertrag nur zurücktreten, wenn ~~er an der Teilleistung kein Interesse hat~~ *sein Interesse an der geschuldeten Leistung dies erfordert.* [2]~~Hat der Schuldner die Leistung nicht vertragsgemäß bewirkt, so kann der Gläubiger vom Vertrag nicht zurücktreten, wenn die Pflichtverletzung unerheblich ist.~~ *Der Gläubiger kann vom ganzen Vertrag nur innerhalb einer angemessenen Zeit zurücktreten, nachdem er die Pflichtverletzung erkannt hat oder hätte erkennen müssen.* [Abs. 6 unverändert]

~~**§ 324. Rücktritt wegen Verletzung einer Pflicht nach § 241 Abs. 2.**~~ [*aufgehoben*]

§ 346. Wirkungen des Rücktritts. [Abs. 1 bis 4 unverändert] *(5) Der Gläubiger ist verpflichtet, dem Schuldner bei der Verwertung der zurückzugewährenden Leistung behilflich zu sein und zumutbaren Anweisungen Folge zu leisten, solange ihm der Schuldner die zusätzlichen Aufwendungen ersetzt.*

§ 350. Erlöschen des Rücktrittsrechts nach Fristsetzung. [1]Ist für die Ausübung des ~~vertraglichen~~ Rücktrittsrechts eine Frist nicht vereinbart, so kann dem Berechtigten von dem anderen Teil für die Ausübung eine angemessene Frist bestimmt werden. [2]Das Rücktrittsrecht erlischt, wenn nicht der Rücktritt vor dem Ablauf der Frist erklärt wird.

§ 476. Beweislastumkehr. [Abs. 1 unverändert] *(2) Hat der Schuldner die Leistung nicht vertragsgemäß bewirkt, so kann der Gläubiger abweichend von § 323 Abs. 5 Satz 1 vom ganzen Vertrag zurücktreten und abweichend von § 281 Abs. 1 Satz 2 Schadensersatz statt der ganzen Leistung verlangen, es sei denn die Pflichtverletzung ist geringfügig.*

HGB

§ 379. (1) [1]Ist der Kauf für beide Teile ein Handelsgeschäft, so ist der Käufer, wenn er die ihm von einem anderen Orte übersendete Ware beanstandet, verpflichtet, für ihre einstweilige Aufbewahrung zu sorgen. [2]*Der Käufer hat zumutbaren Anweisungen des Gläubigers für den Umgang mit der Ware Folge zu leisten, solange ihm der Verkäufer die zusätzlichen Aufwendungen ersetzt.* [Abs. 2 unverändert]

Abstract

A) Die Schuldrechtsreform hat nach dem Vorbild des CISG die einheitliche Haftung für zu vertretene Vertragsverletzungen eingeführt (§ 280 I BGB), die Alternativität von Schadensersatz und Rücktritt aufgehoben (§ 325 BGB) und das Recht des Schuldners zur zweiten Andienung während einer Nacherfüllungsfrist ausgebaut (§ 281 I 1 BGB). Zudem wurde das besondere Gewährleistungsrecht abgeschafft, so dass die allgemeinen Regeln für Schadensersatz und Rücktritt auch für Teil- und Schlechterfüllung des Kaufvertrags gelten (§ 437 BGB). Die neuen Regeln gewähren die Kombination von Schadensersatz und Rücktritt grundsätzlich für alle zu vertretenen Leistungsstörungen (§ 280 I 2 BGB), also Unmöglichkeit, Verzug, Teilleistung, Schlechtleistung und Verletzung von Nebenpflichten. Allerdings wird die Kombination nicht unbeschränkt gewährt. Die Arbeit geht der Frage nach, ob die gewählten Schranken interessengerecht sind und wie sie gehandhabt werden sollten. Die Untersuchung beschränkt sich hierbei auf das Beispiel des Kaufs. Die Schlussfolgerungen werden nur aus Sicht des Kaufrechts gezogen und stellen fest, wie das allgemeine Schuldrecht ausgestaltet und gehandhabt werden muss, um den Anforderungen des Kaufvertrags zu genügen.

Die Schranken für den Schadensersatz unterscheiden zwischen kleinem Schadensersatz und großem Schadensersatz. Der kleine Schadensersatz entsteht, wenn der Gläubiger das Recht erhält, anstelle einer ausbleibenden Leistung Schadensersatz zu fordern. Der große Schadensersatz entsteht, wenn er zusätzlich das Recht bekommt, bereits empfangene Leistungen zurückzugeben. Genauso unterscheiden die Schranken für den Rücktritt zwischen Teil- und Totalrücktritt. Der Teilrücktritt berechtigt zur Ablehnung einer zu lange ausgebliebenen Leistung. Und der Totalrücktritt berechtigt zur Rückgabe aller empfangenen Leistungen. Die Voraussetzungen für Teilrücktritt und kleinen Schadensersatz zusätzlich zur normalen Haftung (§ 280 I BGB) sind gleich. Sobald der Gläubiger die Annahme einer verspäteten Leistung ablehnen darf, steht ihm stattdessen der kleine Schadensersatz zu. Das Gleiche gilt für Totalrücktritt und großen Schadensersatz. Sobald der Gläubiger empfangene Leistungen zurückgeben darf, kann er an ihrer statt großen Schadensersatz verlangen.

Das Recht, nach Teilrücktritt die Annahme der verzögerten Leistung zu verweigern, kann man als „**Befreiung**" des Gläubigers bezeichnen. Der Totalrücktritt hingegen berechtigt zur „**Rückgabe**" des Empfangenen. Wird Schadensersatz geschuldet, dann bewirkt die Befreiung, dass auch der kleine Schadensersatz geschuldet wird. Die Rückgabe löst zusätzlich den großen Schadensersatz aus. So wie sich der Rücktritt in die Funktionen Befreiung und Rückgabe aufteilen lässt, läst sich die Kombination von Rücktritt und Schadensersatz in die Verbindung von Befreiung und kleinem Schadensersatz einerseits und die Verbindung von Rückgabe und großem Schadensersatz andererseits unterteilen. Befreiung und kleiner Schadensersatz stehen dem Gläubiger zusätzlich zum Schadensersatz „neben der Leistung" (§ 280 I BGB) nach erfolgloser Nachfrist zur Verfügung (§§ 281 I 1, 323 I BGB). Ohne Nachfrist werden sie nur gewährt, wenn die Leistung unmöglich ist (§§ 283, 326 V BGB) oder ausnahmsweise ein weiteres Abwarten unzumutbar ist (§§ 281 II, 323 II BGB). Für Rückgabe und großen Schadensersatz ist weitere Voraussetzung, dass der Gläubiger an einer Teilleistung kein „Interesse" hat (§§ 281 I 2, 323 V 1 BGB), dass eine Schlechtleistung keine „unerhebliche" Pflichtverletzung ist (§§ 281 I 3, 323 V 2 BGB) oder dass aufgrund der Verletzung einer nicht-leistungsbezogenen Pflicht (§ 241 II BGB) das Festhalten am Vertrag unzumutbar geworden ist (§§ 282, 324 BGB). Das System lässt sich auf die Formel reduzieren: „Haftung *plus* Befreiung *plus* Rückgabe", wobei für jedes „Plus" eine zusätzliche Schranke zu überschreiten ist.

Im Gegensatz zu CISG und den Principles of European Contract Law, die für die Rückgabe stets eine „wesentliche Vertragsverletzung" verlangen, sieht das neue Schuldrecht drei Rückgabeschranken vor: Unzumutbarkeit, Interessefortfall und unerhebliche Pflichtverletzung. Die beiden ersten Schranken stammen aus dem alten Schuldrecht und erfüllen im neuen Recht ihre alte Funktion. Beide verlangen nach ihrer traditionellen Auslegung eine einzelfallbezogene Abwägung, wonach die Interessen des Gläubigers die Mehrbelastung des Schuldners rechtfertigen müssen, die dem Schuldner zusätzlich zum kleinen Schadensersatz durch die Rückgabe entstehen. Die Schranke der „unerheblichen Pflichtverletzung" für die Schlechtleistung ist hingegen neu. Ihre Auslegung und Abgrenzung gegenüber den anderen Rückgabeschranken ist umstritten. So ist fraglich, ob die Unerheblichkeit eine Bagatellgrenze ist oder eine Verhältnismäßigkeitsprüfung verlangt und ob sie bei Teilbarkeit der Leistung die Rückgabe des schlechten Teils oder der gesamten Leistung ermöglicht. Diskutiert wird im Kern die Frage, wie stark die Rückgabe eingeschränkt werden muss, um einen interessengerechten Ausgleich zu finden. Die Frage stellt sich auch für Abnahmeverweigerungsrechte, weil die verweigerte Abnahme einer Leistung zur Rückgabe führt.

B) Die ökonomische Analyse der Kombination von Rücktritt und Schadensersatz zeigt, dass sich die Haftung des vertragsbrüchigen Schuldners für alle von ihm zu vertretenen Schäden (§ 280 BGB) für das dispositive Recht empfiehlt, weil es die Einigung der Parteien im „vollständigen Vertrag" sinnvoll nachahmt. Aufgrund der Haftung hat der Schuldner einen effizienten Anreiz zur Erfüllung und zu Qualität, der typischerweise risikoscheue Käufer wird versichert und zugleich können schlecht informierte Kunden gute und schlechte Waren anhand der Gewährleistungsbeschränkungen erkennen. Problematisch ist allerdings, dass dem Gläubiger durch die Versicherung der Anreiz genommen wird, die Folgeschäden einer Leistungsstörung klein zu halten (*moral hazard*). Das dispositive Recht muss deshalb die Haftung auf die Höhe beschränken, die sie bei effizientem Verhalten des Gläubigers erreichte.

Das zusätzliche Rücktrittsrecht in Kombination mit Schadensersatz spaltet sich aus ökonomischer Sicht auf in Befreiung und Rückgabe. Die Befreiung schneidet dem Schuldner die Möglichkeit ab, einen gestörten Vertrag zu Ende zu erfüllen. Um sicherzustellen, dass die Erfüllung nicht abgebrochen wird, solange sie den Nutzen noch steigert, sollte der Schuldner über sie entscheiden können, denn er trägt durch die Erfüllungshaftung die Vor- und Nachteile in seiner Hand. Dies wird durch die Gewähr einer **Nachfrist** erreicht, die einerseits dem Schuldner die Chance zur Nacherfüllung gibt und andererseits den Gläubiger nur so lange zum Abwarten verpflichtet, wie dies angesichts der drohenden Verzugsschäden zumutbar ist.

Die zusätzlich zum Schadensersatz gewährte Rückgabe hat wirtschaftliche Vorteile, wenn die mangelhafte Leistung vom Schuldner am besten verwertet werden kann. Ansonsten geht durch sie Nutzen verloren, was die Haftung des Schuldners unnötig erhöht und einen Anreiz zur Übererfüllung setzt. Ein alleinstehendes Rückgaberecht kann ähnlich der Erfüllungshaftung einen (suboptimalen) Anreiz zu Qualität und Erfüllung bilden. Und ein alternativ zur Haftung gewährtes Rückgaberecht wirkt sich nur anreizverfälschend aus, wenn die Kosten der Rückgabe die Erfüllungshaftung übersteigen. Die kombinierte Rückgabe hingegen bewirkt vermeidbare Mehrbelastungen, sobald der Schuldner der schlechtere Verwerter ist. Zugleich setzt die Kombination durch den garantierten Gewinn einen Anreiz für den Gläubiger, ohne Rücksicht auf die Verwertbarkeit der Leistung oder die Kosten des Schuldners jeden persönlichen Vorteil der Rückgabe in Anspruch zu nehmen (*moral hazard*). Um den Missbrauch der Rückgabe und die Aufblähung der Erfüllungshaftung zu verhindern, muss das dispositive Recht die kombinierbare Rückgabe auf die Fälle beschränken, in denen der Schuldner der bessere Verwerter ist. Dies ist der Fall, wenn die Sache beim Schuldner trotz der zusätzlichen Rücktransportkosten (inkl. Versicherung, Lagerung und Risiko) mehr Nutzen als beim Gläubiger bringt, weil er sie günstiger reparieren, weiterverwenden oder verkaufen kann.

Gemessen an den ökonomischen Anforderungen wird die Befreiung im deutschen Recht durch die verpflichtende Nachfristsetzung und das resultierende Recht zur zweiten Andienung (§§ 281 I 1, 323 I BGB) sinnvoll geregelt. Und Unzumutbarkeit und Interessefortfall bilden eine interessengerechte Schranke für die Rückgabe, weil sie maßgeblich darauf abstellen, ob die durch den kleinen Schadensersatz nicht zu befriedigenden Gläubigerinteressen eine Mehrbelastung des Schuldners rechtfertigen. Die „unerhebliche Pflichtverletzung“ hingegen sollte als Verhältnismäßigkeitsprüfung verstanden werden und bei Abgrenzungsschwierigkeiten hinter dem Kriterium des Interessefortfalls zurückstehen. Die Abnahmeverweigerung sollte nicht unterhalb der Rückgabeschranken möglich sein.

C) Die Ergebnisse der ökonomischen Analyse werden durch die rechtsvergleichende Untersuchung solcher Systeme bestätigt, die wie das neue Schuldrecht die Kombination von Schadensersatz und Rücktritt zulassen (CISG, englisches und US-amerikanisches Kaufrecht, schweizerisches und niederländisches Schuldrecht, die Principles of European Contract Law und die Unidroit Principles). Dem Schuldner wird bei Leistungsstörungen das Recht zur zweiten Andienung gewährt, solange dies dem Gläubiger zumutbar ist. Bei Nichterfüllung geschieht das in der Regel durch eine vom Gläubiger gesetzte Nachfrist. Bei Schlechterfüllung wird meist nicht offen zwischen Befreiung (Ende des Nacherfüllungsrechts) und Rückgabe unterschieden, weil der „Rücktritt“ nicht wie im neuen Schuldrecht untergliedert wird. Deshalb kann die Rücktrittsschranke bei Nichterfüllung, die nur die Befreiung erfasst, nicht als Befreiungsschranke auch für die Schlechtleistung verallgemeinert werden – so wie es im BGB durch §§ 281 I 1, 323 I BGB mustergültig gelingt. Tatsächlich wird die Befreiung dann trotzdem eher als die Rückgabe gewährt, denn der Gläubiger kann sich von der Pflicht zur Annahme einer Nacherfüllung regelmäßig befreien, wenn ein weiteres Abwarten unzumutbar ist – während er den ganzen Vertrag nur aufheben kann, wenn zusätzliche Voraussetzungen vorliegen, die speziell die Rückgabe beschränken.

Im Vergleich besteht zwischen den untersuchten Rechtsordnungen Einigkeit darüber, dass die zentrale zusätzliche Voraussetzung für das Rückgaberecht und die Aufhebung des ganzen Vertrags eine **Verhältnismäßigkeitsprüfung** sein muss, die danach fragt, ob die Interessen des Gläubigers, die durch Schadensersatz nicht ausreichend berücksichtigt werden können, rechtfertigen, dass dem Schuldner durch die Rückgabe zusätzliche Belastungen entstehen. Art. 8:103 EP, Art. 7.3.1 UP und § 241 der US- Restatements (2nd) führen Kriterien an, die für diese Abwägung besonders wichtig sind. EP, UP und CISG prüfen die Verhältnismäßigkeit in einer „Wesentlichkeitsschranke“ (*fundamental breach*), wonach der Gläubiger nachweisen muss, dass seine Interessen überwiegen. Im schweizerischen und niederländischen Recht sowie im reformierten Sales of Goods Act findet sich eine „Verhältnismäßigkeitseinrede“, für die der Schuldner die Beweislast trägt. Im englischen Recht gilt außerdem für *intermediate terms* eine Wesentlichkeitsschranke und die Einteilung der Pflichten als *conditions* oder *warranties* richtet sich danach, ob ihre Verletzung typischerweise die Rückgabe rechtfertigt. Im US-Recht wird für die Rückgabe grundsätzlich ein wesentlicher Vertragsbruch verlangt (*material breach*). Nur ausnahmsweise ist bei unteilbaren Leistungen[1] eine sofortige Ablehnung wegen Mängeln der Hauptleistung möglich, wenn trotz Nachbesserung eine vernünftige und gutgläubige Person die Annahme verweigert hätte.

Neben der Verhältnismäßigkeitsprüfung wird die Rückgabe vor allem durch strenge Erklärungsfristen, aufgrund der Verwendung der Leistung nach Entdecken des Mangels und durch besondere Treue- und Schadensminderungspflichten ausgeschlossen. Ihre negativen Folgen werden teilweise durch die Pflicht des Gläubigers zur Hilfe bei der kostengünstigen Verwertung bekämpft. Im Ergebnis bestätigt die Rechtsvergleichung das ökonomische Ergebnis, dass die Rückgabe in einem System, das die Kombination von Rücktritt und Schadensersatz vorsieht, gezielt eingeschränkt werden muss, um unverhältnismäßige Belastungen des Schuldners zu vermeiden. Die Beschränkung durch das Recht zur zweiten Andienung genügt ebenso wenig wie eine reine Bagatellgrenze. Das von der Schuldrechtsreform neu eingeführte System der Kombination verlangt deshalb neben dem Prinzip der Nachfristsetzung die konsequente Einschränkung der Rückgabe durch das Prinzip der Verhältnismäßigkeit.

D) Im Lichte der Erkenntnisse der ökonomischen und rechtsvergleichenden Analyse erscheint die Regelung des BGB für Befreiung und kleinen Schadensersatz gelungen. Auch die Rückgabeschranken des Interessefortfalls und der Unzumutbarkeit sind zu begrüßen, weil sie die Rückgabe gleich den „Wesentlichkeitsschranken" in CISG, UP und EP durch eine Verhältnismäßigkeitsprüfung beschränken. Beide Schranken vermuten zu Recht, dass die Rückgabe bei Teilleistung und nicht-leistungsbezogener Nebenpflichtverletzung typischerweise unverhältnismäßig ist, und geben richtigerweise dem Gläubiger die Beweislast für das Gegenteil. Es ist zu empfehlen, die Verhältnismäßigkeit in drei Schritten gemäß folgender Formel zu prüfen: *Die Rückgabe ist zulässig, wenn dem Schuldner keine Mehrbelastung entsteht* (Schritt 1), *die angesichts derjenigen schützenswerten Interessen des Gläubigers, die durch Schadensersatz nicht angemessenen berücksichtigt werden können* (Schritt 2), *unverhältnismäßig erscheint* (Schritt 3).

Die Rückgabeschranke der „unerheblichen Pflichtverletzung" in §§ 281 I 3, 323 V 2 BGB sollte nicht als Bagatellgrenze, sondern als „**Verhältnismäßigkeitseinrede**" ausgelegt werden. Dies stimmt mit Wortlaut, Systematik, und Geschichte der Schuldrechtsreform überein und entspricht den Vorgaben der Verbrauchsgüterkaufrichtlinie 1999/44/EG. Teleologisch kann diese Auslegung durch die ökonomische und rechtsvergleichende Untersuchung begründet wer-

1 Für die vertraglich oder tatsächlich Ratenlieferungen ausgeschlossen sind.

den, die zeigt, dass der Interessenkonflikt bei Rückgabe am besten durch eine Verhältnismäßigkeitsprüfung zu lösen ist. Für die Abgrenzung von Teil- und Schlechtleistung ist zu fordern, dass bei **Teilbarkeit** der gestörten Leistung[2] nur der gestörte Teil nach den Regeln der Schlechtleistung zurückgegeben werden kann, während für den ungestörten Teil das Interesse des Gläubigers entfallen sein sollte (§§ 281 I 2, 323 V 1 BGB). Denn bei ungestörten Teilleistungen ist zu vermuten, dass der Schuldner im Regelfall kein besserer Verwerter ist und der Gläubiger durch Schadensersatz ausreichend entschädigt werden kann, so dass die Rückgabe unverhältnismäßig ist. Das dispositive Recht sollte deshalb von Unverhältnismäßigkeit ausgehen und dem Gläubiger den Gegenbeweis abverlangen.

Auch für die Abnahmeverweigerung müssen die Rückgabeschranken gelten, denn auch sie führt zur Rückgabe. Ein Verstoß gegen das Teilleistungsverbot (§ 266 BGB) oder das Verbot vertragswidriger Leistungen sollte wie alle Pflichtverletzungen zur Schadensersatzhaftung führen (§ 280 I BGB) und den großen Schadensersatz nur ausnahmsweise bei Überschreiten der Rückgabeschranken rechtfertigen (§ 280 III BGB). Zur Beschränkung der Rückgabe ist ergänzend im Handelsrecht die Vermutung zu empfehlen, dass der Gläubiger durch Schadensersatz ausreichend befriedigt wird. Das Rückgaberecht sollte außerdem stets vor Verjährung verwirken, *wenn die Rückgabe nicht innerhalb einer angemessenen Zeit erklärt wird, nachdem der Mangel erkannt wurde oder hätte erkannt werden müssen.* Und zuletzt sollte der Gläubiger verpflichtet sein, bei der Verwertung einer abgelehnten Leistung zu helfen und zumutbaren Anweisungen zu folgen. Nicht zu empfehlen ist hingegen ein Rückgabeausschluss bei Annahme ohne Vorbehalt. Die Einführung zusätzlicher Tatbestandvoraussetzungen für die Rückgabe bei der Verletzung von Nebenleistungspflichten ist überflüssig, solange bei Teilbarkeit der Interessefortfall für die Rückgabe der ungestörten Hauptleistung verlangt wird.

De lege ferenda ist zu empfehlen, die Schranke der „unerheblichen Pflichtverletzung" für alle Verträge, außer für den Verbraucherkauf, durch den Interessefortfall zu ersetzen. Dies schriebe eine Verhältnismäßigkeitsprüfung eindeutig fest, würde die Abgrenzungsschwierigkeiten zwischen Teil- und Schlechtleistung beseitigen und darüber hinaus ermöglichen, die Sonderbehandlung der nichtleistungsbezogenen Pflichten in §§ 282, 324 BGB abzuschaffen. Für alle Vertragsverletzungen bestünde wie in Art. 9:301 der Principles of European Contract Law eine einheitliche „Wesentlichkeitsschranke" für die Rückgabe.

2 Das gilt vor allem bei „Teilnicht-, Teilschlecht- und Mankolieferung".

Abkürzungsverzeichnis

2d	Second (US) (2. Serie oder 2. Auflage)
3d	Third (US) (3. Serie oder 3. Auflage)
A.	Atlantic Reporter
aant.	Randnummer (Niederländisch)
ABGB	Allgemeines Bürgerliches Gesetzbuch (Österreich)
ABl. EG	Amtsblatt der EG
A.C.	Law Reports: Appeal Cases, 1891 - current
ADHGB	Allgemeines Deutsches Handelsgesetzbuch
All ER	All England Law Reports 1936 – current
All ER (D)	All England Law Reports (Direct) (online)
AK	Anwaltkommentar
A.L.R.	American Law Reporter
AnwBl.	Anwaltsblatt
App. Cas.	Law Reports: Appeal Cases 1875 - 1890
Ark.	Arkansas Reports
AT	Allgemeiner Teil
Bankr.M.D.Fla.	US Bankruptcy Court, Middle District of Florida
BB	Betriebsberater
BBF	Beale Bishop Furmston
B.C.C.	British Company Cases
BGB	Bürgerliches Gesetzbuch
BGBaF	BGB alte Fassung (galt bis 31.12.2001)
BGB-KE	BGB Kommissionsentwurf (Schuldrechtskommission)
BGBl.	Bundesgesetzblatt
BGH	Bundesgerichtshof
BGHZ	Entscheidungssammlung Bundesgerichtshofs, Zivilsachen
B.R.	Bankruptcy Reporter
B. & S.	Best & Smith's Queen's Bench Reports 1861 – 1870
BT	Besonderer Teil
BT-Drucks.	Bundestag Drucksachen
BundesgerichtsE II	Entscheidungen des Schweizerischen Bundesgerichts, Amtliche Sammlung, Teil II Zivilrecht

CA2 NY	US Court of Appeals, Second Circuit, New York
Cal.App.	Californian Appellate Reports
Cal.Rptr.	West's Californian Reporter
C.B.	Common Bench Reports 1840 - 56
C.B. (NS)	Common Bench Reports, New Series 1856 –65
Ch.	Law Reports: Chancery Division 1891 – current
Ch. D.	Law Reports: Chancery Division 1876 – 1890
cic	culpa in contrahendo
CISG	Convention on International Sales of Goods (UN-Kaufrecht)
CISG-online	www.cisg-online.ch, Entscheidungssammlung
Cir.	Circuit
C.P	Law Reports, Common Pleas 1865-75
D.C.Cir.	US Court of Appeals, District of Columbia Circuit
D.D.C.	US District Court, District of Columbia
DiskE	Diskussionsentwurf der Bundesregierung
D.Kan.	US District Court, District of Kansas
EAL	Economic Analysis of Law
E.D.Mich.	US District Court, Eastern District of Michigan
E.G.L.R.	Estates Gazette Law Review (UK) 1985 - current
EKG	(Haager) Einheitliches Kaufgesetz
Eng. Rep.	English Reports - Full Reprint 1094 - 1873
EP	European Principles of Contract Law
EuZP	Euopäische Zeitschrift für Privatrecht
EWCA Civ.	England & Wales Court of Appeal, Civil Division
EWHC (T.C.C.)	England & Wales High Court, Technology & Construction Court
Ex.	Exchequer Reports 1848 - 56
F.	Federal Reporter
F.Supp.	Federal Supplement
FS	Festschrift
HGB	Handelsgesetzbuch
HLR	Harvard Law Review
Hy. Bl.	Henry Blackstone's Reports 1788 – 96
Idaho	Idaho Reports
IHR	Internationales Handelsrecht
Ind.App.	Indiana Court of Appeals Reports
Iprax	Praxis des Internationalen Privat- und Verfahrensrechts
JR	Juristische Rundschau
Jura	Juristische Ausbildung

JuS	Juristische Schulung
JZ	Juristen Zeitung
K.B.	Law Reports: King's Bench 1901 – 1952
KF	Konsolidierte Fassung (Entwurfs für das neue Schuldrecht)
KG	Kammergericht (Berlin)
KompaktKom	Kompaktkommentar
L Ed	Lawyer's Edition
Lloyd's Rep.	Lloyd's List Law Reports 1919 - current
L.R.	Law Reports
Man & G	Manning & Granger's Common Pleas Reports 1840 - 44
Mass.App.Ct.	Massachusetts Appeals Court Reports
Mass.App.Div.	Massachusetts Appellate Division Reports
Minn.	Minnesota Reports
Misc.	New York Miscellaneous Reports
Miss.	Supreme Court of Mississippi
M.L.R.	Modern Law Review 1937 – current
MüKo	Münchener Kommentar
NBW	Nieuw Burgerlijk Wetboek
N.D.	North Dakota Supreme Court
N.D.Ill.	US Disctrict Court, Northern Disctrict of Illinois
N.E.	North Eastern Reporter
N.J.	New Jersey Reports
NJ	Nederlandse Jurisprudentie
NJW	Neue Juristische Wochenschrift
NJW-RR	Neue Juristische Wochenschrift, Rechtsprechungsreport
N.M.	New Mexico Reports
N.W.	North Western Reporter
N.Y.	New York Reports
N.Y.Civ.Ct.	New York Civil Court
N.Y.S.	West's New York Supplement
N.Y.Sup.	New York Supreme Court
Ohio App.	Ohio Appellate Reports
Ohio St.	Ohio State Reports
Okla.	Oklahoma Supreme Court
OR	Obligationenrecht (Schweiz)
P.	Pacific Reporter
Pa. D. & C.	Pennsylvania District and County Reports
Pa Super	Pennsylvania Superior Court Reports
pVV	positive Vertragsverletzung

Q.B.	Law Reports Queen's Bench Division, 1891 –1901; 1953 - current
Q.B.D.	Law Reports Queen's Bench Division 1875 – 1890
RabelsZ	Rabels Zeitschrift
RegE	Regierungsentwurf für das neue Schuldrecht
RGBl.	Reichsgesetzblatt
RGZ	Entscheidungssammlung Reichsgericht, Zivilsachen
RIW	Recht der Internationalen Wirtschaft
SchuldRKom	Schuldrechtskommission
S.D.Fla.	US District Court, Southern District of Florida
SGA	Sales of Goods Act
S. Ct.	Supreme Court Reporter
So.	Southern Reporter
S.W.	South Western Reporter
UCC	Uniform Commercial Code & UCC Reporting Service (cit.: no. UCC page)
UP	UNIDROIT Principles of international commercial contracts
U.S.	United State Reports
VR	Verbrauchsgüterkaufrichtlinie
Vt.	Vermont Reports
W. Bl.	Sir William Blackstone's King's Bench Reports 1746 - 1780
Wis.	Wisconsin Reports
WL	Westlaw (cit.: year WL no.)
WLR	Weekly Law Reports 1953- current
WM	Wertpapiermitteilungen
ZeuP	Zeitschrift für das europäische Privatrecht
ZGB	Zivilgesetzbuch (Schweiz)
ZGS	Zeitschrift für das Gesamte Schuldrecht
ZIP	Zeitschrift für Wirtschaftsrecht
ZRP	Zeitschrift für Rechtspolitik
ZWS	Zeitschrift für Wirtschafts- und Sozialwissenschaften

Literaturverzeichnis

Zum deutschen Recht

Anwaltkommentar, Schuldrecht, herausgegeben von Barbara Dauner-Lieb, Thomas Heidel, Manfred Lepa und Gerhard Ring, Deutscher Anwaltsverlag, Bonn 2002 [AK/Bearbeiter]

Arnold, Arnd „Rücktritt und Schadensersatz", Zeitschrift für das gesamte Schuldrecht 2003, S. 427 – 435

Bundesministerium der Justiz, Diskussionsentwurf eines Schuldrechtsmodernisierungsgesetzes, 4. August 2000, u. a. abgedruckt in Ernst/Zimmermann „Zivilrechtswissenschaft und Schuldrechtsreform", S. 613 – 726 [DiskE]

Canaris, Claus-Wilhelm „Die Nacherfüllung durch Lieferung einer mangelfreien Sache beim Stückkauf", Juristen Zeitung 2003, S. 831 – 838

Canaris, Claus-Wilhelm „Die Reform des Rechts der Leistungsstörungen", Juristen Zeitung 2001, S. 499 – 531

Canaris, Claus-Wilhelm „Zur Bedeutung der Kategorie der ‚Unmöglichkeit' für das Recht der Leistungsstörungen", in Schulte-Nölke/Schulze „Die Schuldrechtsreform vor dem Hintergrund des Gemeinschaftsrechts", S. 43 – 66, Mohr Siebeck, Tübingen 2001 (s. u.)

Canaris, Claus-Wilhelm „Das allgemeine Leistungsstörungsrecht im Schuldrechtsmodernisierungsgesetz", Zeitschrift für Rechtspolitik 2001, S. 329 – 336

Creifelds, Carl (Begr.) „Rechtswörterbuch", herausgegeben von Hans Kauffmann, 13. Auflage, C. H. Beck, München 1996

Däubler-Gmelin, Herta „Die Entscheidung für die sogenannte Große Lösung bei der Schuldrechtsreform", Neue Juristische Wochenschrift 2001, S. 2281 – 2289

Dauner-Lieb, Barbara „Dauerthema Selbstvornahme", Zeitschrift für das gesamte Schuldrecht 2005, S. 10 – 14

Dauner-Lieb, Barbara „Kein Kostenersatz bei Selbstvornahme des Käufers – Roma locuta, causa finita!?", Zeitschrift für das gesamte Schuldrecht 2005, S. 169 – 173

Dauner-Lieb, Barbara „Drei Jahre Schuldrechtsmodernisierungsgesetz", Anwaltsblatt 2004, S. 597 – 601

Dauner-Lieb, Barbara „Schuldrecht aktuell – Entwicklungstendenzen und Problemschwerpunkte zwei Jahre nach der Schuldrechtsreform", Deutscher Anwaltverlag, Bonn 2003

Dauner-Lieb, Barbara „Die geplante Schuldrechtsmodernisierung – Durchbruch oder Schnellschuss?", Juristen Zeitung 2001, S. 8 – 18

Deutscher Bundestag, Drucksachen der 14. Wahlperiode, Gesetzgebungsmaterialien zur Schuldrechtsreform: 1. Gesetzentwurf der Regierung BT-Drucks. 14/6040 (14.05.2001), Stellungnahme des Bundesrates (13.07.2001) und Gegenäußerung der Bundesregierung BT-Drucks. 14/6857(31.08.2001), Beschlussempfehlung und Bericht des Rechtsausschusses BT-Drucks. 14/7052 (09.10.2001)

Dörner, Heinrich und **Staudinger, Ansgar** „Schuldrechtsmodernisierung – Systematische Einführung und synoptische Gesamtdarstellung", 1. Auflage, Nomos Verlagsgesellschaft, Baden-Baden 2002

Erman „Bürgerliches Gesetzbuch", Handkommentar, herausgegeben von Harm Peter Westermann, 11. Auflage, Aschendorff Rechtsverlag Köln 2004 [Erman/Bearbeiter]

Erman „Bürgerliches Gesetzbuch", Handkommentar, herausgegeben von Harm Peter Westermann, 9. Auflage, Aschendorff Rechtsverlag, Münster 1993 [Erman/Bearbeiter (9. A.)]

Ernst, Wolfgang und **Zimmermann, Reinhard** (Hrsg.) „Zivilrechtswissenschaft und Schuldrechtsreform – Zum Diskussionsentwurf eines Schuldrechtsmodernisierungsgesetzes des Bundesministeriums der Justiz", Mohr Siebeck, Tübingen 2001

Ernst, Wolfgang „Die Zurückweisung der Ware", Neue Juristische Wochenschrift 1997, S. 896 – 905

Esser, Josef und **Weyers, Hans-Leo** „Schuldrecht Besonderer Teil", 5. Auflage, Teilband 1, C. F. Müller, Heidelberg 1977 [Esser/Weyers]

Faust, Florian „Grenzen des Anspruchs auf Ersatzlieferung bei der Gattungsschuld", Zeitschrift für das gesamte Schuldrecht 2004, S. 252 – 258

Finn, Markus „Kann der Gläubiger die (Nach-)Erfüllung zwischen Fristablauf und Schadensersatzverlangen zurückweisen?", Zeitschrift für das gesamte Schuldrecht 2004, S. 32 – 38

Gieseler, Dieter „Die Strukturen der Schlechterfüllung im Leistungsstörungsrecht", Zeitschrift für das gesamte Schuldrecht 2003, S. 408 – 411

Grigoleit, Hans Christoph und **Riehm, Thomas** „Grenzen der Gleichstellung von Zuwenig-Leistung und Sachmangel", Zeitschrift für das gesamte Schuldrecht 2002, S. 115 – 122

Gsell, Beate „Das Verhältnis von Rücktritt und Schadensersatz", Juristen Zeitung 2004, S. 644 – 649

Gsell, Beate „Der Schadensersatz statt der Leistung nach dem neuen Schuldrecht", Jahrbuch junger Zivilrechtswissenschaftler 2001, S. 105 – 131, Verlag Richard Boorberg, Stuttgart 2001

Haas, Lothar „Entwurf eines Schuldrechtsmodernisierungsgesetzes: Kauf- und Werkvertragsrecht", Betriebsberater 2001, S. 1313 – 1321

Huber, Peter und **Faust, Florian** „Schuldrechtsmodernisierung – Einführung in das neue Recht", C. H. Beck, München 2002 [Huber/Faust]

Huber, Ulrich „Das geplante Recht der Leistungsstörungen" in Ernst/Zimmermann „Zivilrechtswissenschaft und Schuldrechtsreform", S. 31 – 183, Mohr Siebeck, Tübingen 2001

Huber, Ulrich in „Gutachten und Vorschläge zur Überarbeitung des Schuldrechts" Band I, zu den „Leistungsstörungen", S. 647 – 909 und zum „Kaufvertrag", S. 911 – 949, herausgegeben vom Bundesjustizminister der Justiz, Bundesanzeiger Verlagsgesellschaft, Köln 1981

Jansen, Nils „Gewährleistung trotz Annahmeverzugs und Untergangs der Kaufsache?", Zeitschrift für Wirtschaftsrecht ZIP 2002, S. 877 – 880

Jansen, Nils „Nochmals: Gewährleistung trotz Annahmeverzugs und Untergangs der Kaufsache?", Zeitschrift für Wirtschaftsrecht ZIP 2002, S. 1794

Jauernig, Othmar „Bürgerliches Gesetzbuch", Kommentar, 9. Auflage, C. H. Beck, München 1999 [Jauernig/Bearbeiter (9. A.)]

Kaiser, Dagmar „Leistungsstörungen" in J. von Staudingers Kommentar zum BGB, „Eckpfeiler des Zivilrechts", Sellier-de Gruyter, Berlin 2005

Kaiser, Dagmar „Die Rechtsfolgen des Rücktritts in der Schuldrechtsreform", Juristen Zeitung 2001, S. 1057 – 1070

Kappus, Andreas „Vertragsaufhebung nach UN-Kaufrecht in der Praxis", Neue Juristische Wochenschrift 1994, S. 984 f.

Knoche, Joachim P. und **Höller, Sina** „Schadenersatz statt der Leistung nach Bewirkung der Hauptleistung", Zeitschrift für das gesamte Schuldrecht 2003, S. 27 – 33

Kommission zur Überarbeitung des Schuldrechts, Abschlussbericht, herausgegeben vom Bundesminister der Justiz, Bundesanzeiger Verlagsgesellschaft, Köln 1992 [SchuldRKom]

Kompaktkommentar, Das Neue Schuldrecht, Wolfhard Kohte, Hans-W. Micklitz, Peter Rott, Klaus Tonner, Armin Luchterhand (Wolters Kluwer), Neuwied 2003 [KompaktKom/Bearbeiter]

Lamprecht, Philipp „Nochmals: Gewährleistung trotz Annahmeverzug und Untergangs der Kaufsache?", Zeitschrift für Wirtschaftsrecht ZIP 2002, S. 1790 – 1793

Larenz, Karl „Lehrbuch des Schuldrechts, Besonderer Teil“, 2. Band, 13. Auflage, C. H. Beck, 1. Halbband 1986 und 2. Halbband 1994 mit Claus-Wilhelm Canaris

Larenz, Karl „Lehrbuch des Schuldrechts, Allgemeiner Teil“, 1. Band, 14. Auflage, C. H. Beck, München 1987

Leser, Hans Georg „Der Rücktritt vom Vertrag“, JCB Mohr, Tübingen 1975

Lorenz, Stephan „Voreilige Selbstvornahme der Nacherfüllung im Kaufrecht: Der BGH hat gesprochen und nichts ist geklärt“, Neue Juristische Wochenschrift 2005, S. 1321 – 1324 (zu BGH NJW 2005, S. 1348 – 1351)

Lorenz, Stephan „Schuldrechtsreform 2002: Problemschwerpunkte drei Jahre danach“, Neue Juristische Wochenschrift 2005, S. 1889 – 1896

Lorenz, Stephan „Nacherfüllungskosten und Schadensersatz nach ‚neuem‘ Schuldrecht – was bleibt vom ‚Dachziegel‘-Fall?“, Zeitschrift für das gesamte Schuldrecht 2004, S. 408 – 411 (zu OLG Karlsruhe, ZGS 2004, S. 432 – 434)

Lorenz, Stephan „Zur Abgrenzung von Teilleistung, teilweiser Unmöglichkeit und teilweiser Schlechtleistung im neuen Schuldrecht“ Neue Juristische Wochenschrift 2003, S. 3097 – 3099 (zu LG Rottweil, NJW 2003, S. 3139 f.)

Lorenz, Stephan „Rücktritt, Minderung und Schadensersatz wegen Sachmängeln im neuen Kaufrecht: Was hat der Verkäufer zu vertreten?“, Neue Juristische Wochenschrift 2002, S. 2497 – 2505

Magnus, Ulrich „Der Tatbestand der Pflichtverletzung“ in Schulte-Nölke/Schulze „Die Schuldrechtsreform vor dem Hintergrund des Gemeinschaftsrechts“, S. 67 – 79, Mohr Siebeck, Tübingen 2001 (s. u.)

Maultzsch, Felix „Zum zeitlichen Anwendungsbereich der kauf- und werkvertraglichen Mängelrechte am Beispiel der §§ 439 Abs. 3, 635 Abs. 3 BGB“, Zeitschrift für das gesamte Schuldrecht 2003, S. 411 – 418

Medicus, Dieter; **Haas, Lothar**; **Rolland, Walter**; **Schäfer, Carsten** und **Wendtland, Holger** „Das neue Schuldrecht“, C. H. Beck, München 2002

Motive zu dem Entwurfe eines Bürgerlichen Gesetzbuches für das Deutsche Reich, amtliche Ausgabe, Band I – Allgemeiner Teil, Band II – Recht der Schuldverhältnisse, 2. Auflage, Guttentag, Berlin 1896 [Mot]

Münch, Joachim „Die ‚nicht wie geschuldet‘ erbrachte Leistung und sonstige Pflichtverletzungen“, Juristische Ausbildung 2002, S. 361 – 374

Münchener Kommentar zum Bürgerlichen Gesetzbuch, herausgegeben von Kurt Rebmann, Franz Jürgen Säcker und Roland Rixecker, 4. Auflage, C. H. Beck, München (Band 2 von 2001, Schuldrecht Allgemeiner Teil zum BGBaF [(Band 2)]; Band 2a von 2003, Schuldrecht Allgemeiner Teil; Band 3 von 2004, Schuldrecht Besonderer Teil I) [MüKo/Bearbeiter]

Münchener Kommentar zum Handelsgesetzbuch, Hrsg. Karsten Schmidt, C. H. Beck, München 2004 [MüKo/Bearbeiter]

Oetker, Hartmut und **Maultzsch, Felix** „Vertragliche Schuldverhältnisse", 2. Auflage, Springer, Berlin 2004 [Oetker/Maultzsch]

Palandt „Bürgerliches Gesetzbuch", 64. Auflage, C. H. Beck, München 2005 [Palandt/Bearbeiter]

Palandt „Bürgerliches Gesetzbuch", Kommentar, 60. Auflage C. H. Beck, München 2001 [Palandt/Bearbeiter (60. A.)]

Peters, Frank „Praktische Probleme der Minderung bei Kauf und Werkvertrag", Betriebsberater 1983, S. 1951 – 1955

Petersen, Jens „Zur Anwendbarkeit des § 326 BGB auf den kaufrechtlichen Nachlieferungsanspruch", Juristische Ausbildung 1998, S. 294 – 297

Pfeiffer, Thomas „Unkorrektheiten bei der Umsetzung der Verbrauchsgüterkaufrichtlinie in das deutsche Recht", Zeitschrift für das gesamte Schuldrecht 2002, S. 94 f. und S. 138 – 140

Pfeiffer, Thomas „Systemdenken im neuen Leistungsstörungs- und Gewährleistungsrecht", Zeitschrift für das gesamte Schuldrecht 2002, S. 23 – 32

Schlechtriem, Peter „Schuldrecht Allgemeiner Teil", 5. Auflage, Mohr Siebeck, Tübingen 2003

Schlechtriem, Peter „Schuldrecht Besonderer Teil", 6. Auflage, Mohr Siebeck, Tübingen 2003

Schmidt-Räntsch, Jürgen; **Maifeld, Jan**; **Meier-Göring, Anne** und **Matthias Röcken** „Das neue Schuldrecht – Einführung, Texte, Materialien", Bundesanzeiger Verlag, Köln 2002

Schulte-Nölke, Hans und **Schulze, Rainer** „Die Schuldrechtsreform vor dem Hintergrund des Gemeinschaftsrechts", Mohr Siebeck, Tübingen 2001 [Schulte-Nölke/Schulze]

Schwab, Martin und **Witt, Carl Heinz** "Einführung in das neue Schuldrecht", C. H. Beck, München 2002 [Schwab/Witt]

Schwab, Martin „Schadensersatzverlangen und Ablehnungsandrohung nach der Schuldrechtsreform", Juristische Rundschau 2003, S. 133 – 140

Schwenzer, Ingeborg und **Hager, Günther** (Hrsg.) „Festschrift für Peter Schlechtriem zum 70. Geburtstag", Mohr Siebeck, Tübingen 2003

Staudinger, J. von „Eckpfeiler des Zivilrechts", Sellier-de Gruyter, Berlin 2005

Staudinger, J. von „Kommentar zum Bürgerlichen Gesetzbuch mit Einführungsgesetz und Nebengesetzen", 13. Bearbeitung, Buch 2, Recht der Schuldverhältnisse I (§§ 255 – 304) und II (§§ 315 – 326), Sellier-de Gruyter, Berlin 2004 [Staudinger/Bearbeiter]

Staudinger, J. von „Kommentar zum Bürgerlichen Gesetzbuch", 12. Auflage, J. Schweitzer Verlag, Berlin 1978 [Staudinger/Bearbeiter (12. A.)]

Unberath, Hannes „Die richtlinienkonforme Auslegung am Beispiel der Kaufrechtsrichtlinie", Zeitschrift für Europäisches Privatrecht 2005, S. 5 – 42

Wahrig-Burgfeind, Renate „Der kleine Wahrig, Wörterbuch der deutschen Sprache“, Bertelsmann Lexikon Verlag, Gütersloh/München 1997

Westermann, Harm-Peter „Das neue Kaufrecht einschließlich des Verbrauchsgüterkaufs“, Juristen Zeitung 2001, S. 531 – 543

Westermann, Harm-Peter „Kaufrecht im Wandel“ in Schulte-Nölke/Schulze „Die Schuldrechtsreform vor dem Hintergrund des Gemeinschaftsrechts“, S. 109 – 129, Mohr Siebeck, Tübingen 2001 (s. o.)

Westphalen, Friedrich Graf von „Ein spät entdeckter Irrtum des Gesetzgebers?“, Zeitschrift für Wirtschaftsrecht ZIP 2005, S. 51

Westphalen, Friedrich Graf von und **Henssler, Martin** „Praxis der Schuldrechtsreform“, 2. Auflage, ZAP Verlag für die Rechts- und Anwaltspraxis, Köln 2003 [v. Westphalen/Bearbeiter]

Zimmer, Daniel „Das neue Recht der Leistungsstörung“, Neue Juristische Wochenschrift 2002, S. 1 – 12

Zimmer, Daniel „Das geplante Kaufrecht“ in Ernst/Zimmermann „Zivilrechtswissenschaft und Schuldrechtsreform“, S. 191 – 204, Mohr Siebeck, Tübingen 2001 (s. o.)

Zum englischen Recht

Atiyah, P. S. „The Sale of Goods“, 5. Auflage, Pitman Publishing, 1975

Beal, Hugh G.; **Bishop, W. D.** und **Furmston, M. P.** „Contract, Cases and Materials“, Butterworths, London 1995 [BBF]

Beatson, J. „Anson's Law of Contract“, 28. Auflage, Oxford University Press, Oxford 2002

Benjamin's Sale of Goods, general editor A. G. Guest, 6. Auflage, Sweet & Maxwell, London 2002

Benjamin's Sale of Goods, general editor A. G. Guest, Special Supplement to the 6th edition, Sweet & Maxwell, 2003 (Sale and Supply of Goods to Consumers Regulations 2002)

Chitty on Contracts, general editor H. G. Beale, 29. Auflage, The Common Law Library, vol. I, „General Principles“, Sweet & Maxwell, London 2004

Chitty on Contracts, general editor H. G. Beale, 29. Auflage, The Common Law Library, vol. II, „Specific Contracts“, Sweet & Maxwell, London 2004

Feuerstein, Peter Herrmann „Die Repudiation im englischen Vertragsrecht“, Marburg 1977

Howells, Geraint und **Weatherill, Stephen** „Consumer Protection Law“, Dartmouth, Aldershot 1995

Kern, Betina Anna „Rescission nach Vertragsverletzung im englischen Recht", Marburg 1983

Mansel, Heinz-Peter; **Basedow, Jürgen** und **Kegel, Gerhard** „Gutachten zum Internationalen und ausländischen Privatrecht (IPG) 2000/2001", Gieseking, Bielefeld 2004 [Mansel IPG 2000/2001]

McKendrick, Ewan „Sale of Goods", LLP, London 2000

Sale of Goods Act 1979, Stand 2003, in Benjamin's Sale of Goods, Supplement 2003, Appendix A[1]; sowie in Blackstone's Statutes on Contract, Tort & Restitution, 14. Auflage, Oxford University Press, Oxford 2003

Treitel, G. H. „Some Problems of Breach of Contract", 30 Modern Law Review 1967, S. 139 – 155

Treitel, G. H. „The Law of Contract", 11. Auflage, Thomson Maxwell, London 2003

Zum Recht der USA

Anderson, Ronald A. „Uniform Commercial Code", 3. Auflage, The Lawyers Cooperative Publishing Company & Bancroft-Whitney Company, New York 1982 [Anderson]

Anderson, Ronald A. „Uniform Commercial Code", 3. Auflage, Cumulative Supplement, Clark Boardman Callaghan, New York 1992

Craswell, Richard „Offer, Acceptance, and Efficient Reliance", Stanford Law Review 1995/1996, vol. 48/1, S. 481 – 553

Farnsworth, E. Allan; **Young, William F.** und **Sanger, Carol** „Contracts, Cases and Materials" 6. Auflage, Foundation Press, New York 2001

Hay, Peter „US-Amerikanisches Recht", 3. Auflage, C. H. Beck, München 2005

Honnold, John „Buyer's Right of Rejection", 97 University of Pennsylvania Law Review 1949, S. 457 – 481

Llewellyn, K. N. „On Warranty of Quality, and Society", Columbia Law Review, vol. 36, no. 5, May 1936, S. 699 – 744 (Teil I); 37 Columbia Law Review 1937, no. 3, S. 341 – 409 (Teil II)

Nordstrom, Robert J. „Law of Sales", West Publishing, St. Paul Minnesota 1970

Peters, Ellen A. „Remedies for Breach of Contracts relating to the Sale of Goods under the UCC: A Roadmap for Article Two", The Yale Law Journal 1963, 73 (1), S. 199 – 287

---

1 Letzte Änderung durch „Sale and Supply of Goods to Consumers Regulations 2002"

Priest, George L. „Breach and Remedy for the Tender of nonconforming Goods under the Uniform Commercial Code: An economic Approach“, Harvard Law Review 1978, vol. 91, S. 960 – 1001

Reimann, Mathias „Einführung in das US-amerikanische Privatrecht“, 2. Auflage, C. H. Beck, München 2004

Restatements of the Law, Second, Contracts 2d, The American Law Institute Publishers, St. Paul Minnesota 1981

Rohwer, Claude D. und **Skrocki, Anthony M.** „Contracts in a Nutshell“, 5. Auflage, West Publishing, St. Paul Minnesota 2000

Smith, Len Young und **Roberson, G. Gale** „Business Law“, 6. Auflage, West Publishing, St. Paul Minnesota 1985

Squillante, Alphonse M. und **Fonseca, John R.** „Williston on Sales“, 4. Auflage, Lawyers Co-operative Publishing, Bancroft & Whitney, 1974, Band I – III [Williston on Sales]

Squillante, Alphonse M. und **Fonseca, John R.** „Williston on Sales“, 4. Auflage, Ergänzungen (Cumulative Supplement), Clark Boardman Callaghan, New York 1993

Stone, Bradford „Uniform Commercial Code in a Nutshell“, 4. Auflage, West Publishing, St. Paul Minnesota 1995

Uniform Commercial Code, Official Text and Comments, The American Law Institute, West Group, St. Paul Minnesota 2003

White, James J. und **Summers, Robert S.** „Uniform Commercial Code“, 4. Auflage, West Publishing, St. Paul Minnesota 1995 [White & Summers]

White, James J. und **Summers, Robert S.** Supplement for Revised Article 2 UCC, Thomson West, St. Paul Minnesota 2005

Zum niederländischen Recht

Bakels, F. B. „Ontbinding van wederkerige overeenkommsten“, Disssertation, Leiden/Deventer 1993

Hartkamp, A. S. „Verbintenissenrecht Deel I, Algemene Leer der Overeenkomsten“, 12. Auflage, Asser Serie (Mr. C. Asser's Handleiding tot de Beoefening van het Nederlands Burgerlijk Recht“), Kluwer, Deventer 2004 [Asser-Hartkamp]

Hartkamp, A. S. „Verbintenissenrecht Deel II, De Verbintenis in het Algemen“, 12. Auflage, Asser Serie, Kluwer, Deventer 2005 [Asser-Hartkamp]

Hartlief, T. in „Verbintenissenrecht“ (Loseblattsammlung), unter Redaktion von Ewoud H. Hondius, Kluwer, Deventer 2005

Hartlief, T. „Ontbinding. Over ongedaanmaking, bevrijding en rechterlijke bevoegheden bij ontbinding wegens wanprestatie“, Dissertation, Groningen/Deventer 1994

Hijma, Jac. „Bijzondere Overeenkomsten, Deel I, Koop en Ruil“, 6. Auflage, Asser Serie, W. E. J. Tjeenk Willink, Deventer 2001 [Asser-Hijma]

Mincke, Wolfgang „Einführung in das niederländische Recht“, C. H. Beck, München 2002

Nieper, Franz und **Westerdijk, A. S.** „Niederländisches Bürgerliches Gesetzbuch“, Buch 6, 7 und 7a, Gesetzesübersetzung und Einführung, Kluwer und C. H. Beck, 1995

Nieuwenhuis, J. H. „Burgerlijk Wetboek“ Tekst & Commentaar, 5. Auflage, Kluwer, Deventer 2003

Parlementaire Geschiedenis van het Nieuwe Burherlijk Wetboek (Parlamentarische Beratungen zum Neuen Bürgerlichen Gesetzbuch), Buch 6, Allgemeiner Teil des Schuldrechts, Kluwer, Deventer 1981

Zum schweizerischen Recht

Giger, Hans im Berner Kommentar zum Schweizerischen Privatrecht „Das Obligationenrecht“, 2. Abteilung, 1. Teilband, 1. Abschnitt, Art. 184 – 215 OR, 2. Auflage, Stämpfli & Cie, Bern 1980

Guhl, Theo „Das Schweizerische Obligationenrecht“, 9. Auflage, Schulthess, Zürich 2000 [Guhl/Bearbeiter]

Henzen, Hans „Die Relativierung des Wandelungsanspruchs des Käufers durch den Vorbehalt des richterlichen Ermessens gemäß OR 205/II“, Dissertation, Bern 1990

Honsell, Heinrich „Schweizerisches Obligationenrecht, Besonderer Teil“, Stämpfli & Cie, Bern 1991 [Honsell OR BT]

Honsell, Heinrich; **Vogt, Nedim P.** und **Wiegand, Wolfgang** „Kommentar zum schweizerischen Obligationenrecht“, 2. Auflage, Band I, Art. 1 – 529, Helbing & Lichtenhahn, Basel 1996 [Honsell]

Keller, Max und **Siehr, Kurt** „Kaufrecht“, 3. Auflage, Schulthess Polygraphischer Verlag, Zürich 1995 [Keller Siehr]

Kren Kostiewicz, Jolanta; **Bertschinger, Urs**; **Breitschmid, Peter** und **Schwander, Ivo** „Handkommentar zum Schweizerischen Obligationenrecht“, Orell Füssli, Zürich 2002 [Kren-Kostkiewicz/Bearbeiter]

Oser, Hugo und **Schönenberger, Wilhelm** „Das Obligationenrecht“, 5. Band im Kommentar zum Schweizerischen Zivilgesetzbuch, Schulthess, Zürich 1936 [Oser/Schönenberger]

Vallender, Klaus A. und **David, Eugen** „Obligationenrecht – Textausgabe mit Leitsätzen aus der Praxis des Bundesgerichts“, 2. Auflage, bearbeitet von Hans Altherr, Ernst Brem, Hubert Bühlmann, Stämpfli & Cie, Bern 1994 [Altherr/Brem/Bühlmann]

Wittibschlager, Martina „Einführung in das schweizerische Recht“, C. H. Beck, München 2000

Zu CISG, EKG und Rechtsvergleichung

Achilles, Wilhelm-Albrecht „Kommentar zum UN-Kaufrechtsübereinkommen (CISG)“, Luchterhand, Neuwied 2000

Aue, Joachim „Mängelgewährleistung im UN-Kaufrecht unter besonderer Berücksichtigung stillschweigender Zusicherungen“, Peter Lang, Franfurt/Main 1988

Bar, Christian von und **Zimmermann, Reinhard** „Grundregeln des Europäischen Vertragsrechts“, Teil I und II, Sellier European Publishers, München 2002

Basedow, Jürgen „Europäische Vertragsvereinheitlichung und deutsches Recht“, Mohr Siebeck, Tübingen 2000

Beale, Hugh und **Lando, Ole** „Principles of European Contract Law“, Teil I und II, Kluwer Law International, The Hague 2000

Beinert, Dieter „Wesentliche Vertragsverletzung und Rücktritt“, Gieseking, Bielefeld 1979

Beß, Jürgen „Die Haftung des Verkäufers für Sachmängel und Falschlieferungen im Einheitlichen Kaufgesetz“, Heidelberg 1971

Brunner, Christoph „UN-Kaufrecht – CISG“, Kommentar, Stämpfli Verlag, Bern 2004

Dölle, Hans „Kommentar zum Einheitlichen Kaufrecht“, C. H. Beck, München 1976

Flessner, Axel „Befreiung vom Vertrag und Nichterfüllung“ Zeitschrift für Europäisches Privatrecht 1997, S. 255 – 320

Freiburg, Nina „Das Recht auf Vertragsaufhebung im UN-Kaufrecht“, Duncker & Humblot, Berlin 2001

Hartkamp, Arthur; **Hesselink, Martijn**; **Hondius, Ewoud**; **Joustra, Carla** und **Perron, Edgar du** „Towards a European Civil Code“, 2. Auflage, Ars Aequi Libri, Nijmegen 1998 [Towards a European Civil Code]

Heilmann, Jan „Mängelgewährleistung im UN-Kaufrecht“, Duncker & Humblot, Berlin 1994

Hondius, Ewoud; **Busch, Danny**; **Kooten, Hugo J. van**; **Schelhaas, Harriet N.** und **Schrama, Wendy M.** „The Principles of European Contract Law and Dutch Law“, Kluwer Ars Aequi, Nijmwegen 2002 [EP & Dutch Law]

Honnold, John O. „Uniform Law for International Sales under the 1980 United Nations Convention“, 3. Auflage, Kluwer International, The Hague 1999

Honnold, John O. „Documentary History of the Uniform Law for International Sales“, Kluwer, Deventer 1989

Honsell, Heinrich „Kommentar zum UN-Kaufrecht“, Springer, Berlin 1997 [Honsell/Bearbeiter]

Huber, Ulrich „Der UNCITRAL-Entwurf eines Übereinkommens über Internationale Warenkaufverträge“, Rabels Zeitschrift 1979, 43. Jahrgang, S. 413 – 561

Hutter, Max „Die Haftung des Verkäufers für Nichtlieferung bzw. Lieferung vertragswidriger Ware nach dem Wiener UNCITRAL-Übereinkommen über internationale Warenkaufverträge vom 11.04.1980“, Dissertation, Regensburg 1988

International Institute for the Unification of Private Law „Unidroit Principles of International Commercial Contracts“, Rome 2004

Jayme, Erik und **Hausmann, Rainer** „Internationales Privat- und Verfahrensrecht“, 12. Auflage, C. H. Beck, München 2004

Kirchner, Wolfgang „Voraussetzungen der Sachmängelhaftung beim Warenkauf“, Mohr Siebeck, Tübingen 1998

Krebs, Markus „Die Rückabwicklung im UN-Kaufrecht“, C. H. Beck, München 2000

Lehmkuhl, Heiko „Das Nacherfüllungsrecht des Verkäufers im UN-Kaufrecht“, Peter Lang, Frankfurt/Main 2001

Mertens, Hans-Joachim und **Rehbinder, Eckard** „Internationales Kaufrecht“, Alfred Metzner, Frankfurt/Main 1975 [Mertens/Rehbinder]

Münchener Kommentar zum Bürgerlichen Gesetzbuch, 4. Auflage, Band 3, §§ 433 – 610 inkl. CISG, C. H. Beck, München 2004 [MüKo/Bearbeiter]

Nau, Evelyn „Das Gewährleistungsrecht in BGB, UN-Kaufrecht und den Reformvorschlägen der Schuldrechtskommission“, Peter Lang, Frankfurt/Main 2003

Petrikic, Radivoje „Das Nacherfüllungsrecht im UN-Kaufrecht“, Manz, Wien 1999

Rabel, Ernst „Das Recht des Warenkaufs“, Band I, de Gruyter, Berlin 1964

Rabel, Ernst „Das Recht des Warenkaufs“, Band II, de Gruyter und JCB Mohr, Berlin/Tübingen 1967

Rabel, Ernst „Gesammelte Aufsätze“, herausgegeben von Hans G. Leser, JCB Mohr, Tübingen 1967

Rabel, Ernst „Der Entwurf eines einheitlichen Kaufgesetzes“, Sonderabdruck aus der Zeitschrift für ausländisches und internationales Privatrecht, IX. Jahrgang, Heft 1 – 3, de Gruyter, Berlin 1935; auch in „Gesammelte Aufsätze“, Nr. 25, S. 522 ff. und Rabels Zeitschrift 1935, 9. Jahrgang, S. 1 – 79, S. 408 – 411

Ranieri, Filippo „Europäisches Obligationenrecht“, 2. Auflage, Springer, Wien 2003

Riesenhuber, Karl „System und Prinzipien des Europäischen Vertragsrechts“, de Gruyter, Berlin 2003

Rolland, Walter „Die Aufhebung des Vertrags nach den Vorschlägen zur Schuldrechtsreform auf dem Hintergrund internationaler Entwicklungen“ in Festschrift für Peter Schlechtriem zum 70. Geburtstag, S. 629 – 655, Mohr Siebeck ,Tübingen 2003

Ryffel, Gritli „Die Schadensersatzhaftung des Verkäufers nach dem Wiener Übereinkommen über internationale Warenkaufverträge vom 11.04.1980“, Peter Lang, Bern 1992

Sandrock, Andrea „Vertragswidrigkeit der Sachleistung“, Mohr Siebeck, Tübingen 2003

Schlechtriem, Peter „Internationales UN Kaufrecht“, 3. Auflage, Mohr Siebeck, Tübingen 2005

Schlechtriem, Peter und **Schwenzer, Ingeborg** „Kommentar zum Einheitlichen UN-Kaufrecht – CISG“, 4. Auflage, C. H. Beck, München 2004 [Schlechtriem/Schwenzer/Bearbeiter]

Schlechtriem, Peter „Kommentar zum Einheitlichen UN-Kaufrecht – CISG“, 3. Auflage, C. H. Beck, München 2000 [Schlechtriem/Bearbeiter]

Schlechtriem, Peter „Einheitliches Kaufrecht und nationales Obligationenrecht“, Nomos, Baden-Baden 1987

Schmidt-Kessel, Martin „Vertragsaufhebung nach UN-Kaufrecht“, Recht der Internationalen Wirtschaft 1995, S. 60 – 65

Schwartze, Andreas „Europäische Sachmängelgewährleistung beim Warenkauf“, Mohr Siebeck, Tübingen 2000

Sivesand, Hanna „The Buyer's Remedies for non-conforming Goods – Should there be free Choice or are Restrictions necessary?“, Sellier, München 2005

Soergel „Bürgerliches Gesetzbuch“, 13. Auflage, Band 13, Übereinkommen der Vereinten Nationen über Verträge über den internationalen Warenkauf (CISG), W. Kohlhammer, Stuttgart 2000

Staudinger, J. von „Kommentar zum Bürgerlichen Gesetzbuch mit Einführungsgesetz und Nebengesetzen“, 13. Bearbeitung, Buch 2, Recht der Schuldverhältnisse, Wiener UN-Kaufrecht (CISG), Sellier-de Gruyter, Berlin 1994 [Staudinger/Bearbeiter]

Steinmetzler, Ulrich „Recht und Ökonomie der Grundstrukturen des Leistungsstörungsrechts im UN-Kaufrecht", Verlag Dr. Kovac, Hamburg 2001

Treitel, G. H. „Remedies for Breach of Contract, a comparative Account", Clarendon Press, Oxford 1989 [Treitel Breach of Contract]

Witz, Wolfgang; **Salger, Hanns-Christian** und **Lorenz, Manuel** „International Einheitliches Kaufrecht", Verlag Recht und Wirtschaft, Heidelberg 2000

Zweigert, Konrad und **Kötz, Hein** „Einführung in die Rechtsvergleichung", 3. Auflage, JCB Mohr, Tübingen 1996

Zur ökonomischen Analyse

Adams, Michael „Ökonomische Theorie des Rechts", Peter Lang, Frankfurt/Main 2004

Akerlof, George A. „The market for ‚lemons': Quality Uncertainty and the Market Mechanism", 84 Quarterly Journal of Economics 1979, S. 488 – 500

Assmann, Heinz-Dieter; **Kirchner, Christian** und **Schanze, Erich** „Ökonomische Analyse des Rechts", JCB Mohr, Tübingen 1993 [Assmann/Kirchner/Schanze]

Ayres, Ian und **Gertner, Robert** „Filling Gaps in Incomplete Contracts: An Economic Theory of Default Rules", 99 (1) The Yale Law Journal 1989, S. 87 – 130; in Posner's Law & Economics, vol. II, Elgar Publishing, Cheltenham 1997, S. 213 – 256

Barton, John H. „The Economic Basis of Damages for Breach of Contract", Journal of Legal Studies 1972, I (2), S. 277 – 304; in Posner's Law & Economics, vol. II, Elgar Publishing, Cheltenham 1997, S. 3 – 30

Berthold, Norbert „Allgemeine Wirtschaftstheorie", Verlag Franz Vahlen, München 1995

Bishop, William „The Contract-Tort Boundary and the Economics of Insurance", Journal of Legal Studies 1983, XII (2), S. 241 – 266

Calabresi, Guido „The Decision for Accidents: An Approach to Nonfault Allocation of Costs", 78 Harvard Law Review 1965, S. 713 ff. – Übersetzung von Erich Schanze in Assmann/ Kirchner/Schanze „Ökonomische Analyse des Rechts", JCB Mohr, Tübingen 1993 (s. o.)

Coase, Ronald H. „The Problem of Social Cost", 3 Journal of Law & Economics 1960 – Übersetzung von Christian Kirchner in Assmann/Kirchner/Schanze „Ökonomische Analyse des Rechts", JCB Mohr, Tübingen 1993 (s. o.)

Cooper, Russel und **Ross, Thomas W.** „Prices, Product Qualities and Asymmetric Information: The Competitive Case“, Review of Economic Studies 1984, S. 197 – 207

Cooper, Russel und **Ross, Thomas W.** „Product Warranties and double moral Hazard“, 16 Rand Journal of Economics 1985, vol. 16, no. 1, S. 103 – 113

Cooper, Russel und **Ross, Thomas W.** „An intertemporal Model of Warranties“, Canadian Journal of Economics 1988, vol. 21/1, S. 72 – 76

Craswell, Richard „Offer, Acceptance, and efficient Reliance“, Stanford Law Review 1996, vol. 48 (1), S. 481 – 553

Craswell, Richard und **Schwartz, Alan** „Foundations of Contract Law“, Oxford University Press, Oxford 1994

Demsetz, Harold „When Does the Rule of Liability Matter?“, Journal of Legal Studies, I (1), January 1972, S. 13 – 28

Ehrlich, Isaac und **Posner, Richard A.** „An Economic Analysis of Legal Rulemaking“, Journal of Legal Studies 1974, III (1), S. 257 – 286

Emons, Winand „The Theory of Warranty Contracts“, 46 Journal of Economic Surveys 1989, vol. 3, no. 1, S. 43 – 57

Emons, Winand „On the Limitation of Warranty Duration“, 37 Journal of Industrial Economics 1989, no. 3, S. 287 – 301

Fezer, Karl-Heinz „Nochmals: Kritik an der ökonomischen Analyse des Rechts“, Juristen Zeitung 1988, S. 223 – 228

Fezer, Karl-Heinz „Aspekte einer Rechtskritik an der economic Analysis of Aaw und am Property Pights Approach“, Juristen Zeitung 1986, S. 817 – 824

Finsinger, Jörg und **Borrmann, Jörg** „Markt und Regulierung“, Franz Vahlen, München 1999

Finsinger, Jörg und **Simon, Jürgen** „The optimal Damage Rule for Breach of Contract“, Lüneburg 1988

Goetz, Charles E. und **Scott, Robert E.** „Enforcing Promises: An Examination of the Basis of Contract“, 89 The Yale Law Journal 1980, S. 1261 – 1322; in Posner's Law & Economics, vol. II, Elgar Publishing, Cheltenham 1997, S. 101 – 130

Grossmann, Sandford J. „The informational Role of Warranties and private Disclosure about Product Quality“, 24 Journal of Law and Economics 1981, S. 461 – 489 (Kommentar H. E. Leland)

Heal, Geoffrey „Guaranties and Risk Sharing“, 44 Review of Economic Studies 1977, S. 549 – 560

Henning, Hans G. „Produkthaftungsregeln bei risikoaversen Konsumenten und exogener Qualität“, Jahrbuch für Wirtschaftswissenschaften, Band 46, Vandenhoeck & Ruprecht, Göttingen 1995, S. 77 – 94

Honnold, John „Buyer's Right of Rejection", 97 University of Pennsylvania Law Review 1949, no. 4, S. 457 – 481

Koboldt, Christian; **Leder, Matthias** und **Schmidtchen, Dieter** „Ökonomische Analyse des Rechts", Beitrag Forschungsstelle zur Ökonomischen Analyse des Rechts Nr. 9401, Saarbrücken 1994

Kronman, Anthony T. „Mistake, Disclosure, Information and the Law of Contracts", Journal of Legal Studies 1978, S. 1 – 34

Muris, Timothy J. „Opportunistic Behaviour and the Law of Contracts", Minnesota Law Review, LXV, S. 521 – 590; in Posner's Law & Economics, vol. II, Elgar, Cheltenham 1997, S. 156 – 212

Ott, Claus und **Schäfer, Hans-Bernd** „Die ökonomische Analyse des Rechts – Irrweg oder Chance wissenschaftlicher Rechtserkenntnis?", Juristen Zeitung 1988, S. 213 – 223

Ott, Claus und **Schäfer, Hans-Bernd** „Ökonomische Probleme des Zivilrechts, Beiträge zum 2. Travemünder Symposium zur ökonomischen Analyse des Rechts, 21. – 24. März 1990" Springer, Berlin 1991

Polinsky, Mitchel „An Introduction to Law and Economics", Little Brown and Company, Boston 1989

Polinsky, Mitchel „Economic Analysis as a potentially defective Product: A Buyer's Guide to Posner's Economic Analysis of Law", 87 Harvard Law Review 1974, S. 1655 ff. – Übersetzung von Heinz-Dieter Assmann in Assmann/Kirchner/Schanze „Ökonomische Analyse des Rechts", JCB Mohr, Tübingen 1993

Polinsky, A. Mitchel „Risk Sharing through Breach of Contract Remedies", Journal of Legal Studies 1983, XII (2), S. 427 – 444

Posner, Richard A. „Law and Economics", vol. I, Elgar Publishing, Cheltenham 1997 [L&E]

Posner, Richard A. „Law and Economics", vol. II, Elgar Publishing, Cheltenham 1997 [L&E]

Posner, Richard A. „Economic Analysis of Law", 1. Auflage, Little Brown and Company, Toronto 1972

Posner, Richard A. „Economic Analysis of Law", 6. Auflage, Aspen Publishers, New York 2003 [Posner EAL]

Posner, Richard A. „The Market, the Adversary System, and the Legislative Process as Methods of Resource Allocation" aus seinem Buch "Economic Analysis of Law", Chapter 19, 2. Auflage, Little Brown, Toronto 1977 – Übersetzung von Christian Kirchner in Assmann/Kirchner/ Schanze „Ökonomische Analyse des Rechts", JCB Mohr, Tübingen 1993

Posner, Richard A. und **Parisi, Francesco** „Law and Economics: An Introduction“ in Posner’s Law & Economics, vol. I, Elgar Publishing, Cheltenham 1997, S. IX – LI

Posner, Richard A. „The Law and Economics Movement“, in Posner’s Law & Economics vol. I, Elgar Publishing, Cheltenham 1997, S: 3 – 26

Priest, George L. „A Theory of the Consumer Product Warranty“, 90 The Yale Law Journal 1981, no. 9, Seiten 1297 – 1352

Priest, George L. „The Common Law Process and the Selection of Efficient Rules“, Journal of Legal Studies 1977, VI (1), S. 65 – 82

Priest, George L. „Breach and Remedy for the Tender of nonconforming Goods under the uniform Commercial Code: an Economic Approach“, 91 Harvard Law Review 1978, S. 960 – 1001

Rubin, Paul H. „Why is Common Law efficient?“, Journal of Legal Studies 1977, VI (1), S. 51 – 63

Schäfer, Hans-Bernd und **Ott, Claus** „Lehrbuch der ökonomischen Analyse des Zivilrechts“, 4. Auflage, Springer, Berlin 2005 [Schäfer/Ott]

Schwartz, Alan „The Case for specific Performance“, 89 Yale Law Journal 1979, S. 271 – 306; in Posner’s Law & Economics, vol. II, Elgar Publishing, Cheltenham 1997, S. 65 – 100

Shavell, Steven und **Kaplow, Louis** „Economic Analysis of Law“, Working Paper 6960, National Bureau of Economic Research Inc., Cambridge 1999 (www.nber.org/papers/w6960)

Shavell, Steven „Damages Measures for Breach of Contract“, 11 (2) Bell Journal of Economics 1980, S. 466 – 490; in Posner’s Law & Economics, vol. II, Elgar Publishing, Cheltenham 1997, S. 131 – 155

Shavell, Steven „Strict Liability Versus Negligence“, Journal of Legal Studies 1980, XIII (2), S. 357 – 374

Shavell, Steven „Foundations of Economic Analysis of Law“, Harvard University Press Cambridge, Massachusetts 2004 [Shavell Foundations]

Spence, Michael „Consumer Misperceptions, Product Failure and Producer Liability“, 44 Review of Economic Studies 1977, S. 561 – 572

Stigler, George J. „The Theory of Price“, 3. Auflage, London Mc Millan, 1966

Wehrt, Klaus „Die Qualitätshaftung des Verkäufers aus ökonomischer Sicht“ in Ott/Schäfer „Ökonomische Probleme des Zivilrechts, Beiträge zum 2. Travemünder Symposium zur ökonomischen Analyse des Rechts, 21. – 24. März 1990“, Springer, 1991, S. 235 – 259

Wehrt, Klaus „Gewährleistungsregeln als Instrument der Informationsübertragung“, Zeitschrift für Wirtschafts- und Sozialwissenschaften, Duncker & Humblot, Berlin 1995, S. 77 – 113

Wissink, Jennifer und **Mann, Duncan** „Money-back Warranties vs. Replacement Warranties: A simple Comparison“, 80 American Economic Review 1990, S. 432 – 436

Wissink, Jennifer und **Mann, Duncan** „Money-back Contracts with double moral Hazard“, Rand Journal of Economics 1988, vol. 19, no. 2, S. 285 – 292

Saarbrücker Studien zum Privat- und Wirtschaftsrecht

Herausgeber:
Johann Paul Bauer, Michael Martinek und Helmut Rüßmann

Band 1 Susanne Jaschinski: Die Haftung von Schwestergesellschaften im GmbH-Unterordnungskonzern. Ein Beitrag zum Konzernverfassungsrecht. 1997.

Band 2 Roman Sascha Ahnert: Die *actio individualis*. Ein Beitrag zur verfassungsrechtlichen Fundierung der Aktionärsklage bei sogenannten Aktien-Interessenverbänden. 1997.

Band 3 Torsten Peters: Der Cateringvertrag. Rechtstatsachen, Rechtsnatur und Rechtsprobleme eines modernen Dienstleistungsvertrags. 1998.

Band 4 Michael Meissner: Persönlichkeitsschutz juristischer Personen im deutschen und US-amerikanischen Recht. Eine rechtsvergleichende Untersuchung des allgemeinen Persönlichkeitsrechts juristischer Personen. 1998.

Band 5 Thomas Tegen: Joint Venture-Vertrag und Projektträgergesellschaft im amerikanischen und deutschen Recht. 1998.

Band 6 Gerhard Wolter: Treuhandrecht im Umbruch? Ein Blick nach Frankreich, Luxemburg, in die Schweiz und in den Libanon sowie auf das Haager Trust-Übereinkommen. 1999.

Band 7 Thomas Dehlfing: Das Recht der irreführenden Werbung in Deutschland, Großbritannien und Frankreich. 1999.

Band 8 Hanno Dornseifer: Börsentermingeschäfte und Börsentermingeschäftsfähigkeit. Zur börsengesetzlichen Behandlung von finanzwirtschaftlichen Festgeschäften, Options- und Optionsscheingeschäften. 1999.

Band 9 Patrick Lenz: Absatzförderung durch *zinssubventionierte* Darlehen. Eine wettbewerbs- und kartellrechtliche Studie zur Zulässigkeit von Niedrigzins-Kreditangeboten unter besonderer Berücksichtigung des Automobilmarktes. 1999.

Band 10 Mansur Pour Rafsendjani: Der Goodwill-Ausgleichsanspruch des Franchisenehmers. Ein Vergleich des deutschen, französischen und US-amerikanischen Franchiserechts. 1999.

Band 11 Jörg Hartmann: Juristische und ökonomische Regelungsprobleme des Insiderhandels. Eine rechtsvergleichende Darstellung USA – Deutschland. 1999.

Band 12 David Altmeier: Rückstellungsbilanzierung in Deutschland und Frankreich. Eine vergleichende Untersuchung der französischen Rückstellungsbilanzierung aus der Perspektive des deutschen Bilanzrechts. 1999.

Band 13 Barbara Günther: Aktivische Bilanzierungshilfen im deutschen und französischen Bilanzrecht. 1999.

Band 14 Bernhard Glasow: Vertikale Preisbindung, Wettbewerbstheorie und Wettbewerbsrecht in den USA, Deutschland und Europa. Bestandsaufnahmen, Kritik und Zukunftsperspektiven. 2000.

Band 15 Dorota Nowak-James: Der Börsenzugang für Anleger in Deutschland und Polen. Eine rechtsvergleichende Untersuchung zum deutschen Finanzkommissionsgeschäft und zum polnischen Brokerauftragsvertrag. 2000.

Band 16 Mathias Queck: Der Nießbrauch am Anteil einer offenen Handelsgesellschaft. Eine Form der (un-)mittelbaren Unternehmensbeteiligung. 2000.

Band 17 Ina Roth: Umweltbezogene Unternehmenskommunikation im deutschen und europäischen Wettbewerbsrecht. 2000.

Band 18 Jörg Preiss: Die Anwendung des markenrechtlichen Erschöpfungsgrundsatzes auf Dienstleistungsmarken. 2000.

Band 19 Kevin M. McDonald: Der Begriff der Dienstleistung im europäischen Binnenmarkt und WTO-System (GATS). 2001.

Band 20 Carolin Opgenhoff: Die europäische Fusionskontrolle zwischen Wettbewerbsrecht und Industriepolitik. 2001.

Band 21 Susanne Schäfer: Die Deliktsfähigkeit juristischer Personen. Eine rechtsvergleichende Untersuchung zur Übertragbarkeit des englischen Modells. 2001.

Band 22 Kay Diedrich: Die Interventionswirkung – Ausprägung eines einheitlichen Konzepts zivilprozessualer Bindungswirkung. 2001.

Band 23 Michael Fröhlich: Zentrale Institutionen des deutschen Urheberrechts und des französischen Droit d'auteur auf dem Prüfstand der elektronischen Netzwerke. 2001.

Band 24 Joël Benjamin Münch: Abtretungsverbote im deutschen und französischen Recht. Rechtsvergleichende Untersuchung der Übertragungshindernisse im deutschen und französischen Forderungsverkehr als Beitrag zu einer weiteren Schuldrechtsvereinheitlichung in Europa. 2001.

Band 25 Monika Prieß: Der Begriff des Sachmangels im deutschen und englischen Kaufrecht. Reformbedarf aufgrund der Verbrauchsgüterkauf-Richtlinie 1999/44/EG. 2001.

Band 26 Katharina Siegel: Produkthaftung im polnischen, tschechischen und slowenischen Recht. 2001.

Band 27 Carolin Kühne: Die gesetzliche Form der Rechtsgeschäfte im deutschen und italienischen Recht. Eine rechtsvergleichende Untersuchung. 2002.

Band 28 Nina Scherf: Die Nachschußpflicht im Gesellschaftsrecht. Eine rechtsformübergreifende Bestandsaufnahme, Analyse und Kritik. 2002.

Band 29 Marc Laukemann: Fernsehwerbung im Programm. Die zunehmende Kommerzialisierung des Fernsehprogramms im Zeitalter einer Ökonomisierung der Aufmerksamkeit als verfassungs-, wettbewerbs- und rundfunkrechtliches Problem. 2002.

Band 30 Michael Bo Jaspers: Nachträgliche Rechtswahl im internationalen Schuldvertragsrecht. Unter besonderer Berücksichtigung der Rechtspraxis in England, Frankreich, Dänemark und Deutschland. 2002.

Band 31 Christina Pernice: Die Insolvenzverschleppung durch das Geschäftsführungsorgan der kleinen Kapitalgesellschaft im deutschen, französischen und englischen Recht. Eine rechtsvergleichende Untersuchung zur Entwicklung eines europäischen Lösungsansatzes. 2002.

Band 32 Anne Christine Janert: Der sachliche und persönliche Anwendungsbereich des deutschen Verbraucherkreditrechts und des britischen Consumer Credit Act 1974. Ein Beitrag zu den Möglichkeiten und Grenzen verbraucherrechtlicher Harmonisierung in Europa. 2002.

Band 33 Annette Trost: Faktische Sitzverlegung unter Sitz- und Gründungstheorie im Vergleich. Unter besonderer Berücksichtigung ihrer gesellschafts- und zivilrechtlichen Folgewirkungen. 2003.

Band 34 Esther Cordula Hilpert: Die Gründerhaftung in der Gesellschaft mit beschränkter Haftung in Deutschland, Frankreich und England. 2003.

Band 35 Wei-ming Liao: Die Schiedsgerichtsbarkeit in Taiwan. Unter besonderer Berücksichtigung der internationalen Handelsschiedsgerichtsbarkeit und mit Hinweisen zu der Entwicklung in Deutschland. 2003.

Band 36 Stefan Stork: Sitzverlegung von Kapitalgesellschaften in der Europäischen Union. Zur Reichweite der Niederlassungsfreiheit unter Berücksichtigung der positiven und der negativen Integration. 2003.

Band 37 Marc Pfeffer: Interbrand-Kartellverbot und Intrabrand-Vereinbarungen. Die Ablösung horizontaler und vertikaler Eingriffsmerkmale im GWB zu Gunsten einer Betrachtung produktexterner und -interner Wettbewerbsfaktoren. 2003.

Band 38 Nicole Burkardt: Der arbeitsrechtliche Aufhebungsvertrag. Einvernehmliche Beendigung von Arbeitsverhältnissen unter Berücksichtigung der Rechtslage nach der Schuldrechtsreform. 2004.

Band 39 Christian Schmeling: Die Entlastung von Mitgliedern geschäftsführender Organe im Recht der Kapitalgesellschaften. Eine rechtsvergleichende Studie zum deutschen, schweizerischen und französischen Recht. 2004.

Band 40 Andreas Wolf: Wege zur virtuellen Haupt- und Gesellschafterversammlung. Eine vergleichende Untersuchung über die Einbeziehung elektronischer Medien in die Hauptversammlung einer Aktiengesellschaft und die Gesellschafterversammlung einer GmbH. 2004.

Band 41 Bianca Natalie Baldus: Der elektronisch geschlossene Vertrag mit Schiedsabrede. Zulässigkeit und anwendbares Recht in nationalen und internationalen Schiedsverfahren. 2004.

Band 42 Vania Dilek: Der Wettbewerbsschutz in Bulgarien und in der Russischen Föderation während des Übergangs vom Dirigismus zur Privatautonomie. 2004.

Band 43 Rudolf Lenders: Treuhand am Gesellschaftsanteil. Die Einbindung des Treugebers in das gesellschaftsrechtliche Organisationsgefüge. 2004.

Band 44 Weizuo Chen: Rück- und Weiterverweisung (Renvoi) in staatsvertraglichen Kollisionsnormen. 2004.

Band 45 Stefan Hahn: Neue Ansätze im Anlegerschutz durch die Ad-hoc-Publizität des § 15 WpHG. 2004.

Band 46 Pietro Graf Fringuelli: Internet TV. Filmurheberrecht im Internet. 2004.

Band 47 Caspar Frhr. v. Schnurbein: Missbrauch von Minderheitsrechten im deutschen und italienischen Aktienrecht. 2005.

Band 48 David Kereselidze: Der allgemeine Teil des Georgischen Zivilgesetzbuches von 1997. Eine rechtsvergleichende Untersuchung. 2005.

Band 49 Miguel A. García Mateos: Das neue Recht der Namensaktie. Bestandsaufnahme, Analyse und Kritik. 2005.

Band 50 Christine Eckstein-Puhl: Prozessbetrug im Schiedsverfahren. Eine Studie zu den vom erschlichenen Schiedsspruch aufgeworfenen Fragen des Aufhebungsverfahrens gemäß § 1059 ZPO. 2005.

Band 51 Steffen Paulmann: Wirksamkeit von Haftungsausschlüssen und –begrenzungen im deutsch-französischen Warengeschäftsverkehr. Unter besonderer Berücksichtigung der UNIDROIT-Principles und der Principles of European Contract Law. 2005.

Band 52 Ina Krischek: Wirtschaftsmediation als alternatives Streitbeilegungsverfahren. Gerichtsverfahren, Schiedsverfahren und Mediation im Vergleich. 2005.

Band 53 Olaf Pick: Verkehrspflichten und Handlungsfreiheit des „Schädigers". 2005.

Band 54 Thomas Paul: Die Gesellschafterfähigkeit von Gesamthandsgemeinschaften. 2005.

Band 55 Dieter Friedrich Unger: Das Recht der Kapitalaufbringung und -erhaltung bei der Aktiengesellschaft im Rechtsvergleich Deutschland, Österreich und Schweiz. Eine Analyse des Kapitalsicherungsrechts in Deutschland, Österreich und der Schweiz. 2006.

Band 56 Nicole Schröder: Perspektiven der Europäisierung des GmbH-Rechts und der Europäischen Privatgesellschaft vor dem Hintergrund der Europäischen Aktiengesellschaft. 2007.

Band 57 Ivo du Mont: Die Kombination von Rücktritt und Schadensersatz im neuen Schuldrecht. Eine ökonomische und rechtsvergleichende Analyse am Beispiel des Kaufvertrags. 2007.

Band 58 Matthias Kühn: Umweltschutz durch Privatrecht. Eine Studie zur ökologischen Analyse der privatrechtlichen Schutzrechte und des Vertragsrechts in Deutschland und England. 2007.

Band 59 Komninos Komnios: Die elektronische Signatur im deutschen und griechischen Recht. 2007.

www.peterlang.de